Practical explanation of implementing government accounting system in institutions of higher learning

高等学校
执行政府会计制度实务讲解

刘要军 闫亚梅 编著

中国财经出版传媒集团
中国财政经济出版社

图书在版编目（CIP）数据

高等学校执行政府会计制度实务讲解 / 刘要军，闫亚梅编著 .—北京 ：中国财政经济出版社，2022.9

ISBN 978-7-5223-1047-3

Ⅰ. ①高… Ⅱ. ①刘… ②闫… Ⅲ. ①高等学校—单位预算会计—会计制度—中国 Ⅳ. ① G647.5

中国版本图书馆 CIP 数据核字（2022）第 005801 号

责任编辑：陈志伟　　责任校对：胡永立

责任印制：史大鹏　　封面设计：卜建辰

高等学校执行政府会计制度实务讲解

GAODENG XUEXIAO ZHIXING ZHENGFU KUAIJI ZHIDU SHIWU JIANGJIE

中国财政经济出版社出版

URL：http：//www.cfeph.cn

E-mail：cfeph @cfemg.cn

社址：北京市海淀区阜成路甲 28 号　邮政编码：100142

营销中心电话：010-88191522

天猫网店：中国财政经济出版社旗舰店

网址：https：//zgczjjcbs.tmall.com

北京时捷印刷有限公司印刷　各地新华书店经销

成品尺寸：185mm × 260mm　16 开　38.25 印张　749 000 字

2022 年 9 月第 1 版　2022 年 9 月北京第 1 次印刷

定价：98.00 元

ISBN 978-7-5223-1047-3

（图书出现印装问题，本社负责调换，电话：010-88190548）

本社质量投诉电话：010-88190744

打击盗版举报热线：010-88191661　QQ：2242791300

本书编委会

人员安排：

主　　编：

刘要军　河北中医学院财务处长、正高级会计师

闫亚梅　河北大学财务处副处长、正高级会计师

副 主 编：

路秀平（第一副主编）　河北大学财务处、高级会计师

邵　宇　河北开放大学财务处、高级会计师

张祥竞　河北中医学院财务处、高级会计师

耿立民　河北大学财务处、高级会计师

周　明　河北省教育厅机关服务中心

编　　委：

张　丽　河北大学财务处

刘玉婷　河北大学财务处

吴　丹　河北大学财务处

习彤辉　河北大学财务处

康　凯　河北大学财务处

李　丁　河北大学财务处

刘炳茹　河北中医学院财务处

尹学东　河北中医学院财务处

许珑凡　河北中医学院财务处

白亚娟　河北中医学院财务处

兰钇铤　河北中医学院财务处

刘　倩　河北中医学院财务处

蔡晶晶　河北工程大学财务处

编写分工如下：闫亚梅与路秀平确定编写提纲；刘要军负责统稿；闫亚梅、邵宇、张祥竞编写第一章、第二章、第十一章、第十二章、第十三章；刘要军、刘炳茹编写第三章；路秀平、周明编写第一章、整个图书案例校对及流程图绘制；耿立民、尹学东编写第十四章；刘玉婷、许珑凡、白亚娟编写第七章、第九章、第十三章（第六节）；吴丹、刘倩编写第五章、第十章；刁彤辉、兰钇铤编写第六章、第八章；康凯、蔡晶晶编写第四章；李丁、张丽编写第十三章（第七节）。最后由闫亚梅与刘要军总编撰定稿。

此项目为2020年度河北省创新能力提升计划重点项目：横向科研“放管服”支持高校科研成果转化路径研究阶段性成果，项目编号：205576154D，课题负责人：刘要军。

前言

QIAN YAN

“十三五”期间，财政部按照党中央、国务院决策部署，立足中国国情，坚持问题导向，积极、稳妥、有序推进政府会计改革，建立了具有中国特色的政府会计准则制度体系。《政府会计制度》作为政府会计改革的重要内容自2019年1月1日起在全国各级各类行政事业单位全面实施。

高等学校是政府会计实施主体的重要组成部分，针对高等学校行业业务特点，财政部印发了《关于高等学校执行〈政府会计制度——行政事业单位会计科目和报表〉的补充规定》以及《关于高等学校执行〈政府会计制度——行政事业单位会计科目和报表〉的衔接规定》，高校按照财政部统一部署完成了新旧制度转换，保证财务核算工作平稳有序运转。但是，高校在实施《政府会计制度》过程中，因财务核算框架构建不同，会计人员政策理解能力、业务水平参差不齐，使执行效果及会计信息质量不尽人意。为帮助高校会计人员更好地理解、掌握政府会计制度要义，适应高校会计核算与财务管理改革要求，以变革融合、提质增效为特征，着眼于财务工作高质量发展的“十四五”时期会计改革与发展的新阶段，编者广泛征集省内外高校一年来在实施《政府会计制度》过程中取得的经验、存在的难点，结合长期以来从事高校财务工作的实践经验，编撰了《高等学校执行政府会计制度实务讲解》。

本书共分十四章，包括政府会计制度基本理论、高等学校会计制度衔接、资产、负债、净资产、收入、费用、预算收入、预算支出、预算结余、高等学校会计报告、高校重点业务财务管理与会计核算实务、高等学校成本核算、财政预算管理一体化业务。通过179张表、192个案例、2张图例,剖析政府会计制度变迁、新政府会计制度下高等学校财务核算架构和科目设置，并深刻解析重点业务的国家政策、财务管理知识点及代表性案例，将业务与财务高度融合，全面诠释单位管理及政府会计制度，在加强高等学校经费使用管理、完善内部治理、强化监管、优化服务等方面提出了建设性建议。

本书特点主要包括：

以政府会计制度为标准，遵循“双功能、双基础、双报告”政府会计核算体系要求，密切结合高校经济业务实务，用业财融合的理念深入梳理高等学校财务核算的主要业务类型，化繁为简，以实用性和可操作性为目标，科学设置财务核算框架，有效打通财务会计和预算会计联系纽带，建立了财务会计和预算会计适度分离并相互衔接的会计核算模式。

聚焦高校财务工作热点、难点，以制度为切入点，梳理国家颁布的政策法规，详细列举了“三公”“两费”财务管理知识点、风险点，将国家相关制度等文件精神融入实际业务中，实现了会计核算、财务管理与内部控制的有机结合。

本书编写的基础是高等学校在实施《政府会计制度》一年来取得的经验。

我们希望通过本书，打造实务精品、分享知识、奉献社会，有助于广大高等学校财务工作者高效、合规地完成政府会计制度改革工作，成功实现会计工作转型升级。书中不妥之处，恳请读者和专家批评指正。

目录

MULU

第一章　政府会计制度基本理论

第一节　高等学校会计制度历史变迁

高校会计制度的发展是伴随着预算管理体制及预算会计改革而进行的。新中国成立以来，我国的会计体系包括企业会计和预算会计，预算会计又包括财政总预算会计、行政单位会计和事业单位会计。高校作为事业单位，其会计制度多年来一直是事业单位会计制度的组成部分，且经过了一个不断实践和总结、不断改革和完善的历史进程。

一、高等学校会计制度雏形（1949—1987年）——新中国成立初期依附于单位预算会计的高等学校会计

新中国成立初期面临着百废待兴、百事待举，经济困难、财政赤字、物价波动等一系列的严峻形势，为扭转这种困难局面，1949年12月27日，当时的政务院发布《关于1949年财政决算及1950年财政预算编制的指示》，要求各级政府和中央直属企业部门编制1949年财政收支决算和1950年预算，按规定时间编制上报，并明确规定政府预算实行历年制，从公历1月1日起至12月31日止为一个预算年度，同时规定了预算编制的具体方法和要求。1950年3月政务院做出《关于统一国家财政经济工作的决定》。1951年8月，政务院发布《预算决算暂行条例》，《预算决算暂行条例》规定了国家预算的组织体系，明确了各级人民政府的预算权，各级预算编制、审查、核定，决算编造、审核、审定等执行的程序，年度预算执行调整流程、结余规定等。同时规定年度收支按照收付实现制为会计核算基础。《预算决算暂行条例》的颁布，标志着我国高度集中统收统支的预算体制初步形成，其中涉及预算管理的有关规定是设计预算会计制度的框架依据。

当时我国并没有具体的预算会计制度，更不用说事业单位会计制度或高校会计制度了。

1950年10月27日，财政部召开全国预算、会计、金库制度会议，依据拟议的《预算决算暂行条例》中有关总预决算、各级单位预决算体系的原则，会议首次提出了“财政总预算会计”和“单位预算会计”。在此基础上，财政部于1950年12月颁布了《各级

人民政府暂行总预算会计制度》和《各级人民政府暂行单位预算会计制度》，两个制度分别适用于各级财政机关和各级各类行政事业单位。首次提出财政机关核算总预算执行“财政总预算会计”，各级各类行政事业单位核算单位预算执行“单位预算会计”。两个制度的颁布，初步确立了预算会计管理框架，初步界定了“财政总预算会计”和“单位预算会计”两大预算会计体系核算范围，统一了预算会计核算口径，并对会计科目、会计报表、记账方法、会计年度等制定了统一标准。在单位预算会计制度中，规定了收付实现制为会计核算基础、借贷记账法为记账方法，并同时界定了会计要素、会计报表种类及报送要求。这两个制度比较系统、全面、明确地规定了我国预算会计的组织管理体系与核算要求，初步建立了统一的预算会计制度和核算体系，奠定了我国预算会计工作的基础，是新中国预算会计体系和会计方法的奠基石。

1951年，财政部修订了《各级人民政府暂行单位预算会计制度》，规定单位预算会计“采用复式簿记原理，按借贷记账法登记账目”。在1954年，《各级人民政府暂行总预算会计制度》和《各级人民政府暂行单位预算会计制度》两部暂行预算会计制度分别就其适用范围作了调整。其中《各级人民政府暂行单位预算会计制度》将其适用范围明确为“各级人民政府所属机关、事业机关、企业主管机关和团体”。1958年开始进入“大跃进”时期，预算会计制度和会计基础工作受到严重破坏。1962年5月，财政部与中国人民银行联合召开第一次全国工作会议，要求整顿和充实会计工作。财政部于1963年春出台了《地方财政机关总预算会计制度》，并于1965年8月召开全国预算会计会议，总结了新中国成立以来的预算会计理论成果与实践经验，确定了预算会计的职能是服务于国家预算管理，讨论了《预算会计工作改革要点》《行政事业单位会计制度》《行政事业单位简易会计制度》《报销单位财务收支管理办法》等。1966年出台了《行政事业单位会计制度》，在记账方法上，根据预算会计收支特点，改“借贷记账法”为“收付记账法”。

二、高等校会计制度的初步探索阶段（1988—1997年）——改革开放初期独立的高等学校会计

20世纪80年代初，我国开启了经济体制改革序幕，逐步由传统的计划经济向社会主义市场经济体制转化。随着改革开放的深入和国民经济的持续发展，预算体制由“统收统支”分级管理逐步演变为“划分收支、分级包干”的管理体制，预算会计也相应进行了制度调整。财政部1988年修订了总预算会计制度，修订内容主要有：明确预算会计基本职责是进行会计核算和实施会计监督；国家预算资金和地方财政预算外资金分别核算、分别设账，各自平衡，各级财政部门在同一级国库分别开立“预算内”和“预算外”两个存款账户。为配合改革推进，财政部制定多种会计核算方法，也针对问题制定

了一些实际操作方面的规则，但是预算会计整体改革并未取得实质性进展。1988年召开的全国预算会计会议，明确确立了政府及非营利组织会计的地位、任务和作用。1988年9月17日，财政部颁发了《事业行政单位预算会计制度》，修订了实施已久的《行政事业单位会计制度》。

1988年12月10日，国家教育委员会为适应高等学校各项事业发展的需要，促进高等学校会计工作规范化、制度化、科学化，提高会计核算质量，发挥会计工作的积极作用，依据《中华人民共和国会计法》及有关法规，按照财政部颁发的《事业行政单位预算会计制度》，制定并颁发了我国第一部专门适用于高校的《高等学校会计制度（试行）》，并于1989年1月1日开始试行。《高等学校会计制度（试行）》的颁布，结束了高等学校会计核算完全依附于单位预算会计制度的历史，是我国第一部独立的高校会计制度。主要内容包括：（1）高等学校会计核算，一般实行“收付实现制”。对外服务和科研项目的核算，经主管部门批准，也可采用“权责发生制”。（2）高等学校在会计核算过程中，对各种费用、支出的归属，应当按照受益原则加以确认。凡能划清归属对象的费用、支出，均应直接计入有关核算对象；凡不能直接划清归属对象的费用、支出，则应采用合理的方法进行分摊。（3）高等学校原则上采用资金收付记账法。（4）高等学校会计记账以人民币为单位（元以下记到角分）。（5）高等学校的会计报表，可分月报、季报、年报三种，其中季报是以分析检查单位预算执行为重点的报表，一般的报表格式为资金平衡表、经费支出表、学校基金收支表、基本数字表。年报即年度决算，是全面反映年度教育事业费预算执行情况以及科研经费、有偿服务收入、学校基金等各项资金收支情况的重要报表，年度决算报表包括资金平衡表、拨入经费增减表、经费支出表、科研经费收支表、待转抵支收入表、学校基金收支表、特种资金收支表、委托代培经费表、对外服务收支表和基本数字表等十张报表。（6）高等学校的基本建设投资和所属独立核算、自负盈亏的各类经营性单位，可根据各自的经济业务类型，分别采用财政部门规定的相应的会计制度。（7）高等学校主管部门在符合本制度规定的原则下，可根据所属高校的实际情况作必要的补充规定。

该制度以高等学校为会计主体，明确了高等学校会计工作任务、会计机构的设置、会计人员的配备、总会计师制度、会计核算应遵循的原则、会计科目的设置、会计报表的构成以及会计凭证和账簿、会计监督、会计交接、会计档案等，构建了比较完整的高等学校会计核算体系以及会计基础工作规范和必要的内部牵制制度。在高校执行《高等学校会计制度（试行）》过程中，财政部等主管部门结合高校实际陆续出台了指导意见、实施办法等，如1989年12月12日《关于高等学校兴办公司、企业的若干规定（试行）》等。但随着我国市场经济改革，尤其是1994年我国全面开始社会主义市场经济改革，财税体制开始实施分税制，新体制下旧的预算会计制度在会计科目设置、会计核算基础、收入管理、会计报表的设计、基建资金管理等方面已满足不了预算会计职能的行使。

三、高等学校会计制度渐进式积累阶段（1998—2013年）——市场经济改革下的高等学校会计

随着1993年我国《宪法》的修正，我国正式实行社会主义市场经济体制。国务院1993年12月颁布《国务院关于实行分税制财政管理体制的决定》，于1994年1月1日施行中央和地方分税制，分税制改革是一次根本性的财税体制改革，是市场经济国家运用财政手段对经济实行宏观调控。本次财税体制改革对政府预算及其管理体制提出了新的要求，为了更好地行使财政预算调控职能，财政部正式启动预算会计改革。1997年《事业单位会计准则（试行）》《财政总预算会计制度》《事业单位会计制度》和《行政单位会计制度》相继颁布，与1988年的改革相比，预算会计制度改革的主要表现是事业单位会计与行政单位会计相分离，并且根据行政事业单位性质，陆续出台《科学事业单位会计制度》《高等学校会计制度（试行）》《中小学校会计制度》《医院会计制度》《测绘事业单位会计制度》等行政事业单位的具体行业会计制度。其中1998年1月1日实施的《高等学校会计制度（试行）》，较1989年1月1日实施的《高等学校会计制度（试行）》，其主要变化包括：（1）调整了财务工作任务，由“认真做好记账、算账、报账等会计基础工作、参与高校事业计划的制订”，到“依法多渠道筹集事业资金，合理编制高校预算，科学配置高校资源”，财务管理工作前移；（2）财务不再区分预算内和预算外资金，全口径统一管理和核算；（3）根据高校经济活动实际细化收支分类，收入分为教育经费拨款、科研经费拨款、其他经费拨款、上级补助收入、教育事业收入、科研事业收入、经营收入、附属单位上缴收入、其他收入；支出分为教育事业支出、科研事业支出、经营支出、结转自筹基本建设支出、对附属单位补助支出、上缴上级支出；（4）改“资金收付记账法”为“借贷记账法”，与国际惯例接轨；（5）会计核算由收付实现制改为一般采用收付实现制，但经营性收支业务的核算采用权责发生制；（6）规范外币收支业务，对有外币收支的业务应当折算为人民币核算；（7）会计要素由“资金往来、资金运用、资金结存”三要素改为“资产、负债、净资产、收入、支出”五要素；（8）会计平衡公式由“资金来源－资金运用＝资金结存”，改为“资产－负债＝净资产”新会计平衡公式；（9）取消季报编报，简化会计报表，构建包括资产负债表、收入支出表等在内的会计报表体系。

新修订的《高等学校会计制度（试行）》统一预算内外资金，将发生的各项经济业务或者事项纳入统一账套进行会计核算，从记账方法到会计科目的设置、支出结构等都进行了一系列的调整，在一定程度上反映了高校的资金运行情况，基本保证会计信息能够全面反映事业单位的财务状况、事业成果、预算执行等情况。伴随着社会经济的发

展、市场体制的改革和我国高等教育体制改革的不断推进，高等学校进入一个超常发展时期，对高校财务管理提出了更高的要求。

四、高等学校会计制度逐渐成型阶段（2014—2018年）——教育体制改革下的高等学校会计

1998年发布的《高等学校会计制度（试行）》，对于规范高校会计核算发挥了重要作用。但随着我国高等教育体制和公共财政体制改革的不断推进，高校的管理体制不断深化。后勤社会化、校办产业管理等办学环境的持续变化，特别是扩招以后，我国高校的数量和规模有了大幅度的增加，经费收支规模也随之扩大，经费来源渠道多元化，经济业务活动日益复杂，对高校经济运行和管理都提出了新的要求。

为适应高校内外部环境的变化，自1998年《高等学校会计制度（试行）》发布的十余年间，政府也在不断地出台会计核算和财务管理的具体办法，例如，1998年5月14日，财政部发布的《关于行政事业单位业务招待列支管理规定》（财预字〔1998〕159号）、1999年8月30日颁布的《中华人民共和国招标投标法》、2006年5月30日颁布的《事业单位国有资产管理暂行办法》（财政部令第36号）等，用以弥补因为会计制度与环境失衡所产生的会计信息质量问题。2009年8月31日，财政部印发《关于推进财政科学化精细化管理的指导意见的通知》（财办〔2009〕37号），对推进财政科学化精细化管理作了全面部署，明确提出要树立六个现代管理观念、七条基本要求、八项重点任务。主要内容有：（1）按照完善社会主义市场经济体制的要求，建立由公共财政预算、国有资本经营预算、政府性基金预算和社会保障预算组成的有机衔接的政府预算体系，全面反映政府收支总量、结构和管理活动的政府预算体系；（2）加强预算编制管理，提高收入预算编制的科学性和准确性，调整优化财政支出结构，细化预算编制，加强部门预算专项结转和净结余资金统筹使用；（3）推进资产管理与预算编制有机结合，加强资产处置收入、出租出借收入等资产收益管理，行政单位的资产处置收入和出租出借收入、事业单位资产处置收入上缴同级财政，纳入预算，实行“收支两条线”管理；（4）加强收入管理，除学费收入等特殊项目外，2009年将全国性及中央部门和单位的行政事业性收费全部纳入预算管理，2011年前将在预算外管理的所有非税收入全部纳入预算管理，彻底取消预算外资金；（5）推进预算支出绩效评价工作，将评价结果作为改进预算管理和以后年度编制预算的重要参考依据；（6）推进政府采购管理制度改革，加强地方政府性债务管理；（7）深化财政国库管理制度改革，健全以国库单一账户体系为基础、资金缴拨以国库集中收付为主要形式的现代国库管理制度，推进政府会计改革；（8）改进现行主要以收付实现制为基础的预算会计体系，逐步引入权责发生制，研究构建政府会计准则和制度体系，建立政府年度财务报告制度，全面反映各预算单位、各级政府的资产

负债状况和业务活动情况。

1998年发布的《高等学校会计制度（试行）》已经明显不能满足发展的需要。2010年，开启了对《高等学校会计制度（试行）》（财预字〔1998〕105号）的修订工作。修订后的《高等学校会计制度》于2014年1月1日实施。新修订后的《高等学校会计制度》，依据高校特点，在会计核算基础、科目设置、支出结构、报表组成形式、虚提折旧、基建账套合并等方面进行了一系列的变革，更加完整地体现了财政改革对会计核算的要求，在反映高校预算执行的同时，更多地反映了高校的财务状况。对部分经济业务或者事项的核算采用权责发生制，扩大了会计分录核算范围，充实了资产负债核算内容，全面、完整、系统地反映财务状况和财务活动结果；取消借入款项，新增长期借款和短期借款（充分体现了高校债务风险意识的提高及举债规模的有效控制）。主要变化有：（1）新增加了与国库集中支付、政府收支分类、部门预算、国有资产管理等财政改革相关的会计核算内容，力促财政法规政策的贯彻落实；（2）创新引入了固定资产“虚提”折旧，更加准确地反映资产价值；（3）明确规定了基建相关业务报表定期并入高校会计“大账”，增加高校会计信息的完整性；（4）根据高校实际进一步调整细化事业支出的分类和核算，由原来的教育事业支出、科研事业支出调整为教育事业支出、科研事业支出、行政管理支出、后勤保障支出、离退休支出，更加清晰地反映高校经费支出结构，对于核算高等学校办学成本、资金运营、绩效考核提供了更加合理的信息平台；（5）增加会计科目使用说明，规范统一会计核算业务，进一步提高高校会计信息质量，提升高校财务管理的科学化水平；（6）按后勤保障属性，规范对校内非法人独立核算单位，会计信息分类并入高校年度财务报表中反映，提高高校会计信息的准确性和完整性；（7）完善了高校财务报表体系，优化了报表内容和结构，提升财务报表的实效性和通用性，明确高等学校的会计报表附注应当披露的内容，有助于提高会计报表的使用价值，着力提高会计信息质量，有利于报表使用者作出更加合理的决策。

新《高等学校会计制度》在促使高校的财务状况、事业成果、预算执行情况得到更为全面、真实、合理的反映以及提升高校会计信息质量和财会管理水平、强化高校资金的科学化管理、促进高校健康可持续发展等方面发挥了积极作用。党的十八届三中全会以来，随着公共管理体制的改革，对政府资金使用和管理提出更高要求，收付实现制为主的会计核算基础已无法满足高校财务实际管理要求。

五、高等学校政府会计制度（2019年以后）——全面深化改革下的高等学校会计

党的十八届三中全会通过的《中共中央关于全面深化改革若干重大问题的决定》中，明确将财政定性为国家治理的基础和重要支柱，并且明确要求建立现代财政制度。

建立现代财政制度首先就是建立现代预算管理制度。党的十八大以来，作为国家治理的基础和重要支柱，我国公共财政管理制度进行了一系列重大变革，包括完善预算管理、国库集中收付制度改革、政府集中采购改革、绩效管理、预决算信息公开改革等。全会提出“建立跨年度预算平衡机制，建立权责发生制的政府综合财务报告制度”。2014年12月12日，国务院批转财政部《权责发生制政府综合财务报告制度改革方案》，确立了政府会计改革的指导思想、总体目标、基本原则、主要任务、具体内容、配套措施、实施步骤和组织保障。当时的政府财政报告制度是以收付实现制政府会计核算为基础的决算报告制度，主要反映政府年度预算执行情况的结果，对准确反映预算收支情况、加强预算管理和监督发挥了重要作用；但无法科学、全面、准确反映政府资产负债和成本费用，不利于强化政府资产管理、降低行政成本、提升运行效率、有效防范财政风险，难以满足建立现代财政制度、促进财政长期可持续发展和推进国家治理现代化的要求。只有建立起以权责发生制为基础的政府会计制度，才能全面反映政府财务信息，为加强资产负债管理、防范财政风险等提供科学依据，促进财政经济的可持续发展，提升政府综合治理能力，推进国家治理体系和治理能力现代化。在此背景下，财政部先后出台了《政府会计准则——基本准则》系列具体准则及指导意见等，并于2017年10月24日印发了《政府会计制度——行政事业单位会计科目和报表》，自2019年1月1日起施行。至此我国的政府会计体系初步构建完成，政府会计迈入全面改革的历史新阶段。

综合前述，高校会计制度内容变革情况如表1–1所示。

表1–1　　高等学校会计制度变迁路径

项目	1988年之前	1989年1月1日—1997年12月31日	1998年1月1日—2013年12月31日	2014年1月1日 2018年12月31日	2019年1月1日至今	
执行的会计制度	1965年之前执行《各级人民政府暂行单位预算会计制度》，1966—1988年执行《行政事业单位会计制度》	《高等学校会计制度（试行）》	修订的《高等学校会计制度（试行）》	《高等学校会计制度》	政府会计制度	
会计要素	1950年之前分为收入、支出、资产、负债、资产负债共同类等五大类；1951—1954年分为资产和负债两大类；1955—1965年分为资金来源、资金运用、资金结存等三大类	资金来源、资金运用、资金结存	资产、负债、净资产、收入、支出	资产、负债、净资产、收入、支出	资产、负债、净资产、收入、费用	预算收入、预算支出、预算结余
会计核算基础	收付实现制	一般实行“收付实现制”。对外服务和科研项目的核算，经主管部门批准，也可采用“权责发生制”	一般采用收付实现制，但经营性收支业务的核算采用权责发生制	一般采用收付实现制，但部分经济业务或者事项的核算应当按照本制度的规定采用权责发生制	权责发生制	收付实现制

续表

项目	1988年之前	1989年1月1日—1997年12月31日	1998年1月1日—2013年12月31日	2014年1月1日—2018年12月31日	2019年1月1日至今	
记账方法	1952年12月之前采用资金收付记账法；1953—1965年采用借贷记账法，1966—1988年采用资金收付记账法	资金收付记账法。	借贷记账法	借贷记账法	借贷记账法	借贷记账法
平衡公式	1950年之前：资产–负债=资产负债；1951—1954年分为资产和负债；1955—1965年：资金来源–资金运用=资金结存	资金来源–资金运用=资金结存	资产–负债=净资产	资产–负债=净资产	资产–负债=净资产	预算收入–预算支出=预算结余

第二节　政府会计的概念、特征及其构成

一、政府会计的概念

政府会计，是指各级政府和事业单位以货币为主要计量单位，确认、计量、记录、报告预算执行情况和财务状况、运行情况及现金流量等的会计，是反映政府和事业单位财务收支活动和受托责任的履行情况的会计体系。政府会计由预算会计和财务会计组成。其中，预算会计是指以收付实现制为基础，对纳入政府会计主体预算管理的现金收支业务进行会计核算，反映和监督政府会计主体预算收支执行情况；财务会计是指以权责发生制为基础，对政府会计主体发生的各项经济业务和事项进行会计核算，主要反映和监督政府会计主体财务状况、运行情况和现金流量。政府会计适用于与本级政府财政部门直接或者间接发生预算拨款关系的各级各类行政单位和事业单位。

我国会计体系有企业会计、政府会计和民间非营利组织会计等三大体系。政府会计是我国会计体系的一大分支，主要包括政府财政会计和政府单位会计，以及国库会计、收入征解会计、社会保险基金会计等参与预算执行的会计。自2019年1月1日起，高等学校执行政府会计。

二、政府会计的特征

政府会计具有如下几个特征（见图1–1）。

（一）政府会计制度的统一性

《政府会计制度》统一了《行政单位会计》《事业单位会计》《高等学校会计制度》《医院会计制度》《中小学校会计制度》《科研事业单位会计制度》等行业会计制度，依

据《基本建设财务规则》《基本建设项目竣工财务决算管理暂行办法》《基本建设项目建设成本管理规定》等管理规定，通过科学合理的科目、项目设置，将单位基建业务由“单独建账、单独核算、定期并账”的核算模式，纳入“大账”，按照《政府会计制度》统一进行会计核算，不再单独建账。政府会计以“政府会计准则+制度”的模式，统一了“互相割裂”的基建、行政、事业三大政府单位会计制度体系，提高了政府各部门、各单位会计信息的完整性和可比性，全面反映政府会计主体预算执行情况和财务状况，提升会计信息质量。

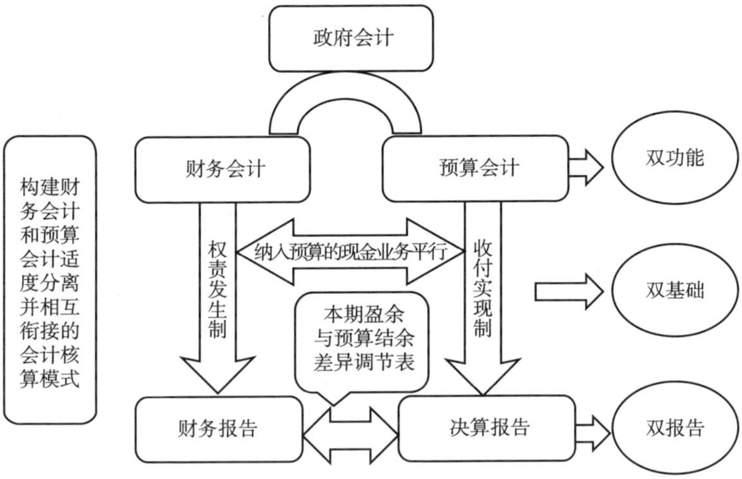

图1-1　政府会计的特征

（二）会计核算方法的特殊性

一是会计要素的特殊性，政府会计采用“3+5”会计要素的会计核算模式。政府预算会计采用预算收入、预算支出、预算结余三要素核算模式，会计平衡公式是：预算收入-预算支出=预算结余；政府财务会计采用“资产、负债、净资产、收入、支出”五要素会计核算模式，会计平衡公式是：资金-负债=净资产。

二是记账方法的特殊性。对纳入部门预算的现金收支业务进行“平行记账”，财务会计与预算会计各自平衡，又通过“本期盈余与预算结余差异调节表”相互衔接，不仅满足反映政府预算收支执行情况和预算管理的需要，而且满足反映政府财务状况、运行情况和现金流量信息等财务管理的需要；同时，更加规范了会计行为，夯实财务管理基础，提升管理水平。

（三）政府会计核算基础的特殊性

政府会计由预算会计和财务会计组成。预算会计实行收付实现制，财务会计实行权责发生制，其中纳入一般预算的财政拨款和财政专户返还收入按收付实现制计入收入；固定资产、无形资产、基建投资等收益期超过一年以上的支出，按照使用期限通过计提折旧、摊销等方式计入费用；高校科研收入按照研发进度确认收入，由预收账款分次转为收入。

（四）政府会计报告使用人的特殊性

政府会计双报告的目标决定了报告使用人的特殊性。既有需要政府预算执行情况的报告使用人，又有需要政府财务状况、运行情况、现金流量等反映其公共受托责任履行情况的报告使用人。因此，政府决算报告使用者包括各级人民代表大会及其常务委员会、各级政府及其有关部门、政府会计主体自身、社会公众和其他利益相关者；政府财务报告使用者包括各级人民代表大会常务委员会、债权人、各级政府及其有关部门、政府会计主体自身和其他利益相关者。

三、政府会计核算标准组成体系

政府会计核算标准组成体系包括基本准则、具体准则、应用指南和政府会计制度（见图1–2）。基本准则用于规范政府会计目标、政府会计主体、政府会计信息质量要求、政府会计核算基础以及政府会计要素定义、确认和计量原则、政府决算报告编制规定和财务报告编制要求等原则事项，统领具体准则和会计制度，是制定具体准则、政府会计制度的主要依据和指导原则。具体会计准则是根据基本准则的精神制定的，规定了经济业务或事项的处理原则，用来指导各类经济业务的确认、计量、记录和报告。应用指南是对具体准则的实际应用作出的操作性规定。政府会计制度依据基本准则制定，规

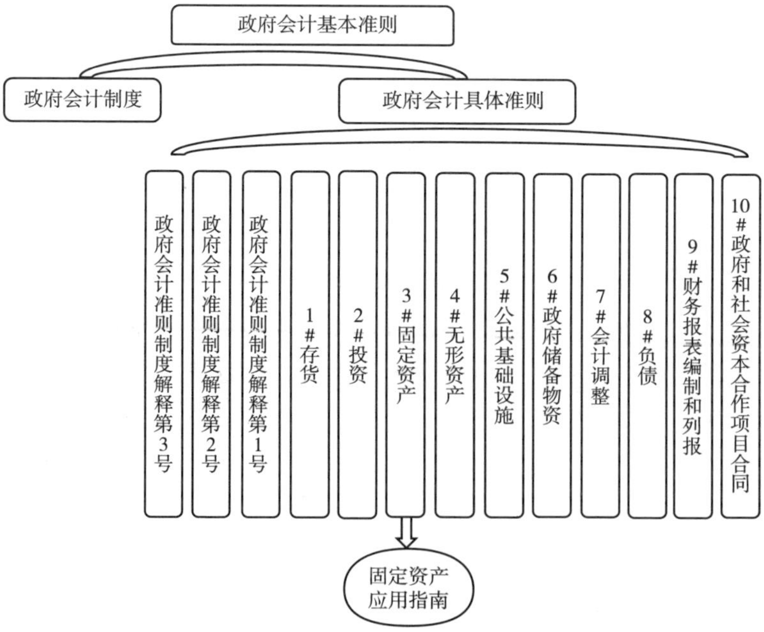

图1–2 政府会计核算标准体系

范记录与报告会计信息的具体行为，规定政府会计科目及其使用说明、财务报表体系及编制说明等，与政府会计具体准则及应用指南相互协调、相互补充。

第三节　政府会计基本前提和会计信息质量特征

一、政府会计基本前提

会计基本前提是指在特定的经济环境下决定会计运行和发展的基本前提，是进行会计核算的基本条件。单位在持续运行的前提下，合理限定会计核算范围、科学划分会计计量期间、选择会计核算方法、收集整理加工处理会计数据，从而保证单位会计工作的正常进行。政府会计的基本前提包括会计主体、持续运行、会计分期、货币计量。

（一）会计主体

政府会计主体是指政府会计所服务的特定单位，具有明确会计核算的空间范围，在经济上具有独立性。会计主体假设把会计处理的数据和提供的信息，严格地限制在这一特定的空间范围，而不是漫无边际的。同时，也从根本上确认了会计信息系统立足于微观、主要为微观经济服务的属性。

政府会计主体包括各级政府、各部门、各单位。各部门、各单位是指与本级政府财政部门直接或者间接发生预算拨款关系的国家机关、军队、政党组织、社会团体、事业单位和其他单位，不包括军队、已纳入企业财务管理体系的单位和执行《民间非营利组织会计制度》的社会团体。

（二）持续运行

持续运行是指政府会计主体的经济业务会无限期存在并持续运行下去，在可预见的未来不会停止。它明确了政府会计主体会计核算的时间范围。现行会计处理方法大部分是建立在持续运行假设基础上的，只有在持续运行的前提下，政府会计主体的经济业务才能按照规定的程序和方法，分析、判断、计量、核算，全面系统地反映会计主体的预算执行情况和财务状况，否则一些公认的会计处理方法将缺乏存在的基础。例如，政府会计主体在可预见的未来会持续运行下去，固定资产就可以按规定期限计提折旧，否则，固定资产只能采用可变现净值计量，并要把未提取的折旧在清算前全部分摊。

政府会计核算应当以政府会计主体持续运行为前提。

（三）会计分期

会计分期是指会计信息应按划分期限收集和处理。会计分期是对持续经营假设的一个必要的补充。政府会计主体经济活动的连续性决定了会计活动是连续不断的，只有将连续活动的经济业务产生的会计信息，按照人为划分的一个个连续的、长短相同的期间，以阶段成果形式反映出来，才能分期结算账目和编制会计报告，及时地为会计主体及其他信息使用者提供有用的、可比的会计信息，这是会计信息发挥作用的前提条件之一。

政府会计核算应当划分会计期间，分期结算账目，按规定编制决算报告和财务报告。会计期间至少分为年度和月度。会计年度、月度等会计期间的起讫日期采用公历日期。

（四）货币计量

货币计量是指政府会计主体在会计核算过程中以货币作为计量单位，记录、反映会计主体的经济业务活动情况。会计主体在会计核算中，可能涉及多种货币，由于各种货币单位之间的汇兑率是不断变化的，这就要求政府会计必须确立一种货币单位为记账用的货币单位，其他所有的货币、实物、债权债务等都可以通过它来度量、比较和稽核，而且假设货币本身的价值稳定不变。会计以货币为主要的计量单位，主要是提供定量而不是定性的信息，只有统一货币计量，不同会计主体提供的会计信息才具有可比性，只有货币币值稳定，同一会计主体前后各期会计信息的对比分析才有价值。

政府会计核算应当以人民币作为记账本位币。发生外币业务时，应当按规定将有关外币金额折算为人民币金额计量，同时登记外币金额。

二、政府会计信息质量特征

政府会计信息质量特征，是政府会计主体的决算报告和财务报告中所提供的会计信息对会计信息使用者决策有用性应具有的属性，主要包括如下几个方面。

（一）真实性（可靠性）

真实性是指政府会计主体应当以实际发生的经济业务或者事项为依据进行会计核算，如实反映各项会计要素的情况和结果，保证会计信息真实可靠。

真实性要求政府会计主体的会计核算必须以实际发生的经济业务或事项为依据，提供的会计信息能够如实反映会计主体的财务状况、预算执行情况。真实可靠的信息具有可核性、忠实性和中立性。真实可靠的信息必须是可以核实的，即可核性。可核性指彼此独立的会计人员，对发生的经济业务，使用相同的会计计量方法，可以得出相同的结果，反之，则说明会计信息不具可核性，便失去了可靠性。真实可靠的会计信息应当是忠实的，即忠实性。忠实性是指财务报告所提供的数据，包括文字数据和图表数据等，反映了实际发生的或存在的事实，即所谓的账证一致、账表一致。真实可靠的信息必须是中立的，即中立性。中立性是指会计信息的产生应当客观公正，不偏向任何一方利益相关集团，不带主观成分，事实求是地对政府会计主体的经济活动按规定的程序、方法进行确认、计量、记录。

（二）全面性

全面性是指政府会计主体应当将发生的各项经济业务或者事项统一纳入会计核算范围，确保会计信息能够全面反映政府会计主体预算执行情况和财务状况、运行情况、现金流量等。

全面性要求政府会计报表应全面反映会计主体的经济业务活动情况及结果，既包括会计主体的全部经济业务活动，也包括按规定纳入会计主体会计报表合并范围的经济事项运行结果。

（三）相关性

相关性是指政府会计主体提供的会计信息，应当与会计信息的使用者了解政府会计主体公共受托责任履行情况以及报告使用者决策或者监督、管理的需要相关，有助于报告使用者对政府会计主体过去、现在或者未来的情况作出评价或者预测。

相关性要求政府会计主体在确认、计量、记录和报告会计信息过程中，要充分考虑信息使用者的决策模式和信息需求以及对会计信息要求的不同特点，按高校、政府部门对会计信息的要求形成一个会计信息流，以确保会计主体内外有关各方面对会计信息的相关需要，有助于会计信息使用者评价会计主体的过去、现在并预测未来及其发展趋势，从而了解会计主体受托履职情况，可以增进信息使用者的预测和决策能力，从而影响其投资或其他经济行为。

（四）及时性

及时性是指政府会计主体对已经发生的经济业务或者事项，应当及时进行会计核算，不得提前或者延后。

及时性要求政府会计主体在经济活动过程中应及时收集、处理、传递会计信息，从而帮助会计信息使用者及时作出经济决策。会计信息的价值在于帮助信息使用者作出经济决策，具有时效性。及时性的要求包括三个方面：一是要求及时收集会计信息，即在会计主体经济交易或者事项发生后，及时收集整理各种相关的原始单据或者凭证；二是要求及时处理会计信息，即按照制度的规定，及时对经济业务或者事项进行确认、计量、记录、报告；三是要求及时传递会计信息，即按照国家规定的有关时限，及时地将编制的报告披露给报告使用者，便于其及时使用和决策。

（五）可比性

可比性是指政府会计主体提供的会计信息应当具有可比性。同一政府会计主体不同时期发生的相同或者相似的经济业务或者事项，应当采用一致的会计政策，不得随意变更。确须变更的，应当将变更的内容、理由及其影响在附注中予以说明。不同政府会计主体发生的相同或者相似的经济业务或者事项，应当采用一致的会计政策，确保政府会计信息口径一致、相互可比。

可比性要求政府会计主体在处理经济业务事项时，除国家政策调整外，使用的会计政策应当前后一致，不同会计主体发生的相同或类似的经济事项，应当采用一致的会计政策，以便于会计主体对会计信息对比分析，作出决策判断。可比性的要求包括两个方面：一是会计信息纵向可比，要求同一会计主体不同时期发生的相同或者相似的交易或者事项，应当采用一致的会计政策，不得随意变更，以便于会计信息使用者了解政府会计主体财务状况、预算执行情况和现金流量的变化趋势，比较会计主体在不同时期的报告信息，全面、客观地评价过去、预测未来，从而作出决策。如果有相关规定或者在会计政策变更后可以提供更可靠、更相关的会计信息，可以变更会计政策。有关会计政策变更的情况，应当在附注中予以说明且需要追溯调整。二是会计信息横向可比，要求不同会计主体同一会计期间发生的相同或者相似的交易或者事项，应当采用一致或相同的会计政策，确保会计信息口径一致、相互可比，不同政府会计主体按照一致的会计政策确认、计量和报告会计信息，以便于会计信息使用者评价不同政府会计主体的财务状况、预算执行情况和现金流量及其变动情况。

（六）清晰性

清晰性是指政府会计主体提供的会计信息应当清晰明了，便于报告使用者理解和使用。

清晰性要求政府会计主体在会计核算的各个环节和步骤做到清晰明了，提供的会计报表通俗易懂。可理解性是连接会计信息与信息使用者的桥梁，有用的会计信息必须为信息使用者所理解，才能发挥价值，否则信息即使相关、可靠但无法让使用者理解也徒然无用。

（七）实质重于形式

实质重于形式是指政府会计主体应当按照经济业务或者事项的经济实质进行会计核算，不限于以经济业务或者事项的法律形式为依据。

实质重于形式要求政府会计主体在会计核算和提供会计信息时，要真实反映政府会计主体经济业务或事项的实质，要按照经济业务或事项的经济实质进行会计确认、计量和报告，不应仅以它们的法律形式为依据。

政府会计主体发生的经济业务或事项在多数情况下，其经济实质和法律形式是一致的。但在有些情况下，会出现不一致。例如，以融资租赁方式租入的资产，虽然从法律形式来讲政府会计主体并不拥有其所有权，但是由于租赁期限较长、租金现值等于或几乎相当于租赁开始日该项资产账面价值，租赁期结束时会计主体有优先购买该资产的选择权，在租赁期内承租主体有权支配资产并从中受益，实质上就是分期付款购置固定资产的一种变通方式。因此，从其经济实质来看，会计主体能够控制融资租入资产所创造的未来经济利益，在会计确认、计量和报告上就应当将以融资租赁方式租入的资产视为会计主体自有资产，列入会计主体的资产负债表并按规定进行披露。

第四节　政府会计要素及其确认和计量

政府会计要素是对政府会计对象的基本分类，是提供会计主体财务状况、预算执行情况的指标体系的基本组成项目，是会计核算对象的具体化，是设置会计科目和设计会计报表框架和格式的依据。政府会计要素包括资产、负债、净资产、收入、费用等财务会计要素和预算收入、预算支出、预算结余等预算会计要素。资产、负债、净资产时点数据反映政府会计主体财务状况，预算收入、预算支出、预算结余时期数据反映会计主体预算执行情况。

一、政府预算会计要素及其确认和计量

政府预算会计要素包括预算收入、预算支出、预算结余。

（一）预算收入

预算收入是指政府会计主体在预算年度内依法取得的并纳入预算管理的现金流入。预算收入一般在实际收到时予以确认，以实际收到的金额计量。

（二）预算支出

预算支出是指政府会计主体在预算年度内依法发生并纳入预算管理的现金流出。预算支出一般在实际支付时予以确认，以实际支付的金额计量。

（三）预算结余

预算结余是指政府会计主体预算年度内预算收入扣除预算支出后的资金余额，以及历年滚存的资金余额。

预算结余包括结余资金和结转资金。结余资金是指年度预算执行终了，预算收入实际完成数扣除预算支出和结转资金后剩余的资金。结转资金是指预算安排的项目年终尚未执行完毕或者因故未执行，且下年需要按原用途继续使用的资金。

符合预算收入、预算支出和预算结余定义及其确认条件的项目应当列入政府决算报告。

二、政府财务会计要素及其确认和计量

政府财务会计要素包括资产、负债、净资产、收入和费用。

（一）资产

资产是指政府会计主体过去的经济业务或者事项形成的，由政府会计主体控制的，预期能够产生服务潜力或者带来经济利益流入的经济资源。服务潜力是指政府会计主体利用资产提供公共产品和服务，以履行政府职能的潜在能力。经济利益流入表现为现金及现金等价物的流入，或者现金及现金等价物流出的减少。

1.资产的分类

政府会计主体的资产按照流动性，分为流动资产和非流动资产。流动资产是指预计在1年内（含1年）耗用或者可以变现的资产，包括货币资金、短期投资、应收及预付款项、存货等。非流动资产是指流动资产以外的资产，包括固定资产、在建工程、无形资产、长期投资、公共基础设施、政府储备资产、文物文化资产、保障性住房和自然资源资产等。

2.资产的确认

符合资产定义的经济资源，在同时满足以下条件时，确认为资产：一是与该经济资源相关的服务潜力很可能实现，或者经济利益很可能流入政府会计主体；二是该经济资源的成本或者价值能够可靠地计量。

3.资产的计量

资产的计量属性主要包括历史成本、重置成本、现值、公允价值和名义金额。

（1）历史成本。在历史成本计量下，资产按照取得时支付的现金金额或者支付对价的公允价值计量。

（2）重置成本。在重置成本计量下，资产按照现在购买相同或者相似资产所须支付的现金金额计量。

（3）现值成本。在现值计量下，资产按照预计从其持续使用和最终处置中所产生的未来净现金流入量的折现金额计量。

（4）公允价值。在公允价值计量下，资产按照市场参与者在计量日发生的有序交易中，出售资产所能收到的价格计量。

（5）名义金额。无法采用上述计量属性的，采用名义金额（即人民币1元）计量。

政府会计主体在对资产进行计量时，一般应当采用历史成本。采用重置成本、现值、

公允价值计量的，应当保证所确定的资产金额能够持续、可靠地计量。

符合资产定义和资产确认条件的项目，应当列入资产负债表。

（二）负债

负债是指政府会计主体过去的经济业务或者事项形成的，预期会导致经济资源流出政府会计主体的现时义务。现时义务是指政府会计主体在现行条件下已承担的义务。未来发生的经济业务或者事项形成的义务不属于现时义务，不应当确认为负债。

1.负债的分类

政府会计主体的负债按照流动性，分为流动负债和非流动负债。流动负债是指预计在1年内（含1年）偿还的负债，包括应付及预收款项、应付职工薪酬、应缴款项等。非流动负债是指流动负债以外的负债，包括长期应付款、应付政府债券和政府依法担保形成的债务等。

2.负债的确认

符合负债定义的义务，在同时满足以下条件时，确认为负债：一是履行该义务很可能导致含有服务潜力或者经济利益的经济资源流出政府会计主体；二是该义务的金额能够可靠地计量。

3.负债的计量

负债的计量属性主要包括历史成本、现值和公允价值。

（1）历史成本。在历史成本计量下，负债按照因承担现时义务而实际收到的款项或者资产的金额，或者承担现时义务的合同金额，或者按照为偿还负债预期需要支付的现金计量。

（2）现值。在现值计量下，负债按照预计期限内需要偿还的未来净现金流出量的折现金额计量。

（3）公允价值。在公允价值计量下，负债按照市场参与者在计量日发生的有序交易中，转移负债所须支付的价格计量。

政府会计主体在对负债进行计量时，一般应当采用历史成本。采用现值、公允价值计量的，应当保证所确定的负债金额能够持续、可靠地计量。

符合负债定义和负债确认条件的项目，应当列入资产负债表。

（三）净资产

净资产是指政府会计主体资产扣除负债后的净额。净资产金额取决于资产和负债的计量。

净资产项目应当列入资产负债表。

（四）收入

收入是指报告期内导致政府会计主体净资产增加的、含有服务潜力或者经济利益的经济资源的流入。

收入的确认应当同时满足以下条件：一是与收入相关的含有服务潜力或者经济利益的经济资源很可能流入政府会计主体；二是含有服务潜力或者经济利益的经济资源流入会导致政府会计主体资产增加或者负债减少；三是流入金额能够可靠地计量。

符合收入定义和收入确认条件的项目，应当列入收入费用表。

（五）费用

费用是指报告期内导致政府会计主体净资产减少的、含有服务潜力或者经济利益的经济资源的流出。

费用的确认应当同时满足以下条件：一是与费用相关的含有服务潜力或者经济利益的经济资源很可能流出政府会计主体；二是含有服务潜力或者经济利益的经济资源流出会导致政府会计主体资产减少或者负债增加；三是流出金额能够可靠地计量。

符合费用定义和费用确认条件的项目，应当列入收入费用表。

第五节　政府会计的会计科目和会计等式

政府会计的会计科目和会计等式是指对会计主体在一定时期内的经济业务或事项活动，以货币为计量单位，通过对会计要素分类计量、核算、归集，并依据会计要素内在联系建立的平衡公式所做的数据概括，反映政府会计主体的财务状况、运行情况和现金流量等会计信息。

一、政府会计的会计科目

政府会计的会计科目是对会计要素对象的具体内容进行分类核算的项目，是对会计对象的具体内容加以科学归类，是进行分类核算与监督的一种方法。会计对象的具体内容不同，管理要求也有所不同。为了全面、系统、分类地核算与监督各项经济业务的发生情况，以及由此而引起的各项资产、负债、净资产、收入、费用、预算收入、预算支出、预算结余的增减变动，有必要依据会计要素的具体内容按照其不同的特点和经济管理要求进行科学的分类，分别设置会计科目（见表1–2）。

（一）政府预算会计的会计科目

1.预算收入会计科目。该科目核算政府会计主体在预算年度内依法取得的并纳入预算管理的现金流入。

预算收入会计科目包括财政拨款预算收入、事业预算收入、上级补助预算收入、附属单位上缴预算收入、经营预算收入、债务预算收入、非同级财政拨款预算收入、投资预算收益、其他预算收入等。

2.预算支出会计科目。该科目反映政府会计主体在预算年度内依法发生并纳入预算管理的现金流出。

预算支出会计科目包括行政支出、事业支出、经营支出、上缴上级支出、对附属单位补助支出、投资支出、债务还本支出、其他支出等。

3.预算结余会计科目。该科目反映政府会计主体在预算年度内预算收入扣除预算支出后的资金余额，以及历年滚存的资金余额。

预算结余会计科目包括资金结存、财政拨款结转、财政拨款结余、非财政拨款结转、非财政拨款结余、专用结余、经营结余、其他结余、非财政拨款结余分配等。

表1–2　　政府会计——预算会计的会计科目名称、编号一览表

会计要素	科目编号	名称
一、预算收入类		
1	6001	财政拨款预算收入
2	6101	事业预算收入
3	6201	上级补助预算收入
4	6301	附属单位上缴预算收入
5	6401	经营预算收入
6	6501	债务预算收入
7	6601	非同级财政拨款预算收入
8	6602	投资预算收益
9	6609	其他预算收入
二、预算支出类		
10	7101	行政支出
11	7201	事业支出
12	7301	经营支出
13	7401	上缴上级支出
14	7501	对附属单位补助支出
15	7601	投资支出
16	7701	债务还本支出
17	7901	其他支出

续表

会计要素	科目编号	名称
三、预算结余类		
18	8001	资金结存
19	8101	财政拨款结转
20	8102	财政拨款结余
21	8201	非财政拨款结转
22	8202	非财政拨款结余
23	8301	专用结余
24	8401	经营结余
25	8501	其他结余
26	8701	非财政拨款结余分配

（二）政府财务会计的会计科目（见表1-3）

1.资产类会计科目。该科目反映政府会计主体过去的经济业务或者事项形成的，由政府会计主体控制的，预期能够产生的服务潜力或者带来的经济利益很可能流入政府会计主体，且该经济资源的成本或者价值能够可靠地计量的经济资源。

政府会计主体的资产按照流动性，分为流动资产和非流动资产。流动资产会计科目包括货币资金类、短期投资、应收及预付款项、存货等。非流动资产会计科目包括固定资产、在建工程、无形资产、长期投资、公共基础设施、政府储备资产、文物文化资产、保障性住房和自然资源资产等。

2.负债类会计科目。该科目反映政府会计主体过去的经济业务或者事项形成的，预期会导致含有服务潜力或者经济利益且金额能够可靠地计量的经济资源流出政府会计主体的现时义务。

政府会计主体的负债按照流动性，分为流动负债和非流动负债。流动负债会计科目包括应付及预收款项、应付职工薪酬、应缴款项等；非流动负债会计科目包括长期应付款、应付政府债券和政府依法担保形成的债务等。

3.净资产类会计科目。该科目反映政府会计主体的权益，是政府会计主体资产扣除负债后的净额。

净资产会计科目包括累计盈余、专用基金、权益法调整、本期盈余、本年盈余分配、无偿调拨净资产、以前年度盈余调整等。

4.收入类会计科目。该科目反映报告期内导致政府会计主体净资产增加的、含有服务潜力或者经济利益的经济资源的流入。

收入类会计科目包括财政拨款收入、事业收入、上级补助收入、附属单位上缴收入、经营收入、非同级财政拨款收入、投资收益、捐赠收入、利息收入、租金收入、其他收入等。

5. 费用类会计科目。该科目反映报告期内导致政府会计主体净资产减少的、含有服务潜力或者经济利益的经济资源的流出。

费用类会计科目包括业务活动费用、单位管理费用、经营费用、资产处置费用等。

表1-3　　政府会计——财务会计的会计科目名称、编号一览表

会计要素	科目编号	科目名称
一、资产类		
1	1001	库存现金
2	1002	银行存款
3	1011	零余额账户用款额度
4	1021	其他货币资金
5	1101	短期投资
6	1201	财政应返还额度
7	1211	应收票据
8	1212	应收账款
9	1214	预付账款
10	1215	应收股利
11	1216	应收利息
12	1218	其他应收款
13	1219	坏账准备
14	1301	在途物品
15	1302	库存物品
16	1303	加工物品
17	1401	待摊费用
18	1501	长期股权投资
19	1502	长期债券投资
20	1601	固定资产
21	1602	固定资产累计折旧
22	1611	工程物资
23	1613	在建工程
24	1701	无形资产
25	1702	无形资产累计摊销
26	1703	研发支出
27	1801	公共基础设施
28	1802	公共基础设施累计折旧（摊销）
29	1811	政府储备物资

续表

会计要素	科目编号	科目名称
30	1821	文物文化资产
31	1831	保障性住房
32	1832	保障性住房累计折旧
33	1891	受托代理资产
34	1901	长期待摊费用
35	1902	待处理财产损溢
二、负债类		
36	2001	短期借款
37	2101	应交增值税
38	2102	其他应交税费
39	2103	应缴财政款
40	2201	应付职工薪酬
41	2301	应付票据
42	2302	应付账款
43	2303	应付政府补贴款
44	2304	应付利息
45	2305	预收账款
46	2307	其他应付款
47	2401	预提费用
48	2501	长期借款
49	2502	长期应付款
50	2601	预计负债
51	2901	受托代理负债
三、净资产类		
52	3001	累计盈余
53	3101	专用基金
54	3201	权益法调整
55	3301	本期盈余
56	3302	本年盈余分配
57	3401	无偿调拨净资产
58	3501	以前年度盈余调整
四、收入类		
59	4001	财政拨款收入
60	4101	事业收入
61	4201	上级补助收入

续表

会计要素	科目编号	科目名称
62	4301	附属单位上缴收入
63	4401	经营收入
64	4601	非同级财政拨款收入
65	4602	投资收益
66	4603	捐赠收入
67	4604	利息收入
68	4605	租金收入
69	4609	其他收入
五、费用类		
70	5001	业务活动费用
71	5101	单位管理费用
72	5201	经营费用
73	5301	资产处置费用
74	5401	上缴上级费用
75	5501	对附属单位补助费用
76	5801	所得税费用
77	5901	其他费用

（三）规范使用会计科目要求

1.单位应当按照《政府会计制度》的规定设置和使用会计科目。在不影响会计处理和编制报表的前提下，会计主体可以根据实际情况自行增设明细科目和减少总账科目，但是不得增设总账科目。

2.单位应当执行《政府会计制度》统一规定的会计科目编号，以便于填制会计凭证、登记账簿、查阅账目，实行会计信息化管理。不得打乱，自行编制会计科目编号。

3.单位在填制会计凭证、登记会计账簿时，应当填制会计科目名称，或者同时填制会计科目编号和会计科目名称，不得只填制会计科目编号、不填制会计科目名称。

4.单位设置明细科目或进行明细核算，除遵循制度规定外，还应当满足权责发生制的政府部门财务报告和政府综合财务报告编制需要，以及收付实现制决算报告的编制需要。

二、政府会计的会计等式

政府会计的会计等式是利用数学等式表达的各会计要素之间的内在经济关系，是反映各会计要素数量关系的等式，也称会计平衡公式或会计恒等式。会计等式是各会计主体设置账户进行复式记账、试算平衡、编制会计报表的理论依据。

（一）政府预算会计的会计等式

政府预算会计的预算收入、预算支出和预算结余三个要素之间的数量关系，组成政府预算会计等式：

预算收入－预算支出＝预算结余

该等式反映政府会计主体在报告期内为实现其职能开展经济业务活动依法取得的纳入本期预算的现金流入和现金流出以及本期预算结余。政府预算会计等式是动态等式，反映会计主体在一定时期内的预算执行情况，是编制预算收入支出表（见表1-4）、预算结转结余变动表（见表1-5）、财政预算拨款收入支出变动表（见表1-6）等的理论依据。

表1-4　　　　预算收入支出表　　　　会政预01表

编制单位：　　　　年　　　　单位：元

项目	本年数	上年数
一、本年预算收入		
（一）财政拨款预算收入		
其中：政府性基金收入		
（二）事业预算收入		
（三）上级补助预算收入		
（四）附属单位上缴预算收入		
（五）经营预算收入		
（六）债务预算收入		
（七）非同级财政拨款预算收入		
（八）投资预算收益		
（九）其他预算收入		
其中：利息预算收入		
捐赠预算收入		
租金预算收入		
二、本年预算支出		
（一）行政支出		
（二）事业支出		
（三）经营支出		
（四）上缴上级支出		
（五）对附属单位补助支出		

续表

项目	本年数	上年数
（六）投资支出		
（七）债务还本支出		
（八）其他支出		
其中：利息支出		
捐赠支出		
三、本年预算收支差额		

表1-5　　**预算结转结余变动表**　　会政预02表

编制单位：　　年　　单位：元

项目	本年数	上年数
一、年初预算结转结余		
（一）财政拨款结转结余		
（二）其他资金结转结余		
二、年初余额调整（减少以“-”填列）		
（一）财政拨款结转结余		
（二）其他资金结转结余		
三、本年变动金额（减少以“-”填列）		
（一）财政拨款结转结余		
1.本年收支差额		
2.归集调入		
3.归集上缴或调出		
（二）其他资金结转结余		
1.本年收支差额		
2.缴回资金		
3.使用专用结余		
4.支付所得税		
四、年末预算结转结余		
（一）财政拨款结转结余		
1.财政拨款结转		
2.财政拨款结余		
（二）其他资金结转结余		
1.非财政拨款结转		
2.非财政拨款结余		
3.专用结余		
4.经营结余（如有余额，以“-”填列）		

表1–6　　财政拨款预算收入支出表　　会政预03表

编制单位：　　年　　单位：元

项目	年初财政拨款结转结余		调整年初财政拨款结转结余	本年归集调入	本年归集上缴或调出	单位内部调剂		本年财政拨款收入	本年财政拨款支出	年末财政拨款结转结余	
	结转	结余				结余	结转			结余	结转
一、一般公共预算财政拨款											
（一）基本支出											
1.人员经费											
2.日常公用经费											
（二）项目支出											
1.××项目											
2.××项目											
……											
二、政府性基金预算财政拨款											
（一）基本支出											
1.人员经费											
2.日常公用经费											
（二）项目支出											
1.××项目											
2.××项目											
……											
总　　计											

（二）政府财务会计的会计等式

政府财务会计的资产、负债、净资产、收入和费用五个要素之间的数量关系，依据会计要素内在关系、属性类别，组成如下两个会计等式。

1.静态会计等式：静态会计等式反映政府会计主体在某一特定日期财务状况的会计等式，由静态会计要素资产、负债和净资产组合而成。依据不同会计等式关系，有以下两种表达方式：

（1）资产－负债=净资产。此会计等式一方面表明债权者权益偿还顺序先于所有者权益，另一方面表明所有者权益是会计主体全部资产抵减全部负债后的剩余部分，反映了所有者对会计主体所享有的权益和风险。

（2）资产=负债+净资产。此会计等式表明政府会计主体拥有的资产由负债和净资产构成，拥有的所有资产，无论其处于何种形态（如现金、银行存款、固定资产等），都必须有相应的来源，或者是负债，或者是净资产。

以上资产与负债和净资产的依存关系，决定了在数量上资产总额和负债与净资产总额必定相等，是编制资产负债表的理论依据（见表1-7）。

表1-7　　　　　　　　　　资产负债表　　　　　　　　　　会政财01表

编制单位：　　　　　　　　　　年　月　日　　　　　　　　　　单位：元

资产	期末余额	年初余额	负债和净资产	期末余额	年初余额
流动资产			流动负债		
货币资金			短期借款		
短期投资			应交增值税		
财政应返还额度			其他应交税费		
应收票据			应缴财政款		
应收账款净额			应付职工薪酬		
预付账款			应付票据		
应收股利			应付账款		
应收利息			应付政府补贴款		
其他应收款净额			应付利息		
存货			预收账款		
待摊费用			其他应付款		
一年内到期的非流动资产			预提费用		
其他流动资产			一年内到期的非流动资产负债		
流动资产合计			其他流动负债		
非流动资产			流动负债合计		
长期股权投资			非流动负债		
长期债券投资			长期借款		
固定资产原值			长期应付款		
减：固定资产累计折旧			预计负债		
固定资产净值			其他非流动负债		
工程物资			非流动负债合计		
在建工程			受托代理负债		
无形资产原值			负债合计		
减：无形资产累计摊销					
无形资产净值					
研发支出					
公共基础设施原值					
减：公共基础设施累计折旧（摊销）					

续表

资产	期末余额	年初余额	负债和净资产	期末余额	年初余额
公共基础设施净值					
政府储备物资					
文物文化资产					
保障性住房原值					
减：保障性住房累计折旧			净资产		
保障性住房净值			累计盈余		
长期待摊费用			专用基金		
待处理财产损溢			权益法调整		
其他非流动资产			无偿调拨净资产*		
非流动资产合计			本期盈余*		
受托代理资产			净资产合计		
资产合计			负债和净资产总计		

注：“*”标识项目为月报项目，年报中不须列示。

2.动态会计等式：动态会计等式反映政府会计主体为实现其职能，依法开展经济业务活动实现的收入和发生的支出，收入和支出的差额为盈余。反映政府会计主体在一定时期内的运行情况，是编制收入费用表和现金流量表的理论依据（见表1–8、表1–9）。会计等式为：

收入－费用＝本期盈余

表1–8　　收入费用表　　会政财02表

编制单位：　　年　月　　单位：元

项 目	本月数	本年累计数
一、本期收入		
（一）财政拨款收入		
其中：政府性基金收入		
（二）事业收入		
（三）上级补助收入		
（四）附属单位上缴收入		
（五）经营收入		
（六）非同级财政拨款收入		
（七）投资收益		
（八）捐赠收入		
（九）利息收入		
（十）租金收入		
（十一）其他收入		

续表

项 目	本月数	本年累计数
二、本期费用		
（一）业务活动费用		
（二）单位管理费用		
（三）经营费用		
（四）资产处置费用		
（五）上缴上级费用		
（六）对附属单位补助费用		
（七）所得税费用		
（八）其他费用		
三、本期盈余		

表1-9　　现金流量表　　会政财04表

编制单位：　　年　　单位：元

项目	本年金额	上年金额
一、日常活动产生的现金流量		
财政基本支出拨款收到的现金		
财政非资本性项目拨款收到的现金		
事业活动收到的除财政拨款以外的现金		
收到的其他与日常活动有关的现金		
日常活动的现金流入小计		
购买商品、接受劳务支付的现金		
支付给职工以及为职工支付的现金		
支付的各项税费		
支付的其他与日常活动有关的现金		
日常活动的现金流出小计		
日常活动产生的现金流量净额		
二、投资活动产生的现金流量		
收回投资收到的现金		
取得投资收益收到的现金		
处置固定资产、无形资产、公共基础设施等收回的现金净额		
收到的其他与投资活动有关的现金		
投资活动的现金流入小计		
购建固定资产、无形资产、公共基础设施等支付的现金		
对外投资支付的现金		

续表

项目	本年金额	上年金额
上缴处置固定资产、无形资产、公共基础设施等净收入支付的现金		
支付的其他与投资活动有关的现金		
投资活动的现金流出小计		
投资活动产生的现金流量净额		
三、筹资活动产生的现金流量		
财政资本性项目拨款收到的现金		
取得借款收到的现金		
收到的其他与筹资活动有关的现金		
筹资活动的现金流入小计		
偿还借款支付的现金		
偿还利息支付的现金		
支付的其他与筹资活动有关的现金		
筹资活动的现金流出小计		
筹资活动产生的现金流量净额		
四、汇率变动对现金的影响额		
五、现金净增加额		

第六节　政府会计报告

政府会计报告是反映政府会计主体年度预算执行情况、财务状况、运行情况和现金流量的信息文件，按照政府会计主体实行“预算会计和财务会计适度分离并相互衔接”的会计核算模式，政府会计报告包括决算报告和财务报告。

一、政府决算报告

（一）政府决算报告的含义和目标

政府决算报告是综合反映政府会计主体年度预算收支执行结果的文件，是会计主体主要依据预算会计核算数据编制而成，包括预算报表和其他相关信息资料。决算报告的目标是向决算报告使用者提供与政府预算执行情况有关的信息，综合反映政府会计主体预算收支的年度执行结果，有助于决算报告使用者进行监督和管理，并为编制后续年度预算提供参考和依据。政府决算报告使用者包括各级人民代表大会及其常务委员会、各级政府及其有关部门、政府会计主体自身、社会公众和其他利益相关者。

（二）政府决算报告的种类

1.预算会计报表。该报表反映政府会计主体年度预算执行情况的报表，以收付实现制为基础，以政府会计主体预算会计核算生成的数据为依据填列而成，一般包括预算收入支出表、预算结转结余变动表、财政拨款预算收入支出表等。

2.其他相关资料。该报表是按照主管部门要求，在决算报表之外反映会计主体预算执行情况、绩效情况、履职情况等其他信息资料。一般包括单位情况、收入支出预算执行情况分析、资产负债情况分析、年度部门决算等财务工作开展情况等。

二、政府财务报告

（一）政府财务报告的含义和目标

政府财务报告是反映政府会计主体某一特定日期的财务状况和某一会计期间的运行情况和现金流量等信息的文件。

政府财务报告应当包括财务报表和其他应当在财务报告中披露的相关信息和资料。财务报告的目标是向财务报告使用者提供政府会计主体的财务状况、运行情况（含运行成本，下同）和现金流量等有关的信息，反映政府会计主体公共受托责任履行情况，有助于财务报告使用者作出决策或者进行监督和管理。政府财务报告使用者包括各级人民代表大会常务委员会、债权人、各级政府及其有关部门、政府会计主体自身和其他利益相关者。

（二）政府财务报告的种类

1.报告主体。政府财务报告按照报告主体分为政府综合财务报告和政府部门财务报告。政府综合财务报告是指由政府财政部门编制的，反映各级政府整体财务状况、运行情况和财政中长期可持续性的报告。政府部门财务报告是指政府各部门、各单位按规定编制的财务报告。

2.编报形式。财务报告按照编报形式，分为财务报表和其他应当在财务报告中披露的相关信息和资料。

（1）财务报表。该报表是反映政府会计主体某一特定日期的财务状况和某一会计期间的运行情况和现金流量等信息的报表，以权责发生制为基础，以政府会计主体财务会计核算生成的数据为依据编制而成。包括会计报表和附注。

会计报表一般包括资产负债表、收入费用表、净资产变动表、现金流量表等。

附注包括：一是单位的基本情况；二是会计报表编制基础；三是遵循的政府会计准则、制度，如《政府财务报告编制办法（试行）》《政府部门财务报告编制操作指南（试行）》等相关规定的声明；四是报告期内采用的重要会计政策和会计估计，包括会计期间，记账本位币、外汇折算汇率，坏账准备的计提方法，存货类别、发出存货的计价方法，存货盘存制度、低值易耗品和包装物的摊销方法，长期股权投资的核算方法，固定资产、无形资产、公共基础设施、政府储备物资、保障性住房的分类、折旧（摊销）方法、折旧（摊销）年限，重要会计政策和会计估计的变更情况等；五是会计报表重要项目说明，如货币资金、应收应付款项、存货、长期投资、固定资产、在建工程、无形资产、公共基础设施、政府储备物资、受托代理资产、长期借款、收入、费用等重要项目的明细信息及说明；六是本年盈余与预算结余的差异情况说明；七是其他重要事项说明，如以名义金额计量的资产名称、数量等情况，以名义金额计量理由的说明，事业单位将单位内部独立核算单位的会计信息纳入本单位财务报表情况的说明等。

（2）相关信息资料。相关信息资料是按照主管部门要求，在财务报表之外反映会计主体履职情况等的其他信息资料。一般包括会计主体工作目标完成情况，重要资产项目和重点债务项目财务状况分析，收入、费用运行情况分析，财务管理情况等。

三、政府决算报告和财务报告的编制规定

1.财务报表和预算会计报表应当根据登记完整、核对无误的账簿记录和其他有关资料编制，做到数字真实、计算准确、内容完整、编报及时。

2.政府会计主体应当根据《政府会计制度》规定编制真实、完整的财务报表和预算会计报表，不得违反制度规定随意改变财务报表和预算会计报表的编制基础、编制依据、编制原则和编制方法，不得随意改变制度规定的财务报表和预算会计报表有关数据的会计口径。

3.会计报表的编报周期。政府会计主体应当至少按照年度编制财务报表和预算会计报表。其中，资产负债表、收入费用表分为月度报表和年度报表，净资产变动表、现金流量表、报表附注、预算收入支出表、预算结转结余变动表、财政拨款预算收入支出表为年度报表。

4.会计报表编报体现的约束性、选择性、可扩展性。财务报表一般包括资产负债表、收入费用表和净资产变动表，单位可根据实际情况自行选择编制现金流量表。预算会计报表至少包括预算收入支出表、预算结转结余变表和财政拨款预算收入支出表。

5.会计报表的严肃性、严谨性。财务报表和预算会计报表应当由单位负责人和主管会计工作的负责人、会计机构负责人（会计主管人员）签名并盖章。

第七节　政府会计改革的现实意义

一、适应国家深化经济改革的需求

政府会计改革是经济改革的重要组成部分，适应了深化经济改革的需求。政府会

计准则和政府会计制度的有效贯彻执行，对行政事业单位包括高校的财务管理建设有着关键性的影响，对政府职能的发挥有着重大意义。政府会计将政府作为一个经济体来看待，对其功能完成、有效管理有较大的促进作用，对于避免财务领域的暗箱操作和腐败问题，有一定的预防监督价值。

1.强化了政府会计主体资产负债的有效管理

政府会计的实施可有效反映政府会计主体的资产负债情况以及预算执行情况。通过核算资产的增量与存量，对落实国有资产管理制度、强化对资产的合理使用、防止国有资产流失、促进国有资产的优化配置、提高资产管理绩效具有重要意义。资产负债项目的准确核算、完整列示、精确分析，可以促进财务风险的积极防范和有效化解。

2.推动政府会计主体绩效管理机制的形成

政府会计进行预算会计、财务会计“双基础”核算。依据财务会计的权责发生制核算要求，对固定资产计提折旧、无形资产计提摊销，并编制相应的收入费用报表等，反映政府会计主体成本控制等方面的具体情况；根据预算会计的收付实现制核算要求，编制预算收入支出表等，反映预算执行情况。这些都是构成绩效考评的基础数据，科学评价政府单位应承担的运行费用与履职成本，进而评价其对公共资源的耗费、成本边际等，能够提升政府单位各类职能绩效管理力度，对其服务能力有直接的促进作用。

3.推动政府会计主体的廉政建设

按照政府信息公开规定，政府会计主体的部门预算和决算信息要进行公示公开，这不仅仅方便了上级部门的监督检查，还使得大众对政府职能发挥及受托责任履行情况做充分了解和监督。会计信息的公开、透明，特别是财政性资金的具体使用以及“三公经费”的公开，促使政府会计主体在经费使用上要慎之又慎、充分发挥资金的有效性，经得起各方的审查及检验，让政府经济行为暴露在阳光下，对政府的廉政建设有着直接的影响。

二、实现行政事业单位会计制度的统一，提高会计信息质量

政府会计的实施结束了行政事业单位行业会计制度并立的局面，统一规范，消除差异，推动了政府会计各科目的核算内容及其报表的完整统一，为政府各部门编制政府财务报告，进而完成成本核算，打下了坚实的财务管理基础，也能够在职能和背景不同的政府各部门间形成有效的对比。

统一的政府会计使各部门单位都以政府整体视角处理业务，参与政府治理，有利于贯彻国家的财经政策和法规制度。在会计领域实现统一领导分级管理的国家治理模式，

有利于提高宏观和微观经济管理水平，有利于加强会计管理，提高了会计信息质量。

三、实现预算会计和财务会计的融合统一

政府会计实现了预算与财务核算的统一，在完善预算会计的基础上，强化了财务会计功能，特别是通过“双功能、双基础、双报告”适度分离又相互衔接的会计核算体系，更加规范会计行为，提升会计信息质量；夯实财务管理基础，提升管理水平；全面反映预算执行情况和财务状况，提高财务收支透明度；准确反映运行成本，科学绩效评价。

为实现预算会计和财务会计双重核算功能，政府预算会计要采取收付实现制，而政府财务会计则要采取权责发生制，使得会计核算标准体现分类核算的特点。一方面，通过政府预算收入支出表等，完整准确地披露相关预算收入、支出及结余等预算信息；另一方面，通过财务会计的资产负债表等，准确全面地反映政府有关资产、负债、收入、费用等财务相关信息。预算会计和财务会计的融合满足不同报告使用者的不同需求。

政府预算会计和财务会计还具备显著的互补性。政府预算会计与政府财务会计适度分离又相互衔接，是政府会计最显著的特点。预算会计的决算报告反映政府单位的预算执行情况，财务报告反映政府单位的财务状况、运行情况和现金流量等信息，在统一的会计执行体系中，预算会计和财务会计彼此协调，决算报告和财务报告互为补充，综合反映了政府部门的具体财务执行情况。

第二章　高等学校会计制度衔接

2019年1月1日，《政府会计制度——行政事业单位会计科目和报表》正式施行，该制度统一了行政事业单位会计制度，高等学校不再执行《高等学校会计制度》，需要采用《政府会计制度》开展会计核算工作。为了全面准确地反映行政事业单位的财务状况及预算执行情况，新制度重新定义了会计要素，形成了“3+5”的会计要素核算新体系，全面引入了权责发生制，构建了财务会计与预算会计适度分离又相互衔接的核算模式。

财政部《关于印发〈管理会计应用指引第803号——行政事业单位〉管理会计应用指引的通知》（财会〔2018〕38号）第二十一条规定：“行政事业单位应按照成本管理的要求，建立健全成本费用相关原始记录，加强和完善成本数据的收集、记录、传递、汇总和整理等基础工作，为成本管理提供必要的数据基础。”财政部《关于印发〈事业单位成本核算基本指引〉的通知》（财会〔2019〕25号）第六条规定：“单位应当以权责发生制财务会计数据为基础进行成本核算，财务会计有关明细科目设置和辅助核算应当满足成本核算的需要。”

制度要求高等学校执行《政府会计制度》的同时，需要高等学校管理者确立成本观念，强化成本意识，将成本核算和控制概念融入日常管理模式和流程中。因此需要科学重构高等学校会计核算框架，实现在会计核算中落实成本核算，使高等学校管理者能够准确把握政府会计准则并做好衔接工作，同时通过成本核算推进经费投入保障机制的建立。

第一节　高等学校会计制度衔接准备

为了全面落实高校会计制度改革，高校应以政府会计制度改革和实施为契机，通过完善与优化高校资产管理、合同管理、信息系统管理等配套工作，牢固树立“业财融合”理念，按照校内部门职责任务分工做好政府会计制度改革的各项工作，促进高校内部治理能力的提升，确保2019年1月1日全面实施政府会计制度，为此，高校会计制度转化前的主要工作有如下几个方面。

一、明确主要任务

（一）构建政府会计核算和报告体系

构建财务会计与预算会计适度分离并相互衔接的会计核算模式，全面、清晰反映高校财务信息和预算执行信息；财务会计核算实行权责发生制，预算会计核算实行收付实现制；编制财务报告和预算会计报表。

（二）开展资产核查工作

根据《政府会计制度》要求，开展清产核资工作，进一步明晰资产使用责任主体，清理核实和归类统计固定资产、无形资产等资产数据，为准确计提折旧、摊销费用、确定权益等提供基础信息。建立资产、财务工作联动机制，确保资产、财务数据动态匹配，全面提升数据质量。

（三）清理分析往来款项

全面开展往来款项专项清理和账龄分析工作，做好坏账计提的准备工作。明确债权债务关系，按规定程序及时核销往来款项。建立往来款项定期清理机制，进一步规范和加强往来款项的管理工作，为准确核算资产负债和收入费用创造条件。

（四）规范合同管理

加强各类合同的清理规范工作，明确责任主体，优化业务流程，建立完善的合同管理制度和信息系统。收入类合同应明确收入权责确认依据和时点要求，支出类合同应明确付款依据和进度时间，为按权责发生制要求进行账务处理提供依据。

（五）清理基本建设账务

基建账并入高校“大账”核算，不再单独建账，是这次政府会计制度改革的一个亮点。如何顺利并入，涉及对启动项目、建设期项目、竣工项目、交付使用项目等基建工程的梳理。进一步清理基本建设账务，按规定及时清算各类政府预缴款、办理基本建设项目竣工财务决算及固定资产入账等手续。根据梳理的结果，按照政府会计制度的要求，并入大账工程物资、在建工程、固定资产等相应的会计科目，为取消基建会计账套、统一纳入高校会计核算做好准备。

（六）加快推进学校信息化建设

以政府会计制度实施为契机，推动经济业务与财务管理的深度融合发展，加强信息化建设，推进业务信息系统与财务信息系统的有效对接，实现数据互通共享，构建覆盖经济活动全过程的信息平台，实现经济业务的网络化、平台化、智能化，为政府会计实施提供技术支撑，确保单位会计信息系统所生成的信息能够满足政府会计改革的需要。

二、组织保障和任务分工

（一）组织保障

高校应成立政府会计制度改革工作小组。工作小组主要职责是起草高校政府会计制度实施方案，研究决定政府会计制度实施工作中出现的重大问题，督促政府会计制度实施工作进度，负责组织开展高校政府会计制度实施宣传、培训工作。

（二）任务分工

根据高校内部部门职能和政府会计制度改革任务，具体分工如下。

1.财务部门。按照政府会计制度要求清理旧账、建立新账，做好新旧会计制度衔接的准备工作。

（1）开展往来款项专项清理和账龄分析，做好坏账计提的准备工作。明确债权债务关系，健全完善往来款定期清理机制。

（2）开展预借发票的清理工作，督促相关部门、人员及时核销票据。

（3）开展代管款项清理分析工作，按照新制度规定保留符合受托代理资产的项目。

（4）调整和更新会计信息系统，做好财务信息化与职能部门业务信息化系统对接准备工作。

（5）做好独立核算的基本建设账务并入高校财务统一核算的各项准备工作。

（6）配合业务部门清理规范涉及经济事项的合同。

（7）构建财务会计与预算会计适度分离并相互衔接的会计核算模式。

（8）组织高校层面的集中宣传培训工作和财务人员的整体培训，通过“学制度，转观念；理旧账，提思路；建新账，搭平台”，提高高校整体财务管理水平。

（9）搭建符合“政府会计制度+准则”的会计核算体系。

2.资产管理部门。清产核资，明晰资产使用责任主体，为准确计提折旧、摊销费用等提供基础信息。

（1）根据政府会计制度要求，开展资产核查工作，进一步明晰资产使用责任主体，清理核实和归类统计固定资产、无形资产等资产数据，做到账物相符、分类科学、计价合理，为准确计提折旧、摊销费用等提供基础信息。

（2）制定高校折旧与摊销等相关管理制度，做好资产折旧（摊销）分类及待处理资产毁损报废工作。

（3）组织对截至2018年12月31日固定资产、无形资产等的预计使用年限、已使用年限、尚可使用年限等按照新制度规定补提折旧（摊销）工作。

（4）2019年起每月按照折旧与摊销管理办法计提折旧、摊销费用，并报财务部门进行账务处理。

（5）做好资产系统与财务系统的对接工作。

（6）清理规范资产出租出借合同，确定收入确认时间节点和入账金额。依托财务信息平台，搭建资产出租出借信息化平台，负责出租出借合同信息的录入，明确出租出借收入确认时间节点和入账金额，为按照权责发生制要求进行账务处理提供依据。

3.科研经费管理部门

（1）配合财务部门做好长期挂账科研经费的入账工作。

（2）负责清理规范各类科研合同。科研收入类合同应明确收入确认依据和时点要求，为按照权责发生制要求进行账务处理提供依据。

（3）签订科研合同时应对资金条款严格审核，督促科研人员按照签订的科研合同催缴应收账款，对超过执行期的合同进行定期清理等。

（4）建立科研合同信息系统，实现数据共享。

（5）做好科研系统与财务系统的对接工作。

4.人事部门

建立健全人员分类管理制度，全面梳理和科学确定教学、科研、行政、后勤、离退休等不同类型人员的人事信息，准确提供各类人员的完整信息。

5.学生事务管理部门

负责梳理、核对学生相关信息，为按照权责发生制要求对学费、住宿费进行账务处理提供基础数据。

6.学院、职能部门

负责按照相关职能部门要求及时对资产、往来款项、合同等进行清理，对账实不符、长期挂账往来款等提出相应的处理建议。

7.信息技术中心

以政府会计制度实施为契机，加快高校信息化建设，推动科研、资产、人事等业务系统与财务系统充分对接，推进“业财融合”，建立业务信息系统与财务管理信息系统的有效对接，消除信息孤岛，构建覆盖经济活动全过程的信息平台，实现经济业务的网络化、平台化、智能化，为政府会计的实施提供技术支撑，为实施政府会计制度做好准备。

三、实施步骤

（一）前期准备阶段

前期准备阶段主要工作包括：一是启动高校落实政府会计制度相关准备工作，成立领导小组，制订高校政府会计制度实施方案，明确任务分工；二是召开政府会计制度实施动员会，启动高校政府会计制度实施工作；三是邀请专家开展高校层面的集中培训工作，保证相关人员准确把握政府会计制度改革的内涵和要求，营造良好的实施条件；四是对财务人员进行专业培训，走出去、请进来，培训、自学多种形式相结合，夯实财务人员的业务基础，为具体实施做充分准备。

（二）实施准备阶段

实施准备阶段主要工作包括：一是校内各部门根据培训内容、结合部门职责，布置本部门工作任务；二是梳理问题清单，提出解决建议，并制订新旧会计制度衔接实施方案，将制度实施与解决部门实际问题有机结合；三是组织相关人员到试点高校调研；四是将本部门新旧会计制度衔接实施方案上报政府会计制度改革领导小组汇总；五是加强信息化建设，推动科研、资产、人事等业务系统与财务系统充分对接，实现数据互通共享，为实施政府会计制度做好准备。

（三）学校决策阶段

高校决策阶段主要工作包括：一是高校政府会计制度改革工作小组对各部门梳理的问题提出处理建议上报高校进行决策；二是对各部门的新旧会计制度衔接实施方案进行审核；三是各部门按照高校决策处理相关事宜。

（四）试运行阶段

试运行阶段主要工作是各校内各职能部门对高校审核通过的新旧会计制度衔接实施方案进行模拟运行，调试设备及信息化系统，做好新制度实施的各项测试工作。

（五）正式实施阶段

高校财务部门根据财政部有关衔接问题处理规定和高校批复的各部门实施方案完成新旧会计制度转换工作，于2019年1月1日正式实施。

第二节　高等学校会计核算框架

政府会计制度的实施，使得高等学校会计核算变得越来越复杂。高等学校在经济活动过程中发生的每笔经济业务要结合是否纳入年度预算进行不同的账务处理，其中对于纳入年度预算且涉及现金收付的经济业务，要进行“双分录”核算。另外，在会计核算的同时，也要根据高等学校成本管理实际需要，对特定的成本核算对象所发生的人力资源耗费，房屋及建筑物、设备、材料、产品等有形资产的耗费，知识产权等无形资产的耗费等各种耗费按照确定的成本核算对象和成本项目进行归集、分配，以便于计算确定各成本核算对象的总成本、单位成本等。为满足"双基础+成本归集"会计核算需要，高等学校应建立由会计科目、部门、项目、项目属性、功能分类、经济分类等要素构成的会计核算框架，对高等学校经济业务或事项进行会计核算。

一、会计核算框架

会计科目和部门、项目是构成高等学校会计核算体系的重要组成部分，为会计核算精细化、科学化提供条件。会计科目是会计要素的具体化，通过会计科目设置反映高校各类经济事项的发生情况以及由此引起的高校各类资产、负债、净资产增减变动，高校办学资金来源、分配、使用及结余情况，以此评价高校财务状况及运行情况。通过部门、项目设置来归集特定成本对象发生的直接资源耗费，包括高校内部各部门、各类具有专门用途和管理要求的经费来源、分配、使用信息。落实成本核算，有助于资金使用绩效评价。通过会计科目、部门、项目、项目属性、功能分类、经济分类等的不同组合，便于高等学校按照政府会计制度要求执行平行记账，同时满足相关准则制度要求下对财务信息的披露，也满足高等学校特定的内部管理需求。

为科学、合理设置会计科目、部门、项目、项目属性，满足高等学校经济活动规律、经济事项内在联系以及政府会计制度核算要求，高等学校经济业务可以分为基金类业务、科研经费类业务、基本建设类业务和其他经济业务类，按照会计科目、部门、项目和业务类别，搭建新政府会计制度下高等学校会计核算框架（见图2–1）。

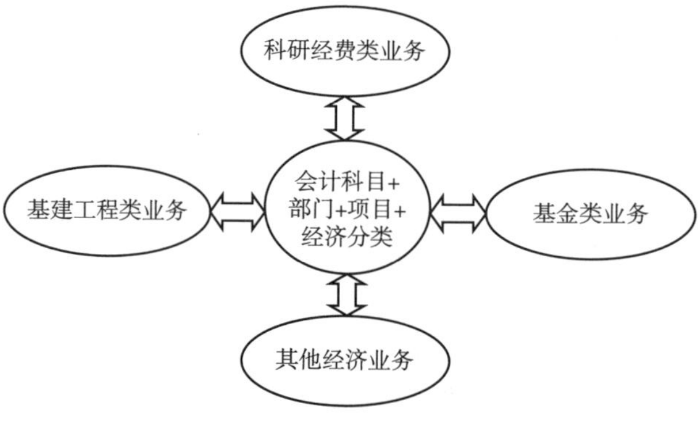

图2–1　高等学校会计核算框架示意图

二、高等学校会计业务的特点

（一）基金类业务

基金类业务是核算按照规定计提的具有专门用途的净资产，主要包括职工福利基金、学生奖助基金，以及职工缴纳房款计提的维修基金。账务处理具有以下特点。

1.基金类业务计提时不论是否纳入年度预算，只需要按规定做财务会计分录，不须做预算会计分录。

财务会计：

借：业务活动费用（单位管理费用）

　　贷：专用基金

预算会计不作账务处理。

2.计提的职工福利基金、学生奖助基金等，按规定在实际使用时进行账务处理。

财务会计：

借：专用基金

　　贷：零余额账户用款额度（银行存款或库存现金）

预算会计：

借：事业支出

　　贷：资金结存——零余额账户用款额度（货币资金）

（二）科研经费类业务

科研经费类业务是核算高等学校通过承接科研项目、开展科研协作、转化科技成果、进行科技咨询等形式开展科研活动，用于发展科学技术事业的费用，包括纵向科研经费和横向科研经费。根据经费来源不同进行不同的账务处理。不同资金来源的账务处理原则如下。

1.从同级政府财政部门取得的各类科研经费拨款按照收付实现制核算，单位在收到财政拨款时同时确认财务会计收入和预算收入。

（1）财政直接支付。在财政直接支付方式下，根据收到的《财政直接支付入账通知书》及相关原始凭证，按照通知书中的直接支付入账金额进行账务处理。

财务会计：

借："库存物品""固定资产""业务活动费用""单位管理费用""应付职工薪酬"等科目

　　贷：财政拨款收入

预算会计：

借：事业支出

　　贷：财政拨款预算收入

（2）财政授权支付。在财政授权支付方式下，根据收到的《财政授权支付额度到账通知书》，按照通知书中的授权支付额度进行账务处理。

财务会计：

借：零余额账户用款额度

贷：财政拨款收入

预算会计：

借：资金结存——零余额账户用款额度（货币资金）

贷：财政拨款预算收入

（3）其他方式下收到财政拨款时，按照实际收到的金额进行账务处理。

财务会计：

借：银行存款等科目

贷：财政拨款收入

预算会计：

借：资金结存——货币资金

贷：财政拨款预算收入

鉴于高等学校年度政府财务报告需要对同级财政部门拨款单独反映，并按照财政预算拨款关系上报主管部门汇总编制本级政府财务报告，主管部门在汇总、编制本级政府财务报告时，须对同级财政部门拨款按照《政府会计准则第9号——财务报表编制和列报》第四十条“本级政府合并财务报表应当以本级政府财政和其被合并主体符合本准则第十七条要求的个别财务报表或合并财务报表为基础，在抵销内部业务或事项对合并财务报表的影响后，由本级政府财政部门合并编制”的规定，对同级财政拨款相互抵销后编制。为准确反映本级政府财务状况和运行情况，建议对列入财政拨款收入核算范围以外的同级政府财政部门取得的财政拨款以及同级政府其他部门转拨的财政拨款，也按照收付实现制核算，高校在收到拨款时同时确认财务会计收入和预算收入。

财务会计：

借：银行存款

贷：事业收入

预算会计：

借：资金结存——货币资金

贷：事业预算收入

2.从同级政府财政部门以外单位取得的各类科研经费拨款，单位在收到款项时，财务会计按照权责发生制核算，财务收入按照科研合同、研发进度等确认；预算会计按收付实现制确认预算收入。

（1）单位收到科研经费款项时，按实际收到的金额进行账务处理。

财务会计：

借：银行存款

贷：预收账款

预算会计：

借：资金结存——货币资金

　　贷：事业预算收入

（2）按照科研项目合同约定、研发进度等确认财务收入时的账务处理如下：

财务会计：

借：预收账款

　　贷：事业收入

（三）基建工程类业务

基建工程类业务是核算经发展改革委立项的基建项目以及经过高校研究同意拟启动建设的基建项目的前期费用，基本建设类业务特殊规定如下。

1.须执行特定的相关规范

高校在执行政府会计制度的同时，还须按照《基本建设财务规则》（中华人民共和国财政部令第81号）、《基本建设项目竣工财务决算管理暂行办法》（财建〔2016〕503号）、《基本建设项目建设成本管理规定》（财建〔2016〕504号）、《建设工程价款结算暂行办法》（财建〔2004〕369号）等国家颁布的基本建设相关法规办理结算、决算等经济事项。

2.拟启动基建项目的前期费用处理

拟启动建设的基建项目的前期费用，是指从建设项目规划谋划、立项申请、可行性研究、初步设计到项目开工前所进行的一系列工作的费用。前期费用发生时，高校按实际发生金额暂归集核算，在基建项目批准建设后，方可列入项目建设成本。基建项目未获得批准或因故终止，归集的费用须转入当期费用。

3.建设周期较长资金来源渠道多

新建基建项目资金结算周期一般在3—5年，高校需要在建设项目概算内依据建设项目进度分年度做好建设资金使用计划。同时，建设资金来源渠道多元化，既有财政拨款资金，又有高校自筹资金和经批准取得的金融机构贷款、地方债等，会计核算较为复杂。

4.资产估值入账

基建项目竣工验收合格投入使用后，在办理基建项目竣工财务决算批复前，高校应按基建项目暂估账面价值，办理资产入账手续，并按规定计提折旧；基建项目竣工财务决算批复后，按批复意见调整已入账固定资产价值，且已计提的累计折旧不再调整。

5.竣工决算

基建项目竣工决算须按照投资额度分别报省财政厅或主管部门批复。经批复的基本建设项目竣工财务决算是核定基建项目资产价值、反映竣工基建项目建设成果的文件，是办理资产移交和产权登记的依据。

（四）其他经济业务

其他业务是指高等学校经济业务除基金类、科研经费类和基本建设类以外的其他经济业务，一般具有以下特点。

1.高校年度预算支出一般要求在预算年度内执行完毕，年度内因政府采购等特殊情况未执行完毕的部分，经批准可结转下年。结转政策主要包括：一是当年中央转移支付安排的未执行或未完全执行的项目资金；二是当年省级预算批复的、已经进入政府采购程序但尚未完成支出的项目资金；三是当年预算批复的、正在实施或确须在下年度继续实施的项目资金。

2.从同级政府财政部门取得的各类拨款按照收付实现制核算。高校在收到财政拨款时，同时确认财务会计收入和预算收入。其他业务（科研经费、基建业务除外）应当以实际发生的经济业务或事项，以合法、相关的原始凭证和文件为依据判断经济活动性质，正确使用会计科目，准确、完整、及时地对经济业务或事项进行确认和计量。

第三节　高等学校会计科目设置

一、会计科目

高等学校会计科目是指按照《政府会计制度》的规定，依据高等学校经济业务的内容和经济管理的要求，对会计要素的具体内容进行分类核算的科目。会计科目按其所提供信息的详细程度及其统驭关系的不同，又分为总分类科目和明细分类科目。总分类科目是对会计要素具体内容进行总括分类，提供总括信息的会计科目，如“应收账款”科目。明细分类科目是对总分类科目作进一步分类，提供更详细更具体的会计信息科目，如“应收账款”科目按债务人名称设置明细科目，反映应收账款具体对象；按照借款的用途设置明细科目，便于进行“双分录”会计核算等。

《政府会计制度》第一部分“总说明”第七条规定：“单位应当按照下列规定运用会计科目：（四）单位设置明细科目或进行明细核算，除遵循本制度规定外，还应当满足权责发生制政府部门财务报告和政府综合财务报告编制的其他需要。”

二、会计科目设置

（一）会计科目设置原则

科学、合理、适用的会计科目设置可以满足“双功能”“双基础”“双报告”的需要，也可以满足高等学校成本核算的数据归集，以便于单位内部的成本管理、绩效考核、领导决策等，以及向其他会计报告信息使用者如政府部门、债权人、社会公众提供高质量的会计信息。高等学校会计科目作为会计信息的重要载体，其设置应遵循下列原则。

1.合法性原则

合法性原则，是指所设置的会计科目应当符合国家统一的会计制度的规定。《政府会计制度》第一部分“总说明”第七条规定：“单位应当按照下列规定运用会计科目：（一）单位应当按照本制度的规定设置和使用会计科目。在不影响会计处理和编制报表的前提下，单位可以根据实际情况自行增设或减少某些会计科目。”高等学校应当参照政府会计制度中的统一规定的会计科目，根据高校自身的实际情况设置会计科目，在不影响统一会计核算要求以及对外提供统一的财务报表的前提下，自行增设、减少或合并某些会计科目，以保证不同高校对外提供的会计信息的可比性。

2.相关性原则

相关性原则，是指所设置的会计科目要服务于会计信息的提供，要满足高校对外财务报告和对内管理的需要。

3.实用性原则

实用性原则，是指所设置的会计科目应符合高等学校自身特点，根据高校自身规模、业务类别，既要简单实用，又要突出重点，满足高校实际需要。

4.清晰性原则

清晰性原则，是指会计科目设置，要求简单明确，通俗易懂。同时，高等学校对每个会计科目所反映的经济内容也必须做到界限明确，既要避免不同会计科目所反映的内容重叠的现象，也要防止会计科目未能涵盖高校经济内容的现象出现。

5.全面性原则

全面性原则，是指所设置的会计科目要能对会计要素进行分类核算，充分满足高等学校对各项经济活动进行记录和核算的需要，并形成一个完整和统一的高校内部会计核算体系。

会计科目的设置可以把各项会计要素的增减变化分门别类地归集起来，使之一目了然。记录高等学校经济活动的会计语言包括对会计要素分类的会计科目和反映支出内容的经济分类科目。其中，会计科目共计103个一级科目，包括财务会计下资产、负债、净资产、收入和费用五要素共77个一级科目，预算会计下预算收入、预算支出和预算结余三要素共26个一级科目；经济分类科目共计25类159款，其中政府预算支出经济分类科目15类62款，部门预算支出经济分类科目共10类97款。

（二）会计科目设置

会计科目构成高等学校会计核算体系的重要组成部分，为会计核算精细化、科学化提供条件。高等学校会计科目设置应兼顾对外报告和对内加强管理以及成本核算的需要，同时考虑在财务会计和预算会计双核算体系下是否进行项目核算。一般情况下，预算会计核算体系，除“资金结存”外的科目均要求实行项目核算；财务会计下的大部分科目采用项目核算。

高等学校会计总账科目编号由四位数字组成。按照《政府会计制度》财务会计和预算会计“5+3”会计要素的要求，第一位数字代表科目的类别或会计要素类型，其中，“1”代表资产类科目，“2”代表负债类科目，“3”代表净资产类科目，“4”代表收入类科目，“5”代表费用类科目，“6”代表预算收入类科目，“7”代表预算支出类科目，“8”代表预算结余类科目；后三位数字代表会计科目的序号。高等学校须按照《政府会计制度》规定设置总账科目，根据实际需要自主设置明细科目。

高等学校会计总账科目及明细科目的设置、编码建议如表2-1和表2-2所示。

表2-1　　　　财务会计

（一）资产类会计科目

序号	总账科目编号	明细账科目编号	会计科目名称	核算内容	备注
1	1001		库存现金	本科目核算高等学校的库存现金。本科目期末借方余额，反映高等学校实际持有的库存现金	高等学校应当严格按照国家有关现金管理的规定收支现金，并按照相关规定核算现金的各项收支业务
		100101	库存现金——人民币	核算高等学校除受托代理、代管的现金之外的库存人民币现金	
		100102	库存现金——外币	核算高等学校库存外币现金	
		100103	库存现金——受托代理资产	核算高等学校受托代理、代管的现金	
2	1002		银行存款	本科目核算高等学校存入银行或者其他金融机构的各种存款。本科目期末借方余额，反映高等学校实际存放在银行或其他金融机构的款项	高等学校应当严格按照国家有关支付结算办法的规定办理银行存款收支业务，并按照相关规定核算银行存款的各项收支业务
		100201	银行存款——人民币账户	本科目核算高等学校存入银行或者其他金融机构的各种人民币存款	
		10020101	银行存款——人民币账户——工行等	本科目核算高等学校存入工商银行的人民币存款	按核准的开户银行分别设置明细账
		100202	银行存款——外币账户	本科目核算高等学校存入银行或者其他金融机构的各种外币存款	

续表

序号	总账科目编号	明细账科目编号	会计科目名称	核算内容	备注
2		10020201	银行存款——外币账户——美元	本科目核算高等学校存入银行或者其他金融机构的美元存款	按核准的外币账户分别设置明细账
		100203	银行存款——受托代理资产	核算高等学校受托代理、代管的银行存款	
3	1011		零余额账户用款额度	本科目核算实行国库集中支付的高等学校根据财政部门批复的用款计划收到和支用的零余额账户用款额度。本科目期末借方余额，反映高等学校尚未支用的零余额账户用款额度。年末注销高等学校零余额账户用款额度后，本科目应无余额	
4	1021		其他货币资金	本科目核算高等学校的外埠存款、银行本票存款、银行汇票存款、信用卡存款等各种其他货币资金。本科目期末借方余额，反映高等学校实际持有的其他货币资金	单位应当加强对其他货币资金的管理，及时办理结算，对于逾期尚未办理结算的银行汇票、银行本票等，应当按照规定及时转回，并按照规定进行相应账务处理
		102101	其他货币资金——外埠存款	本科目核算高等学校按照有关规定在异地开立的银行账户的款项结算和余款情况	
		102102	其他货币资金——银行本票存款	本科目核算高等学校将款项交存银行取得银行本票的款项结算及余款交回情况	
		102103	其他货币资金——银行汇票存款	本科目核算高等学校将款项交存银行取得银行汇票的款项结算及余款交回情况	
		102104	其他货币资金——信用证存款	本科目核算高等学校将款项交存银行取得信用证的款项结算及余款交回情况	
5	1101		短期投资	本科目核算高等学校按照规定取得的，持有时间不超过1年（含1年）的投资。本科目期末借方余额，反映高等学校持有短期投资的成本	本科目应当按照投资的种类等进行明细核算
6	1201		财政应返还额度	本科目核算实行国库集中支付的高等学校应收财政返还的资金额度，包括可以使用的以前年度财政直接支付资金额度和财政应返还的财政授权支付资金额度。本科目期末借方余额，反映高等学校应收财政返还的资金额度	本科目应当设置“财政直接支付”“财政授权支付”两个明细科目进行明细核算
		120101	财政应返还额度——财政直接支付	本科目核算财政直接支付下高等学校应收财政返还的资金额度	

续表

序号	总账科目编号	明细账科目编号	会计科目名称	核算内容	备注
6		120102	财政应返还额度——财政授权支付	本科目核算财政授权支付下高等学校应收财政返还的资金额度	
7	1211		应收票据	本科目核算高等学校因开展经营活动销售产品、提供有偿服务等而收到的商业汇票，包括银行承兑汇票和商业承兑汇票。本科目期末借方余额，反映高等学校持有的商业汇票票面金额	本科目应当按照开出、承兑商业汇票的单位等进行明细核算；高等学校应当设置“应收票据备查簿”，逐笔登记每一笔应收票据的种类、号数、出票日期、到期日、票面金额、交易合同号和付款人、承兑人、背书人姓名或单位名称、背书转让日、贴现日期、贴现率和贴现净额、收款日期、收回金额和退票情况等。应收票据到期结清票款或退票后，应当在备查簿内逐笔注销
8	1212		应收账款	本科目核算高等学校提供服务、销售产品等应收取的款项，以及高等学校因出租资产、出售物资等应收取的款项。本科目期末借方余额，反映高等学校尚未收回的应收账款	本科目应当按照债务单位（或个人）进行明细核算
		121201	应收货款	本科目核算高等学校提供服务、销售产品等应收取的款项	
		121202	应收国有资产出租出借款	本科目核算高等学校因出租、出借国有资产应收取的款项	
		121203	其他应收款	本科目核算高等学校除上述情况外其他应收取的款项	
9	1214		预付账款	本科目核算高等学校按照购货、服务合同或协议规定预付给供应单位（或个人）的款项，以及按照合同规定向承包工程的施工企业预付的备料款和工程款。本科目期末借方余额，反映高等学校实际预付但尚未结算的款项	本科目按照供应单位（或个人）及具体项目进行明细核算
		121401	预付基建工程款	本科目核算高等学校按照合同规定向承包基建工程的施工企业预付的备料款和工程款等	
		12140101	预付工程款	本科目核算高等学校按照合同规定向承包工程的施工企业预付的工程款	
		12140102	预付备料款	本科目核算高等学校按照合同规定向承包工程的施工企业预付的备料款	

续表

序号	总账科目编号	明细账科目编号	会计科目名称	核算内容	备注
9		12140199	其他预付款	本科目核算高等学校按照合同规定向承包工程的施工企业预付的除备料款和工程款以外的其他款项	
		121402	预付大型修缮项目款	本科目核算高等学校按照合同规定向承包大型修缮工程的施工企业预付的工程款等	
		121403	预付设备款	本科目核算高等学校按照购货、服务合同或协议规定预付给供应单位（或个人）的设备款项	
		121499	其他预付款	本科目核算高等学校按照购货、服务合同或协议规定预付给供应单位（或个人）的除以上款项外的其他款项	
10	1215		应收股利	本科目核算高等学校持有长期股权投资应当收取的现金股利或应当分得的利润。本科目期末借方余额，反映高等学校应当收取但尚未收到的现金股利或利润	本科目应当按照被投资单位等进行明细核算
11	1216		应收利息	本科目核算高等学校长期债券投资应当收取的利息。本科目期末借方余额，反映高等学校应收未收的长期债券投资利息	本科目应当按照被投资单位等进行明细核算
12	1218		其他应收款	本科目核算高等学校除财政应返还额度、应收票据、应收账款、预付账款、应收股利、应收利息以外的其他各项应收及暂付款项，如职工预借的差旅费、已经偿还银行尚未报销的本单位公务卡欠款、拨付给内部有关部门的备用金、应向职工收取的各种垫付款项、支付的可以收回的订金或押金、应收的上级补助和附属单位上缴款项等。本科目期末借方余额，反映高等学校尚未收回的其他应收款	
		121801	支出类	本科目核算列入预算的支出性借款，如职工预借的差旅费	本科目在借款时按项目进行平行记账；冲账报销时，按照实际情况调整预算会计的会计科目
		121802	应收类	本科目核算不构成预算会计业务，如可以收回的各种垫款、订金、押金等	本科目在业务发生时不需要进行预算会计处理
		121803	周转类	本科目核算周转性质的借款，如付给内部有关部门的备用金	本科目在业务发生时不需要进行预算会计处理。冲账报销时，按照实际情况进行平行记账

续表

序号	总账科目编号	明细账科目编号	会计科目名称	核算内容	备注
13	1219		坏账准备	本科目核算高等学校对收回后不须上缴财政的应收账款和其他应收款提取的坏账准备。本科目期末贷方余额，反映高等学校提取的坏账准备金额	本科目应当分别按照应收账款和其他应收款进行明细核算
		121901	应收账款	本科目核算高等学校对收回后不须上缴财政的应收账款提取的坏账准备	
		121902	其他应收款	本科目核算高等学校对收回后不须上缴财政的其他应收款提取的坏账准备	
14	1301		在途物品	本科目核算高等学校采购材料等物资时货款已付或已开出商业汇票但尚未验收入库的在途物品的采购成本。本科目期末借方余额，反映高等学校在途物品的采购成本	本科目应当按照供应单位和物品种类进行明细核算
14		130101	实验耗材	本科目核算高等学校采购实验耗材时货款已付或已开出商业汇票但尚未验收入库的在途物品的采购成本	
		130102	仪器设备	本科目核算高等学校采购仪器设备时货款已付或已开出商业汇票但尚未验收入库的在途物品的采购成本	
		130199	其他	本科目核算高等学校除实验耗材、仪器设备以外的已付或已开出商业汇票但尚未验收入库的在途物品的采购成本	
15	1302		库存物品	本科目核算高等学校在开展业务活动及其他活动中为耗用或出售而储存的各种材料、产品、包装物、低值易耗品，以及达不到固定资产标准的用具、装具、动植物等的成本。已完成的测绘、地质勘察、设计成果等的成本，也通过本科目核算。本科目期末借方余额，反映高等学校库存物品的实际成本	本科目应当按照物品的种类、规格、保管地点等进行明细核算。高等学校应当定期对库存物品进行清查盘点，每年至少盘点一次。对于发生的库存物品盘盈、盘亏或者报废、毁损，应当先计入“待处理财产损溢”科目，按照规定报经批准后及时进行后续账务处理
16	1303		加工物品	本科目核算高等学校自制或委托外单位加工的各种物品的实际成本。未完成的测绘、地质勘察、设计成果的实际成本，也通过本科目核算。本科目期末借方余额，反映高等学校自制或委托外单位加工但尚未完工的各种物品的实际成本	本科目应当设置“自制物品”“委托加工物品”“受托加工物品”等一级明细科目及项目进行明细核算

续表

序号	总账科目编号	明细账科目编号	会计科目名称	核算内容	备注
16		130301	自制物品	本科目核算高等学校自制各种物品的实际成本	
		130302	委托加工物品	本科目核算高等学校委托外单位加工的各种物品的实际成本	
		130303	受托加工物品	本科目核算高等学校受托加工物品加工时发生的料、工、费等资源耗费	
17	1401		待摊费用	本科目核算高等学校已经支付，但应当由本期和以后各期分别负担的分摊期在1年以内（含1年）的各项费用，如预付航空保险费、预付租金等。本科目期末借方余额，反映单位各种已支付但尚未摊销的分摊期在1年以内（含1年）的费用	本科目应当按照待摊费用种类进行明细核算
		140101	预付租金	本科目核算高等学校已经支付由本期和以后各期分别负担的分摊期在1年以内（含1年）的租金费用	
		140102	预付保险	本科目核算高等学校已经支付由本期和以后各期分别负担的分摊期在1年以内（含1年）的各项保险费用	
		140199	其他	本科目核算高等学校已经支付由本期和以后各期分别负担的分摊期在1年以内（含1年）的其他各项费用	
18	1501		长期股权投资	本科目核算高等学校按照规定取得的，持有时间超过1年（不含1年）的股权性质的投资。本科目期末借方余额，反映高等学校持有的长期股权投资的价值	本科目应当按照被投资单位和长期股权投资取得方式等进行明细核算
		150101	成本法	本科目核算高等学校采取成本法核算的长期股权投资	
		150102	权益法	本科目核算高等学校采取权益法核算的长期股权投资	
19	1502		长期债券投资	本科目核算高等学校按照规定取得的，持有时间超过1年（不含1年）的债券投资。本科目期末借方余额，反映高等持有的长期债券投资的价值	本科目应当设置“成本”“应计利息”明细科目，并按照债券投资种类进行明细核算
19		150201	成本	本科目核算高等学校取得长期债券投资时确定的投资成本	
		150202	应计利息	本科目核算长期债券投资持有期间，按期以债券票面金额与票面利率计算确认利息收入以及取得的长期债券投资时支付的价款中包含的已到付息期但尚未领取的利息	

续表

序号	总账科目编号	明细账科目编号	会计科目名称	核算内容	备注
20	1601		固定资产	本科目核算高等学校固定资产的原值。本科目期末借方余额，反映高等学校固定资产的原值	本科目应当按照固定资产类别和项目进行明细核算
		160101	房屋及构筑物	本科目核算高等学校房屋及构筑物的原值	
		160102	专用设备	本科目核算高等学校专用设备的原值	
		160103	通用设备	本科目核算高等学校通用设备的原值	
		160104	文物和陈列品	本科目核算高等学校文物及陈列品的原值	
		160105	图书、档案	本科目核算高等学校图书、档案的原值	
		160106	家具、用具、装具及动植物	本科目核算高等学校家具、用具、装具及动植物的原值	
21	1602		固定资产累计折旧	本科目核算高等学校计提的固定资产累计折旧。本科目期末贷方余额，反映高等学校计提的固定资产折旧累计数	本科目应当按照对应固定资产的明细分类进行明细核算
		160201	房屋及构筑物	本科目核算高等学校计提的房屋及构筑物累计折旧	
		160202	专用设备	本科目核算高等学校计提的专用设备累计折旧	
		160203	通用设备	本科目核算高等学校计提的通用设备累计折旧	
		160206	家具、用具、装具	本科目核算高等学校计提的家具、用具、装具累计折旧	
22	1611		工程物资	本科目核算高等学校为在建工程准备的各种物资的成本，包括工程用材料、设备等。本科目期末借方余额，反映高等学校为在建工程准备的各种物资的成本	本科目可按照“库存材料”“库存设备”等工程物资类别进行明细核算
		161101	库存材料	本科目核算高等学校为在建工程准备的工程用材料	
		161102	库存设备	本科目核算高等学校为在建工程准备的各种设备	
23	1613		在建工程	本科目核算高等学校在建的建设项目工程的实际成本，包括基建项目、大型修缮项目、信息系统建设等	本科目应当设置“建筑安装工程投资”“设备投资”“待摊投资”“其他投资”“待核销基建支出”“基建转出投资”等明细科目，并按照具体项目进行明细核算

续表

序号	总账科目编号	明细账科目编号	会计科目名称	核算内容	备注
23		161301	建筑安装工程投资	本科目核算高等学校按照批准的建设内容发生的建筑工程和安装工程的实际成本	
		16130101	建筑工程投资	本科目核算高等学校按照批准的建设内容发生的建筑工程的实际成本	
		16130102	安装工程投资	本科目核算高等学校按照批准的建设内容发生的安装工程的实际成本	
		161302	设备投资	本科目核算高等学校按照批准的建设内容发生的各种设备的实际成本，包括需要安装的设备、不需要安装的设备和为生产准备的不够固定资产标准的工具、器具的实际成本	
		16130201	不需要安装的设备	本科目核算高等学校按照批准的建设内容发生的各种不需要安装的设备的实际成本	
		16130202	需要安装的设备	本科目核算高等学校按照批准的建设内容发生的各种需要安装的设备的实际成本	
		161303	待摊投资	本科目核算高等学校按照批准的建设内容发生的，构成建设项目实际支出、按规定应当分摊计入有关工程成本和设备成本的各项间接费用和税费支出	本科目应当设置“建设单位管理费”“勘察设计费”“可行性研究费”等科目进行明细核算
		16130301	建设单位管理费	本科目核算高等学校按照批准的建设内容发生的从项目筹建之日起至办理竣工财务决算之日止发生的管理性质的支出	一般不得发生业务招待费，确须列支的，项目业务招待费支出应当严格按照国家有关规定执行，并不得超过项目建设管理费的5%
		16130302	土地征用及迁移补偿费	本科目核算高等学校按照批准的建设内容发生的土地征用及迁移补偿费、土地复垦及补偿费、森林植被恢复费及其他为取得或租用土地使用权而发生的费用	
		16130303	勘察设计费、可行性研究费	本科目核算高等学校经批准列入建设成本的批准的勘察设计费、可行性研究报告等前期费用	
		16130304	借（存）款利息	本科目核算高等学校基建项目建设资金在基建项目交付使用之前产生的存款利息和支付的基建贷款利息	
		16130305	合同公证及工程质量监测费	本科目核算高等学校按照批准的建设内容发生的合同公证及工程质量检测费	

续表

序号	总账科目编号	明细账科目编号	会计科目名称	核算内容	备注
23		16130306	政府规费缴款	本科目核算高等学校按照规定缴纳的土地使用税、耕地占用税、契税、车船税、印花税及按规定缴纳的其他税费	
		16130399	其他待摊投资	本科目核算高等学校按照批准的建设内容发生的上述情况外的其他待摊投资	
		161304	其他投资	本科目核算高等学校按照批准的项目建设内容发生的房屋购置支出，基本畜禽、林木等购置、饲养、培育支出，办公生活用家具、器具购置支出，软件研发和不能计入设备投资的软件购置等支出	
		161305	待核销基建投资	本科目核算高等学校建设项目发生的江河清障、航道清淤、飞播造林、补助群众造林、水土保持、城市绿化等不能形成资产的各类支出，取消的建设项目发生的可行性研究费，以及报经批准由于自然灾害等原因发生的建设项目整体报废所形成的净损失	
		161306	基建转出投资	本科目核算高等学校为建设项目配套而建成的、产权不归属本校的专用设施的实际成本	
24	1701		无形资产	本科目核算高等学校无形资产的原值。本科目期末借方余额，反映高等学校无形资产的成本	本科目应当按照无形资产的类别、项目等进行明细核算，非大批量购入、单价小于1 000元的无形资产，可以于购买的当期将其成本直接计入当期费用
		170101	土地使用权	本科目核算高等学校土地使用权的原值	
		170102	专利权	本科目核算高等学校专利权的原值	
		170103	著作权	本科目核算高等学校著作权的原值	
		170104	商标权	本科目核算高等学校商标权的原值	
		170105	非专利技术	本科目核算高等学校非专利技术的原值	
		170106	软件	本科目核算高等学校软件的原值	
		170199	其他无形资产	本科目核算高等学校其他无形资产的原值	
25	1702		无形资产累计摊销	本科目核算高等学校对使用年限有限的无形资产计提的累计摊销。本科目期末贷方余额，反映高等学校计提的无形资产摊销累计数	本科目应当按照所对应无形资产的明细分类进行明细核算

续表

序号	总账科目编号	明细账科目编号	会计科目名称	核算内容	备注
25		170201	土地使用权	本科目核算高等学校土地使用权计提的累计摊销	
		170202	专利权	本科目核算高等学校专利权计提的累计摊销	
		170203	著作权	本科目核算高等学校著作权计提的累计摊销	
		170204	商标权	本科目核算高等学校商标权计提的累计摊销	
		170205	非专利技术	本科目核算高等学校非专利技术计提的累计摊销	
		170206	软件	本科目核算高等学校软件计提的累计摊销	
		170299	其他无形资产	本科目核算高等学校其他无形资产计提的累计摊销	
26	1703		研发支出	本科目核算高等学校自行研究开发项目研究阶段和开发阶段发生的各项支出。建设项目中的软件研发支出，应当通过“在建工程”科目核算，不通过本科目核算。本科目期末借方余额，反映单位预计能达到预定用途的研究开发项目在开发阶段发生的累计支出数	本科目应当按照自行研究开发项目，分别“研究支出”“开发支出”进行明细核算
		170301	研究支出	本科目核算高等学校自行研究开发项目研究阶段发生的各项支出	期（月）末，应当将本科目归集的研究阶段的支出金额转入当期费用，本科目期（月）末应无余额
		170302	开发支出	本科目核算高等学校自行研究开发项目开发阶段发生的各项支出	
27	1891		受托代理资产	本科目核算高等学校接受委托方委托管理的各项资产，包括受托指定转赠的物资、受托存储保管的物资等的成本。单位管理的罚没物资也应当通过本科目核算。单位收到的受托代理资产为现金和银行存款的，不通过本科目核算，应当通过“库存现金”“银行存款”科目进行核算。本科目期末借方余额，反映高等学校受托代理实物资产的成本	本科目应当按照资产的种类和委托人进行明细核算；属于转赠资产的，还应当按照受赠人进行明细核算
		189101	应收及暂付款	本科目核算高等学校使用受托代理资金发生的各种应收及暂付款项	
		189102	固定资产	本科目核算高等学校使用受托代理资金购置的固定资产或接受委托代为管理的固定资产的成本	

续表

序号	总账科目编号	明细账科目编号	会计科目名称	核算内容	备注
27		189103	无形资产	本科目核算高等学校使用受托代理资金购置的无形资产或接受委托代为管理的无形资产的成本	
		189199	其他	本科目核算高等学校使用受托代理资金购置的其他资产或接受委托代为管理的其他资产的成本	
28	1901		长期待摊费用	本科目核算高等学校已经支出，但应由本期和以后各期负担的分摊期限在1年以上（不含1年）的各项费用，如以经营租赁方式租入的固定资产发生的改良支出等。本科目期末借方余额，反映高等学校尚未摊销完毕的长期待摊费用	本科目应当按照费用项目进行明细核算
29	1902		待处理财产损溢	本科目核算高等学校在资产清查过程中查明的各种资产盘盈、盘亏和报废、毁损的价值。本科目期末如为借方余额，反映尚未处理完毕的各种资产的净损失；期末如为贷方余额，反映尚未处理完毕的各种资产净溢余。年末，经批准处理后，本科目一般应无余额	本科目应当按照待处理的资产项目进行明细核算，对于在资产处理过程中取得收入或发生相关费用的项目，还应当设置“待处理财产价值”“处理净收入”明细科目，进行明细核算
		190201	待处理财产价值	本科目核算高等学校在资产清查过程中查明的各种资产盘盈、盘亏和报废、毁损的资产的账面价值	
		190202	处理净收入	本科目核算高等学校在资产清查过程中处理各种非现金资产取得的相关收入和发生的相关支出	

（二）负债类会计科目

序号	总账科目编号	明细账科目编号	会计科目名称	核算内容	备注
30	2001		短期借款	本科目核算高等学校经批准向银行或其他金融机构等借入的期限在1年内（含1年）的各种借款。本科目期末贷方余额，反映高等学校尚未偿还的短期借款本金	本科目应当按照债权人和借款种类进行明细核算
31	2101		应交增值税	本科目核算高等学校按照税法规定计算应缴纳的增值税。本科目期末贷方余额，反映高等学校应交未交的增值税，期末如为借方余额，反映高等学校尚未抵扣或多缴纳的增值税	属于增值税一般纳税人的单位，应当在本科目下设置“应交税金”“未交税金”“预交税金”“待抵扣进项税额”“待认证进项税额”“待转销项税额”“简易计税”“转让金融商品应交增值税”“代扣代交增值税”等明细科目

续表

序号	总账科目编号	明细账科目编号	会计科目名称	核算内容	备注
32	2102		其他应交税费	本科目核算高等学校按照税法等规定计算应缴纳的除增值税以外的各种税费，包括城市维护建设税、教育费附加、地方教育费附加、车船税、房产税、城镇土地使用税和企业所得税等。高等学校代扣代缴的个人所得税，也通过本科目核算。本科目期末贷方余额，反映高等学校应交未交的除增值税以外的税费金额，期末如为借方余额，反映高等学校多缴纳的除增值税以外的税费金额	本科目应当按照应缴纳的税费种类进行明细核算
		210201	城市维护建设税	本科目核算高等学校按照税法规定计算应缴纳的城市维护建设税	
		210202	教育费附加	本科目核算高等学校按照税法规定计算应缴纳的教育费附加	
		210203	地方教育费附加	本科目核算高等学校按照税法规定计算应缴纳的地方教育费附加	
		210204	车船税	本科目核算高等学校按照税法规定计算应缴纳的车船税	
		210205	房产税	本科目核算高等学校按照税法规定计算应缴纳的房产税	
		210206	城镇土地使用税和企业所得税	本科目核算高等学校按照税法规定计算应缴纳的城市土地使用税和企业所得税	
		210207	应交个人所得税	本科目核算高等学校按照税法规定代扣代缴的个人所得税	
		21020701	工薪报酬	本科目核算高等学校按照税法规定代扣代缴的校内人员个人所得税	
		21020702	劳务报酬	本科目核算高等学校按照税法规定代扣代缴的校外人员个人所得税	
33	2103		应缴财政款	本科目核算高等学校取得或应收的按照规定应当上缴财政的款项，包括应缴国库的款项和应缴财政专户的款项。本科目期末贷方余额，反映高等学校应当上缴财政但尚未缴纳的款项。年终清缴后，本科目一般应无余额	本科目应当按照应缴财政款项的类别进行明细核算
		210301	应缴国库款	本科目核算高等学校取得或应收的按照规定应当上缴国库的款项	
		21030101	国有资产处置收入	本科目核算高等学校取得或应收的按照规定应当上缴的国有资产处置净收入	
		21030102	国有资产出租出借收入	本科目核算高等学校取得或应收的按照规定应当上缴国库的国有资产出租出借净收入	

续表

序号	总账科目编号	明细账科目编号	会计科目名称	核算内容	备注
33		21030103	普通话测试费	本科目核算高等学校取得或应收的按照规定应当上缴国库的普通话测试费	
		210302	应缴财政专户款	本科目核算高等学校取得或应收的按照规定应当上缴的财政专户的款项	
		21030201	高等学校学费	本科目核算高等学校取得或应收的按照规定应当上缴的财政专户的学费	
		21030202	高等学校住宿费	本科目核算高等学校取得或应收的按照规定应当上缴的财政专户的住宿费	
		21030203	函授、夜大培训费	本科目核算高等学校取得或应收的按照规定应当上缴的财政专户的函授夜大培训费	
		21030204	考试考务费	本科目核算高等学校取得或应收按照规定应当上缴的财政专户的考试考务费	
		21030299	其他“规费”收入	本科目核算高等学校取得或应收的按照规定应当上缴的财政专户的其他款项	
34	2201		应付职工薪酬	本科目核算高等学校按照有关规定应付给职工（含长期聘用人员）及为职工支付的各种薪酬，包括基本工资、国家统一规定的津贴补贴、规范津贴补贴（绩效工资）、改革性补贴、社会保险费（如职工基本养老保险费、职业年金、基本医疗保险费等）、住房公积金等。本科目期末贷方余额，反映高等学校应付未付的职工薪酬	本科目应当根据国家有关规定按照“基本工资（含离退休费）”“国家统一规定的津贴补贴”“规范津贴补贴（绩效工资）”“改革性补贴”“社会保险费”“住房公积金”“其他个人收入”等进行明细核算。其中，“社会保险费”“住房公积金”明细科目核算内容包括单位从职工工资中代扣代缴的社会保险费、住房公积金以及单位为职工计算缴纳的社会保险费、住房公积金
		220101	基本工资	本科目核算高等学校按照国家统一规定发放给在职职工的岗位工资、薪级工资，包括高校发给离退休人员的离退休费	
		22010101	在职人员	本科目核算高等学校按照国家统一规定发放给在职职工的岗位工资、薪级工资	
		22010102	离休费	本科目核算高等学校按照国家统一规定发放的离休费	
		22010103	退休费	本科目核算高等学校按照国家统一规定发放的退休费	
		22010104	退职费	本科目核算高等学校按照国家统一规定给退职职工发放的退职费	
		220102	规范性津贴补贴（绩效工资）	本科目核算高等学校按照国家统一规定发放的绩效工资	

续表

序号	总账科目编号	明细账科目编号	会计科目名称	核算内容	备注
34		22010201	在职人员	本科目核算高等学校按照国家统一规定发放的在职人员绩效工资	
		22010202	离休费	本科目核算高等学校按照国家统一规定发放的离休人员绩效工资	
		22010203	退休费	本科目核算高等学校按照国家统一规定发放的退休人员绩效工资	
		22010204	退职费	本科目核算高等学校按照国家统一规定发放的退职人员绩效工资	
		220103	改革性补贴	本科目核算高等学校按照政策规定发放的津贴补贴	
		22010301	在职人员	本科目核算高等学校按照政策规定发放的在职人员改革性补贴	
		22010302	离休费	本科目核算高等学校按照政策规定发放的离休人员改革性补贴	
		22010303	退休费	本科目核算高等学校按照政策规定发放的退休人员改革性补贴	
		22010304	退职费	本科目核算高等学校按照政策规定发放的退职人员津贴补贴	
		220104	国家统一规定的津贴补贴	本科目核算高等学校按照政策规定发放的津贴补贴	
		22010401	在职人员	本科目核算高等学校按照政策规定发放的在职人员津贴补贴	
		22010402	离休费	本科目核算高等学校按照政策规定发放的离休人员津贴补贴	
		22010403	退休费	本科目核算高等学校按照政策规定发放的退休人员津贴补贴	
		22010404	退职费	本科目核算高等学校按照政策规定发放的退职人员津贴补贴	
		220105	社会保险缴费	本科目核算高等学校按照政策规定为职工计算缴纳的社会保险费以及学校从在职职工工资中代扣代缴的社会保险费	
		22010501	基本养老保险	本科目核算高等学校按照政策规定为职工计算缴纳的基本养老保险费以及学校从在职职工工资中代扣代缴的基本养老保险费	
		22010502	职业年金	本科目核算高等学校按照政策规定为职工计算缴纳的职业年金以及学校从在职职工工资中代扣代缴的职业年金	
		22010503	医疗保险	本科目核算高等学校按照政策规定为职工计算缴纳的医疗保险以及学校从在职职工工资中代扣代缴的医疗保险	

续表

序号	总账科目编号	明细账科目编号	会计科目名称	核算内容	备注
34		22010504	工伤保险	本科目核算高等学校按照政策规定为职工计算缴纳的工伤保险	
		22010505	生育保险	本科目核算高等学校按照政策规定为在职职工计算缴纳的生育保险	
		22010506	失业保险	本科目核算高等学校按照政策规定为职工计算缴纳的失业保险，以及学校从在职职工工资中代扣代缴的失业保险	
		220106	住房公积金	本科目核算高等学校按照政策规定为职工计算缴纳的住房公积金，以及学校从在职职工工资中代扣代缴的住房公积金	
		220107	其他个人收入	本科目核算高等学校按照国家规定发给个人除上述以外的其他收入，包括出差人员出差补贴等	
35	2301		应付票据	本科目核算高等学校因购买材料、物资等而开出、承兑的商业汇票，包括银行承兑汇票和商业承兑汇票。本科目期末贷方余额，反映高等学校开出、承兑的尚未到期的应付票据金额	本科目应当按照债权人进行明细核算
36	2302		应付账款	本科目核算高等学校因购买物资、接受服务、开展工程建设等而应付的偿还期限在 1 年以内（含 1 年）的款项。本科目期末贷方余额，反映高等学校尚未支付的应付账款金额	本科目应当按照债权人进行明细核算。对于基本建设项目，还应设置“应付器材款”“应付工程款”等明细科目，并按照具体项目进行明细核算
		230201	应付设备款	本科目核算高等学校因购买仪器设备而应付的偿还期限在1年以内（含1年）的款项	
		230202	应付基建工程款	本科目核算高等学校因开展基建工程建设等而应付的偿还期限在1年以内（含1年）的款项	
		230203	应付非基建工程款	本科目核算高等学校因开展基建工程建设以外的维修、大型修缮等而应付的偿还期限在1年以内（含1年）的款项	
		230299	其他应付账款	本科目核算高等学校因购买物资、接受服务、开展工程建设等而应付的偿还期限在1年以内（含1年）的其他款项	
37	2304		应付利息	本科目核算高等学校按照合同约定应支付的借款利息，包括短期借款、分期付息到期还本的长期借款等应支付的利息。本科目期末贷方余额，反映高等学校应付未付的利息金额	本科目应当按照债权人等进行明细核算
38	2305		预收账款	本科目核算高等学校预先收取但尚未结算的款项。本科目期末贷方余额，反映高等学校预收但尚未结算的款项金额	本科目应当按照债权人进行明细核算

续表

序号	总账科目编号	明细账科目编号	会计科目名称	核算内容	备注
38		230501	科研经费	本科目核算高等学校开展科学研究活动，承担科研课题（项目）、提供技术转让、技术咨询、技术服务等取得的收入	高校可根据内部管理需要，分层级进行明细核算
		23050141	非同级财政科研拨款（国家级）	本科目核算高等学校开展科学研究活动，收到的国家自然科学基金、国家社科基金等国家级财政拨款	
		2305014101	国家自然科学基金拨款	本科目核算高等学校开展科学研究活动，收到的国家自然科学基金拨款	
		2305014102	国家科技重大专项	本科目核算高等学校开展科学研究活动，收到的国家科技重大专项拨款	
		23050142	非同级财政科研拨款（省市级）	本科目核算高等学校开展科学研究活动，收到的省科技厅等省市级财政部门科研拨款	
		2305014201	省教育科研规划项目	本科目核算高等学校开展科学研究活动，收到的省教育科学发展规划项目拨款	
		2305014202	省教育厅项目	本科目核算高等学校开展科学研究活动，收到的省教育厅拨款	
		2305014203	省科技厅项目	本科目核算高等学校开展科学研究活动，收到的省科技厅拨款	
		23050270	其他科研收入	本科目核算高等学校开展科学研究活动，收到除以上单位外的其他科研拨款	
		2305027099	其他科研事业收入	本科目核算高等学校开展科学研究活动，收到的其他单位拨款	
39	2307		其他应付款	本科目核算高等学校除应交增值税、其他应交税费、应缴财政款、应付职工薪酬、应付票据、应付账款、应付政府补贴款、应付利息、预收账款以外，其他各项偿还期限在1年内（含1年）的应付及暂收款项，如收取的押金、存入保证金、已经报销但尚未偿还银行的本单位公务卡欠款等。同级政府财政部门预拨的下期预算款和没有纳入预算的暂付款项以及采用实拨资金方式通过本单位转拨给下属单位的财政拨款，也通过本科目核算。本科目期末贷方余额，反映高等学校尚未支付的其他应付款金额	本科目应当按照其他应付款的类别以及债权人等进行明细核算
		230701	银行来款暂收	本科目核算高等学校收到的用途不明、须确认的款项。待确认后按规定处理	
		230702	应付未付（支出类）	本科目核算高等学校纳入预算管理的应付未付款项	支付时须按规定“平行记账”，进行双分录核算
		230703	转拨款	本科目核算高等学校收到须转拨下属单位的款项	

续表

序号	总账科目编号	明细账科目编号	会计科目名称	核算内容	备注
39		230704	押金、保证金	本科目核算高等学校因业务须收取的押金、保证金	
		230799	其他	本科目核算高等学校其他偿还期在1年内（含1年）的应付及暂收款	
40	2401		预提费用	本科目核算高等学校预先提取的已经发生但尚未支付的费用，如预提租金费用等。高等学校按规定从科研项目收入中提取的项目间接费用或管理费，也通过本科目核算。本科目期末贷方余额，反映高等学校已预提但尚未支付的各项费用	本科目应当按照预提费用的种类进行明细核算。对于提取的项目间接费用或管理费，应当在本科目下设置“项目间接费用或管理费”明细科目，并按项目进行明细核算
		240101	项目间接费用或管理费用	本科目核算高等学校按规定从科研项目收入中提取的项目间接费用或管理费	
		240199	其他	本科目核算高等学校除按规定提取的科研项目间接费用或管理费外，其他预先提取的已经发生但尚未支付的费用，如预提租金费用等	
41	2501		长期借款	本科目核算高等学校经批准向银行或其他金融机构等借入的期限超过1年（不含1年）的各种借款本息。本科目期末贷方余额，反映高等学校尚未偿还的长期借款本息金额	本科目应当设置“本金”和“应计利息”明细科目，并按照贷款单位和贷款种类进行明细核算。对于建设项目借款，还应按照具体项目进行明细核算
		250101	本金	本科目核算高等学校经批准向银行或其他金融机构等借入的期限超过1年（不含1年）的各种借款本金借入及偿还	
		250102	应付利息	本科目核算高等学校按照借款利率及借款金额计算的借款利息的计提及支付	
42	2502		长期应付款	本科目核算高等学校发生的偿还期限超过1年（不含1年）的应付款项，如以融资租赁方式取得固定资产应付的租赁费等。本科目期末贷方余额，反映高等学校尚未支付的长期应付款金额	本科目应当按照长期应付款的类别以及债权人进行明细核算
43	2601		预计负债	本科目核算高等学校对因或有事项所产生的现时义务而确认的负债，如对未决诉讼等确认的负债。本科目期末贷方余额，反映高等学校已确认但尚未支付的预计负债金额	本科目应当按照预计负债的项目进行明细核算
44	2901		受托代理负债	本科目核算高等学校接受委托取得受托代理资产时形成的负债。本科目期末贷方余额，反映高等学校尚未交付或发出受托代理资产形成的受托代理负债金额	本科目应当按照受托代理的类别、项目等进行明细核算

（三）净资产类会计科目

序号	总账科目编号	明细账科目编号	会计科目名称	核算内容	备注
45	3001		累计盈余	本科目核算高等学校历年实现的盈余扣除盈余分配后滚存的金额，以及因无偿调入调出资产产生的净资产变动额。按照规定上缴、缴回、单位间调剂结转结余资金产生的净资产变动额，以及对以前年度盈余的调整金额，也通过本科目核算	
		300101	一般盈余	本科目核算高等学校历年累计盈余	为便于管理，本科目应当按照事业基金、非流动资产基金等设置明细科目
		30010101	事业基金	本科目核算高等学校可以动用的历年累计盈余	
		30010102	非流动资产基金	本科目核算高等学校与固定资产、无形资产、在建工程等相关的有特定用途的盈余	
		30010103	财政补助结转	本科目核算高等学校财政结转资金	
		30010104	非财政补助结转	本科目核算高等学校非财政结转资金	
		300102	上缴款	本科目核算高等学校按照规定上缴财政拨款结转结余、缴回非财政拨款结转资金	
		300103	归集调入	本科目核算高等学校按照规定从其他单位调入财政拨款结转资金	
		300104	归集调出	本科目核算高等学校按规定向其他单位调出财政拨款结转资金	
		300105	单位内部调剂	本科目核算高等学校经财政部门批准对财政拨款结转结余资金改变用途，调整用于本单位其他未完项目等的调整金额	
		300106	经营结余	本科目核算高等学校历年经营活动结余	
46	3101		专用基金	本科目核算高等学校按照规定提取或设置的具有专门用途的净资产，主要包括职工福利基金、科技成果转换基金、学生奖助基金等。本科目期末贷方余额，反映高等学校累计提取或设置的尚未使用的专用基金	本科目应当按照专用基金的类别进行明细核算
		310101	职工福利基金	本科目核算高等学校按照规定提取和使用的职工福利基金	
		310102	学生奖助基金	本科目核算高等学校按照规定提取和使用的学生奖助基金	
		310199	其他专用基金	本科目核算高等学校除上述专用基金以外的其他专用基金	

续表

序号	总账科目编号	明细账科目编号	会计科目名称	核算内容	备注
47	3201		权益法调整	本科目核算高等学校持有的长期股权投资采用权益法核算时，按照被投资单位除净损益和利润分配以外的所有者权益变动份额调整长期股权投资账面余额而计入净资产的金额	本科目应当按照被投资单位进行明细核算
48	3301		本期盈余	本科目核算高等学校本期各项收入、费用相抵后的余额。年末结账后，本科目应无余额	
49	3302		本年盈余分配	本科目核算高等学校本年度盈余分配的情况和结果。年末结账后，本科目应无余额	
50	3401		无偿调拨净资产	本科目核算高等学校无偿调入或调出非现金资产所引起的净资产变动金额。年末结账后，本科目应无余额	
51	3501		以前年度盈余调整	本科目核算高等学校本年度发生的调整以前年度盈余的事项，包括本年度发生的重要前期差错更正涉及调整以前年度盈余的事项。本科目结转后应无余额	

（四）收入类会计科目

序号	总账科目编号	明细账科目编号	会计科目名称	核算内容	备注
52	4001		财政拨款收入	本科目核算高等学校从同级政府财政部门取得的各类财政拨款。期末结转后，本科目应无余额	本科目可按照一般公共预算财政拨款、政府性基金预算财政拨款等拨款种类进行明细核算
		400101	一般公共预算财政拨款收入	本科目核算高等学校从同级政府财政部门取得的一般公共预算财政拨款收入	
		40010101	教育经费拨款收入	本科目核算高等学校从同级政府财政部门取得的教育经费拨款	
		4001010101	教育经费拨款基本支出	本科目核算高等学校从同级政府财政部门取得的教育基本支出拨款	
		400101010101	教育经费拨款基本——人员经费	本科目核算高等学校从同级政府财政部门取得的人员经费拨款	
		400101010102	教育经费拨款基本——公用经费	本科目核算高等学校从同级政府财政部门取得的公用经费拨款	
		4001010102	教育经费拨款项目支出	本科目核算高等学校从同级政府财政部门取得的教育项目支出拨款	
		40010102	科研经费拨款收入	本科目核算高等学校从同级政府财政部门取得的科研经费拨款收入	
		400102	政府性基金预算财政拨款	本科目核算高等学校从同级政府财政部门取得的政府性基金预算财政拨款	

续表

序号	总账科目编号	明细账科目编号	会计科目名称	核算内容	备注
53	4101		事业收入	本科目核算高等学校开展专业业务活动及其辅助活动实现的收入，不包括从同级政府财政部门取得的各类财政拨款。期末结转后，本科目应无余额	本科目应当按照事业收入的类别、来源等进行明细核算
		410101	教育事业收入	本科目核算高等学校开展专业业务活动及其辅助活动实现的收入	
		41010101	财政专户核拨预算外收入	本科目核算财政部门回拨的高等学校履行职能，按照规定向学生或个人收取的学费、住宿费、考试考务费等上缴款	
		4101010101	基本教育事业收入	本科目核算财政部门回拨的高等学校履行职能，按照规定向学生或个人收取的学费、住宿费、考试考务费等上缴款中用于基本支出的款项	
		4101010102	专项教育事业收入	本科目核算财政部门回拨的高等学校履行职能，按照规定向学生或个人收取的学费、住宿费、考试考务费等上缴款中用于专项教育支出的款项	
		41010102	其他教育事业收入	本科目核算高等学校开展专业业务活动及其辅助活动取得的收入	
		4101010201	科研服务收入	本科目核算高等学校开展科研服务活动取得的收入	
		4101010202	教学辅助收入	本科目核算高等学校开展教辅活动取得的收入	
		4101010203	其他辅助收入	本科目核算高等学校除上述科研服务、教辅活动外，开展专业业务活动及其辅助活动取得的收入	
		410102	科研事业收入	本科目核算高等学校开展科研及其辅助活动取得的收入，包括通过承接科研项目、开展科研协作、转化科技成果、进行科技咨询等取得的收入。高等学校因开展科研及其辅助活动从非同级财政部门取得的科研经费拨款，也通过本科目核算	
		41010241	非同级财政科研拨款（国家级）	本科目核算高等学校开展科学研究活动，收到的国家自然科学基金、国家社科基金等国家级财政科研拨款	
		4101024101	国家自然科学基金拨款	本科目核算高等学校开展科学研究活动，收到的自然科学基金拨款	
		4101024102	国家科技重大专项	本科目核算高等学校开展科学研究活动，收到的国家科技重大专项拨款	
		41010242	非同级财政科研拨款（省市级）	本科目核算高等学校开展科学研究活动，收到的科技厅等省市级财政科研拨款	

续表

序号	总账科目编号	明细账科目编号	会计科目名称	核算内容	备注
53		4101024201	省教育科研规划项目	本科目核算高等学校开展科学研究活动，收到的省教育发展规划项目拨款	
		4101024202	省教育厅项目	本科目核算高等学校开展科学研究活动，收到的省教育厅拨款	
		4101024203	省科技厅项目	本科目核算高等学校开展科学研究活动，收到的省科技厅拨款	
		41010270	其他科研收入	本科目核算高等学校开展科学研究活动，收到除以上单位外的其他单位的拨款	
		4101027099	其他科研事业收入	本科目核算高等学校开展科学研究活动，收到的其他单位拨款	
54	4201		上级补助收入	本科目核算高等学校从主管部门和上级单位取得的非财政拨款收入。期末结转后，本科目应无余额	本科目应当按照发放补助单位、补助项目等进行明细核算
55	4301		附属单位上缴收入	本科目核算高等学校取得的附属独立核算单位按照有关规定上缴的收入。期末结转后，本科目应无余额	
56	4401		经营收入	本科目核算高等学校在专业业务活动及其辅助活动之外开展非独立核算经营活动取得的收入。期末结转后，本科目应无余额	本科目应当按照经营活动类别、项目和收入来源等进行明细核算
57	4601		非同级财政拨款收入	本科目核算高等学校从非同级政府财政部门取得的经费拨款，包括从同级政府其他部门取得的横向转拨财政款、从上级或下级政府财政部门取得的经费拨款等。期末结转后，本科目应无余额	本科目应当按照本级横向转拨财政款和非本级财政拨款进行明细核算，或按照收入来源进行明细核算
58	4602		投资收益	本科目核算高等学校股权投资和债券投资所实现的收益或发生的损失。期末结转后，本科目应无余额	本科目应当按照投资的种类等进行明细核算
		460201	股权投资收益	本科目核算高等学校股权投资所实现的收益或发生的损失	
		460202	债券投资收益	本科目核算高等学校债券投资所实现的收益或发生的损失	
59	4603		捐赠收入	本科目核算高等学校接受其他单位或者个人捐赠取得的收入。期末结转后，本科目应无余额	本科目应当按照捐赠资产的用途和捐赠单位等进行明细核算
		460301	货币资金捐赠	本科目核算高等学校接受其他单位或者个人捐赠取得的货币资金收入	
		460302	非货币资金捐赠	本科目核算高等学校接受其他单位或者个人捐赠取得的非货币资金收入	

续表

序号	总账科目编号	明细账科目编号	会计科目名称	核算内容	备注
60	4604		利息收入	本科目核算高等学校取得的银行存款利息收入。期末结转后，本科目应无余额	
61	4605		租金收入	本科目核算高等学校经批准利用国有资产出租取得并按照规定纳入本校预算管理的租金收入。期末结转后，本科目应无余额	本科目应当按照出租国有资产类别和收入来源等进行明细核算
62	4609		其他收入	本科目核算高等学校取得的除财政拨款收入、事业收入、上级补助收入、附属单位上缴收入、经营收入、非同级财政拨款收入、投资收益、捐赠收入、利息收入、租金收入以外的各项收入，包括现金盘盈收入、按照规定纳入单位预算管理的科技成果转化收入、收回已核销的其他应收款、无法偿付的应付及预收款项、置换换出资产评估增值等	本科目应当按照其他收入的类别、来源等进行明细核算
		460901	现金盘盈收入	本科目核算高等学校现金盘盈收入	
		460902	科技成果转化收入	本科目核算高等学校取得的按照规定纳入学校预算管理的科技成果转化收入	
		460999	其他	本科目核算高等学校取得的除上述收入以外的其他各项收入	

（五）费用类会计科目

序号	总账科目编号	明细账科目编号	会计科目名称	核算内容	备注
63	5001		业务活动费用	本科目核算高等学校为实现其职能目标，依法履职或开展专业业务活动及其辅助活动所发生的各项费用。期末结转后，本科目应无余额	本科目应当按照项目、服务或者业务类别、支付对象等进行明细核算
		500101	教育费用	本科目核算高等学校开展教学活动及其辅助活动所发生的各项费用	
		500102	科研费用	本科目核算高等学校开展科研活动及其辅助活动所发生的各项费用	
64	5101		单位管理费用	本科目核算高等学校行政及后勤管理部门开展管理活动发生的各项费用，包括学校行政及后勤管理部门发生的人员经费、公用经费、资产折旧（摊销）等费用，以及由学校统一负担的离退休人员经费、工会经费、诉讼费、中介费等。期末结转后，本科目应无余额	本科目应当按照项目、费用类别、支付对象等进行明细核算
		510101	行政管理费用	本科目核算高等学校开展行政管理活动所发生的各项费用	
		510102	后勤保障费用	本科目核算高等学校开展后勤保障活动所发生的各项费用	

续表

序号	总账科目编号	明细账科目编号	会计科目名称	核算内容	备注
64		510103	离退休费用	本科目核算高等学校支付离退休职工的离退休费所发生的各项费用	
		510104	其他费用	本科目核算高等学校统一负担的除行政管理费用、后勤保障费用、离退休费用以外的各项管理费用，包括工会经费、诉讼费、中介费等	
65	5201		经营费用	本科目核算高等学校在专业业务活动及其辅助活动之外开展非独立核算经营活动发生的各项费用。期末结转后，本科目应无余额	本科目应当按照经营活动类别、项目、支付对象等进行明细核算
66	5301		资产处置费用	本科目核算高等学校经批准处置资产时发生的费用，包括转销的被处置资产价值以及在处置过程中发生的相关费用或者处置收入小于相关费用形成的净支出。期末结转后，本科目应无余额	本科目应当按照处置资产的类别、资产处置的形式等进行明细核算
67	5401		上缴上级费用	本科目核算高等学校按照财政部门和主管部门的规定上缴上级单位款项发生的费用。期末结转后，本科目应无余额	本科目应当按照收缴款项单位、缴款项目等进行明细核算
68	5501		对附属单位补助费用	本科目核算高等学校用财政拨款收入之外的收入对附属单位补助发生的费用。期末结转后，本科目应无余额	本科目应当按照接受补助的单位、补助项目等进行明细核算
69	5801		所得税费用	本科目核算有企业所得税缴纳义务的高等学校按规定缴纳企业所得税的费用。年末结转后，本科目应无余额	
70	5901		其他费用	本科目核算高等学校发生的除业务活动费用、单位管理费用、经营费用、资产处置费用、上缴上级费用、附属单位补助费用、所得税费用以外的各项费用，包括利息费用、坏账损失、罚没支出、现金资产捐赠支出以及相关税费、运输费等。期末结转后，本科目应无余额	本科目应当按照其他费用的类别等进行明细核算
		590101	利息费用	本科目核算高等学校发生并负担的利息费用	
		590102	坏账损失	本科目核算高等学校发生并负担的坏账损失	
		590103	现金资产捐赠费用	本科目核算高等学校发生并负担的现金资产捐赠费用	
		590199	其他费用	本科目核算高等学校发生并负担的除上述之外的其他费用	

表2–2　　预算会计

（六）预算收入类会计科目

序号	总账科目编号	明细账科目编号	会计科目名称	核算内容	备注
71	6001		财政拨款预算收入	本科目核算单位从同级政府财政部门取得的各类财政拨款	本科目应当设置“基本支出”和“项目支出”两个明细科目，并按照《政府收支分类科目》中“支出功能分类科目”的项级科目进行明

续表

序号	总账科目编号	明细账科目编号	会计科目名称	核算内容	备注
71					细核算；同时，在“基本支出”明细科目下按照“人员经费”和“日常公用经费”进行明细核算，在“项目支出”明细科目下按照具体项目进行明细核算。有一般公共预算财政拨款、政府性基金预算财政拨款等两种或两种以上财政拨款的单位，还应当按照财政拨款的种类进行明细核算
		600101	一般公共预算财政拨款预算收入	本科目核算高等学校从同级政府财政部门取得的一般公共预算财政拨款收入	
		60010101	教育经费拨款预算收入	本科目核算高等学校从同级政府财政部门取得的教育经费拨款	
		6001010101	教育经费拨款预算收入基本支出	本科目核算高等学校从同级政府财政部门取得的教育基本支出拨款	
		600101010101	教育经费拨款基本——人员经费	本科目核算高等学校从同级政府财政部门取得的人员经费拨款	
		600101010102	教育经费拨款基本——公用经费	本科目核算高等学校从同级政府财政部门取得的公用经费拨款	
		6001010102	教育经费拨款预算收入项目支出	本科目核算高等学校从同级政府财政部门取得的教育项目支出拨款	
		60010102	科研经费拨款预算收入	本科目核算高等学校从同级政府财政部门取得的科研经费拨款收入	
		600102	政府性基金预算财政拨款预算收入	本科目核算高等学校从同级政府财政部门取得的政府性基金预算财政拨款	
72	6101		事业预算收入	本科目核算高等学校开展专业业务活动及其辅助活动取得的现金流入。高等学校因开展科研及其辅助活动从非同级政府财政部门取得的经费拨款，也通过本科目核算。年末结转后，本科目应无余额	本科目应当按照事业预算收入类别、项目、来源、《政府收支分类科目》中“支出功能分类科目”项级科目等进行明细核算。对于因开展科研及其辅助活动从非同级政府财政部门取得的经费拨款，应当在本科目下单设“非同级财政拨款”明细科目进行明细核算，事业预算收入中如有专项资金收入，还应按照具体项目进行明细核算

续表

序号	总账科目编号	明细账科目编号	会计科目名称	核算内容	备注
		610101	教育事业预算收入	本科目核算高等学校开展专业业务活动及其辅助活动实现的收入	
		61010101	财政专户核拨预算外收入	本科目核算财政部门回拨的高等学校履行职能按照规定向学生或个人收取的学费、住宿费、考试考务费等上缴款	
		6101010101	基本教育事业预算收入	本科目核算财政部门回拨的高等学校履行职能按照规定向学生或个人收取的学费、住宿费、考试考务费等上缴款中用于基本支出的款项	
		6101010102	专项教育事业预算收入	本科目核算财政部门回拨的高等学校履行职能，按照规定向学生或个人收取的学费、住宿费、考试考务费等上缴款中用于专项教育支出的款项	
		61010102	其他教育事业预算收入	本科目核算高等学校开展专业业务活动及其辅助活动取得的其他收入	
72		6101010201	科研服务预算收入	本科目核算高等学校开展科研服务活动取得的收入	
		6101010202	教学辅助预算收入	本科目核算高等学校开展教辅活动取得的收入	
		6101010203	其他辅助预算收入	本科目核算高等学校除上述科研服务、教辅活动外，开展专业业务活动及其辅助活动取得的收入	
		610102	科研事业预算收入	本科目核算高等学校开展科研及其辅助活动取得的收入，包括通过承接科研项目、开展科研协作、转化科技成果、进行科技咨询等取得的收入高等学校因开展科研及其辅助活动从非同级财政部门取得的科研经费拨款	
		61010241	非同级财政科研拨款预算收入（国家级）	本科目核算高等学校开展科学研究活动，收到的国家自然科学基金、国家社科基金等国家级财政科研拨款	

续表

序号	总账科目编号	明细账科目编号	会计科目名称	核算内容	备注
72		6101024101	国家自然科学基金拨款	本科目核算高等学校开展科学研究活动，收到的自然科学基金拨款	
		6101024102	国家科技重大专项	本科目核算高等学校开展科学研究活动，收到的国家科技重大专项	
		61010242	非同级财政科研拨款预算收入（省市级）	本科目核算高等学校开展科学研究活动，收到的科技厅等省市级财政科研拨款	
		6101024201	省教育科研规划项目	本科目核算高等学校开展科学研究活动，收到的省教育发展规划项目拨款	
		6101024202	省教育厅项目	本科目核算高等学校开展科学研究活动，收到的省教育厅拨款	
		6101024203	省科技厅项目	本科目核算高等学校开展科学研究活动，收到的省科技厅拨款	
		61010270	其他科研预算收入	本科目核算高等学校开展科学研究活动，收到除以上单位外的其他单位的拨款	
		6101027099	其他科研事业预算收入	本科目核算高等学校开展科学研究活动，收到的其他单位拨款	
73	6201		上级补助预算收入	本科目核算高等学校从主管部门和上级单位取得的非财政补助现金流入。年末结转后，本科目应无余额	本科目应当按照发放补助单位、补助项目、《政府收支分类科目》中“支出功能分类科目”的项级科目等进行明细核算。上级补助预算收入中如有专项资金收入，还应按照具体项目进行明细核算
74	6301		附属单位上缴预算收入	本科目核算高等学校取得附属独立核算单位根据有关规定上缴的现金流入。年末结转后，本科目应无余额	本科目应当按照附属单位、缴款项目、《政府收支分类科目》中“支出功能分类科目”的项级科目等进行明细核算。附属单位上缴预算收入中如有专项资金收入，还应按照具体项目进行明细核算
75	6401		经营预算收入	本科目核算高等学校在专业业务活动及其辅助活动之外开展非独立核算经营活动取得的现金流入。年末结转后，本科目应无余额	本科目应当按照经营活动类别、项目、《政府收支分类科目》中“支出功能分类科目”的项级科目等进行明细核算

续表

序号	总账科目编号	明细账科目编号	会计科目名称	核算内容	备注
76	6501		债务预算收入	本科目核算高等学校按照规定从银行和其他金融机构等借入的、纳入部门预算管理的、不以财政资金作为偿还来源的债务本金。年末结转后，本科目应无余额	本科目应当按照贷款单位、贷款种类、《政府收支分类科目》中“支出功能分类科目”的项级科目等进行明细核算。债务预算收入中如有专项资金收入，还应按照具体项目进行明细核算
77	6601		非同级财政拨款预算收入	本科目核算高等学校从非同级政府财政部门取得的财政拨款，包括本级横向转拨财政款和非本级财政拨款。年末结转后，本科目应无余额	本科目应当按照非同级财政拨款预算收入的类别、来源、《政府收支分类科目》中“支出功能分类科目”的项级科目等进行明细核算。非同级财政拨款预算收入中如有专项资金收入，还应按照具体项目进行明细核算
	6602		投资预算收益	本科目核算高等学校取得的按照规定纳入部门预算管理的属于投资收益性质的现金流入，包括股权投资收益、出售或收回债券投资所取得的收益和债券投资利息收入。年末结转后，本科目应无余额	本科目应当按照《政府收支分类科目》中“支出功能分类科目”的项级科目等进行明细核算
78		660201	股权投资预算收益	本科目核算高等学校取得的股权投资收益	
		660202	债券投资预算收益	本科目核算高等学校取得的债券投资收益	
79	6609		其他预算收入	本科目核算高等学校除财政拨款预算收入、事业预算收入、上级补助预算收入、附属单位上缴预算收入、经营预算收入、债务预算收入、非同级财政拨款预算收入、投资预算收益之外的纳入部门预算管理的现金流入，包括捐赠预算收入、利息预算收入、租金预算收入、现金盘盈收入等。年末结转后，本科目应无余额	本科目应当按照其他收入类别、《政府收支分类科目》中“支出功能分类科目”的项级科目等进行明细核算。其他预算收入中如有专项资金收入，还应按照具体项目进行明细核算
		660901	现金盘盈预算收入	本科目核算高等学校取得的纳入预算的现金盘盈收入	
		660902	科技成果转让预算收入	本科目核算高等学校取得的纳入预算的科技成果转让收入	
		660903	捐赠预算收入	本科目核算高等学校取得的纳入预算的捐赠收入	

续表

序号	总账科目编号	明细账科目编号	会计科目名称	核算内容	备注
79		660904	利息预算收入	本科目核算高等学校取得的纳入预算的利息收入	
		660905	租金预算收入	本科目核算高等学校取得的纳入预算的租金收入	
		660999	其他	本科目核算除上述高等学校取得的纳入预算的其他收入	

（七）预算支出类会计科目

序号	总账科目编号	明细账科目编号	会计科目名称	核算内容	备注
80	7201		事业支出	本科目核算年度预算内高等学校开展专业业务活动及其辅助活动实际发生的各项现金流出。年末结转后，本科目应无余额	高等学校发生教育、科研、医疗、行政管理、后勤保障等活动的，可在本科目下设置相应的明细科目进行核算
		720101	教育支出	本科目核算年度预算内高等学校开展各类教学活动和教学辅助活动发生的各项现金流出，包括基本支出和项目支出	
		72010101	教育支出——财政拨款	本科目核算年度预算内高等学校开展各类教学活动和教学辅助活动发生的由财政资金列支的现金流出，包括基本支出和项目支出	
		7201010101	教育支出——财政拨款——基本支出	本科目核算年度预算内高等学校开展各类教学活动和教学辅助活动发生的由财政资金列支的基本支出形成的现金流出	
		7201010102	教育支出——财政拨款——项目支出	本科目核算年度预算内高等学校开展各类教学活动和教学辅助活动发生的由财政资金列支的项目支出形成的现金流出	
		72010102	教育支出——非财政拨款	本科目核算年度预算内高等学校开展各类教学活动和教学辅助活动发生的由非财政资金列支的现金流出，包括基本支出和项目支出	
		7201010201	教育支出——非财政拨款——基本支出	本科目核算年度预算内高等学校开展各类教学活动和教学辅助活动发生的由非财政资金列支的基本支出形成的现金流出	
		7201010202	教育支出——非财政拨款——项目支出	本科目核算年度预算内高等学校开展各类教学活动和教学辅助活动发生的由非财政资金列支的项目支出形成的现金流出	

续表

序号	总账科目编号	明细账科目编号	会计科目名称	核算内容	备注
80		720102	科研支出	本科目核算年度预算内高等学校开展科研及其辅助活动发生的现金流出，包括高等学校在学院、系外单独设立的研究所、研究中心等各类科研机构发生的支出，以及高等学校为完成各项科研任务发生的支出	
		72010201	科研支出——财政拨款	本科目核算年度预算内高等学校开展科研及其辅助活动发生的由财政资金列支的现金流出，包括基本支出和项目支出	
		7201020101	科研支出——财政拨款——基本支出	本科目核算年度预算内高等学校开展科研及其辅助活动发生的由财政资金列支的基本支出形成现金流出	
		7201020102	科研支出——财政拨款——项目支出	本科目核算年度预算内高等学校开展科研及其辅助活动发生的由财政资金列支的项目支出形成的现金流出	
		72010202	科研支出——非财政拨款	本科目核算年度预算内由高等学校开展科研及其辅助活动发生的非财政资金列支的现金流出，包括基本支出和项目支出	
		7201020201	科研支出——非财政拨款——基本支出	本科目核算年度预算内高等学校开展科研及其辅助活动发生的由非财政资金列支的基本支出形成的现金流出	
		7201020202	科研支出——非财政拨款——项目支出	本科目核算年度预算内高等学校开展科研及其辅助活动发生的由非财政资金列支的项目支出形成的现金流出	
		720103	行政管理支出	本科目核算年度预算内高等学校校级行政管理部门（不含各类学生思政教育部门）开展行政管理活动以及高等学校统一负担的不属于后勤保障支出的工会经费、诉讼费、中介费、印花税、房产税、车船税等发生的现金流出，包括基本支出和项目支出	
		72010301	行政管理支出——财政拨款	本科目核算年度预算内高等学校校级行政管理部门（不含各类学生思政教育部门）开展行政管理活动以及高等学校统一负担的不属于后勤保障支出的工会经费、诉讼费、中介费、印花税、房产税、车船税等发生的由财政资金列支的现金流出，包括基本支出和项目支出	

续表

序号	总账科目编号	明细账科目编号	会计科目名称	核算内容	备注
80		7201030101	行政管理支出——财政拨款——基本支出	本科目核算年度预算内高等学校校级行政管理部门（不含各类学生思政教育部门）开展行政管理活动以及高等学校统一负担的不属于后勤保障支出的工会经费、诉讼费、中介费、印花税、房产税、车船税等发生的由财政资金列支的基本支出形成的现金流出	
		7201030102	行政管理支出——财政拨款——项目支出	本科目核算年度预算内高等学校校级行政管理部门（不含各类学生思政教育部门）开展行政管理活动发生的由财政资金列支的项目支出形成的现金流出	
		72010302	行政管理支出——非财政拨款	本科目核算年度预算内高等学校校级行政管理部门（不含各类学生思政教育部门）开展行政管理活动以及高等学校统一负担的不属于后勤保障支出的工会经费、诉讼费、中介费、印花税、房产税、车船税等发生的由非财政资金列支的现金流出，包括基本支出和项目支出	
		7201030201	行政管理支出——非财政拨款——基本支出	本科目核算年度预算内高等学校校级行政管理部门（不含各类学生思政教育部门）开展行政管理活动以及高等学校统一负担的不属于后勤保障支出的工会经费、诉讼费、中介费、印花税、房产税、车船税等发生的由非财政资金列支的基本支出形成的现金流出	
		7201030202	行政管理支出——非财政拨款——项目支出	本科目核算年度预算内高等学校校级行政管理部门（不含各类学生思政教育部门）开展行政管理活动发生的由非财政资金列支的项目支出形成的现金流出	
		720104	后勤保障支出	本科目核算年度预算内高等学校为教学、科研、行政管理等活动提供后勤保障，包括学校后勤保障部门为提供后勤保障服务发生的各类支出以及学校统一承担的水、电、煤、取暖等各类公用事业费、物业管理费、绿化费、车辆维持使用费、房屋及公用设施维修费、食堂价格补贴等发生的现金流出，包括基本支出和项目支出	

续表

序号	总账科目编号	明细账科目编号	会计科目名称	核算内容	备注
80		72010401	后勤保障支出——财政拨款	本科目核算年度预算内高等学校为教学、科研、行政管理等活动提供后勤保障发生的由财政资金列支的现金流出，包括基本支出和项目支出	
		7201040101	后勤保障支出——财政拨款——基本支出	本科目核算年度预算内高等学校为教学、科研、行政管理等活动提供后勤保障发生的由财政资金列支的基本支出形成的现金流出	
		7201040102	后勤保障支出——财政拨款——项目支出	本科目核算年度预算内高等学校为教学、科研、行政管理等活动提供后勤保障发生的由财政资金列支的项目支出形成的现金流出	
		72010402	后勤保障支出——非财政拨款	本科目核算年度预算内高等学校为教学、科研、行政管理等活动提供后勤保障发生的由非财政资金列支的现金流出，包括基本支出和项目支出	
		7201040201	后勤保障支出——非财政拨款——基本支出	本科目核算年度预算内高等学校为教学、科研、行政管理等活动提供后勤保障发生的由非财政资金列支的基本支出形成的现金流出	
		7201040202	后勤保障支出——非财政拨款——项目支出	本科目核算年度预算内高等学校为教学、科研、行政管理等活动提供后勤保障发生的由财政资金列支的项目支出形成的的现金流出	
		720105	离退休支出	本科目核算年度预算内高等学校负担的离退休人员的工资、津贴补贴等现金流出	
		72010501	离退休支出——财政拨款	本科目核算年度预算内高等学校负担的离退休人员的工资、津贴补贴等由财政拨款列支的现金流出	
		7201050101	离退休支出——财政拨款——基本支出	本科目核算年度预算内高等学校负担的离退休人员的工资、津贴补贴等由财政拨款列支的基本支出形成的现金流出	
		7201050102	离退休支出——财政拨款——项目支出	本科目核算年度预算内高等学校负担的离退休人员的工资、津贴补贴等由财政拨款列支的项目支出形成的现金流出	
		72010502	离退休支出——非财政拨款	本科目核算年度预算内高等学校负担的离退休人员的工资、津贴补贴等由非财政拨款列支的现金流出	

续表

序号	总账科目编号	明细账科目编号	会计科目名称	核算内容	备注
80		7201050201	离退休支出——非财政拨款——基本支出	本科目核算年度预算内高等学校负担的离退休人员的工资、津贴补贴等由非财政拨款列支的基本支出形成的现金流出	
		7201050202	离退休支出——非财政拨款——项目支出	本科目核算年度预算内高等学校负担的离退休人员的工资、津贴补贴等由非财政拨款列支的项目支出形成的现金流出	
		720106	其他事业支出	本科目核算年度预算内高等学校开展专业业务活动及其辅助活动除以上实际发生的其他各项现金流出	
		72010601	其他事业支出——财政拨款	本科目核算年度预算内由财政资金列支的高等学校开展专业业务活动及其辅助活动除以上实际发生的其他各项现金流出。包括基本支出和项目支出	
		7201060101	其他事业支出——财政拨款——基本支出	本科目核算年度预算内由财政资金列支的高等学校开展专业业务活动及其辅助活动除以上实际发生的其他各项基本支出形成的现金流出	
		7201060102	其他事业支出——财政拨款——项目支出	本科目核算年度预算内由财政资金列支的高等学校开展专业业务活动及其辅助活动除以上实际发生的其他各项项目支出形成的现金流出	
		72010602	其他事业支出——非财政拨款	本科目核算年度预算内由非财政资金列支的高等学校开展专业业务活动及其辅助活动除以上实际发生的其他各项现金流出。包括基本支出和项目支出	
		7201060201	其他事业支出——非财政拨款——基本支出	本科目核算年度预算内由非财政资金列支的高等学校开展专业业务活动及其辅助活动除以上实际发生的其他各项基本支出形成的现金流出	
		7201060202	其他事业支出——非财政拨款——项目支出	本科目核算年度预算内由非财政资金列支的高等学校开展专业业务活动及其辅助活动除以上实际发生的其他各项项目支出形成的现金流出	
81	7301		经营支出	本科目核算高等学校在专业业务活动及其辅助活动之外开展非独立核算经营活动实际发生的各项现金流出。年末结转后，本科目应无余额	本科目应当按照经营活动类别、项目、《政府收支分类科目》中“支出功能分类科目”的项级科目和“部门预算支出经济分类科目”的款级科目等进行明细核算

续表

序号	总账科目编号	明细账科目编号	会计科目名称	核算内容	备注
82	7401		上缴上级支出	本科目核算高等学校按照财政部门和主管部门的规定上缴上级单位款项发生的现金流出。年末结转后，本科目应无余额	本科目应当按照收缴款项单位、缴款项目、《政府收支分类科目》中“支出功能分类科目”的项级科目和“部门预算支出经济分类科目”的款级科目等进行明细核算
83	7501		对附属单位补助支出	本科目核算高等学校用财政拨款预算收入之外的收入对附属单位补助发生的现金流出。年末结转后，本科目应无余额	本科目应当按照接受补助单位、补助项目、《政府收支分类科目》中“支出功能分类科目”的项级科目和“部门预算支出经济分类科目”的款级科目等进行明细核算
84	7601		投资支出	本科目核算高等学校以货币资金对外投资发生的现金流出。年末结转后，本科目应无余额	本科目应当按照投资类型、投资对象、《政府收支分类科目》中“支出功能分类科目”的项级科目和“部门预算支出经济分类科目”的款级科目等进行明细核算
85	7701		债务还本支出	本科目核算高等学校偿还自身承担的纳入预算管理的从金融机构举借的债务本金的现金流出。年末结转后，本科目应无余额	本科目应当按照贷款单位、贷款种类、《政府收支分类科目》中“支出功能分类科目”的项级科目和“部门预算支出经济分类科目”的款级科目等进行明细核算
86	7901		其他支出	本科目核算高等学校除事业支出、经营支出、上缴上级支出、对附属单位补助支出、投资支出、债务还本支出以外的各项现金流出，包括利息支出、对外捐赠现金支出、现金盘亏损失、接受捐赠（调入）和对外捐赠（调出）非现金资产发生的税费支出、资产置换过程中发生的相关税费支出、罚没支出等。年末结转后，本科目应无余额	本科目应当按照其他支出的类别，“财政拨款支出”“非财政专项资金支出”和“其他资金支出”，《政府收支分类科目》中“支出功能分类科目”的项级科目和“部门预算支出经济分类科目”的款级科目等进行明细核算。其他支出中如有专项资金支出，还应按照具体项目进行明细核算。有一般公共预算财政拨款、政府性基金预算财政拨款等两种或两种以上财政拨款的事业单位，还应当在“财政拨款支出”明细科目下按照财政拨款的种类进行明细核算

（八）预算结余类会计科目

序号	总账科目编号	明细账科目编号	会计科目名称	核算内容	备注
87	8001		资金结存	本科目核算高等学校纳入部门预算管理的资金的流入、流出、调整和滚存等情况。本科目年末借方余额，反映单位预算资金的累计滚存情况	
		800101	零余额账户用款额度	本明细科目核算实行国库集中支付的高等学校根据财政部门批复的用款计划收到和支用的零余额账户用款额度。年末结账后，本明细科目应无余额	
		800102	货币资金	本明细科目核算高等学校以库存现金、银行存款、其他货币资金形态存在的资金。本明细科目年末借方余额，反映单位尚未使用的货币资金	
		800103	财政应返还额度	本明细科目核算实行国库集中支付的高等学校可以使用的以前年度财政直接支付资金额度和财政应返还的财政授权支付资金额度。本明细科目年末借方余额，反映单位应收财政返还的资金额度	
		80010301	财政应返还额度——财政直接支付	本明细科目核算实行国库集中支付的高等学校可以使用的以前年度财政直接支付资金额度	
		80010302	财政应返还额度——财政授权支付	本明细科目核算实行国库集中支付的高等学校可以使用的以前年度财政应返还的财政授权支付资金额度	
88	8101		财政拨款结转	本科目核算高等学校取得的同级财政拨款结转资金的调整、结转和滚存情况。本科目年末贷方余额，反映单位滚存的财政拨款结转资金数额	
		810101	年初余额调整	本明细科目核算因发生会计差错更正、以前年度支出收回等原因，需要调整财政拨款结转的金额。年末结账后，本明细科目应无余额	
		810102	归集调入	本明细科目核算按照规定从其他单位调入财政拨款结转资金时，实际调增的额度数额或调入的资金数额。年末结账后，本明细科目应无余额	
		810103	归集调出	本明细科目核算按照规定向其他单位调出财政拨款结转资金时，实际调减的额度数额或调出的资金数额。年末结账后，本明细科目应无余额	
		810104	归集上缴	本明细科目核算按照规定上缴财政拨款结转资金时，实际核销的额度数额或上缴的资金数额。年末结账后，本明细科目应无余额	
		810105	单位内部调剂	本明细科目核算经财政部门批准对财政拨款结余资金改变用途，调整用于本单位其他未完成项目等的调整金额。年末结账后，本明细科目应无余额	
		810106	本年收支结转	本明细科目核算高等学校本年度财政拨款收支相抵后的余额。年末结账后，本明细科目应无余额	

续表

序号	总账科目编号	明细账科目编号	会计科目名称	核算内容	备注
88		810107	累计结转	本明细科目核算高等学校滚存的财政拨款结转资金。本明细科目年末贷方余额，反映单位财政拨款滚存的结转资金数额	
89	8102		财政拨款结余	本科目核算高等学校取得的同级财政拨款项目支出结余资金的调整、结转和滚存情况。本科目年末贷方余额，反映单位滚存的财政拨款结余资金数额	
		810201	年初余额调整	本明细科目核算因发生会计差错更正、以前年度支出收回等原因，需要调整财政拨款结余的金额。年末结账后，本明细科目应无余额	
		810202	归集上缴	本明细科目核算按照规定上缴财政拨款结余资金时，实际核销的额度数额或上缴的资金数额。年末结账后，本明细科目应无余额	
		810203	单位内部调剂	本明细科目核算经财政部门批准对财政拨款结余资金改变用途，调整用于本单位其他未完成项目等的调整金额。年末结账后，本明细科目应无余额	
		810204	结转转入	本明细科目核算高等学校按照规定转入财政拨款结余的财政拨款结转资金。年末结账后，本明细科目应无余额	
		810205	累计结余	本明细科目核算高等学校滚存的财政拨款结余资金。本明细科目年末贷方余额，反映单位财政拨款滚存的结余资金数额	
90	8201		非财政拨款结转	本科目核算高等学校除财政拨款收支、经营收支以外各非同级财政拨款专项资金的调整、结转和滚存情况。本科目年末贷方余额，反映单位滚存的非同级财政拨款专项结转资金数额	
90		820101	年初余额调整	本明细科目核算因发生会计差错更正、以前年度支出收回等原因，需要调整非财政拨款结转的资金。年末结账后，本明细科目应无余额	
		820102	缴回资金	本明细科目核算按照规定缴回非财政拨款结转资金时，实际缴回的资金数额。年末结账后，本明细科目应无余额	
		820103	项目间接费用或管理费	本明细科目核算高等学校取得的科研项目预算收入中，按照规定计提项目间接费用或管理费的数额。年末结账后，本明细科目应无余额	
		820104	本年收支结转	本明细科目核算高等学校本年度非同级财政拨款专项收支相抵后的余额。年末结账后，本明细科目应无余额	
		820105	累计结转	本明细科目核算高等学校滚存的非同级财政拨款专项结转资金。本明细科目年末贷方余额，反映单位非同级财政拨款滚存的专项结转资金数额	

续表

序号	总账科目编号	明细账科目编号	会计科目名称	核算内容	备注
91	8202		非财政拨款结余	本科目核算高等学校历年滚存的非限定用途的非同级财政拨款结余资金，主要为非财政拨款结余扣除结余分配后滚存的金额。本科目年末贷方余额，反映单位非同级财政拨款结余资金的累计滚存数额	
		820201	年初余额调整	本明细科目核算因发生会计差错更正、以前年度支出收回等原因，需要调整非财政拨款结余的资金。年末结账后，本明细科目应无余额	
		820202	项目间接费用或管理费	本明细科目核算高等学校取得的科研项目预算收入中，按照规定计提的项目间接费用或管理费数额。年末结账后，本明细科目应无余额	
		820203	结转转入	本明细科目核算按照规定留归单位使用，由单位统筹调配，纳入单位非财政拨款结余的非同级财政拨款专项剩余资金。年末结账后，本明细科目应无余额	
		820204	累计结余	本明细科目核算高等学校历年滚存的非同级财政拨款、非专项结余资金。本明细科目年末贷方余额，反映单位非同级财政拨款滚存的非专项结余资金数额	
92	8301		专用结余	本科目核算高等学校按照规定从非财政拨款结余中提取的具有专门用途的资金的变动和滚存情况。本科目年末贷方余额，反映高等学校从非同级财政拨款结余中提取的专用基金的累计滚存数额	本科目应当按照专用结余的类别进行明细核算
93	8401		经营结余	本科目核算高等学校本年度经营活动收支相抵后余额弥补以前年度经营亏损后的余额。年末结账后，本科目一般无余额。如为借方余额，反映高等学校累计发生的经营亏损	本科目可以按照经营活动类别进行明细核算
94	8501		其他结余	本科目核算高等学校本年度除财政拨款收支、非同级财政专项资金收支和经营收支以外各项收支相抵后的余额。年末结账后，本科目应无余额	
95	8701		非财政拨款结余分配	本科目核算高等学校本年度非财政拨款结余分配的情况和结果。年末结账后，本科目应无余额	

（三）支出经济分类科目

支出经济分类科目反映高等学校经费使用的具体用途，包括政府预算支出经济分类和部门预算支出经济分类，财政部制定的《2020年政府收支分类科目》设置规定：政府预算支出经济分类为15类62款，部门预算支出经济分类为10类97款。

1. 政府预算支出经济分类科目和部门预算支出经济分类科目

政府预算经济分类科目是反映高等学校在预算编制、执行、会计核算过程中对经济业务支出用途的归纳，是满足政府预算管理的需要和人大审查预算的需要，是办理国库集中支付的重要信息；部门预算支出经济分类科目反映高等学校在预算编制、执行、会计核算过程中对经济业务支出用途的进一步细化，是满足学校预算管理的需要。政府预算支出经济分类和部门预算支出经济分类两套科目保持严格的对应关系，以便政府预算和部门预算相衔接。政府预算支出经济分类与部门预算支出经济分类的对应关系如表2–3所示。

表2–3　　高等学校政府预算经济分类与部门预算经济分类支出科目对照表

政府预算经济分类支出科目			部门预算经济分类支出科目		
类	款	科目名称	类	款	科目名称
505		对事业单位经常性补助			对事业单位经常性补助
	01	工资福利支出	301		工资福利支出
	02	商品服务支出	302		商品服务支出
	99	其他对事业单位补助			
506		对事业单位资本性补助			对事业单位资本性补助
	01	资本性补助（一）	310		资本性补助
	02	资本性补助（二）	309		资本性补助（基本建设）
507		对企业补助	312		对企业补助
	01	费用补贴		04	费用补贴
	02	利息补贴		05	利息补贴
	99	其他对企业补助		99	其他对企业补助
509		对个人和家庭补助支出			对个人和家庭补助支出
	01	社会福利和救助		04	抚恤金
				05	生活补助
				06	救济金
				07	医疗费补助
				09	奖励金
	02	助学金		08	助学金
	05	离退休费		01	离休费
				02	退休费
				03	退职费
	99	其他对个人和家庭的补助		99	其他对个人和家庭的补助

2.高等学校支出经济分类科目设置规则

一是高等学校在《2020年政府收支分类科目》中的部门预算支出经济分类设置的基础上，结合高校自身具体经济业务实际自行删减或增设下级明细科目。

二是财务会计费用类明细科目和预算会计支出科目都应该按照支出经济分类科目核算；资产类和负债类科目如果涉及“平行记账”，建议也按照支出经济分类科目核算，如预付账款、其他应收款、固定资产、无形资产等。

三是高等学校经济业务按照资金列支内容可以分为工资福利支出、商品和服务支出、对个人和家庭补助、债务利息及费用支出、基本建设类支出和其他资本性支出，高等学校可在每类支出下根据高校管理实际设置支出明细科目。支出经济分类科目设置及使用说明如表2–4所示。

表2–4　　高等学校经济分类支出科目及使用说明

科目编码		科目名称	使用说明
类	款		
301		工资福利支出	反映高等学校开支的在职职工和编制外长期聘用人员的各类劳动报酬以及为上述人员缴纳的各项社会保险费等
	01	基本工资	反映高等学校按规定发放的基本工资，包括学校工作人员的岗位工资、薪级工资；各类学校毕业生试用期（见习期）工资、新参加工作工人学徒期、熟练期工资等
	02	津贴补贴	反映高等学校按规定发放的津贴、补贴，包括工作人员特殊岗位津贴补贴、提租补贴、购房补贴、采暖补贴、物业服务补贴等
	03	奖金	反映高等学校发放的奖金
	06	伙食补助费	反映高等学校发给职工的伙食补助费，因公负伤等住院治疗、住疗养院期间的伙食补助费等
	07	绩效工资	反映高等学校工作人员的绩效工资
	08	机关事业单位基本养老保险缴费	反映高等学校为职工缴纳的基本养老保险费。由高校代扣的工作人员基本养老保险费，不在此科目反映
	09	职业年金缴费	反映高等学校为职工实际缴纳的职业年金（含职业年金补记支出）。由高校代扣的工作人员职业年金缴费，不在此科目反映
	10	职工基本医疗保险缴费	反映高等学校为职工缴纳的基本医疗保险费
	12	其他社会保障缴费	反映高等学校为职工缴纳的失业、工伤、生育等社会保险费，残疾人就业保障金。生育保险和职工基本医疗保险合并实施的地区，相关缴费不在此科目反映
	13	住房公积金	反映高等学校按规定为职工缴纳的住房公积金
	14	医疗费	反映未参加医疗保险的高等学校的医疗经费和高等学校按规定为职工支出的其他医疗费用
	99	其他工资福利支出	反映上述科目未包括的工资福利支出，如各种加班工资，病假两个月以上期间的人员工资，职工探亲旅费，困难职工生活补助，编制外长期聘用人员（不包括劳务人员）劳务报酬及社保缴费
302		商品服务支出	反映高等学校购买商品和服务的支出，不包括用于购置固定资产等资本性支出
	01	办公费	反映高等学校购买日常办公用品、书报杂志等支出
	02	印刷费	反映高等学校的印刷费支出

续表

科目编码		科目名称	使用说明
类	款		
	03	咨询费	反映高等学校咨询方面的支出
	04	手续费	反映高等学校的各类手续费支出
	05	水费	反映高等学校的水费、污水处理费等支出
	06	电费	反映高等学校的电费支出
	07	邮电费	反映高等学校开支的信函、包裹、货物等物品的邮寄费及电话费、电报费、传真费、网络通信费等
	08	取暖费	反映高等学校取暖用燃料费、热力费、炉具购置费、锅炉临时工的工资、节煤奖以及由单位支付的未实行职工住房采暖补贴改革的在职职工和离休人员宿舍取暖费
	09	物业管理费	反映高等学校开支的办公用房以及未实行职工住宅物业服务改革的在职职工和离退休人员宿舍等的物业管理费，包括综合治理、绿化、卫生等方面的支出
	11	差旅费	反映高等学校工作人员国（境）内出差发生的城市间交通费、住宿费、伙食补助费和市内交通费
	12	因公出国（境）费用	反映高等学校公务出国（境）的国际旅费、国外城市间交通费、住宿费、伙食费、培训费、公杂费等支出
	13	维修（护）费	反映高等学校日常开支的固定资产（不包括车船等交通工具）修理和维护费用，网络信息系统运行与维护费用以及按规定提取的修购基金
	14	租赁费	反映高等学校租赁办公用房、宿舍、专用通信网以及其他设备等方面的费用
	15	会议费	反映高等学校在会议期间按规定开支的住宿费、伙食费、会议场地租金、交通费、文件印刷费、医药费等
	16	培训费	反映高等学校除因公出国（境）培训费以外的，在培训期间发生的师资费、住宿费、伙食费、培训场地费、培训资料费、交通费等各类培训费用
	17	公务接待费	反映高等学校按规定开支的各类公务接待（含外宾接待）费用
	18	专用材料费	反映高等学校购买日常专用材料的支出。具体包括实验室用品，消耗性体育用品、按规定不纳入固定资产管理的，专用工具和仪器、劳保用品，以及教师授课用教材书、艺术部门专用材料和用品等
	26	劳务费	反映高等学校支付给外单位和个人的劳务费用，如临时用人员、钟点工工资，稿费、翻译费、评审费等
	27	委托业务费	反映高等学校因委托外单位办理业务而支付的委托业务费。如测试加工费、科研协作费等
	28	工会经费	反映高等学校按规定提取或安排的工会经费
	29	福利费	反映高等学校按规定提取的职工福利费
	31	公务用车运行维护费	反映高等学校按规定保留的公务用车燃料费、维修费、过桥过路费、保险费、安全奖励费用等支出
	39	其他交通费用	反映高等学校除公务用车运行维护费以外的其他交通费用。如公务交通补贴、租车费用、出租车费用等
	40	税金及附加费用	反映高等学校提供劳务或销售产品应负担的税金及附加费用，包括消费税、城市维护建设税、资源税和教育附加等

续表

科目编码		科目名称	使用说明
类	款		
	99	其他商品和服务支出	反映高等学校发生的上述科目未包括的日常公用支出，如诉讼费、国内组织的会员费、来访费、广告宣传费以及离休人员特需费、离退休人员公用经费等
303		对个人和家庭的补助	反映高等学校用于对个人和家庭的补助支出
	01	离休费	反映高等学校离休人员的离休费、护理费以及提租补贴、购房补贴、采暖补贴、物业服务补贴等补贴
	02	退休费	反映高等学校退休人员的退休费、提租补贴、购房补贴、采暖补贴、物业服务补贴等补贴
	03	退职费	反映高等学校退职人员的生活补贴，一次性支付给职工的退职补助
	04	抚恤金	反映高等学校按规定开支的烈士遗属、牺牲病故人员遗属的一次性和定期抚恤金，伤残人员的抚恤金，离退休人员等其他人的各项抚恤金以及按规定开支的高等学校职工和离退休人员的丧葬费
	05	生活补助	反映高等学校按规定开支的优抚对象定期定量生活补助费和职工遗属生活补助
	07	医疗费补助	反映高等学校离退休人员医疗费、学生医疗费、优抚对象医疗补助等
	08	助学金	反映高等学校学生助学金、奖学金、学生贷款、出国留学（实习）人员生活费，按照协议由高校负担或享受高校奖学金的来华留学的进修生生活费等
	09	奖励金	反映高等学校独生子女父母奖励等
	99	其他对个人和家庭的补助	反映高等学校发生的未包括在上述科目的对个人和家庭的补助支出，如婴幼儿补贴、退职人员及随行家属路费等
307		债务利息及费用支出	反映高等学校的债务利息及费用支出
	01	国内债务付息	反映高等学校用于偿还国内债务利息的支出
	02	国外债务付息	反映高等学校用于偿还国外债务利息的支出
309		资本性支出（基本建设）	反映切块由发展改革部门安排的基本建设支出
	01	房屋建筑物购建	反映高等学校用于购买、自行建造办公用房、仓库、职工生活用房、教学科研用房、学生宿舍、食堂等建筑物（含附属设施，如电梯、通信线路、水气管道等）的支出
	02	办公设备购置	反映高等学校用于购置并按财务会计制度规定纳入固定资产核算范围的办公家具和办公设备的支出
	03	专用设备购置	反映高等学校用于购置具有专门用途、并按财务会计制度规定纳入固定资产核算范围的各类专用设备的支出
	05	基础设施建设	反映高等学校用于基础设施建设方面的支出
	06	大型修缮	反映高等学校按财务制度规定允许资本化的各类设备、建筑等大型修缮的支出
	07	信息网络及软件购置更新	反映高等学校用于信息网络和软件方面的支出。如服务器购置、软件购置、开发、应用支出等。如果购置的硬件、软件等不符合财务会计制度规定的固定资产确认标准的，不在此科目反映
	13	公务用车购置	反映高等学校公务用车购置的支出（含车辆购置税、牌照费）
	19	其他交通工具购置	反映高等学校除公务用车外的其他交通工具购置支出（含车辆购置税、牌照费）

续表

科目编码		科目名称	使用说明
类	款		
	21	文物和陈列品购置	反映高等学校文物和陈列品购置
	22	无形资产购置	反映高等学校著作权、商标权、专利权、土地使用权等无形资产购置支出。软件购置、开发、应用支出不在此科目反映
	99	其他基本建设支出	反映高等学校上述科目中未包括的资本性支出
310		资本性支出	反映高等学校安排的资本性支出
	01	房屋建筑物构建	反映高等学校用于购买、自行建造办公用房、仓库、职工生活用房、教学科研用房、学生宿舍、食堂等建筑物（含附属设施，如电梯、通信线路、水气管道等）的支出
	02	办公设备购置	反映高等学校用于购置并按财务会计制度规定纳入固定资产核算范围的办公家具和办公设备的支出
	03	专用设备购置	反映高等学校用于购置具有专门用途、并按财务会计制度规定纳入固定资产核算范围的各类专用设备的支出
	05	基础设施建设	反映高等学校用于基础设施建设方面的支出
	06	大型修缮	反映高等学校按财务制度规定允许资本化的各类设备、建筑物等大型修缮的支出
	07	信息网络及软件购置更新	反映高等学校用于信息网络和软件方面的支出。如服务器购置、软件购置、开发、应用支出等。如果购置的硬件、软件等不符合财务会计制度规定的固定资产确认标准的，不在此科目反映
	13	公务用车购置	反映高等学校公务用车购置的支出（含车辆购置税、牌照费）
	19	其他交通工具购置	反映高等学校除公务用车外的其他交通工具购置支出（含车辆购置税、牌照费）
	21	文物和陈列品购置	反映高等学校文物和陈列品购置
	22	无形资产购置	反映高等学校著作权、商标权、专利权、土地使用权等无形资产购置支出。软件购置、开发、应用支出不在此科目反映
	99	其他基本建设支出	反映高等学校上述科目中未包括的资本性支出
311		对企业补助（基本建设）	反映切块由发展改革部门安排的基本建设支出中对企业补助支出
	99	其他对企业补助	反映对企业的其他补助支出
312		对企业补助	反映高等学校对企业的补助支出
	99	其他对企业补助	反映对企业的其他补助支出；高等学校对其独立学院拨付的运行经费在此科目反映

第四节　部门编码和项目编码规则

部门编码和项目编码是高等学校内部会计责任主体经济活动按照一定的标准进行分级、分类，通过部门和项目设置辅助高校会计核算的代码，是高校会计核算的重要组成部分，为会计核算精细化、科学化提供条件。由于不同的高等学校内部机构设置不同、管理方式不同、财务信息化建设程度不同、会计核算方式不同、主管部门要求不同等因素限定，因此，对于下面论述的高等学校部门编码和项目编码设置规则，是以H大学为例，按照H大学内部机构设置和管理要求进行的设定，仅做参考，如有不妥之处，敬请谅解。

一、部门编码设置规则

高等学校应当根据自身机构设置和财务管理体制情况，在会计核算系统内设置按照部门（内部单位）核算经费的功能。一般部门编码六位数，通过编码信息，以部门为单位归集经济活动过程中的各类资源耗费，满足内部、外部管理需要。

（一）部门编码设置规则要求

1.高等学校的部门编码应当结合学校内部信息化建设需要，与学校信息化建设编码相统一。

2.高等学校的部门编码应当能够反映教学、科研、行政管理、后勤服务等部门的性质，以满足高校成本核算等要求。

3.高等学校的部门编码应满足经济业务核算需要，包括但不局限于高校行政管理和教学教辅机构，例如，科研经费、基本建设、人员经费均可作为部门，通过部门编码归集各类费用，满足会计核算、成本核算等内部管理需要。

4.财务会计与预算会计的部门编码应保持一致。

（二）部门编码建议

以H大学为例：依据高等学校管理实际和经费管理要求，分类设置部门编码。

1.机构运行经费

机构运行经费是指行政管理部门、教学、教辅和科研机构的运行经费，其编码应与高校信息化建设编码统一。前四位为学校内部统一标准编码，后两位为财务管理需要，如“××××01”“××××02”“××××03”“××××04”，其中末尾数代表部门经济业务分类，分别是：

（1）“1”代表高校教学和教辅机构，反映高校开展各类教学活动和教学辅助活动发生的基本支出和项目支出。财务会计通过“业务活动费用——教育费用”科目核算，预算会计通过“事业支出——教育支出”科目核算。

（2）“2”代表科研机构，反映高校在学院、系外单独设立的研究所、研究中心等各类科研机构开展科研及其辅助活动发生的基本支出和项目支出。财务会计通过“业务活动费用——科研费用”核算，预算会计通过“事业支出——科研支出”核算。

（3）“3”代表行政管理部门，反映高校校级行政管理部门（不含各类学生思政教育部门）开展行政管理活动发生的基本支出和项目支出。财务会计通过“单位管理费用——行政管理费用”核算，预算会计通过“事业支出——行政管理支出”核算。

（4）“4”代表后勤保障部门，反映高校后勤保障部门为教学、科研、行政管理等活动提供后勤保障服务发生的基本支出和项目支出。财务会计通过“单位管理费用——后勤保障费用”核算，预算会计通过“事业支出——后勤保障支出”核算。

2.人员经费

部门编码前两位“02”代表人员经费，按照省预算批复的“政府预算经济分类科目支出”结构体系，包括工资福利支出、离退休经费、学生资助经费、抚恤金等。部门编码区间为“020001—020099”。

（1）末尾“01”代表工资福利支出，反映高校开支的在职职工和编制外长期聘用人员的各类劳动报酬以及为上述人员缴纳的各项社会保险费等，按照人员属性标识，分别在“业务活动费”“事业支出”等科目核算。

（2）末尾“02”反映高校部门预算经济分类“对个人和家庭补助”科目支出中的除“助学金”以外的其他人员支出，不包括由“科研经费”“专项经费”中安排的对个人和家庭补助支出。按照人员属性和经费项目性质，分别在“业务活动费”“事业支出”等科目核算。例如，发放的离退休人员费用，财务会计在“单位管理费用——离退休费用”科目核算，预算会计在“事业支出——离退休支出”科目核算。

（3）末尾“03”代表学生资助经费支出，反映高校按规定发放的学生助学金、奖学金、学生贷款、按照协议由高校负担或享受高校奖学金的来华留学生、进修生生活费等。财务会计在“业务活动费——教育费用”科目核算，预算会计在“事业支出——教育支出”科目核算。

3.专用基金

部门编码前两位“03”，反映高校按规定计提的职工福利费、学生奖助学金等。部门编码区间为“030001—030099”。

4.公共业务类

部门编码前两位“04”，核算高等学校水、电、暖、托管协议支出以及由学校统一负担的工会经费、诉讼费、中介费等。部门编码区间为“040001—040999”，其中：

（1）部门编码“040001”代表后勤物业，核算高等学校水、电、暖、托管协议支出；

（2）部门编码“040002”代表人员公用，核算离退休特需经费、公用经费、参观休养、劳务派遣、通信补贴、女教工卫生费、工会经费、福利费等；

（3）部门编码“040003”代表公共支出，核算公务接待费、手续费、机动经费、计提的科研管理费等支出；

（4）部门编码“040101”代表归集核算，是归集核算财务会计与预算会计确认时点不同的业务，如对“增值税”“个人所得税”“应付职工薪酬”等进行的核算。

5.省拨专项经费

部门编码前两位“05”，核算省级财政资金安排的“双一流建设资金”“省级教育发展专款”“中央支持地方专项经费”“同级财政科研经费”等。部门编码区间为“050001—050099”。

编码规则是“050001—050002”，其中前两位“05”代表省级拨款，末尾“1”代表“双一流建设资金”“省级教育发展专款”“中央支持地方专项经费”等非科研经费，财务会计在“业务活动费——教育费用”科目核算，预算会计在“事业支出——事业支出”科目核算；末尾“2”代表“同级财政科研经费”，核算同级财政部门拨入的科研经费，财务会计在“业务活动费——科研费用”科目核算，预算会计在“事业支出——科研支出”科目核算。

6.科研经费

部门编码前两位“07”，核算高校开展科研活动，用于发展科学技术事业的费用，包括高校取得的纵向科研经费和横向科研经费。按照《政府会计制度》规定，学校纵向、横向科研经费财务会计核算实行权责发生制，须按照合同完成进度等方式确认事业收入。编码规则应便于区分2019年前、后取得的科研经费的不同账务处理方式以及2019年以后取得的科研结项经费的后续管理等。原则上学校科研经费部门编码区间是“070001—070099”，编码规则如表2–5所示。

表2–5　纵向、横向科研经费部门编码规则建议表

部门编码	部门名称	核算内容
070001	文科科研经费	核算2019年以前立项的人文社科类科研经费
070002	文科间接经费	核算2019年以前立项的人文社科类科研间接经费
070003	理科科研经费	核算2019年以前立项的理工科类科研经费
070004	理科间接经费	核算2019年以前立项的理工科类科研间接经费
070010	科研经费	核算2019年以后立项取得的科研经费

7.基建项目

部门编码是“080001”，是反映高等学校根据教学科研事业发展需要，经政府有关部门批准进行的新建、续建、改建、扩建等基建工程、大型修缮及相关工作。

8.受托代理类业务

部门编码是“090001”，核算高等学校接受委托方委托管理的各项资产。

综上所述，部门编码规则如表2–6所示。

表2–6 部门编码规则建议表

类别	部门编码	部门名称	核算内容
人员经费	020001	工资福利支出	反映高校开支的在职职工和编制外长期聘用人员的各类劳动报酬，以及为上述人员缴纳的各项社会保险费等
	020002	对个人和家庭补助支出	反映高校离退休费、抚恤金、生活补助、医疗费补助以及其他除助学金以外的对个人和家庭补助支出
	020003	助学金	反映高校按规定发放的学生国家助学金、奖学金、出国留学（实习）人员生活费，按照协议由高校负担或享受高校奖学金的来华留学生、进修生生活费等
专用基金	030001	专用基金	反映高校按规定计提的职工福利费、学生奖助学金等
公共业务类	040001	后勤物业	反映高等学校水、电、暖、托管协议支出
	040002	人员公用	反映离退休特需经费、公用经费、参观休养、劳务派遣、通信补贴、女教工卫生费、工会经费、福利费等
	040003	公共支出	反映公务接待费、手续费、机动经费、计提的科研管理费等支出
	040101	归集核算	是归集核算财务会计与预算会计确认时点不同的业务，如对“增值税”“个人所得税”“应付职工薪酬”等进行的核算
专项经费	050001	省拨专项经费	反映省级财政资金安排的“双一流建设资金”“省级教育发展专款”“中央支持地方专项经费”等非科研经费
	050002	省拨科研经费	反映省级财政资金安排的“基本科研业务费”等科研经费
科研经费	070001	文科科研经费	反映2019年以前人文社科类科研经费
	070002	文科间接经费	反映2019年以前人文社科类科研间接经费
	070003	理科科研经费	反映2019年以前理工科类科研经费
	070004	理科间接经费	反映2019年以前理工科类科研间接经费
	070010	科研经费	反映2019年以后取得的科研经费（按照政府会计制度，实行权责发生制）
基建项目	080001	基建项目	反映高等学校根据教学科研事业发展需要，经政府有关部门批准进行的新建、续建、改建、扩建等基建工程、大型修缮及相关工作
机构运行经费	××××01	人文学院等	反映高校开展各类教学活动和教学辅助活动发生的基本支出和项目支出
	××××02	科技处等	反映高校在学院、系外单独设立的研究所、研究中心等各类科研机构开展科研及其辅助活动发生的基本支出和项目支出
	××××03	校长办公室等	反映高校校级行政管理部门（不含各类学生思政教育部门）开展行政管理活动发生的基本支出和项目支出
	××××04	后勤管理处等	反映高校后勤保障部门为教学、科研、行政管理等活动提供后勤保障服务发生的基本支出和项目支出

二、项目编码设置规则

项目编码是在高等学校对内部会计责任主体进行分类的基础上，根据管理需要对经费分类核算的进一步细化。高等学校可以根据自身经济业务特点、经费类别等，在会计核算系统内设置按照项目核算经费的功能，满足预决算管理、成本管理、绩效评价、决策信息提供等管理工作需要的项目编码。

（一）项目编码基本要求

1.高等学校财务部门应结合部门设置以及高校经费来源、分配、使用特点和管理要求，建立本校统一的项目管理体系，对项目编码的位数、含义、使用权限等进行规定并做好维护和管理。高校项目编码信息应当适应管理和分析需求的变化，应有一定的可扩展性。

2.项目是高等学校内部会计责任主体分类标识之一。通过项目编码对经费实现分级分类管理，达到既按照《政府会计制度》有关规定提供必要的会计信息，又减少不必要的会计科目数量与层次的目的，借助于现代化信息技术手段，通过设置项目获得项目资金的来源渠道、资金拨付年度以及项目资金支出内容等信息。

3.政府会计制度下的项目设置采用一套项目编码设置的思路，以高校经济业务分类来设定项目编码设置的规则。预算会计的项目编码设置规则，与财务会计收入类的项目编码相同。

（二）项目编码设置规则

1.高等学校按照基金类、科研经费类、基建工程类和其他一般经济业务类别分别设置项目，其中对于财政科研经费拨款的支出功能分类信息，在项目信息中进行反映。

2.项目编码一般用12位阿拉伯数字表示，项目编码层级可以根据需要自行设定。

3.项目的分类编码规则。

（1）基金类：基金类业务项目类型编码以“03”开头。

（2）科研经费类业务：科研经费类业务按照资金来源的属性，一是科研事业收入中非同级财政拨款类的各类科研拨款以“04”开头，高校取得的科技开发和科技咨询等科研事业收入以“07”开头；二是高校财政拨款收入科研类基本拨款以“14”开头，科研类专项拨款以“6”开头；三是高校资金安排的科研启动经费等以“10”开头。

（3）基建类项目按照以“81”开头，按照立项的“基建项目、建设成本构成、地理位置、立项年度”等要素设置项目信息。

（4）其他一般类经济业务按照人员经费、公共业务类、机构运行经费核算需求和管理要求分别编制项目编码。

4.设置项目编码与会计科目的对应关系。高等学校对每类项目编码对应的会计科目进行事先设定，确定项目所关联的会计科目通过财务核算软件的系统设置赋值到具体项目。

（三）项目设置编码位数

H大学使用的财务软件项目编码位数，目前最多12位，按照3–4–2–3层级编制（见表2–7）。

表2-7 项目设置编码位数

1	2	3	4	5	6	7	8	9	10	11	12
项目类型			资金来源等信息				代表项目年度		项目序列编号		

其中，第一层和第二层依据业务类别代表不同含义。

（四）项目编码设置建议

1. 基金类项目

基金类项目反映高校按规定计提的职工福利费、学生奖助学金等的计提和使用情况（见表2-8）。

表2-8 学校基金类项目设置建议表

基金类别	部门编码	项目编码	项目编码名称	核算内容
专用基金	030001	321	职工福利基金	按规定计提的职工福利费
学生支出	020003	301	校内资助	按规定由高校学费收入中计提5%
		303	校外捐赠	按照捐赠协议资助学生

2. 科研类项目设置

科研类项目核算学校开展科学研究取得的各类科研经费，按照经费来源分为财政拨款科研经费拨款和非财政拨款科研经费拨款。项目编码原则主要有：一是考虑《政府会计制度》下财政类科研经费拨款的会计核算基础是“收付实现制”，非财政类科研经费的会计核算基础是“权责发生制”，两者在确认收入时，须采用不同的会计处理方式。二是考虑财政类科研经费拨款，年终编制决算报表需要按照预算“支出功能分类”归集、整理数据填报。三是国家对科研经费结余资金使用政策要求，即原则上科研经费在项目实施期间，年度剩余资金自动结转下年继续使用，科研项目完成任务目标并通过验收后，结余资金在2年内由项目承担单位统筹安排用于科研活动的直接支出，2年后仍有结余的，按原渠道缴回。四是考虑年度部门政府综合财务报告内部部门经费相互对账抵销因素。因此，科研类项目编码设置规则，在“成本效益”原则下，充分考虑经费预算支出功能分类、科研经费拨入年度、《政府会计制度》下科研经费收入确认等进行项目编码设置。科研类项目编制建议表详见表2-9。

表2-9 科研类项目编码设置建议表

编码规则	项目名称	项目使用说明
04	科研事业收入类	核算高校非同级财政拨款类的各类科研拨款
041	非同级财政科研拨款（国家级）	核算高校取得的国家自然科学基金等国家级财政科研拨款
041 1001 19 001	国家自然科学基金拨款	核算高校2019年度“国家自然科学基金”科研拨款

续表

编码规则	项目名称	项目使用说明
041　2001　19　001	国家科技重大专项	核算高校2019年度“国家科技重大专项”科研拨款
041　3001　19　001	国家重点研发计划	核算高校2019年度“国家重点研发计划”科研拨款
041　4001　19　001	技术创新引导专项基金	核算高校2019年度“技术创新引导专项基金”科研拨款
041　5001　19　001	基地和人才专项	核算高校2019年度“基地和人才专项”科研拨款
041　6001　19　001	教育部科研项目拨款	核算高校2019年度“教育部”科研拨款
041　7001　19　001	国家社科基金拨款	核算高校2019年度“国家社科基金”科研拨款
042	非同级财政科研拨款（省市级）	核算高校取得的科技厅等省市级财政部门科研拨款
042　0001　19　001	省教育科学规划项目	核算高校2019年度“省教育科学规划办”科研拨款
042　0002　19　001	省统计局科研项目	核算高校2019年度“省统计局”科研拨款
042　0003　19　001	省教育厅项目	核算高校2019年度“省教育厅”科研拨款
042　0004　19　001	省人才项目	核算高校2019年度“省人才项目”科研拨款
042　1001　19　001	市社科联项目	核算高校2019年度“××市社科联”科研拨款
042　1002　19　001	市科技局项目	核算高校2019年度“××市科技局”科研拨款
042　3001　19　001	外省市科研项目	核算高校2019年度“外省市”科研拨款
070	其他科研事业收入	核算高校除上述非同级财政科研拨款以外的其他科研拨款
070　9099　19　001	其他科研事业收入	核算高校2019年度其他科研事业收入
14	财政拨款收入科研类基本拨款	核算高校财政拨款收入中科研类基本拨款
140　2001　19　001	基本科研业务拨款	核算高校2019财政拨款收入科研基本拨款
6	财政拨款收入科研类专项拨款	核算高校财政拨款收入中科研类专项拨款（编码规则考虑了政府功能分类科目）
605　0205　19　001	高等教育	核算高校2019年度由“高等教育”安排的专项科研拨款
606　0199　19　001	其他科学技术管理事务支出	核算高校2019年度由“其他科学技术管理事务支出”安排的专项科研经费
606　0202　19　001	重点基础研究规划	核算高校2019年度由“重点基础研究规划”安排的专项科研经费
606　0203　19　001	自然科学基金	核算高校2019年度由“自然科学基金”安排的专项科研经费
606　0204　19　001	重点实验室及相关设施	核算高校2019年度由“重点实验室及相关设施”安排的专项科研经费
606　0206　19　001	专项基础科研	核算高校2019年度由“专项基础科研”安排的专项科研经费
606　0299　19　001	其他基础研究支出	核算高校2019年度由“其他基础研究支出”安排的专项科研经费
606　0302　19　001	社会公益研究	核算高校2019年度由“社会公益研究”安排的专项科研经费
606　0402　19　001	应用技术研究与开发	核算高校2019年度由“应用技术研究与开发”安排的专项科研经费

续表

编码规则	项目名称	项目使用说明
606 0603 19 001	社科基金支出	核算高校2019年度由"社科基金支出"安排的专项科研经费
606 9901 19 001	科技奖励	核算高校2019年度由"科技奖励"安排的专项科研经费
606 9999 19 001	其他科学技术支出	核算高校2019年度由"其他科学技术支出"安排的专项科研经费
607 9902 19 001	宣传文化发展专项支出	核算高校2019年度由"宣传文化发展专项支出"安排的专项科研经费
615 0299 19 001	其他制造业支出	核算高校2019年度由"其他制造业支出"安排的专项科研经费

此外，由学校资金自行安排的科研经费编码规则按照以下原则设定（详见表2–10）。

表2–10　科研经费编码规则

1	2	3	4	5	6	7	8	9	10	11	12
按照校内立项牵头部门编码设定，经费管理和绩效由校内牵头部门负责						代表课题类别	代表立项年度		代表课题序号		

3. 基建项目

基建项目核算高等学校经发展改革委批准立项的基建项目以及经过高校研究同意拟启动建设的基建项目的前期费用（基建项目编码设置建议详见表2–11）。项目编码原则为：一是考虑基建投资报表的编报和不同基建项目数据归集的管理需要；二是考虑基建项目建设成本构成；三是考虑拟建项目前期费用是否通过主管部门批准立项的不同会计处理等因素进行项目编码设置。

表2–11　基建项目编码设置建议表

1	2	3	4	5	6	7	8	9	10	11	12
代表基建类业务		代表基建项目地理位置	代表基建项目立项年度				代表立项的基建项目名称		代表基建项目的单项工程		

4. 其他一般业务类

高等学校可以按照高校内部管理需要分类设置。

（1）机构运行经费。机构运行经费反映行政部门、教学、教辅和科研机构的运行经费。其编码规则为：一是考虑与高校信息化建设编码统一；二是考虑部门经济业务性质和经费来源；三是考虑推进高校综合体制改革，扩大部门经费统筹使用权；四是考虑高校绩效工资总量限额等因素，从而进行机构运行经费项目编码设置。

（2）人员经费。人员经费反映高校开支的在职职工、长聘人员、离退休人员和学生奖助学金等各类人员费用以及高校承担的各类社会保险费用，不包括财政专项拨款安排的国家奖助学金、出国人员生活补助等。人员经费项目设置规则主要是考虑省预算编制体系结构和预算编制政府预算分类支出对接。

（3）公共业务类。公共业务类反映高校水、电、暖、托管协议支出和由学校统一负担的工会经费、诉讼费、中介费以及归集核算财务会计与预算会计确认时点不同的业务。公共业务类项目编码设置原则为：一是考虑会计核算成本效益原则；二是考虑成本核算公用支出经费，如水电暖等费用归类方式；三是考虑个别业务财务会计与预算会计业务处理时点不同。

5.省拨专项经费

省拨专项经费是指省级财政资金安排的“双一流建设资金”“省级教育发展专款”“中央支持地方专项经费”“同级财政科研经费”等非基建专款。项目编码原则为：一是考虑财政科研经费使用周期；二是考虑经费来源渠道且使用要求略有不同；三是考虑会计核算精细化管理。

第五节　高等学校会计制度衔接

一、高等学校会计制度衔接要求

（一）高校应当严格执行《政府会计制度》的相关规定

自2019年1月1日起，高等学校应当严格按照《政府会计制度》的规定进行会计核算、编制财务报表和预算会计报表。

（二）高校应当做好的新旧制度衔接的相关工作

1.根据原账编制2018年12月31日的科目余额表，并按照高校新账科目设置情况对原账科目余额进行合并、拆分后编制新旧科目转换对照表。

2.按照新制度建立2019年1月1日的新账。

3.根据2018年12月31日科目余额和新旧科目转换对照表，主要方法有：

一是将原账科目余额转入新账财务会计科目，按照原账余额登记新账预算会计科目；

二是对于未入账事项按照《关于高等学校执行〈政府会计制度——行政事业单位会计科目和报表〉的衔接规定》补充登记新账的相应科目；

三是按照新制度规定的权责发生制会计核算基础对新账的相关财务会计科目余额进行调整。

4. 按照登记及调整后新账的各会计科目余额，编制2019年1月1日的科目余额表，作为新账各会计科目的期初余额。

5. 根据新账各会计科目期初余额，按照新制度编制2019年1月1日资产负债表。

（三）及时调整、升级会计信息系统

高等学校应当按照新制度要求对原有会计信息系统及时进行更新和调试，实现数据正确转换，确保新旧账套的有序衔接。

二、财务会计科目的新旧衔接

（一）将原账科目期末余额转入新账科目期初余额

将2018年12月31日原账会计科目余额转入新账财务会计科目期初余额。根据新账财务会计科目的设置情况，对原账会计科目进行分析，分别转入新账中各相关科目。

1. 资产类（详见表2–12）

（1）“库存现金”。新制度设置的“库存现金”科目，与原账“库存现金”科目核算内容基本相同。转账时，高等学校应当将原账的“库存现金”科目余额直接转入新账相应的科目。如果原账“库存现金”科目余额中有新制度规定的属于高校受托代理资产的金额，须转入新账“库存现金”科目下的“受托代理资产”明细科目，单独反映。

（2）“银行存款”科目。新制度设置了“银行存款”“其他货币资金”科目。根据新制度规定，原账“银行存款”科目余额须按照存入银行、金融机构和银行存款类别分别转入新制度设置的“银行存款”和“其他货币资金”科目，其中高校的外埠存款、银行本票存款、银行汇票存款、信用卡存款等存款金额转入“其他货币资金”科目，将原账“银行存款”科目余额减去其中属于其他货币资金余额后的差额，转入新账的“银行存款”科目，如果转入新账的“银行存款”中，有新制度规定的受托代理资产的金额，还应当将该部分转入新账“银行存款”科目下的“受托代理资产”明细科目，单独反映。

（3）“零余额账户用款额度”“财政应返还额度”“短期投资”“应收票据”“应收账款”“无形资产”“预付账款”科目。新制度设置了“零余额账户用款额度”“财政应返还额度”“短期投资”“应收票据”“应收账款”“预付账款”“无形资产”科目，其核算内容与原账的上述相应科目的核算内容基本相同。转账时，高校应当将原账的上述科目余额直接转入新账的相应科目。

同时，需要将原账“在建工程”科目余额（基建“并账”后的金额）中属于预付备

料款、预付工程款的金额，调整转入新账“预付账款”相关明细科目。

如果原账“无形资产”“应收账款”“预付账款”中有使用受托代理资金购买的无形资产或形成的“应收账款”“预付账款”，应按照受托代理资金购买的无形资产或形成的“应收账款”“预付账款”的金额，转入新账“受托代理资产”科目及其明细科目。

（4）“其他应收款”科目。新制度设置了“其他应收款”科目，该科目的核算内容与原账“其他应收款”科目的核算内容基本相同。为便于新制度下的“双体系”核算，高等学校可以按照“其他应收款”科目核算的经济业务的性质，在新账“其他应收款”科目下分别设置“支出类应收账款”“周转类应收账款”“押金、质保金类应收账款”等明细科目。转账时，高校应当对原账“其他应收款”构成内容进行分析，按照“支出类应收账款”“周转类应收账款”“押金、质保金类应收账款”对原账“其他应收账款”科目余额进行拆分，并分别转入新账对应的“其他应收款”各明细科目。其中对原账“其他应收款”科目余额中已经付款或开出商业汇票、尚未收到物资的金额，转入新账的“在途物品”科目。如果有使用受托代理资金支付其他应收款的，还应当将原账的“其他应收款”科目余额中使用受托代理资金的金额转入新账的“受托代理资产——应收及暂付款”科目。

（5）“存货”科目。新制度设置了“库存物品”“加工物品”“工程物资”“受托代理资产”等科目，原制度设置了“存货”科目。转账时，高校应当将原账“存货”科目余额构成进行盘点、分析。对“存货”科目余额中属于在加工存货、工程物资、受托代理物资的金额，分别转入新账的“加工物品”“工程物资”“受托代理资产”科目中，将原账的“存货”科目余额减去加工存货、工程物资、受托代理物资的金额后的差额，转入新账的“库存物品”科目。

（6）“长期投资”科目。新制度设置了“长期股权投资”和“长期债券投资”科目，原制度设置了“长期投资”科目。转账时，高校应当将原账的“长期投资”科目余额中属于股权投资的金额，转入新账的“长期股权投资”科目及其明细科目，将原账的“长期投资”科目余额中属于债券投资的金额，转入新账的“长期债券投资”科目及其明细科目。

（7）“固定资产”科目。新制度设置了“固定资产”“公共基础设施”“政府储备物资”“文物文化资产”“保障性住房”科目。高等学校在原账“固定资产”科目中只核算了按照新制度规定的固定资产内容的，转账时，应当将原账的“固定资产”科目余额全部转入新账的“固定资产”科目。其中原账“固定资产”中有受托代理的固定资产，应按照受托代理的固定资产金额，转入新账“受托代理资产——固定资产”科目。

（8）“累计折旧”科目。新制度设置了“固定资产累计折旧”科目，该科目的核算内容与原账“累计折旧”科目的核算内容基本相同。高校已经计提了固定资产折旧并计入“累计折旧”科目的，转账时，应当将原账的“累计折旧”科目余额，转入新账的“固定资产累计折旧”科目。高等学校有使用受托代理资金购买的固定资产并计提了折旧的，应当将原账的“累计折旧”科目余额中对使用受托代理资金购买固定资产计提折旧的金额转入新账的“累计盈余”科目。

（9）“在建工程”科目。新制度设置了“在建工程”和“预付账款——预付备料款、预付工程款”科目，原制度设置了“在建工程”科目。转账时，高校应当将原账的“在建工程”科目余额（基建“并账”后的金额）中属于预付备料款、预付工程款的金额，转入新账“预付账款”相关明细科目，将原账的“在建工程”科目余额减去预付备料款、预付工程款金额后的差额，转入新账的“在建工程”科目。

高校在原账“在建工程”科目中核算了按照新制度规定应当记入“工程物资”科目内容的，应当将原账“在建工程”科目余额中属于工程物资的金额，转入新账的“工程物资”科目。

（10）“累计摊销”科目。新制度设置了“无形资产累计摊销”科目，该科目的核算内容与原账“累计摊销”科目的核算内容基本相同。高校已经计提了无形资产摊销的，转账时，应当将原账的“累计摊销”科目余额，转入新账的“无形资产累计摊销”科目。高等学校有使用受托代理资金购买的无形资产并计提了无形资产摊销的，应当将原账的“累计摊销”科目余额中对使用受托代理资金购买无形资产计提摊销的金额转入新账的“累计盈余”科目。

（11）“待处置资产损溢”科目。新制度设置了“待处理财产损溢”科目，该科目的核算口径与原账“待处置资产损溢”科目的核算口径略有不同。原账“待处置资产损溢”科目核算高等学校资产的出售、出让、转让、对外捐赠、无偿调出、盘亏、报废、毁损以及货币性资产损失核销、等待处置资产的价值及处置损溢。新账“待处理财产损溢”科目核算高等学校在资产清查过程中查明的各种资产盘盈、盘亏和报废、毁损的价值。其他报经批准的资产处置，通过“资产处置费用”科目核算。但是原账“待处置资产损溢”和新账“待处理财产损溢”科目余额均反映尚未处置完毕的各种资产的净损失或净溢余。因此，转账时，高校应当将原账的“待处置资产损溢”科目余额，转入新账的“待处理财产损溢”科目。

表2-12　　高等学校财务会计资产类科目衔接对照表

原制度			新制度			备注
会计要素	科目编号	科目名称	会计要素	科目编号	科目名称	
资产	1001	库存现金	资产	1001	库存现金	原账“库存现金”科目余额中有新制度规定受托代理资产的金额，须转入新账“库存现金”科目下的“受托代理资产”明细科目，单独反映
资产	1002	银行存款	资产	1002	银行存款	原账“银行存款”科目余额中有新制度规定的受托代理资产的金额，须转入新账“银行存款”科目下的“受托代理资产”明细科目，单独反映
			资产	1021	其他货币资金	反映高校的外埠存款、银行本票存款、银行汇票存款、信用卡存款等各种其他货币资金

续表

原制度			新制度			备注
会计要素	科目编号	科目名称	会计要素	科目编号	科目名称	
资产	1011	零余额账户用款额度	资产	1011	零余额账户用款额度	
资产	1101	短期投资	资产	1101	短期投资	原账科目余额直接转入新账的科目
资产	1201	财政应返还额度	资产	1201	财政应返还额度	原账科目余额直接转入新账的科目
资产	1211	应收票据	资产	1211	应收票据	原账科目余额直接转入新账的科目
资产	1212	应收账款	资产	1212	应收账款	原账科目余额直接转入新账的科目
资产	1213	预付账款	资产	1214	预付账款	新账“预付账款”包括原账“在建工程”科目余额（基建“并账”后的金额）中属于预付备料款、预付工程款的金额
资产	1215	其他应收款	资产	1218	其他应收款	其中原账“其他应收款”科目余额中已经付款或开出商业汇票、尚未收到物资的金额，转入新账的“在途物品”科目
资产	1301	存货	资产	1301	在途物品	包括原账“其他应收款”科目余额中转入的已经付款或开出商业汇票、尚未收到物资的金额
			资产	1302	库存物品	原账“存货”科目余额中属于受托代理资产的金额，须转入新账“受托代理资产”科目
			资产	1303	加工物品	原账“存货”科目余额中属于加工物品的金额
资产	1301	存货	资产	1611	工程物资	1.原账“存货”科目余额中属于工程物资的金额。2.转入的原账“在建工程”科目中核算属于工程物资的金额
资产	1401	长期投资	资产	1501	长期股权投资	
			资产	1502	长期债券投资	
资产	1501	固定资产	资产	1601	固定资产	原账“固定资产”科目余额中属于受托代理资产的金额，须转入新账“受托代理资产”科目
资产	1502	累计折旧	资产	1602	固定资产累计折旧	如果已计提固定资产折旧，则按照原账科目余额直接转入新账科目
资产	1511	在建工程	资产	1613	在建工程	1.原账“在建工程”科目余额（基建“并账”后的金额）中属于预付备料款、预付工程款的金额，转入新账“预付账款”科目。2.原账“在建工程”科目余额中属于工程物资的金额，转入新账的“工程物资”科目
资产	1601	无形资产	资产	1701	无形资产	原账“无形资产”科目余额中属于受托代理资产的金额，须转入新账“受托代理资产”科目
资产	1602	累计摊销	资产	1702	无形资产累计摊销	如果已计提无形资产摊销，则按照原账科目余额直接转入新账科目
资产	1701	待处置资产损溢	资产	1902	待处理财产损溢	原账科目余额直接转入新账科目

续表

原制度			新制度			备注
会计要素	科目编号	科目名称	会计要素	科目编号	科目名称	
			资产	1215	应收股利	
			资产	1216	应收利息	
			资产	1219	坏账准备	
			资产	1401	待摊费用	
			资产	1611	工程物资	
			资产	1703	研发支出	
			资产	1891	受托代理资产	核算高等学校接受委托方委托管理的各项资产，包括受托指定转赠的物资、受托存储保管的物资等的成本。原账“存货”等科目中属于受托代理资产的金额转入
			资产	1901	长期待摊费用	

2.负债类（详见表2-13）

（1）“短期借款”“应付职工薪酬”“应付票据”“应付账款”“预收账款”“长期借款”“长期应付款”科目。新制度设置了“短期借款”“应付职工薪酬”“应付票据”“应付账款”“预收账款”“长期借款”“长期应付款”科目，这些科目的核算内容与原账的相应科目的核算内容基本相同。转账时，高等学校应当将原账的相应科目余额直接转入新账的相应科目。

（2）“应缴税费”科目。新制度设置了“应交增值税”和“其他应交税费”科目，原制度设置了“应缴税费”科目。转账时，高等学校应当将原账的“应缴税费——应缴增值税”科目余额，转入新账“应交增值税”中的相关明细科目，将原账的“应缴税费”科目余额减去属于应缴增值税余额后的差额，转入新账的“其他应交税费”科目。

（3）“应缴国库款”“应缴财政专户款”科目。新制度设置了“应缴财政款”科目，原制度设置了“应缴国库款”“应缴财政专户款”科目。转账时，高等学校应当将原账的“应缴国库款”“应缴财政专户款”科目余额，转入新账的“应缴财政款”科目。

（4）“其他应付款”科目。新制度设置了“其他应付款”科目，该科目的核算内容与原账“其他应付款”科目的核算内容基本相同。为便于新制度下的“双体系”核算，高等学校可以按照“其他应付款”科目核算的经济业务的性质分别设置“转拨类应付账款”“支出类应付账款”“暂存类应收账款”等明细科目。转账时，高校应当对原账“其他应付款”科目构成内容进行分析，按照“转拨类应付账款”“支出类应付账款”“暂存类应付账款”对原账“其他应付账款”科目余额进行拆分并分别转入新账对应的“其他应付款”各明细科目。其中对原账“其他应付款”科目余额中有属于新制度规定的受托代理负债的，应当将原账的“其他应付款”科目余额中属于受托代理负债的余额，转入新账的“受托代理负债”科目。

（5）代管款项。新制度设置了“受托代理负债”科目，该科目核算的内容与原账“代管款项”科目的核算内容基本相同。转账时，高等学校应当将原账的“代管款项”科目余额，转入新账的“受托代理负债”科目。

表2-13　　　　高等学校财务会计负债类科目衔接对照表

原制度			新制度			备注
会计要素	科目编号	科目名称	会计要素	科目编号	科目名称	
负债	2001	短期借款	负债	2001	短期借款	原账科目余额直接转入新账科目
负债	2101	应缴税费	负债	2101	应交增值税	原账“应缴税费——应缴增值税”科目余额，转入新账“应交增值税”中的相关明细科目
			负债	2102	其他应交税费	原账“应缴税费”科目余额减去属于应缴增值税余额后的差额，转入新账的“其他应交税费”科目
负债	2102	应缴国库款	负债	2103	应缴财政款	原账的“应缴国库款”“应缴财政专户款”科目余额，转入新账的“应缴财政款”科目
负债	2103	应缴财政专户款				
负债	2201	应付职工薪酬	负债	2201	应付职工薪酬	原账科目余额直接转入新账科目
负债	2301	应付票据	负债	2301	应付票据	原账科目余额直接转入新账科目
负债	2302	应付账款	负债	2302	应付账款	原账科目余额直接转入新账科目
负债	2303	预收账款	负债	2305	预收账款	原账科目余额直接转入新账科目
负债	2305	其他应付款	负债	2307	其他应付款	原账科目余额直接转入新账科目。其中对原账“其他应付款”科目余额中有属于新制度规定的受托代理负债的的金额，转入新账“受托代理负债”科目
负债	2401	长期借款	负债	2501	长期借款	原账科目余额直接转入新账科目
负债	2402	长期应付款	负债	2502	长期应付款	原账科目余额直接转入新账科目
负债	2501	代管款项	负债	2901	受托代理负债	1.原账“代管款项”科目余额直接转入新账“受托代理负债”科目。2.原账“其他应付款”科目余额中转入的属于新制度规定的受托代理负债的金额。
			负债	2304	应付利息	
			负债	2401	预提费用	
			负债	2601	预计负债	

3.净资产类（详见表2-14）

（1）“事业基金”科目。新制度设置了“累计盈余”科目，该科目的核算内容包含了原账“事业基金”科目的核算内容。转账时，高等学校应当将原账的“事业基金”科目余额转入新账的“累计盈余”科目。

（2）“非流动资产基金”科目。依据新制度，无须对原制度中“非流动资产基金”科目对应内容进行核算。转账时，高等学校应当将原账的“非流动资产基金”科目余额转入新账的“累计盈余”科目。

（3）“专用基金”科目。新制度设置了“专用基金”科目，该科目的核算内容与原账“专用基金”科目的核算内容基本相同。转账时，高等学校应当将原账的“专用基金”科目余额转入新账的“专用基金”科目。

（4）“财政补助结转”“财政补助结余”“非财政补助结转”科目。新制度设置了“累计盈余”科目，该科目的余额包含了原账的“财政补助结转”“财政补助结余”“非财政补助结转”科目的余额内容。转账时，高等学校应当将原账的“财政补助结转”“财政补助结余”“非财政补助结转”科目余额，转入新账的“累计盈余”科目。

（5）“经营结余”科目。新制度设置了“本期盈余”科目，该科目的核算内容包含了原账“经营结余”科目的核算内容。新制度规定“本期盈余”科目余额最终转入“累计盈余”科目，如果原账的“经营结余”科目有借方余额，转账时，高等学校应当将原账的“经营结余”科目借方余额，转入新账的“累计盈余”科目借方。

（6）“事业结余”“非财政补助结余分配”科目。由于原账的“事业结余”“非财政补助结余分配”科目年末无余额，这两个科目无须进行转账处理。

表2–14　　高等学校财务会计净资产类科目衔接对照表

原制度			新制度			备注
会计要素	科目编号	科目名称	会计要素	科目编号	科目名称	
净资产	3001	事业基金	净资产	3001	累计盈余	原账“事业基金”“非流动资产基金”“财政补助结转”“财政补助结余”“非财政补助结转”“经营结余”等科目余额转入
净资产	3101	非流动资产基金				
净资产	310101	长期投资				
净资产	310102	固定资产				
净资产	310103	在建工程				
净资产	310104	无形资产				
净资产	3301	财政补助结转				
净资产	330101	基本支出结转	净资产	3001	累计盈余	原账“事业基金”“非流动资产基金”“财政补助结转”“财政补助结余”“非财政补助结转”“经营结余”等科目余额转入
净资产	330102	项目支出结转				
净资产	3302	财政补助结余				
净资产	3401	非财政补助结转				
净资产	3403	经营结余				
净资产	3201	专用基金	净资产	3101	专用基金	原账科目余额直接转入新账科目
净资产	3402	事业结余				年末无余额不需要结转
净资产	3404	非财政补助结余分配	净资产	3302	本年盈余分配	年末无余额不需要结转

续表

原制度			新制度			备注
会计要素	科目编号	科目名称	会计要素	科目编号	科目名称	
			净资产	3201	权益法调整	
			净资产	3301	本期盈余	
			净资产	3401	无偿调拨净资产	
			净资产	3501	以前年度盈余调整	

4. 收入类、费用类

由于原账中收入类、费用类科目年末无余额，无须进行转账处理。自2019年1月1日起，高等学校应当按照新制度设置收入类、费用类科目并进行账务处理。新制度收入、费用类会计科目与原制度收入、支出类会计科目略有变化，变化如表2-15、表2-16所示。

表2-15　　高等学校财务会计收入类新旧科目对照表

原制度			新制度		
会计要素	科目编号	科目名称	会计要素	科目编号	科目名称
收入类	4001	财政补助收入	收入类	4001	财政拨款收入
收入类	4101	教育事业收入	收入类	4101	事业收入
收入类	4102	科研事业收入			
收入类	4201	上级补助收入	收入类	4201	上级补助收入
收入类	4301	附属单位上缴收入	收入类	4301	附属单位上缴收入
收入类	4401	经营收入	收入类	4401	经营收入
收入类	4501	其他收入	收入类	4601	非同级财政拨款收入
			收入类	4602	投资收益
			收入类	4603	捐赠收入
			收入类	4604	利息收入
			收入类	4605	租金收入
			收入类	4609	其他收入

表2-16　　高等学校财务会计费用类（支出类）新旧科目对照表

原制度			新制度		
会计要素	科目编号	科目名称	会计要素	科目编号	科目名称
支出类	5001	教育事业支出	费用类	5001	业务活动费用
支出类	5002	科研事业支出			
支出类	5003	行政管理支出	费用类	5101	单位管理费用
支出类	5004	后勤保障支出			
支出类	5005	离退休支出			

续表

原制度			新制度		
支出类	5101	上缴上级支出	费用类	5401	上缴上级费用
支出类	5201	对附属单位补助支出	费用类	5501	对附属单位补助费用
支出类	5301	经营支出	费用类	5201	经营费用
支出类	5401	其他支出	费用类	5301	资产处置费用
			费用类	5901	其他费用
净资产类	3404	非财政补助结余分配	费用类	5801	所得税费用

高等学校在《政府会计制度》规定的范围内，结合高校内部管理需要，在上述新账“资产类”“负债类”“净资产类”“收入类”“费用类”等科目设有明细科目的，应将原账中对应科目的余额加以分析，分别转入新账中相应科目的相关明细科目。

（二）将原未入账事项登记新账财务会计科目

高等学校在新旧制度转换时，应当全面梳理高校2018年12月31日前应收、应付等应入账而未入账经济事项，并按照确定的金额和新制度规定记入新账。对新账的财务会计科目补记未入账事项时，应当编制记账凭证，并将补充登记事项的确认依据作为原始凭证。

1. 资产类

（1）应收账款。高等学校在新旧制度转换时，应当将2018年12月31日前未入账的应收账款、按照新制度规定记入新账。登记新账时，按照确定的入账金额，在新账中，借记“应收账款”科目，贷记“累计盈余”科目。

（2）应收股利。高等学校在新旧制度转换时，应当将2018年12月31日前未入账的应收股利，按照新制度规定记入新账。登记新账时，按照确定的入账金额，在新账中，借记“应收股利”科目，贷记“累计盈余”科目。

（3）应收利息。高等学校在新旧制度转换时，应当将2018年12月31日前未入账的应收利息按照新制度规定记入新账。登记新账时，按照确定的入账金额，在新账中，借记“应收利息”科目，贷记“累计盈余”科目。

（4）其他应收款。高等学校在新旧制度转换时，应当将2018年12月31日前，应收未收学费按照新制度规定记入新账。登记新账时，按照确定的入账金额，在新账中，借记“其他应收款”科目，贷记“应缴财政款”科目。

（5）受托代理资产。高等学校在新旧制度转换时，应当将2018年12月31日前未入账的受托代理资产按照新制度规定记入新账。登记新账时，按照确定的受托代理资产入账成本，在新账中，借记“受托代理资产”科目，贷记“受托代理负债”科目。如果受托代理资产是现金或银行存款的，则分别借记“现金——受托代理资产”科目或“银行存款——受托代理资产”科目，贷记“受托代理负债”科目。

（6）盘盈资产。高等学校在新旧制度转换时，应当将2018年12月31日前未入账的盘盈资产按照新制度规定登记入账。登记新账时，按照确定的盘盈资产的入账成本（评估成本、重置成本、名义金额等），在新账中，借记“固定资产”科目，贷记“累计盈余”科目。

2.负债类

（1）预计负债。高等学校在新旧制度转换时，应当将2018年12月31日按照新制度规定确认的预计负债记入新账。登记新账时，按照确定的预计负债金额，在新账中，借记“累计盈余”科目，贷记“预计负债”科目。

（2）应付质量保证金。高等学校在新旧制度转换时，应当将2018年12月31日前未入账的应付质量保证金按照新制度规定记入新账。登记新账时，按照确定未入账的应付质量保证金金额，在新账中，借记“累计盈余”科目，贷记“其他应付款”科目［扣留期在1年以内（含1年）］或“长期应付款”科目（扣留期超过1年）。

（3）应交财政款。高等学校在新旧制度转换时，应当将2018年12月31日前应交未交学费按照新制度规定记入新账。登记新账时，按照确定的入账金额，在新账中，借记“其他应收款”科目，贷记“应缴财政款”科目。

（4）受托代理负债。高等学校在新旧制度转换时，应当将2018年12月31日前未入账的受托代理资产按照新制度规定记入新账。登记新账时，按照确定的受托代理资产入账成本，在新账中，借记“受托代理资产”科目，贷记“受托代理负债”科目。

高等学校存在2018年12月31日前未入账的其他事项的，应当比照衔接规定登记新账的相应科目。

（三）“权责发生制”下的会计调整

对新账的相关财务会计科目余额按照新制度规定的“权责发生制”会计核算基础进行调整。对新账的财务会计科目期初余额进行调整时，应当编制记账凭证，并将调整事项的确认依据作为原始凭证。

1.资产类

（1）计提坏账准备。新制度要求对高等学校收回后无须上缴财政的应收账款和其他应收款提取坏账准备。在新旧制度转换时，高等学校应当按照2018年12月31日无须上缴财政的应收账款和其他应收款的余额计算应计提的坏账准备金额，按照应计提的坏账准备金额，在新账中，借记“累计盈余”科目，贷记“坏账准备”科目。

（2）按照权益法调整长期股权投资账面余额。对按照新制度规定应当采用权益法核算的长期股权投资，在新旧制度转换时，高等学校应当在“长期股权投资”科目下设置

“新旧制度转换调整”明细科目，依据被投资单位2018年12月31日财务报表的所有者权益账面余额，以及高等学校持有被投资单位的股权比例，计算应享有或应分担的被投资单位所有者权益的份额，调整长期股权投资的账面余额，按照计算的金额，一是调增账面余额时，借记“长期股权投资——新旧制度转换调整”科目，贷记“累计盈余”科目；二是调减账面余额时，借记“累计盈余”科目，贷记“长期股权投资——新旧制度转换调整”科目。

（3）确认长期债券投资期末应收利息。高等学校应当按照新制度规定于2019年1月1日补记长期债券投资应收利息，按照长期债券投资的应收利息金额，在新账中，借记“长期债券投资”科目（到期一次还本付息）或“应收利息”科目（分期付息、到期还本），贷记“累计盈余”科目。

（4）补提折旧。高等学校在原账中尚未计提固定资产折旧的，应当全面核查截至2018年12月31日的固定资产的预计使用年限、已使用年限、尚可使用年限等，并于2019年1月1日对尚未计提折旧的固定资产补提折旧，按照应计提的折旧金额，在新账中，借记“累计盈余”科目，贷记“固定资产累计折旧”科目。

（5）补提摊销。高等学校在原账中尚未计提无形资产摊销的，应当全面核查截至2018年12月31日无形资产的预计使用年限、已使用年限、尚可使用年限等，并于2019年1月1日对前期尚未计提摊销的无形资产补提摊销，按照应计提的摊销金额，在新账中，借记“累计盈余”科目，贷记“无形资产累计摊销”科目。

2.负债类

确认长期借款期末应付利息时，高等学校应当按照新制度规定补记长期借款的应付利息金额，在新账中，借记“在建工程”科目（对其中按规定需要资本化的部分）或“累计盈余”科目（对其中按规定需要费用化的部分），贷记“长期借款”科目（到期一次还本付息）或“应付利息”科目（分期付息、到期还本）。

3.净资产类

（1）计提坏账准备。在新旧制度转换时，高等学校应当按照2018年12月31日无须上缴财政的应收账款和其他应收款的余额计算应计提的坏账准备金额，按照应计提的坏账准备金额：

借：累计盈余

　　贷：坏账准备

（2）按照权益法调整长期股权投资账面余额。在新旧制度转换时，高等学校对按照新制度规定应当采用权益法核算的长期股权投资，按照计算应享有或应分担的被投资单位所有者权益的份额，调整长期股权投资的账面余额，按照调整金额，有两种情况：

一是调增账面余额时的账务处理为：

借：长期股权投资——新旧制度转换调整

　　贷：累计盈余

二是调减账面余额时的账务处理为：

借：累计盈余

　　贷：长期股权投资——新旧制度转换调整

（3）确认长期债券投资期末应收利息。在新旧制度转换时，高等学校应当按照长期债券投资的应收利息金额，在新账中作以下账务处理：

借：长期债券投资（到期一次还本付息）

　　应收利息（分期付息、到期还本）

　　贷：累计盈余

（4）补提折旧。在新旧制度转换时，高等学校对尚未计提折旧的固定资产补提折旧，按照应计提的折旧金额，在新账中作以下账务处理：

借：累计盈余

　　贷：固定资产累计折旧

（5）补提摊销。在新旧制度转换时，高等学校对前期尚未计提摊销的无形资产补提摊销，按照应计提的摊销金额，在新账中作以下账务处理：

借：累计盈余

　　贷：无形资产累计摊销

（6）确认长期借款期末应付利息。在新旧制度转换时，高等学校应当按照补记长期借款的应付利息金额，在新账中作以下账务处理：

借：在建工程（对其中按规定需要资本化的部分）

　　累计盈余（对其中按规定需要费用化的部分）

　　贷：长期借款（到期一次还本付息）

　　　　应付利息（分期付息、到期还本）

三、预算会计科目的新旧衔接

（一）预算结余类会计科目与原账会计科目衔接（详见表2-17）

新制度设置了“财政拨款结转”“非财政拨款结转”“财政拨款结余”“非财政拨款结余”“专用结余”“经营结余”等预算结余类科目，同时也设置了“资金结存”科目，用于反映各结余类科目对应的资金形态，包括零余额账户用款额度、财政应返还额度、货币资金等资金形态。为满足收付实现制下的复式记账需求，当确认预算收入时，同时借记“资金结存”科目，当确认预算支出时，同时贷记“资金结存”科目。年底结账后“资金结存”科目余额与其他预算结余类科目合计余额相等，科目余额方向相反。预算结余类会计科目在原制度中没有直接对应的会计科目，需要对高等学校原部分会计科目余额分析转入。因此，高等学校在新旧会计制度衔接时，需要按照收付实现制原则，对原账“财政补助结转”“财政补助结余”“非财政补助结转”“事业基金”“专用基金”“经营结余”等科目余额逐项分析、调整，重新确认新账“财政拨款结转”“非财政拨款结转”“财政拨款结余”“非财政拨款结余”“专用结余”“经营结余”科目余额以及对应的资金形态。

表2–17　　高等学校预算会计结余类新旧科目衔接表

<table>
<tr><th colspan="3">原制度</th><th colspan="3">新制度</th></tr>
<tr><th>会计要素</th><th>科目编号</th><th>科目名称</th><th>会计要素</th><th>科目编码</th><th>科目名称</th></tr>
<tr><td>净资产</td><td>3001</td><td>事业基金</td><td rowspan="6">预算结余类</td><td rowspan="6">8202</td><td rowspan="6">非财政拨款结余</td></tr>
<tr><td>净资产</td><td>3101</td><td>非流动资产基金</td></tr>
<tr><td>净资产</td><td>310101</td><td>长期投资</td></tr>
<tr><td>净资产</td><td>310102</td><td>固定资产</td></tr>
<tr><td>净资产</td><td>310103</td><td>在建工程</td></tr>
<tr><td>净资产</td><td>310104</td><td>无形资产</td></tr>
<tr><td>净资产</td><td>3201</td><td>专用基金</td><td>预算结余类</td><td>8301</td><td>专用结余</td></tr>
<tr><td>净资产</td><td>3301</td><td>财政补助结转</td><td rowspan="3">预算结余类</td><td rowspan="3">8101</td><td rowspan="3">财政拨款结转</td></tr>
<tr><td>净资产</td><td>330101</td><td>基本支出结转</td></tr>
<tr><td>净资产</td><td>330102</td><td>项目支出结转</td></tr>
<tr><td>净资产</td><td>3302</td><td>财政补助结余</td><td>预算结余类</td><td>8102</td><td>财政拨款结余</td></tr>
<tr><td>净资产</td><td>3401</td><td>非财政补助结转</td><td>预算结余类</td><td>8201</td><td>非财政拨款结转</td></tr>
<tr><td>净资产</td><td>3403</td><td>经营结余</td><td>预算结余类</td><td>8401</td><td>经营结余</td></tr>
<tr><td>净资产</td><td>3402</td><td>事业结余</td><td>预算结余类</td><td>8501</td><td>其他结余</td></tr>
<tr><td>净资产</td><td>3404</td><td>非财政补助结余分配</td><td>预算结余类</td><td>8701</td><td>非财政拨款结余分配</td></tr>
<tr><td>净资产</td><td>3001</td><td>事业基金</td><td rowspan="9">预算结余类</td><td rowspan="9">8001</td><td rowspan="9">资金结存</td></tr>
<tr><td>净资产</td><td>3201</td><td>专用基金</td></tr>
<tr><td>净资产</td><td>3301</td><td>财政补助结转</td></tr>
<tr><td>净资产</td><td>330101</td><td>基本支出结转</td></tr>
<tr><td>净资产</td><td>330102</td><td>项目支出结转</td></tr>
<tr><td>净资产</td><td>3302</td><td>财政补助结余</td></tr>
<tr><td>净资产</td><td>3401</td><td>非财政补助结转</td></tr>
<tr><td>净资产</td><td>3403</td><td>经营结余</td></tr>
<tr><td>净资产</td><td>3402</td><td>事业结余</td></tr>
</table>

（二）预算结余类会计科目余额调整（详见表2-18和表2-19）

1.“财政拨款结转”科目、“财政拨款结余”科目及对应的“资金结存”科目余额

（1）“财政拨款结转”科目及对应的“资金结存”科目余额。新制度设置了“财政拨款结转”科目及对应的“资金结存”科目。在新旧制度转换时，高等学校应当对原账的“财政补助结转”科目余额构成进行逐项分析，根据分析结果，对构成“财政补助结转”的各项目结转金额，加上各项目已计入“教育事业支出”“科研事业支出”“行政管理支出”“后勤保障支出”等各类支出科目但尚未支付的财政资金（如发生时计入“应付账款”“其他应付款”等）的金额，减去已经由财政资金支付尚未计入“教育事业支出”“科研事业支出”“行政管理支出”“后勤保障支出”等各科目（如购入的存货、预付账款、其他应收款等）的金额，按照增减后的金额，登记新账的“财政拨款结转”科目及其明细科目贷方。

计算公式为：新账“财政拨款结转”科目余额=原账“财政补助结转”科目余额+应付账款（已计入“教育事业支出”等各类支出科目但尚未支付的财政资金）+其他应付款（已计入“教育事业支出”等各类支出科目但尚未支付的财政资金）-“预付账款”（已由财政资金支付但尚未计入“教育事业支出”等各类支出科目的金额）-“其他应收款”（已由财政资金支付但尚未计入“教育事业支出”等各类支出科目的金额）-“存货”。

按照原账“财政应返还额度”科目余额构成和新账“财政拨款结转”科目余额对比分析，其中属于财政拨款结转的“财政应返还额度”登记新账的“资金结存——财政应返还额度”科目借方，已登记新账的“资金结存——财政应返还额度”和新账“财政拨款结转”科目余额差额登记新账的“资金结存——货币资金”科目借方。

（2）“财政拨款结余”科目及对应的“资金结存”科目余额。制度设置了“财政拨款结余”科目及对应的“资金结存”科目。在新旧制度转换时，高等学校应当按照原账“财政补助结余”科目余额，登记新账的“财政拨款结余”科目及其明细科目贷方。

按照原账“财政应返还额度”科目余额构成和新账“财政拨款结余”科目余额对比分析，其中属于财政拨款结余的“财政应返还额度”登记新账的“资金结存——财政应返还额度”科目借方；已登记新账的“资金结存——财政应返还额度”和新账“财政拨款结余”科目余额差额登记新账的“资金结存——货币资金”科目借方。

2.“非财政拨款结转”科目及对应的“资金结存”科目余额

新制度设置了“非财政拨款结转”科目及对应的“资金结存”科目。在新旧制度转换时，高等学校应当对原账的“非财政补助结转”科目余额构成进行逐项分析，根据

分析结果，对构成“非财政补助结转”的各项目结转金额，加上各项目已计入“教育事业支出”“科研事业支出”“行政管理支出”“后勤保障支出”等各类支出科目但尚未支付的非财政补助专项资金（如发生时计入“应付账款”“其他应付款”等）的金额，减去已经由非财政补助专项资金支付但尚未计入“教育事业支出”“科研事业支出”“行政管理支出”“后勤保障支出”等各科目（发生时计入“存货”“预付账款”“其他应收款”等科目）的金额，加上已经收到非财政补助专项资金尚未计入预算收入（如预收账款等）的金额，减去已经计入预算收入尚未收到非财政补助专项资金（如应收票据、应收账款、其他应收款等）的金额，按照增减后的金额，登记新账的“非财政拨款结转”科目及其明细科目贷方；同时，按照相同的金额登记新账的“资金结存——货币资金”科目借方。

计算公式为：新账“非财政拨款结转”科目余额=原账“非财政补助结转”科目余额+应付账款（已计入“教育事业支出”等各类支出科目但尚未支付的非财政专项资金）+其他应付款（已计入“教育事业支出”等各类支出科目但尚未支付的非财政专项资金）+预收账款（已经收到非财政补助专项资金尚未计入预算收入的金额）-应收账款（已经计入预算收入尚未收到非财政补助专项资金）-“预付账款”（已由非财政专项资金支付但尚未计入“教育事业支出”等各类支出科目的金额）-“其他应收款”（已由非财政专项资金支付但尚未计入“教育事业支出”等各类支出科目的金额）-“存货”。

3.“非财政拨款结余”科目及对应的“资金结存”科目余额

新制度设置了“非财政拨款结余”科目及对应的“资金结存”科目。在新旧制度转换时，高等学校应当按照原账“事业基金”的科目余额，在新账中，借记“资金结存——货币资金”科目，贷记“非财政拨款结余”科目。

4.对新账“非财政拨款结余”科目及“资金结存”科目余额进行调整

（1）调整短期投资对非财政拨款结余的影响。在新旧制度衔接时，按照预算会计的收付实现制基础，高等学校须确认原账“短期投资”现金流出业务。根据确认的“短期投资”现金流出金额，在新账中，借记“非财政拨款结余”科目，贷记“资金结存——货币资金”科目。

（2）调整应收票据、应收账款对非财政拨款结余的影响。在新旧制度衔接时，高等学校应当对原账的“应收票据”“应收账款”科目余额进行分析，区分发生时计入预算收入的金额和没有计入预算收入的金额。对发生时计入预算收入的金额，再区分计入专项资金收入的金额和计入非专项资金收入的金额，按照计入非专项资金收入的金额，在新账中，借记“非财政拨款结余”科目，贷记“资金结存——货币资金”科目。

（3）调整预付账款对非财政拨款结余的影响。原账“预付账款”科目余额，在财务会计中未计入“教育事业支出”等各类支出科目，按照预算会计的收付实现制基础，高等学校须确认原账“预付账款”现金流出业务。因此，在新旧制度衔接时，高等学校应当对原账的“预付账款”科目余额进行分析，区分由财政补助资金预付的金额、非财政补助专项资金预付的金额和非财政补助非专项资金预付的金额，按照非财政补助非专项资金预付的金额，在新账中，借记“非财政拨款结余”科目，贷记“资金结存——货币资金”科目。

（4）调整其他应收款对非财政拨款结余的影响。原账“其他应收款”科目余额中，对于在财务会计中款项已支出但未计入“教育事业支出”等各类预付款项，按照预算会计的收付实现制基础，高等学校须确认原账“其他应收款”现金流出业务。因此，在新旧制度衔接时，高等学校应当对原账的“其他应收款”科目余额进行分析，将原账“其他应收款”中的预付款项划分为计入“教育事业支出”等各类支出的金额和不计入“教育事业支出”等各类支出金额，并把计入“教育事业支出”等各类支出的预付款项的金额划分为由财政补助资金预付的金额、非财政补助专项资金预付的金额和非财政补助非专项资金预付的金额，按照非财政补助非专项资金预付的金额，在新账中，借记“非财政拨款结余”科目，贷记“资金结存——货币资金”科目。

（5）调整存货对非财政拨款结余的影响。原账的“存货”科目余额，在财务会计中未计入“教育事业支出”等各类支出科目。按照预算会计的收付实现制基础，高等学校须确认原账购入“存货”现金流出业务。因此，在新旧会计制度衔接时，高等学校应当对原账的“存货”科目余额进行分析，对购入的存货金额划分出由财政补助资金购入的金额、非财政补助专项资金购入的金额和非财政补助非专项资金购入的金额，按照非财政补助非专项资金购入的金额，在新账中，借记“非财政拨款结余”科目，贷记“资金结存——货币资金”科目。

（6）调整长期股权投资对非财政拨款结余的影响。在新旧制度衔接时，按照预算会计的收付实现制基础，高等学校须确认原账“长期投资”科目余额中属于股权投资的现金流出业务。因此，高等学校应当对原账的“长期投资”科目余额中属于股权投资的余额进行分析，区分其中用现金资产取得的金额和用非现金资产及其他方式取得的金额，按照用现金资产取得的金额，在新账中，借记“非财政拨款结余”科目，贷记“资金结存——货币资金”科目。

在以货币资金取得长期股权投资时，高等学校如果已按《高等学校会计制度》要求，已由“事业基金——一般基金”转入“非流动基金——长期投资”，则不需要再做调整。

（7）调整长期债券投资对非财政拨款结余的影响。在新旧制度衔接时，按照预算会计的收付实现制基础，高等学校须确认原账“长期投资”科目余额中属于债券投资的现金流出业务。因此，高等学校应当按照原账的“长期投资”科目余额中属于债券投资的余额，在新账中，借记“非财政拨款结余”科目，贷记“资金结存——货币资金”

科目。

在以货币资金取得长期债券投资时，高等学校如果已按《高等学校会计制度》要求，已由“事业基金——一般基金”转入“非流动基金——长期投资”，则不需要再做调整。

（8）调整短期借款、长期借款对非财政拨款结余的影响。原账“短期借款”“长期借款”科目余额，在财务会计中属于负债类科目，并未计入高等学校的收入。但是按照预算会计的收付实现制基础，需要确认“短期借款”“长期借款”带来的现金业务流入。因此，在新旧会计制度衔接时，高等学校应当按照原账的“短期借款”“长期借款”科目余额，在新账中，借记“资金结存——货币资金”科目，贷记“非财政拨款结余”科目。

（9）调整应付票据、应付账款对非财政拨款结余的影响。原账“应付票据”“应付账款”科目余额，在财务会计中有可能已计入“教育事业支出”等各类支出科目，但现金并未实际流出。按照预算会计的收付实现制基础，不能确认为支出。因此，在新旧会计制度衔接时，高等学校应当对原账的“应付票据”“应付账款”科目余额进行分析，区分发生时计入“教育事业支出”等各类支出的金额和不计入“教育事业支出”等各类支出的金额。将计入“教育事业支出”等各类支出的金额划分出财政补助应付的金额、非财政补助专项资金应付的金额和非财政补助非专项资金应付的金额，按照非财政补助非专项资金应付的金额，在新账中，借记“资金结存——货币资金”科目，贷记“非财政拨款结余”科目。

（10）调整预收账款对非财政拨款结余的影响。原账“预收账款”科目余额，在财务会计中并未计入收入。按照预算会计的收付实现制基础，需要确认“预收账款”为高等学校带来的现金流入。因此，在新旧会计制度衔接时，高等学校应当对原账的“预收账款”科目余额进行分析，对其中预收非财政非专项资金的金额，在新账中，借记“资金结存——货币资金”科目，贷记“非财政拨款结余”科目。

（11）调整长期应付款对非财政拨款结余的影响。高等学校应当对原账的“长期应付款”科目余额进行分析，区分发生时计入“教育事业支出”等各类支出的金额和不计入“教育事业支出”等各类支出的金额。将计入“教育事业支出”等各类支出的金额划分出财政补助应付的金额、非财政补助专项资金应付的金额和非财政补助非专项资金应付的金额，按照非财政补助非专项资金应付的金额，在新账中，借记“资金结存——货币资金”科目，贷记“非财政拨款结余”科目。

（12）调整应缴税费对非财政拨款结余的影响。原账“应缴税费”科目余额，包括高等学校按政策规定由个人工资收入中或校外人员劳务收入中代扣代缴的个人所得税等，在财务会计中已计入“教育事业支出”等各类支出科目，但因交款时间滞后，现金并未实际流出高等学校。按照预算会计的收付实现制基础，不能确认为支出。因此，在新旧会计制度衔接时，高等学校应当对原账的“应缴税费”科目余额进行分析，对其中已计入“教育事业支出”等各类支出科目但尚未实际支付的金额，在新账中，借记“资金结存——货币资金”科目，贷记“非财政拨款结余”科目。

（13）调整应付职工薪酬对非财政拨款结余的影响。原账“应付职工薪酬”科目余额，主要是高等学校按照政策代扣预留暂未上缴的个人养老保险等，在财务会计（旧制度、原账）中已计入“教育事业支出”等各类支出科目，但现金并未实际流出。按照预算会计的收付实现制基础，不能确认为支出。因此，在新旧会计制度衔接时，高等学校应当按照原账的“应付职工薪酬”科目余额，在新账中，借记“资金结存——货币资金”科目，贷记“非财政拨款结余”科目。

（14）调整专用基金对非财政拨款结余的影响。原账“专用基金”科目余额中，包括高等学校按规定由事业收入中提取尚未使用的学生奖助学金、由非财政拨款结余或经营结余中提取尚未使用的职工福利基金等。高等学校应当对原账的“专用基金”科目余额进行分析，划分出按照收入比例列支提取的专用基金（如列支提取的职工福利基金、列支提取的学生奖助基金等），按照列支提取的专用基金的金额，借记“资金结存——货币资金”科目，贷记“非财政拨款结余”科目。

5.“专用结余”科目及对应的“资金结存”科目余额

原账“专用基金”科目余额中，包括高等学校按规定由事业收入中提取尚未使用的学生奖助学金和由非财政拨款结余或经营结余中提取尚未使用的职工福利基金等。按照预算会计的收付实现制基础，不能确认为支出。因此，在新旧会计制度衔接时，高校应当按照原账“专用基金”科目余额中通过非财政补助结余分配形成的结余金额以及由事业收入中计提的尚未使用学生奖助学金结余金额，在新账中，借记“资金结存——货币资金”科目，贷记“专用结余”科目。

6.“经营结余”科目及对应的“资金结存”科目余额

新制度设置了“经营结余”科目。如果原账“经营结余”科目有借方余额，反映高等学校经营亏损，表现为经营现金净流出，按照预算会计的收付实现制基础，应确认现金流出。因此，在新旧会计制度衔接时，高校应当按照原账的“经营结余”科目余额，在新账中，借记“经营结余”科目，贷记“资金结存——货币资金”科目。

7.“其他结余”“非财政拨款结余分配”科目

新制度设置了“其他结余”和“非财政拨款结余分配”科目。由于这两个科目年初无余额，在新旧制度转换时，无须对“其他结余”和“非财政拨款结余分配”科目进行新账年初余额登记。

8.预算收入类、预算支出类会计科目

由于预算收入类、预算支出类会计科目年初无余额，在新旧制度转换时，无须对预算收入类、预算支出类会计科目进行新账年初余额登记。

表2–18　　高等学校预算会计收入类新旧科目衔接表

<table>
<tr><th colspan="3">原制度</th><th colspan="3">新制度</th></tr>
<tr><th>会计要素</th><th>科目编号</th><th>科目名称</th><th>会计要素</th><th>科目编号</th><th>科目名称</th></tr>
<tr><td>收入类</td><td>4001</td><td>财政补助收入</td><td>预算收入类</td><td>6001</td><td>财政拨款预算收入</td></tr>
<tr><td>收入类</td><td>4101</td><td>教育事业收入</td><td rowspan="2">预算收入类</td><td rowspan="2">6101</td><td rowspan="2">事业预算收入</td></tr>
<tr><td>收入类</td><td>4102</td><td>科研事业收入</td></tr>
<tr><td>收入类</td><td>4201</td><td>上级补助收入</td><td>预算收入类</td><td>6201</td><td>上级补助预算收入</td></tr>
<tr><td>收入类</td><td>4301</td><td>附属单位上缴收入</td><td>预算收入类</td><td>6301</td><td>附属单位上缴预算收入</td></tr>
<tr><td>收入类</td><td>4401</td><td>经营收入</td><td>预算收入类</td><td>6401</td><td>经营预算收入</td></tr>
<tr><td></td><td></td><td></td><td>预算收入类</td><td>6501</td><td>债务预算收入</td></tr>
<tr><td rowspan="3">收入类</td><td rowspan="3">4501</td><td rowspan="3">其他收入</td><td>预算收入类</td><td>6601</td><td>非同级财政拨款预算收入</td></tr>
<tr><td>预算收入类</td><td>6602</td><td>投资预算收益</td></tr>
<tr><td>预算收入类</td><td>6609</td><td>其他预算收入</td></tr>
</table>

表2–19　　高等学校预算会计支出类新旧科目衔接表

<table>
<tr><th colspan="3">原制度</th><th colspan="3">新制度</th></tr>
<tr><th>会计要素</th><th>科目编码</th><th>科目名称</th><th>会计要素</th><th>科目编码</th><th>科目名称</th></tr>
<tr><td>支出类</td><td>5001</td><td>教育事业支出</td><td rowspan="5">预算支出类</td><td rowspan="5">7201</td><td rowspan="5">事业支出</td></tr>
<tr><td>支出类</td><td>5002</td><td>科研事业支出</td></tr>
<tr><td>支出类</td><td>5003</td><td>行政管理支出</td></tr>
<tr><td>支出类</td><td>5004</td><td>后勤保障支出</td></tr>
<tr><td>支出类</td><td>5005</td><td>离退休支出</td></tr>
<tr><td>支出类</td><td>5301</td><td>经营支出</td><td>预算支出类</td><td>7301</td><td>经营支出</td></tr>
<tr><td>支出类</td><td>5101</td><td>上缴上级支出</td><td>预算支出类</td><td>7401</td><td>上缴上级支出</td></tr>
<tr><td>支出类</td><td>5201</td><td>对附属单位补助支出</td><td>预算支出类</td><td>7501</td><td>对附属单位补助支出</td></tr>
<tr><td></td><td></td><td></td><td>预算支出类</td><td>7601</td><td>投资支出</td></tr>
<tr><td></td><td></td><td></td><td>预算支出类</td><td>7701</td><td>债务还本支出</td></tr>
<tr><td>支出</td><td>5401</td><td>其他支出</td><td>预算支出类</td><td>7901</td><td>其他支出</td></tr>
</table>

高等学校应当自2019年1月1日起，按照新制度设置预算收入类、预算支出类科目并进行账务处理。

高等学校存在2018年12月31日需要按照新制度预算会计核算基础调整预算会计科目期初余额的其他事项的，应当比照本规定调整新账的相应预算会计科目期初余额。

高等学校对预算会计科目期初余额登记和调整，应当编制记账凭证，并将期初余额登记和调整的依据作为原始凭证。

四、新旧会计制度衔接的建账方式

高等学校在进行新旧制度衔接转账时，有两种建账方式：一种是编制转账的工作分录，作为转账的工作底稿，并将转入新账的对应原账户余额及分拆原账户余额的依据作为原始凭证；另一种是按照原账科目余额转账，依托财务软件，在财务系统内使用2019年00月，通过账务处理方式，调整科目余额为新账科目余额，以便于新旧会计科目在财务系统软件内对接、查询、验证等。

2019年通过财务软件的初始化凭证录入功能，也就是“00月”，记账生成新制度会计科目的期初余额及项目期初余额，主要涉及三种业务处理。

（一）财务会计科目余额调整

根据新旧财务会计科目对照表，按对照表中新财务会计科目期末余额，记账生成2019年1月1日期初科目余额。

1.将原未入账事项登记新账财务会计科目，按照确定的入账调整金额制作记账凭证登记入账。

（1）资产类

①应收账款

借：应收账款

　　贷：累计盈余

②应收股利

借：应收股利

　　贷：累计盈余

③应收利息

借：应收利息

　　贷：累计盈余

④其他应收款

借：其他应收款

　　贷：应缴财政款

⑤受托代理资产

借：受托代理资产

　　贷：受托代理负债

如果受托代理资产是现金或银行存款的，则账务处理为：

借：库存现金——受托代理资产或银行存款——受托代理资产

贷：受托代理负债

（2）负债类

①预计负债

借：累计盈余

贷：预计负债

②应付质量保证金

借：累计盈余

贷：其他应付款［扣留期在1年以内（含1年）］

长期应付款（扣留期超过1年）

③应缴财政款

借：其他应收款

贷：应缴财政款

④受托代理负债

借：受托代理资产

贷：受托代理负债

如果受托代理资产是现金或银行存款的，则账务处理为：

借：库存现金——受托代理资产或银行存款——受托代理资产

贷：受托代理负债

（3）净资产类

①事业基金

借：事业基金

贷：累计盈余

②非流动资产基金

借：非流动资产基金

贷：累计盈余

③专用基金

借：专用基金（原账）

贷：专用基金（新账）

④财政补助结转、财政补助结余、非财政补助结转

借：财政补助结转

财政补助结余

非财政补助结转

贷：累计盈余

（5）经营结余

借：累计盈余

　　贷：经营结余

（6）“事业结余”“非财政补助结余分配”科目无须调整

2.对新账的相关财务会计科目余额按照新制度规定的会计核算基础进行调整。

（1）资产类

①计提坏账准备的账务处理如下：

借：累计盈余

　　贷：坏账准备

②按照权益法调整长期股权投资账面余额的账务处理如下：

一是调增长期股权投资的账面余额时：

借：长期股权投资——新旧制度转换调整

　　贷：累计盈余

二是调减长期股权投资的账面余额时：

借：累计盈余

　　贷：长期股权投资——新旧制度转换调整

③确认长期债券投资期末应收利息的账务处理如下：

借：长期债券投资（到期一次还本付息）

　　应收利息（分期付息、到期还本）

　　贷：累计盈余

④补提折旧的账务处理如下：

借：累计盈余

　　贷：固定资产累计折旧

⑤补提摊销的账务处理如下：

借：累计盈余

　　贷：无形资产累计摊销

（2）负债类

确认长期借款期末应付利息的账务处理如下：

借：在建工程（其中按规定需要资本化的部分）

　　累计盈余（其中按规定需要费用化的部分）

　　贷：长期借款（到期一次还本付息）

　　　　应付利息（分期付息、到期还本）

（3）净资产类

按照确定的入账金额：

①计提坏账准备，会计分录同上。

②按照权益法调整长期股权投资账面余额，会计分录同上。

③确认长期债券投资期末应收利息，会计分录同上。

④补提折旧，会计分录同上。

⑤补提摊销，会计分录同上。

⑥确认长期借款期末应付利息，会计分录同上。

（二）预算会计科目余额调整

根据政府会计制度衔接规定，按照预算会计收付实现制基础，分析原账“应收账款”“预付账款”“其他应收款”“其他应付款”“存货”“长期投资”“短期投资”等科目余额中现金实际流出情况，按新制度要求，以现金流为基础核算预算结余科目，根据实际进行调整。按调整后的预算结余科目记账生成2019年年初余额。主要涉及“财政拨款结转”“财政拨款结余”“非财政拨款结转”“非财政拨款结余”“专用结余”“经营结余”“资金结存”等预算会计科目。按照确定的记账调整金额，制作记账凭证，登记入账。

1.“财政拨款结转”科目、“财政拨款结余”科目及对应的“资金结存”科目余额

①“财政拨款结转”科目及对应的“资金结存”科目

借：资金结存——财政应返还额度

　　　　　　——货币资金

　　贷：财政拨款结转

②“财政拨款结余”科目及对应的“资金结存”科目余额

借：资金结存——财政应返还额度

　　　　　　——货币资金

　　贷：财政拨款结余

2.“非财政拨款结转”科目及对应的“资金结存”科目余额

借：资金结存——财政应返还额度

　　　　　　——货币资金

　　贷：非财政拨款结转

3.“非财政拨款结余”科目及对应的“资金结存”科目余额

借：资金结存——货币资金

　　贷：非财政拨款结余

4.对新账“非财政拨款结余”科目及“资金结存”科目余额进行调整

①调整短期投资对非财政拨款结余的影响

借：非财政拨款结余

　　贷：资金结存——货币资金

②调整应收票据、应收账款对非财政拨款结余的影响

借：非财政拨款结余

　　贷：资金结存——货币资金

③调整预付账款、其他应收款对非财政拨款结余的影响

借：非财政拨款结余

　　贷：资金结存——货币资金

④调整存货对非财政拨款结余的影响

借：非财政拨款结余

　　贷：资金结存——货币资金

⑤调整长期股权投资、长期债券投资对非财政拨款结余的影响

借：非财政拨款结余

　　贷：资金结存——货币资金

在以货币资金取得长期股权、长期债券投资投资时，高等学校如果按《高等学校会计制度》要求，已由“事业基金”调整到“非流动基金——长期投资”时，则不需要再做调整。

⑥调整短期借款、长期借款对非财政拨款结余的影响

借：资金结存——货币资金

　　贷：非财政拨款结余

⑦调整应付票据、应付账款对非财政拨款结余的影响

借：资金结存——货币资金

　　贷：非财政拨款结余

⑧调整预收账款对非财政拨款结余的影响

借：资金结存——货币资金

　　贷：非财政拨款结余

⑨调整长期应付款对非财政拨款结余的影响

借：资金结存——货币资金

　　贷：非财政拨款结余

⑩调整“应缴税费”“应付职工薪酬”对非财政拨款结余的影响

借：资金结存——货币资金

　　贷：非财政拨款结余

5.“专用结余”科目及对应的“资金结存”科目余额

借：资金结存——货币资金

贷：专用结余

6.“经营结余”科目及对应的“资金结存”科目余额

借：经营结余

贷：资金结存——货币资金

（三）根据调整后的2018年末项目余额，记账生成2019年期初余额

通过初始化凭证录入，最终形成了新会计制度2019年财务会计科目、预算会计科目、预算项目的期初余额。

五、财务报表和预算会计报表的新旧衔接

按照《政府会计制度——行政事业单位会计科目和报表》与《事业单位会计制度》有关衔接问题的处理规定，高等学校在对原制度会计科目余额进行结转、补充登记未入账事项以及对部分科目余额进行调整后，应当编制2019年1月1日的科目余额表及2019年度财务报表和预算会计报表。

（一）新政府会计制度报表体系

《政府会计制度》报表体系包括财务报表和预算会计报表。其中，财务报表由资产负债表、收入费用表、净资产变动表和现金流量表等会计报表和报表附注组成。预算会计报表由预算收入支出表、预算结转结余变动表和财政拨款预算收入支出表等报表组成。

新的报表体系，根据以“权责发生制”“收付实现制”为记账基础生成的会计数据编报而成，它全面反映了高等学校财务状况、运行情况以及预算执行情况，为会计信息使用者提供更加准确的决策信息。新旧会计报表体系对照表如表2–20所示。

表2–20　　高等学校新旧会计制度报表体系对照表

（一）财务会计报表

原制度			新制度			备注
编号	报表名称	编制期	编号	报表名称	编制期	
会高校01表	资产负债表	月度、年度	会政财01表	资产负债表	月度、年度	基本相同
会高校02表	收入支出表	月度、年度	会政财02表	收入费用表	月度、年度	基本相同
会高校03表	财政补助收入支出表	年度			年度	删除
			会政财03表	净资产变动表	年度	新增
			会政财04表	现金流量表	年度	新增，可选择编制
	附注	年度		附注	年度	基本相同

（二）预算会计报表

原制度			新制度			备注
编号	报表名称	编制期	编号	报表名称	编制期	
			会政预01表	预算收入支出表	年度	新增
			会政预02表	预算结转结余变动表	年度	新增
			会政预03表	财政拨款预算收入支出表	年度	与会高校03表类似

（二）2019年年初高等学校新会计制度报表的编制

1. 编制2019年1月1日财务会计、预算会计科目余额表（详见表2-21和表2-22）

表2-21　　2019年1月1日高等学校财务会计科目余额表

序号	科目编号	科目名称	期初余额	序号	科目编号	科目名称	期初余额
一、资产类				二、负债类			
1	1001	库存现金		30	2001	短期借款	
2	1002	银行存款		31	2101	应交增值税	
3	1011	零余额账户用款额度		32	2102	其他应交税费	
4	1021	其他货币资金		33	2103	应缴财政款	
5	1101	短期投资		34	2201	应付职工薪酬	
6	1201	财政应返还额度		35	2301	应付票据	
7	1211	应收票据		36	2302	应付账款	
8	1212	应收账款		37	2304	应付利息	
9	1214	预付账款		38	2305	预收账款	
10	1215	应收股利		39	2307	其他应付款	
11	1216	应收利息		40	2401	预提费用	
12	1218	其他应收款		41	2501	长期借款	
13	1219	坏账准备		42	2502	长期应付款	
14	1301	在途物品		43	2601	预计负债	
15	1302	库存物品		44	2901	受托代理负债	
16	1303	加工物品		负债合计			
17	1401	待摊费用		三、净资产类			
19	1502	长期债券投资		45	3001	累计盈余	
20	1601	固定资产		46	3101	专用基金	
21	1602	固定资产累计折旧		47	3201	权益法调整	
22	1611	工程物资		48	3301	本期盈余	
23	1613	在建工程		49	3302	本年盈余分配	
24	1701	无形资产		50	3401	无偿调拨净资产	
25	1702	无形资产累计摊销		51	3501	以前年度盈余调整	

续表

序号	科目编号	科目名称	期初余额	序号	科目编号	科目名称	期初余额
26	1703	研发支出		净资产合计			
27	1891	受托代理资产					
28	1901	长期待摊费用					
29	1902	待处理财产损溢					
资产合计				负债及净资产合计			

表2-22　　2019年1月1日高等学校预算会计科目余额表

序号	科目编号	科目名称	期初余额	
			借方余额	贷方余额
1	8001	资金结存		
2	8101	财政拨款结转		
3	8102	财政拨款结余		
4	8201	非财政拨款结转		
5	8202	非财政拨款结余		
6	8301	专用结余		
7	8401	经营结余		
8	8501	其他结余		
9	8701	非财政拨款结余分配		

2. 编制2019年1月1日资产负债表

高等学校应当根据2019年1月1日新账的财务会计科目余额，按照新制度编制2019年1月1日资产负债表（仅要求填列各项目“年初余额”）。

3. 2019年度财务报表和预算会计报表的编制

高等学校应当按照新制度规定编制2019年财务报表和预算会计报表。在编制2019年度收入费用表、净资产变动表、现金流量表和预算收入支出表、预算结转结余变动表时，不要求填列上年比较数。

高等学校应当根据2019年1月1日新账财务会计科目余额，填列2019年净资产变动表各项目的“上年年末余额”，根据2019年1月1日新账预算会计科目余额，填列2019年预算结转结余变动表的“年初预算结转结余”项目和财政拨款预算收入支出表的“年初财政拨款结转结余”项目。

第三章 资 产

第一节 资产概述

一、资产要素概述

高等学校的资产是指高校过去的经济业务或者事项形成的，由高校控制的，预期能够产生服务潜力或者带来经济利益流入的经济资源。

高校资产一般具有以下特征：

一是由高校过去的交易或者事项形成的现时资产，包括购买、生产、建造行为或其他交易及事项形成的货币资产、结算资产、物品资产、固定资产等。

二是由高校控制，高校资产的控制权包括占有权和使用权，资产的所有权归属国家。某些资源学校不享有占有权，但能被单位所控制，如融资租入固定资产，应当入账核算。

三是一种经济资源，预期能够产生服务潜力或者带来经济利益流入。服务潜力是指高校利用资产提供公共产品或服务以履行职能的潜在能力。经济利益流入表现为现金及现金等价物的流入或者流出的减少。

高校将符合资产定义的经济资源，在同时满足以下条件时确认为资产，列入资产负债表的资产项目中：

一是与该经济资源相关的服务潜力很可能实现或者经济利益很可能流入高校；

二是该经济资源的成本或者价值能够可靠计量。

二、资产计量方法

资产的计量属性主要包括历史成本、重置成本、现值、公允价值和名义金额。高等学校在对资产进行计量时，一般应当采用历史成本。如果采用重置成本、现值、公允价值计量的，应当保证所确定的资产金额能够持续、可靠地计量。

在历史成本计量下，资产按照取得时支付的现金金额或者支付对价的公允价值计量。

在重置成本计量下，资产按照现在购买相同或相似资产所须支付的现金金额计量。

在现值计量下，资产按照预计从其持续使用和最终处置中所产生的未来净现金流入量的折现金额计量。

在公允价值计量下，资产按照参与者在计量日发生的有序交易中，出售资产所能收到的价格计量。

如果无法采用上述计量属性的，采用名义金额（即人民币1元）计量。

三、资产分类

高等学校的资产按照流动性强弱（或变现能力大小）分为流动资产和非流动资产。

流动资产是指预计在1年内（含1年）耗用或者可以变现的资产，包括货币资金、短期投资、应收及预付款项、存货、待摊费用等。

非流动资产是指流动资产以外的资产，包括长期投资、固定资产、工程物资、在建工程、无形资产、长期待摊费用、待处理财产损溢等。

高等学校所涉及的资产类会计科目如表3-1所示。

表3-1　资产类会计科目一览表（高等学校）

序号	科目编号	科目名称	资产分类
1	1001	库存现金	流动资产
2	1002	银行存款	
3	1011	零余额账户用款额度	
4	1021	其他货币资金	
5	1101	短期投资	流动资产
6	1201	财政应返还额度	
7	1211	应收票据	
8	1212	应收账款	
9	1214	预付账款	
10	1215	应收股利	
11	1216	应收利息	
12	1218	其他应收款	
13	1219	坏账准备	
14	1301	在途物品	
15	1302	库存物品	
16	1303	加工物品	
17	1401	待摊费用	

续表

序号	科目编号	科目名称	资产分类
18	1501	长期股权投资	非流动资产
19	1502	长期债券投资	
20	1601	固定资产	
21	1602	固定资产累计折旧	
22	1611	工程物资	
23	1613	在建工程	
24	1701	无形资产	
25	1702	无形资产累计摊销	
26	1703	研发支出	
27	1901	长期待摊费用	
28	1902	待处理财产损溢	
29	1891	受托代理资产	

第二节 库存现金

一、科目介绍

库存现金是指高等学校持有的现金，包括人民币现金、外币现金和受托代理现金。高等学校持有现金主要是用于学校及受托代理业务的日常零星开支。

现金收支必须严格遵守国家有关现金管理的规定。2011年1月8日，《现金管理暂行条例》（国务院令第588号）进行修订，对现金的使用进行了约束。

1.现金限额管理

国家鼓励开户单位和个人在经济活动中，采取转账方式进行结算，减少使用现金。开户银行应当根据实际需要，核定开户单位3天至5天的日常零星开支所需的库存现金限额。边远地区和交通不便地区的开户单位的库存现金限额，可以多于5天，但不得超过15天的日常零星开支。经核定的库存现金限额，开户单位必须严格遵守。需要增加或者减少库存现金限额的，应当向开户银行提出申请，由开户银行核定。

高校库存现金不得超过开户银行核定的限额。当日现金结余大于限额的部分，应于当日送存开户银行；当日送存确有困难的，由开户银行确定送存时间。

2.现金的使用范围

高等学校可以在下列范围内使用现金：职工工资、津贴；个人劳务报酬；根据国家规定颁发给个人的科学技术、文化艺术、体育等各种奖金；各种劳保、福利费用以及国家规定的对个人的其他支出；向个人收购农副产品和其他物资的价款；出差人员必须随身携带的差旅费；结算起点以下的零星支出；中国人民银行确定需要支付现金的其他支出。前款结算起点定为1 000元。现金使用范围之外及结算起点以上的支付，必须转账结算。

3.不得“坐支”现金

支付现金，可以从本单位库存现金限额中支付或从开户银行提取，但不得从本单位的现金收入中直接支付。高校每天收入的现金，必须当天送存银行，因特殊情况需要“坐支”现金的，应事先报开户银行批准，由开户银行核定坐支范围和限额，并定期向银行报送坐支金额和使用范围。

4.现金管理的内控要求

（1）不相容岗位控制。出纳人员不得兼任稽核、会计档案保管和收入、支出、费用、债权债务账目的登记工作。现金的收付、结算、审核、登记等不能由一人兼管。

（2）现金收付日常管理。出纳付出现金后，应在原始凭证或记账凭证上加盖“现金付讫”戳记。收到现金后，属于收入的，收款人应给对方开具收据，出纳在原始凭证上加盖“现金收讫”戳记。现金做到日清月结，并指定专人不定期或定期对现金收付情况、库存情况进行审核、盘点。

5.现金管理禁止事项

不得“白条抵库”；不得谎报用途套取现金；不得用银行账户代替其他单位和个人存入或支取现金；不得用单位收入的现金以个人名义存入储蓄；不得保留账外公款，即不得“公款私存”，不得设置“小金库”。

二、账务处理

高等学校应当设置“库存现金”科目，以核算高校的库存现金，并应当设置“受托代理资产”明细科目，核算单位受托代理、代管的现金。该科目期末借方余额，反映高等学校实际持有的库存现金。

“库存现金”的主要账务处理如下（详见表3-2）：

（1）从银行等金融机构提取现金，按照实际提取的金额：财务会计，借记本科目，贷记“银行存款”科目；将现金存入银行等金融机构，按照实际存入金额，借记“银行存款”科目，贷记本科目。预算会计不作账务处理。

根据规定从单位零余额账户提取现金，按照实际提取的金额：财务会计，借记本科目，贷记“零余额账户用款额度”科目；预算会计，借记“资金结存——货币资金”科目，贷记“资金结存——零余额账户用款额度”科目。

将现金退回单位零余额账户，按照实际退回的金额：财务会计，借记“零余额账户用款额度”科目，贷记本科目；预算会计，借记“资金结存——零余额账户用款额度”科目，贷记“资金结存——货币资金”科目。

（2）因内部职工出差等原因借出的现金，按照实际借出的现金金额：财务会计，借记“其他应收款”科目，贷记本科目；预算会计，借记“事业支出”等科目，贷记“资金结存——货币资金”科目。

出差人员报销差旅费时，按照实际报销的金额：财务会计，借记“业务活动费用”“单位管理费用”等科目，按照实际借出的现金金额，贷记“其他应收款”科目，按照其差额，借记或贷记本科目；预算会计，按实际报销金额与借出现金的差额，借记或贷记“事业支出”科目，贷记或借记“资金结存——货币资金”科目。

上述经济业务使用的现金如果是由零余额账户借出且有剩余，剩余部分现金须办理退库手续，将剩余现金退回单位零余额账户，按照实际退回的金额进行会计处理。

（3）因提供服务、物品或者其他事项收到现金，按照实际收到的金额：财务会计，借记本科目，贷记“事业收入”“应收账款”等相关科目；预算会计，借记“资金结存——货币资金”科目，贷记“事业预算收入”等科目。因购买服务、物品或者其他事项支付现金，按照实际支付的金额：财务会计，借记“业务活动费用”“单位管理费用”“库存物品”等相关科目，贷记本科目；预算会计，借记“事业支出”等科目，贷记“资金结存——货币资金”科目。

（4）高校收到受托代理、代管的现金，按照实际收到的金额：财务会计，借记“库存现金——受托代理资产”科目，贷记“受托代理负债”科目。支付受托代理、代管的现金，按照实际支付的金额：借记“受托代理负债”科目，贷记“库存现金——受托代理资产”科目。预算会计不作账务处理。

（5）高等学校应当设置库存现金日记账，由出纳根据收付款凭证，按照业务发生顺序逐笔登记。每日终了，应当计算当日的现金收入合计数、现金支出合计数和结余数，并将结余数与实际库存数核对，做到账实相符。每日账款核对中发现现金溢余或短缺的，应当及时进行处理。

出现现金溢余时：财务会计，借记“库存现金”科目，贷记“待处理财产损溢”科目，预算会计，借记“资金结存——货币资金”科目，贷记“其他预算收入”科目；经查明属于应支付给有关人员或单位的，借记“待处理财产损溢”科目，贷记“其他应付款”科目；属于无法查明原因的，报经批准后，财务会计，借记“待处理财产损溢”科目，贷记“其他收入”科目，预算会计不作账务处理。

出现现金短缺时：财务会计，借记“待处理财产损溢”科目，贷记“库存现金”科目；预算会计，借记“其他支出”科目，贷记“资金结存——货币资金”科目。经查明，现金短缺应由责任人赔偿，财务会计，借记“其他应收款”科目，贷记“待处理财产损溢”科目，收到赔偿款时，借记“银行存款”“库存现金”等科目，贷记“其他应收款”科目。预算会计，按收到的赔偿款，借记“资金结存——货币资金”科目，贷记“其他支出”科目。属于无法查明原因，报经批准核销时，财务会计，借记“资产处置费用”科目，贷记“待处理财产损溢”科目，预算会计不作账务处理。

表3-2　　　　高等学校库存现金主要账务处理

序号	业务		财务会计账务处理	预算会计账务处理	财务盈余与预算结余差异
1	自有资金提现		借：库存现金 贷：银行存款	—	无
	自有资金存现		借：银行存款 贷：库存现金	—	无
	零余额账户提现		借：库存现金 贷：零余额账户用款额度	借：资金结存——货币资金 贷：资金结存——零余额账户用款额度	无
	现金退回零余额账户		借：零余额账户用款额度 贷：库存现金	借：资金结存——零余额账户用款额度 贷：资金结存——货币资金	无
2	借出现金及收回现金	职工出差等借出现金	借：其他应收款——支出类 贷：库存现金	借：事业支出等 贷：资金结存——货币资金	当期确认为预算支出但没有确认为费用
		职工完成出差等报销时交回现金	借：业务活动费用/单位管理费用等［实际报销金额］ 库存现金［实际报销金额小于借款金额的差额］ 贷：其他应收款——支出类 或： 借：业务活动费用/单位管理费用等［实际报销金额］ 贷：其他应收款 库存现金［实际报销金额大于借款金额的差额］	借：资金结存——货币资金［实际报销金额小于借款金额的差额］ 贷：事业支出等［实际报销金额小于借款金额的差额］ 或： 借：事业支出等［实际报销金额大于借款金额的差额］ 贷：资金结存——货币资金［实际报销金额大于借款金额的差额］	当期确认为费用但没有确认为预算支出
3	其他涉及现金的业务	因开展业务等其他事项收到现金	借：库存现金 贷：事业收入/应收账款等	借：资金结存——货币资金 贷：事业预算收入等	无
		因购买服务、商品或其他事项支出现金	借：业务活动费用/单位管理费用/库存物品等 贷：库存现金	借：事业支出等 贷：资金结存——货币资金	无
		对外捐赠现金资产	借：其他费用 贷：库存现金	借：其他支出 贷：资金结存——货币资金	无

续表

序号	业务		财务会计账务处理	预算会计账务处理	财务盈余与预算结余差异
4	受托代理、代管现金	收到	借：库存现金——受托代理资产 贷：受托代理负债	—	无
		支付	借：受托代理负债 贷：库存现金——受托代理资产	—	无
5	现金溢余	按照溢余金额转入待处理财产损溢	借：库存现金 贷：待处理财产损溢	借：资金结存——货币资金 贷：其他预算收入	当期确认为预算收入但没有确认为收入
		属于应支付给有关人员或单位的部分	借：待处理财产损溢 贷：其他应付款 借：其他应付款 贷：库存现金	借：其他预算收入 贷：资金结存——货币资金	当期确认为预算收入但没有确认为收入
		属于无法查明原因的部分，报经批准后	借：待处理财产损溢 贷：其他收入	—	当期确认为收入但没有确认为预算收入
6	现金短缺	按照短缺金额转入待处理财产损溢	借：待处理财产损溢 贷：库存现金	借：其他支出 贷：资金结存——货币资金	当期确认为预算支出但没有确认为费用
		属于应由责任人赔偿的部分	借：其他应收款 贷：待处理财产损溢 借：银行存款、库存现金 贷：其他应收款	借：资金结存——货币资金 贷：其他支出	当期确认为预算支出但没有确认为费用
		属于无法查明原因的部分，报经批准后	借：资产处置费用 贷：待处理财产损溢	—	当期确认为费用但没有确认为预算支出

三、案例分析

【例3-1】H大学于2×19年1月20日从开户银行工商银行账户提取现金2 000元作为备用金。

财务会计：

借：库存现金　　　　2 000

　　贷：银行存款　　　　2 000

预算会计不作账务处理。

【例3-2】2×19年3月20日，H大学高老师出差，借现金1 000元。3月25日出差归来，报销差旅费1 500元，归还借款后，剩余500元现金支付。

1. 3月20日，借出现金时，账务处理如下：

财务会计：

借：其他应收款——支出类 1 000

　　贷：库存现金 1 000

预算会计：

借：事业支出 1 000

　　贷：资金结存——货币资金 1 000

2. 3月25日，报销差旅费时，账务处理如下：

财务会计：

借：业务活动费用 1 500

　　贷：其他应收款——支出类 1 000

　　　　库存现金 500

预算会计：

借：事业支出——教育支出 500

　　贷：资金结存——货币资金 500

【例3-3】H学校出纳人员在2×19年3月31日结账时发现现金溢余300元，经核查，其中200元为应支付未支付给辅导员张老师的报销款，剩余100元无法查明原因，报经批准后计入其他收入。

1. 3月31日发现现金溢余时，账务处理如下：

财务会计：

借：库存现金 300

　　贷：待处理财产损溢 300

预算会计：

借：资金结存——货币资金 300

　　贷：其他预算收入 300

2.报经批准后，账务处理如下：

财务会计：

借：待处理财产损溢 300

　　贷：其他应付款 200

　　　　其他收入 100

借：其他应付款 200

　　贷：库存现金 200

预算会计：

借：其他预算收入 200

　　贷：资金结存——货币资金 200

第三节 银行存款

一、科目介绍

银行存款是指高等学校存入银行或其他金融机构的货币，包括人民币存款和外币存款。高等学校的货币资金，除保留不超过库存现金限额的少量现金外，剩余的都必须存入银行。货币资金的收付，除按照国家《现金管理暂行条例》等相关规定划定的范围或现金结算起点1 000元以内可以用现金结算外，其余款项支付必须通过银行办理转账结算，由银行直接将结算款项从高等学校的银行账户划拨到收款单位的银行账户。

高等学校应按规定在银行开立账户，以办理存取款和转账等业务结算。高校在办理银行存款开户时，应按银行规定填写“开户申请表”，经上级主管部门或同级财政机关审核同意后，连同盖有单位公章和有权支配款项的个人人名章的印鉴卡片一并送开户行，再经银行审查同意方可开户。禁止违反规定开立和使用银行账户。

高等学校应加强对银行存款户的管理，具体要求如下：

（1）认真贯彻执行国家的政策、法令，严格遵守国家、银行的各项结算制度和现金管理制度，接受银行监督。

（2）银行存款户不准出租、出借、套用或转让给其他单位或者个人使用。

（3）加强支票管理。做好支票的购入、领用、保管、签发、核销工作，出纳人员变动，须做好支票的交接工作。不准签发空头支票和其他远期支付的凭证。

（4）严格银行预留印鉴管理。银行预留印鉴包括财务专用章和法人章或人名章。严禁一人保管支付款项所需的全部印章。

（5）银行存款的日常管理。高校应当按开户银行或其他金融机构、存款种类及币种等分别设置“银行存款日记账”，由出纳人员根据收付款凭证，按照业务发生顺序逐笔登记，每日终了结出余额。“银行存款日记账”定期与“银行对账单”核对，至少每月核对一次。对账工作应由出纳以外的人员完成。月度终了，银行存款日记账账面余额与银行对账单之间如有差额，差额要及时与银行核对清楚，逐笔查明原因并及时进行账务处理，按月编制“银行存款余额调节表”，调节相符，保证账账相符、账证相符。

（6）高校发生的非现金业务结算，按照中国人民银行总行发布的《支付结算办法》规定的结算方式办理结算。结算方式主要包括支票、银行汇票、银行本票、商业汇票、汇兑、委托收款、托收承付、信用证、信用卡等结算方式。高校根据业务内容及特点，采用合适的结算方式办理款项结算。

二、账务处理

高等学校应当设置“银行存款”科目，以核算存入银行或其他金融机构的各种款项，包括受托代理银行存款。“银行存款”科目下应当设置“受托代理资产”明细科目，核算高校受托代理、代管的银行存款。该科目期末借方余额，反映高等学校实际存放在银行或其他金融机构的款项。

“银行存款”的主要账务处理方法如下（详见表3-3）：

（1）将款项存入银行或者其他金融机构时，按照实际存入的金额：财务会计，借记本科目，贷记“库存现金”“应收账款”“事业收入”“经营收入”“其他收入”等相关科目。预算会计，借记“资金结存——货币资金”科目，贷记“事业预算收入”“其他预算收入”等科目。

收到银行存款利息时，按照实际收到的金额：财务会计，借记本科目，贷记“利息收入”科目；预算会计，借记“资金结存——货币资金”科目，贷记“其他预算收入”科目。

（2）从银行等金融机构提取现金时，按照实际提取的金额：财务会计，借记“库存现金”科目，贷记本科目。预算会计不作账务处理。

（3）以银行存款支付相关费用时，按照实际支付的金额：财务会计，借记“业务活动费用”“单位管理费用”“其他费用”等相关科目，贷记本科目；预算会计，借记“事业支出”等科目，贷记“资金结存——货币资金”科目。

（4）以银行存款对外捐赠时，按照实际捐出的金额：财务会计，借记“其他费用”科目，贷记本科目；预算会计，借记“其他支出”科目，贷记“资金结存——货币资金”科目。

（5）在财务会计中，高校收到受托代理、代管的银行存款时，按照实际收到的金额，借记“银行存款——受托代理资产”科目，贷记“受托代理负债”科目。支付受托代理、代管的银行存款时，按照实际支付的金额，借记“受托代理负债”科目，贷记“银行存款——受托代理资产”科目。预算会计不作账务处理。

（6）发生外币业务的，应当按照业务发生当日的即期汇率将外币金额折算为人民币金额记账，并登记外币金额和汇率。期末，各种外币账户的期末余额，应当按照资产负债表日的即期汇率折算成人民币，作为外币账户期末人民币金额。调整后的各种外币账户人民币余额与原账面余额的差额，作为汇兑损益计入当期费用。

第一，以外币购买物资、设备等时，按照购入当日的即期汇率将支付的外币或应支付的外币折算为人民币金额：财务会计，借记“库存物品”等科目，贷记本科目的外币账户；预算会计，借记“事业支出”等科目，贷记“资金结存——货币资金”科目。

第二，销售物品、提供服务以外币收取相关款项等时，按照收入确认准则，以当日的即期汇率将收取的外币或应收取的外币折算为人民币金额：财务会计，借记本科目的外币账户，贷记“事业收入”等相关科目；预算会计，借记“资金结存——货币资金”科目，贷记“事业预算收入”等科目。

第三，期末，将各外币银行存款账户按照资产负债表日即期汇率调整后的人民币余额与原账户人民币余额的差额作为汇兑损益：财务会计，借记或者贷记本科目，贷记或借记“业务活动经费”“单位管理费用”等科目；预算会计，借记或者贷记“资金结存——货币资金”科目，贷记或借记“事业支出”等科目。

表3–3　　高等学校银行存款主要账务处理

<table>
<tr><th>序号</th><th colspan="2">业务</th><th>财务会计账务处理</th><th>预算会计账务处理</th><th>财务盈余与预算结余差异</th></tr>
<tr><td>1</td><td colspan="2">将款项存入银行或其他金融机构</td><td>借：银行存款
贷：库存现金/事业收入/其他收入等</td><td>借：资金结存——货币资金
贷：事业预算收入/其他预算收入等</td><td>无</td></tr>
<tr><td>2</td><td colspan="2">提现</td><td>借：库存现金
贷：银行存款</td><td>—</td><td>无</td></tr>
<tr><td>3</td><td colspan="2">支付款项</td><td>借：业务活动费用/单位管理费用/其他费用等
贷：银行存款</td><td>借：事业支出/其他支出等
贷：资金结存——货币资金</td><td>无</td></tr>
<tr><td rowspan="2">4</td><td rowspan="2">银行存款账户</td><td>收到银行存款利息</td><td>借：银行存款
贷：利息收入</td><td>借：资金结存——货币资金
贷：其他预算收入</td><td>无</td></tr>
<tr><td>支付银行手续费等</td><td>借：业务活动费用/单位管理费用等
贷：银行存款</td><td>借：事业支出
贷：资金结存——货币资金</td><td>无</td></tr>
<tr><td rowspan="2">5</td><td rowspan="2">委托代理、代管银行存款</td><td>收到</td><td>借：银行存款——受托代理资产
贷：受托代理负债</td><td>—</td><td>无</td></tr>
<tr><td>支付</td><td>借：受托代理负债
贷：银行存款——受托代理资产</td><td>—</td><td>无</td></tr>
<tr><td rowspan="3">6</td><td rowspan="3">外币业务</td><td>以外币购买物资、劳务等</td><td>借：在途物品/库存物品等
贷：银行存款［外币账户］/应收账款等［外币账户］</td><td>借：事业支出
贷：资金结存——货币资金</td><td>当期确认为预算支出但未确认为费用</td></tr>
<tr><td>以外币收取相关款项等</td><td>借：银行存款［外币账户］/应收账款等［外币账户］
贷：事业收入等</td><td>借：资金结存——货币资金
贷：事业预算收入等</td><td>无</td></tr>
<tr><td>期末，将各外币账户按照资产负债表日的即期汇率调整后的人民币余额与原账面人民币余额的差额作为汇兑损益</td><td>借：银行存款/应收账款/应付账款等
贷：业务活动费用/单位管理费用等［汇兑收益］
借：业务活动费用/单位管理费用等［汇兑损失］
贷：银行存款/应收账款/应付账款等</td><td>借：资金结存——货币资金
贷：事业支出等［汇兑收益］
借：事业支出等［汇兑损失］
贷：资金结存——货币资金</td><td>无</td></tr>
</table>

三、案例分析

【例3-4】2×19年4月2日，H大学收到学校老师与校外企业合作的横向课题经费3 000元，已汇入学校银行账户。

财务会计：

借：银行存款　　3 000

　　贷：预收账款——科研经费　　3 000

预算会计：

借：资金结存——货币资金　　3 000

　　贷：事业预算收入　　3 000

【例3-5】2×19年4月5日，H大学以银行转账方式购置教学用文件柜、纸、笔、书桌等办公用品，共计20 000元。

财务会计：

借：业务活动费用　　20 000

　　贷：银行存款　　20 000

预算会计：

借：事业支出　　20 000

　　贷：资金结存——货币资金　　20 000

【例3-6】2×19年7月10日H大学收到团委交来学生缴纳的2×19年上半年团费20 000元，当日送存银行。

财务会计：

借：银行存款——受托代理资产　　20 000

　　贷：受托代理负债　　20 000

【例3-7】2×19年5月1日，H大学的美元银行存款账户余额为500 000美元，共折合人民币3 300 000元；5月6日，该学校以200 000美元的价格从国外购进一批科学仪器用于教学，当日的汇率为1美元=6.53元人民币，5月31日的汇率为1美元=6.50元人民币。

1. 5月6日，购进科学仪器时，账务处理如下：

财务会计：

借：固定资产　　1 306 000

　　贷：银行存款——美元户　　1 306 000

预算会计：

借：事业支出　　1 306 000

贷：资金结存——货币资金 1 306 000

2. 5月31日，月底计算汇兑损益时，账务处理如下：

月末，计算汇兑损益前“银行存款——美元户”的人民币余额为：

3 300 000−1 306 000=1 994 000（元）

月末美元账户余额折合人民币金额为：

（500 000−200 000）×6.50=1 950 000（元）

5月汇兑损失=1 994 000−1 950 000=44 000（元）

财务会计：

借：业务活动费用 44 000

贷：银行存款 44 000

预算会计：

借：事业支出 44 000

贷：资金结存——货币资金 44 000

第四节 零余额账户用款额度

一、科目介绍

零余额账户是指财政部门或预算单位经财政部门批准，在国库集中支付代理银行和非税收入收缴代理银行开立的，用于办理国库集中收付业务的银行结算账户。零余额账户是财政支付、国库集中支付改革的产物，是连接国库单一账户与商品或劳务供应商账户的纽带，实现了预算资金从国库单一账户到商品或劳务供应商账户的转移。

财政性资金的支付方式分为财政直接支付和财政授权支付。零余额账户用款额度的核算与财政授权支付方式相关。

财政授权支付是指预算单位按照财政部门的授权，自行向代理银行签发支付指令，代理银行根据支付指令，在财政部门批准的预算单位的用款额度内，通过国库单一账户体系将资金支付到收款人账户。

零余额账户用款额度具有与人民币存款相同的支付结算功能。单位在当地商业银行开设零余额账户，用于财政授权支付，并以国库单一账户清算。该账户可办理提现、转账、汇兑、委托收款等支付结算业务。

高等学校零余额账户用于财政授权支付。该账户每日发生的支出，于当日营业终了前由代理银行在财政部门批准的用款额度内以国库单一账户清算。财政性预算资金的收付全部通过零余额账户办理。

二、账务处理

高等学校应设置“零余额账户用款额度”科目，核算实行国库集中支付的单位根据财政部门批复的用款计划收到和支用的零余额账户用款额度。该科目期末借方余额，反映高等学校尚未支用的零余额账户用款额度，年末注销单位零余额账户用款额度后，本科目应无余额。

“零余额账户用款额度”主要账务处理如下（详见表3–4）：

（1）收到额度。高等学校收到《财政授权支付到账通知书》时，根据通知书所列金额：财务会计，借记本科目，贷记“财政拨款收入”“事业收入”等科目；预算会计，借记“资金结存——零余额账户用款额度”科目，贷记“财政拨款预算收入”“事业预算收入”等科目。

（2）支用额度。支付日常活动费用时，按照支付的金额：财务会计，借记“业务活动费用”“单位管理费用”等科目，贷记本科目；预算会计，借记“事业支出”等科目，贷记“资金结存——零余额账户用款额度”科目。

购买库存物品或购建固定资产，按照实际发生的成本：财务会计，借记“库存物品”“固定资产”“在建工程”等科目，按照实际支付或应付的金额，贷记本科目、“应付账款”等科目；预算会计，借记“事业支出”等科目，贷记“资金结存——零余额账户用款额度”科目。

从零余额账户提取现金时，按照实际提取的金额：财务会计，借记“库存现金”科目，贷记本科目；预算会计，借记“资金结存——货币资金”，贷记“资金结存——零余额账户用款额度”科目。

（3）因购货退回等发生财政授权支付额度退回的，按照退回的金额：财务会计，借记本科目，贷记“库存物品”等科目；预算会计，借记“资金结存——零余额账户用款额度”科目，贷记“事业支出”等科目。

（4）年末处理。年末，根据代理银行提供的对账单作注销额度的相关账务处理：财务会计，借记“财政应返还额度——财政授权支付”科目，贷记本科目；预算会计，借记“资金结存——财政应返还额度”科目，贷记“资金结存——零余额账户用款额度”科目。

年末，高等学校本年度财政授权支付一般公共预算拨款预算指标大于零余额账户用款额度下达数的或学校财政专户资金实际完成上缴且已下达的指标数大于零余额账户用款额度下达数的，根据未下达的用款额度：财务会计，借记“财政应返还额度——财政授权支付”科目，贷记“财政拨款收入”“事业收入”等科目；预算会计，借记“资金结存——财政应返还额度”科目，贷记“财政拨款预算收入”“事业预算收入”等科目。

下年初，根据代理银行提供的上年度注销额度恢复到账通知书作恢复额度的相关账务处理：财务会计，借记本科目，贷记“财政应返还额度——财政授权支付”科目；预算会计，借记“资金结存——零余额账户用款额度”科目，贷记“资金结存——财政应返还额度”科目。高校收到财政部门批复的上年末未下达零余额账户用款额度：财务会计，借记本科目，贷记“财政应返还额度——财政授权支付”科目；预算会计，借记“资金结存——零余额账户用款额度”科目，贷记“资金结存——财政应返还额度”科目。

表3–4　　　　高等学校零余额账户用款额度主要账务处理

<table>
<tr><th>序号</th><th colspan="2">业务</th><th>财务会计处理</th><th>预算会计处理</th><th>财务盈余与预算结余差异</th></tr>
<tr><td>1</td><td>收到额度</td><td>收到《授权支付到账通知书》</td><td>借：零余额账户用款额度
贷：财政拨款收入/事业收入</td><td>借：资金结存——零余额账户用款额度
贷：财政拨款预算收入/事业预算收入</td><td>无</td></tr>
<tr><td rowspan="2">2</td><td rowspan="2">按照规定支用额度</td><td>支付日常活动费用</td><td>借：业务活动费用/单位管理费用等
贷：零余额账户用款额度</td><td rowspan="2">借：事业支出等
贷：资金结存——零余额账户用款额度</td><td>无</td></tr>
<tr><td>购买库存物品或购建固定资产等</td><td>借：库存物品/固定资产/在建工程等
贷：零余额账户用款额度</td><td>当期确认为预算支出但没有确认为费用</td></tr>
<tr><td rowspan="2">3</td><td rowspan="2">提现</td><td>从零余额账户提取现金</td><td>借：库存现金
贷：零余额账户用款额度</td><td>借：资金结存——货币资金
贷：资金结存——零余额账户用款额度</td><td>无</td></tr>
<tr><td>将现金退回学校零余额账户</td><td>借：零余额账户用款额度
贷：库存现金</td><td>借：资金结存——零余额账户用款额度
贷：资金结存——货币资金</td><td>无</td></tr>
<tr><td rowspan="2">4</td><td rowspan="2">因购货退回等发生国库授权支付额度退回</td><td>本年度授权支付的款项</td><td>借：零余额账户用款额度
贷：库存物品等</td><td>借：资金结存——零余额账户用款额度
贷：事业支出等</td><td>当期确认为预算支出但没有确认为费用</td></tr>
<tr><td>以前年度授权支付的款项</td><td>借：零余额账户用款额度
贷：库存物品/以前年度盈余调整等</td><td>借：资金结存——零余额账户用款额度
贷：财政拨款结转——年初余额调整/财政拨款结余——年初余额调整</td><td>无</td></tr>
<tr><td rowspan="2">5</td><td rowspan="2">年末，注销额度</td><td>根据代理银行提供的对账单，注销财政授权支付额度</td><td>借：财政应返还额度——财政授权支付
贷：零余额账户用款额度</td><td>借：资金结存——财政应返还额度
贷：资金结存——零余额账户用款额度</td><td>无</td></tr>
<tr><td>本年度财政授权支付预算指标数大于零余额账户额度下达数的，根据未下达的用款额度</td><td>借：财政应返还额度——财政授权支付
贷：财政拨款收入/事业收入</td><td>借：资金结存——财政应返还额度
贷：财政拨款预算收入/事业预算收入</td><td>无</td></tr>
</table>

续表

序号	业务		财务会计处理	预算会计处理	财务盈余与预算结余差异
6	下年年初，恢复额度	根据代理银行提供的《额度恢复到账通知书》，恢复财政授权支付额度	借：零余额账户用款额度 贷：财政应返还额度——财政授权支付	借：资金结存——零余额账户用款额度 贷：资金结存——财政应返还额度	无
		收到财政部门批复的上年年末未下达零余额账户用款额度	借：零余额账户用款额度 贷：财政应返还额度——财政授权支付	借：资金结存——零余额账户用款额度 贷：资金结存——财政应返还额度	无

三、案例分析

【例3-8】2×19年3月25日H大学用零余额账户用款额度40 000元支付设备款40 000元，该设备已验收合格，并办理了固定资产入账手续。

财务会计：

借：固定资产　　40 000

　　贷：零余额账户用款额度　　40 000

预算会计：

借：事业支出　　40 000

　　贷：资金结存——零余额账户用款额度　　40 000

【例3-9】2×19年10月29日H大学于因购货退回而发生5 000元的国库授权支付额度退回。

1.若退回的货物是2×19年7月31日用本年授权支付的款项购买，账务处理如下：

财务会计：

借：零余额账户用款额度　　5 000

　　贷：库存物品　　5 000

预算会计：

借：资金结存——零余额账户用款额度　　5 000

　　贷：事业支出　　5 000

2.若该批退回的货物是用以前年度授权支付的款项购买，账务处理如下：

财务会计：

借：零余额账户用款额度　　5 000

　　贷：以前年度盈余调整　　5 000

预算会计：

借：资金结存——零余额账户用款额度　　5 000

贷：财政拨款结余——年初余额调整 5 000

【例3-10】2×19年12月31日，H大学收到代理银行提供的《注销授权支付额度通知书》，注销额度为500万元。

2×20年1月4日，H学校收到代理银行提供的《额度恢复到账通知书》，被告知恢复额度为500元。

1. 2×19年12月31日，注销额度时，账务处理如下：

财务会计：

借：财政应返还额度——财政授权支付 5 000 000

贷：零余额账户用款额度 5 000 000

预算会计：

借：资金结存——财政应返还额度 5 000 000

贷：资金结存——零余额账户用款额度 5 000 000

2. 2×20年1月4日，恢复额度时，账务处理如下：

财务会计：

借：零余额账户用款额度 5 000 000

贷：财政应返还额度——财政授权支付 5 000 000

预算会计：

借：资金结存——零余额账户用款额度 5 000 000

贷：资金结存——财政应返还额度 5 000 000

【例3-11】2×19年12月31日，H大学经核对，财政已批复一般公共预算拨款预算指标数尚有4 000 000元未划拨；年底上缴学费2 000 000元，已列入计划下达指标，资金未划拨。

1. 年末确认未划拨指标的账务处理如下：

财务会计：

借：财政应返还额度——财政授权支付 6 000 000

贷：财政拨款收入 4 000 000

事业收入 2 000 000

预算会计：

借：资金结存——财政应返还额度 6 000 000

贷：财政预算拨款收入 4 000 000

事业预算收入 2 000 000

2. 2×20年1月4日，收到划拨经费的账务处理如下：

财务会计：

借：零余额账户用款额度 6 000 000

贷：财政应返还额度——财政授权支付 6 000 000

预算会计：

借：资金结存——零余额账户用款额度 6 000 000

贷：资金结存——财政应返还额度 6 000 000

第五节　其他货币资金

一、科目介绍

其他货币资金是指高等学校除现金、银行存款以外的其他各类货币资金，包括外埠存款、银行本票存款、银行汇票存款、信用卡存款等。

外埠存款是指高等学校到外地进行临时零星采购时，汇往采购地银行开立采购专户的款项。银行本票存款是指高等学校为取得银行本票，按照规定存入银行的款项。银行汇票存款是指高等学校为取得银行汇票，按照规定存入银行的款项。信用卡存款是指高等学校为取得信用卡，按照规定存入银行的款项。

高等学校要加强对其他货币资金的管理，及时办理结算，对于逾期尚未办理结算的银行汇票、银行本票等，应当按照规定及时转回，并按照规定进行相应账务处理。

二、账务处理

高等学校应设置“其他货币资金”账户用于核算学校的外埠存款、银行本票存款、银行汇票存款、信用卡存款等各种其他货币资金。本科目应当设置“外埠存款”“银行本票存款”“银行汇票存款”“信用卡存款”等明细科目进行明细核算。该科目期末借方余额，反映了高等学校实际持有的其他货币资金。

“其他货币资金”的主要账务处理如下（见表3-5）：

（1）高等学校按照规定需要在异地开立银行账户，将款项委托本地银行汇往异地开立账户时：财务会计，借记本科目，贷记“银行存款”科目。预算会计不作账务处理。收到采购员交来供应单位发票账单等报销凭证时：财务会计，借记“库存物品”等科目，贷记本科目；预算会计，借记“事业支出”等科目，贷记“资金结存——货币资金”科目。将多余的外埠存款转回本地银行时，根据银行的收账通知：财务会计，借记“银行存款”科目，贷记本科目。预算会计不作账务处理。

（2）高等学校将款项交存银行并取得银行本票、银行汇票时，按照取得的银行本票、银行汇票金额：财务会计，借记本科目，贷记“银行存款”科目。预算会计不作账务处理。使用银行本票、银行汇票购买库存物品等资产时，按照实际支付金额：财务会计，借记“库存物品”等科目，贷记本科目；预算会计，借记“事业支出”等科目，贷记“资金结存——货币资金”科目。如有余款或因本票、汇票超过付款期等原因而退回款项，则应按照退款金额：财务会计，借记“银行存款”科目，贷记本科目。预算会计不作账务处理。

（3）高等学校将款项交存银行并取得信用卡时，按照交存金额：财务会计，借记本科目，贷记“银行存款”科目。预算会计不作账务处理。用信用卡购物或支付有关费用时，按照实际支付金额：财务会计，借记“单位管理费用”“库存物品”等科目，贷记本科目；预算会计，借记“事业支出”等科目，贷记“资金结存——货币资金”科目。信用卡在使用过程中，须向其账户续存资金的，按照续存金额：财务会计，借记本科目，贷记“银行存款”科目。预算会计不作账务处理。

表3–5　　　　高等学校其他货币资金主要账务处理

序号	业务		财务会计处理	预算会计处理	财务盈余与预算结余差异
1	形成其他货币资金	取得银行本票、银行汇票、信用卡时	借：其他货币资金——银行本票存款/银行汇票存款/信用卡存款 贷：银行存款	—	无
2	发生支付	用银行本票、银行汇票时，信用卡支付时	借：在途物品/库存物品等 贷：其他货币资金——银行本票存款/银行汇票存款/信用卡存款	借：事业支出等［实际支付金额］ 贷：资金结存——货币资金	当期确认为预算支出但没有确认为费用
3	余款退回时	用银行本票、银行汇票时，信用卡的余款退回时	借：银行存款 贷：其他货币资金——银行本票存款/银行汇票存款/信用卡存款	—	无

三、案例分析

【例3–12】2×19年4月10日H大学异地用银行汇票购买一批价值为20 000元的实验用品。

1.取得银行汇票的账务处理如下：

财务会计：

借：其他货币资金——银行汇票存款　　　　20 000

　　贷：银行存款　　　　20 000

预算会计不作账务处理。

2.异地购买实验用品的账务处理如下：

财务会计：

借：库存物品　　　　20 000

贷：其他货币资金——银行汇票存款 20 000

预算会计：

借：事业支出 20 000

贷：资金结存——货币资金 20 000

第六节　短期投资

一、科目介绍

短期投资是指高等学校按规定以货币资金、实物资产等方式取得的、持有时间不超过1年（含1年）的债权或股权投资，包括能随时变现的、持有时间不超过一年的有价证券以及不超过一年的其他投资。不超过一年的其他投资是指以货币资金、无形资产、实物资产等形式向其他单位的投资，该投资随时可以收回。短期投资相对于长期投资（持有时间超过1年的债权或股权投资），一般来说具有以下特点：

第一，投资时间短、变现能力强。高等学校持有短期投资的目的之一就是能够随时变现，在市场上能够随时出售，不影响高校资金需求。

第二，让高校暂时闲置的资金赚取收益。这是高校持有短期投资的另一个目的。高校通过短期投资，提高了暂时闲置资金的使用效率和效益。

高等学校在进行对外投资时，应当严格遵守国家法律、行政法规以及财政部门、主管部门关于对外投资的有关规定，履行审批手续，同时充分、合理估计投资风险。

二、账务处理

高等学校应设置“短期投资”科目核算短期投资业务，并且按照投资的种类等进行明细核算。该科目期末借方余额，反映高等学校持有短期投资的成本。

“短期投资”的主要账务处理如下（见表3-6）：

（1）取得短期投资时，按照确定的投资成本：财务会计，借记本科目，贷记“银行存款”等科目；预算会计，借记“投资支出”科目，贷记“资金结存——货币资金”科目。收到取得投资时实际支付价款中包含的已到付息期但尚未领取的利息，按照实际收到的金额：财务会计，借记“银行存款”科目，贷记本科目；预算会计，借记“资金结存——货币资金”科目，贷记“投资支出”科目。

（2）收到短期投资持有期间的利息时，按照实际收到的金额：财务会计，借记“银行存款”科目，贷记“投资收益”科目；预算会计，借记“资金结存——货币资金”科目，贷记“投资预算收益”科目。

（3）出售短期投资或到期收回短期投资本息时，按照实际收到的金额：财务会计，借记“银行存款”科目，同时，按照出售或收回短期投资的账面余额，贷记本科目，按照其差额，借记或贷记“投资收益”科目；预算会计，借记“资金结存——货币资金”科目，贷记“投资支出”科目，同时，按照账面余额与实际金额的差额，借记或贷记“投资预算收益”科目。

表3-6　　高等学校短期投资主要账务处理

序号	业务		财务会计处理	预算会计处理	财务盈余与预算结余差异
1	取得短期投资	取得短期投资时	借：短期投资 　贷：银行存款等	借：投资支出 　贷：资金结存——货币资金	当期确认为预算支出但没有确认为费用
		收到购买时已到付息期但尚未领取的利息时	借：银行存款 　贷：短期投资	借：资金结存——货币资金 　贷：投资支出	当期确认为预算支出但没有确认为费用
2	短期投资持有期间收到利息		借：银行存款 　贷：投资收益	借：资金结存——货币资金 　贷：投资预算收益	无
3	出售短期投资或到期收回短期投资（国债）本息	实收款小于投资成本	借：银行存款［实际收到的金额］ 投资收益［借差］ 贷：短期投资［账面余额］	借：资金结存——货币资金［实收款］投资预算收益［实收款小于投资成本的差额］ 　贷：投资支出［出售或收回当年的投资］/其他结余［出售或收回以前年度的投资］	当期确认为预算支出但没有确认为费用
		实收款大于投资成本	借：银行存款［实际收到的金额］ 　贷：短期投资［账面余额］ 投资收益［贷差］	借：资金结存——货币资金［实收款］ 　贷：投资支出［出售或收回当年的投资］/其他结余［出售或收回以前年度的投资］ 投资预算收益［实收款大于成本的差额］	

三、案例分析

【例3-13】2×19年3月1日H大学以银行存款51 000购入一年期限的国库券，其中包括已到付息期但尚未领取的利息1 000元。

财务会计：

借：短期投资　　51 000

　　贷：银行存款　　51 000

借：银行存款　　1 000

　　贷：短期投资　　1 000

预算会计：

借：投资支出　51 000
　　贷：资金结存——货币资金　51 000
借：资金结存——货币资金　1 000
　　贷：投资支出　1 000

【例3-14】接例3-13。2×19年6月1日，该学校收到所持有的该国库券的利息1 500元。

财务会计：
借：银行存款　500
　　贷：投资收益　500
预算会计：
借：资金结存——货币资金　500
　　贷：投资预算收益　500

【例3-15】接例3-13。2×19年9月1日债券到期，该学校出售该债券，收到价款50 500元，并收到持有期间的利息1 500元。

财务会计：
借：银行存款　52 000
　　贷：短期投资　50 000
　　　　投资收益　2 000
预算会计：
借：资金结存——货币资金　52 000
　　贷：投资预算收益　2 000
　　　　投资支出　50 000

第七节　财政应返还额度

一、科目介绍

财政应返还额度，是实行国库集中支付的高等学校应收财政返还的资金额度，该科目核算纳入国库集中支付的财政性资金在预算年度内，按照财政部门批复的部门预算，当年尚未使用并按有关规定应留归高等学校继续使用的预算结余资金的增减变动。

高等学校预算结余资金的数额=上年预算结余数额+按照财政部门批复的当年部门预算数额–当年财政国库已支付数额（包括财政直接支付数额和财政授权支付数额）–应缴回财政部门的数额。

二、账务处理

高等学校应设置“财政应返还额度”科目，用以核算实行国库集中支付的应收财政返还的资金额度，包括可以使用的以前年度财政直接支付资金额度和财政应返还的财政授权支付资金额度。应设置“财政直接支付”“财政授权支付”两个明细科目分别进行明细核算。该科目的期末借方余额，反映高等学校应收财政返还的资金额度。

“财政应返还额度”的主要账务处理如下（见表3-7）：

（1）财政直接支付。财政直接支付是指由财政部门向中国人民银行和代理银行签发支付指令，代理银行根据支付指令通过国库单一账户体系将资金直接支付到收款人（即商品或劳务的供应商等）或用款单位（即具体申请和使用财政性资金的预算单位）账户。

实行财政直接支付的财政性资金包括工资支出、工程采购支出、物品和服务采购支出。财政直接支付的申请由一级预算单位汇总，填写“财政直接支付汇总申请书”，报财政部门国库支付执行机构。

年度终了，高等学校根据本年度财政直接支付预算指标数大于当年财政直接支付实际发生数的差额：财务会计，借记“财政应返还额度——财政直接支付”科目，贷记“财政拨款收入”“事业收入”等科目；预算会计，借记“资金结存——财政应返还额度”科目，贷记“财政拨款预算收入”“事业预算收入”等科目。

下年度恢复财政直接支付额度后，高校以财政直接支付方式支付款项时：财务会计，借记“业务活动费用”“单位管理费用”等科目，贷记“财政应返还额度——财政直接支付”科目；预算会计，借记“事业支出”等科目，贷记“资金结存——财政应返还额度”科目。

（2）财政授权支付。在国库集中支付下，年度终了，零余额账户用款额度必须清零。零余额账户用款额度到了年终，如果还有结余的，其额度要由财政收回，并于次年恢复，对这部分财政收回的额度在“财政应返还额度”科目作债权处理，即年终时，财政对已下达各预算单位但尚未使用的财政授权支付额度进行等额冲减。第二年对实行授权支付的结余资金，财政根据单位报送的结余资金使用计划，批复后下达授权支付额度。

年度终了，高等学校依据代理银行提供的对账单注销额度时：财务会计，借记“财政应返还额度——财政授权支付”科目，贷记“零余额账户用款额度”科目；预算会计，借记“资金结存——财政应返还额度”科目，贷记“资金结存——零余额账户用款额度”科目。如果本年度财政授权支付预算指标数、实际上缴财政专户并已列入年度下拨指标数大于零余额账户用款额度下达数，根据两者的差额：财务会计，借记“财政应返还额度——财政授权支付”科目，贷记“财政拨款收入”“事业收入”等科目；预算会计，借记“资金结存——财政应返还额度”科目，贷记“财政拨款预算收入”“事业预算收入”等科目。

下年初，高等学校依据代理银行提供的《额度恢复到账通知书》，作相关恢复额度的账务处理：财务会计，借记“零余额账户用款额度”科目，贷记“财政应返还额度——财政授权支付”科目；预算会计，借记“资金结存——零余额账户用款额度”科目，贷记“资金结存——财政应返还额度”科目。

表3-7　　高等学校财政应返还额度主要账务处理

序号	业务		财务会计处理	预算会计处理	财务盈余与预算结余差异
1	财政直接支付方式下，确认财政应返还额度	年末本年度预算指标数与实际支付数的差额	借：财政应返还额度——财政直接支付 贷：财政拨款收入/事业收入	借：资金结存——财政应返还额度 贷：财政拨款预算收入/事业预算收入	无
		下年度使用以前年度财政直接支付额度支付款项时	借：业务活动费用/单位管理费用/库存物品等 贷：财政应返还额度——财政直接支付	借：事业支出等 贷：资金结存——财政应返还额度	无
2	财政授权支付方式下，确认财政应返还额度	年末本年度预算指标数、实际上缴财政专户且已列入年度计划下达指标数大于额度下达数的，根据未下达的用款额度	借：财政应返还额度——财政授权支付 贷：财政拨款收入/事业收入	借：资金结存——财政应返还额度 贷：财政拨款预算收入/事业预算拨款	无
		年末依据代理银行提供的对账单做注销额度处理	借：财政应返还额度——财政授权支付 贷：零余额账户用款额度	借：资金结存——财政应返还额度 贷：资金结存——零余额账户用款额度	无
		下年年初额度恢复和下年年初收到财政部门批复的上年年末未下达零余额账户用款额度	借：零余额账户用款额度 贷：财政应返还额度——财政授权支付	借：资金结存——零余额账户用款额度 贷：资金结存——财政应返还额度	无

三、案例分析

【例3-16】H大学发生如下业务：

1.截至2×19年12月31日，本年度财政授权支付预算指标数为40 000万元，当年财政授权支付实际支出数为39 990万元。

财务会计：

借：财政应返还额度——财政授权支付　　100 000

贷：财政拨款收入 100 000

预算会计：

借：资金结存——财政应返还额度 100 000

贷：财政拨款预算收入 100 000

2. 2×20年2月，以财政授权支付方式发生实际支出10 000元，用于教学活动。

财务会计：

借：业务活动费用 10 000

贷：财政应返还额度——财政授权支付 10 000

预算会计：

借：事业支出 10 000

贷：资金结存——财政应返还额度 10 000

第八节 应收票据

一、科目介绍

应收票据是高等学校因开展经营活动销售产品、提供有偿服务等而收到的商业汇票。

商业汇票是一种由出票人签发的，委托付款人在指定日期无条件支付确定金额给收款人或者持票人的票据，包括银行承兑汇票和商业承兑汇票。由银行承诺到期付款的汇票称为银行承兑汇票，由企业承诺到期付款的汇票称商业承兑汇票。

银行承兑汇票是指由在承兑银行开立存款账户的存款人（出票人）签发、由承兑银行承兑的票据。高等学校申请使用银行承兑汇票时，应向其承兑银行按票面金额的万分之五缴纳手续费。银行承兑汇票的出票人应于汇票到期前将票款足额交存其开户银行，承兑银行应在汇票到期日或到期日后的见票当日支付票款。银行承兑汇票的出票人于汇票到期前未能足额交存票款时，承兑银行除凭票向持票人无条件付款外，对出票人尚未支付的汇票金额按照每天万分之五计收利息。

商业承兑汇票是指由付款人签发并承兑，或由收款人签发交由付款人承兑的汇票。

商业汇票的付款期限，最长不得超过6个月。分为定日付款、出票后定期付款、见票后定期付款等几种方式。定日付款的汇票付款期限自出票日起计算，并在汇票上记载具体到期日；出票后定期付款的汇票付款期限自出款票日起按月计算，并在汇票上记载；见票后定期付款的汇票付款期限自承兑或拒绝承兑日起按月计算，并在汇票上记载。

汇票的付款人收到开户银行的付款通知，应在当日通知银行付款。付款人在接到通知日的次日起3日内（遇法定休假日顺延）未通知银行付款的，视同付款人承诺付款，银行将于付款人接到通知日的次日起第4日（遇法定休假日顺延）上午开始营业时，将票款划给持票人。付款人提前收到由其承兑的商业汇票，应通知银行于汇票到期日付款。银行在办理划款时，付款人存款账户不足支付的，银行应填制付款人未付票款通知书，连同商业承兑汇票邮寄持票人开户银行转交持票人。

商业汇票的提示付款期限，为自汇票到期日起10日。符合条件的商业汇票的持票人，可以持未到期的商业汇票连同贴现凭证向银行申请贴现。票据期限内可以进行背书转让。

带息票据到期收回时应计算票据到期值，计算公式为：

应收票据到期值=票据面值×（1+票面利率×票据期限）

二、账务处理

高等学校应设置“应收票据”科目核算应收票据的增减变动及其结存情况，并应当按照开出、承兑商业汇票的单位等进行明细核算。该科目期末借方余额，反映高等学校持有的商业汇票票面金额。

“应收票据”的主要账务处理如下（见表3-8）：

（1）因销售产品、提供服务等收到商业汇票时，按照商业汇票的票面金额：财务会计，借记本科目，按照确认的收入金额，贷记“经营收入”等科目。预算会计不作账务处理。

（2）持未到期的商业汇票向银行贴现时，按照实际收到的金额（即扣除贴现息后的净额）：财务会计，借记“银行存款”科目，同时，按照贴现息金额借记“经营费用”等科目，按照商业汇票的票面金额贷记本科目（无追索权）或“短期借款”科目（有追索权）；预算会计，借记“资金结存——货币资金”科目，贷记“经营预算收入”科目。附追索权的商业汇票到期未发生追索事项的，按照商业汇票的票面金额：财务会计，借记“短期借款”科目，贷记本科目。预算会计不作账务处理。

（3）将持有的商业汇票背书转让以取得所需物资时，按照取得物资的成本：财务会计，借记“库存物品”等科目，按照商业汇票的票面金额，贷记本科目，如有差额，借记或贷记“银行存款”等科目；预算会计，按照票面金额，借记“资金结存——货币资金”，贷记“经营预算收入”等科目；按照取得的物质成本借记“经营支出”等科目，贷记“资金结存——货币资金”科目。

（4）商业汇票到期时，应当分别针对以下情况进行处理。

A.收回票款时，按照实际收到的商业汇票票面金额：财务会计，借记“银行存款”科目，贷记本科目；预算会计，借记“资金结存——货币资金”科目，贷记“经营预算收入”科目。

B.因付款人无力支付票款，收到银行退回的商业承兑汇票、委托收款凭证、未付票款通知书或拒付款证明等时，按照商业汇票的票面金额：财务会计，借记“应收账款”科目，贷记本科目。预算会计不作账务处理。

高等学校应设置“应收票据备查簿”，逐笔登记每笔应收票据的种类、号数、出票日期、到期日、票面金额、交易合同号、付款人、承兑人、背书人姓名或单位名称、背书转让日、贴现日期、贴现率、贴现净额、收款日期、收回金额和退票情况等信息。应收票据到期结清票款或退票后，应当在备查簿内逐笔注销。

表3-8　　高等学校应收票据主要账务处理

序号	业务		财务会计处理	预算会计处理	财务盈余与预算结余差异
1	收到商业汇票	销售产品，提供服务等收到商业汇票时	借：应收票据 贷：经营收入等	—	当期确认为收入但没有确认为预算收入
2	商业汇票向银行贴现	持未到期的商业汇票向银行贴现	借：银行存款（贴现净额）经营费用等（贴现利息） 贷：应收票据（不附追索权）/短期借款（附追索权）	借：资金结存——货币资金 贷：经营预算收入等（贴现净额）	当期确认为预算收入但没有确认为收入
		附追索权的商业汇票到期未发生追索事项	借：短期借款 贷：应收票据	—	无
3	商业汇票背书转让	将持有的商业汇票背书转让以取得所需物资	借：库存物品等 贷：应收票据 银行存款（差额）	借：经营支出等（支付的金额） 贷：资金结存——货币资金	当期确认为预算支出但没有确认为费用
4	商业汇票到期	商业汇票到期，收回应收票据	借：银行存款 贷：应收票据	借：资金结存——货币资金 贷：经营预算收入等	当期确认为预算收入但没有确认为收入
		商业汇票到期，付款人无力支付票款时	借：应收账款 贷：应收票据	—	无

三、案例分析

【例3-17】2×19年2月10日，H大学开展与教育教学直接相关的有偿服务活动。按合同约定，被服务方甲公司应于两个月后付款30 000元。甲公司用一张两个月到期的商业承兑汇票进行支付。

财务会计：

借：应收票据　　　　　　30 000

贷：经营收入　　30 000

预算会计不作账务处理。

【例3-18】 2×19年3月5日，H大学持未到期面值为10 000元的商业汇票向银行贴现，到期日为2×19年5月4日，不附追溯权，按7.2%的贴现率贴现。

贴现利息=10 000×60（贴现天数）×7.2%÷360=120（元）

实付贴现金额=10 000-120=9 880（元）

财务会计：

借：银行存款　　9 880

　　经营费用　　120

　　贷：应收票据　　10 000

预算会计：

借：资金结存——货币资金　　9 880

　　贷：经营预算收入　　9 880

若上述贴现附追索权，则账务处理如下：

财务会计：

借：银行存款　　9 880

　　经营费用　　120

　　贷：短期借款　　10 000

预算会计：

借：资金结存——货币资金　　9 880

　　贷：经营预算收入　　9 880

【例3-19】 2×19年4月21日，H大学将一张面值为6 000元的商业汇票背书转让给甲出版社并用银行存款支付1 000元差额，用以取得一批价值7 000元的图书。

财务会计：

借：库存商品　　7 000

　　贷：应收票据　　6 000

　　　　银行存款　　1 000

预算会计：

借：资金结存——货币资金　　6 000

　　贷：经营预算收入等　　6 000

借：经营支出　　7 000

　　贷：资金结存——货币资金　　7 000

【例3-20】 2×19年4月11日，H大学收到甲公司承兑到期的商业汇票，票面金额为20 000元。

财务会计：

借：银行存款　　20 000

　　贷：应收票据　　20 000

预算会计：

借：资金结存——货币资金　　20 000

　　贷：经营预算收入　　20 000

若付款人无力支付票款，则账务处理如下：

借：应收账款　　20 000

　　贷：应收票据　　20 000

第九节　应收账款

一、科目介绍

应收账款是指高等学校提供服务、销售产品等应收取的款项以及因出租资产、出售物资等应收取的款项。应收账款通常在收入实现时按照销售合同或协议价款确定，包括向购货方、接受劳务方、承租方收取的货款、代收的税金、代垫的运杂费及包装费等。

二、账务处理

高等学校应设置“应收账款”科目核算应收账款的增减变动及其结存情况，并应按照债务单位（或个人）进行明细核算。该科目期末借方余额，反映高等学校尚未收回的应收账款（见表3–9）。

发生应收账款时，应正确区分是否应当上缴财政。

（一）应收账款收回后不须上缴财政

1.按照应收未收金额：财务会计，借记“应收账款”科目，贷记“事业收入”“经营收入”“租金收入”“其他收入”等科目。预算会计不作账务处理。

2.收到应收账款时，按照实际收到的金额：财务会计，借记“银行存款”科目，贷记该科目；预算会计，借记“资金结存——货币资金”科目，贷记“事业预算收入”“经营预算收入”“其他预算收入”等科目。

3.高等学校应当于每年年末，对收回后不须上缴财政的应收账款进行全面检查，如发生不能收回的迹象，应当计提坏账准备：

（1）对于账龄超过规定年限、确认无法收回的应收账款，按照规定报经批准后予以核销。按照核销金额：财务会计，借记“坏账准备”科目，贷记本科目。预算会计不作账务处理。核销的应收账款应在备查簿中保留登记。

（2）已核销的应收账款在以后期间又收回的，按照实际收回金额：财务会计，借记本科目，贷记“坏账准备”科目，同时，借记“银行存款”等科目，贷记本科目；预算会计，借记“资金结存——货币资金”，贷记“非财政拨款结余”等科目。

（二）应收账款收回后须上缴财政

1.如出租资产发生的应收未收租金款项、出售物资发生应收未收款项等，按照应收未收的金额：财务会计，借记本科目，贷记“应缴财政款”科目。预算会计不作账务处理。

2.收到应收款时，按照实际收到的金额：财务会计，借记“银行存款”科目，贷记“应收账款”科目；预算会计不作账务处理。

3.高等学校应当于每年年末，对收回后应当上缴财政的应收账款进行全面检查：

（1）对于账龄超过规定年限、确认无法收回的应收账款，按照规定报经批准后予以核销。按照核销金额：财务会计，借记“应缴财政款”科目，贷记本科目。预算会计不作账务处理。核销的应收账款应当在备查簿中保留登记。

（2）已核销的应收账款在以后期间又收回的，按照实际收回金额：财务会计，借记“银行存款”等科目，贷记“应缴财政款”科目。预算会计不作账务处理。

表3-9 高等学校应收账款主要账务处理

序号	业务		财务会计处理	预算会计处理	财务盈余与预算结余差异
1	发生应收账款时	应收账款收回后不须上缴财政	借：应收账款 贷：事业收入/经营收入/其他收入等	—	当期确认为收入但没有确认为预算收入
		应收账款收回后须上缴财政	借：应收账款 贷：应缴财政款	—	无
2	收回应收账款时	应收账款收回后不须上缴财政	借：银行存款等 贷：应收账款	借：资金结存——货币资金等 贷：事业预算收入/经营预算收入/其他预算收入等	当期确认为预算收入但没有确认为收入
		应收账款收回后须上缴财政	借：银行存款等 贷：应收账款	—	无
3	逾期无法收回的应收账款	报批后予以核销	借：坏账准备/应缴财政款 贷：应收账款	—	无
		已核销不须上缴财政的应收账款在以后期间收回	借：应收账款 贷：坏账准备 借：银行存款 贷：应收账款	借：资金结存——货币资金 贷：非财政拨款结余等	无
		已核销须上缴财政的应收账款在以后期间收回	借：银行存款等 贷：应缴财政款	—	无

三、案例分析

【例3-21】2×19年6月，H大学有关应收账款的业务如下：

1. 6月3日，学校受甲公司委托对该公司员工提供培训服务，应向甲公司收取培训费用60 000元。

财务会计：

借：应收账款　　60 000

　　贷：事业收入　　60 000

预算会计不作账务处理。

2. 6月15日，H大学收到60 000元培训费时的账务处理如下：

财务会计：

借：银行存款　　60 000

　　贷：应收账款　　60 000

预算会计：

借：资金结存——货币资金　　60 000

　　贷：事业预算收入　　60 000

【例3-22】2×19年12月，H大学对应收账款进行全面核查，发现一笔应由乙公司支付的应收款项50 000元中有10 000元无法收回，该笔款项收回后无须上缴财政，学校按规定报经批准后予以核销10 000元。

1. 2×19年12月，报经批准后核销应收款时的账务处理如下：

财务会计：

借：坏账准备　　10 000

　　贷：应收账款　　10 000

预算会计不作账务处理。

2. 2×19年12月，H大学收回以前年度核销的应收款20 000元，账务处理如下：

财务会计：

借：应收账款　　20 000

　　贷：坏账准备　　20 000

借：银行存款　　20 000

　　贷：应收账款　　20 000

预算会计：

借：资金结存——货币资金　　20 000

　　贷：事业预算收入　　20 000

第十节　预付账款

一、科目介绍

预付账款，是指高等学校按照购货、服务合同或协议规定预付给供应单位（或个人）的款项以及按照合同规定向承包工程的施工企业预付的备料款和工程款。

二、账务处理

高等学校应设置“预付账款”科目核算预付账款的增减变动及其结存情况，并应当按照供应单位（或个人）及具体项目进行明细核算，对于基本建设项目发生的预付账款，还应当在该科目所属基建项目明细科目下设置“预付备料款”“预付工程款”“其他预付款”等明细科目，进行明细核算。本科目期末借方余额，反映高等学校实际预付但尚未结算的款项。

“预付账款”的主要账务处理如下（见表3-10）：

（1）根据购货、服务合同或协议规定预付款项时，按照预付金额：财务会计，借记本科目，贷记“财政拨款收入”“零余额账户用款额度”“银行存款”等科目；预算会计，借记“事业支出”等科目，贷记“财政拨款预算收入”“资金结存”等科目。

（2）收到所购资产或服务时，按照购入资产或服务的成本：财务会计，借记“库存物品”“固定资产”“无形资产”“业务活动费用”等科目，按照相关预付账款的账面余额，贷记本科目，按照实际补付的金额，贷记“财政拨款收入”“零余额账户用款额度”“银行存款”等科目；预算会计，按照实际补付的金额，借记“事业支出”等科目，贷记“财政拨款预算收入”“资金结存”等科目。

（3）根据工程进度结算工程价款及备料款时，按照结算金额：财务会计，借记“在建工程”科目，按照相关预付账款的账面余额，贷记本科目，按照实际补付的金额，贷记“财政拨款收入”“零余额账户用款额度”“银行存款”等科目；预算会计，按照实际补付的金额，借记“事业支出”等科目，贷记“财政拨款预算收入”“资金结存”等科目。

（4）发生预付账款退回的，按照实际退回金额：财务会计，借记“财政拨款收入”[本年直接支付]、“财政应返还额度”[以前年度直接支付]、“零余额账户用款额度”“银行存款”等科目，贷记本科目；预算会计，借记“财政拨款预算收入”“资金结存”等科目，贷记“事业支出”“财政拨款结余——年初余额调整”“财政拨款结转——年初余额调整”等科目。

（5）高等学校应当于每年年度终了，对预付账款进行检查。如果有确凿证据表明预付账款并不符合预付款项性质，或者因供货单位破产、撤销等原因可能无法收到所购货物、服务的，应当先将其转入“其他应收款”科目，然后按规定进行处理。

表3-10　　　　　高等学校预付账款主要账务处理

序号	业务		财务会计处理	预算会计处理	财务盈余与预算结余差异
1	发生预付账款时		借：预付账款 贷：财政拨款收入/零余额账户用款额度/银行存款等	借：事业支出等 贷：财政拨款预算收入/资金结存	当期确认为预算支出但没有确认为费用
1	收到所购物资或劳务以及根据工程进度结算工程价款等时		借：业务活动费用/库存物品/固定资产/在建工程等 贷：预付账款 零余额账户用款额度/财政拨款收入/银行存款等［补付款项］	借：事业支出等［补付款项］ 贷：财政拨款预算收入/资金结存	购进库存物品、固定资产、在建工程时存在差异，当期确认为预算支出但没有确认为费用
3	预付账款退回	当年预付账款退回	借：财政拨款收入/零余额账户用款额度/银行存款等 贷：预付账款	借：财政拨款预算收入/资金结存 贷：事业支出等	当期确认为预算支出但没有确认为费用
		以前年度预付账款退回	借：财政应返还额度/零余额账户用款额度/银行存款等 贷：预付账款	借：资金结存 贷：财政拨款结余——年初余额调整/财政拨款结转——年初余额调整等	预算结余增加，财务盈余不变
4	逾期无法收回的预付账款转为其他应收款		借：其他应收款 贷：预付账款	—	无

三、案例分析

【例3-23】2×19年1月10日，H大学与A公司签订购买合同，从A公司购进两台科研设备，价款共计400 000元。按照双方签订的购买合同约定，该学校1月20日以前须预付30%的货款，金额120 000万元。H大学1月15日，从零余额账户预付设备款120 000元。

1月15日，预付设备款时的账务处理如下：

财务会计：

借：预付账款——A公司　　　　　　120 000

　　贷：零余额账户用款额度　　　　　　120 000

预算会计：

借：事业支出　　　　　　120 000

　　贷：资金结存——零余额账户用款额度　　　　　　120 000

【例3-24】 沿用例3-23。2×19年1月16日，A公司收到预付款后发货。1月25日，该学校对设备验货合格，并办理了固定资产入账手续。1月27日支付剩余70%的价款280 000元。

1月27日支付剩余价款时的账务处理如下：

财务会计：

借：固定资产　　400 000

　　贷：预付账款——A公司　　120 000

　　　　零余额账户用款额度　　280 000

预算会计：

借：事业支出　　280 000

　　贷：资金结存——零余额账户用款额度　　280 000

【例3-25】 沿用例3-23。2×19年1月16日,A公司收到预付账款后发货。1月25日，该学校发现设备质量不符合要求，将该设备退回，并解除购货合同。1月27日，A公司将预付款120 000元退回。

1月27日，收到A公司退回的预付款时的账务处理如下：

财务会计：

借：零余额账户用款额度　　120 000

　　贷：预付账款——A公司　　120 000

预算会计：

借：资金结存——零余额账户用款额度　　120 000

　　贷：事业支出　　120 000

第十一节　应收股利

一、科目介绍

应收股利是指高等学校持有长期股权投资应当收取的现金股利或应当分得的利润。

二、账务处理

高等学校应设置“应收股利”科目核算应收股利的增减变动及其结存情况，并应当按照被投资单位等进行明细核算。该科目期末借方余额，反映高等学校应当收取但尚未收到的现金股利或利润。

“应收股利”的主要账务处理如下（见表3-11）：

（1）取得长期股权投资时：财务会计，按照支付的价款中所包含的已宣告但尚未发放的现金股利，借记本科目，按照确定的长期股权投资成本，借记“长期股权投资”科目，按照实际支付的金额，贷记“银行存款”等科目；预算会计，借记“投资支出”科目［取得投资支付的全部价款］，贷记“资金结存——货币资金”科目。

收到取得投资时实际支付价款中所包含的已宣告但尚未发放的现金股利：财务会计，按照收到的金额，借记“银行存款”科目，贷记本科目；预算会计，借记“资金结存——货币资金”科目，贷记“投资支出”科目。

（2）长期股权投资持有期间，被投资单位宣告发放现金股利或利润的：财务会计，按照应享有的份额，借记本科目，贷记“投资收益”（成本法）或“长期股权投资”（权益法）等科目。预算会计不作账务处理。

实际收到现金股利或利润时，按照收到的金额：财务会计，借记“银行存款”等科目，贷记本科目；预算会计，借记“资金结存——货币资金”科目，贷记“投资预算收益”等科目。

表3–11　　　　高等学校应收股利主要账务处理

序号	业务		财务会计处理	预算会计处理	财务盈余与预算结余差异
1	取得的长期股权投资	取得的长期股权投资	借：长期股权投资 应收股利［取得投资支付价款中包含的已宣告但尚未发放的现金股利或利润］ 贷：银行存款［取得投资支付的全部价款］	借：投资支出［取得投资支付的全部价款］ 贷：资金结存——货币资金	当期确认为预算支出但没有确认为费用
		收到取得投资所支付价款中包含的已宣告但尚未发放的股利或利润时	借：银行存款 贷：应收股利	借：资金结存——货币资金 贷：投资支出等	当期确认为预算支出但没有确认为费用
2	持有投资期间	被投资单位宣告发放现金股利或利润	借：应收股利 贷：投资收益/长期股权投资	—	当期确认为收入但没有确认为预算收入
		收到现金股利或利润时	借：银行存款 贷：应收股利	借：资金结存——货币资金 贷：投资预算收益	当期确认为预算收入但没有确认为收入

三、案例分析

【例3–26】2×19年8月2日，经批准H大学以2 000万元购入乙公司10%的股权，其中包含已宣告未发放的现金股利30万元。2×19年8月22日，该学校收到股利30万元。

1. 2×19年8月2日，购进股权时的账务处理如下：

财务会计：

借：长期股权投资　　　　19 700 000

应收股利	300 000	
贷：银行存款		20 000 000

预算会计：

借：投资支出	20 000 000	
贷：资金结存——货币资金		20 000 000

2. 2×19年8月22日，收到现金股利时的账务处理如下：

财务会计：

借：银行存款	300 000	
贷：应收股利		300 000

预算会计：

借：资金结存——货币资金	300 000	
贷：投资支出		300 000

第十二节　应收利息

一、科目介绍

应收利息是指高等学校持有长期债券投资应当收取的利息。高等学校因持有到期一次还本付息的长期债券而获得的利息，应当通过“长期债券投资——应计利息”科目核算，不通过本科目核算。

二、账务处理

高等学校应设置“应收利息”科目核算应收利息的增减变动及其结存情况，并应当按照被投资单位等进行明细核算。该科目期末借方余额，反映高等学校应收未收的长期债券投资利息。

“应收利息”的主要账务处理如下（见表3-12）：

（1）取得长期债券投资时：财务会计，按照确定的投资成本，借记“长期债券投资”科目，按照支付的价款中包含的已到付息期但尚未领取的利息，借记本科目，按照实际支付的金额，贷记“银行存款”等科目；预算会计，借记“投资支出”科目［取得投资支付的全部价款］，贷记“资金结存——货币资金”科目。

收到取得投资时实际支付价款中所包含的已到付息期但尚未领取的利息时：财务会计，按照收到的金额，借记“银行存款”等科目，贷记本科目；预算会计，借记“资金结存——货币资金”科目，贷记“投资支出”等科目。

（2）按期计算确认长期债券投资利息收入时，对于分期付息、一次还本的长期债券投资，按照以票面金额和票面利率计算确定的应收未收利息金额：财务会计，借记本科目，贷记“投资收益”科目。预算会计不作账务处理。

实际收到应收利息时，按照收到的金额：财务会计，借记“银行存款”等科目，贷记本科目；预算会计，借记“资金结存——货币资金”科目，贷记“投资预算收益”科目。

表3-12　　　　高等学校应收利息主要账务处理

序号	业务		财务会计处理	预算会计处理	财务盈余与预算结余差异
1	取得的债券投资	取得长期债券投资	借：长期债券投资 应收利息［取得投资支付价款中包含的已到付息期但尚未领取的利息］ 贷：银行存款［取得投资支付的全部价款］	借：投资支出［取得投资支付的全部价款］ 贷：资金结存——货币资金	当期确认为预算支出但没有确认为费用
		收到取得投资所支付价款中包含的已到付息期但尚未领取的利息时	借：银行存款 贷：应收利息	借：资金结存——货币资金 贷：投资支出等	当期确认为预算支出但没有确认为费用
2	持有投资期间	按期计提利息	借：应收利息［分期付息，到期还本债券计提的利息］ 贷：投资收益	—	当期确认为收入但没有确认为预算收入
		实际收到利息	借：银行存款 贷：应收利息	借：资金结存——货币资金 贷：投资预算收益	当期确认为预算收入但没有确认为收入

三、案例分析

【例3-27】2×19年4月1日，经批准H大学使用自有资金购入发行的电子国债300万元，该国债三年期，票面利率为4%，定期付息，每年4月1日收到上年度的利息。

1. 2×19年4月1日，购入国债债券时的账务处理如下：

财务会计：

借：长期债券投资——国债　　　　3 000 000

　　贷：银行存款　　　　3 000 000

预算会计：

借：投资支出　　　　3 000 000

　　贷：资金结存——货币资金　　　　3 000 000

2. 2×19年5月起每月计提国债利息的账务处理如下：

财务会计：

借：应收利息　　　　10 000

贷：投资收益　10 000

预算会计不作账务处理。

3. 2×20年4月1日收到2×19年度国债利息时的账务处理如下：

财务会计：

借：银行存款　120 000

贷：应收利息　120 000

预算会计：

借：资金结存——货币资金　120 000

贷：投资预算收益　120 000

第十三节　其他应收款

一、科目介绍

其他应收款，是指高等学校除财政应返还额度、应收票据、应收账款、预付账款、应收股利、应收利息以外的其他各项应收及暂付款项，如职工预借的差旅费、拨付给内部有关部门的备用金、应向职工收取的各种垫付款项、支付的可以收回的订金或押金、应收的上级补助和附属单位上缴款项等。

二、账务处理

高等学校应设置“其他应收款”科目核算其他应收款的增减变动及其结存情况，并应当按照其他应收款的类别以及债务单位（或个人）进行明细核算。该科目期末借方余额，反映高等学校尚未收回的其他应收款。

其他应收款业务处理，根据《政府会计准则制度解释第1号》的通知（财会〔2019〕13号）规定：“三、关于单位年末暂收暂付非财政资金的会计处理，单位对于纳入本年度部门预算管理的现金收支业务，在采用财务会计核算的同时应当及时进行预算会计核算。年末结账前，单位应当对暂收暂付款项进行全面清理，并对于纳入本年度部门预算管理的暂收暂付款项进行预算会计处理，确认相关预算收支，确保预算会计信息能够完整反映本年度部门预算收支执行情况。（一）对于纳入本年度部门预算管理的暂付款项，按照《政府会计制度》规定，单位在支付款项时可不作预算会计处理，待结算或报销时，按照结算或报销的金额，借记相关预算支出科目，贷记‘资金结存’科目。但是，在年末结账前，对于尚未结算或报销的暂付款项，单位应当按照暂付的金额，借记相关预算支出科目，贷记‘资金结存’科目。以后年度，实际结算或报销金额与已计入预算支出的金额不一致的，单位应当通过相关预算结转结余科目‘年初余额调整’明细科目进行处理。”

结合高校财务管理实际，按照“实质重于形式”，其中对于属于支出类的其他应收款，例如，列入预算的支出性借款，在借款时，财务会计账务处理应同时进行预算会计账务处理，等冲销借款时，依据实际报销金额和借款差额及借款与报销年度分别对预算会计业务进行调整。

“其他应收款”的主要账务处理有如下五种情形（见表3–13）。

（一）发生其他各种应收及暂付款项时

1.属于支出类的（列入预算的支出性借款等），按照实际发生金额：财务会计，借记本科目，贷记“零余额账户用款额度”“银行存款”“库存现金”等科目；预算会计，借记“事业支出”等科目，贷记“资金结存”等科目。

2.属于垫付款、订金、押金性质的以及周转性质的借款（如高等学校内部实行的备用金制度）等，按照实际发生金额：财务会计，借记本科目，贷记“银行存款”“库存现金”等科目。预算会计不作账务处理。

（二）收回其他各种应收及暂付款项时

1.属于支出类的（列入预算的支出性借款等）：财务会计，按照实际报销金额，借记“业务活动费用”等，按照收回的金额，贷记本科目，按照报销金额与收回金额差额，借记或贷记“银行存款”“零余额账户用款额度”等科目；预算会计，按照报销金额与收回金额差额，属于冲销当年借款，借记或贷记“事业支出”等科目，贷记或借记“资金结存”等科目；如果跨年度冲销借款，借记或贷记“财政拨款结转——年初余额调整”“非财政拨款结余——年初余额调整”等科目，贷记或借记“资金结存”等科目。

2.属于垫付款、订金、押金性质的以及周转性质的借款（如学校内部实行的备用金制度）等，按照收回金额：财务会计，借记“银行存款”“库存现金”等科目，贷记本科目。预算会计不作账务处理。

（三）偿还尚未报销的学校公务卡欠款时

按照偿还的款项：财务会计，借记本科目，贷记“零余额账户用款额度”“银行存款”等科目；预算会计，借记“事业支出”等科目，贷记“资金结存”科目。持卡人报销时，按照报销金额：财务会计，借记“业务活动费用”“单位管理费用”等科目，贷记本科目；预算会计，按照报销金额与已偿还差额，借记“事业支出”等，贷记“资金结存”科目。

（四）将预付账款账面余额转入其他应收款时

按账面余额金额借记本科目，贷记“预付账款”科目。预算会计不作账务处理。

（五）计提坏账准备时

高等学校应当于每年年末，对其他应收款进行全面检查，如发生不能收回的迹象，应当计提坏账准备。

1.对于账龄超过规定年限、确认无法收回的其他应收款，按照规定报经批准后予以核销。按照核销金额：财务会计，借记“坏账准备”科目，贷记本科目。预算会计不作账务处理。核销的其他应收款应当在备查簿中保留登记。

2.已核销的其他应收款在以后期间又收回的，按照实际收回金额：财务会计，借记本科目，贷记“坏账准备”科目；同时，借记“银行存款”等科目，贷记本科目。预算会计不作账务处理。

表3-13　　　　高等学校其他应收款主要账务处理

序号	业务		财务会计处理	预算会计处理	财务盈余与预算结余差异
1	发生暂付款项（包括已偿还未报销的公务卡款项）	暂付款项时（支出类）	借：其他应收款 贷：银行存款/库存现金/零余额账户用款额度等	借：事业支出等 贷：资金结存——货币资金等	当期确认为预算支出但没有确认为费用
		报销时	（1）当年冲销借款时 借：业务活动费用/单位管理费用等［实际报销金额］ 银行存款/零余额账户用款额度［实际报销金额小于暂付款］ 贷：其他应收款 银行存款/零余额账户用款额度［实际报销金额大于暂付款］ （2）跨年度冲销借款时 与当年冲销借款分录一致	（1）当年借款冲销 借：事业支出等［实际报销金额大于暂付款差额］ 贷：资金结存 借：资金结存 贷：事业支出等［实际报销金额小于暂付款差额］ （2）跨年度冲销借款时 借：财政拨款结转/非财政拨款结余——年初余额调整［实际报销金额大于暂付款差额］ 贷：资金结存 借：资金结存 贷：财政拨款结转/非财政拨款结余——年初余额调整［实际报销金额小于暂付款差额］	当期确认为费用但没有确认为预算支出
2	发生其他各种应收款项	确认其他应收款时	借：其他应收款 贷：上级补助收入/附属单位上缴收入/其他收入等	—	当期确认为收入但没有确认为预算收入
		收到其他应收款项时	借：银行存款/库存现金等 贷：其他应收款	借：资金结存——货币资金 贷：上级补助预算收入/附属单位上缴预算收入/其他收入等	当期确认为预算收入但没有确认为收入

续表

序号	业务		财务会计处理	预算会计处理	财务盈余与预算结余差异
3	拨付给内部有关部门的备用金	财务部门核定并发放备用金时	借：其他应收款 贷：库存现金	—	无
		根据报销用现金补足备用金定额时	借：业务活动费用/单位管理费用等 贷：库存现金	借：事业支出等 贷：资金结存——货币资金	无
4	逾期无法收回的其他应收款	经批准核销时	借：坏账准备 贷：其他应收款	—	无
		已核销的其他应收款在以后期间收回	借：其他应收款 贷：坏账准备 借：银行存款等 贷：其他应收款	借：资金结存——货币资金 贷：其他预算收入等	当期确认为收入但没有确认为预算收入

三、案例分析

【例3–28】H学校某部门于2×19年4月6日借款500 000元采购一批进口设备，该借款使用零余额账户支付。6月26日收到设备，用银行存款支付运输费2 000元，设备验收入库，并办理固定资产入账手续后报销，冲还借款。

1. 2×19年4月6日，借款时的账务处理如下：

财务会计：

借：其他应收款——支出类　　500 000

　　贷：零余额账户用款额度　　500 000

预算会计：

借：事业支出　　500 000

　　贷：资金结存——零余额账户用款额度　　500 000

2. 6月26日报销时的账务处理如下：

财务会计：

借：固定资产　　502 000

　　贷：其他应收款——支出类　　500 000

　　　　银行存款　　2 000

预算会计：

借：事业支出　　2 000

　　贷：资金结存——货币资金　　2 000

【例3–29】2×19年12月H大学对其他应收款全面审核后，确认一笔5 000元的其他应收款中有3 000元无法收回，报经批准后核销。

财务会计：

借：坏账准备　　3 000

　　贷：其他应收款　　3 000

若2×20年该笔应收款全额收回，账务处理如下：

财务会计：

借：银行存款　　5 000

　　贷：坏账准备　　3 000

　　　　其他应收款　　2 000

预算会计：

借：资金结存——货币资金　　5 000

　　贷：其他预算收入　　5 000

第十四节　坏账准备

一、科目介绍

坏账通常是指无法收回或收回的可能性极小的应收款项。坏账损失是由于实际发生坏账而产生的损失。高等学校如果发生不能收回应收款项的迹象，应按照谨慎性要求计提坏账准备。

高等学校坏账准备的计提基数并非应收账款和其他应收款的全部余额，而是收回后不需要上缴财政的部分，因此高等学校每年年末（计提时点）应当对应收账款和其他应收款的余额进行全面核查和分析，区分收回后不须上缴财政的应收账款和其他应收款和收回后须上缴财政的应收账款和其他应收款，对收回后不须上缴财政的应收账款和其他应收款分析其收回的可能性，对预计可能产生的坏账损失计提坏账准备、确认坏账损失。

二、坏账准备计提方法

高等学校可以采用应收款项余额百分比法、账龄分析法、个别认定法等方法计提坏账准备。坏账准备计提方法一经确定，不得随意变更。如须变更，应当按照规定报经批准，并在财务报表附注中加以说明。

（一）应收款项余额百分比法

应收款项余额百分比法是按照期末应收账款余额的一定百分比估计坏账损失的方

法。坏账百分比由高等学校根据以往的资料或经验确定。在余额百分比法下，高等学校每年年末根据本年末应收账款的余额和相应的坏账率估计出期末“坏账准备”账户应有的余额，它与调整前“坏账准备”账户已有的余额的差额就是当期应计提的坏账准备金额。

首次计提坏账准备的计算公式如下：

当期应计提的坏账准备＝期末应收款项余额 × 坏账准备计提百分比

以后各期计提坏账准备的计算公式如下：

当期应补提或冲减的坏账准备＝当期期末应收款项余额 × 坏账准备计提百分比－坏账准备科目贷方余额（或＋坏账准备科目借方余额）

（二）账龄分析法

账龄分析法是根据应收款项账龄的长短来估计坏账损失的方法。通常，应收款项的账龄越长，发生坏账的可能性越大。因此应将应收款项按账龄长短进行分组，分别确定不同的计提百分比用以估算坏账损失，使坏账损失的计算结果更符合客观情况。

首次计提坏账准备的计算公式如下：

当期应计提的坏账准备＝∑期末各账龄组应收款项余额 × 各账龄组坏账准备计提百分比

以后各期计提坏账准备的计算公式如下：

当期应补提或冲减的坏账准备＝∑当期期末各账龄组应收款项余额 × 各账龄组坏账准备计提百分比－坏账准备科目贷方余额（或＋坏账准备科目借方余额）

（三）个别认定法

个别认定法就是根据每一项应收账款的情况来估计坏账损失，进而确定本期期末应计提的坏账准备金额的方法。

采用个别认定法计提坏账准备的依据包括客户的信用状况、偿还能力等。计提坏账准备的比率不再是采用同一比例，而是根据不同的信用状况适用不同比率。只有调查清楚每个客户的信用状况、偿还能力等，再据此确定每个客户的计提比率和欠款数额才能核算坏账准备。个别认定法计提坏账准备的比率与坏账可能产生的概率更加接近，使计提的坏账准备数额与其后可能产生的坏账损失更为相符，从而避免了单位在总体上或结构上“多提”和“少提”坏账准备，抑制了“坏账准备”变成一个变相的、合法而不合理的调节工具，有助于坏账准备产生的相关费用与其费用产生的期间和收入配比。

三、账务处理

高等学校应设置“坏账准备”科目，用于核算高等学校对收回后不须上缴财政的应收账款和其他应收款提取的坏账准备，并应当分别按照应收账款和其他应收款进行明细核算。该科目期末贷方余额，反映高等学校提取的坏账准备金额。

“坏账准备”的主要账务处理如下（见表3–14）：

（1）提取坏账准备时：财务会计，借记“其他费用”科目，贷记“坏账准备”科目。冲减坏账准备时：财务会计，借记本科目，贷记“其他费用”科目。预算会计不作账务处理。

（2）对于账龄超过规定年限并确认无法收回的应收款项，按有关规定报经批准予以核销后，按照无法收回的金额：财务会计，借记本科目，贷记“应收账款”“其他应收款”科目。预算会计不作账务处理。

已核销的应收款项在备查簿中保留登记，做到账销案存。

已核销的应收账款在以后期间又收回的，按照实际收回金额：财务会计，借记“应收账款”“其他应收款”科目，贷记本科目；同时，借记“银行存款”等科目，贷记“应收账款”“其他应收款”等科目。预算会计，借记“资金结存——货币资金”科目，贷记“非财政拨款结余”“其他预算收入”等科目。

表3–14　　高等学校坏账准备主要账务处理

<table>
<tr><th>序号</th><th colspan="2">业务</th><th>财务会计处理</th><th>预算会计处理</th><th>财务盈余与预算结余差异</th></tr>
<tr><td rowspan="2">1</td><td rowspan="2">年末全面分析不须上缴财政的应收账款和其他应收款</td><td>计提坏账准备，确认坏账损失</td><td>借：其他费用
贷：坏账准备</td><td>—</td><td>当期确认为费用但没有确认为预算支出</td></tr>
<tr><td>冲减坏账准备</td><td>借：坏账准备
贷：其他费用</td><td>—</td><td>当期确认为费用但没有确认为预算支出</td></tr>
<tr><td rowspan="2">2</td><td rowspan="2">逾期无法收回的应收账款和其他应收款</td><td>报批后予以核销</td><td>借：坏账准备
贷：应收账款/其他应收款</td><td>—</td><td>无</td></tr>
<tr><td>已报销不须上缴财政的应收款项在以后期间收回</td><td>借：应收账款/其他应收款
贷：坏账准备
借：银行存款
贷：应收账款/其他应收款</td><td>借：资金结存——货币资金
贷：非财政拨款结余/其他预算收入等</td><td>当期确认为收入但没有确认为预算收入</td></tr>
</table>

四、案例分析

【例3–30】H大学2×19年年末不需要上缴财政的应收账款余额600 000元，该学校采用应收款项余额百分比法提取坏账准备，根据风险评估估计的提取比例即坏账率为0.3%。

应计提坏账准备=600 000×0.3%=1 800（元）

财务会计：

借：其他费用　　　　　　　　　　　　　　　　　　　　1 800

　　贷：坏账准备　　　　　　　　　　　　　　　　　　　1 800

预算会计不作账务处理。

【例3-31】接例3-30。H大学2×20发生坏账5 000元，年末不需要上缴财政的应收账款余额400 000元，根据风险评估估计的提取比例即坏账率为0.3%。

应计提坏账准备=400 000×0.3%-（1 800-5 000）=4 400（元）

财务会计：

借：其他费用　　　　　　　　　　　　　　　　　　　　4 400

　　贷：坏账准备　　　　　　　　　　　　　　　　　　　4 400

预算会计不作账务处理。

第十五节　在途物品

一、科目介绍

在途物品是指高等学校采购材料等物资时货款已付或已开出商业汇票但尚未验收入库的在途物品的采购成本。

二、账务处理

高等学校应设置“在途物品”科目核算在途物品的增减变动及其结存情况，并可按供应单位和物品种类进行明细核算。该科目期末借方余额，反映高等学校在途物资的采购成本。

“在途物品”的主要账务处理如下（见表3-15）：

（1）高等学校购入材料等物品：财务会计，按照确定的物品采购成本的金额，借记本科目，按照实际支付的金额，贷记“财政拨款收入”“零余额账户用款额度”“银行存款”等科目；预算会计，按照确定的物品采购成本的金额，借记“事业支出”“经营支出”等科目，按照实际支付的金额，贷记“财政拨款预算收入”“资金结存”等科目。

（2）所购材料等物品到达验收入库：财务会计，按照确定的库存物品成本金额，借记“库存物品”科目，按照物品采购成本金额，贷记本科目，按照使得入库物品达到目前场所和状态所发生的其他支出，贷记“银行存款”等科目；预算会计，按照使得入库物品达到目前场所和状态所发生的其他支出，借记“事业支出”“经营支出”等科目，按照实际支付的金额，贷记“财政拨款预算收入”“资金结存”等科目。

表3-15　　高等学校在途物品主要账务处理

序号	业务	财务会计处理	预算会计处理	财务盈余与预算结余差异
1	购入材料等物资，结算凭证已到货未到，款已付或已开出商业汇票	借：在途物品 贷：财政拨款收入/零余额账户用款额度/银行存款/应付票据等	借：事业支出/经营支出等 贷：财政拨款预算收入/资金结存	当期确认为预算支出但没有确认为费用
2	所购材料等物资到达验收入库	借：库存物品 贷：在途物品	—	无

三、案例分析

【例3-32】H大学2×19年1月1日购入一批实验耗材，零余额账户支付价款30 000元，结算凭证已收到，货仍在运输途中。

财务会计：

借：在途物品　　30 000

　　贷：零余额账户用款额度　　30 000

预算会计：

借：事业支出　　30 000

　　贷：资金结存——零余额账户用款额度　　30 000

【例3-33】接例3-32。2×19年1月30日，该学校所购实验耗材到货，验收入库，产生运输费用200元，银行存款支付。

财务会计：

借：库存物品　　30 200

　　贷：在途物品　　30 000

　　　　银行存款　　200

预算会计：

借：事业支出　　200

　　贷：资金结存——货币资金　　200

第十六节　库存物品

一、科目介绍

库存物品是指高等学校在开展业务活动及其他活动中为耗用或出售而储存的各种材料、产品、包装物、低值易耗品以及达不到固定资产标准的用具、装具、动植物等的成本。已完成的测绘、地质勘察、设计成果等的成本，也通过该科目核算。高校受托存储保管的物资和受托转赠的物资，应当通过“受托代理资产”科目核算，不通过本科目核算。高校为在建工程购买和使用的材料物资，应当通过“工程物资”科目核算，不通过本科目核算。

二、库存物品成本内容与计价方法

（一）不计入物品（存货）成本的情况

下列情况在发生时应直接确认为当期费用，而不计入物品（存货）成本：

（1）非正常消耗的直接材料、直接人工和间接费用；

（2）仓储费用（不包括在加工过程中为达到下一个加工阶段所必需的费用）；

（3）不能归属于使物品（存货）达到目前场所和状态所发生的其他支出；

（4）单位随买随用的零星办公用品，可在购进时直接列作费用。

（二）发出库存物品的计价方法

在采用实际成本对物品计价时，由于期初的单位成本和本期内不同批次购入或生产出来的物品单位成本不一致，因此，在确定发出（减少）物品的价值和期末物品的价值时，必须选择一定的物品计价方法以解决发出（减少）物品和期末物品的计价问题。

物品在发出时，应当根据实际情况采用先进先出法、加权平均法、个别计价法等方法确定发出物品的实际成本。该计价方法一经确定，不得随意变更。

1.先进先出法

先进先出法是以先购入的物品先发出（销售或耗用）的实物流动假设为前提，对发出物品进行计价。采用这种方法，先购入的物品的成本在后购入的物品的成本之前转出，据此确定发出物品和期末物品的成本。

先进先出法的优点是期末库存物品的成本接近市场价，缺点是一次发出物品涉及不同批次、不同单价的，需要按两个以上不同的单价计算物品的发出成本，计价比较复杂。采用这种计价方法，可以在发出物品时就进行计价，并及时登记发出物品的金额，这有利于均衡核算工作。但在收发业务频繁，特别是发出物品属于两批甚至几批时，要用两个甚至几个单价计价，核算工作比较烦琐。在物价持续上涨的情况下，采用该种方法会使发出物品的价值偏低，而结存的价值比较接近实际；在物价下跌的情况下，结果则相反。

2.加权平均法

加权平均法是以当月全部进货数量加上月初物品数量作为权数去除当月全部进货物

品成本加上月初物品成本，计算出物品的加权平均单位成本，以此为基础计算当月发出物品成本和期末物品成本的一种方法。其计算公式如下：

发出物品加权平均单价=（期初结存物品成本金额+本期购进物品成本金额）÷（期初结存物品数量+本期购进物品数量）

采用这种计价方法，由于每期发出物品的加权平均单价在期末一次计算，因此可以大大简化平时的核算工作，但月内发出物品和结存物品的单价及金额均不能及时计算、登记，只能在月末才计算、登记一次全月发出物品的单价和金额以及月末结存物品的单价和金额，平时账面不能及时反映物品的发出金额和结存金额，不利于物品的日常管理，也影响到物品核算工作的均衡性和及时性。采用加权平均法计算物品价值时，发出物品成本较为均衡，但与现价有一定差距。当市价上涨时，加权平均成本会小于现行市价；当市价下跌时，加权平均成本会大于现行市价。

3.个别计价法

个别计价法又称个别认定法、具体辨认法、分批实际法，其特征是注重所发出物品具体项目的实物流转与成本流转之间的联系，逐一辨认各批发出物品和期末物品所属的购进批别或生产批别，分别按其购入或生产时所确定的单位成本计算各批发出物品和期末物品的成本，即把每一种物品的实际成本作为计算发出物品成本和期末物品成本的基础。对于不能替代使用的物品、为特定项目专门购入或制造的物品，通常采用个别计价法确定发出物品的成本。在采用计算机信息系统进行会计处理的情况下，个别计价法可以广泛应用于发出物品的计价，并且以个别计价法确定的物品成本最为准确。

采用个别计价法，应按物品购进批次设置物品明细账，物资管理部门应在发货单上注明批次，并应按物品购进批次分别堆放，标明单价，以便计价。

每批物品发出成本=该批物品发出数量×该批物品实际进货单价

4.一次转销法或者五五摊销法

对于低值易耗品和包装物，应当采用一次转销法或五五摊销法进行摊销，将其成本计入当期费用或者相关资产成本。

一次转销法就是在领用低值易耗品、包装物时一次摊销其全部价值；五五摊销法则是在领用低值易耗品、包装物时摊销其一半价值计入有关成本费用，在使用完时将账面余额转销计入有关成本费用。

三、库存物品清查盘点制度

为保证账实相符，高等学校应当定期对库存物品进行清查盘点，每年至少盘点一次。对于发生的库存物品盘盈、盘亏或者报废、毁损，应当先计入“待处理财产损溢”

科目，按照规定报经批准后及时进行后续账务处理。

四、账务处理

高等学校应设置“库存物品”科目核算学校库存物品的增减变动及其结存情况。该科目应当按照库存物品的种类、规格、保管地点等进行明细核算。高校储存的低值易耗品、包装物较多的，可以按照“在库”“在用”和“摊销”等进行明细核算。该科目期末借方余额，反映高等学校库存物品的实际成本。

“库存物品”的主要账务处理有如下六种情形（见表3–16）。

（一）外购物品的核算

1.购入物品。购入物品的实际成本包括购买价款、相关税费、运输费、装卸费、保险费以及使物品达到目前场所和状态所发生的其他支出。

购入物品验收入库时，按照确定的成本：财务会计，借记“库存物品”科目，贷记“财政拨款收入”“零余额账户用款额度”“银行存款”“应付账款”等科目；预算会计，按照实际支付的价款，借记“事业支出”“经营支出”等科目，贷记“财政拨款预算收入”“资金结存”等科目。

2.发出物品。高校开展业务活动等领用或发出物品时，按领用或发出物品的实际成本：财务会计，借记“业务活动费用”“单位管理费用”“经营费用”等科目，贷记“库存物品”科目。预算会计不作账务处理。

（二）自制物品的核算

自制的库存物品加工完成并验收入库，按照确定的成本：财务会计，借记“库存物品”科目，贷记“加工物品——自制物品”科目。预算会计不作账务处理。

委托外单位加工的物品，加工完成验收入库时，应按照确定的成本：借记“库存物品”科目，贷记“加工物品——委托加工物品”科目。预算会计不作账务处理。

（三）捐赠物品的核算

1.接受捐赠物品。接受捐赠的物品，其成本应当依次按照历史成本、评估价值、市场价格、名义金额四个层次判断确定。首先，按照有关凭据注明的金额加上相关税费、运输费等确定；其次，没有相关凭据可供取得，但按规定进行资产评估，其成本按照评估价值加上相关税费、运输费等确定；再次，没有相关凭据可供取得，也未经资产评估的，其成本比照同类或类似资产的市场价格加上相关税费、运输费等确定；最后，没有相关凭据且未经资产评估、同类或类似资产的市场价格也无法可靠取得的，按照名义金额（即人民币1元）入账，相关税费、运输费等计入当期费用。

接受捐赠的库存物品验收入库时，按照确定的成本：财务会计，借记“库存物品”科目，按照发生的相关税费、运输费等，贷记“银行存款”等科目，按照其差额，贷记“捐赠收入”科目；预算会计，按照支付的相关税费、运输费等金额，借记“其他支出”科目，贷记“资金结存——货币资金”等科目。

接受捐赠的库存物品按照名义金额入账的，按照名义金额：借记“库存物品”科目，贷记“捐赠收入”科目，按照发生的相关税费、运输费等费用，借记“其他费用”科目，贷记“银行存款”“零余额账户用款额度”等科目；按照支付的相关税费、运输费等金额，借记“其他支出”科目，贷记“资金结存——货币资金”等科目。

2. 对外捐赠物品。经批准对外捐赠的库存物品发出时：财务会计，按照库存物品的账面余额和对外捐赠过程中发生的归属于捐出方的相关费用合计数，借记“资产处置费用”科目，按照库存物品账面余额，贷记“库存物品”科目，按照对外捐赠过程中发生的归属于捐出方的相关费用，贷记“银行存款”等科目；预算会计，按照对外捐赠过程中发生的归属于捐出方的相关费用，借记“其他支出”科目，贷记“资金结存”等科目。

（四）无偿调拨物品的核算

1. 无偿调入物品。无偿调入的库存物品验收入库，其成本按照调出方账面价值加上相关税费、运输费确定。按照确定的成本：财务会计，借记“库存物品”科目，按照发生的相关税费、运输费等，贷记“银行存款”等科目，按照其差额，贷记“无偿调拨净资产”科目；预算会计，按照支付的相关税费、运输费等，借记“其他支出”科目，贷记“资金结存”科目。

2. 无偿调出物品。经批准无偿调出的库存物品发出时：财务会计，按照库存物品的账面余额，借记“无偿调拨净资产”科目，贷记“库存物品”科目，同时，按照无偿调出过程中发生的归属于调出方的相关费用，借记“资产处置费用”科目，贷记“银行存款”等科目；预算会计，按照无偿调出过程中发生的归属于调出方的相关费用，借记“其他支出”科目，贷记“资金结存”科目。

（五）置换物品的核算

1. 置换换入物品。通过置换取得的物品，其成本按照换出资产的评估价值加上支付的补价或减去收到的补价，加上换入物品发生的其他相关支出确定。

（1）不涉及补价。财务会计，置换换入的库存物品验收入库，按照确定的成本，借记本科目，按照换出资产的账面余额，贷记相关资产科目（换出资产为固定资产、无形资产的，还应当借记“固定资产累计折旧”“无形资产累计摊销”），按照置换过程中发生的其他相关支出，贷记“银行存款”等科目，按照借贷方差额，借记“资产处置费用”科目或贷记“其他收入”科目。预算会计，按照置换过程中实际支付金额，借记

“其他支出”科目，贷记“资金结存”科目。

（2）支付补价。财务会计，按照确定的成本，借记本科目，按照换出资产的账面余额，贷记相关资产科目（换出资产为固定资产、无形资产的，还应当借记“固定资产累计折旧”“无形资产累计摊销”科目），按照支付的补价和置换过程中发生的其他相关支出，贷记“银行存款”等科目，按照借贷方差额，借记“资产处置费用”科目或贷记“其他收入”科目。预算会计，按照支付的补价和置换过程中发生的其他相关支出，借记“其他支出”科目，贷记“资金结存”科目。

（3）收到补价。财务会计，按照确定的成本，借记本科目，按照收到的补价，借记“银行存款”等科目，按照换出资产的账面余额，贷记相关资产科目（换出资产为固定资产、无形资产的，还应当借记“固定资产累计折旧”“无形资产累计摊销”科目），按照置换过程中发生的其他相关支出，贷记“银行存款”等科目，按照补价扣减其他相关支出后的净收入，贷记“应缴财政款”科目，按照借贷方差额，借记“资产处置费用”科目或贷记“其他收入”科目。预算会计，按照其他相关支出大于收到的补价的差额，借记“其他支出”科目，贷记“资金结存”科目。

2. 置换换出物品。参考置换换入库存物品的处理。

（六）发出物品的核算

高校开展业务活动等领用、按照规定自主出售发出或加工发出库存物品，按照领用、出售等发出物品的实际成本，借记“业务活动费用”“单位管理费用”“经营费用”“加工物品”等科目，贷记“库存物品”科目。预算会计不作账务处理。

经批准对外销售的库存物品（不含可自主出售的库存物品）发出时，按照库存物品的账面余额，借记“资产处置费用”科目，贷记“库存物品”科目；同时，按照收到的价款，借记“银行存款”等科目，按照处置过程中发生的相关费用，贷记“银行存款”等科目，按照其差额，贷记“应缴财政款”科目。预算会计不作账务处理。

（七）库存物品清查盘点的核算

对于发生的库存物品盘盈、盘亏或者报废、毁损，应当先计入“待处理财产损溢”科目，按照规定报经批准后及时进行后续账务处理。

1. 盘盈的库存物品。盘盈库存物品的成本按照有关凭据注明的金额确定；没有相关凭据、但按照规定经过资产评估的，其成本按照评估价值确定；没有相关凭据、也未经过评估的，其成本按照重置成本确定；如无法采用上述方法确定盘盈的库存物品成本的，按照名义金额入账。

盘盈的库存物品，按照确定的入账成本，借记“库存物品”科目，贷记“待处理财产损溢”科目。

2.盘亏或者毁损、报废的库存物品。盘亏或毁损、报废库存物品按照待处理库存物品的账面余额，借记“待处理财产损溢”科目，贷记“库存物品”科目。

属于增值税一般纳税人的高校，若因非正常原因导致的库存物品盘亏或毁损，还应当将与该库存物品相关的增值税进项税额转出，按照其增值税进项税额，借记“待处理财产损溢”科目，贷记“应交增值税——应交税金（进项税额转出）”科目。

表3–16　　高等学校库存物品主要账务处理

序号	业务		财务会计处理	预算会计处理	财务盈余与预算结余差异
1	取得库存商品	外购的库存物品验收入库	借：库存物品 贷：财政拨款收入/财政应返还额度/零余额账户用款额度/银行存款/应付账款等	借：事业支出/经营支出等 贷：财政拨款预算收入/资金结存	当期确认为预算支出但没有确认为费用
		自制的库存物品加工完成、验收入库	借：库存物品——相关明细科目 贷：加工物品——自制物品	—	无
		委托外单位加工收回的库存物品	借：库存物品——相关明细科目 贷：加工物品——委托加工物品	—	无
		置换换入的库存物品	借：库存物品［换出资产评估价值+其他相关支出］ 固定资产累计折旧/无形资产累计摊销 资产处置费用［借差］ 贷：库存物品/固定资产/无形资产等［账面余额］银行存款等［其他相关支出］ 其他收入［贷差］	借：其他支出［实际支付的其他相关支出］ 贷：资金结存	当期确认为预算支出但没有确认为费用
		涉及补价且支付补价的	借：库存物品［换出资产评估价值+其他相关支出+补价］ 固定资产累计折旧/无形资产累计摊销 资产处置费用［借差］ 贷：库存物品/固定资产/无形资产等［账面余额］银行存款等［其他相关支出+补价］ 其他收入［贷差］	借：其他支出［实际支付的补价和其他相关支出］ 贷：资金结存	当期确认为预算支出但没有确认为费用
		涉及补价且收到补价的	借：库存物品［换出资产评估价值+其他相关支出-补价］银行存款等［补价］ 固定资产累计折旧/无形资产累计摊销 资产处置费用［借差］ 贷：库存物品/固定资产/无形资产等［账面余额］银行存款等［其他相关支出］ 应缴财政款［补价-其他相关支出］ 其他收入［贷差］	借：其他支出［其他相关支出大于收到的补价的差额］ 贷：资金结存	当期确认为预算支出但没有确认为费用

续表

<table>
<tr><th>序号</th><th colspan="2">业务</th><th>财务会计处理</th><th>预算会计处理</th><th>财务盈余与预算结余差异</th></tr>
<tr><td rowspan="5">1</td><td rowspan="5">取得库存商品</td><td>接受捐赠的库存物品</td><td>借：库存物品［按照确定的成本］
贷：银行存款等［相关税费］捐赠收入</td><td>借：其他支出［实际支付的相关税费］
贷：资金结存</td><td>当期确认为预算支出但没有确认为费用</td></tr>
<tr><td>无偿调入的库存物品</td><td>借：库存物品［按照确定的成本］
贷：银行存款等［相关税费］无偿调拨净资产</td><td>借：其他支出［实际支付的相关税费］
贷：资金结存</td><td>当期确认为预算支出但没有确认为费用</td></tr>
<tr><td rowspan="2">按照名义金额入账的接受捐赠、无偿调入的库存商品及发生的相关税费、运输费等</td><td>借：库存物品［名义金额］
贷：捐赠收入［接受捐赠］/无偿调拨净资产［无偿调入］</td><td>—</td><td rowspan="2">当期确认为收入但没有确认为预算收入</td></tr>
<tr><td>借：其他费用
贷：银行存款等</td><td>借：其他支出
贷：资金结存</td></tr>
<tr></tr>
<tr><td rowspan="5">2</td><td rowspan="5">发出库存商品</td><td>开展业务活动、按照规定自主出售或加工物品等领用、发出库存物品时</td><td>借：业务活动费用/单位管理费用/经营费用/加工物品等
贷：库存物品［按照领用、发出成本］</td><td>—</td><td>当期确认为费用但没有确认为预算支出</td></tr>
<tr><td>经批准对外捐赠的库存物品发出时</td><td>借：资产处置费用
贷：库存物品［账面余额］银行存款［归属于捐出方的相关费用］</td><td>借：其他支出［实际支付的相关费用］
贷：资金结存</td><td>当期确认为费用但没有确认为预算支出</td></tr>
<tr><td>经批准无偿调出的库存物品发出时</td><td>借：无偿调拨净资产
贷：库存物品［账面余额］
借：资产处置费用
贷：银行存款等［归属于调出方的相关费用］</td><td>借：其他支出［实际支付的相关费用］
贷：资金结存</td><td>无</td></tr>
<tr><td>经批准对外出售［自主出售除外］的库存物品发出时</td><td>借：资产处置费用
贷：库存物品［账面余额］
借：银行存款等［收到的价款］
贷：银行存款等［发生的相关税费］应缴财政款</td><td>—</td><td>当期确认为费用但没有确认为预算支出</td></tr>
<tr><td>经批准置换出库存物品时</td><td colspan="2">参考置换换入库存物品的处理</td><td></td></tr>
<tr><td rowspan="3">3</td><td rowspan="3">库存物品定期盘点及毁损、报废</td><td>盘盈的库存物品</td><td>借：库存物品
贷：待处理财产损溢</td><td>—</td><td>无</td></tr>
<tr><td>盘亏或者毁损、报废的库存物品转入待处理财产损溢</td><td>借：待处理财产损溢
贷：库存物品［账面余额］</td><td>—</td><td>无</td></tr>
<tr><td>增值税一般纳税人购进的非自用材料发生盘亏或者毁损、报废的</td><td>借：待处理财产损溢
贷：应交增值税——应交税金（进项税额转出）</td><td>—</td><td>无</td></tr>
</table>

五、案例分析

【例3-34】H大学2×19年8月13日购入实验室所需实验材料80 000元，当日收到材料并验收合格入库，价款使用财政授权支付方式支付。

财务会计：

借：库存物品　　80 000

　　贷：零余额账户用款额度　　80 000

预算会计：

借：事业支出　　80 000

　　贷：资金结存——零余额账户用款额度　　80 000

【例3-35】2×19年11月11日H大学向其附属中学无偿调出库存物品一批，发票上注明价值共计100 000元，并用银行存款支付相关运费等费用2 000元。

财务会计：

借：无偿调拨净资产　　100 000

　　贷：库存物品　　100 000

借：资产处置费用　　2 000

　　贷：银行存款　　2 000

预算会计：

借：其他支出　　2 000

　　贷：资金结存——货币资金　　2 000

【例3-36】2×19年12月1日H大学经批准将一批教学材料出售（非自主出售），教学材料成本50 000元，售价60 000元。

借：资产处置费用　　50 000

　　贷：库存物品　　50 000

借：银行存款　　60 000

　　贷：应缴财政款　　60 000

预算会计不作账务处理。

第十七节　加工物品

一、科目介绍

加工物品是指高等学校自制或委托外单位加工的各种物品的实际成本（包括未完成的测绘、地质勘察、设计成果的实际成本）。

二、账务处理

高等学校应设置“加工物品”核算学校加工物品的增减变动及其结存情况，该科目应当设置“自制物品”“委托加工物品”两个一级明细科目，并按照物品类别、品种、项目等设置明细账，进行明细核算。

自行加工物品的实际成本包括耗用的直接材料费用、发生的直接人工费用和按照一定方法分配的与物品加工有关的间接费用。在“加工物品”科目的“自制物品”一级明细科目下应当设置“直接材料”“直接人工”“其他直接费用”等二级明细科目归集自制物品发生的直接材料、直接人工（专门从事物品制造的人员人工费）等直接费用；在“自制物品”一级明细科目下单独设置“间接费用”二级明细科目予以归集自制物品发生的间接费用，期末，再按照一定的分配标准和方法，分配计入有关物品的成本。

间接费用一般按照生产人员工资、生产人员工时、机器工时、耗用材料的数量或成本、直接费用（直接材料和直接人工）或产品产量等进行分配。高校可根据具体情况自行选择间接费用的分配方法。分配方法一经确定，不得随意变更。

“加工物品”的主要账务处理有如下两种情况（见表3–17）。

（一）自制物品

1.为自制物品领用材料等时，按照材料成本：财务会计，借记本科目（自制物品——直接材料），贷记“库存物品”科目；预算会计不作账务处理。

2.对专门从事物品制造的人员发生的直接人工费用，按照实际发生的金额：财务会计，借记本科目（自制物品——直接人工），贷记“应付职工薪酬”科目；预算会计不作账务处理。

3.为自制物品发生其他直接费用时，按照实际发生的金额：财务会计，借记本科目（自制物品——其他直接费用），贷记“零余额账户用款额度”“银行存款”等科目；预算会计，借记“事业支出”“经营支出”等科目，贷记“财政拨款预算收入”“资金结存”等科目。

4.为自制物品发生间接费用时，按照实际发生的金额：财务会计，借记本科目（自制物品——间接费用），贷记“零余额账户用款额度”“银行存款”“应付职工薪酬”“固定资产累计折旧”“无形资产累计摊销”等科目；预算会计，借记“事业支出”“经营支出”等科目，贷记“财政拨款预算收入”“资金结存”等科目。

5.已经制造完成并验收入库的物品，按照所发生的实际成本（包括耗用的直接材料费用、直接人工费用、其他直接费用和分配的间接费用）：财务会计，借记“库存物品”科目，贷记本科目（自制物品）。预算会计不作账务处理。

（二）委托加工物品

1.发给外单位加工的材料等时，按照其实际成本：财务会计，借记本科目（委托加工物品），贷记“库存物品”科目；预算会计不作账务处理。

2.支付加工费、运输费等费用时，按照实际支付的金额：财务会计，借记本科目（委托加工物品），贷记“零余额账户用款额度”“银行存款”等科目；预算会计，借记“事业支出”“经营支出”等科目，贷记“财政拨款预算收入”“资金结存”等科目。

3.委托加工完成的材料等验收入库时，按照加工前发出材料的成本和加工、运输成本等：财务会计，借记“库存物品”等科目，贷记本科目（委托加工物品）。预算会计不作账务处理。

表3–17　　高等学校加工物品主要账务处理

序号	业务		财务会计处理	预算会计处理	财务盈余与预算结余差异
1	自制物品	为自制物品领用材料时	借：加工物品——自制物品（直接材料） 贷：库存物品（相关明细科目）	—	无
		专门从事物资制造的人员发生的直接人工费用	借：加工物品——自制物品（直接人工） 贷：应付职工薪酬	—	无
		为自制物品发生其他直接费用和间接费用	借：加工物品——自制物品（其他直接费用、间接费用） 贷：财政拨款收入/零余额账户用款额度/银行存款等	借：事业支出/经营支出等［实际支付金额］ 贷：财政拨款预算收入/资金结存	当期确认为预算支出但没有确认为费用
		自制加工完成、验收入库	借：库存物品（相关明细科目） 贷：加工物品——自制物品（直接材料、直接人工、其他直接费用、间接费用）	—	无
2	委托加工物品	发给外单位加工的材料	借：加工物品——委托加工物品 贷：库存物品（相关明细科目）	—	无
		支付加工费用	借：加工物品——委托加工物品 贷：财政拨款收入/零余额账户用款额度/银行存款等	借：事业支出/经营支出等 贷：财政拨款预算收入/资金结存	当期确认为预算支出但没有确认为费用
		委托加工完成的物品验收入库	借：库存物品（相关明细科目） 贷：加工物品——委托加工物品	—	无

三、案例分析

【例3–37】2×19年6月1日，H大学自行加工材料一批，领用甲材料200 000元。7月1日，归集直接人工费用共计100 000元，为自制物品发生其他费用50 000元。7月10日，材料加工完毕为乙材料，并验收入库。

1.2×19年6月1日，领用材料时的账务处理如下：

财务会计：

借：加工物品——自制物品——直接材料　　　　200 000

贷：库存物品——甲材料 200 000

预算会计不作账务处理。

2. 2×19年7月1日，归集直接人工费用、其他费用时的账务处理如下：

财务会计：

借：加工物品——自制物品——直接人工 100 000

贷：应付职工薪酬 100 000

借：加工物品——自制物品——其他直接费用 50 000

贷：银行存款 50 000

预算会计：

借：事业支出 50 000

贷：资金结存——货币资金 50 000

3. 2×19年7月10日，材料加工完毕验收入库时的账务处理如下：

财务会计：

借：库存物品——乙材料 350 000

贷：加工物品——自制物品——直接材料 200 000

——直接人工 100 000

——其他直接费用 50 000

预算会计不作账务处理。

【例3-38】2×19年1月5日，H大学委托A公司加工材料一批，发出甲材料300 000元。1月9日，用零余额账户支付加工费用和相关运费共计100 000元。5月10日，材料加工完毕为乙材料，并验收入库。

1. 2×19年1月5日，发出材料时的账务处理如下：

财务会计：

借：加工物品——委托加工物品 300 000

贷：库存物品——甲材料 300 000

预算会计不作账务处理。

2. 1月9日，支付加工费用和相关运费时的账务处理如下：

财务会计：

借：加工物品——委托加工物品 100 000

贷：零余额账户用款额度 100 000

预算会计：

借：事业支出 100 000

贷：资金结存——零余额账户用款额度 100 000

3. 5月10日，材料加工完毕验收入库时的账务处理如下：

借：库存物品——乙材料　400 000

　贷：加工物品——委托加工物品　400 000

第十八节　待摊费用

一、科目介绍

待摊费用，是指高等学校已经支付，但应当由本期和以后各期分别负担、分摊期在1年以内（含1年）的各项费用。如预付租金、预付航空保险费、预付供暖费、预付后勤托管费等。待摊费用应当在其受益期限内分期平均摊销，如预付后勤托管费应在托管期间内、预付租金应在租赁期内分期平均摊销，计入当期费用。这些费用的特点是，虽已在某月支付或发生，但受益期是以后的几个月甚至全年，按照权责发生制，财务会计为正确计算各个会计期间的业务成果，必须严格划分费用的归属期，分月摊入各月成本费用。

摊销期限在1年以上的租入固定资产改良支出和其他费用，应当通过“长期待摊费用”科目核算，不通过本科目核算。

高等学校实务中，有些费用受益期限虽然超过一个月，如果费用金额较小，依据重要性会计原则，为简化核算工作，也可以不作为待摊费用处理，而直接计入当期费用。

二、账务处理

高等学校应设置“待摊费用”科目核算学校待摊费用的增减变动及其结存情况，并应当按照待摊费用种类进行明细核算。本科目期末借方余额，反映单位各种已支付但尚未摊销的分摊期在1年以内（含1年）的费用。

“待摊费用”的主要账务处理如下（见表3-18）：

（1）发生待摊费用时，按照实际预付的金额：财务会计，借记本科目，贷记“财政拨款收入”“零余额账户用款额度”“银行存款”等科目；预算会计，借记“事业支出”科目，贷记“财政拨款预算收入”“资金结存”等科目。

（2）按照受益期限分期平均摊销时，按照摊销金额：财务会计，借记“业务活动费用”“单位管理费用”“经营费用”等科目，贷记本科目。预算会计不作账务处理。

（3）如果某项待摊费用已经不能使单位受益，应当将其摊余金额一次全部转入当期费用。按照摊销金额：财务会计，借记“业务活动费用”“单位管理费用”“经营费用”等科目，贷记本科目。预算会计不作账务处理。

表3-18　　高等学校待摊费用主要账务处理

序号	业务	财务会计处理	预算会计处理	财务盈余与预算结余差异
1	发生待摊费用时	借：待摊费用 贷：财政拨款收入/零余额账户用款额度/银行存款等	借：事业支出/经营支出等 贷：财政拨款预算收入/资金结存	当期确认为预算支出但没有确认为费用
2	按照受益期限分期平均摊销时	借：业务活动费用/单位管理费用/经营费用等 贷：待摊费用［每期摊销金额］	—	当期确认为费用但没有确认为预算支出
3	将摊余金额一次全部转入当期费用时	借：业务活动费用/单位管理费用/经营费用等 贷：待摊费用［全部未摊销金额］	—	当期确认为费用但没有确认为预算支出

三、案例分析

【例3-39】2×19年7月1日，H大学用零余额账户支付学校后勤集团2×19年7月至2×20年6月物业托管费1 200 000元。

1. 2×19年7月1日，支付时的账务处理如下：

财务会计：

借：待摊费用　　1 200 000

　　贷：零余额账户用款额度　　1 200 000

预算会计：

借：事业支出　　1 200 000

　　贷：资金结存——零余额账户用款额度　　1 200 000

2. 2×19年7月1日至2×20年6月，每月摊销时的账务处理如下：

每月摊销金额=1 200 000÷12=100 000（元）

财务会计：

借：单位管理费用　　100 000

　　贷：待摊费用　　100 000

预算会计不作账务处理。

第十九节　长期股权投资

一、科目介绍

高等学校的对外投资是指高等学校依法利用货币资金、实物资产、无形资产等方式向其他单位的投资。

按照《高等学校财务制度》要求，“高等学校应当严格控制对外投资。在保证学校正常运转和事业发展的前提下，按照国家有关规定可以对外投资的，应当履行有关审批程序”，“高等学校不得使用财政拨款及其结余进行对外投资，不得从事股票、期货、基金、企业债券等投资。国家另有规定的除外”，“高等学校以实物、无形资产等非货币性资产对外投资的，应当按照国家有关规定进行资产评估，合理确定资产价值”。

高等学校对外投资按照投资期限的长短可以分为短期投资和长期投资。短期投资是指高等学校取得的持有时间不超过1年（含1年）的投资。长期投资是指高等学校取得的持有时间超过1年（不含1年）的投资。长期投资分为长期债券投资和长期股权投资。

长期股权投资分直接投资、间接投资两种方式。直接投资是指将现金或资产直接投入被投资单位；间接投资是指投资者通过在证券市场购买被投资单位的股票而进行的投资。高等学校的长期股权投资一般是指直接投资。

二、账务处理

高等学校应设置“长期股权投资”科目核算学校长期股权投资的增减变动及其结存情况，并应当按照被投资单位和长期股权投资取得方式等进行明细核算。该科目的期末借方余额，反映单位持有的长期股权投资的价值。

“长期股权投资”的主要账务处理如下（见表3-19）。

（一）取得长期股权投资的核算

长期股权投资取得时，应当以其实际成本作为初始投资成本。

1.以现金取得的长期股权投资。以实际支付的价款（包括购买价款以及税金、手续费等相关税费但不包括已宣告但尚未发放的现金股利）作为投资成本：财务会计，借记本科目或本科目（成本），按支付的价款中包含的已宣告但尚未发放的现金股利，借记“应收股利”科目，按实际支付的全部价款，贷记“银行存款”等科目。预算会计，借记“投资支出”科目，贷记“资金结存——货币资金”科目。

2.以现金以外的其他资产置换取得的长期股权投资。参照“库存物品”科目中置换取得库存物品的相关规定进行账务处理。

3.以未入账的无形资产取得的长期股权投资。财务会计，以评估价值加相关税费作为投资成本，借记本科目，按照发生的相关税费，贷记“银行存款”“其他应交税费”等科目，按其差额，贷记“其他收入”科目。预算会计，按照发生的相关税费，借记“其他支出”科目，贷记“资金结存——货币资金”科目。

4.接受捐赠的长期股权投资。财务会计，其成本应当依次按照历史成本、评估价值、市场价格三个层次判断确定后，借记“长期股权投资”科目，按照发生的相关税费，贷记“银行存款”科目，按照其差额，贷记“捐赠收入”科目。预算会计，按照发生的相关税费，借记“其他支出”科目，贷记“资金结存——货币资金”科目。

5.无偿调入的长期股权投资。财务会计，按照调出方账面价值加上相关税费，借记“长期股权投资”科目，按照发生的相关税费，贷记“银行存款”科目，按照其差额，贷记“无偿调拨净资产”科目。预算会计，按照发生的相关税费，借记“其他支出”科目，贷记“资金结存——货币资金”科目。

（二）长期股权投资持有期间的核算

按照《政府会计准则第2号——投资》的规定，“长期股权投资在持有期间，通常应当采用权益法进行核算。政府会计主体无权决定被投资单位的财务和经营政策或无权参与被投资单位的财务和经营政策决策的，应当采用成本法进行核算”。

1.成本法核算方法

成本法，是指投资按照投资成本计量的方法。在成本法下，长期股权投资的账面余额通常保持不变，但追加或收回投资时，应当相应调整其账面余额。

长期股权投资持有期间被投资单位宣告分派的现金股利或利润，高等学校应当按照宣告分派的现金股利或利润中高等学校应享有的份额确认投资收益。

被投资单位宣告发放现金股利或利润时，财务会计，按照应收的金额，借记“应收股利”科目，贷记“投资收益”科目。预算会计不作账务处理。

收到现金股利或利润时，按照实际收到的金额：财务会计，借记“银行存款”等科目，贷记“应收股利”科目；预算会计，借记“资金结存——货币资金”，贷记“投资预算收益”。

2.权益法核算方法

权益法，是指投资最初以投资成本计量，以后根据高等学校在被投资单位所享有的所有者权益份额的变动对投资的账面余额进行调整的方法。

长期股权投资采用权益法核算的，还应设置“成本”“损益调整”“其他权益变动”明细科目进行核算。

采用权益法的，按照两个原则进行会计处理：

（1）取得长期股权投资后，对于被投资单位所有者权益的变动，应当按照下列规定处理：

①按照应享有或应分担的被投资单位实现净损益的份额确认为投资损益，同时调整长期股权投资的账面余额，借记“长期股权投资（损益调整）”科目，贷记“投资收益”科目。预算会计不作账务处理。

②按照被投资单位宣告分派的现金股利或利润计算应享有的份额，确认为应收股利，同时减少长期股权投资的账面余额，借记“应收股利”科目，贷记“长期股权投资”（损益调整）科目。预算会计不作账务处理。

③按照被投资单位除净损益和利润分配以外的所有者权益变动的份额，确认为净资

产，同时调整长期股权投资的账面余额，借记或贷记“权益法调整”科目，贷记或借记“长期股权投资科目（其他权益变动）”。预算会计不作账务处理。

（2）高等学校确认被投资单位发生的净亏损，应当以长期股权投资的账面余额减记至零为限，高等学校负有承担额外损失义务的除外。被投资单位发生净亏损的，按照应分担的份额，借记“投资收益”科目，贷记“长期股权投资（损益调整）”科目。预算会计不作账务处理。

被投资单位发生净亏损，但以后年度又实现净利润的，高等学校应当在其收益分享额弥补未确认的亏损分担额等后的金额，确认投资收益，借记“长期股权投资（损益调整）”科目，贷记“投资收益”科目。预算会计不作账务处理。

3.成本法与权益法转换的核算

（1）权益法改按成本法的核算。高等学校因处置部分长期股权投资等原因而对处置后的剩余股权投资由权益法改按成本法核算的，应当以权益法下“长期股权投资”科目的账面余额作为成本法下“长期股权投资”科目的账面余额（成本）。其后，被投资单位宣告分派现金股利或利润时，属于高等学校已计入投资账面余额的部分，按照应分得的现金股利或利润份额，借记“应收股利”科目，贷记“长期股权投资”科目。预算会计不作账务处理。

（2）成本法改按权益法的核算。高等学校因追加投资等原因对长期股权投资的核算从成本法改为权益法的，应当按照成本法下本科目账面余额与追加投资成本的合计金额，借记“长期股权投资（成本）”科目，按照成本法下“长期股权投资”科目的账面余额，贷记“长期股权投资”科目，按照追加投资的成本，贷记“银行存款”等科目。在预算会计中，按照追加投资的成本，借记“投资支出”科目，贷记“资金结存——货币资金”科目。

高等学校应当以成本法下长期股权投资的账面余额加上追加投资的成本作为按照权益法核算的初始投资成本，其后按照权益法进行核算。

（三）处置长期股权投资的核算

处置以现金取得的长期股权投资，按照实际取得的价款，借记“银行存款”等科目，按照被处置长期股权投资的账面余额，贷记“长期股权投资”科目，按照尚未领取的现金股利或利润，贷记“应收股利”科目，按照发生的相关税费等支出，贷记“银行存款”等科目，按照借贷方差额，借记或贷记“投资收益”科目。在预算会计中，按照取得的价款扣减支付的相关税费后的金额，借记“资金结存——货币资金”科目，贷记“投资支出”“投资预算收益”等科目。

处置以现金以外的其他资产取得的长期股权投资时：财务会计，按照被处置长期股权投资的账面余额，借记“资产处置费用”科目，贷记“长期股权投资”科目，按照实际取得的价款，借记“银行存款”等科目，按照尚未领取的现金股利或利润，贷记“应收股利”科目，按照发生的相关税费等支出，贷记“银行存款”等科目，按照借贷方差额，贷记“应缴财政款”科目。预算会计，收到现金股利或利润时，借记“资金结存——货币资金”科目，贷记“投资预算收益”科目。按照规定将处置时取得的投资收益纳入本单位预算管理的，应当按照所取得的价款大于被处置长期股权投资账面余额、应收股利账面余额和相关税费支出合计的差额，贷记“投资收益”科目。在预算会计中，按照取得的价款扣减投资账面余额和相关税费后的差额，借记“资金结存——货币资金”科目，贷记“投资预算收益”科目。

因被投资单位破产清算等原因，有确凿证据表明长期股权投资发生损失，按照规定报经批准后予以核销时，按照予以核销的长期股权投资的账面余额，借记“资产处置费用”科目，贷记“长期股权投资”科目。预算会计不作账务处理。

表3–19　　高等学校长期股权投资主要账务处理

<table>
<tr><th>序号</th><th colspan="2">业务</th><th>财务会计处理</th><th>预算会计处理</th><th>财务盈余与预算结余差异</th></tr>
<tr><td rowspan="6">1</td><td rowspan="6">取得长期股权投资</td><td>以现金取得的长期股权投资</td><td>借：长期股权投资——成本/长期股权投资应收股利［实际支付价款中包含的已宣告但尚未发放的股利或利润］
贷：银行存款等［实际支付的价款］</td><td>借：投资支出等［实际收到的价款］
贷：资金结存——货币资金</td><td>当期确认为预算支出但没有确认为费用</td></tr>
<tr><td>收到取得投资时实际支付价款中包含的已宣告但尚未发放的股利或利润时</td><td>借：银行存款
贷：应收股利</td><td>借：资金结存——货币资金
贷：投资支出等</td><td>当期确认为预算支出但没有确认为费用</td></tr>
<tr><td>以现金以外的其他资产置换取得长期股权投资</td><td colspan="2">参照“库存物品”科目中置换取得库存物品的账务处理</td><td></td></tr>
<tr><td>以未入账的无形资产取得的长期股权投资</td><td>借：长期股权投资
贷：银行存款/其他应交税费
其他收入</td><td>借：其他支出［支付的相关税费］
贷：资金结存</td><td>当期确认为预算支出但没有确认为费用

当期确认为收入但没有确认为预算收入</td></tr>
<tr><td>接受捐赠的长期股权投资</td><td>借：长期股权投资——成本/长期股权投资
贷：银行存款等［相关税费］
捐赠收入</td><td>借：其他支出［支付的相关税费］
贷：资金结存</td><td>当期确认为预算支出但没有确认为费用

当期确认为收入但没有确认为预算收入</td></tr>
<tr><td>无偿调入的长期股权投资</td><td>借：长期股权投资
贷：无偿调拨净资产银行存款等［相关税费］</td><td>借：其他支出［支付的相关税费］
贷：资金结存</td><td>当期确认为预算支出但没有确认为费用</td></tr>
</table>

续表

序号	业务			财务会计处理	预算会计处理	财务盈余与预算结余差异
2	持有长期股权投资期间	成本法下	被投资单位宣告发放现金股利或利润时	借：应收股利 贷：投资收益		当期确认为收入但没有确认为预算收入
			收到被投资单位发放的现金股利时	借：银行存款 贷：应收股利	借：资金结存——货币资金 贷：投资预算收益	当期确认为预算收入但没有确认为收入
		权益法下	被投资单位实现净利润的，按照其份额	借：长期股权投资——损益调整 贷：投资收益	—	当期确认为收入但没有确认为预算收入
			被投资单位发生净亏损的，按照其份额	借：投资收益 贷：长期股权投资——损益调整	—	当期确认为收入但没有确认为预算收入
			被投资单位发生净亏损，但以后年度又实现净利润的，按规定恢复确认投资收益的	借：长期股权投资——损益调整 贷：投资收益	—	当期确认为收入但没有确认为预算收入
			被投资单位宣告发放现金股利或利润的，按照其份额	借：应收股利 贷：长期股权投资——损益调整	—	无
			被投资单位除净损益和利润分配以外的所有者权益变动时，按照其份额	借：长期股权投资——其他收益变动 贷：权益法调整 或： 借：权益法调整 贷：长期股权投资——其他收益变动	—	无
			权益法下受到被投资单位发放的现金股利	借：银行存款 贷：应收股利	借：资金结存——货币资金 贷：投资预算收益	当期确认为预算收入但没有确认为收入
		追加投资成本法改为权益法		借：长期股权投资——成本 贷：长期股权投资［成本法账面余额］银行存款等［追加投资］	借：投资支出［实际支付的金额］ 贷：资金结存——货币资金	当期确认为预算支出但没有确认为费用
		权益法改为成本法		借：长期股权投资 贷：长期股权投资——成本 ——损益调整 ——其他权益变动	—	无
3	出售（转让）长期股权投资	处置以现金取得的长期股权投资		借：银行存款［实际取得价款］ 投资收益［借差］ 贷：长期股权投资［账面余额］应收股利［尚未领取的现金股利或利润］ 银行存款等［支付的相关税费］投资收益［贷差］	借：资金结存——货币资金［取得价款扣减支付的相关税费后的金额］ 贷：投资支出/其他结余［投资款］ 投资预算收益	当期确认为预算支出但没有确认为费用

续表

<table>
<tr><th>序号</th><th colspan="3">业务</th><th>财务会计处理</th><th>预算会计处理</th><th>财务盈余与预算结余差异</th></tr>
<tr><td rowspan="2">3</td><td rowspan="2">出售（转让）长期股权投资</td><td rowspan="2">处置以现金以外的其他资产取得的长期股权投资</td><td>处置净收入上缴财政的按照规定</td><td>借：资产处置费用
　贷：长期股权投资
借：银行存款［实际取得价款］
　贷：应收股利［尚未领取的现金股利或利润］
　　银行存款等［支付的相关税费］应缴财政款</td><td>借：资金结存——货币资金
　贷：投资预算收益［获得的现金股利或利润］</td><td>当期确认为费用但没有确认为预算支出

当期确认为预算收入但没有确认为收入</td></tr>
<tr><td>投资收益纳入单位预算管理的</td><td>借：资产处置费用
　贷：长期股权投资
借：银行存款［实际取得价款］
　贷：应收股利［尚未领取的现金股利或利润］
　　银行存款等［支付的相关税费］
　　投资收益［取得价款扣减投资账面余额、应收股利和相关税费后的差额］
　　应缴财政款［贷差］</td><td>借：资金结存——货币资金［取得价款扣减支付的相关税费后的金额］
　贷：投资预算收益</td><td>当期确认为费用但没有确认为预算支出</td></tr>
<tr><td rowspan="2">4</td><td rowspan="2">其他方式处置长期股权投资</td><td colspan="2">按照规定核销时</td><td>借：资产处置费用
　贷：长期股权投资［账面余额］</td><td>—</td><td>当期确认为费用但没有确认为预算支出</td></tr>
<tr><td colspan="2">置换转出时</td><td colspan="3">参照“库存商品”科目中置换取得库存商品的账务处理</td></tr>
<tr><td>5</td><td colspan="3">权益法下，处置时结转原直接计入净资产的相关金额</td><td>借：权益法调整
　贷：投资收益
　　或作相反分录</td><td>—</td><td>当期确认为收入但没有确认为预算收入</td></tr>
</table>

三、案例分析

1.成本法

【例3-40】2×19年1月5日，H大学以200万元购入丙公司8%的股权，采用成本法核算。2×19年6月30日，在丙公司宣告分派现金股利时，该学校按照其持有比例确定可分到15万元。2×19年7月30日，该学校收到现金股利15万元。

（1）2×19年1月5日，购进股权的账务处理如下：

财务会计：

借：长期股权投资　　　　2 000 000

　　贷：银行存款　　　　　　2 000 000

预算会计：

借：投资支出　　　　　　　　　　　　　　　　　　2 000 000

　　贷：资金结存——货币资金　　　　　　　　　　　　2 000 000

（2）2×19年6月30日，丙公司宣告分派现金股利的账务处理如下：

财务会计：

借：应收股利　　　　　　　　　　　　　　　　　　150 000

　　贷：投资收益　　　　　　　　　　　　　　　　　　150 000

预算会计不作账务处理。

（3）2×19年7月30日，收到现金股利的账务处理如下：

财务会计：

借：银行存款　　　　　　　　　　　　　　　　　　150 000

　　贷：应收股利　　　　　　　　　　　　　　　　　　150 000

预算会计：

借：资金结存——货币资金　　　　　　　　　　　　150 000

　　贷：投资预算收益　　　　　　　　　　　　　　　　150 000

2.**权益法**

【例3-41】H大学于2×19年3月1日取得B公司30%的股权，采用权益法核算。2×19年，B公司实现净利润6 000 000元。

H大学应享有份额=6 000 000×30%=1 800 000（元）

借：长期股权投资——损益调整　　　　　　　　　　1 800 000

　　贷：投资收益　　　　　　　　　　　　　　　　　　1 800 000

预算会计不作账务处理。

【例3-42】接例3-41。B公司于2×19年12月1日宣告发放现金股利。该学校按其持股比例计算确定可分得20 000元。2×19年12月28日，B公司支付现金股利。

（1）2×19年12月1日宣告发放现金股利的账务处理如下：

财务会计：

借：应收股利　　　　　　　　　　　　　　　　　　20 000

　　贷：长期股权投资——损益调整　　　　　　　　　　20 000

预算会计不作账务处理。

（2）2×19年12月28日，收到现金股利的账务处理如下：

财务会计：

借：银行存款　　　　　　　　　　　　　　　　　　20 000

　　贷：应收股利　　　　　　　　　　　　　　　　　　20 000

预算会计：

借：资金结存——货币资金　　　　　　　　　　　　20 000

贷：投资预算收益　　20 000

3.追加投资成本法改为权益法

【例3-43】H大学于2×18年1月1日取得C公司10%股权，成本为300万元，因对被投资单位不具有重大影响且无法可靠确定该项投资的公允价值，H大学对该项投资采用成本法核算。2×19年1月1日，H大学追加500万元取得C公司12%的股权，当日H大学之前对C公司的长期股权投资账面价值为300万元。

（1）2×18年1月1日，H大学取得股权时的账务处理如下：

财务会计：

借：长期股权投资　　3 000 000

　　贷：银行存款　　3 000 000

预算会计：

借：投资支出　　3 000 000

　　贷：资金结存——货币资金　　3 000 000

（2）2×19年1月1日，H大学应确认C公司的长期股权投资时的账务处理如下：

财务会计：

借：长期股权投资——C公司——成本　　8 000 000

　　贷：长期股权投资　　3 000 000

　　　　银行存款　　5 000 000

预算会计：

借：投资支出　　5 000 000

　　贷：资金结存——货币资金　　5 000 000

4.权益法改为成本法

【例3-44】H大学持有甲公司30%的有表决权的股份，能够对甲公司的生产经营决策施加重大影响，采用权益法核算。2×19年9月，H大学将该项投资中的50%对外出售。出售后，H大学无法再对甲公司施加重大影响，且该项投资不存在活跃市场，公允价值无法可靠确定，故将其转为采用成本法核算。出售时，该项长期股权投资的账面价值为1 500 000元，其中，投资成本为1 200 000元，损益调整为200 000元，其他权益变动100 000元。H大学对处置后剩余部分的投资所进行的相关账务处理如下：

借：长期股权投资　　750 000

　　贷：长期股权投资——甲公司——成本　　600 000

　　　　　　　　　　　　　——损益调整　　100 000

　　　　　　　　　　　　　——其他损益变动　　50 000

【例3-45】2×19年12月1日，H大学向外转让长期股权投资。该长期股权投资原始投资额为60 000元，现账面余额为70 000元，转让价格为71 000元，转让过程中共发生税费5 000元。该高校的财务处理如下：

财务会计：

借：银行存款　　71 000

　　投资收益　　4 000

　　贷：长期股权投资　　70 000

　　　　银行存款　　5 000

预算会计：

借：资金结存——货币资金　　66 000

　　贷：投资支出　　60 000

　　　　投资预算收益　　6 000

【例3-46】 H大学对D公司进行长期股权投资。该项投资的账面价值30 000元。2×19年12月31日，该公司破产清算，该长期股权投资发生损失。

将待核销长期股权投资转入待处置资产的账务处理如下：

财务会计：

借：资产处置费用　　30 000

　　贷：长期股权投资　　30 000

预算会计不作账务处理。

第二十节　长期债券投资

一、科目介绍

长期债券投资是指高等学校按照规定取得的，持有时间超过1年（不含1年）的债券投资。高等学校主要是中长期国债投资。

二、账务处理

高等学校应设置“长期债券投资”科目核算高等学校长期债券投资增减变动及其结存情况。该科目应下设“成本”和“应收利息”明细科目，并应按债券投资的种类进行明细核算。该科目为期末借方余额，反映高等学校持有的长期债券投资的价值。

“长期债券投资”的主要账务处理如下（见表3-20）。

（一）取得长期债券投资的核算

长期债券投资在取得时，在财务会计中，应当以实际支付的价款（包括购买价款以及税金、手续费等相关税费但不包括已到付息期但尚未领取的利息）作为投资成本，借记“长期债券投资——成本”科目，按支付的价款中包含的已到付息期但尚未领取的利息，借记“应收利息”科目，按实际支付的金额，贷记“银行存款”等科目。实际收到购买时已到付息期但尚未领取的利息时，借记“银行存款”科目，贷记“应收利息”科目。在预算会计中，按照实际支付的价款，借记“投资支出”科目，贷记“资金结存——货币资金”科目，实际收到购买时已到付息期但尚未领取的利息时，借记“资金结存——货币资金”科目，贷记“投资支出”等科目。

（二）长期债券投资持有期间的核算

长期债券投资持有期间，在财务会计中，在每一个资产负债表日应按债券票面价值与票面利率计算确认利息收入。如为到期一次还本付息的债券投资，借记“长期债券投资——应收利息”科目，贷记“投资收益”科目；如为分期付息、到期还本的债券投资，借记“应收利息”科目，贷记“投资收益”科目。收到利息时，按照实际收到的金额，借记“银行存款”等科目，贷记“应收利息”科目。在预算会计中，收到分期付款的利息时，按照实际收到的金额，借记“资金结存——货币资金”科目，贷记“投资预算收益”科目。

（三）到期收回长期债券投资的核算

到期收回长期债券投资，在财务会计中，按照实际收到的金额，借记“银行存款”等科目；按照长期债券投资的账面余额，贷记“长期债券投资——成本”“长期债券投资——应收利息”等科目；按照其差额，贷记“投资收益”科目。在预算会计中，按照实际收到的金额，借记“资金结存——货币资金”科目，按照长期债券投资的账面余额，贷记“投资支出”等科目，按其差额，贷记“投资预算收益”科目。

表3-20　　　　高等学校长期债券投资主要账务处理

序号	业务		财务会计处理	预算会计处理	财务盈余与预算结余差异
1	取得长期债券投资	取得长期债券投资时	借：长期债券投资——成本 应收利息［实际支付价款中包含的已到付息期但尚未领取的利息］ 贷：银行存款等［实际支付价款］	借：投资支出［实际支付价款］ 贷：资金结存——货币资金	当期确认为预算支出但没有确认为费用
		收到取得投资所支付价款中包含的已到付息期但尚未领取的利息时	借：银行存款 贷：应收利息	借：资金结存——货币资金 贷：投资支出等	当期确认为预算支出但没有确认为费用

续表

序号	业务		财务会计处理	预算会计处理	财务盈余与预算结余差异
2	持有长期债券投资期间	按期以票面金额与票面利率计算确认利息收入时	借：应收利息［分期付息、到期还本］/长期债券投资——应计利息［到期一次还本付息］ 贷：投资收益	—	当期确认为收入但没有确认为预算收入
		实际收到分期支付的利息时	借：银行存款 贷：应收利息	借：资金结存——货币资金 贷：投资预算收益	当期确认为预算收入但没有确认为收入
3	到期收回长期债券投资本息		借：银行存款等 贷：长期债券投资［账面余额］ 应收利息 投资收益	借：资金结存——货币资金 贷：投资支出/其他结余［投资成本投资预算收益	当期确认为预算支出但没有确认为费用
4	对外出售长期债券投资		借：银行存款等［实际收到的款项］ 投资收益［借差］ 贷：长期债券投资［账面余额］ 应收利息 投资收益［贷差］	借：资金结存——货币资金 贷：投资支出/其他结余［投资成本］投资预算收益	当期确认为预算支出但没有确认为费用

三、案例分析

【例3–47】H大学在2×19年8月1日取得长期债券投资，支付价款70 000元。

财务会计：

借：长期债券投资——成本　　70 000

　　贷：银行存款　　70 000

预算会计：

借：投资支出　　70 000

　　贷：资金结存——货币资金　　70 000

【例3–48】H大学在2×19年12月31日将持有的长期债券卖出，收到价款100 000元，款项存入账户。长期债券投资的账面余额为95 000元。

财务会计：

借：银行存款　　100 000

　　贷：长期债券投资　　95 000

　　　　投资收益　　5 000

预算会计：

借：资金结存——货币资金　　100 000

　　贷：投资支出　　95 000

　　　　投资预算收益　　5 000

第二十一节　固定资产

一、科目介绍

固定资产是指高等学校为满足自身开展业务活动或其他活动的需要而控制的、使用年限超过1年（不含1年）、单位价值在规定标准以上并在使用过程中基本保持原有物质形态的资产，一般包括房屋及构筑物、专用设备、通用设备等。单位价值虽未达到规定标准，但是使用年限超过1年（不含1年）的大批同类物资，如图书、家具、用具、装具等，应当确认为固定资产。

（一）固定资产的特征

固定资产一般具有以下三个方面的基本特征。

1.单位价值较高

《高等学校财务制度》规定："固定资产是指使用期限超过一年，单位价值在1 000元以上（其中专用设备单位价值在1 500元以上），并在使用过程中基本保持原有物质形态的资产。单位价值虽未达到规定标准，但是耐用时间在一年以上的大批同类物资，也作为固定资产管理。"

2.耐用性强

使用周期长、基本保持原有物质形态是固定资产的重要特征。流动资产的周转特点是在使用过程中会不断改变原有的物质形态，且价值一次性消耗、转移或实现。而固定资产长期、多次作用于高等学校的业务活动过程，并能相对固定地保持其原有的实物形态，其价值是在不断地使用中随着有形和无形的磨损而逐渐消耗、转移或者实现的。

3.以自用为目的

固定资产是高等学校开展各项业务活动的重要物质基础，应以自用为目的，而不同于产品、商品是以出售为目的而持有。

（二）固定资产的确认条件

固定资产同时满足下列条件的，应当予以确认：一是与该固定资产相关的服务潜力很可能实现或者经济利益很可能流入高等学校；二是该固定资产的成本或者价值能够可靠地计量。

通常购入、换入、接受捐赠、无偿调入不需要安装的固定资产，在固定资产验收合格时确认；购入、换入、接受捐赠、无偿调入需要安装的固定资产，在固定资产安装完成交付使用时确认；自行建造、改建扩建的固定资产在建造完成交付使用时确认。

确认固定资产时，应当考虑以下四种情况：

第一，固定资产的各组成部分具有不同使用年限或者以不同方式为高等学校实现服务潜力或提供经济利益，适用不同折旧率或折旧方法且可以分别确定各自原价的，应当分别将各组成部分确认为单项固定资产。

第二，应用软件构成相关硬件不可缺少的组成部分的，应当将该软件的价值包括在所属的硬件价值中，一并确认为固定资产；不构成相关硬件不可缺少的组成部分的，应当将该软件确认为无形资产。

第三，构建房屋及构筑物时，不能分清构建成本中的房屋及构筑物部分与土地使用权部分的，应当全部确认为固定资产；能够分清构建成本中的房屋及构筑物部分与土地使用权部分的，应当将其中的房屋及构筑物部分确认为固定资产，将其中的土地使用权部分确认为无形资产。

第四，以一笔款项购入多项没有单独标价的固定资产，应当按照各项固定资产同类或类似资产市场价格的比例对总成本进行分配，分别确定各项固定资产的成本。

（三）固定资产的分类

固定资产一般分为六类，如表3-21所示。

表3-21　固定资产科目设置级次表

总分类科目	一级明细科目	二级明细科目	
固定资产	房屋及建筑物	按固定资产项目设置	按固定资产使用部门设置
	专用设备		
	通用设备		
	文物和陈列物		
	图书、档案		
	家具、用具、装具及动植物		

高校应当根据固定资产的定义、特点和确认条件，结合高等学校的具体情况，制定适合高等学校的固定资产目录、具体分类方法，以此作为进行固定资产核算的依据；还应当设置“固定资产登记簿”“固定资产卡片”和“固定资产台账”，按照固定资产的类别、项目和使用部门等进行明细核算。

二、账务处理

高等学校应设置“固定资产”科目核算固定资产的原价，并应当按照固定资产的类别和项目设置明细科目。该科目的期末借方余额，反映高等学校固定资产的原价。

“固定资产”科目的主要账务处理如下（见表3–22）。

（一）取得固定资产的核算

固定资产在取得时，应当按照成本进行初始计量，有如下六种具体情况。

1.外购固定资产

外购固定资产的成本包括购买价款、相关税费以及固定资产交付使用前所发生的可归属于该项资产的运输费、装卸费、安装费和专业人员服务费等。

购入不需要安装的固定资产验收合格时：财务会计，按照确定的固定资产成本，借记本科目，贷记“财政拨款收入”“零余额账户用款额度”“应付账款”“银行存款”等科目；预算会计，按照支付的金额，借记“事业支出”等科目，贷记“财政拨款预算收入”“资金结存”等科目。

购入需要安装的固定资产，在安装完毕交付使用前通过“在建工程”科目核算，安装完毕交付使用时再转入本科目。

购入固定资产扣留质量保证金的：财务会计，应当在取得固定资产时，按照确定的固定资产成本，借记本科目［不需要安装］或“在建工程”科目［需要安装］，按照实际支付或应付的金额，贷记“财政拨款收入”“零余额账户用款额度”“应付账款”［不含质量保证金］“银行存款”等科目，按照扣留的质量保证金数额，贷记“其他应付款”［扣留期在1年以内（含1年）］或“长期应付款”［扣留期超过1年］科目；预算会计，按照实际支付的金额，借记“事业支出”等科目，贷记“财政拨款预算收入”“资金结存”等科目。

质保期满支付质量保证金时：财务会计，借记“其他应付款”“长期应付款”科目，贷记“财政拨款收入”“零余额账户用款额度”“银行存款”等科目；预算会计，按照实际支付的金额，借记“事业支出”等科目，贷记“财政拨款预算收入”“资金结存”等科目。

2.自行建造固定资产

自行建造的固定资产，其成本包括该项资产至交付使用前所发生的全部必要支出。

自行建造的固定资产交付使用时，按照在建工程成本，借记本科目，贷记“在建工程”科目。

已交付使用但尚未办理竣工决算手续的固定资产，按照估计价值入账，待办理竣工决算后再按照实际成本调整原来的暂估价值。

3.融资租赁固定资产

以融资租赁方式取得固定资产的成本，应当按照租赁协议或者合同确定的租赁价款、相关税费以及固定资产交付使用前所发生的可归属于该项资产的运输费、途中保险费、安装调试费等确定。

融资租入的固定资产：财务会计，按照确定的成本，借记“固定资产”科目（不需要安装）或“在建工程”科目（需要安装），按照租赁协议或者合同确定的租赁价款，贷记“长期应付款”科目，按照支付的运输费、途中保险费、安装调试费等，贷记“财政拨款收入”“零余额账户用款额度”“银行存款”等科目；预算会计，按照支付的运输费、途中保险费、安装调试费等，借记“事业支出”等科目，贷记“财政拨款预算收入”“资金结存”等科目。

定期支付租金时，按照支付的租金金额：财务会计，借记“长期应付款”科目，贷记“财政拨款收入”“零余额账户用款额度”“银行存款”等科目；预算会计，借记“事业支出”等科目，贷记“财政拨款预算收入”“资金结存”等科目。

按照规定跨年度分期付款购入固定资产的账务处理，参照融资租入固定资产。

4.接受捐赠的固定资产

接受捐赠的固定资产，其成本按照有关凭据注明的金额加上相关税费、运输费等确定；没有相关凭据可供取得，但按规定经过资产评估的，其成本按照评估价值加上相关税费、运输费等确定；没有相关凭据可供取得，也未经资产评估的，其成本比照同类或类似资产的市场价格加上相关税费、运输费等确定；没有相关凭据、未经资产评估且同类或类似资产的市场价格也无法可靠取得的，按照名义金额入账，相关税费、运输费等计入当期费用。

接受捐赠的固定资产：财务会计，按照确定的固定资产成本，借记“固定资产”科目（不需要安装）或“在建工程”科目（需要安装），按照实际支付的相关税费、运输费等，贷记“零余额账户用款额度”“银行存款”等科目，按差额，贷记“捐赠收入”科目；预算会计，按照实际支付的相关税费、运输费等，借记“其他支出”，贷记“资金结存”科目。

接受捐赠的固定资产按照名义金额入账的：财务会计，按照名义金额，借记本科目，贷记“捐赠收入”科目。按照发生的相关税费、运输费等，借记“其他费用”科目，贷记“零余额账户用款额度”“银行存款”等科目；预算会计，按照实际支付的相关税费、运输费等，借记“其他支出”，贷记“资金结存”科目。

5.无偿调入的固定资产

无偿调入的固定资产，其成本按照调出方账面价值加上相关税费、运输费等确定。

无偿调入的固定资产：财务会计，按照确定的固定资产成本，借记本科目［不需要安装］或“在建工程”科目［需要安装］，按照发生的相关税费、运输费等，贷记“零余额账户用款额度”“银行存款”等科目，按照其差额，贷记“无偿调拨净资产”科目；预算会计，按照实际支付的税费、运输费等，借记“其他支出”，贷记“资金结存”科目。

6.置换取得的固定资产

置换取得的固定资产，其成本按照换出资产的评估价值加上支付的补价或减去收到的补价，加上换入固定资产发生的其他相关支出确定。

置换取得的固定资产的账务处理，参照“库存物品”科目中置换取得库存物品的相关规定进行账务处理。

（二）固定资产后续支出的核算

1.符合固定资产确认条件的后续支出

符合固定资产确认条件的后续支出，如为增加固定资产使用效能或延长其使用年限而发生的改建、扩建或修缮等后续支出，应当计入固定资产成本。在原有固定资产基础上进行改建、扩建、修缮后的固定资产，其成本按照原固定资产账面价值加上改建、扩建、修缮发生的支出，再扣除固定资产被替换部分的账面价值后的金额确定。

通常情况下，将固定资产转入改建、扩建时，按照固定资产的账面价值，借记“在建工程”科目，按照固定资产已计提的折旧，借记“固定资产累计折旧”科目，按照固定资产的账面余额，贷记本科目。预算会计不作账务处理。

为增加固定资产使用效能或延长其使用年限而发生的改建、扩建等后续支出：财务会计，借记“在建工程”科目，贷记“财政拨款收入”“零余额账户用款额度”“银行存款”等科目；预算会计，借记“事业支出”等科目，贷记“财政拨款预算收入”“资金结存”等科目。

固定资产改建、扩建等完成并交付使用时，按照在建工程成本，借记本科目，贷记“在建工程”科目。预算会计不作账务处理。

2.不符合固定资产确认条件的后续支出

为保证固定资产正常使用而发生的日常维修等支出：财务会计，借记“业务活动费用”“单位管理费用”等科目，贷记“财政拨款收入”“零余额账户用款额度”“银行存款”等科目；预算会计，借记“事业支出”等科目，贷记“财政拨款预算收入”“资金结存”等科目。

（三）处置固定资产的核算

1.报经批准出售、转让的固定资产

财务会计：按照被出售转让固定资产的账面价值，借记“资产处置费用”科目；按照固定资产已计提的折旧，借记“固定资产累计折旧”科目；按照固定资产账面余额，贷记“固定资产”科目；按照收到的价款，借记“银行存款”等科目；按照处置过程中发生的相关费用，贷记“银行存款”等科目；按照其差额，贷记“应缴财政款”科目。预算会计不作账务处理。

2.报经批准对外捐赠的固定资产

财务会计：按照固定资产已计提的折旧，借记“固定资产累计折旧”科目；按照被处置固定资产的账面余额，贷记“固定资产”科目；按照捐赠过程中发生的归属于捐出方的相关费用，贷记“银行存款”等科目；按照其差额，借记“资产处置费用”科目。预算会计：按照捐赠过程中支付的归属于捐出方的相关费用，借记“其他支出”科目，贷记“资金结存”科目。

3.报经批准无偿调出的固定资产

财务会计：按照固定资产已计提的折旧，借记“固定资产累计折旧”科目；按照被处置固定资产的账面余额，贷记“固定资产”科目；按照其差额，借记“无偿调拨净资产”科目；按照无偿调出过程中发生的归属于调出方的相关费用，借记“资产处置费用”科目，贷记“银行存款”等科目。预算会计：按照捐赠过程中支付的归属于捐出方的相关费用，借记“其他支出”科目，贷记“资金结存”科目。

4.报经批准置换换出的固定资产

报经批准置换换出的固定资产参照“库存物品”中置换换入库存物品的规定进行账务处理。

（四）固定资产的清查盘点制度

高等学校应当定期对固定资产进行清查盘点，每年至少盘点一次。对于发生的固定资产盘盈、盘亏或毁损、报废，应当先记入“待处理财产损溢”科目，按照规定报经批准后及时进行后续账务处理。

1.盘盈的固定资产

盘盈的固定资产的成本按照有关凭据注明的金额确定；没有相关凭据、但按照规定经过资产评估的，其成本按照评估价值确定；没有相关凭据，也未经过评估的，其成本按照重置成本确定。如无法采用上述方法确定盘盈固定资产成本的，按照名义金额（人民币1元）入账。盘盈的固定资产，按照确定的入账成本，借记本科目，贷记“待处理财产损溢”科目。预算会计不作账务处理。

2.盘亏、毁损或报废的固定资产

盘亏、毁损或报废的固定资产按照待处理固定资产的账面价值，借记“待处理财产损溢”科目，按照已计提的折旧，借记“固定资产累计折旧”科目，按照固定资产的账面余额，贷记本科目。预算会计不作账务处理。

表3–22　　　　高等学校固定资产主要账务处理

序号	业务		财务会计处理	预算会计处理	财务盈余与预算结余差异
1	固定资产取得	①外购的固定资产 A.不需要安装的	借：固定资产 贷：财政拨款收入/零余额账户用款额度/应付账款/银行存款等	借：事业支出/经营支出等 贷：财政拨款预算收入/资金结存	当期确认为预算支出但没有确认为费用
		B.需要安装的固定资产先通过“在建工程”科目核算	借：在建工程 贷：财政拨款收入/零余额账户用款额度/应付账款/银行存款等	借：事业支出/经营支出等 贷：财政拨款预算收入/资金结存	当期确认为预算支出但没有确认为费用
		安装完工交付使用时	借：固定资产 贷：在建工程	—	无
		购入固定资产扣留质量保证金的	借：固定资产［不需要安装］/在建工程［需要安装］ 贷：财政拨款收入/零余额账户用款额度/应付账款/银行存款等其他应付款［扣留期1年以内（含1年）］/长期应付款［扣留期超过1年］	借：事业支出/经营支出等［购买固定资产实际支付的金额］ 贷：财政拨款预算收入/资金结存	当期确认为预算支出但没有确认为费用
		质保期满支付质量保证金时	借：其他应付款/长期应付款 贷：财政拨款收入/零余额账户用款额度/银行存款等	借：事业支出/经营支出等 贷：财政拨款预算收入/资金结存	当期确认为预算支出但没有确认为费用
		②自行建造的固定资产，工程完工交付使用时	借：固定资产 贷：在建工程	—	无
		③融资租入（或跨年度分期付款购入）的固定资产	借：固定资产［不需要安装］/在建工程［需要安装］ 贷：长期应付款［协议或合同确定的租赁价款］财政拨款收入/零余额账户用款额度/银行存款等［实际支付的相关税费、运输费等］	借：事业支出/经营支出等［实际支付的相关税费、运输费等］ 贷：财政拨款预算收入/资金结存	当期确认为预算支出但没有确认为费用
		定期支付租金（或分期付款）时	借：长期应付款 贷：财政拨款收入/零余额账户用款额度/银行存款等	借：事业支出/经营支出等 贷：财政拨款预算收入/资金结存	当期确认为预算支出但没有确认为费用
		④接受捐赠的固定资产	借：固定资产［不需要安装］/在建工程［需要安装］ 贷：银行存款/零余额账户用款额度等［发生的相关税费、运输费］捐赠收入［差额］	借：其他支出［支付的相关税费、运输费等］ 贷：资金结存	当期确认为预算支出但没有确认为费用 当期确认为收入但没有确认为预算收入

续表

序号	业务		财务会计处理	预算会计处理	财务盈余与预算结余差异
1	固定资产取得	接受捐赠的固定资产按照名义金额入账的	借：固定资产［名义金额］ 贷：捐赠收入 借：其他费用 贷：银行存款/零余额账户用款额度等［发生的相关税费、运输费等］	借：其他支出［支付的相关税费、运输费等］ 贷：资金结存	当期确认为收入但没有确认为预算收入
		⑤无偿调入的固定资产	借：固定资产［不需要安装］/在建工程［需要安装］ 贷：银行存款/零余额账户用款额度等［发生的相关税费、运输费］无偿调拨净资产［差额］	借：其他支出［支付的相关税费、运输费等］ 贷：资金结存	当期确认为预算支出但没有确认为费用
		⑥置换取得的固定资产	参照“库存物品”科目中置换取得库存物品的账务处理		
2	与固定资产有关的后续支出	符合固定资产确认条件的（增加固定资产使用效能或延长其使用年限而发生的改建、扩建等的后续支出）	借：在建工程［固定资产账面价值］ 固定资产累计折旧 贷：固定资产［账面余额］	—	无
			借：在建工程 贷：财政拨款收入/零余额账户用款额度/应付账款/银行存款等	借：事业支出/经营支出等 贷：财政拨款预算收入/资金结存	当期确认为预算支出但没有确认为费用
		不符合固定资产确认条件	借：业务活动费用/单位管理费用/经营费用等 贷：财政拨款收入/零余额账户用款额度/银行存款等	借：事业支出/经营支出等 贷：财政拨款预算收入/资金结存	无
3	固定资产处置	出售、转让固定资产	借：资产处置费用 固定资产累计折旧 贷：固定资产［账面余额］	—	当期确认为费用但没有确认为预算支出
			借：银行存款［处置固定资产收到的价款］ 贷：应缴财政款 银行存款等［发生的相关费用］	—	无
		对外捐赠固定资产	借：资产处置费用 固定资产累计折旧 贷：固定资产［账面余额］银行存款等［归属于捐出方的相关费用］	按照对外捐赠过程中发生的归属于捐出方的相关费用 借：其他支出 贷：资金结存	当期确认为费用但没有确认为预算支出
		无偿调出固定资产	借：无偿调拨净资产 固定资产累计折旧 贷：固定资产［账面余额］	—	无
			借：资产处置费用 贷：银行存款等［归属于调出方的相关费用］	借：其他支出 贷：资金结存	无
		置换换出固定资产	参照“库存物品”科目中的置换取得库存物品的规定进行账务处理		
4	固定资产定期盘点清查	盘盈的固定资产	借：固定资产 贷：待处理财产损溢	—	无
		盘亏、毁损或报废的固定资产	借：待处理财产损溢［账面价值］ 固定资产累计折旧 贷：固定资产［账面余额］	—	无

三、案例分析

1.外购

【例3-49】H大学购入一台不需要安装的教学设备，买价为30 000元，运杂费2 000元，有关款项均已通过零余额账户支付。该固定资产验收通过并交付使用。

财务会计：

借：固定资产　　32 000

　　贷：零余额账户用款额度　　32 000

预算会计：

借：事业支出　　32 000

　　贷：资金结存——零余额账户用款额度　　32 000

【例3-50】H大学购入一台实验仪器，买价为40 000元，运杂费500元，安装费为1 000元，有关款项均已通过零余额账户支付。该项仪器安装完毕，验收通过且交付使用。

（1）购入设备时，账务处理如下：

财务会计：

借：在建工程　　40 500

　　贷：零余额账户用款额度　　40 500

预算会计：

借：事业支出　　40 500

　　贷：资金结存——零余额账户用款额度　　40 500

（2）安装时，账务处理如下：

财务会计：

借：在建工程　　1 000

　　贷：零余额账户用款额度　　1 000

预算会计：

借：事业支出　　1 000

　　贷：资金结存——零余额账户用款额度　　1 000

（3）安装完工，验收通过并交付使用时，账务处理如下：

借：固定资产　　41 500

　　贷：在建工程　　41 500

预算会计不作账务处理。

2.自行建造

【例3-51】H大学自行建造教学楼，依据合同、工程进度等支付工程价款40 000 000元。

（1）支付工程价款，账务处理如下：

财务会计：

借：在建工程　　40 000 000

　　贷：银行存款　　40 000 000

预算会计：

借：事业支出　　40 000 000

　　贷：资金结存——货币资金　　40 000 000

（2）依据招投标结果和合同，支付空调、电梯等设备款，价款3 000 000元。

财务会计：

借：在建工程　　3 000 000

　　贷：银行存款　　3 000 000

预算会计：

借：事业支出　　3 000 000

　　贷：资金结存——货币资金　　3 000 000

（3）工程交付使用并办理了固定资产入账手续。

借：固定资产　　43 000 000

　　贷：在建工程　　43 000 000

预算会计不作账务处理。

3.融资租入

【例3-52】H大学融资租入一台实验设备，价值200 000元，支付运输费等2 500元。租赁协议规定该学校需要支付租赁价款200 000元，每个月支付10 000元，分20个月支付完毕。

（1）确定融资租入设备时，账务处理如下：

财务会计：

借：固定资产　　202 500

　　贷：长期应付款　　200 000

　　　　银行存款　　2 500

预算会计：

借：事业支出　　2 500

　　贷：资金结存——货币资金　　2 500

（2）每月支付租金10 000元时，账务处理如下：

财务会计：

借：长期应付款　　10 000

　　贷：银行存款　　10 000

预算会计：

借：事业支出　　10 000
　　贷：资金结存——货币资金　　10 000

4. **接受捐赠**

【例3-53】H大学接受社会公益组织捐赠的一批图书，资产价值60 000元，期间发生的运输费1 000元。

财务会计：

借：固定资产　　61 000
　　贷：捐款收入　　60 000
　　　　银行存款　　1 000

预算会计：

借：其他支出　　1 000
　　贷：资金结存——货币资金　　1 000

5. **无偿调入**

【例3-54】H大学接受无偿调入的固定资产一台，资产价值20 000元，期间发生的运输费500元。

财务会计：

借：固定资产　　20 500
　　贷：无偿调拨净资产　　20 000
　　　　银行存款　　500

预算会计：

借：其他支出　　500
　　贷：资金结存——货币资金　　500

6. **改扩建**

【例3-55】H大学决定对某座教学楼进行扩建。该教学楼账面余额为6 000 000元，已提折旧1 000 000元。在扩建过程中，该学校支付工程款2 300 000元。

（1）转入扩建工程，支付工程款，账务处理如下：

财务会计：

借：在建工程　　5 000 000
　　固定资产累计折旧　　1 000 000
　　贷：固定资产　　6 000 000

借：在建工程　　2 300 000
　　贷：银行存款　　2 300 000

预算会计：

借：事业支出　　2 300 000

　　贷：资金结存——货币资金　　2 300 000

（2）工程完工，交付使用，账务处理如下：

借：固定资产　　7 300 000

　　贷：在建工程　　7 300 000

预算会计不作账务处理。

7.处置固定资产

【例3-56】 H大学出售一台实验设备，设备账面余额90 000元，已计提折旧70 000元，出售设备收到价款30 000元。

财务会计：

借：资产处置费用　　20 000

　　固定资产累计折旧　　70 000

　　贷：固定资产　　90 000

借：银行存款　　30 000

　　贷：应缴财政款　　30 000

预算会计不作账务处理。

【例3-57】 H大学对外捐赠一批教学仪器。该批教学仪器账面余额为210 000元，已计提折旧160 000元。另外，该学校支付运输费2 000元。

财务会计：

借：资产处置费用　　52 000

　　固定资产累计折旧　　160 000

　　贷：固定资产　　210 000

　　　　银行贷款　　2 000

预算会计：

借：其他支出　　2 000

　　贷：资金结存——货币资金　　2 000

第二十二节　固定资产累计折旧

一、科目介绍

固定资产折旧是指在固定资产预计使用年限内，按照确定的方法对应计折旧额进行系统分摊。《政府会计准则第3号——固定资产》及其应用指南基于权责发生制会计的要求，全面确立了固定资产“实提折旧”的政策，将固定资产计提的折旧根据用途计入当期费用或者相关资产成本。

（一）固定资产折旧政策的具体规定

1. 不计提折旧的规定

下列各项固定资产不计提折旧：文物和陈列品，动植物，图书、档案，单独计价入账的土地，以名义金额计量的固定资产。

固定资产提足折旧后，无论能否继续使用，均不再计提折旧；提前报废的固定资产也不再补提折旧；已提足折旧的固定资产，可以继续使用的，应当继续使用，规范实物管理。

2. 应计折旧额的规定

固定资产应计折旧额为其成本，计提固定资产折旧时不考虑预计净残值。对于暂估入账的固定资产也应当计提折旧，待实际成本确定后不须调整原已计提的折旧额。固定资产因改建、扩建或修缮等原因而延长其使用年限的，应当按照重新确定的固定资产成本以及重新确定的折旧年限计算折旧额。

3. 折旧年限的规定

在确定固定资产使用年限时，应当考虑三个因素：预计实现服务潜力或提供经济利益的期限；预计有形损耗和无形损耗；法律或者类似规定对资产使用的限制。高等学校根据《关于高等学校执行〈政府会计制度——行政事业单位会计科目和报表〉的补充规定》等相关规定以及固定资产的性质和使用情况，合理确定固定资产的使用年限（见表3–23）。

表3–23 高等学校固定资产最低折旧年限表

固定资产类别	折旧年限（年）	备注	固定资产类别	折旧年限（年）	备注
一、房屋及构筑物			三、专用设备		
1.房屋			1.探矿、采矿、选矿和造块设备	10	
钢结构	50		2.石油天然气开采专用设备	10	
钢筋混凝土结构	50		3.石油和化学工业专用设备	10	
砖混结构	30		4.炼焦和金属冶炼轧制设备	10	
砖木结构	30		5.电力工业专用设备	20	
2.简易房	8		6.核工业专用设备	20	
3.房屋附属设施	8	围墙、停车设施等	7.航空航天工业专用设备	20	
			8.非金属矿物制品工业专用设备	10	

续表

固定资产类别	折旧年限（年）	备注
4.构筑物	8	池、罐、槽、塔等
二、通用设备		
1.计算机设备	6	计算机、网络设备、安全设备、终端设备、存储设备等
2.办公设备	6	电话机、传真机、摄像机、刻录机等
3.车辆	8	载货汽车、牵引汽车、乘用车、专用车辆等
4.图书档案设备	5	
5.机械设备	10	锅炉、液压机械、金属加工设备、泵、风机、气体压缩机、气体分离及液化设备、分离及干燥设备等
6.电气设备	5	电机、变压器、电源设备、生活用电器等
7.雷达、无线电和卫星导航设备	10	
8.通信设备、广播、电视、电影设备	5	
9.仪器仪表、电子和通信测量仪器、计量标准器具及量具、衡器	5	
10.除上述以外其他通用设备	5	

固定资产类别	折旧年限（年）	备注
9.工程机械	10	
10.农业和林业机械	10	
11.木材采集和加工设备	10	
12.食品加工专用设备	10	
13.饮料加工设备	10	
14.烟草加工设备	10	
15.粮油作物和饲料加工设备	10	
16.纺织设备	10	
17.缝纫、服饰、制革和毛皮加工设备	10	
18.造纸和印刷机械	10	
19.化学药品和中药专用设备	5	
20.医疗设备	5	
21.电工、电子专用生产设备	5	
22.安全生产设备	10	
23.邮政专用设备	10	
24.环境污染防治设备	10	
25.公安专用设备	3	
26.水工机械	10	
27.殡葬设备及用品	5	
28.铁路运输设备	10	
29.水上交通运输设备	10	
30.航空器及其配套设备	10	
31.专用仪器仪表	5	
32.文艺设备	5	
33.体育设备	5	
34.娱乐设备	5	
四、家具、用具、装具		
1.家具	15	
其中：1.学生用家具	5	
2.用具、装具	5	

4.折旧时点的规定

固定资产应当按月计提折旧，当月增加的固定资产，当月开始计提折旧；当月减少的固定资产，当月不再计提折旧。

5.融资租入固定资产的折旧规定

计提融资租入固定资产折旧时，应当采用与自有固定资产一致的折旧政策。能够合理确定租赁期届满时将会取得租入固定资产所有权的，应当在租入固定资产尚可使用年限内计提折旧；无法合理确定租赁期届满时能够取得租入固定资产所有权的，应当在租赁期与租入固定资产尚可使用年限两者中较短的期间内计提折旧。

（二）固定资产折旧方法

1.平均年限法

平均年限法是指按固定资产的使用年限平均计提折旧的一种方法，这是最简单、最普遍的一种折旧方法。它以折旧是由于时间推移而不是使用关系为假设，适用于各个时期使用情况大致相同的固定资产的折旧。采用这种方法，每年计提的固定资产折旧额是相等的，故又称之为直线法。按这种方法计算固定资产折旧时，其折旧额计算公式如下：

固定资产年折旧额=固定资产原值 ÷ 固定资产使用年限

固定资产月折旧额=固定资产原值 ÷ 固定资产使用年限 ÷ 12

2.工作量法

工作量法是指以固定资产能提供的工作量为单位来计算折旧额的方法。该方法是假定固定资产的使用年限是随着固定资产使用程度的下降而减少的一种折旧方法。工作量可以是机器设备的总工作台班、总工作小时等。工作量法适用于那些折旧的主要因素是有形损耗的专用设备，其每年产出量与计提的折旧成正比。按工作量法计提折旧率及折旧额的计算公式如下：

单位折旧额=固定资产原值 ÷ 总工作量

固定资产月折旧额=单位折旧额 × 当月工作量

工作量法的优点是按照实际使用过程中磨损的程度计算折旧，能正确反映设备的使用程度，把折旧费用和业务成果联系起来。

二、账务处理

高等学校应设置“固定资产累计折旧”科目，核算固定资产计提的累计折旧，并作为“固定资产”的备抵科目。该科目应当按照所对应固定资产的明细分类进行明细核算。该科目的期末贷方余额，反映高等学校计提的固定资产折旧累计数。

“固定资产累计折旧”的主要账务处理如下（见表3-24）：

（1）按月计提固定资产折旧时，按照应计提折旧金额，借记“业务活动费用”“单位管理费用”“经营费用”“加工物品”“在建工程”等科目，贷记“固定资产累计折旧”科目。预算会计不作账务处理。

（2）经批准处置或处理固定资产时，按照所处置或处理固定资产的账面价值，借记“资产处置费用”“无偿调拨净资产”“待处理财产损溢”等科目；按照已计提的折旧，借记“固定资产累计折旧”科目；按照固定资产的账面余额，贷记“固定资产”科目。

表3-24　　高等学校固定资产累计折旧主要账务处理

序号	业务	财务会计处理	预算会计处理	财务盈余与预算结余差异
1	按月计提固定资产折旧时	借：业务活动费用/单位管理费用/经营费用等 贷：固定资产累计折旧	—	当期确认为费用但没有确认为预算支出
2	处置固定资产时	借：待处理财产损溢/无偿调拨净资产/资产处置费用等 固定资产累计折旧 贷：固定资产［账面余额］	涉及资金支付的，参照“固定资产”科目相关账务处理	

三、案例分析

【例3-58】H大学2×19年11月1日购进实验用固定资产一台，价值144 000元，预计使用5年。

每月计提折旧额=144 000 ÷ 5 ÷ 12=2 400（元）

1. 2×19年11月1日，购进实验用固定资产时的账务处理如下：

财务会计：

借：固定资产　　144 000

　　贷：银行存款　　144 000

预算会计：

借：事业支出　　144 000

　　贷：资金结存——货币资金　　144 000

2. 按月计提固定资产折旧时的财务处理如下：

借：业务活动费用　　2 400

　　贷：固定资产累计折旧　　2 400

预算会计不作账务处理。

3.假设第3年年末对固定资产进行报废处理的账务处理如下：

借：待处理资产损溢 52 800

固定资产累计折旧 91 200

贷：固定资产 144 000

第二十三节 工程物资

一、科目介绍

工程物资是指高等学校为在建工程准备的各种物资的成本，包括工程用材料、设备等。

二、账务处理

高等学校应设置“工程物资”科目核算学校工程物资的增减变动及其结存情况，并可按照“库存材料”“库存设备”等工程物资类别进行明细核算。该科目期末借方余额，反映高等学校为在建工程准备的各种物资的成本。

“工程物资”的主要账务处理如下（见表3-25）：

（1）购入为工程准备的物资：财务会计，按照确定的物资成本，借记本科目，贷记“财政拨款收入”“零余额账户用款额度”“银行存款”“应付账款”等科目；预算会计，按照实际支付的款项，借记“事业支出”“经营支出”等科目，贷记“财政拨款预算收入”“资金结存”等科目。

（2）领用工程物资：财务会计，按照物资成本，借记“在建工程”科目，贷记本科目，工程完工后，将领出的剩余物资退库时作相反的会计分录；预算会计不作账务处理。

（3）工程完工后，将剩余的工程物资转作高等学校存货等的：财务会计，按照物资成本，借记“库存物品”等科目，贷记本科目；预算会计不作账务处理。

表3-25 高等学校工程物资的主要账务处理

序号	业务		财务会计处理	预算会计处理	财务盈余与预算结余差异
1	取得工程物资	购入工程物资	借：工程物资 贷：财政拨款收入/零余额账户用款额度/银行存款/应付账款/其他应付款等	借：事业支出/经营支出［实际支付的款项］ 贷：财政拨款预算收入/资金结存	当期确认为预算支出但没有确认为费用
2	领用工程物资	发出工程物资	借：在建工程 贷：工程物资	—	
3	剩余工程物资	剩余工程物资转为存货	借：库存商品 贷：工程物资	—	

三、案例分析

【例3-59】 H大学为自建实验室购入各种物资500 000元，以银行存款支付。该批物资用于工程建设450 000元，剩余物资转入存货。

1.购入工程物资时的账务处理如下：

财务会计：

借：工程物资 500 000

贷：银行存款 500 000

预算会计：

借：事业支出 500 000

贷：资金结存——货币资金 500 000

2.领用工程物资用于建设时的账务处理如下：

财务会计：

借：在建工程 500 000

贷：工程物资 500 000

预算会计不作账务处理。

3.剩余物资转入存货的账务处理如下：

财务会计：

借：库存物品 50 000

贷：工程物资 50 000

预算会计不作账务处理。

第二十四节　在建工程

一、科目介绍

在建工程是指高等学校已经发生必要支出，但尚未完工交付使用的各种建设项目工程，包括新建、改建、扩建、修缮等各种建筑和设备安装工程的实际成本。

二、账务处理

高等学校设置“在建工程”科目，核算在建的建设项目工程的实际成本，并应当分别设置“建筑安装工程投资”“设备投资”“待摊投资”“其他投资”“待核销基建支出”“基建转出投资”等明细科目进行明细核算。该科目的期末借方余额，反映高等学校尚未完工的建设工程发生的实际成本，具体账务处理如表3-26所示。

（一）建筑安装工程投资核算

“建筑安装工程投资”明细科目用以核算高等学校发生的构成建设项目实际支出的建筑工程和安装工程的实际成本，不包括被安装设备本身的价值以及按照合同规定支付给施工单位的预付备料款和预付工程款，其二级明细科目应当设置“建筑工程”和“安装工程”科目进行明细核算。

1.改扩建的建筑安装工程

将固定资产等资产转入改建、扩建在建工程等时，按照固定资产等资产的账面价值，借记该科目（建筑安装工程投资），按照已计提的折旧或摊销，借记“固定资产累计折旧”等科目，按照固定资产等资产的原值，贷记“固定资产”等科目。预算会计不作账务处理。

在原有固定资产基础上进行改建、扩建、修缮后的固定资产的成本，按照原固定资产账面价值（“固定资产”科目账面余额减去“固定资产累计折旧”科目账面余额后的净值）加上改建、扩建、修缮发生的费用，再扣除固定资产拆除部分的账面价值后的金额确定。固定资产等资产改建、扩建过程中涉及替换（或拆除）原资产的某些组成部分的，按照被替换（或拆除）部分的账面价值，借记“待处理财产损溢”科目，贷记本科目（建筑安装工程投资）。

2.发包的建筑安装工程

财务会计：根据建筑安装工程价款结算账单与施工企业结算工程价款时，按照应承付的工程价款，借记“在建工程”科目（建筑安装工程投资），按照预付工程款余额，贷记“预付账款”科目，按照其差额，贷记“财政拨款收入”“零余额账户用款额度”“银行存款”“应付账款”等科目。预算会计，按照实际支付的工程价款，借记“事业支出”等科目，贷记“财政拨款预算收入”“资金结存”等科目。

3.自行施工的小型建筑安装工程

在财务会计中，按照发生的各项支出金额，借记本科目（建筑安装工程投资），贷记“工程物资”“零余额账户用款额度”“银行存款”“应付职工薪酬”等科目。在预算会计中，按照实际支付的金额，借记“事业支出”等科目，贷记“财政拨款预算收入”“资金结存”等科目。

4.工程竣工

办妥竣工验收交接手续交付使用时，按照建筑安装工程成本（含应分摊的待摊投资），借记“固定资产”等科目，贷记本科目（建筑安装工程投资）。预算会计不作账务处理。

（二）设备投资核算

“设备投资”明细科目用以核算单位发生的构成建设项目实际支出的各种设备的实际成本。

1.购入设备时。财务会计，按照购入成本，借记本科目（设备投资），贷记“财政拨款收入”“零余额账户用款额度”“银行存款”等科目。预算会计，按照实际支付的款项，借记“事业支出”等科目，贷记“财政拨款预算收入”“资金结存”等科目。采用预付款方式购入设备的，有关预付款的账务处理参照本科目有关“建筑安装工程投资”明细科目的规定。

2.设备安装完毕，办妥竣工验收交接手续交付使用时，按照设备投资成本（含设备安装工程成本和分摊的待摊投资），借记“固定资产”等科目，贷记本科目（设备投资、建筑安装工程投资——安装工程）。预算会计不作账务处理。

将不需要安装的设备和达不到固定资产标准的工具、器具交付使用时，按照相关设备、工具、器具的实际成本，借记“固定资产”“库存物品”科目，贷记本科目（设备投资）。预算会计不作账务处理。

（三）待摊投资核算

“待摊投资”明细科目用以核算高等学校发生的、构成建设项目实际支出的、按照规定应当分摊计入有关工程成本和设备成本的各项间接费用和税费支出。具体内容包括：勘查费、设计费、研究试验费、可行性研究费及项目其他前期费用；土地征用及迁移补偿费、土地复垦及补偿费、森林植被恢复费及其他为取得土地使用权、租用权而发生的费用；土地使用税、耕地占用税、契税、车船税、印花税及按照规定缴纳的其他税费；项目建设管理费、代建管理费、临时设施费、监理费、招投标费、社会中介审计（审查）费及其他管理性质的费用；项目建设期间发生的各类专门借款利息支出或融资费用；工程检测费、设备检验费、负荷联合试车费及其他检验检测类费用；固定资产损失、器材处理亏损、设备盘亏及毁损、单项工程或单位工程报废、毁损净损失及其他损失；系统集成等信息工程的费用支出；其他待摊性质支出。

其中，项目建设管理费是指项目建设单位从项目筹建之日起至办理竣工财务决算之日止发生的管理性质的支出，包括不在原单位发工资的工作人员工资及相关费用、办公费、办公场地租用费、差旅交通费、劳动保护费、工具用具使用费、固定资产使用费、招募生产工人费、技术图书资料费（含软件）、业务招待费、施工现场津贴、竣工验收费等。

本明细科目应当按照上述费用项目进行明细核算，其中有些费用（如项目建设管理费等）还应当按照更为具体的费用项目进行明细核算。

建设工程发生的、构成建设项目实际支出的、按照规定应当分摊计入有关工程成本和设备成本的各项间接费用和税费支出，先在“待摊投资”明细科目中归集。建设工程办妥竣工验收手续交付使用时，按照合理的分配方法（如实际分配率、概算分配率）摊入相关工程成本、在安装设备成本等。

1.发生构成待摊投资的各类费用时：财务会计，按照实际发生金额，借记本科目（待摊投资），贷记“财政拨款收入”“零余额账户用款额度”“银行存款”“应付利息”“长期借款”“其他应交税费”“固定资产累计折旧”“无形资产累计摊销”等科目；预算会计，按照实际支付的款项，借记“事业支出”等科目，贷记“财政拨款预算收入”“资金结存”等科目。

2.对于建设过程中试生产、设备调试等产生的收入，按照取得的收入金额，借记“银行存款”等科目，按照依据有关规定应当冲减建设工程成本的部分，贷记本科目（待摊投资），按照其差额贷记“应缴财政款”或“其他收入”科目。预算会计，借记“资金结存”科目，贷记“其他预算收入”科目。

3.由于自然灾害、管理不善等原因造成的单项工程或单位工程报废或毁损，扣除残料价值和过失人或保险公司等赔款后的净损失，报经批准后计入继续施工的工程成本。按照工程成本扣除残料价值和过失人或保险公司等赔款后的净损失，借记本科目（待摊投资），按照残料变价收入、过失人或保险公司赔款等，借记“银行存款”“其他应收款”等科目，按照报废或毁损的工程成本，贷记本科目（建筑安装工程投资）。预算会计不作账务处理。

4.工程交付使用时，按照合理的分配方法分配待摊投资，借记本科目（建筑安装工程投资、设备投资），贷记本科目（待摊投资）。预算会计不作账务处理。

待摊投资的分配方法，可按照下列两种方法计算：

（1）按照实际分配率分配。适用于建设工期较短、整个项目的所有单项工程一次竣工的建设项目。

实际分配率=待摊投资明细科目余额÷（建筑工程明细科目余额+安装工程明细科目余额+设备投资明细科目余额）×100%

（2）按照概算分配率分配。适用于建设工期长、单项工程分期分批建成投入使用的建设项目。

概算分配率=（概算中各待摊投资项目的合计数－其中可直接分配部分）÷（概算中建筑工程、安装工程和设备投资等项目合计数）×100%

（3）某项固定资产应分配的待摊投资=该项固定资产的建筑工程成本或该项固定资产（设备）的采购成本和安装成本合计×分配率

（四）其他投资核算

“其他投资”明细科目用以核算高等学校发生的构成建设项目实际支出的房屋购置支出，基本畜禽、林木等购置支出，饲养、培育支出，办公生活用家具、器具购置支出，软件研发、不能计入设备投资的软件购置支出，为进行可行性研究而购置的固定资产支出以及取得土地使用权支付的土地出让金等支出。该科目应按照其他投资的类别进行明细核算，设置“房屋购置”“基本畜禽支出”“林木支出”“办公生活用家具、器具购置”“可行性研究固定资产购置”“无形资产”等明细科目。

1.为建设工程发生的房屋购置支出，基本畜禽、林木等的购置支出，饲养、培育支出，办公生活用家具、器具购置支出，软件研发和不能计入设备投资的软件购置等支出。财务会计，按照实际发生金额，借记本科目（其他投资），贷记“财政拨款收入”“零余额账户用款额度”“银行存款”等科目。预算会计，按照实际支付的金额，借记“事业支出”等科目，贷记“财政拨款预算收入”“资金结存”等科目。

2.工程完成后将形成的房屋、基本畜禽、林木等各种财产以及无形资产交付使用时，按照其实际成本，借记“固定资产”“无形资产”等科目，贷记“在建工程”科目（其他投资）。预算会计不作账务处理。

（五）待核销基建支出核算

“待核销基建支出”明细科目用以核算建设项目发生的江河清障、航道清淤、飞播造林、补助群众造林、水土保持、城市绿化、取消项目的可行性研究费和项目整体报废等不能形成资产部分的基建投资支出。该科目应按照待核销基建支出的类别进行明细核算。

1.建设项目发生的江河清障、航道清淤、飞播造林、补助群众造林、水土保持、城市绿化等不能形成资产的各类待核销基建支出：财务会计，按照实际发生金额，借记本科目（待核销基建支出），贷记“财政拨款收入”“零余额账户用款额度”“银行存款”等科目；预算会计，按照实际支付的金额，借记“事业支出”等科目，贷记“财政拨款预算收入”“资金结存”等科目。

2.取消的建设项目所发生的可行性研究费按照实际发生金额，借记“在建工程”科目（待核销基建支出），贷记“在建工程”科目（待摊投资）。预算会计不作账务处理。

3.由于自然灾害等原因发生的建设项目整体报废所形成的净损失，报经批准后转入待核销基建支出，借记“在建工程”科目（待核销基建支出）；按照报废工程回收的残料变价收入、保险公司赔款等，借记“银行存款”“其他应收款”等科目；按照报废的工程成本，贷记“在建工程”科目（建筑安装工程投资等）。预算会计不作账务处理。

4.建设项目竣工验收交付使用时，对发生的待核销基建支出进行冲销，借记“资产处置费用”科目，贷记“在建工程”科目（待核销基建支出）。预算会计不作账务处理。

（六）基建转出投资

“基建转出投资”明细科目用以核算为建设项目配套而建成的、产权不归属本单位的专用设施的实际成本。该明细科目应按照转出投资的类别进行明细核算。

为建设项目配套而建成的、产权不归属本单位的专用设施，在项目竣工验收交付使用时，按照转出的专用设施的成本，借记本科目（基建转出投资），贷记本科目（建筑安装工程投资）。同时，借记“无偿调拨净资产”科目，贷记本科目（基建转出投资）。预算会计不作账务处理。

表3-26　　高等学校在建工程主要账务处理

序号	业务		财务会计账务处理	预算会计账务处理	财务盈余与预算结余差异
1	建筑安装工程投资	将固定资产等转入改建、扩建时	借：在建工程——建筑安装工程投资 固定资产累计折旧等 贷：固定资产等	—	无
		发包工程预付工程款时	借：预付账款——预付工程款 贷：财政拨款收入/零余额账户用款额度/银行贷款等	借：事业支出等 贷：财政拨款预算收入/资金结存	当期确认为预算支出但没有确认为费用
		按照进度结算工程款时	借：在建工程——建筑安装工程投资 贷：预付账款——预付工程款 财政拨款收入/零余额账户用款额度/银行贷款/应付账款等	借：事业支出等［补付款项］ 贷：财政拨款预算收入/资金结存	当期确认为预算支出但没有确认为费用
		自行施工小型建筑安装工程发生支出时	借：在建工程——建筑安装工程投资 贷：工程投资/零余额账户用款额度/银行存款/应付职工薪酬等	借：事业支出等［实际支付的款项］ 贷：资金结存等	当期确认为预算支出但没有确认为费用
		改扩建过程中替换（拆除）原资产某些组成部分的	借：待处理财产损溢 贷：在建工程——建筑安装工程投资	—	无
		工程竣工验收交付使用时	借：固定资产等 贷：在建工程——建筑安装工程投资	—	无
2	设备投资	购入设备时	借：在建工程——设备投资 贷：财政拨款收入/零余额账户用款额度/应付账款/银行存款等	借：事业支出等［实际支付的款项］ 贷：财政拨款预算收入/资金结存	当期确认为预算支出但没有确认为费用
		安装完毕，交付使用时	借：固定资产等 贷：在建工程——设备投资 ——建筑安装工程投资——安装工程	—	无

续表

序号	业务		财务会计账务处理	预算会计账务处理	财务盈余与预算结余差异
2	设备投资	将不需要安装设备和达不到固定资产标准的工具、器具交付使用时	借：固定资产/库存物资 贷：在建工程——设备投资	—	无
3	待摊投资	发生构成待摊投资的各类费用时	借：在建工程——待摊投资 贷：财政拨款收入/零余额账户用款额度/银行存款/应付利息/长期借款/其他应交税费等	借：事业支出等［实际支付的款项］ 贷：财政拨款预算收入/资金结存	当期确认为预算支出但没有确认为费用
		对于建设过程中试生产、设备调试等产生的收入	借：银行存款等 贷：在建工程——待摊投资［按规定冲减工程成本的部分］ 应缴财政款/其他收入［差额］	借：资金结存 贷：其他预算收入	
		经批准将单项工程或单位工程报废净损失计入继续施工的工程成本的	借：在建工程——待摊投资 银行存款/其他应收款等［残料变价收入、赔款等］ 贷：在建工程——建筑安装工程投资［毁损报废工程成本］	—	无
4	其他投资	工程交付使用时，按照一定的分配方法进行待摊投资分配	借：在建工程——建筑安装工程投资 ——设备投资 贷：在建工程——待摊投资	—	无
		发生其他投资支出时	借：在建工程——其他投资 贷：财政拨款收入/零余额账户用款额度/银行存款等	借：事业支出等［实际支付的款项］ 贷：财政拨款预算收入/资金结存	当期确认为预算支出但没有确认为费用
		资产交付使用时	借：固定资产/无形资产等 贷：在建工程——其他投资	—	无
5	基建转出投资	建造的产权不归属本单位的专用设备转出时	借：在建工程——基建转出投资 贷：在建工程——建筑安装工程投资	—	无
		冲销转出的在建工程时	借：无偿调拨净资产 贷：在建工程——基建转出投资	—	无
6	待核销基建支出	发生各类待核销基建支出时	借：在建工程——待核销基建支出 贷：财政拨款收入/零余额账户用款额度/银行存款等	借：事业支出［实际支付的款项］ 贷：财政拨款预算收入/资金结存	当期确认为预算支出但没有确认为费用
		取消的项目发生的可行性研究费	借：在建工程——待核销基建支出 贷：在建工程——待摊投资	—	无
		由于自然灾害等原因发生的项目整体报废所形成的净损失	借：在建工程——待核销基建支出 银行存款/其他应收款等［残料变价收入、保险赔款等］ 贷：在建工程——建筑安装工程投资等	—	无
		经批准冲销待核销基建支出时	借：资产处置费用 贷：在建工程——待核销基建支出	—	当期确认为费用但没有确认为预算支出

三、案例分析

【例3-60】H大学改建的A教学楼原值6 000 000元，已计提折旧3 000 000元。改建过程中，拆除的建筑的账面价值为400 000元，并获得残值收入200 000元。改建过程发生改建支出2 000 000元，用零余额账户用款额度支付。改建完工后，验收合格，投入使用。

1. A教学楼转入改建工程时，账务处理如下：

财务会计：

借：在建工程——建筑安装工程　　3 000 000

　　固定资产累计折旧　　3 000 000

　　贷：固定资产——A教学楼　　6 000 000

预算会计不作账务处理。

2. 拆除部分建筑时，账务处理如下：

财务会计：

借：待处理财产损溢　　400 000

　　贷：在建工程——建筑安装工程　　400 000

预算会计不作账务处理。

3. 获得残值收入时，账务处理如下：

财务会计：

借：银行存款　　200 000

　　贷：应缴财政款　　200 000

预算会计不作账务处理。

4. 发生改建支出时，账务处理如下：

财务会计：

借：在建工程——建筑安装工程　　2 000 000

　　贷：零余额账户用款额度　　2 000 000

预算会计：

借：事业支出　　2 000 000

　　贷：资金结存——零余额账户用款额度　　2 000 000

5. 完工验收时，账务处理如下：

财务会计：

借：固定资产——A教学楼　　4 600 000

　　贷：在建工程——建筑安装工程　　4 600 000

预算会计不作账务处理。

【例3-61】 H大学为正在建设中的实验室建造实验设备，发生如下业务：

1. 2×19年2月22日，以银行存款支付可行性研究费用20 000元。

财务会计：

借：在建工程——待摊投资　　20 000

　　贷：银行存款　　20 000

预算会计：

借：事业支出　　20 000

　　贷：资金结存——货币资金　　20 000

2. 2×19年5月30日，实验室设备在调试过程中产生的收入为4 000元，冲减待摊投资为2 000元。

财务会计：

借：银行存款　　4 000

　　贷：在建工程——待摊投资　　2 000

　　　　其他收入　　2 000

预算会计：

借：资金结存——货币资金　　2 000

　　贷：其他预算收入　　2 000

3. 2×19年7月1日，该设备完工交付使用，账务处理如下：

财务会计：

借：在建工程——设备投资　　18 000

　　贷：在建工程——待摊投资　　18 000

预算会计不作账务处理。

【例3-62】 H大学新建一栋教学楼，已投资150 000元，现由于自然灾害导致项目整体报废。报经批准后，该学校冲销该基建支出。

1. 报废时，账务处理如下：

借：在建工程——待核销基建支出　　150 000

　　贷：在建工程——建筑安装工程投资　　150 000

2. 经批准冲销时，账务处理如下：

借：资产处置费用　　150 000

　　贷：在建工程——待核销基建支出　　150 000

预算会计不作账务处理。

第二十五节　无形资产

一、科目介绍

无形资产是指高等学校控制的没有实物形态的可辨认的非货币性资产，如专利权、商标权、著作权、土地使用权、非专利技术等。

（一）无形资产的基本特征

1.不具有实物形态

无形资产作为一种长期资产，区别于固定资产最显著的特征就是不具有实物形态，其虽然不具有实物形态，但一经取得或形成，就可以为单位带来收益。

2.属于可辨认的非货币性资产

资产满足下列条件之一的，符合无形资产定义中的可辨认性标准：一是能够从高等学校中分离或者划分出来，并能单独或与相关合同、资产或负债一起，用于出售、转移、授予许可、租赁或者交换；二是源自合同性权利或其他法定权利，无论这些权利是否可以从高等学校或其他权利和义务中转移或者分离。

3.具有明显的排他性

这种排他性有时通过高等学校自身的保密措施来维护，如非专利技术等；有时则通过适当公开其内容作为代价以取得法律的保护，如专利权、著作权等。

（二）无形资产的确认条件

无形资产同时满足下列条件的，应当予以确认：一是与该无形资产相关的服务潜力很可能实现或者经济利益很可能流入高等学校；二是该无形资产的成本或者价值能够可靠地计量。

高等学校在判断无形资产的服务潜力或经济利益是否很可能实现或流入时，应当对无形资产在预计使用年限内可能存在的各种社会、经济、科技因素作出合理估计，并且应当有确凿的证据支持。

高等学校购入的不构成相关硬件不可缺少组成部分的软件，应当确认为无形资产。

与无形资产有关的后续支出，符合上述两条规定的确认条件的，应计入无形资产成本；不符合上述规定的确认条件的，应在发生时直接计入当期费用或者相关资产成本。

二、账务处理

高等学校设置“无形资产”科目核算无形资产的原价，并应当按照无形资产的类别、项目等进行明细核算。该科目的期末借方余额，反映高等学校无形资产的原价。

“无形资产”的主要账务处理如下（见表3–27）。

（一）取得无形资产的核算

1.外购的无形资产

外购无形资产的成本包括购买价款、相关税费以及可归属于该项资产达到预定用途所发生的其他支出。

外购的无形资产：财务会计，按照确定的无形资产成本，借记“无形资产”科目，贷记“财政拨款收入”“零余额账户用款额度”“银行存款”“应付账款”等科目；预算会计，按照是实际支付的价款，借记“事业支出”等科目，贷记“财政拨款预算收入”“资金结存”等科目。

2.委托软件公司开发软件

委托软件公司开发的软件，视同外购无形资产确定其成本，并进行相应会计处理。

合同中约定预付开发费用的：财务会计，按照预付金额，借记“预付账款”科目，贷记“财政拨款收入”“零余额账户用款额度”“银行存款”等科目；预算会计，借记“事业支出”等科目，贷记“财政拨款预算收入”“资金结存”等科目。

软件开发完成交付使用并支付剩余或全部软件开发费用时：财务会计，按照软件开发费用总额，借记本科目，按照相关预付账款金额，贷记“预付账款”科目，按照支付的剩余金额，贷记“财政拨款收入”“零余额账户用款额度”“银行存款”等科目；预算会计，按照支付的剩余金额，借记“事业支出”等科目，贷记“财政拨款预算收入”“资金结存”等科目。

3.自行开发的无形资产

自行开发的无形资产的成本包括自该项目进入开发阶段后至达到预定用途前所发生的支出总额。

自行研究开发形成的无形资产，按照研究开发项目进入开发阶段后至达到预定用途前所发生的支出总额，财务会计，借记本科目，贷记“研发支出——开发支出”科目。预算会计不作账务处理。

自行研究开发项目尚未进入开发阶段，或者确实无法区分研究阶段支出和开发阶段支出，但按法律程序已申请取得无形资产的，应当将依法取得时发生的注册费、聘请律师费等费用确认为无形资产，借记“无形资产”科目，贷记“财政拨款收入”“零余额账户用款额度”“银行存款”等科目。在预算会计中，借记“事业支出”等，贷记“财政拨款预算收入”“资金结存”等科目。

4.接受捐赠的无形资产

高校接受捐赠的无形资产按照确认的成本和名义金额两种方式计量。

接受捐赠的无形资产：财务会计，按照确定的无形资产成本，借记本科目，按照发生的相关税费等，贷记“零余额账户用款额度”“银行存款”等科目，按照其差额，贷记“捐赠收入”科目；预算会计，按照支付的相关税费等，贷记“其他支出”科目，贷记“资金结存”等科目。

接受捐赠的无形资产按照名义金额入账的：财务会计，按照名义金额，借记本科目，贷记“捐赠收入”科目；同时，按照发生的相关税费等，借记“其他费用”科目，贷记“零余额账户用款额度”“银行存款”等科目。预算会计，按照支付的相关税费等，借记“其他支出”科目，贷记“资金结存”等科目。

5.无偿调入的无形资产

无偿调入的无形资产，其成本按照调出方账面价值加上相关税费确定。

无偿调入的无形资产：财务会计，按照确定的无形资产成本，借记“无形资产”科目，按照发生的相关税费等，贷记“零余额账户用款额度”“银行存款”等科目，按其差额，贷记“无偿调拨净资产”科目；预算会计，按照支付的相关税费等，借记“其他支出”科目，贷记“资金结存”等科目。

6.置换取得的无形资产

通过置换取得的无形资产的成本按照换出资产的评估价值加上支付的补价或减去收到的补价加上换入无形资产发生的其他相关支出确定。参照“库存物品”科目中置换取得库存物品的相关规定进行账务处理。

（二）无形资产后续支出的核算

1.符合无形资产确认条件的后续支出

为增加无形资产的使用效能对其进行升级改造或扩展其功能时，如须暂停对无形资产进行摊销的，按照无形资产的账面价值，借记“在建工程”科目，按照无形资产已摊销的金额，借记“无形资产累计摊销”科目，按照无形资产的账面余额，贷记本科目。预算会计不作账务处理。

无形资产后续支出符合无形资产确认条件的，按照支出的金额：财务会计，借记本科目［无须暂停摊销的］或“在建工程”科目［须暂停摊销的］，贷记“财政拨款收入”“零余额账户用款额度”“银行存款”等科目；预算会计，借记“事业支出”等科目，贷记“财政拨款预算收入”“资金结存”等科目。

暂停摊销的无形资产升级改造或扩展功能等完成交付使用时，按照在建工程成本，借记本科目，贷记“在建工程”科目。预算会计不作账务处理。

2.不符合无形资产确认条件的后续支出

为保证无形资产正常使用发生的日常维护等支出：财务会计，借记“业务活动费用”“单位管理费用”等科目，贷记“财政拨款收入”“零余额账户用款额度”“银行存款”等科目；预算会计，借记“事业支出”等科目，贷记“财政拨款预算收入”“资金结存”等科目。

（三）按照规定报经批准处置无形资产

1.报经批准出售、转让无形资产

财务会计，按照被出售、转让无形资产的账面价值，借记“资产处置费用”科目，按照无形资产已计提的摊销，借记“无形资产累计摊销”科目，按照无形资产账面余额，贷记本科目；同时，按照收到的价款，借记“银行存款”等科目，按照处置过程中发生的相关费用，贷记“银行存款”等科目，按照其差额，贷记“应缴财政款”科目［按照规定应上缴无形资产转让净收入的］或“其他收入”科目［按照规定将无形资产转让收入纳入本单位预算管理的］。预算会计，按照规定将无形资产转让收入纳入本单位预算管理的，按照收到的价款与处置过程中发生的相关费用差额，借记“资金结存——货币资金”科目，贷记“其他预算收入”科目。

2.报经批准对外捐赠无形资产

财务会计，按照无形资产已计提的摊销，借记“无形资产累计摊销”科目，按照被处置无形资产账面余额，贷记本科目，按照捐赠过程中发生的归属于捐出方的相关费用，贷记“银行存款”等科目，按照其差额，借记“资产处置费用”科目。预算会计，按照捐赠过程中发生的归属于捐出方的相关费用，借记“其他支出”科目，贷记“资金结存——货币资金”科目。

3.报经批准无偿调出无形资产

财务会计，按照无形资产已计提的摊销，借记“无形资产累计摊销”科目，按照被处置无形资产账面余额，贷记本科目，按照其差额，借记“无偿调拨净资产”科目；同时，按照无偿调出过程中发生的归属于调出方的相关费用，借记“资产处置费用”科目，贷记“银行存款”等科目。预算会计，按照无偿调出过程中发生的归属于调出方的

相关费用，借记“其他支出”科目，贷记“资金结存——货币资金”科目。

4. 报经批准置换换出无形资产

报经批准置换换出的无形资产参照“库存物品”科目中置换换入库存物品的规定进行账务处理。

5. 无形资产核销

无形资产预期不能为单位带来服务潜力或经济利益，按照规定报经批准核销时，按照待核销无形资产的账面价值，借记“资产处置费用”科目，按照已计提的摊销，借记“无形资产累计摊销”科目，按照无形资产的账面余额，贷记本科目。预算会计不作账务处理。

（四）无形资产的清查盘点

高等学校应当定期对无形资产进行清查盘点，每年至少盘点一次。资产清查盘点过程中发现的无形资产盘盈、盘亏等，参照“固定资产”科目相关规定进行账务处理。

表3-27 高等学校无形资产主要账务处理

序号	业务		财务会计处理	预算会计处理	财务盈余与预算结余差异
1	无形资产取得	①外购的无形资产入账时	借：无形资产 贷：财政拨款收入/零余额账户用款额度/应付账款/银行存款等	借：事业支出/经营支出等 贷：财政拨款预算收入/资金结存	当期确认为预算支出但没有确认为费用
		②委托软件公司开发的软件，按照合同约定预付开发费时	借：预付账款 贷：财政拨款收入/零余额账户用款额度/银行存款等	借：事业支出/经营支出等［预付的款项］ 贷：财政拨款预算收入/资金结存	当期确认为预算支出但没有确认为费用
		委托开发的软件交付使用，并支付剩余或全部软件开发费用时	借：无形资产［开发费总额］ 贷：预付款项 财政拨款收入/零余额账户用款额度/银行存款等［支付的剩余款项］	按照支付的剩余款项金额 借：事业支出/经营支出等 贷：财政拨款预算收入/资金结存	当期确认为预算支出但没有确认为费用
		③自行开发 A. 开发完成，达到预定用途形成无形资产的	借：无形资产 贷：研发支出——开发支出	—	无
		B. 自行研究开发无形资产尚未进入开发阶段，或者确实无法区分研究阶段支出和开发阶段支出，但按照法律程序已申请取得无形资产的	借：无形资产［依法取得时发生的注册费、聘请律师费等费用］ 贷：财政拨款收入/零余额账户用款额度/银行存款等	借：事业支出/经营支出等 贷：财政拨款预算收入/资金结存	当期确认为预算支出但没有确认为费用

续表

<table>
<tr><th>序号</th><th colspan="2">业务</th><th>财务会计处理</th><th>预算会计处理</th><th>财务盈余与预算结余差异</th></tr>
<tr><td rowspan="4">1</td><td rowspan="4">无形资产取得</td><td>④置换取得的无形资产</td><td>参照“库存物品”科目中置换取得库存物品的相关规定进行账务处理。</td><td></td><td></td></tr>
<tr><td>⑤接受捐赠的无形资产</td><td>借：无形资产
贷：银行存款/零余额账户用款额度等［发生的相关税费等］
捐赠收入［差额］</td><td>借：其他支出［支付的相关税费等］
贷：资金结存</td><td>当期确认为预算支出但没有确认为费用</td></tr>
<tr><td>接受捐赠的无形资产按照名义金额入账的</td><td>借：无形资产［名义金额］
贷：捐赠收入
借：其他费用
贷：银行存款/零余额账户用款额度等［发生的相关税费等］</td><td>借：其他支出［支付的相关税费等］
贷：资金结存</td><td>无</td></tr>
<tr><td>⑥无偿调入的无形资产</td><td>借：无形资产
贷：银行存款/零余额账户用款额度等［发生的相关税费等］
无偿调拨净资产［差额］</td><td>借：其他支出［支付的相关税费等］
贷：资金结存</td><td>当期确认为预算支出但没有确认为费用</td></tr>
<tr><td rowspan="2">2</td><td rowspan="2">与无形资产有关的后续支出</td><td>符合无形资产确认条件的后续支出（如为增加无形资产的使用效能而发生的后续支出）</td><td>借：在建工程
无形资产累计摊销
贷：无形资产
借：在建工程/无形资产［无须暂停计提摊销的］
贷：财政拨款收入/零余额账户用款额度/银行存款等</td><td>借：事业支出/经营支出等［实际支付的资金］
贷：财政拨款预算收入/资金结存</td><td>当期确认为预算支出但没有确认为费用</td></tr>
<tr><td>不符合无形资产确认条件的后续支出（为维护无形资产的正常使用而发生的后续支出）</td><td>借：业务活动费用/单位管理费用/经营费用等
贷：财政拨款收入/零余额账户用款额度/银行存款等</td><td>借：事业支出/经营支出等
贷：财政拨款预算收入/资金结存</td><td>无</td></tr>
<tr><td rowspan="2">3</td><td rowspan="2">无形资产处置</td><td>出售、转让无形资产</td><td>借：资产处置费用
无形资产累计摊销
贷：无形资产</td><td>—</td><td>当期确认为费用但没有确认为预算支出</td></tr>
<tr><td>对外捐赠无形资产</td><td>借：银行存款等［收到的价款］
贷：银行存款等［发生的相关费用］
应缴财政款/其他收入</td><td>如转让收入按照规定纳入本单位预算
借：资金结存
贷：其他预算收入</td><td>无</td></tr>
</table>

续表

序号	业务		财务会计处理	预算会计处理	财务盈余与预算结余差异
3	无形资产处置	对外捐赠无形资产	借：资产处置费用 无形资产累计摊销 贷：无形资产［账面余额］ 银行存款等［归属于捐出方的相关费用］	借：其他支出［归属于捐出方的相关费用］ 贷：资金结存	当期确认为费用但没有确认为预算支出
		无偿调出无形资产	借：无偿调拨净资产 无形资产累计摊销 贷：无形资产［账面余额］ 借：资产处置费用 贷：银行存款等［相关费用］	借：其他支出［归属于捐出方的相关费用］ 贷：资金结存	无
		置换换出无形资产	参照“库存物品”科目中置换取得库存物品的规定进行账务处理		
		经批准核销无形资产时	借：资产处置费用 无形资产累计摊销 贷：无形资产［账面余额］	—	当期确认为费用但没有确认为预算支出

三、案例分析

1.外购

【例3-63】H大学外购取得一项专利，使用财政授权支付方式支付价款300 000元。

财务会计：

借：无形资产　　300 000

　贷：零余额账户用款额度　　300 000

预算会计：

借：事业支出　　300 000

　贷：资金结存——零余额账户用款额度　　300 000

2.委托软件公司开发软件

【例3-64】H大学与软件公司合作，委托其开发软件，价款400 000元。根据合同，该学校先预付40%的开发费用，剩余费用在完工交付后支付。所有款项使用财政授权支付方式支付。

（1）预付开发费用时的账务处理如下：

财务会计：

借：预付账款　　160 000

贷：零余额账户用款额度　　160 000

预算会计：

借：事业支出　　160 000

贷：资金结存——零余额账户用款额度　　160 000

（2）完工交付时的账务处理如下：

财务会计：

借：无形资产　　400 000

贷：预付账款　　160 000

零余额账户用款额度　　240 000

预算会计：

借：事业支出　　240 000

贷：资金结存——零余额账户用款额度　　240 000

3. 自行开发无形资产

【例3-65】 H大学自行开发一项技术，并申请专利，按法律程序申请专利时发生的注册费、聘请律师费等共计120 000元。在取得专利之前共发生研发费用230 000元。所有款项均使用财政授权支付方式进行支付。

（1）取得专利前发生研发费用时的账务处理如下：

财务会计：

借：研发支出——开发支出　　230 000

贷：零余额账户用款额度　　230 000

预算会计：

借：事业支出　　230 000

贷：资金结存——零余额账户用款额度　　230 000

（2）依法取得专利时的账务处理如下：

财务会计：

借：无形资产　　350 000

贷：研发支出——开发支出　　230 000

零余额账户用款额度　　120 000

预算会计：

借：事业支出　　120 000

贷：资金结存——零余额账户用款额度　　120 000

4. 置换取得无形资产

【例3-66】 H大学用一项专利置换换入一批材料，换出专利的原价为600 000元，已提摊销400 000元，评估价值为250 000元，评估增值50 000元。置换换出专利收到补价40 000元，当日收到材料并验收入库。

财务会计：

借：库存物品　　210 000

　　无形资产累计摊销　　400 000

　　银行存款　　40 000

　　贷：无形资产　　600 000

　　　　应缴财政款　　40 000

　　　　其他收入　　10 000

预算会计不作账务处理。

5.接受捐赠无形资产

【**例3-67**】H大学接受C公司捐赠的一项专利，价值300 000元，支付相关税费4 000元。

财务会计：

借：无形资产　　304 000

　　贷：银行存款　　4 000

　　　　捐赠收入　　300 000

预算会计：

借：其他支出　　4 000

　　贷：资金结存——货币资金　　4 000

6.无偿调入调出无形资产

【**例3-68**】H大学接受无偿调入的无形资产，资产价值70 000元，期间发生运输费600元。

财务会计：

借：无形资产　　70 600

　　贷：无偿调拨净资产　　70 000

　　　　银行存款　　600

预算会计：

借：其他支出　　600

　　贷：资金结存——货币资金　　600

【**例3-69**】H大学无偿调出内部的一项无形资产。该无形资产的原值为120 000元，已计提摊销60 000元。

财务会计：

借：无偿调拨净资产　　60 000
　　无形资产累计摊销　　60 000
　　贷：无形资产　　120 000

预算会计不作账务处理。

7. 无形资产后续支出

【例3-70】 H大学拥有的一项软件技术的账面价值为60 000元，已计提摊销6 000元，2×19年5月软件升级支出25 000元。该支出符合无形资产确认条件。

财务会计：

借：在建工程　　54 000
　　无形资产累计摊销　　6 000
　　贷：无形资产　　60 000

借：在建工程　　25 000
　　贷：银行存款　　25 000

预算会计：

借：其他支出　　25 000
　　贷：资金结存——货币资金　　25 000

【例3-71】 H大学拥有的一项软件技术的账面价值为60 000元，已计提摊销6 000元，现为维护该软件技术的正常使用发生后续支出25 000元。若该支出不符合无形资产确认条件。

财务会计：

借：业务活动费用　　25 000
　　贷：银行存款　　25 000

预算会计：

借：事业支出　　25 000
　　贷：资金结存——货币资金　　25 000

【例3-72】 H大学将处置一批不再为该校带来经济利益的计算机软件，报经批准后予以核销。该批计算机软件原价150 000元，已计提摊销120 000元。

财务会计：

借：资产处置费用　　30 000
　　无形资产累计摊销　　120 000
　　贷：无形资产　　150 000

预算会计不作账务处理。

第二十六节 无形资产累计摊销

一、科目介绍

摊销是指在无形资产使用年限内，按照确定的方法对应摊销金额进行系统分摊。《政府会计准则第4号——无形资产》准则基于权责发生制的要求，无形资产的摊销金额应当根据用途计入当期费用或者相关资产成本。这种“实摊”的做法有利于客观真实地反映资产价值。

（一）无形资产摊销年限

1.高等学校应当于取得或形成无形资产时合理确定其使用年限。无形资产的使用年限为有限的，应当估计该使用年限；无法预见无形资产提供服务的潜力或者带来经济利益的期限的，应当视为使用年限不确定的无形资产。按照《政府会计准则第4号——无形资产》第十六条规定：“政府会计主体应当对使用年限有限的无形资产进行摊销”，高等学校应当对使用年限有限的无形资产进行摊销，已摊销完毕仍继续使用的无形资产和以名义金额计量的无形资产除外。使用年限不确定的无形资产不应摊销。

2. 无形资产的摊销年限的确定

高等学校应当按照以下原则确定摊销年限：

（1）法律规定了有效年限的，以法律规定的有效年限作为摊销年限；

（2）法律没有规定有效年限的，以相关合同或单位申请书中的受益年限作为摊销年限；

（3）法律没有规定有效年限、相关合同或单位申请书，也没有规定受益年限的，应当根据无形资产带来服务的潜力或经济利益的实际情况，预计其使用年限；

（4）非大批量购入、单价小于1 000元的无形资产，可以于购买的当期将其成本一次性全部转销，计入当期费用。

（二）无形资产摊销政策

高等学校应当采用年限平均法或工作量法对无形资产进行摊销，应摊销金额为其成本，不考虑预计残值。高等学校应当按月对使用年限有限的无形资产进行摊销，并根据用途计入当期费用或者相关资产成本。

高等学校应当自无形资产取得当月起，按月计提无形资产摊销；无形资产减少的当月，不再计提摊销。

因发生后续支出而增加无形资产成本的，应当按照重新确定的无形资产成本和重新确定的摊销年限计算摊销额。

二、账务处理

高等学校应当设置“无形资产累计摊销”科目，核算高等学校对使用年限确定的无形资产计提的累计摊销。该科目应当按照无形资产的类别、项目等进行明细核算。该科目的期末贷方余额，反映高等学校无形资产摊销累计数。

“无形资产累计摊销”的主要账务处理如下（见表3–28）：

（1）高等学校按月计提无形资产摊销时，财务会计，按照应计提摊销的金额，借记“业务活动费用”“单位管理费用”“加工物品”“在建工程”等科目，贷记该科目。预算会计不作账务处理。

（2）经批准处置无形资产时，按照所处置无形资产的账面价值，借记“资产处置费用”“无偿调拨净资产”“待处理财产损溢”等科目，按照已计提摊销的金额，借记本科目，按照无形资产的账面余额，贷记“无形资产”科目。

表3–28　　高等学校无形资产累计摊销主要账务处理

序号	业务	财务会计账务处理	预算会计账务处理	财务盈余与预算结余差异
1	按月进行无形资产摊销时	借：业务活动费用/单位管理费用/加工物品等 贷：无形资产累计摊销	—	当期确认为费用但没有确认为预算支出
2	处置无形资产时	借：资产处置费用/无偿调拨净资产等 无形资产累计摊销 贷：无形资产［账面余额］	—	当期确认为费用但没有确认为预算支出

三、案例分析

【例3–73】2×19年2月1日H大学购入一项专利，总价款240 000元，用零余额账户结算。该专利按规定摊销年限为10年。

1. 2×19年2月1日，购入专利时的账务处理如下：

财务会计：

借：无形资产　　240 000

　　贷：零余额账户用款额度　　240 000

预算会计：

借：事业支出　　240 000

　　贷：资金结存——零余额账户用款额度　　240 000

2. 每月购入摊销无形资产时的账务处理如下：

专利权月摊销额 =240 000 ÷ 10 ÷ 12=2 000（元）

财务会计：

借：单位管理费用　　2 000

　　贷：无形资产累计摊销　　2 000

预算会计不作账务处理。

第二十七节　研发支出

一、科目介绍

研发支出是指高等学校在自行研究开发无形资产时于研究阶段和开发阶段发生的各项支出。

研究是指为获取并理解新的科学或技术知识而进行的独创性的有计划调查。

开发是指在进行生产或使用前，将研究成果或其他知识应用于某项计划或设计，以生产出新的或具有实质性改进的材料、装置、产品等。

二、账务处理

高等学校应设置“研发支出”科目核算学校研发支出的增减变动及其结存情况，并应当按照自行研究开发项目分别设置“研究支出”“开发支出”等明细科目进行明细核算。该科目期末借方余额，反映高等学校预计能达到预定用途的研究开发项目在研发阶段发生的累计支出数。

建设项目中的软件研发支出，应当通过“在建工程”科目核算，不通过本科目核算。

“研发支出”的主要账务处理如下（见表3–29）：

（1）自行研究开发项目研究阶段的支出，应当先在本科目归集。按照从事研究及其辅助活动人员计提的薪酬、研究活动领用的库存物品、发生的与研究活动相关的管理费及间接费和其他各项费用：财务会计，借记本科目（研究支出），贷记“应付职工薪酬”“库存物品”“财政拨款收入”“零余额账户用款额度”“固定资产累计折旧”“银行存款”等科目；预算会计，按照实际支付的金额，借记“事业支出”科目，贷记“财政拨款预算收入”“资金结存”等科目。

期（月）末，应当将本科目归集的研究阶段的支出金额转入当期费用，财务会计，借记“业务活动费用”等科目，贷记本科目（研究支出）。预算会计不作账务处理。

（2）自行研究开发项目开发阶段的支出，先通过本科目进行归集。按照从事开发及其辅助活动人员计提的薪酬、开发活动领用的库存物品、发生的与开发活动相关的管理费及间接费和其他各项费用：财务会计，借记本科目（开发支出），贷记“应付职工薪酬”“库存物品”“财政拨款收入”“零余额账户用款额度”“固定资产累计折旧”“银行存款”等科目；预算会计，按照实际支付的金额，借记“事业支出”科目，贷记“财政拨款预算收入”“资金结存”等科目。自行研究开发项目完成，达到预定用途形成无形资产的，按照本科目归集的开发阶段的支出金额：财务会计，借记“无形资产”科目，贷记本科目（开发支出）；预算会计不作账务处理。

高等学校应于每年年度终了评估研究开发项目是否能达到预定用途，若预计不能达到预定用途（如无法最终完成开发项目并形成无形资产的），则应当将已发生的开发支出金额全部转入当期费用，借记“业务活动费用”等科目，贷记本科目（开发支出）。预算会计不作账务处理。

表3-29　　高等学校研发支出主要账务处理

业务			财务会计处理	预算会计处理	财务盈余与预算结余差异
单位自行研究开发无形资产	自行研究开发项目研究阶段的支出	应当按照合理的方法先归集	借：研发支出——研究支出 贷：应付职工薪酬/库存物品/财政拨款收入/零余额账户用款额度/银行存款等	借：事业支出/经营支出等［实际支付的款项］ 贷：财政拨款预算收入/资金结存	当期确认为预算支出但没有确认为费用
		期（月）末转入当期费用	借：业务活动费用等 贷：研发支出——研究支出	—	当期确认为费用但没有确认为预算支出
	自行研究开发项目开发阶段的支出		借：研发支出——开发支出 贷：应付职工薪酬 库存物品 财政拨款收入/零余额账户用款额度/银行存款等	借：事业支出/经营支出等［实际支付的款项］ 贷：财政拨款预算收入/资金结存	当期确认为预算支出但没有确认为费用
	自行研究开发项目完成，达到预定用途形成无形资产		借：无形资产 贷：研发支出——开发支出	—	无
	年末经评估，研发项目预计不能达到预定用途		借：业务活动费用等 贷：研发支出——开发支出	—	当期确认为费用但没有确认为预算支出

三、案例分析

【例3-74】H大学于2×19年10月23日自行研究开发一项专利技术，在研究过程中发生材料费100 000元，人工工资150 000元，其他费用50 000元，总计300 000元。其中，属于开发阶段的支出240 000元。

财务会计：

借：研发支出——研究支出	60 000	
——开发支出	240 000	
贷：库存物品		100 000
应付职工薪酬		150 000
银行存款		50 000

预算会计：

借：事业支出	50 000	
贷：资金结存——货币资金		50 000

第二十八节 受托代理资产

一、科目介绍

受托代理资产是指高等学校接受委托方委托管理的各项资产，包括受托指定转赠的物资、受托储存管理的物资。

二、账务处理

高等学校应设置“受托代理资产”科目核算受托代理资产的增减变动及其结存情况，并应按照资产的种类和委托人进行明细核算，属于转赠资产的，还应当按照受赠人进行明细核算。该科目的期末借方余额，反映学校受托代理实物资产的成本。

高等学校收到的受托代理资产为现金和银行存款的，不通过本科目核算，而应当通过“库存现金”“银行存款”科目进行核算。

“受托代理资产”的主要账务处理如下（见表3–30）。

（一）受托转赠物资

1.接受委托人委托需要转赠给受赠人的物资，其成本按照有关凭据注明的金额确定。接受委托转赠的物资验收入库时，按照确定的成本，借记本科目，贷记“受托代理负债”科目。预算会计不作账务处理。

受托协议约定由受托方承担相关税费、运输费等的，还应当按照实际支付的相关税费、运输费等金额：财务会计，借记“其他费用”科目，贷记“零余额账户用款额度”“银行存款”等科目；预算会计，按照实际支付的相关税费、运输费等金额，借记“其他支出”科目，贷记“资金结存”科目。

2.将受托转赠物资交付受赠人时，按照转赠物资的成本，借记“受托代理负债”科目，贷记本科目。预算会计不作账务处理。

3.转赠物资的委托人取消了对捐赠物资的转赠要求，且不再收回捐赠物资的，应当将转赠物资转为高校的存货、固定资产等。按照转赠物资的成本，借记“受托代理负债”科目，贷记本科目；同时，借记“库存物品”“固定资产”等科目，贷记“其他收入”科目。预算会计不作账务处理。

（二）受托存储保管物资

1.接受委托人委托存储保管的物资，其成本按照有关凭据注明的金额确定。接受委托储存的物资验收入库时，按照确定的成本，借记本科目，贷记“受托代理负债”科目。预算会计不作账务处理。

2.发生由受托单位承担的与受托存储保管的物资相关的运输费、保管费等费用时：财务会计，按照实际发生的费用金额，借记“其他费用”等科目，贷记“银行存款”等科目；预算会计，按照实际支付的相关税费、运输费等金额，借记“其他支出”科目，贷记“资金结存”科目。

3.根据委托人要求交付或发出受托存储保管的物资时，按照发出物资的成本，借记“受托代理负债”科目，贷记本科目。预算会计不作账务处理。

（三）高等学校受托代理业务的其他特殊规定

根据《关于高等学校执行〈政府会计制度——行政事业单位会计科目和报表〉的补充规定》的相关内容，作以下两种账务处理。

1.高等学校应当在“受托代理资产”科目下设置“应收及暂付款”“固定资产”“无形资产”明细科目。

（1）发生涉及受托代理资金的各种应收及暂付款项时，按照实际发生金额，借记“受托代理资产——应收及暂付款”科目，贷记“银行存款——受托代理资产”“库存现金——受托代理资产”等科目；收回其他应收款项或报销时，借记“库存现金——受托代理资产”“银行存款——受托代理资产”“受托代理负债”等科目，贷记“受托代理资产——应收及暂付款”科目。

（2）使用受托代理资金购置固定资产或无形资产时，借记“受托代理资产——固定资产”或“受托代理资产——无形资产”科目，贷记“银行存款——受托代理资产”“库存现金——受托代理资产”等科目。

受托代理资产科目下“固定资产”“无形资产”不计提折旧和摊销。受托代理的固定资产和无形资产报废、转交时，按照受托代理的固定资产、无形资产账面余额，借记“受托代理负债”科目，贷记“受托代理资产”科目及其明细科目。

2.高等学校核算的因公房出售形成的公共维修基金中个人缴纳部分，通过“受托代理负债”科目进行核算。

表3-30 高等学校受托代理资产主要账务处理

序号	业务		财务会计处理	预算会计处理	财务盈余与预算结余差异
1	受托转赠物资	接受委托人委托需要转赠给受赠人的物资	借：受托代理资产 贷：受托代理负债	—	无
		受托协议约定由受托方承担相关税费、运输费的	借：其他费用等 贷：财政拨款收入/零余额账户用款额度/银行存款等	借：其他支出［实际支付的相关税费、运输费等］ 贷：财政拨款预算收入/资金结存	无
		将受托转赠物资交付受赠人时	借：受托代理负债 贷：受托代理资产	—	无
		转赠物资的委托人取消了对捐赠物资的转赠要求，且不再收回捐赠物资的	借：受托代理负债 贷：受托代理资产 借：库存物品/固定资产等 贷：其他收入	—	当期确认为收入但没有确认为预算收入
2	受托储存保管物资	接受委托人委托储存保管的物资	借：受托代理资产 贷：受托代理负债	—	无
		支付由受托单位承担的与受托储存保管的物资相关的运输费、保管费等	借：其他费用等 贷：财政拨款收入/零余额账户用款额度/银行存款等	借：其他支出等［实际支付的运输费、保管费等］ 贷：财政拨款预算收入/资金结存	无
		根据委托人要求交付受托储存保管的物资时	借：受托代理负债 贷：受托代理资产	—	无
3	其他	发生涉及受托代理资金的各种应收及暂付款项时	借：受托代理资产——应收及暂付款 贷：银行存款——受托代理资产/库存现金——受托代理资产	—	无
		收回其他应收款项或报销时	借：库存现金——受托代理资产/银行存款——受托代理资产/受托代理负债 贷：受托代理资产——应收及暂付款	—	无
		使用受托代理资金购置固定资产或无形资产时	借：受托代理资产——固定资产/受托代理资产——无形资产 贷：银行存款——受托代理资产/库存现金——受托代理资产	—	无
		受托代理的固定资产和无形资产报废、转交时	借：受托代理负债 贷：受托代理资产	—	无

三、案例分析

【例3-75】 2×19年4月3日，H大学接受A公司受托转赠一批物资验收入库。该批物资的实际成本为400 000元。该学校按照约定承担并支付运费4 000元。

1. 2×19年4月3日，H大学收到受托转赠物资时的账务处理如下：

财务会计：

借：受托代理资产　　400 000

　　贷：受托代理负债　　400 000

借：其他费用　　4 000

　　贷：银行存款　　4 000

预算会计：

借：其他支出　　4 000

　　贷：资金结存——货币资金　　4 000

2. 2×19年6月1日，该学校将物资交付受赠人某希望小学。

财务会计：

借：受托代理负债　　400 000

　　贷：受托代理资产　　400 000

预算会计不作账务处理。

3. 若2×19年5月10日，A公司取消了对捐赠物资的转赠要求。

财务会计：

借：受托代理负债　　400 000

　　贷：受托代理资产　　400 000

借：库存物品　　400 000

　　贷：其他收入　　400 000

预算会计不作账务处理。

【例3-76】 H大学有一笔受托代理资金存放银行。2×19年5月，学校用该资金支出2 800元购入打印机一台，已办理固定资产手续。

财务会计：

借：受托代理资产——固定资产　　2 800

　　贷：银行存款——受托代理资产　　2 800

预算会计不作账务处理。

第二十九节 长期待摊费用

一、科目介绍

长期待摊费用是指高等学校已经支出，但应由本期和以后各期负担的分摊期限在1年以上（不含1年）的各项费用，如以经营租赁方式租入的固定资产发生的改良支出等。

二、账务处理

高等学校应设置“长期待摊费用”科目核算高校长期待摊费用的增减变动及其结存情况，并应当按照费用项目进行明细核算。该科目期末借方余额，反映高校尚未摊销完毕的长期待摊费用。

“长期待摊费用”的主要账务处理如下（见表3–31）：

（1）发生长期待摊费用时：财务会计，按照支出金额，借记本科目，贷记“财政拨款收入”“零余额账户用款额度”“银行存款”等科目；预算会计，按照支出金额，借记“事业支出”科目，贷记“财政拨款预算收入”“资金结存”等科目。

（2）按照受益期间摊销长期待摊费用时：财务会计，按照摊销金额，借“业务活动费用”“单位管理费用”“经营费用”等科目，贷记本科目；预算会计不作账务处理。

（3）如果某项长期待摊费用已经不能使高校受益，则应当将其摊余金额一次全部转入当期费用：财务会计，按照摊销金额，借记“业务活动费用”“单位管理费用”“经营费用”等科目，贷记本科目；预算会计不作账务处理。

表3–31　　高等学校长期待摊费用主要账务处理

序号	业务	财务会计处理	预算会计处理	财务盈余与预算结余差异
1	发生长期待摊费用时	借：长期待摊费用 贷：财政拨款收入/零余额账户用款额度/银行存款等	借：事业支出等 贷：财政拨款预算收入/资金结存	当期确认为预算支出但没有确认为费用
2	按期摊销或一次转销长期待摊费用的剩余账面余额	借：业务活动费用/单位管理费用/经营费用等 贷：长期待摊费用	—	当期确认为费用但没有确认为预算支出

三、案例分析

【例3–77】2×19年4月6日，H大学以经营租赁方式租入一幢教学楼，租期2年，一次性支付租金1 200 000元，使用财政授权支付方式进行结算。

1. 2×19年4月6日，支付租金时的账务处理如下：

财务会计：

借：长期待摊费用　　1 200 000

　　贷：零余额账户用款额度　　1 200 000

预算会计：

借：事业支出　　1 200 000

　　贷：资金结存——零余额账户用款额度　　1 200 000

2. 每月摊销租金时的账务处理如下：

每月摊销金额=1 200 000÷2÷12=50 000（元）

借：业务活动费用　　50 000

　　贷：长期待摊费用　　50 000

第三十节　待处理财产损溢

一、科目介绍

（一）资产清查

财政部为了加强行政事业单位国有资产管理，规范行政事业单位资产清查核实工作，真实反映行政事业单位的资产和财务状况，保障行政事业单位国有资产的安全完整，于2016年发布《行政事业单位资产清查核实管理办法》（财资〔2016〕1号），于2019年修订《事业单位国有资产管理暂行办法》（财政部令第100号）。

高等学校的资产清查，是指高等学校根据专项工作要求或者特定经济行为需要，按照规定的政策、工作程序和方法，对高等学校进行账务清理、财产清查，依法认定各项资产损溢和资金挂账，真实反映高等学校国有资产占有使用状况的工作。资产清查工作的内容主要包括单位基本情况清理、账务清理、财产清查和完善制度等。

（二）资产核实及结果

资产核实，是资产清查的基础性工作。资产核实是指财政部门和主管部门根据国家资产清查核实政策和有关财务、会计制度的规定，对行政事业单位资产清查工作中认定的资产盘盈、资产损失和资金挂账等进行认定批复，并对资产总额进行确认的工作。

资产处理，是资产核实与资产清查的结果，包括资产盘盈、资产损失。资产盘盈是单位在资产清查基准日无账面记载，但单位实际占有使用的能以货币计量的经济资源，包括货币资金盘盈、存货盘盈、对外投资盘盈、固定资产盘盈、无形资产盘盈、往来款项盘盈等。资产损失是单位在资产清查基准日有账面记载，但实际发生的短少、毁损、被盗或者丧失使用价值的，能以货币计量的经济资源，包括货币资金损失、坏账损失、存货损失、对外投资损失、固定资产损失、无形资产损失等。

（三）资产处置

在资产清查中，处置收入是指在出售、出让、转让、置换、报废、报损和核销等处置国有资产过程中获得的收入，包括出售实物资产和无形资产的收入、置换差价收入、报废报损残值变价收入、保险理赔收入、转让土地使用权收益、核销对外投资收入等。国有资产处置收入，在扣除相关税金、评估费和拍卖佣金等费用后，应按照非税收入管理的规定，上缴财政国库，纳入预算管理。

（四）资产盘点

高等学校应当定期或不定期对资产进行盘查清点，每年至少盘点一次，确保账实相符。对于发生资产盘盈、盘亏或者报废、损毁的情形，应当及时查明原因，按规定报经批准后及时进行账务处理。

对于资产盘盈、盘亏等情形，应及时填写有关盘点报告单（参照格式见表3-32），查明原因，并根据管理权限办理报批手续，在期末结账前处理完毕。高等学校应当建立资产信息管理系统，做好资产统计、报告、分析工作，实现对资产的动态管理。

表3-32 资产盘点报告表

资产编号	资产名称规格	计量单位	数量		单价	盘盈		盘亏		原因说明
			账存	实存		数量	金额	数量	金额	

二、账务处理

高等学校应当设置“待处理财产损溢”科目，核算在资产清查过程中查明的各种资产盘盈、盘亏或报废、毁损的价值，并按照待处理的资产项目进行明细核算。对于在资产处置过程中取得收入或发生相关费用的项目，还应当设置“待处理财产价值”和“处理净收入”明细科目，进行明细核算。该科目期末如为借方余额，反映尚未处理完毕的各种资产的净损失；期末如为贷方余额，反映尚未处理完毕的各种资产净溢余。年末，经批准处理后，本科目一般应无余额。

资产清查过程中查明的盘盈（其成本依次按照历史成本、评估价值、重置成本、名义金额四个层次判断确定）、盘亏或报废、毁损（其成本按账面价值确定），应先记入“待处理财产损溢”科目，按照规定报经批准后及时进行账务处理。

“待处理财产损溢”的主要账务处理如下（见表3–33）。

（一）账款核对时发现的库存现金短缺或溢余

1.每日账款核对中发现现金短缺或溢余，属于现金短缺，按照实际短缺的金额，借记本科目，贷记“库存现金”科目；属于现金溢余，按照实际溢余的金额，借记“库存现金”科目，贷记本科目。预算会计不作账务处理。

2.如为现金短缺，属于应由责任人赔偿或向有关人员追回的，借记“其他应收款”科目，贷记本科目；属于无法查明原因的，报经批准核销时，借记“资产处置费用”科目，贷记本科目。预算会计不作账务处理。

3.如为现金溢余，属于应支付给有关人员或单位的，借记本科目，贷记“其他应付款”科目；属于无法查明原因的，报经批准后，借记本科目，贷记“其他收入”科目。预算会计不作账务处理。

（二）资产清查过程中发现的存货、固定资产、无形资产等各种资产盘盈、盘亏或报废、毁损

1.盘盈的各类资产

（1）转入待处理资产时，按照确定的成本，借记“库存物品”“固定资产”“无形资产”等科目，贷记本科目。预算会计不作账务处理。

（2）按照规定报经批准后处理时，对于盘盈的流动资产，借记本科目，贷记“单位管理费用”科目。对于盘盈的非流动资产，如属于本年度取得的，按照当年新取得相关资产进行账务处理；如属于以前年度取得的，按照前期差错处理，借记本科目，贷记“以前年度盈余调整”科目。预算会计不作账务处理。

2.盘亏或者毁损、报废的各类资产

（1）转入待处理资产时，借记本科目（待处理财产价值）[属于盘亏、毁损、报废固定资产、无形资产的，还应借记“固定资产累计折旧”“无形资产累计摊销”科目]，贷记“库存物品”“固定资产”“无形资产”“在建工程”等科目。预算会计不作账务

处理。

报经批准处理时，借记“资产处置费用”科目，贷记本科目（待处理财产价值）。预算会计不作账务处理。

（2）处理毁损、报废实物资产过程中取得的残值或残值变价收入、保险理赔和过失人赔偿等，借记“库存现金”“银行存款”“库存物品”“其他应收款”等科目，贷记本科目（处理净收入）；处理毁损、报废实物资产过程中发生的相关费用，借记本科目（处理净收入），贷记“库存现金”“银行存款”等科目。预算会计不作账务处理。

处理收支结清，如果处理收入大于相关费用的，按照处理收入减去相关费用后的净收入，借记本科目（处理净收入），贷记“应缴财政款”等科目；如果处理收入小于相关费用的，按照相关费用减去处理收入后的净支出，借记“资产处置费用”科目，贷记本科目（处理净收入）。预算会计，按照支付的处理净支出，借记“其他支出”科目，贷记“资金结存——货币资金”科目。

表3-33　　高等学校待处理财产损溢主要账务处理

<table>
<tr><th>序号</th><th colspan="3">业务</th><th>财务会计账务处理</th><th>预算会计账务处理</th><th>财务盈余与预算结余差异</th></tr>
<tr><td rowspan="4">1</td><td rowspan="4">现金溢余和盘亏损失</td><td rowspan="2">现金溢余</td><td>转入待处理财产时</td><td>借：库存现金
贷：待处理财产损溢——待处理财产价值</td><td>—</td><td>无</td></tr>
<tr><td>报经批准后处理时</td><td>借：待处理财产损溢——待处理财产价值
贷：其他收入</td><td>—</td><td>当期确认为收入但没有确认为预算收入</td></tr>
<tr><td rowspan="2">现金盘亏损失</td><td>转入待处理财产时</td><td>借：待处理财产损溢——待处理财产价值
贷：库存现金</td><td>—</td><td>无</td></tr>
<tr><td>报经批准后处理时</td><td>借：其他应收款/资产处置费用
贷：待处理财产损溢——待处理财产价值</td><td>—</td><td>当期确认为费用但没有确认为预算支出</td></tr>
<tr><td rowspan="3">2</td><td rowspan="3">盘盈的非现金资产</td><td colspan="2">转入待处理财产时</td><td>借：库存物品/固定资产/无形资产等
贷：待处理财产损溢——待处理财产价值</td><td>—</td><td>无</td></tr>
<tr><td rowspan="2">报经批准后处理时</td><td>对于流动资产</td><td>借：待处理财产损溢——待处理财产价值
贷：单位管理费用</td><td>—</td><td>当期确认为费用但没有确认为预算支出</td></tr>
<tr><td>对于非流动资产</td><td>借：待处理财产损溢——待处理财产价值
贷：以前年度盈余调整</td><td>—</td><td>当期财务盈余调整但预算结余不变</td></tr>
</table>

续表

序号	业务		财务会计账务处理	预算会计账务处理	财务盈余与预算结余差异
3	盘亏或毁损、报废的非现金资产	转入待处理财产时	借：待处理财产损溢——待处理财产价值 固定资产累计折旧/无形资产累计摊销 贷：库存物品/固定资产/无形资产	—	无
		报经批准后处理时	借：资产处置费用 贷：待处理财产损溢——待处理财产价值	—	当期确认为费用但没有确认为预算支出
		处理毁损、报废实物资产过程中取得的残值变价收入、保险理赔和过失人赔偿等	借：库存现金/银行存款等 贷：待处理财产损溢——处理净收入	—	无
		处理毁损、报废实物资产过程中发生的相关费用	借：待处理财产损溢——处理净收入 贷：库存现金/银行存款等	—	无
		处理收支结清，处理收入大于相关费用的	借：待处理财产损溢——处理净收入 贷：应缴财政款	—	无
		处理收支结清，处理收入小于相关费用的	借：资产处置费用 贷：待处理财产损溢——处理净收入	借：其他支出 贷：资金结存等（支付的处理净支出）	无

三、案例分析

【例3-78】H大学在2×19年12月1日对固定资产盘点时，盘盈一台设备，经评估价值6 000元。报经批准后，该学校于2×19年12月15日对该设备进行处理。

1. 2×19年12月1日，盘盈时的账务处理如下：

财务会计：

借：固定资产　　6 000

　　贷：待处理财产损溢　　6 000

预算会计不作账务处理。

2. 2×19年12月15日，报经批准后的账务处理如下：

财务会计：

借：待处理财产损溢　　6 000

　　贷：以前年度盈余调整　　6 000

预算会计不作账务处理。

【例3-79】H大学在2×19年11月1日对固定资产盘点时，发现一台设备A毁损。A的账面价值为4 000元，已计提折旧3 000元。2×19年11月15日，该学校在报经批准后对设备A进行处理。2×19年11月30日，对毁损的设备A变卖取得500元，另支付运费100元。

1. 2×19年11月1日，盘点毁损时的账务处理如下：

财务会计：

借：待处理财产损溢——待处理财产价值	1 000	
固定资产累计折旧	3 000	
贷：固定资产		4 000

预算会计不作账务处理。

2. 2×19年11月15日，报经批准处理后的账务处理如下：

财务会计：

借：资产处置费用	1 000	
贷：待处理财产损溢——待处理财产价值		1 000

预算会计不作账务处理。

3. 2×19年11月30日，变卖毁损设备时的账务处理如下：

财务会计：

借：银行存款	500	
贷：待处理财产损溢——处理净收入		500
借：待处理财产损溢——处理净收入	100	
贷：银行存款		100
借：待处理财产损溢——处理净收入	400	
贷：应缴财政款		400

预算会计不作账务处理。

第四章　负　债

第一节　负债概述

一、负债要素概述

（一）负债的定义

负债是指由高等学校过去的经济业务或者事项形成的，预期会导致经济资源流出高等学校的现时义务。

根据负债的定义，负债具有以下特征：

（1）负债是指正在承担的现时义务。现时义务，是指高等学校在现行条件下已承担的义务。未来发生的经济业务或者事项形成的义务不属于现时义务，不应当确认为负债。

（2）负债的清偿，预期会导致经济利益的流出。

（3）负债是由过去的交易或事项形成的。

（二）负债的确认条件

某项义务符合负债的定义，需要同时满足以下条件时，才能确认为负债：

一是履行该义务很可能导致含有服务潜力或者经济利益的经济资源流出高校；

二是该义务的金额能够可靠地计量。

二、负债计量方法

负债的计量属性主要包括历史成本、现值、公允价值。

在历史成本计量下，负债按照因承担现时义务而实际收到的款项或者资产的金额，或者承担现时义务的合同金额，或者按照为偿还负债预期需要支付的现金金额计量。

在现值计量下，负债按照预计期限内需要偿还的未来净现金流出量的折现金额计量。

在公允价值计量下，负债按照市场参与者在计量日发生的有序交易中，转移负债所须支付的金额计量。

高等学校在对负债进行计量时，一般应当采用历史成本。采用现值、公允价值计量的，应当保证所确定的负债金额能够持续、可靠地计量。

三、负债分类

（一）按照流动性强弱（见表4-1）

负债按照流动性强弱分为流动负债和非流动负债。流动负债是指预计在1年内（含1年）偿还的负债，主要包括应付及预收款项、应付职工薪酬、应缴款项等。非流动负债是指流动负债以外的负债，主要包括长期应付款。

表4-1 负债类会计科目一览表（高等学校）

序号	科目编号	科目名称	负债分类
1	2001	短期借款	流动负债
2	2101	应交增值税	
3	2102	其他应交税费	
4	2103	应缴财政款	
5	2201	应付职工薪酬	
6	2301	应付票据	
7	2302	应付账款	
8	2304	应付利息	
9	2305	预收账款	
10	2307	其他应付款	
11	2401	预提费用	
12	2501	长期借款	非流动负债
13	2502	长期应付款	
14	2601	预计负债	
15	2901	受托代理负债	

（二）按照偿还时间与金额是否确定

负债按照偿还时间与金额是否确定分为偿还时间与金额基本确定的负债和由或有事项形成的预计负债。其中偿还时间与金额基本确定的负债按高等学校的业务性质及风险程度，分为融资活动形成的举借债务及其应付利息、运营活动形成的应付及预收款项和暂收性负债。

举借债务是指高等学校因资金短缺，经批准通过融资活动借入的债务，包括从银行或其他金融机构借入的款项以及通过地方政府借入的地方债等，受债务合同或协议的约束，高校面临的偿债压力较大，债务风险较高。

应付及预收款项，是指高等学校在运营活动中形成的应当支付而尚未支付的款项及预先收到但尚未实现收入的款项，包括应付职工薪酬、应付账款、预收款项、应交税费和其他应付未付款项。这类负债需要高校在未来通过提供服务和运用自身的资产来偿还，其在偿还期限和偿还方式方面，相对于举借债务具有更大的灵活性，因此高校面临的偿债压力相对较小。

暂收性负债是指高等学校暂时收取，须上缴、退回、转拨等处理的款项。暂收性负债主要包括应缴财政款和其他暂收款项。这类负债由暂收的款项来偿还，高校未来面临的偿债压力很小，基本不存在债务风险。

高等学校应当将与或有事项相关且满足负债确认条件的现时义务确认为预计负债。或有事项，是指由过去的经济业务或者事项形成的，其结果须由某些未来事项的发生或不发生决定的不确定事项。未来事项是否发生不在高校控制范围内。高校常见的或有事项主要包括未决诉讼或未决仲裁等。

第二节　短期借款

一、科目介绍

短期借款是指高等学校经相关部门批准，从银行或其他金融机构等借入的期限在1年内（包含1年）的各种借款。

为进一步规范高等学校银行贷款行为，控制贷款规模，防范财务风险，教育部建立了直属高校银行贷款审批制度《关于建立直属高校银行贷款审批制度的通知》（教财〔2004〕44号），高等学校申请贷款要严格按照贷款审批范围、贷款审批程序以及贷款申请材料及流程等办理借款事宜。

二、账务处理

高等学校应设置“短期借款”科目核算学校短期借款的变动及其结存情况，并应当按照债权人和借款种类进行明细核算。该科目期末贷方余额，反映高等学校尚未偿还的短期借款本金。

“短期借款”的主要账务处理如下（见表4–2）：

（1）高等学校借入短期借款时，按照实际借入的金额：财务会计，借记“银行存款”科目，贷记本科目；预算会计，借记“资金结存”科目，贷记“债务预算收入”科目。

（2）银行承兑汇票到期，高等学校无力支付票款的，按照应付票据的账面余额：财务会计，借记“应付票据”科目，贷记本科目；预算会计，借记“事业支出”“经营支出”等科目，贷记“债务预算收入”科目。

（3）高等学校归还短期借款时：财务会计，借记本科目，贷记“银行存款”科目；预算会计，借记“债务还本支出”科目，贷记“资金结存”科目。

表4–2 高等学校短期借款主要账务处理

序号	业务	财务会计账务处理	预算会计账务处理	财务盈余与预算结余差异
1	借入短期借款	借：银行存款 　贷：短期借款	借：资金结存——货币资金 　贷：债务预算收入	当期确认为预算收入但没有确认为收入
2	银行承兑汇票到期，高等学校无力支付票款	借：应付票据 　贷：短期借款	借：事业支出等 　贷：债务预算收入	当期确认为预算支出但没有确认为费用 当期确认为预算收入但没有确认为收入
3	归还短期借款	借：短期借款 　贷：银行存款	借：债务还本支出 　贷：资金结存——货币资金	当期确认为预算支出但没有确认为费用

三、案例分析

【例4–1】H大学为建设一小型实验室，经批准从某银行借入1 000 000元，借款期限10个月，年利率6%，到期一次性还本付息。

1.借入款项时的账务处理如下：

财务会计：

借：银行存款　　1 000 000

　　贷：短期借款　　1 000 000

预算会计：

借：资金结存——货币资金　　1 000 000

　　贷：债务预算收入　　1 000 000

2.债务到期，偿还短期借款本息的账务处理如下：

借款利息 =1 000 000 × 6% × 10 ÷ 12=50 000（元）

财务会计：

借：短期借款　　1 000 000

　　在建工程　　50 000

　　贷：银行存款　　1 050 000

预算会计：

借：债务还本支出　　1 000 000

其他支出　　50 000

贷：资金结存——货币资金　　1 050 000

第三节　应交增值税

一、科目介绍

应交增值税是指高等学校按照税法规定计算应缴纳的增值税。

增值税是以商品（含应税劳务）在流转过程中产生的增值额作为计税依据而征收的一种流转税，是对单位和个人就其销售货物或者提供加工、修理修配劳务以及进出口货物而实现的增值额为依据征收的一个税种。依据《中华人民共和国增值税暂行条例》，将纳税人按其经营规模的大小以及会计核算的健全程度划分为一般纳税人和小规模纳税人。高等学校年应税额超过财政部、国家税务总局规定的小规模纳税人标准的，可向所在地县级以上主管税务机关申请一般纳税人资格认定，认定为增值税一般纳税人。高等学校涉及缴纳增值税的业务主要包括开展科研业务活动、出租出借、利用学校资源开展社会培训、承办比赛、举办会议等取得的应税收入等。

二、账务处理

高等学校应设置“应交增值税”科目核算高校增值税的增减变动及其结存情况。该科目期末贷方余额，反映高等学校应交未交的增值税；期末若为借方余额，反映高等学校尚未抵扣或多交的增值税。应交增值税的明细科目根据高等学校性质进行设置。

高等学校性质为增值税小规模纳税人的，应在本科目下设置代扣代交增值税等明细科目。

高等学校为增值税一般纳税人的，应在本科目下设置应交税金等明细科目，明细科目设置详见表4–3。

表4–3　　高等学校为增值税一般纳税人明细科目设置及核算内容

科目	一级明细科目	二级明细科目	核算内容
应交增值税	应交税金	进项税额	记录高等学校购进货物、加工修理修配劳务、服务、无形资产或不动产而支付或负担的、准予从当期销项税额中抵扣的增值税额
		已交税金	记录高等学校当月已缴纳的应交增值税额
		转出未交增值税	记录高等学校月度终了转出当月应交未交的增值税额

续表

科目	一级明细科目	二级明细科目	核算内容
应交增值税	应交税金	减免税款	记录高等学校按照现行增值税制度规定准予减免的增值税额
		销项税额	记录高等学校销售货物、加工修理修配劳务、服务、无形资产或不动产应收取的增值税额
		进项税额转出	记录高等学校购进货物、加工修理修配劳务、服务、无形资产或不动产等发生非正常损失以及其他原因而不应从销项税额中抵扣、按照规定转出的进项税额
		转出多交增值税	记录高等学校月度终了转出当月多交的增值税额
	未交税金		核算高等学校月度终了从“应交税金”或“预交税金”明细科目转入当月应交未交、多交或预缴的增值税额以及当月缴纳以前期间未交的增值税额
	预交税金		核算高等学校转让不动产、提供不动产经营租赁服务等以及其他按照现行增值税制度规定应预缴的增值税额
	待抵扣进项税额		核算高等学校已取得增值税扣税凭证并经税务机关认证，按照现行增值税制度规定准予以后期间从销项税额中抵扣的进项税额
	待认证进项税额		核算高等学校由于未经税务机关认证而不得从当期销项税额中抵扣的进项税额。包括一般纳税人已取得增值税扣税凭证并按规定准予从销项税额中抵扣，但尚未经税务机关认证的进项税额；一般纳税人已申请稽核但尚未取得稽核相符结果的海关缴款书的进项税额
	待转销项税额		核算高等学校销售货物、加工修理修配劳务、服务、无形资产或不动产，已确认相关收入（或利得）但尚未发生增值税纳税义务而需要于以后期间确认为销项税额的增值税额
	简易计税		核算高等学校采用简易计税方法发生的增值税计提、扣减、预缴、缴纳等业务
	转让金融商品应交增值税		核算高等学校转让金融商品发生的增值税额
	代扣代交增值税		核算高等学校购进在境内未设经营机构的境外单位或个人在境内的应税行为代扣代缴的增值税

“应交增值税”的主要账务处理如下（见表4-4）。

（一）高等学校为增值税一般纳税人

1.取得资产或接受劳务等业务

（1）采购等业务进项税额允许抵扣。购买用于增值税应税项目的资产或服务等时。财务会计，按照应计入相关成本费用或资产的金额，借记“业务活动费用”“在途物品”“库存物品”“工程物资”“在建工程”“固定资产”“无形资产”等科目，按照当月已认证的可抵扣增值税额，借记本科目（应交税金——进项税额），按照当月未认证的可抵扣增值税额，借记本科目（待认证进项税额），按照应付或实际支付的金额，贷记“应付账款”“应付票据”“银行存款”“零余额账户用款额度”等科目。预算会计，按照实际支付的金额，借记“事业支出”“经营支出”等科目，贷记“资金结存”等科目。

发生退货的，如原增值税专用发票已作认证，应根据税务机关开具的红字增值税专用发票编写相反的会计分录；如原增值税专用发票未作认证，应将发票退回并编写相反的会计分录。

（2）采购等业务进项税额不允许抵扣。购进资产或服务等，用于简易计税方法计税项目、免征增值税项目、集体福利等，其进项税额按照现行增值税制度规定不得从销项税额中抵扣的，取得增值税专用发票时：财务会计，应按照增值税发票注明的金额，借记相关成本费用或资产科目，按照待认证的增值税进项税额，借记本科目（待认证进项税额），按照实际支付或应付的金额，贷记“银行存款”“应付账款”“零余额账户用款额度”等科目；预算会计，按照实际支付的金额，借记“事业支出”“经营支出”等科目，贷记“资金结存”等科目。

经税务机关认证为不可抵扣进项税时，借记本科目（应交税金——进项税额）科目，贷记本科目（待认证进项税额）；同时，将进项税额转出，借记相关成本费用科目，贷记本科目（应交税金——进项税额转出）。预算会计不作账务处理。

（3）购进不动产或不动产在建工程。取得应税项目为不动产或者不动产在建工程，按照国家税务总局2016年3月31日颁布的《不动产进项税额分期抵扣暂行办法》第二条规定“增值税一般纳税人（以下称纳税人）2016年5月1日后取得并在会计制度上按固定资产核算的不动产，以及2016年5月1日后发生的不动产在建工程，其进项税额应按照本办法有关规定分2年从销项税额中抵扣，第一年抵扣比例为60%，第二年抵扣比例为40%。”财务会计，进项税额应当按照取得成本，借记“固定资产”“在建工程”等科目，按照当期可抵扣的增值税额，借记本科目（应交税金——进项税额），按照以后期间可抵扣的增值税额，借记本科目（待抵扣进项税额），按照应付或实际支付的金额，贷记“应付账款”“应付票据”“银行存款”“零余额账户用款额度”等科目。预算会计，按照实际支付的金额，借记“事业支出”“经营支出”等科目，贷记“资金结存”等科目。

尚未抵扣的进项税额待以后期间允许抵扣时，按照允许抵扣的金额，借记本科目（应交税金——进项税额），贷记本科目（待抵扣进项税额）。预算会计不作账务处理。

（4）进项税额抵扣情况发生改变。因发生非正常损失或改变用途等，原已计入进项税额、待抵扣进项税额或待认证进项税额，但按照现行增值税制度规定不得从销项税额中抵扣的，借记“待处理财产损溢”“固定资产”“无形资产”等科目，贷记本科目（应交税金——进项税额转出、待抵扣进项税额、待认证进项税额）。

因用途改变原不得抵扣进项税额的固定资产、无形资产等，用于允许抵扣进项税额的应税项目的，应按照允许抵扣的进项税额，借记本科目（应交税金——进项税额），贷记“固定资产”“无形资产”等科目。固定资产、无形资产等经上述调整后，应按照调整后的账面价值在剩余尚可使用年限内计提折旧或摊销。预算会计不作账务处理。

购进时已全额计入进项税额的货物或服务等转用于不动产在建工程的，对于结转以后期间的进项税额，应借记本科目（待抵扣进项税额），贷记本科目（应交税金——进项税额转出）。预算会计不作账务处理。

（5）购买方作为扣缴义务人。按照现行增值税制度规定，境外单位或个人在境内发生应税行为，在境内未设有经营机构的，以购买方为增值税扣缴义务人。境内一般纳税人购进服务或资产时：财务会计，按照应计入相关成本费用或资产的金额，借记“业务活动费用”“在途物品”“库存物品”“工程物资”“在建工程”“固定资产”“无形资产”等科目，按照可抵扣的增值税额，借记本科目（应交税金——进项税额），按照应付或实际支付的金额，贷记“银行存款”“应付账款”等科目，按照应代扣代缴的增值税额，贷记本科目（代扣代交增值税）；预算会计，按照实际支付的金额，借记“事业支出”“经营支出”等科目，贷记“资金结存”等科目。

实际缴纳代扣代缴增值税时，按照代扣代缴的增值税额：财务会计，借记本科目（代扣代交增值税），贷记“银行存款”“零余额账户用款额度”等科目；预算会计，借记“事业支出”“经营支出”等科目，贷记“资金结存”等科目。

2.销售应税产品或提供应税服务等业务

销售应税产品或提供应税服务：财务会计，应当按照应收或已收的金额，借记“应收账款”“应收票据”“银行存款”等科目，按照确认的收入金额，贷记“经营收入”“事业收入”等科目，按照现行增值税制度规定计算的销项税额（或采用简易计税方法计算的应纳增值税额），贷记本科目（应交税金——销项税额）或本科目（简易计税）；预算会计，按照实际收到的含税金额，借记“资金结存”科目，贷记“事业预算收入”“经营预算收入”等科目。发生销售退回的，应根据按照规定开具的红字增值税专用发票作相反的会计分录。

3.月末转出多交增值税和未交增值税

月度终了，高等学校应当将当月应交未交或多交的增值税自“应交税金”明细科目转入“未交税金”明细科目。对于当月应交未交的增值税，借记本科目（应交税金——转出未交增值税），贷记本科目（未交税金）；对于当月多交的增值税，借记本科目（未交税金），贷记本科目（应交税金——转出多交增值税）。预算会计不作账务处理。

4.缴纳增值税

（1）缴纳当月应交增值税。高等学校缴纳当月应交的增值税：财务会计，借记本科目（应交税金——已交税金），贷记“银行存款”等科目；预算会计，借记“事业支出”“经营支出”等科目，贷记“资金结存”等科目。

（2）缴纳以前期间未交增值税。缴纳以前期间未交的增值税：财务会计，借记本科目（未交税金），贷记“银行存款”等科目；预算会计，借记“事业支出”“经营支出”等科目，贷记“资金结存”等科目。

（3）预缴增值税。预缴增值税时：财务会计，借记本科目（预交税金），贷记“银行存款”等科目，月末，单位应将“预交税金”明细科目余额转入“未交税金”明细科目，借记本科目（未交税金），贷记本科目（预交税金）；预算会计，借记“事业支出”“经营支出”等科目，贷记“资金结存”等科目。

（4）减免增值税。对于当期直接减免的增值税，借记本科目（应交税金——减免税款），贷记“业务活动费用”“经营费用”等科目。预算会计不作账务处理。

按照现行增值税制度规定，高等学校初次购买增值税税控系统专用设备支付的费用以及缴纳的技术维护费允许在增值税应纳税额中全额抵减的，按照规定抵减的增值税应纳税额，借记本科目（应交税金——减免税款），贷记“业务活动费用”“经营费用”等科目。预算会计不作账务处理。

（二）高等学校性质为增值税小规模纳税人

1. 购买资产或服务等业务

（1）购买资产或服务等不能抵扣增值税，发生的增值税计入资产成本或相关成本费用。财务会计，按照价税合计金额，借记“业务活动费用”“在途物品”“库存物品”等科目，按照实际支付或应付金额，贷记“银行存款”“应付票据”“应付账款”等科目。预算会计，按照实际支付的金额，借记“事业支出”“经营支出”等科目，贷记“资金结存”等科目。

（2）购进资产或服务时作为扣缴义务人。按照现行增值税制度规定，境外单位或个人在境内发生应税行为，在境内未设有经营机构的，以购买方为增值税扣缴义务人。小规模纳税人购进服务或资产时：财务会计，按照应计入相关成本费用或资产的金额，借记“业务活动费用”“在途物品”“库存物品”“工程物资”“在建工程”“固定资产”“无形资产”等科目，按照应付或实际支付的金额，贷记“银行存款”“应付账款”等科目，按照应代扣代缴的增值税额，贷记本科目（代扣代交增值税）；预算会计，按照实际支付的金额，借记“事业支出”“经营支出”等科目，贷记“资金结存”等科目。

2. 销售货物或提供服务等业务

销售货物或提供服务时：财务会计，应当按照应收或已收的金额，借记“应收账款”“应收票据”“银行存款”等科目，按照确认的收入金额，贷记“经营收入”“事业收入”等科目或本科目（简易计税）；预算会计，按照实际收到的含税金额，借记“资金结存”科目，贷记“事业预算收入”“经营预算收入”等科目。

3.缴纳增值税

按照实际缴纳的金额：财务会计，借记本科目，贷记“银行存款”等科目；预算会计，借记“事业支出”“经营支出”等科目，贷记“资金结存”等科目。

对于当期直接减免的增值税，借记本科目，贷记“业务活动费用”“经营费用”等科目。预算会计不作账务处理。

表4-4　　　　　　　　高等学校应交增值税主要账务处理

序号	业务			财务会计账务处理	预算会计账务处理	财务盈余与预算结余差异
1	增值税一般纳税人	购入资产或接受劳务时	购入应税资产或服务时	借：业务活动费用/在途物品/库存物品/工程物资/在建工程/固定资产/无形资产等 应交增值税——应交税金（进项税额）[当月已认证可抵扣] 应交增值税——待认证进项税额［当月未认证可抵扣］ 贷：银行存款/零余额账户用款额度等［实际支付的金额］/应付票据［开出并承兑的商业汇票］/应付账款等［应付的金额］	借：事业支出/经营支出等 贷：资金结存等(实际支付的金额）	当期确认为预算支出但没有确认为费用
			经税务机关认证为不可抵扣的进项税时	借：应交增值税——应交税金（进项税额） 贷：应交增值税——待认证进项税额 同时： 借：业务活动费用等 贷：应交增值税——应交税金（进项税额转出）	—	当期确认为费用但没有确认为预算支出
			购进应税不动产或在建工程按规定分年抵扣进项税额的	借：固定资产/在建工程等 应交增值税——应交税金（进项税额）[当期可抵扣] 应交增值税——待抵扣进项税额［以后期间可抵扣］ 贷：银行存款/零余额账户用款额度等［实际支付的金额］/应付票据［开出并承兑的商业汇票］/应付账款等［应付的金额］	借：事业支出/经营支出等 贷：资金结存等[实际支付的金额]	当期确认为预算支出但没有确认为费用
			尚未抵扣的进项税额以后期间抵扣时	借：应交增值税——应交税金（进项税额） 贷：应交增值税——待认证进项税额	—	无

续表

序号	业务			财务会计账务处理	预算会计账务处理	财务盈余与预算结余差异
1	增值税一般纳税人	购入资产或接受劳务时	购进属于增值税应税项目的资产后，发生非正常损失或改变用途的	借：待处理资产损溢/固定资产/无形资产等（按照现行规定不得从销项税额中抵扣的进项税额） 贷：应交增值税——应交税金（进项税额转出）/应交增值税——待认证进项税额/应交增值税——待认抵扣项税额	—	无
			原不得抵扣且为抵扣的进项税额的固定资产、无形资产等，因改变用途用于允许抵扣进项税额的应税项目	借：应交增值税——应交税金（进项税额）「可以抵扣的进项税额」 贷：固定资产/无形资产等	—	无
			购进时已全额计入进项税额的货物或服务等转用于不动产在建工程的，对于结转以后期间的进项税额	借：应交增值税——待抵扣进项税额 贷：应交增值税——应交税金（进项税额转出）	—	无
			购进资产或服务时作为扣缴义务人	借：业务活动费用/在途物品/库存商品等 应交增值税——应交税金（进项税额）「当期可抵扣」 贷：银行存款（实际支付的金额） 应付账款等 应交增值税——代扣代交增值税	借：事业支出/经营支出等 贷：资金结存（实际支付的金额）	当期确认为预算支出但没有确认为费用
				实际缴纳代扣代缴增值税时 借：应交增值税——代扣代交增值税 贷：银行存款/零余额账户用款额度等	借：事业支出/经营支出等 贷：资金结存［实际支付的金额］	当期确认为预算支出但没有确认为费用
		销售应税产品或提供应税服务时	销售应税产品或提供应税服务时	借：银行存款/应收账款/应收票据等［包含增值税的价款总额］ 贷：事业收入/经营收入等［扣除增值税销项税额后的价款］ 应交增值税——应交税金（销项税额）/应交增值税——简易计税	借：资金结存［实际收到的含税金额］ 贷：事业预算收入/经营预算收入等	当期确认为预算收入但没有确认为收入

续表

序号	业务			财务会计账务处理	预算会计账务处理	财务盈余与预算结余差异
1	增值税一般纳税人	月末转出多交和未交增值税	月末转出本月未交增值税	借：应交增值税——应交税金（转出未交增值税） 贷：应交增值税——未交税金	—	无
			月末转出本月多交增值税	借：应交增值税——应交税金（已交税金） 贷：银行存款/零余额账户用款额度等	—	无
		缴纳增值税	本月缴纳本月增值税时	借：应交增值税——应交税金（已交税金） 贷：银行存款/零余额账户用款额度等	借：事业支出/经营支出等 贷：资金结存	当期确认为预算支出但没有确认为费用
			本月缴纳以前期间未交增值税时	借：应交增值税——未交税金 贷：银行存款/零余额账户用款额度等	借：事业支出/经营支出等 贷：资金结存	当期确认为预算支出但没有确认为费用
			按规定预缴增值税时	预缴时： 借：应交增值税——预交税金 贷：银行存款/零余额账户用款额度等 月末： 借：应交增值税——未交税金 贷：应交增值税——预交税金	借：事业支出/经营支出等 贷：资金结存	当期确认为预算支出但没有确认为费用
			当期直接减免的增值税应纳税额	借：应交增值税——应交税金（减免税款） 贷：业务活动费用/经营费用等	—	无
2	增值税小规模纳税人	购入应税资产或服务	购入应税资产或服务时	借：业务活动费用/在途物品/库存物品等［按价税合计金额］ 贷：银行存款等［实际支付的金额］/应付票据［开出并承兑的商业汇票］/应付账款等［应付的金额］	借：事业支出/经营支出等 贷：资金结存［实际支付的金额］	当期确认为预算支出但没有确认为费用
			购进资产或服务时作为扣缴义务人	借：在途物品/库存物品/固定资产/无形资产等 贷：应付账款/银行存款等 应交增值税——代扣代交增值税 实际缴纳增值税时参见一般纳税人的账务处理	借：事业支出/经营支出等 贷：资金结存［实际支付的金额］	当期确认为预算支出但没有确认为费用
		销售应税资产或应税服务提供	销售资产或提供服务	借：银行存款/应收账款/应收票据［包含增值税的价款总额］ 贷：事业收入/经营收入等［扣除增值税金额后的价款］ 应交增值税	借：资金结存［实际收到的含税金额］ 贷：事业预算收入/经营预算收入等	当期确认为预算收入但没有确认为收入

续表

序号	业务		财务会计账务处理	预算会计账务处理	财务盈余与预算结余差异
2	增值税小规模纳税人	缴纳增值税时	借：应交增值税 贷：银行存款等	借：事业支出/经营支出等 贷：资金结存	当期确认为预算支出但没有确认为费用
		减免增值税	借：应交增值税 贷：业务活动费用/经营费用等	—	无

三、案例分析

【例4-2】H大学2×19年8月开展非独立核算经营活动，发生如下业务。

1. 8月15日购入材料一批，不含税价款100 000元，进项税额17 000元，材料已验收入库，用银行存款支付。

2. 8月21日对外销售材料一批，不含税价款20 000元，该材料账面价值10 000元，款项已收到。

若H大学为增值税一般纳税人，适用税率17%。

1. 8月15日购入材料时的账务处理如下：

财务会计：

借：库存物品　　100 000

　　应交增值税——应交税金——进项税额　　17 000

　　贷：银行存款　　117 000

预算会计：

借：经营支出　　117 000

　　贷：资金结存——货币资金　　117 000

2. 8月21日，对外销售材料时的账务处理如下：

财务会计：

借：银行存款　　23 400

　　贷：经营收入　　20 000

　　　　应交增值税——应交税金——销项税额　　3 400

借：经营费用　　10 000

　　贷：库存物品　　10 000

预算会计：

借：资金结存——货币资金　　23 400

　　贷：经营预算收入　　23 400

若H大学为小规模纳税人，适用增值税税率3%。

1. 8月15日购入材料时的账务处理如下：

财务会计：

借：库存物品　　117 000

　　贷：银行存款　　117 000

预算会计：

借：经营支出　　117 000

　　贷：资金结存——货币资金　　117 000

2. 8月21日，对外销售材料时的账务处理如下：

财务会计：

借：银行存款　　20 600

　　贷：经营收入　　20 000

　　　　应交增值税——应交税金——简易计税　　600

借：经营费用　　10 000

　　贷：库存物品　　10 000

预算会计：

借：资金结存——货币资金　　20 600

　　贷：经营预算收入　　20 600

第四节　其他应交税费

一、科目介绍

其他应交税费是指高等学校按照税法规定计算应缴纳的除增值税之外的各种税费，包括城市维护建设税、教育费附加、地方教育费附加、车船税、房产税、城镇土地使用税、企业所得税和代扣代缴的个人所得税等。

高等学校缴纳的城市维护建设税、教育费附加、地方教育费附加是就其实际缴纳的增值税税额为计税依据计算缴纳的税种。

高等学校缴纳的房产税是以高校经营性和经批准出租出借的房产为征收对象，依据房产价格或房产租金计算缴纳的一种税种。分为从价计征和从租计征，其中，从价计征是依据房产价格征收的房产税，按照房产原值一次减除10%至30%后的余额计算缴纳；从租计征是依据房产租金收入作为房产税的计税依据。高校用于教学科研等自用的非经营性房产免缴房产税。

高等学校缴纳的土地使用税是以高校非自用土地为征收对象而征收的一种税。土地使用税是以高校非自用的实际占用的土地面积为计税依据，按照规定的税额计算征收。高校自用的土地免缴土地使用税。

高等学校缴纳的车船税是以高校按规定保留的公车和征收标准计算征收的一种税。

企业所得税是指以高等学校的业务所得和其他所得为计税对象，经调整后，依税法规定税率计算缴纳的一种税。

高等学校代扣代缴个人所得税是指高校履行个税代扣代缴义务，按税法规定计算的代扣代缴个人所得税。

高等学校按规定缴纳的印花税，在业务发生时直接缴纳，不需要预提。直接通过“业务活动费用”“单位管理费用”“经营费用”等科目核算，不通过本科目核算。

二、账务处理

高等学校应设置“其他应交税费”科目核算学校应缴纳的除增值税外的各种税费，并应当按照应缴纳的税费种类进行明细核算。该科目期末贷方余额，反映高等学校应交未交的除增值税以外的税费金额；期末如为借方余额，反映高等学校多缴纳的除增值税以外的税费金额。

“其他应交税费”的主要账务处理如下（见表4–5）：

（1）发生城市维护建设税、教育费附加等纳税义务时，应按照税法规定计算的应缴税费金额，借记“业务活动费用”“单位管理费用”“经营费用”等科目，贷记本科目（应交城市维护建设税、应交教育费附加等）。预算会计不作账务处理。

（2）按照税法规定计算代扣代缴职工（含长期聘用人员）的个人所得税，借记“应付职工薪酬”科目，贷记本科目（应交个人所得税）。按照税法规定计算应代扣代缴支付给职工（含长期聘用人员）以外人员劳务费的个人所得税，借记“业务活动费用”“单位管理费用”等科目，贷记本科目（应交个人所得税）。预算会计不作账务处理。

（3）发生企业所得税纳税义务的，按照税法规定计算的应纳所得税额，借记“所得税费用”科目，贷记本科目（单位应交所得税）。预算会计不作账务处理。

（4）实际缴纳上述各种税费时：财务会计，借记本科目（应交城市维护建设税、应交教育费附加、应交地方教育费附加、应交车船税、应交房产税、应交城镇土地使用税、应交个人所得税、单位应交所得税等），贷记“财政拨款收入”“零余额账户用款额度”“银行存款”等科目；预算会计，借记“事业支出”“经营支出”“非财政拨款结余”等科目，贷记“财政拨款预算收入”“资金结存”等科目。

表4–5　　　　高等学校其他应交税费主要账务处理

序号	业务		财务会计账务处理	预算会计账务处理	财务盈余与预算结余差异
1	城市维护建设税、教育费附加、地方教育费附加、车船税、房产税等	发生时，按照税法规定计算的应缴税费金额	借：业务活动费用/单位管理费用/经营费用等 贷：其他应交税额——应交城市维护建设税/应交教育费附加/应交地方教育附加/应交房产税等	—	当期确认为费用但没有确认为预算支出
		实际缴纳时	借：其他应交税额——应交城市维护建设税/应交教育费附加/应交地方教育附加/应交房产税等 贷：银行存款等	借：事业支出/经营支出等 贷：资金结存	当期确认为预算支出但没有确认为费用
2	代扣代缴个人所得税	计算代扣代缴职工的个人所得税金额	借：应付职工薪酬 贷：其他应交税费——应交个人所得税	—	无
		计算应代扣代缴职工之外其他人员个人所得税	借：业务活动费用/单位管理费用等 贷：其他应交税费——应交个人所得税	—	当期确认为费用但没有确认为预算支出
		实际缴纳时	借：其他应交税费——应交个人所得税 贷：财政拨款收入/零余额账户用款额度/银行存款等	借：事业支出/经营支出等 贷：财政拨款预算收入/资金结存	当期确认为预算支出但没有确认为费用
3	发生企业所得税扣缴义务	按税法规定计算的应缴税费金额	借：所得税费用 贷：其他应交税费——单位应交所得税	—	当期确认为费用但没有确认为预算支出
		实际缴纳时	借：其他应交税费——单位应交所得税 贷：银行存款等	借：非财政拨款结余 贷：资金结存	

三、案例分析

【例4–3】H大学按季度缴纳城镇土地使用税，按照税法规定计算2×19年第一季度应缴纳土地使用税为3 500元，并于4月中旬用银行存款缴纳。

1.计算应缴纳土地使用税时的账务处理如下：

财务会计：

借：业务活动费用　　　　　　　　　　　　　　3 500

贷：其他应交税费——城镇土地使用税　3 500

预算会计不作账务处理。

2. 实际缴纳时的账务处理如下：

财务会计：

借：其他应交税费——城镇土地使用税　3 500

　贷：银行存款　3 500

预算会计：

借：事业支出　3 500

　贷：资金结存——货币资金　3 500

【例4-4】 2×19年3月H大学在职工工资中代扣个人所得税268 730元，其中行政人员代扣个人所得税111 430元、科研教学人员代扣个人所得税157 300元，科研劳务费中代扣个人所得税29 700元。

1. 计算代扣个人所得税时的账务处理如下：

财务会计：

借：业务活动费用　29 700

　应付职工薪酬——基本工资（含离退休）　268 730

　贷：其他应交税费——应交个人所得税　298 430

预算会计不作账务处理。

2. 实际代缴个人所得税时的账务处理如下：

财务会计：

借：其他应交税费——应交个人所得税　298 430

　贷：银行存款　298 430

预算会计：

借：事业支出　298 430

　贷：资金结存——货币资金　298 430

第五节　应缴财政款

一、科目介绍

应缴财政款是指高等学校取得或应收的按照规定应当上缴财政的款项，包括应缴国库的款项和应缴财政专户的款项。

应缴国库款是指高等学校按规定缴入国库的款项，主要包括国有资产出租出借收入、资产处置净收入以及普通话水平测试费等。

应缴财政专户款是指高等学校按规定应缴入财政专户的款项，主要包括学费、住宿费，函大、电大、夜大及短训班培训费，考试考务费等。

高等学校按照国家税法等有关规定应当缴纳的各种税费，通过“应交增值税”“其他应交税费”科目核算，不通过本科目核算。

二、账务处理

高等学校应设置“应缴财政款”科目核算高校应缴财政款项的增减变动及其结存情况，并应按照应缴财政款项的类别分“应缴国库款”“应缴财政专户款”进行明细核算。该科目期末贷方余额，反映高等学校应当上缴财政但尚未缴纳的款项，年终清缴后，本科目一般无余额。

“应缴财政款”的主要账务处理如下（见表4–6）：

（1）取得或应收按照规定应缴财政的款项时：财务会计，借记“银行存款”“应收账款”等科目，贷记本科目。预算会计不作账务处理。

（2）处置资产取得的处理收入大于相关费用的，按照处理收入减去相关费用后的净收入，借记“待处理财产损溢（处理净收入）”科目，贷记本科目。

（3）上缴应缴财政的款项时，按照实际上缴的金额，借记本科目，贷记“银行存款”科目。预算会计不作账务处理。

表4–6　　　　高等学校应缴财政款主要账务处理

序号	业务	财务会计账务处理	预算会计账务处理	财务盈余与预算结余差异
1	取得或应收按照规定应缴财政的款项时	借：银行存款/应收账款等 　贷：应缴财政款	—	无
2	处置资产取得应上缴财政的处置净收入的	借：待处理财产损溢——处理净收入 　贷：应缴国库款	—	无
3	上缴财政款项时	借：应缴财政款 　贷：银行存款	—	无

三、案例分析

【例4–5】2×19年3月，H大学收到学生学费、住宿费277万元、房租120万元、普通话测试费13万元，总计410万元。按照规定，所收款项须全额上缴财政。4月初，该学校全部将款项上缴财政。

1. 3月收到款项时的账务处理如下：

财务会计：

借：银行存款 4 100 000

贷：应缴财政款——应缴财政专户 2 770 000

——应缴国库款 1 330 000

预算会计不作账务处理。

2. 4月实际上缴财政时的账务处理如下：

财务会计：

借：应缴财政款——应缴财政专户 2 770 000

——应缴国库款 1 330 000

贷：银行存款 4 100 000

预算会计不作账务处理。

第六节　应付职工薪酬

一、科目介绍

应付职工薪酬是指高等学校按照有关规定应付给职工（含长期聘用人员）及为职工支付的各种薪酬，包括基本工资、国家统一规定的津贴补贴、规范津贴补贴（绩效工资）、改革性补贴、社会保险费（如职工基本养老保险费、职业年金、基本医疗保险费等）、住房公积金等。

基本工资（含离退休费）是指高等学校按照国家相关规定应支付给职工的岗位工资、薪级工资。

国家统一规定的津贴补贴是指按规定发放的津贴、补贴，包括经国家批准建立的机关事业单位艰苦边远地区津贴、工作性津贴、地区附加津贴、生活性津贴、岗位津贴（包括执勤津贴、信访专干津贴、计划生育专干津贴等）以及特业服务补贴等。

规范津贴补贴（绩效工资）是指高等学校应支付给职工的绩效工资等。

改革性补贴是指单位原用于干部职工职务消费和福利待遇的实物补贴，现改为向个人直接发放货币补贴。包括住房补贴、住房公积金、购房补贴、采暖补贴、提租补贴、物业补贴、交通补贴、公务用车补贴等。

社会保险费、住房公积金是指高等学校按照国家有关规定比例为职工缴纳的社会保险费及住房公积金，包含从职工工资中代扣代缴的社会保险费、住房公积金以及学校为职工计算缴纳的社会保险费、住房公积金。社会保险费主要包括基本养老保险、职业年金、基本医疗保险、补充医疗保险、失业保险、工伤保险、生育保险和大病统筹缴费及残疾人就业保障金等。

二、账务处理

高等学校应设置“应付职工薪酬”科目核算学校应付未付职工薪酬情况，并应按照“基本工资”（含离退休费）“国家统一规定的津贴补贴”“规范津贴补贴（绩效工资）”“改革性补贴”“社会保险费”“住房公积金”“其他个人收入”等进行明细核算。该科目期末贷方余额，反映高等学校应付未付的职工薪酬。

“应付职工薪酬”的主要账务处理如下（见表4–7）。

（一）计算确认当期应付职工薪酬（含高校为职工计算缴纳的社会保险费、住房公积金）

1.计提从事教学科研及其辅助活动人员的职工薪酬，借记“业务活动费用”“单位管理费用”科目，贷记本科目。预算会计不作账务处理。

2.计提应由在建工程、加工物品、自行研发无形资产负担的职工薪酬，借记“在建工程”“加工物品”“研发支出”等科目，贷记本科目。预算会计不作账务处理。

3.计提从事教学科研及其辅助活动之外的经营活动人员的职工薪酬，借记“经营费用”科目，贷记本科目。预算会计不作账务处理。

4.因解除与职工的劳动关系而给予的补偿，借记“单位管理费用”等科目，贷记本科目。预算会计不作账务处理。

（二）向职工支付工资、津贴补贴等

向职工支付工资、津贴补贴等薪酬时，按照实际支付的金额：财务会计，借记本科目，贷记“财政拨款收入”“零余额账户用款额度”“银行存款”等科目；预算会计，借记“事业支出”“经营支出”等科目，贷记“财政拨款预算收入”“资金结存”等科目。

（三）代扣代缴职工个人所得税

按照税法规定代扣职工个人所得税时，借记本科目（基本工资），贷记“其他应交税费——应交个人所得税”科目。预算会计不作账务处理。

从应付职工薪酬中代扣为职工垫付的水电费、房租等费用时，按照实际扣除的金额，借记本科目（基本工资），贷记“其他应收款”等科目。预算会计不作账务处理。

从应付职工薪酬中代扣个人负担的社会保险费和住房公积金，按照代扣的金额，借记本科目（基本工资），贷记本科目（社会保险费、住房公积金）。预算会计不作账务处理。

（四）缴纳职工社会保险费和住房公积金

按照国家有关规定缴纳职工社会保险费和住房公积金，按照实际支付的金额：财务

会计，借记本科目（社会保险费、住房公积金）、贷记“财政拨款收入”“零余额账户用款额度”“银行存款”等科目；预算会计，借记“事业支出”“经营支出”等科目，贷记“财政拨款预算收入”“资金结存”等科目。

（五）支付的其他款项

从应付职工薪酬中支付的其他款项，按照实际支付的金额：财务会计，借记本科目，贷记“零余额账户用款额度”“银行存款”等科目；预算会计，借记“事业支出”“经营支出”等科目，贷记“资金结存”等科目。

表4–7　　高等学校应付职工薪酬主要账务处理

<table>
<tr><th>序号</th><th colspan="2">业务</th><th>财务会计账务处理</th><th>预算会计账务处理</th><th>财务盈余与预算结余差异</th></tr>
<tr><td rowspan="4">1</td><td rowspan="4">计算确认当期应付职工薪酬</td><td>从事教学科研及辅助活动人员的职工薪酬</td><td>借：业务活动费用/单位管理费用
贷：应付职工薪酬</td><td>—</td><td>当期确认为费用没有确认为预算支出</td></tr>
<tr><td>应由在建工程、加工物品、自行研发无形资产负担的职工薪酬</td><td>借：在建工程/加工物品/研发支出等
贷：应付职工薪酬</td><td>—</td><td>无</td></tr>
<tr><td>从事教学科研及辅助活动以外的经营人员的职工薪酬</td><td>借：经营费用
贷：应付职工薪酬</td><td>—</td><td>当期确认为费用没有确认为预算支出</td></tr>
<tr><td>因解除与职工的劳动关系而给予的补偿</td><td>借：单位管理费用
贷：应付职工薪酬</td><td>—</td><td>当期确认为费用没有确认为预算支出</td></tr>
<tr><td>2</td><td colspan="2">向职工支付工资、津贴补贴等薪酬时</td><td>借：应付职工薪酬
贷：财政拨款收入/零余额账户用款额度/银行存款等</td><td>借：事业支出/经营支出等
贷：财政拨款预算收入/资金结存</td><td>当期确认为预算支出没有确认为费用</td></tr>
<tr><td rowspan="3">3</td><td rowspan="3">从职工薪酬中代扣各种款项</td><td>代扣代缴个人所得税</td><td>借：应付职工薪酬——基本工资
贷：其他应交税费——应交个人所得税</td><td>—</td><td>无</td></tr>
<tr><td>代扣社会保险费及住房公积金</td><td>借：应付职工薪酬——基本工资
贷：应付职工薪酬——社会保险费/住房公积金</td><td>—</td><td>无</td></tr>
<tr><td>代扣为职工垫付的水电费、房租等</td><td>借：应付职工薪酬——基本工资
贷：其他应收款等</td><td>—</td><td>无</td></tr>
<tr><td>4</td><td colspan="2">按规定实际缴纳社会保险费及住房公积金</td><td>借：应付职工薪酬——社会保险费/住房公积金
贷：财政拨款收入/零余额账户用款额度/银行存款等</td><td>借：事业支出/经营支出等
贷：财政拨款收入/资金结存</td><td>代扣部分当期确认为预算支出没有确认为费用</td></tr>
<tr><td>5</td><td colspan="2">从应付职工薪酬中支付的其他款项</td><td>借：应付职工薪酬
贷：零余额账户用款额度/银行存款等</td><td>借：事业支出/经营支出等
贷：资金结存等</td><td>当期确认为预算支出没有确认为费用</td></tr>
</table>

三、案例分析

【例4-6】H大学2×19年8月应付教职工薪酬总额为61 630 216.42元，其中，基本工资为21 630 892.86元，国家规范津贴补贴13 425.00元，规范津贴补贴（绩效工资）20 922 985.23元，改革性补贴8 091 959.50元，住房公积金为6 465 518.00元（单位负担3 390 065.00元，个人负担3 075 453.00元），社会保险缴费11 022 849.42元（单位负担7 580 888.83元，个人负担3 441 960.59元），代扣个人所得税为1 085 985.92元。

1.计算应付职工薪酬时的账务处理如下：

财务会计：

借：业务活动费用/单位管理费用　　61 630 216.42

　　贷：应付职工薪酬——基本工资（含离退休费）　　21 630 892.86

　　　　　　　　　　——国家规范津贴补贴　　13 425.00

　　　　　　　　　　——规范津贴补贴　　20 922 985.23

　　　　　　　　　　——改革性补贴　　8 091 959.50

　　　　　　　　　　——住房公积金　　3 390 065

　　　　　　　　　　——社会保险缴费　　7 580 888.83

预算会计不作账务处理。

2.从职工薪酬中代扣个人各种款项时的账务处理如下：

财务会计：

借：应付职工薪酬——基本工资（含离退休费）　　7 603 399.51

　　贷：应付职工薪酬——住房公积金　　3 075 453.00

　　　　　　　　　　——社会保险费　　3 441 960.59

　　　　其他应交税费——应交个人所得税　　1 085 985.92

预算会计不作账务处理。

3.使用财政直接支付方式支付职工薪酬和代缴住房公积金和个人所得税时的账务处理如下：

财务会计：

借：应付职工薪酬——基本工资（含离退休费）　　14 027 493.35

　　　　　　　　——国家规范津贴补贴　　13 425.00

　　　　　　　　——规范津贴补贴　　20 922 985.23

　　　　　　　　——改革性补贴　　8 091 959.50

　　　　　　　　——住房公积金　　6 465 518.00

　　　　　　　　——社会保险缴费　　11 022 849.42

其他应交税费——应交个人所得税　　1 085 985.92
　贷：财政拨款收入　　61 630 216.42
预算会计：
借：事业支出　　61 630 216.42
　贷：财政拨款预算收入　　61 630 216.42

第七节　应付票据

一、科目介绍

应付票据是指高等学校因购买材料、物资等而开出、承兑的商业汇票，包括银行承兑汇票和商业承兑汇票。

二、账务处理

高等学校应设置“应付票据”科目核算学校应付票据增减变动及其结存情况，并应按照债权人进行明细核算。该科目期末贷方余额，反映高等学校开出、承兑的尚未到期的应付票据金额。

“应付票据”的主要账务处理如下（见表4–8）。

1.开出、承兑商业汇票时：财务会计，借记“库存物品”“固定资产”等科目，贷记本科目；预算会计不作账务处理。

以商业汇票抵付应付账款时：财务会计，借记“应付账款”科目，贷记本科目；预算会计不作账务处理。

2.支付银行承兑汇票的手续费时：财务会计，借记“业务活动费”“经营费用”等科目，贷记“银行存款”“零余额账户用款额度”等科目；预算会计，借记“事业支出”“经营支出”等科目，贷记“资金结存”科目。

3.商业汇票到期时，应当分别按以下情况处理：

（1）收到银行支付到期票据的付款通知时：财务会计，借记本科目，贷记“银行存款”科目；预算会计，借记“事业支出”“经营支出”等科目，贷记“资金结存”科目。

（2）银行承兑汇票到期，高校无力支付票款的，按照应付票据账面余额：财务会计，借记本科目，贷记“短期借款”科目；预算会计，借记“事业支出”“经营支出”等科目，贷记“债务预算收入”科目。

（3）商业承兑汇票到期，高校无力支付票款的，按照应付票据的账面余额：财务会计，借记本科目，贷记“应付账款”科目；预算会计不作账务处理。

4.高等学校应当设置“应付票据备查簿”，详细登记每一笔应付票据的种类、号数、出票日期、到期日、票面金额、交易合同号、收款人姓名或单位名称以及付款日期和金额等信息。应付票据到期结清票款后，高校应当在备查簿内逐笔注销。

表4–8 高等学校应付票据主要账务处理

序号	业务		财务会计账务处理	预算会计账务处理	财务盈余与预算结余差异
1	开出、承兑商业汇票时		借：库存物品/固定资产等 贷：应付票据	—	无
2	商业汇票抵付应付账款时		借：应付账款 贷：应付票据	—	无
3	支付银行承兑汇票的手续费时		借：业务活动费用/经营费用等 贷：银行存款	借：事业支出/经营支出 贷：资金结存——货币资金	无
4	商业汇票到期时	收到银行支付到期票据的付款通知时	借：应付票据 贷：银行存款	借：事业支出/经营支出 贷：资金结存——货币资金	当期确认为预算支出但没有确认为费用
		银行承兑汇票到期，学校无力支付票款	借：应付票据 贷：短期借款	借：事业支出/经营支出 贷：债务预算收入	当期确认为预算支出但没有确认为费用 当期确认为预算收入但没有确认为收入
		商业承兑汇票到期，学校无力支付票款	借：应付票据 贷：应付账款	—	无

三、案例分析

【例4–7】H大学因科研需要，于2×19年11月购进一批实验材料，共计656 000元，材料已验收入库。该大学向供货方开出一张金额为656 000元的银行承兑汇票，支付银行承兑汇票的手续费7 312元。

财务会计：

借：库存物品 656 000

　　贷：应付票据 656 000

借：业务活动费用 7 312

　　贷：银行存款 7 312

预算会计：

借：事业支出 7 312

　　贷：资金结存——货币资金 7 312

【例4–8】沿用例4–7，若银行承兑汇票已到期，H大学收到银行支付到期票据汇款通知。

财务会计：

借：应付票据　　656 000

　　贷：银行存款　　656 000

预算会计：

借：事业支出　　656 000

　　贷：资金结存——货币资金　　656 000

【例4–9】沿用例4–7，若银行承兑汇票已到期，H大学无法支付银行承兑汇票。

财务会计：

借：应付票据　　656 000

　　贷：短期借款　　656 000

预算会计：

借：事业支出　　656 000

　　贷：债务预算收入　　656 000

第八节　应付账款

一、科目简介

应付账款是指高等学校因购买物资、接受服务、开展工程建设等而应付的偿还期限在1年以内（含1年）的款项，是买卖双方在购销等业务活动中由于取得物资与支付货款在时间上不一致而产生的债务。该款项应当在取得物资、接受服务或外包工程完成规定进度时，按照应付未付金额确认。

二、账务处理

高等学校应设置“应付账款”科目核算学校应付账款增减变动及结存情况，并应按照债权人进行明细核算。对于建设项目，还应设置“应付器材款”“应付工程款”等明细科目，并按照具体项目进行明细核算。该科目期末贷方余额，反映高等学校尚未支付的应付账款金额。

“应付账款”的主要账务处理如下（见表4–9）：

（1）收到所购材料、物资、设备或服务以及确认完成工程进度但尚未付款时，根据发票、账单、工程进度报量等有关凭证，按照应付未付款项的金额：财务会计，借记“库存物品”“固定资产”“在建工程”等科目，贷记本科目；预算会计不作账务处理。

（2）偿付应付账款时，按照实际支付的金额：财务会计，借记本科目，贷记“财政拨款收入”“零余额账户用款额度”“银行存款”等科目；预算会计，借记“事业支出”等科目，贷记“财政拨款预算收入”“资金结存”等科目。

（3）开出、承兑商业汇票抵付应付账款时：财务会计，借记本科目，贷记“应付票据”科目；预算会计不作账务处理。

（4）无法偿付或债权人豁免偿还的应付账款，应当按照规定报经批准后进行账务处理。经批准核销时：财务会计，借记本科目，贷记“其他收入”科目；预算会计不作账务处理。核销的应付款项应在备查簿中保留登记。

表4-9　　高等学校应付账款主要账务处理

序号	业务	财务会计账务处理	预算会计账务处理	财务盈余与预算结余差异
1	购入物资、设备或服务以及确认完成工程进度但尚未付款时	借：库存物品/固定资产等 贷：应付账款	—	无
2	偿付应付账款时	借：应付账款 贷：财政拨款收入/零余额账户余款额度/银行存款等	借：事业支出等 贷：财政拨款预算收入/资金结存	当期确认为预算支出但没有确认为费用
3	开出、承兑商业汇票抵付应付账款时	借：应付账款 贷：应付票据	—	无
4	无法偿付或债权人豁免偿还的应付账款	借：应付账款 贷：其他收入	—	当期确认为收入但没有确认为预算收入

三、案例分析

【例4-10】H大学2×19年10月3日从A公司购买一批电脑用于教学使用，共计50 000元，款项未付，设备已验收入库，并办理固定资产手续。

财务会计：

借：固定资产　　50 000

　　贷：应付账款——A公司　　50 000

预算会计不作账务处理。

【例4-11】接例4-10，H大学10月15日开出银行承兑汇票来抵付A公司电脑款50 000元。

财务会计：

借：应付账款——A公司　　50 000

　　贷：应付票据——A公司　　50 000

预算会计不作账务处理。

第九节　应付利息

一、科目介绍

应付利息是指高等学校按照合同规定应支付给银行的借款利息，包括短期借款、分期付息到期还本的长期借款等应支付的利息。

二、账务处理

高等学校应设置“应付利息”科目核算利息支付情况，并应按照债权人等进行明细核算。该科目期末贷方余额，反映高等学校应付未付的利息金额。

“应付利息”的主要账务处理如下（见表4-10）：

（1）为建造固定资产等借入的用于专门借款的利息，按期计提利息费用时，按照计提金额：财务会计，如属于在建设期间发生的专门借款的利息，借记“在建工程”科目，贷记本科目；如不属于建设期间发生的专门借款的利息，借记“其他费用”科目，贷记本科目。预算会计不作账务处理。

（2）对于其他借款，按期计提利息费用时，按照计算确定的金额：财务会计，借记“其他费用”科目，贷记本科目；预算会计不作账务处理。

（3）实际支付应付利息时，按照实际支付的金额：财务会计，借记本科目，贷记“银行存款”等科目；预算会计，借记“其他支出”科目，贷记“资金结存”科目。

表4-10　　高等学校应付利息主要账务处理

序号	业务	财务会计账务处理	预算会计账务处理	财务盈余与预算结余差异
1	按期计提利息费用	借：在建工程/其他费用 　贷：应付利息	—	（应付利息确认为费用时）当期确认为费用但没有确认为预算支出
2	实际支付利息时	借：应付利息 　贷：银行存款等	借：其他支出 　贷：资金结存——货币资金	当期确认为预算支出但没有确认为费用

三、案例分析

【例4-12】H大学于2×19年6月1日因修建科研楼从银行借入3 000万元，期限为2年，年利率为5%。根据与银行签署的借款协议，该项借款的本金到期后一次归还，利息按季支付。高校按月计提利息。

1.分月计提利息费用时的账务处理如下：

每月应计提的利息=30 000 000×5%÷12=125 000（元）

财务会计：

借：在建工程　　125 000

　　贷：应付利息　　125 000

预算会计不作账务处理。

2.按季度实际支付的利息时的账务处理如下：

每季度支付利息=125 000×3=375 000（元）

财务会计：

借：应付利息　　375 000

　　贷：银行存款　　375 000

预算会计：

借：其他支出　　375 000

　　贷：资金结存——货币资金　　375 000

第十节　预收账款

一、科目介绍

预收账款是指高等学校预先收取但尚未结算的款项。它是以买卖双方协议或合同为依据，由购货方预先支付一部分（或全部）货款给高校而发生的一项负债，这项负债需要高校用以后的商品或劳务来偿付。

二、账务处理

高等学校应设置“预收账款”科目核算预先收取但尚未结算的款项，并应当按照债权人进行明细核算。该科目期末贷方余额，反映高等学校已预收但尚未结算的款项金额。

“预收账款”的主要账务处理如下（见表4-11）：

（1）高校收到预收款项时，按照预收的实际金额：财务会计，借记“银行存款”等科目，贷记本科目；预算会计，借记“资金结存”科目，贷记“事业预算收入”“经营预算收入”等科目。

（2）确认有关收入时：财务会计，按照预收账款账面余额，借记本科目，按照应确认的收入金额，贷记“事业收入”“经营收入等科目，按照付款方补付或退回付款方的金额，借记或贷记“银行存款”等科目；预算会计，按照付款方补付或退回付款方的金额，借记或贷记“资金结存”科目，贷记或借记“事业预算收入”“经营预算收入”等科目。

（3）无法偿付或债权人豁免偿还的预收账款，按照规定须报经批准后进行账务处理。经批准核销时：财务会计，借记本科目，贷记“其他收入”科目；预算会计不作账务处理。核销的预收账款应在备查簿中保留登记。

表4–11　　高等学校预收账款主要账务处理

序号	业务		财务会计账务处理	预算会计账务处理	财务盈余与预算结余差异
1	从付款方预收账款时		借：银行存款等 贷：预收账款	借：资金结存——货币资金 贷：事业预算收入/经营预算收入等	当期确认为预算收入但没有确认为收入
2	确认相关收入时	预收款确认收入	借：预收账款 贷：事业收入/经营收入等	—	当期确认为收入但没有确认为预算收入
		收到补付款项	借：银行存款 贷：事业收入/经营收入等	借：资金结存——货币资金 贷：事业预算收入/经营预算收入等	无
		退回预收款	借：预收账款 贷：银行存款	①当年取得收入退回 借：事业预算收入/经营预算收入等 贷：资金结存 ②以前年度取得的收入退回 借：非财政补助结转/非财政补助结余等 贷：资金结存	无
3	无法偿付或债权人豁免偿还的预收账款		借：预收账款 贷：其他收入	—	当期确认为收入但没有确认为预算收入

三、案例分析

【例4–13】2×19年4月H大学与B学院签订培训协议，为B学院行政人员提供专题培训，合同金额为90 000元。按照合同约定B学院预先支付40%合同款项。

财务会计：

借：银行存款　　36 000

　　贷：预收账款　　36 000

预算会计：

借：资金结存——货币资金　　36 000

贷：事业预算收入 36 000

【例4–14】接例4–13，2×19年6月专题培训结束，B学院支付合同尾款。

财务会计：

借：银行存款 54 000

预收账款 36 000

贷：事业收入 90 000

预算会计：

借：资金结存——货币资金 54 000

贷：事业预算收入 54 000

第十一节 其他应付款

一、科目介绍

其他应付款是指高等学校除去短期借款、应交增值税、其他应交税费、应缴财政款、应付职工薪酬、应付票据、应付账款、应付利息、预收账款以外的其他各项偿还期限在1年内（含1年）的应付及暂收款项。

其他应付款主要包括收取的押金；存入保证金；已经报销但尚未偿还银行的学校公务卡欠款等；同级政府财政部门预拨的下期预算款和没有纳入预算的暂付款项，以及采用实拨资金方式通过本高等学校转拨给下属单位的财政拨款等。

二、账务处理

高等学校应设置“其他应付款”科目核算其他应付款增减变动及其结存情况，并应按照其他应付款的类别以及债权人等进行明细核算。该科目期末贷方余额，反映高等学校尚未支付的其他应付款金额。

“其他应付款”的主要账务处理如下（见表4–12）：

（1）发生其他应付及暂收款项时，借记“银行存款”等科目，贷记本科目。预算会计不作账务处理。

支付（退回）其他应付及暂收款项时，借记（或贷记）本科目，借记（或贷记）“银行存款”等科目。预算会计不作账务处理。

将暂收款项转为收入时：财务会计，借记本科目，贷记“事业收入”等科目；预算会计，借记“资金结存”科目，贷记“事业预算收入”等科目。

（2）收到同级财政部门预拨的下期预算款和没有纳入预算的暂付款项时，按照实际收到的金额，借记“银行存款”等科目，贷记本科目。预算会计不作账务处理。

待到下一预算期或批准纳入预算时：财务会计，借记本科目，贷记“财政拨款收入”科目；预算会计，借记“资金结存”科目，贷记“财政拨款预算收入”科目。

采用实拨资金方式通过高等学校转拨给下属单位的财政拨款，按照实际收到的金额，借记“银行存款”科目，贷记本科目；向下属单位转拨财政拨款时，按照转拨的金额，借记本科目，贷记“银行存款”科目。预算会计不作账务处理。

（3）公务卡持卡人报销时，按照审核报销的金额，借记“业务活动费用”“单位管理费用”等科目，贷记本科目。预算会计不作账务处理。

偿还公务卡欠款时：财务会计，借记本科目，贷记“银行存款”等科目；预算会计，借记“事业支出”等科目，贷记“资金结存”等科目。

（4）质保金形成的其他应付款。购入固定资产等扣留质量保证金，扣留期在1年以内（含1年）的：财务会计，按照扣留的质量保证金数额，借记“固定资产”“在建工程”等科目，贷记本科目；预算会计不作账务处理。扣留期在1年以上的：财务会计，按照扣留的质量保证金数额，借记“固定资产”“在建工程”等科目，贷记“长期应付款”；预算会计不作账务处理。

质保期满支付质量保证金时：财务会计，借记本科目，贷记“财政拨款收入”“零余额账户用款额度”“银行存款”等科目；预算会计，按照实际支付的金额，借记“事业支出”等科目，贷记“财政拨款预算收入”“资金结存”等科目。

（5）无法偿付或债权人豁免偿还的其他应付款项，应当按照规定报经批准后进行账务处理。经批准核销时，借记本科目，贷记“其他收入”科目。预算会计不作账务处理。高等学校应在备查簿中保留登记核销的其他应付款。

表4–12　　高等学校其他应付款主要账务处理

序号	业务		财务会计账务处理	预算会计账务处理	财务盈余与预算结余差异
1	发生暂收款项时	取得暂收款项时	借：银行存款等 贷：其他应付款	—	无
		确认收入时	借：其他应付款 贷：事业收入等	借：资金结存 贷：事业预算收入等	无
		退回暂收款时	借：其他应付款 贷：银行存款等	—	无
2	收到同级财政部门预拨的下期预算款和没有纳入预算管理的暂付款项	按照实际收到的金额	借：银行存款等 贷：其他应付款	—	无
		待到下一预算期或批准纳入预算时	借：其他应付款 贷：财政拨款收入	借：资金结存 贷：财政预算拨款收入	无

续表

序号	业务		财务会计账务处理	预算会计账务处理	财务盈余与预算结余差异
3	发生其他支付义务	确认其他应付款项时	借：业务活动费用/单位管理费用等 贷：其他应付款	—	当期确认为费用但没有确认为预算支出
		支付其他应付款项时	借：其他应付款 贷：银行存款等	借：事业支出 贷：资金结存	当期确认为预算支出但没有确认为费用
4	无法偿付或债权人免偿还的其他应付款项		借：其他应付款 贷：其他收入	—	当期确认为收入但没有确认为预算收入

三、案例分析

【例4–15】 2×19年12月31日，H大学收到上级财政部门预拨预算款500万元。2×20年1月11日，该款项批准纳入2×20预算。

1. 2×19年12月31日收到预拨预算款时的账务处理如下：

财务会计：

借：银行存款　　5 000 000

　　贷：其他应付款　　5 000 000

预算会计不作账务处理。

2. 2×20年1月11日纳入年度预算时的账务处理如下：

财务会计：

借：其他应付款　　5 000 000

　　贷：财政拨款收入　　5 000 000

预算会计：

借：资金结存——货币资金　　5 000 000

　　贷：财政拨款预算收入　　5 000 000

【例4–16】 2×19年7月1日H大学收到某单位10 000元投标保证金，7月10日开标后该单位未中标，H大学退回投标该保证金。

1. 收到投标保证金时的账务处理如下：

财务会计：

借：银行存款　　10 000

　　贷：其他应付款　　10 000

预算会计不作账务处理。

2. 退回投标保证金时的账务处理如下：

财务会计：

借：其他应付款　　　　　　　　　　　　　　　　　　10 000

　　贷：银行存款　　　　　　　　　　　　　　　　　　10 000

预算会计不作账务处理。

第十二节　预提费用

一、科目介绍

预提费用是指高等学校预先提取的已经发生但尚未支付的费用，如预提租金费用等。预提费用的特点是收益在前、支付在后。

高等学校按规定从科研项目收入中提取的项目间接费用或管理费等也通过本科目核算。计提的借款利息费用，通过“应付利息”“长期借款”科目核算，不通过本科目核算。

二、账务处理

高等学校应设置“预提费用”科目核算高校预提费用增减变动及其结存情况，并应当按照预提费用的种类进行明细核算，其中，对于提取的项目间接费用或管理费，应当在本科目下设置“项目间接费用或管理费”明细科目，并按项目进行明细核算。该科目期末贷方余额，反映高等学校已预提但尚未支付的各项费用。

“预提费用”的主要账务处理（见表4-13）有如下两种情况。

（一）项目间接费用或管理费

1.高等学校按规定从科研项目收入中计提项目间接费用或管理费时：财务会计，借记“单位管理费用”“业务活动费用”科目，贷记本科目（项目间接费用或管理费）；预算会计，借记“非财政拨款结转——项目间接费用或管理费”科目，贷记“非财政拨款结余——项目间接费用或管理费”科目。

2.高等学校使用计提的项目间接费用或管理费购买固定资产、无形资产的：财务会计，按照固定资产、无形资产的成本金额，借记“固定资产”“无形资产”科目，贷记“银行存款”等科目；同时，按照相同的金额，借记“预提费用——项目间接费用或管理费”科目，贷记“累计盈余”科目。预算会计，按照相同的金额，借记“事业支出”等科目，贷记“资金结存”科目。

（二）其他预提费用

按期预提租金等费用时，按照预提的金额：财务会计，借记“业务活动费用”“单位管理费用”“经营费用”等科目，贷记本科目；预算会计不作账务处理。

实际支付款项时，按照支付金额：财务会计，借记本科目，贷记“零余额账户用款额度”“银行存款”等科目；预算会计，借记“事业支出”“经营支出”等科目，贷记“资金结存”科目。

表4-13　　　　　　　　　　高等学校预提费用主要账务处理

序号	业务	财务会计账务处理	预算会计账务处理	财务盈余与预算结余差异
1	按规定从科研项目收入中计提项目间接费用或管理费时	借：单位管理费用/业务活动费用 贷：预提费用——项目间接费用或管理费	借：非财政拨款结转——项目间接费用或管理费 贷：非财政拨款结余——项目间接费用或管理费用	当期确认为费用但没有确认为预算支出
	使用计提的项目间接费用或管理费购买固定资产、无形资产时	借：固定资产/无形资产 贷：银行存款 借：预提费用——项目间接费用或管理费 贷：累计盈余	借：事业支出 贷：资金结存	当期确认为预算支出但没有确认为费用
2	按照规定预提每期租金等费用时	借：业务活动费用/单位管理费用/经营费用等 贷：预提费用	—	当期确认为费用但没有确认为预算支出
	实际支付款项时	借：预提费用 贷：银行存款等	借：事业支出/经营支出等 贷：资金结存	当期确认为预算支出但没有确认为费用

三、案例分析

【例4-17】 2×19年12月2日H大学按照科研经费管理办法及其项目预算，从某项科研项目中提取间接费用20 000元。

财务会计：

借：单位管理费用　　　　　　　　　　　　　　20 000

　　贷：预提费用——项目间接费用或管理费　　　　　　20 000

预算会计：

借：非财政拨款结转——项目间接费用或管理费　　20 000

　　贷：非财政拨款结余——项目间接费用或管理费　　　20 000

【例4-18】 2×19年12月21日H大学用计提的科研项目管理费购入科研设备一台，支付价款18 000元，设备验收合格，并办理固定资产验收入库手续。

财务会计：

借：固定资产　　　　　　　　　　　　　　　　18 000

　　贷：银行存款　　　　　　　　　　　　　　　　　18 000

借：预提费用——项目间接费用或管理费　　　　18 000
　　贷：累计盈余　　　　18 000
预算会计：
借：事业支出　　　　18 000
　　贷：资金结存——货币资金　　　　18 000

第十三节　长期借款

一、科目简介

长期借款是指高等学校经批准后向银行或金融机构等借入的期限超过1年（不含1年）的各种借款本息。

二、账务处理

高等学校应设置“长期借款”科目核算学校长期借款增减变动及其结存情况，并应当设置“本金”和“应计利息”明细科目，按照贷款单位和贷款种类进行明细核算；对于建设项目借款，还应按照具体项目进行明细核算。该科目期末贷方余额，反映高等学校尚未偿还的长期借款本息金额。

长期借款利息付息方式不同，则核算方式不同：分期付息、到期还本借款的利息在“应付利息”科目核算；分期计息、到期一次还本付息的利息在“长期借款——应计利息”科目核算。

“长期借款”的主要账务处理（见表4–14）有如下四种情况。

1.借入各项长期借款时，按照实际借入的金额：财务会计，借记“银行存款”科目，贷记本科目（本金）；预算会计，借记“资金结存——货币资金”科目，贷记“债务预算收入”科目。

2.为购建固定资产等应支付的专门借款利息，按期计提利息时，分别针对以下情况进行相应处理：

（1）属于工程项目建设期间发生的利息，计入工程成本，按照计算确定的应支付的利息金额，借记“在建工程”科目，贷记“应付利息”科目［分期付息、到期还本借款的利息］或本科目（应计利息）［到期一次还本付息借款的利息］。预算会计不作账务处理。

（2）属于工程项目完工交付使用后发生的利息，计入当期费用，按照计算确定的应支付的利息金额，借记“其他费用”科目，贷记“应付利息”科目［分期付息、到期还本借款的利息］或本科目（应计利息）［到期一次还本付息借款的利息］。预算会计不作账务处理。

3.按期计提其他长期借款的利息时，按照计算确定的应支付的利息金额，借记“其他费用”科目，贷记“应付利息”科目［分期付息、到期还本借款的利息］或本科目（应计利息）［到期一次还本付息借款的利息］。预算会计不作账务处理。

4.到期归还长期借款本金、利息时：财务会计，借记本科目（本金、应计利息），贷记“银行存款”科目；预算会计，借记“债务还本支出”（支付的本金）“其他支出”（支付的利息），贷记“资金结存”科目。

表4–14　　　　高等学校长期借款主要账务处理

序号	业务		财务会计账务处理	预算会计账务处理	财务盈余与预算结余差异
1	借入各项长期借款时		借：银行存款 　贷：长期借款——本金	借：资金结存 　贷：债务预算收入（本金）	当期确认为预算收入但没有确认为收入
2	为构建固定资产等应支付的专门借款利息	属于工程项目建设期间发生的利息	借：在建工程 　贷：应付利息（分期付息、到期还本）长期借款——应计利息（到期一次还本付息）	—	无
		属于工程项目完工交付使用后发生的利息	借：其他费用 　贷：应付利息（分期付息、到期还本）长期借款——应计利息（到期一次还本付息）	—	当期确认为费用但没有确认为预算支出
		实际支付利息时	借：应付利息 　贷：银行存款等	借：其他支出 　贷：资金结存	当期确认为预算支出但没有确认为费用
3	其他长期借款利息	计提利息时	借：其他费用 　贷：应付利息（分期付息、到期还本）长期借款——应计利息（到期一次还本付息）	—	当期确认为费用但没有确认为预算支出
		分期实际支付利息时	借：应付利息 　贷：银行存款等	借：其他支出 　贷：资金结存	当期确认为预算支出但没有确认为费用
4	归还长期借款本息		借：长期借款——本金 　　——应计利息（到期一次还本付息） 　贷：银行存款	借：债务还本支出（本金） 　贷：资金结存 借：其他支出（支付的利息） 　贷：资金结存	当期确认为预算支出但没有确认为费用

三、案例分析

【例4–19】 H大学按照规定报经批准后，2×19年1月1日向银行贷款2 000万元，专门用于教学楼建设，借款期限为3年，年利率为4.8%，到期一次性还本付息。

1. 2×19年1月1日借入资金时的账务处理如下：

财务会计：

借：银行存款　　20 000 000

　　贷：长期借款——本金　　20 000 000

预算会计：

借：资金结存——货币资金　　20 000 000

　　贷：债务预算收入——本金　　20 000 000

2. 按月计提利息时的账务处理如下：

每月计提利息=20 000 000×4.8%÷12=80 000（元）

财务会计：

借：在建工程　　80 000

　　贷：长期借款——应计利息　　80 000

预算会计不作账务处理。

3. 2×21年12月31日支付本息时的账务处理如下：

财务会计：

借：长期借款——本金　　20 000 000

　　　　　　——应计利息　　2 880 000

　　贷：银行存款　　22 880 000

预算会计：

借：债务还本支出（本金）　　20 000 000

　　贷：资金结存　　20 000 000

借：其他支出（利息）　　2 880 000

　　贷：资金结存　　2 880 000

第十四节　长期应付款

一、科目介绍

长期应付款是指高等学校发生的偿还期限超过1年（不含1年）的应付款项，如以融资租赁方式取得固定资产应付的租赁费、跨年度采用分期付款方式购入固定资产和无形资产的价款等。

二、账务处理

高等学校应设置“长期应付款”科目核算学校长期应付款的增减变动及其结存情况，并应当按照长期应付款的类别以及债权人进行明细核算。本科目期末贷方余额，反映高等学校尚未支付的长期应付款的金额。

“长期应付款”的主要账务处理如下（见表4–15）：

（1）发生长期应付款时，借记“固定资产”“在建工程”等科目，贷记本科目。预算会计不作账务处理。支付长期应付款时，按照实际支付的金额：财务会计，借记本科目，贷记“财政拨款收入”“零余额账户用款额度”“银行存款”等科目。预算会计，借记“事业支出”“经营支出”等科目，贷记“财政拨款预算收入”“资金结存”等科目。

（2）无法偿付或债权人豁免偿还的长期应付款，应当按照规定报经批准后进行账务处理。经批准核销时，借记本科目，贷记“其他收入”科目。预算会计不作账务处理。

核销的长期应付款应在备查簿中保留登记。

（3）质保金形成的长期应付款，购入固定资产等扣留质量保证金，扣留期超过1年的：财务会计，按照扣留的质量保证金数额，借记“固定资产”“在建工程”等科目，贷记本科目。预算会计不作账务处理。

质保期满支付质量保证金时：财务会计，借记本科目，贷记“财政拨款收入”“零余额账户用款额度”“银行存款”等科目；预算会计，按照实际支付的金额，借记“事业支出”等科目，贷记“财政拨款预算收入”“资金结存”等科目。

表4–15 高等学校长期应付款主要账务处理

序号	业务	财务会计账务处理	预算会计账务处理	财务盈余与预算结余差异
1	发生长期应付款时	借：固定资产/在建工程等 贷：长期应付款	—	无
2	支付长期应付款	借：长期应付款 贷：财政拨款收入/零余额账户用款额度/银行存款等	借：事业支出/经营支出等 贷：财政拨款预算收入/资金结存	当期确认为预算支出但没有确认为费用
3	无法偿付或债权人豁免偿还的长期应付款	借：长期应付款 贷：其他收入	—	当期确认为收入但没有确认为预算收入

三、案例分析

【例4–19】H大学2×19年1月1日采用融资租赁方式从D公司租入一台实验仪器，租赁协议价款为600 000元，租赁期5年，每年年末支付租金120 000元。

1. 2×19年1月1日租入实验仪器时的账务处理如下：

财务会计：

借：固定资产　　600 000

　　贷：长期应付款——D公司　　600 000

预算会计不作账务处理。

2. 每年末支付租金时的账务处理如下：

财务会计：

借：长期应付款——D公司　　120 000

　　贷：零余额账户用款额度　　120 000

预算会计：

借：事业支出　　120 000

　　贷：资金结存——零余额账户用款额度　　120 000

3. 2×21年7月31日，D公司和H大学签署战略合作协议，同意豁免H大学后两年应付的租金，H大学经报批准许核销。

财务会计：

借：长期应付款——D公司　　240 000

　　贷：其他收入　　240 000

预算会计不作账务处理。

第十五节　预计负债

一、科目介绍

或有事项，是指由过去的经济业务或者事项形成的，其结果须由某些未来事项的发生或不发生才能决定的不确定事项。未来事项是否发生不在高校控制范围内。高等学校常见的或有事项主要包括未决诉讼或未决仲裁、承诺（补贴、代偿）等。

高等学校应当将与或有事项相关且满足下列条件的现时义务确认为预计负债：一是履行该义务很可能导致含有服务潜力或者经济利益的经济资源流出；二是该义务的金额能够可靠地计量。

预计负债应当按照履行相关现时义务所须支出的最佳估计数进行初始计量。最佳估计数应当分别根据下列情况确定：一是或有事项涉及单个项目的，按照最可能发生金额确定；二是或有事项涉及多个项目的，按照各种可能结果及相关概率计算确定。高等学校在确定最佳估计数时，一般应当综合考虑与或有事项有关的风险、不确定性等因素。

高等学校清偿预计负债所须支出预期全部或部分由第三方补偿的，补偿金额只有在基本确定能够收到时才能作为资产单独确认。确认的补偿金额不应当超过预计负债的账面余额。

高等学校应当在报告日对预计负债的账面余额进行复核。有确凿证据表明该账面余额不能真实反映当前最佳估计数的，应当按照当前最佳估计数对该账面余额进行调整。履行该预计负债的相关义务不是很可能导致经济资源流出政府会计主体时，应当将该预计负债的账面余额予以转销。

二、账务处理

高等学校应设置“预计负债”科目核算学校或有负债的增减变动及其结存情况，并应当按照预计负债的项目进行明细核算。该科目期末贷方余额，反映高等学校已确认但尚未支付的预计负债金额。

“预计负债”的主要账务处理如下（见表4–16）：

（1）确认预计负债时，按照预计的金额，借记“业务活动费”“经营费用”“其他费用”等科目，贷记本科目。预算会计不作账务处理。

（2）实际偿付预计负债时，按照偿付的金额：财务会计，借记本科目，贷记“银行存款”“零余额账户用款额度”等科目；预算会计，借记“事业支出”“经营支出”“其他支出”等科目，贷记“资金结存”等科目。

（3）根据确凿证据需要对已确认的预计负债账面余额进行调整的，按照调整增加的金额，借记有关科目，贷记本科目；按照调整减少的金额，借记本科目，贷记有关科目。预算会计不作账务处理。

表4–16　　高等学校预计负债主要账务处理

序号	业务	财务会计账务处理	预算会计账务处理	财务盈余与预算结余差异
1	确认预计负债	借：业务活动费用/经营费用/其他费用等 贷：预计负债	—	当期确认为费用但没有确认为预算支出
2	实际偿付预计负债	借：预计负债 贷：银行存款等	借：事业支出/经营支出/其他支出等 贷：资金结存	当期确认为预算支出但没有确认为费用
3	对预计负债账面余额进行调整的	借：业务活动费用/经营费用/其他费用等 贷：预计负债 或编写相反会计分录	—	当期确认为费用但没有确认为预算支出

三、案例分析

【例4–20】H大学于2×19年10月20日，高校统一组织学生到异地实践教学基地实习，在前往实践教学基地途中，因发生交通事故导致1名学生死亡，学生家属要求高校进行赔偿，经与学校多次协商均未达成一致。2×19年11月，学生家属向法院起诉，要求高校赔偿100万元，H大学于2×19年12月2日收到法院通知。经高校核实，高校司机在学生上车后，并未告知其应当系上安全带，高校确实存在一定的安全提醒责任，另外，高校已为学生购买了保险，预期可以从保险公司获得保险赔款。H大学法律顾问认为，对学生家属赔偿的可能性在85%以上，最有可能发生的赔偿金额为70万元至90万元之间，并承担诉讼费用4万元。

从保险公司得到赔偿基本上可以确定，最有可能获得保险公司的补偿金额为50万元。最终，高校实际支付学生家属赔偿款78万元。

1.确认预计负债时的账务处理如下：

2×19年12月应确认的预计负债=（700 000+900 000）÷2+40 000=840 000（元）

财务会计：

借：单位管理费用——诉讼费	40 000	
其他应收款——保险公司	500 000	
其他费用	300 000	
贷：预计负债		840 000

预算会计不作账务处理。

2.实际支付赔偿、支付诉讼费时的账务处理如下：

财务会计：

借：预计负债	840 000	
贷：银行存款		820 000
其他费用		20 000

预算会计：

借：其他支出	820 000	
贷：资金结存		820 000

3.收到保险公司补偿时的账务处理如下：

财务会计：

借：银行存款	500 000	
贷：其他应收款——保险公司		500 000

预算会计：

借：资金结存	500 000	
贷：其他支出		500 000

第十六节　受托代理负债

一、科目介绍

受托代理负债是指高等学校接受委托取得受托代理资产时形成的负债。

高等学校核算的属于高校集中管理的住宅专项维修资金，其中职工个人缴纳部分，也通过“受托代理负债”科目进行核算。

二、账务处理

高等学校应设置“受托代理负债”科目核算学校受托代理负债增减变动及其结存情况，并应当按照受托代理资产的种类和委托人进行明细核算。该科目期末贷方余额，反映高等学校尚未交付或发出受托代理资产形成的受托代理负债金额。

“受托代理负债”的账务处理参照“受托代理资产”“库存现金”“银行存款”等科目相关账务处理。

三、案例分析

【例4–21】2×19年8月1日H大学财务部门收到学生部门交来的学生团费30 000元。

财务会计：

借：银行存款——受托代理资产　　30 000

　　贷：受托代理负债　　30 000

预算会计不作账务处理。

第五章　净资产

第一节　净资产概述

一、净资产要素概述

高等学校净资产是指高等学校的资产扣除负债后的余额。高等学校属于公益二类事业单位，因此其净资产体现的是事业单位公益的属性。高等学校的净资产不同于企业的所有者权益，一般不要求补偿，但是拨款部门和捐赠者可能会对某些净资产规定或限定用途。

二、净资产确认

净资产金额取决于资产和负债的计量，即净资产=资产-负债。因此净资产的确认取决于资产和负债的确认，收入导致净资产增加，费用导致净资产减少。

三、净资产分类

净资产会计科目包括累计盈余、专用基金、权益法调整、本期盈余、本年盈余分配、无偿调拨净资产、以前年度盈余调整（见表5-1）。

表5-1　　净资产类会计科目一览表（高等学校）

序号	科目编号	科目名称
1	3001	累计盈余
2	3101	专用基金
3	3201	权益法调整
4	3301	本期盈余
5	3302	本年盈余分配
6	3401	无偿调拨净资产
7	3501	以前年度盈余调整

第二节 累计盈余

一、科目介绍

累计盈余是指高等学校历年实现的盈余扣除盈余分配后滚存的金额，以及因无偿调入调出资产产生的净资产变动额。按照规定上缴、缴回、单位间调剂结转结余资金产生的净资产变动额，以及对以前年度盈余的调整金额，也通过本科目核算。累计盈余为非限定用途的净资产。

二、账务处理

高等学校应设置“累计盈余”科目核算学校累计盈余增减变动及其结存情况，并可以根据自身情况自行设置明细科目。该科目期末余额，反映高等学校未分配盈余（或未弥补亏损）的累计数以及截至上年末无偿调拨净资产变动的累计数；而该科目年末余额，反映高等学校未分配盈余（或未弥补亏损）以及无偿调拨净资产变动的累计数。

“累计盈余”的主要账务处理如下（见表5-2）：

（1）年末，将“本年盈余分配”科目的余额转入累计盈余，借记或贷记“本年盈余分配”科目，贷记或借记本科目。

（2）年末，将“无偿调拨净资产”科目的余额转入累计盈余，借记或贷记“无偿调拨净资产”科目，贷记或借记本科目。

（3）按照规定上缴财政拨款结转结余、缴回非财政拨款结转资金、向其他单位调出财政拨款结转资金时，按照实际上缴、缴回、调出金额，借记本科目，贷记“财政应返还额度”“零余额账户用款额度”“银行存款”等科目。

按照规定从其他单位调入财政拨款结转资金时，按照实际调入金额，借记“零余额账户用款额度”“银行存款”等科目，贷记本科目。

（4）将“以前年度盈余调整”科目的余额转入本科目，借记或贷记“以前年度盈余调整”科目，贷记或借记本科目。

（5）按照规定使用专用基金购置固定资产、无形资产的，按照固定资产、无形资产成本金额，借记“固定资产”“无形资产”科目，贷记“银行存款”等科目；同时，按照专用基金使用金额，借记“专用基金”科目，贷记本科目。

（6）高等学校使用计提的项目间接经费或管理费购买固定资产、无形资产的，按照固定资产、无形资产成本金额，借记“固定资产”“无形资产”科目，贷记“银行存款”等科目；同时，按照相同的金额，借记“预提费用——项目间接费用或管理费”科目，贷记本科目。

表5-2　　高等学校累计盈余主要账务处理

序号	业务	财务会计账务处理
1	年末，将“本年盈余分配”科目余额转入	借：本年盈余分配 　贷：累计盈余 或编写相反会计分录
2	年末，将“无偿调拨净资产”科目余额转入	借：无偿调拨净资产 　贷：累计盈余 或编写相反会计分录
3	按照规定上缴财政拨款结转结余、缴回非财政拨款结转资金、向其他单位调出财政拨款结转资金时	借：累计盈余 　贷：财政应返还额度/零余额账户用款额度/银行存款等
4	按照规定从其他单位调入财政拨款结转资金时	借：零余额账户用款额度/银行存款等 　贷：累计盈余
5	将“以前年度盈余调整”科目余额转入	借：以前年度盈余调整 　贷：累计盈余 或编写相反会计分录
6	使用专用基金购置固定资产、无形资产	借：专用基金 　贷：累计盈余
7	使用计提的项目间接经费或管理费购买固定资产、无形资产的	借：预提费用——项目间接费用或管理费 　贷：累计盈余

三、案例分析

【例5-1】2×19年12月31日，H大学的“本年盈余分配”科目贷方余额为4 500万元，“无偿调拨净资产”科目贷方余额为50万元，“以前年度盈余调整”科目贷方余额为20万元。

财务会计：

借：本年盈余分配　　45 000 000

　贷：累计盈余　　45 000 000

借：无偿调拨净资产　　500 000

　贷：累计盈余　　500 000

借：以前年度盈余调整　　200 000

　贷：累计盈余　　200 000

第三节　专用基金

一、科目介绍

专用基金是指高等学校按照规定提取或设置的具有专门用途的净资产，主要包括职工福利基金、学生校内资助经费、留本基金、其他专用基金等。

专用基金按照“先提后用、收支平衡、专款专用”的原则管理与使用。专用基金的形成主要有四种方式：一是年末从本年度非财政拨款结余或经营结余中提取的专用基金，如职工福利基金；二是根据相关规定从收入中提取的专用基金，如学生校内资助经费；三是根据有关规定设置的其他具有专门用途的基金，如留本基金；四是按照规定的标准由支出中计提的专用基金，如按照工资额度和一定的比例计提的职工福利费等。

1.职工福利基金

职工福利基金是指按照非财政拨款结余的一定比例提取或者按照其他规定提取转入，用于职工的集体福利设施、集体福利待遇等的资金。根据《关于事业单位提取专用基金比例问题的通知》（财教〔2012〕32号）规定：“事业单位职工福利基金的提取比例，在单位年度非财政拨款结余的40%以内确定。国家另有规定的，从其规定。”“中央级事业单位职工福利基金的提取比例，由主管部门会同财政部门在单位年度非财政拨款结余的40%以内核定。国家另有规定的，从其规定。”“地方事业单位职工福利基金和修购基金的提取比例，由省级财政部门参照本通知的有关规定，结合本地实际确定。”

2.学生校内资助经费

学生校内资助经费是指高等学校按照一定的比例从事业收入中提取的用于奖励和资助学生的经费，是学生资助体系的重要组成部分。根据《学生资助资金管理办法》（财科教〔2019〕19号）规定：“各地、各校要结合实际，通过勤工助学、‘三助’岗位、‘绿色通道’、校内资助、社会资助等方式完善学生资助体系。公办普通高校、普通高中要从事业收入中分别足额提取4%—6%、3%—5%的经费用于资助学生，中等职业学校应从事业收入中提取一定比例的资金用于资助学生。民办学校应从学费收入中提取不少于5%的资金，用于奖励和资助学生。”

3.留本基金

留本基金是指高等学校使用捐赠资金建立的具有永久性保留本金或在一定时期内保留本金的限定性基金。永久性保留本金的留本基金也叫纯留本基金，这种留本基金要求必须将本金无限期的进行投资，仅以产生的收益用于相关活动支出。在一定时期内保留本金的留本基金也叫定期留本基金，根据协议要求，在一段时间以后或指定的事件发生后，可以动用本金进行支付。

4.其他专用基金

其他专用基金是指按照其他有关规定提取或者设置的专用资金，如高等学校接受的具有专门用途的校外捐赠奖助学金等。

二、账务处理

高等学校应设置“专用基金”科目核算学校专用基金的增减变动及其结存情况，并应当按照专用基金的类别进行明细核算。该科目期末贷方余额，反映高等学校累计提取或设置的尚未使用的专用基金。

“专用基金”的主要账务处理如下（见表5–3）。

（一）一般性专用基金的账务处理

1.年末，根据有关规定从本年度非财政拨款结余或经营结余中提取专用基金的，按照预算会计下计算的提取金额，财务会计，借记“本年盈余分配”科目，贷记本科目。预算会计，借记“非财政拨款结余分配”科目，贷记“专用结余”科目。

2.根据有关规定从收入中提取专用基金并计入费用的，一般按照预算会计下基于预算收入计算提取的金额，财务会计，借记“业务活动费用”等科目，贷记本科目。预算会计不作账务处理。国家另有规定的，从其规定。

3.根据有关规定设置的其他专用基金，按照实际收到的基金金额，财务会计，借记“银行存款”等科目，贷记本科目。预算会计，借记“资金结存”科目，贷记“专用结余”科目。

4.按照规定使用提取的专用基金时，借记本科目，贷记“银行存款”等科目。使用提取的专用基金购置固定资产、无形资产的，按照固定资产、无形资产成本金额，借记“固定资产”“无形资产”科目，贷记“银行存款”等科目；同时，按照专用基金使用金额，借记本科目，贷记“累计盈余”科目。

以上业务，使用按有关规定从本年度非财政拨款结余或经营结余中提取专用基金时，预算会计，借记“专用结余”，贷记“资金结存”等科目；如果使用按有关规定从收入中提取的专用基金时，借记“事业支出”科目，贷记“资金结存”等科目。

（二）高等学校留本基金的账务处理

高等学校应当按照每个留本基金设置明细科目进行核算。在每个留本基金明细科目下还应当设置“本金”和“收益”明细科目，在“本金”明细科目下，还应当设置“已投资”和“未投资”两个明细科目。高等学校应当在“其他应收款”科目下设置“留本基金委托投资”明细科目，核算高等学校将留本基金委托给基金会进行的投资。

1.高等学校取得留本基金

高等学校形成留本基金时，根据取得的留本基金数额，财务会计，借记“银行存款”科目，贷记“专用基金——留本基金——本金——投资”科目。预算会计，借记“资金结存”科目，贷记“其他预算收入”科目。

2.高等学校委托基金会进行投资

（1）投资时，按照转给基金会的留本基金数额，财务会计，借记“其他应收款——留本基金委托投资”科目，贷记“银行存款”科目；同时，按照相同的金额，借记“专用基金——留本基金——本金——未投资”科目，贷记“专用基金——留本基金——本金——已投资”科目。预算会计，借记“投资支出”科目，贷记“资金结存”科目。

（2）收到基金会交回的投资收益，按照实际收到的金额，财务会计，借记“银行存款”科目，贷记“专用基金——留本基金——收益”科目。预算会计，借记“资金结存”科目，贷记“投资预算收益”科目。

（3）从基金会收回使用留本基金委托的投资，按照收回的金额，财务会计，借记“银行存款”科目，按照收回的留本基金本金金额，贷记“其他应收款——留本基金委托投资”科目，按照两者的差额，贷记或借记“专用基金——留本基金——收益”科目；同时，按照收回的留本基金本金金额，借记“专用基金——留本基金——本金——已投资”科目，贷记“专用基金——留本基金——本金——未投资”科目。预算会计，借记“资金结存”科目，按照收回的留本基金本金金额贷记“投资支出”科目，差额借记或贷记“投资预算收益”科目。

3.高等学校直接使用留本基金进行投资

（1）投资时，按照动用留本基金投资的数额，财务会计，借记“短期投资”“长期债券投资”等科目，贷记“银行存款”科目；同时，按照相同的金额，借记“专用基金——留本基金——本金——未投资”科目，贷记“专用基金——留本基金——本金——已投资”科目。预算会计，借记“投资支出”科目，贷记“资金结存”科目。

（2）期末，对持有的留本基金投资确认应计利息收入时，按照确认的应计利息，财务会计，借记“应收利息”“长期债券投资”等科目，贷记“专用基金——留本基金——收益”科目。预算会计不作账务处理。

（3）收到留本基金投资获得的利息时，按照实际收到的金额，财务会计，借记“银行存款”科目，贷记“应收利息”科目。预算会计，借记“资金结存”科目，贷记“投资预算收益”科目。

（4）收回留本基金投资时，按照收回的金额，财务会计，借记“银行存款”科目，按照收回的投资本金及相关利息金额，贷记“短期投资”“长期债券投资”等科目，按照两者的差额，贷记或借记“专用基金——留本基金——收益”科目；同时，按照收回的留本基金本金金额，借记“专用基金——留本基金——本金——已投资”科目，贷记“专用基金——留本基金——本金——未投资”科目。预算会计，借记“资金结存”科目，按照收回的投资本金金额，贷记“投资支出”科目，差额借记或贷记“投资预算收益”科目。

4.高等学校将留本基金收益转增本金

高等学校按照协议将留本基金收益转增本金时，按照转增的金额，财务会计，借记“专用基金——留本基金——收益”科目，贷记“专用基金——留本基金——本金——未投资”科目。预算会计不作账务处理。

5.高等学校使用留本基金收益

高等学校按照协议可以使用留本基金取得的收益时，按照可以使用的金额，财务会计，借记“专用基金——留本基金——收益”科目，贷记“捐赠收入”科目；同时，按照相同的金额，预算会计，借记“资金结存——货币资金”科目，贷记“捐赠预算收入”科目。使用留本基金收益时，按照使用的金额，财务会计，借记“业务活动费用”等科目，贷记“银行存款”等科目；同时，预算会计，借记“事业支出——教育支出”等科目，贷记“资金结存——货币资金”科目。

6.高等学校将留本基金转为资金

按照协议规定的留本基金限定期限到期，高等学校将留本基金转为可以使用的资金，按照转为可以使用的资金数额，财务会计，借记“专用基金——留本基金——本金——未投资”科目，贷记“捐赠收入”科目；同时，按照相同的金额，预算会计，借记“资金结存——货币资金”科目，贷记“捐赠预算收入”科目。

表5-3 高等学校专用基金主要账务处理

序号	业务		财务会计账务处理
1	计提专用基金	从本年度非财政拨款结余或经营结余中提取专用基金	借：本年盈余分配 贷：专用基金［按照预算收入下计算的提取金额］
		从预算收入中按照一定比例提取专用基金并计入费用	借：业务活动费等 贷：专用基金［一般按照预算收入计算提取的金额］
		根据有关规定设置的其他专用基金	借：银行存款等 贷：专用基金
2	按照规定使用专用基金		借：专用基金 贷：银行存款等 如果购置固定资产、无形资产的： 借：固定资产/无形资产 贷：银行存款等 借：专用基金 贷：累计盈余
3	高校形成留本基金		借：银行存款 贷：专用基金——留本基金——本金——未投资

续表

<table>
<tr><th>序号</th><th colspan="2">业务</th><th>财务会计账务处理</th></tr>
<tr><td rowspan="3">4</td><td rowspan="3">高校委托基金会进行投资</td><td>投资时，按照转给基金会的留本基金数额</td><td>借：其他应收款——留本基金委托投资
　　贷：银行存款
同时：
借：专用基金——留本基金——本金——未投资
　　贷：专用基金——留本基金——本金——已投资</td></tr>
<tr><td>收到基金会交回的投资收益</td><td>借：银行存款
　　贷：专用基金——留本基金——收益</td></tr>
<tr><td>从基金会收回使用留本基金委托的投资</td><td>借：银行存款
　　专用基金——留本基金——收益（借差）
　　贷：其他应收款——留本基金委托投资
　　　　专用基金——留本基金——收益（贷差）
同时：
借：专用基金——留本基金——本金——已投资
　　贷：专用基金——留本基金——本金——未投资</td></tr>
<tr><td rowspan="2">5</td><td rowspan="2">高校直接使用留本基金进行投资</td><td>投资时，按照动用留本基金投资的数额</td><td>借：短期投资/长期债券投资
　　贷：银行存款
同时：
借：专用基金——留本基金——本金——未投资
　　贷：专用基金——留本基金——本金——已投资</td></tr>
<tr><td>期末，对持有的留本基金投资确认应计利息收入时，按照确认的应计利息</td><td>借：应收利息/长期债券投资
　　贷：专用基金——留本基金——收益</td></tr>
<tr><td rowspan="2">5</td><td rowspan="2">高校直接使用留本基金进行投资</td><td>收到留本基金投资获得的利息时</td><td>借：银行存款
　　贷：应收利息</td></tr>
<tr><td>收回留本基金投资时</td><td>借：银行存款
　　专用基金——留本基金——收益（借差）
　　贷：短期投资/长期债券投资
　　　　专用基金——留本基金——收益（贷差）
同时：
借：专用基金——留本基金——本金——已投资
　　贷：专用基金——留本基金——本金——未投资</td></tr>
<tr><td>6</td><td>高等学校按照协议将留本基金收益转增本金</td><td>按照转增的金额</td><td>借：专用基金——留本基金——收益
　　贷：专用基金——留本基金——本金——未投资</td></tr>
<tr><td rowspan="2">7</td><td rowspan="2">高等学校按照协议可以使用留本基金取得的收益时</td><td>按照可以使用的金额</td><td>借：专用基金——留本基金——收益
　　贷：捐赠收入</td></tr>
<tr><td>使用留本基金收益时，按照使用的金额</td><td>借：业务活动费用等
　　贷：银行存款等</td></tr>
<tr><td>8</td><td>按照协议规定的留本基金限定期限到期，高等学校将留本基金转为可以使用的资金</td><td>按照转为可以使用的资金数额</td><td>借：专用基金——留本基金——本金——未投资
　　贷：捐赠收入</td></tr>
</table>

三、案例分析

【例5-2】 H大学2×19年全年收取上缴财政并返还学费25 000万元。学校按规定按学费收入的5%提取学生资助经费。

计提学生资助经费=25 000×5%=1 250（万元）

财务会计：

借：业务活动费用　　12 500 000

　　贷：专用基金——学生校内资助经费　　12 500 000

预算会计不作账务处理。

【例5-3】 2×19年11月3日，H大学使用学生资助经费（按规定从收入中提取）发放学生勤工助学，金额50万元，已通过代理银行发放至每位学生银行账户。

财务会计：

借：专用基金——学生校内资助经费　　500 000

　　贷：零余额账户用款额度　　500 000

预算会计：

借：事业支出　　500 000

　　贷：资金结存——零余额账户用款额度　　500 000

第四节　权益法调整

一、科目介绍

权益法调整是指高等学校持有的长期股权投资采用权益法核算时，按照被投资单位除净损益和利润分配以外的所有者权益变动份额调整长期股权投资账面余额而计入净资产的金额。

二、账务处理

高等学校应设置“权益法调整”科目核算学校长期股权投资。采用权益法核算时，长期股权投资账面余额因按照被投资单位除净损益和利润分配以外的所有者权益变动份额调整产生的增减变动及其结存情况，并应当按照被投资单位进行明细核算。该科目期末余额，反映高等学校在被投资单位除净损益和利润分配以外的所有者权益变动中累积享有（或分担）的份额。

“权益法调整”的主要账务处理如下（见表5-4）：

（1）年末，按照被投资单位除净损益和利润分配以外的所有者权益变动应享有（或应分担）的份额，借记或贷记“长期股权投资——其他权益变动”科目，贷记或借记本科目。

（2）采用权益法核算的长期股权投资，因被投资单位除净损益和利润分配以外的所有者权益变动而将应享有（或应分担）的份额计入高校净资产的，处置该项投资时，按照原计入净资产的相应部分金额，借记或贷记本科目，贷记或借记“投资收益”科目。

表5-4　　高等学校权益法调整主要账务处理

序号	业务		财务会计账务处理
1	资产负债表日	按照被投资单位除净损益和利润分配以外的所有者权益变动的份额（增加时）	借：长期股权投资——其他权益变动 　贷：权益法调整
		按照被投资单位除净损益和利润分配以外的所有者权益变动的份额（减少时）	借：权益法调整 　贷：长期股权投资——其他权益变动
2	长期股权投资处置时	权益法调整科目为借方余额	借：投资收益 　贷：权益法调整［与所处置投资对应部分的金额］
		权益法调整科目为贷方余额	借：权益法调整［与所处置投资对应部分的金额］ 　贷：投资收益

三、案例分析

【例5-4】H大学持有S企业30%的股份。2×19年年末，S企业除净损益和利润分配以外的所有者权益变动金额为10万元。H大学按投资份额享有3万元的所有者权益变动金额。

财务会计：

借：长期股权投资——其他权益变动　　30 000

　贷：权益法调整　　30 000

预算会计不作账务处理。

【例5-5】接例5-4。2×20年2月H大学处置了该项投资。对应该投资的权益法调整金额一并结转。

财务会计：

借：权益法调整　　30 000

　贷：投资收益　　30 000

第五节　本期盈余

一、科目介绍

本期盈余是指高等学校本期各项收入、费用相抵后的金额。

二、账务处理

高等学校应设置“本期盈余”科目核算学校本期盈余的增减变动及其结存情况。该科目期末如为贷方余额，反映高等学校自年初至当期期末累计实现的盈余；如为借方余额，反映高等学校自年初至当期期末累计发生的亏损。年末结账后，该科目应无余额。

“本期盈余”的主要账务处理如下（见表5–5）：

（1）期末，将各类收入科目的本期发生额转入本期盈余，借记“财政拨款收入”“事业收入”“上级补助收入”“附属单位上缴收入”“经营收入”“非同级财政拨款收入”“投资收益”“捐赠收入”“利息收入”“租金收入”“其他收入”等科目，贷记本科目；将各类费用科目本期发生额转入本期盈余，借记本科目，贷记“业务活动费用”“单位管理费用”“经营费用”“所得税费用”“资产处置费用”“上缴上级费用”“对附属单位补助费用”“其他费用”等科目。

（2）年末，完成上述结转后，将本科目余额转入“本年盈余分配”科目，借记或贷记本科目，贷记或借记“本年盈余分配”科目。

表5–5　　高等学校本期盈余主要账务处理

<table>
<tr><th>序号</th><th colspan="2">业务</th><th>财务会计账务处理</th></tr>
<tr><td rowspan="2">1</td><td rowspan="2">期末结转</td><td>结转收入</td><td>借：财政拨款收入
事业收入、上级补助收入、附属单位上缴收入、经营收入、非同级财政拨款收入、投资收益［贷方余额］、捐赠收入、利息收入、租金收入、其他收入
贷：本期盈余
投资收益［借方余额］</td></tr>
<tr><td>结转费用</td><td>借：本期盈余
贷：业务活动费用、单位管理费用、经营费用、资产处置费用、上缴上级费用、对附属单位补助费用、所得税费用、其他费用</td></tr>
<tr><td rowspan="2">2</td><td rowspan="2">年末结转</td><td>本期盈余科目为贷方余额</td><td>借：本期盈余
贷：本年盈余分配</td></tr>
<tr><td>本期盈余科目为借方余额</td><td>借：本年盈余分配
贷：本期盈余</td></tr>
</table>

三、案例分析

【例5–6】H大学进行2×19年年末结账时，收入、费用各科目余额如下：

（1）财政拨款收入118 000万元，事业收入41 000万元，附属单位上缴收入300万元，非同级财政拨款收入40万元，捐赠收入20万元，利息收入1 500万元，其他收入1 000万元。

（2）业务活动费用123 500万元，单位管理费用28 000万元，资产处置费用150万元，其他费用240万元。

财务会计：

1.结转本年收入时的账务处理如下：

借：财政拨款收入	1 180 000 000	
事业收入	410 000 000	
附属单位上缴收入	3 000 000	
非同级财政拨款收入	400 000	
捐赠收入	200 000	
利息收入	15 000 000	
其他收入	10 000 000	
贷：本期盈余		1 618 600 000

2.结转本年费用时的账务处理如下：

借：本期盈余	1 518 900 000	
贷：业务活动费用		1 235 000 000
单位管理费用		280 000 000
资产处置费用		1 500 000
其他费用		2 400 000

3.将“本期盈余”科目余额转入“本年盈余分配”科目时的账务处理如下：

借：本期盈余	99 700 000	
贷：本年盈余分配		99 700 000

预算会计原则上依据年度预算安排和预算执行情况进行年末结账账务处理。

第六节　本年盈余分配

一、科目介绍

本年盈余分配是指高等学校本年度盈余分配的情况和结果。

二、账务处理

高等学校应设置“本年盈余分配”科目核算高校本年度盈余分配的情况和结果。年末结转后，该科目应无余额。

“本年盈余分配”的主要账务处理如下（见表5-6）：

（1）年末，将“本期盈余”科目余额转入本科目，借记或贷记“本期盈余”科目，贷记或借记本科目。

（2）年末，根据有关规定从本年度非财政拨款结余或经营结余中提取专用基金的，按照预算会计下计算的提取金额，借记本科目，贷记“专用基金”科目。

（3）年末，按照规定完成上述（1）（2）处理后，将本科目余额转入累计盈余，借记或贷记本科目，贷记或借记“累计盈余”科目。

表5-6　　高等学校本期盈余分配主要账务处理

序号	业务		财务会计账务处理
1	年末，将本期盈余科目余额转入本年盈余分配时	本期盈余科目为贷方余额	借：本期盈余 贷：本年盈余分配
		本期盈余科目为借方余额	借：本年盈余分配 贷：本期盈余
2	年末，按照有关规定提取专用基金	按照预算会计下计算的提取金额	借：本年盈余分配 贷：专用基金
3	年末，将本科目余额转入累计盈余	本科目为贷方余额	借：本年盈余分配 贷：累计盈余
		本科目为借方余额	借：累计盈余 贷：本年盈余分配

三、案例分析

【例5-7】2×19年12月31日，H大学“本年盈余分配”科目贷方余额为9 970万元，全部结转至累计盈余。

财务会计：

借：本年盈余分配　　　　99 700 000

　　贷：累计盈余　　　　99 700 000

第七节　无偿调拨净资产

一、科目介绍

无偿调拨净资产是指高等学校无偿调入或调出非现金资产所引起的净资产变动金额。

二、账务处理

高等学校应设置“无偿调拨净资产”科目核算学校非现金资产调入或调出引起的净

资产变动金额。年末结转后，该科目应无余额。

“无偿调拨净资产”的主要账务处理如下（见表5-7）：

（1）按照规定取得无偿调入的存货、长期股权投资、固定资产、无形资产等，按照确定的成本，财务会计，借记“库存物品”“长期股权投资”“固定资产”“无形资产”等科目，按照调入过程中发生的归属于调入方的相关费用，贷记“零余额账户用款额度”“银行存款”等科目，按照其差额，贷记本科目。预算会计，按照调入过程中发生的归属于调入方的相关费用，借记“其他支出”科目，贷记“资金结存”科目。

（2）按照规定经批准无偿调出存货、长期股权投资、固定资产、无形资产等，按照调出资产的账面余额或账面价值，借记本科目，按照固定资产累计折旧、无形资产累计摊销金额，借记“固定资产累计折旧”“无形资产累计摊销”等科目，按照调出资产的账面余额，财务会计，贷记“库存物品”“长期股权投资”“固定资产”“无形资产”等科目；同时，按照调出过程中发生的归属于调出方的相关费用，借记“资产处置费用”科目，贷记“零余额账户用款额度”“银行存款”等科目。预算会计，按照调出过程中发生的归属于调出方的相关费用，借记“其他支出”科目，贷记“资金结存”科目。

（3）年末，将本科目余额转入累计盈余，借记或贷记本科目，贷记或借记“累计盈余”科目。

表5-7 高等学校无偿调拨净资产主要账务处理

<table>
<tr><th>序号</th><th colspan="2">业务</th><th>财务会计账务处理</th></tr>
<tr><td>1</td><td colspan="2">取得无偿调入的资产</td><td>借：库存物品/固定资产/无形资产/长期股权投资等
　贷：无偿调拨净资产
　　零余额账户用款额度/银行存款等［发生的归属于调入方的相关费用］</td></tr>
<tr><td>2</td><td colspan="2">经批准无偿调出资产</td><td>借：无偿调拨净资产
　固定资产累计折旧/无形资产累计摊销
　贷：库存物品/固定资产/无形资产/长期股权投资等［账面余额］
借：资产处置费用
　贷：银行存款/零余额账户用款额度等［发生的归属于调出方的相关费用］</td></tr>
<tr><td rowspan="2">3</td><td rowspan="2">年末，将本科目余额转入累计盈余</td><td>科目余额在贷方</td><td>借：无偿调拨净资产
　贷：累计盈余</td></tr>
<tr><td>科目余额在借方</td><td>借：累计盈余
　贷：无偿调拨净资产</td></tr>
</table>

三、案例分析

【例5-8】2×19年3月，H大学年取得无偿调入专用设备一台，价值50万元，已计提折旧25万元，同时用银行存款支付运输费用800元。

财务会计：

借：固定资产　500 800

　　贷：无偿调拨净资产　250 000

　　　　固定资产累计折旧　250 000

　　　　银行存款　800

预算会计：

借：其他支出　800

　　贷：资金结存——货币资金　800

【例5-9】2×19年年末，H大学“无偿调拨净资产”科目贷方余额为291 000元。结转“无偿调拨净资产”科目余额。

借：无偿调拨净资产　291 000

　　贷：累计盈余　291 000

第八节　以前年度盈余调整

一、科目介绍

以前年度盈余调整是指高等学校本年度发生的调整以前年度盈余的事项，包括本年度发生的重要前期差错更正涉及调整以前年度盈余的事项。

二、账务处理

高等学校应设置“以前年度盈余调整”科目核算高等学校对以前年度盈余调整的情况。该科目结转后应无余额。

“以前年度盈余调整”的主要账务处理如下（见表5-8）：

（1）调整增加以前年度收入时，按照调整增加的金额，借记有关科目，贷记本科目。调整减少的，编写相反会计分录。

（2）调整增加以前年度费用时，按照调整增加的金额，借记本科目，贷记有关科目。调整减少的，编写相反会计分录。

（3）盘盈的各种非流动资产，报经批准后处理时，借记“待处理财产损溢”科目，贷记本科目。

（4）经上述调整后，应将本科目的余额转入累计盈余，借记或贷记“累计盈余”科目，贷记或借记本科目。

表5-8 高等学校以前年度盈余调整主要账务处理

序号	业务		财务会计账务处理
1	调整以前年度收入	增加以前年度收入	借：有关资产或负债类科目 贷：以前年度盈余调整
		减少以前年度收入	借：以前年度盈余调整 贷：有关资产或负债类科目
2	调整以前年度费用	增加以前年度费用	借：以前年度盈余调整 贷：有关资产或负债类科目
		减少以前年度费用	借：有关资产或负债类科目 贷：以前年度盈余调整
3	盘盈非流动资产	报经批准处理时	借：待处理财产损溢 贷：以前年度盈余调整
4	将本科目余额转入累计盈余	本科目为借方余额	借：累计盈余 贷：以前年度盈余调整
		本科目为贷方余额	借：以前年度盈余调整 贷：累计盈余

三、案例分析

【例5-10】2×19年5月，H大学生活区文化广场项目竣工验收合格后，经审计后审定金额65万元，并按此金额办理固定资产手续。2×19年以前的前期工程款62万元已计入在建工程，剩余工程尾款3万元用零余额账户支付。

财务会计：

借：固定资产 650 000

贷：在建工程 620 000

零余额账户用款额度 30 000

预算会计：

借：事业支出 30 000

贷：资金结存——零余额账户用款额度 30 000

【例5-11】H大学2×19年1—12月发生其他有关以前年度盈余调整事项，截至12月31日，“以前年度盈余调整”科目贷方余额620 000元，按规定将“以前年度盈余调整”科目余额转入累计盈余。

财务会计：

借：以前年度盈余调整 620 000

贷：累计盈余 620 000

预算会计不作账务处理。

第六章 收 入

第一节 收入概述

一、收入概述

收入属于财务会计要素，高等学校的收入是指高校开展教学、科研及其他活动依法取得的非偿还性资金。高等学校收入特点有以下四项：

（1）收入取得的目的是开展教学、科研及其他活动；

（2）收入取得渠道和形式多样化，有财政拨款、承担科研项目、收取学生学费等收入渠道，形成财政拨款收入、事业收入、非同级财政拨款收入、投资收益、利息收入、捐赠收入、租金收入、其他收入等收入形式；

（3）非偿还性。高等学校取得的各类收入一般情况下均无须偿还。

（4）收入会使经济利益或服务潜力流入高校，并且能够导致高校资产增加或者负债减少。

高等学校各项收入应当全部纳入高校预算，统一核算、统一管理，高等学校组织收入、各项收费、票据使用应当合规合法。

二、收入的确认

收入确认以权责发生制为基础，收入应当在发生时予以确认，并按实际发生的金额计量。在权责发生制基础下，凡属本期的收入，不论款项是否收到，均作为本期收入处理；不属本期的收入，即使本期收到款项也只作为预收款项等处理，而不作为本期收入。

因此，收入的确认应当同时满足以下条件：

一是与收入相关的含有服务潜力或者经济利益的经济资源很可能流入高等学校；

二是含有服务潜力或者经济利益的经济资源流入会导致高等学校资产增加或者负债减少；

三是流入金额能够可靠地计量。

三、收入分类（见表6-1）

收入按资金性质，分为财政性资金收入、非财政性资金收入；按限定性要求，分为基本支出补助和项目支出补助、专项资金收入和非专项资金收入。

收入按照经费来源，分为财政拨款收入、事业收入、上级补助收入、附属单位上缴收入、经营收入、非同级财政拨款收入、投资收益、捐赠收入、利息收入、租金收入和其他收入等。

表6-1 收入类会计科目一览表（高等学校）

序号	科目编号	科目名称
1	4001	财政拨款收入
2	4101	事业收入
3	4201	上级补助收入
4	4301	附属单位上缴收入
5	4401	经营收入
6	4601	非同级财政拨款收入
7	4602	投资收益
8	4603	捐赠收入
9	4604	利息收入
10	4605	租金收入
11	4609	其他收入

第二节 财政拨款收入

一、科目介绍

财政拨款收入是指高等学校从同级政府财政部门取得的各类财政拨款。同级政府财政部门预拨的下期预算款和没有纳入预算的暂付款项，以及采用实拨资金方式通过本单位转拨给下属单位的财政拨款，通过“其他应付款”科目核算，不通过本科目核算。

按照取得财政拨款的方式，可分为财政直接支付方式、财政授权支付方式和其他支付方式三种形式。

二、账务处理

高等学校应设置“财政拨款收入”科目核算学校取得的各类财政拨款收入的增减变

动及其结存情况，可按照一般公共预算财政拨款、政府性基金预算财政拨款等拨款种类进行明细核算。期末结转后，该科目应无余额。

“财政拨款收入”的主要账务处理如下（见表6–2）。

1.财政直接支付方式。根据收到的《财政直接支付入账通知书》及相关原始凭证，按照通知书中的直接支付入账金额，借记“库存商品”“固定资产”“业务活动费用”“单位管理费用”“应付职工薪酬”等科目，贷记本科目。

年末，根据本年度财政直接支付预算指标数与当年财政直接支付实际支付数的差额，借记“财政应返还额度——财政直接支付”科目，贷记本科目。

因差错更正或购货退回等发生国库直接支付款项退回的，属于以前年度支付的款项，按照退回金额，借记“财政应返回额度——财政直接支付”科目，贷记“以前年度盈余调整”“库存商品”等科目；属于本年度支付的款项，按照退回金额，借记本科目，贷记“业务活动费用”“库存商品”等科目。

2.财政授权支付方式。根据收到的《财政授权支付额度到账通知书》，按照通知书中的授权支付额度，借记“零余额账户用款额度”科目，贷记本科目。

年末，本年度财政授权支付预算指标数大于零余额账户用款额度下达数的，按照两者差额，借记“财政应返还额度——财政授权支付”科目，贷记本科目。

3.其他方式下收到的财政拨款收入，按照实际收到的金额，借记“银行存款”等科目，贷记本科目。

4.期末，将本科目本期发生额转入本期盈余，借记本科目，贷记“本期盈余”科目。

表6–2　　高等学校财政拨款收入主要账务处理

<table>
<tr><th>序号</th><th colspan="2">业务</th><th>财务会计账务处理</th><th>预算会计账务处理</th><th>财务盈余与预算结余差异</th></tr>
<tr><td rowspan="3">1</td><td rowspan="3">收到财政拨款时</td><td>财政直接支付</td><td>借：库存物品/固定资产/业务活动费用/单位管理费用/应付职工薪酬等
贷：财政拨款收入</td><td>借：事业支出等
贷：财政拨款预算收入</td><td>涉及库存物品、固定资产、应付职工薪酬时：当期确认为预算收入但没有确认为收入</td></tr>
<tr><td>财政授权支付</td><td>借：零余额账户用款额度
贷：财政拨款收入</td><td>借：资金结存——零余额账户用款额度
贷：财政拨款预算收入</td><td>无</td></tr>
<tr><td>其他支付方式</td><td>借：银行存款等
贷：财政拨款收入</td><td>借：资金结存——货币资金
贷：财政拨款预算收入</td><td>无</td></tr>
<tr><td rowspan="2">2</td><td rowspan="2">年末确认拨款差额时</td><td>存在财政直接支付差额时</td><td>借：财政应返还额度——财政直接支付
贷：财政拨款收入</td><td>借：资金结存——财政应返还额度
贷：财政拨款预算收入</td><td>无</td></tr>
<tr><td>存在财政授权支付差额时</td><td>借：财政应返还额度——财政授权支付
贷：财政拨款收入</td><td>借：资金结存——财政应返还额度
贷：财政拨款预算收入</td><td>无</td></tr>
</table>

续表

<table>
<tr><th>序号</th><th colspan="2">业务</th><th>财务会计账务处理</th><th>预算会计账务处理</th><th>财务盈余与预算结余差异</th></tr>
<tr><td rowspan="3">3</td><td rowspan="3">因差错更正或购货退回等发生的国库直接支付款项退回的</td><td>属于本年度支付的款项</td><td>借：财政拨款收入
贷：业务活动费用/固定资产等</td><td>借：财政拨款预算收入
贷：事业支出等</td><td>涉及库存物品、固定资产、应付职工薪酬时：当期确认为预算收入但没有确认为收入</td></tr>
<tr><td>属于以前年度支付的款项（财政拨款结转资金）</td><td rowspan="2">借：财政应返还额度——财政直接支付
贷：以前年度盈余调整/库存物品等</td><td>借：资金结存——财政应返还额度
贷：财政拨款结转——年初余额调整</td><td rowspan="2">涉及库存物品、固定资产、应付职工薪酬时：当期确认为预算收入但没有确认为收入</td></tr>
<tr><td>属于以前年度支付的款项（财政拨款结余资金）</td><td>借：资金结存——财政应返还额度
贷：财政拨款结余——年初余额调整</td></tr>
<tr><td>4</td><td colspan="2">期末/年末结转</td><td>借：财政拨款收入
贷：本期盈余</td><td>借：财政拨款预算收入
贷：财政拨款结转——本年收支结转</td><td></td></tr>
</table>

三、案例分析

【例6-1】H大学收到财政部门委托其代理银行转来的《财政直接支付入账通知书》，其中包含财政部门为H大学支付的100 000元的日常业务活动经费，150 000元的在职人员工资，80 000元的为开展某项专业业务活动所发生的费用。

财务会计：

借：业务活动费用　　180 000

　　应付职工薪酬　　150 000

　　贷：财政拨款收入　　330 000

预算会计：

借：事业支出　　330 000

　　贷：财政拨款预算收入　　330 000

【例6-2】H大学2×19年度财政直接支付的基本支出拨款预算指标数为70 000万元，而当年财政直接支付实际支出为69 300万元，年末确定财政应返还额度为700万元。

财务会计：

借：财政应返还额度——财政直接支付　　7 000 000

　　贷：财政拨款收入　　7 000 000

预算会计：

借：资金结存——财政应返还额度　　7 000 000

贷：财政拨款预算收入　　7 000 000

【例6-3】H大学2×19年12月发生了一笔由购货退回引起的国库直接支付款项退回的业务。经核实，该笔退回款项属于本年度支付的款项，退货物品的金额为5 600元。

财务会计：

借：财政拨款收入　　5 600

贷：库存物品　　5 600

预算会计：

借：财政拨款预算收入　　5 600

贷：事业支出　　5 600

【例6-4】H大学在进行2×19年年终结账时，“财政拨款收入”科目的贷方余额为75 000万元，相关账务处理如下：

财务会计：

借：财政拨款收入　　750 000 000

贷：本期盈余　　750 000 000

预算会计：

借：财政拨款预算收入　　750 000 000

贷：财政拨款结转——本年收支结转　　750 000 000

第三节　事业收入

一、科目介绍

事业收入是指高等学校用于开展教学科研业务活动及其辅助活动实现的收入。

高等学校的事业收入主要包括行政事业性收费（如纳入行政事业性收费的学费、住宿费、考试报名费、考试费等）、科研收入以及与教育教学活动直接相关的对外服务性收费（如未纳入行政事业性收费的非学历培训费等），不包括从同级政府财政部门取得的各类财政拨款。高等学校事业收入按照性质分为教育事业收入和科研事业收入，教育事业收入核算高等学校开展教学活动及其辅助活动实现的收入，科研事业收入核算高等学校开展科研活动及其辅助活动实现的收入。

高等学校按照国家有关规定应当上缴财政的资金，应先通过“应缴财政款”科目核算。财政对高校上缴的收入处理情况分为两种：一是上缴国库，形成政府的财政收入；二是上缴财政专户，财政从财政专户核拨给事业单位。从财政专户核拨给高校的资金和经核准不上缴国库或者财政专户的资金，计入事业收入。经批准不上缴国库或财政专户的资金，收到时即可确认为事业收入。

高等学校以合同完成进度确认事业收入时，应该根据业务性质，选择累计实际发生的合同成本占合同预计总成本的比例、已经完成的合同工作量占合同预计总工作量的比例、已经完成的时间占合同期限的比例、实际测定的完工进度等方法，合理确认合同完成进度，并确认事业收入。

二、账务处理

高等学校应设置“事业收入”科目核算学校事业收入增减变动及其结存情况，下设“教育事业收入”“科研事业收入”两个二级明细科目，并应当按照事业收入的类别、来源等进行明细核算。对于因开展科研及其辅助活动从非同级政府财政部门取得的经费拨款，应当在本科目下单设“非同级财政拨款”明细科目进行核算。期末结转后，该科目应无余额。

“事业收入”的主要账务处理如下（见表6–3）。

（一）采用财政专户返还方式管理的事业收入

1.实现应上缴财政专户的事业收入时，按照实际收到或应收的金额，财务会计，借记“银行存款”“应收账款”等科目，贷记“应缴财政款”科目。预算会计不作账务处理。

2.向财政专户上缴款项时，按照实际上缴的款项金额，财务会计，借记“应缴财政款”科目，贷记“银行存款”等科目。预算会计不作账务处理。

3.收到从财政专户返还的事业收入时，按照实际收到的返还金额，财务会计，借记“银行存款”“零余额账户用款额度”等科目，贷记本科目。预算会计，借记“资金结存”科目，贷记“事业预算收入”科目。

（二）采用预收款方式

1.实际收到预收款项时，按照收到的款项金额，财务会计，借记“银行存款”等科目，贷记“预收账款”科目。预算会计，借记“资金结存”科目，贷记“事业预算收入”科目。

2.以合同完成进度确认事业收入时，按照基于合同完成进度计算的金额，财务会计，借记“预收账款”科目，贷记“事业收入”科目。预算会计不作账务处理。

（三）采用应收款方式

1.根据合同完成进度计算本期应收的款项，财务会计，借记“应收账款”科目，贷记“事业收入”科目。预算会计不作账务处理。

2. 实际收到款项时，按照实际收到的金额，财务会计，借记“银行存款”等科目，贷记“应收账款”科目。预算会计，借记“资金结存”科目，贷记“事业预算收入”科目。

（四）其他方式下确认的事业收入

按照实际收到的金额，财务会计，借记“银行存款”“库存现金”等科目，贷记“事业收入”科目。预算会计，借记“资金结存”科目，贷记“事业预算收入”科目。

（五）期末结转

期末，将本科目本期发生额转入本期盈余，借记本科目，贷记“本期盈余”科目。

表6–3　　高等学校事业收入主要账务处理

序号	业务		财务会计账务处理	预算会计账务处理	财务盈余与预算结余差异
1	采用财政专户返还方式	实际收到或应收应上缴财政专户的事业收入时	借：银行存款/应收账款等 贷：应缴财政款	—	无
		向财政专户上缴款项时	借：应缴财政款 贷：银行存款等	—	无
		收到从财政专户返还的款项	借：银行存款等 贷：事业收入	借：资金结存 贷：事业预算收入	无
2	采用预收款方式	实际收到款项时	借：银行存款等 贷：预收账款	借：资金结存——货币资金 贷：事业预算收入	当期确认为预算收入但没有确认为收入
		按合同完成进度确认收入时	借：预收账款 贷：事业收入	—	当期确认为收入但没有确认为预算收入
3	采用应收款方式	根据合同完成进度计算本期应收款项	借：应收账款 贷：事业收入	—	当期确认为收入但没有确认为预算收入
		实际收到款项时	借：银行存款等 贷：应收账款	借：资金结存——货币资金 贷：事业预算收入	当期确认为预算收入但没有确认为收入
4	其他方式	收到款项时	借：银行存款/库存现金等 贷：事业收入	借：资金结存——货币资金 贷：事业预算收入	无

三、案例分析

【例6–5】 2×19年2月，H大学收取学生学费500万元并存入银行，当月向财政上缴学生学费500万元，3月，收到国库返还的学费收入500万元。

1. 收取学费时的账务处理如下：

财务会计：

借：银行存款 5 000 000

　　贷：应缴财政款 5 000 000

预算会计不作账务处理。

2. 向财政上缴学生学费时的账务处理如下：

财务会计：

借：应缴财政款 5 000 000

　　贷：银行存款 5 000 000

预算会计不作账务处理。

3. 收国库返还学费时的账务处理如下：

财务会计：

借：零余额账户用款额度 5 000 000

　　贷：事业收入 5 000 000

预算会计：

借：资金结存——零余额账户用款额度 5 000 000

　　贷：事业预算收入 5 000 000

【例6-6】H大学2×19年6月收到国家社科基金科研项目经费拨款900 000万元。该大学按照累计实际发生的合同成本占合同预计总成本的比例确认事业收入。2×19年度国家社科基金科研项目累计实际发生合同成本500 000万元。

1. 2×19年6月收到国家社科科研项目经费拨款时的账务处理如下：

财务会计：

借：银行存款 900 000

　　贷：预收账款 900 000

预算会计：

借：资金结存——货币资金 900 000

　　贷：事业预算收入 900 000

2. 2×19年年末按照合同完成进度确认事业收入时的账务处理如下：

财务会计：

借：预收账款 500 000

　　贷：事业收入 500 000

预算会计不作账务处理。

第四节　上级补助收入

一、科目介绍

上级补助收入是指高等学校从主管部门和上级单位取得的非财政拨款收入。高等学校的主管部门或上级单位可以利用自身的收入或集中的收入，对所属学校给予补助，以调剂高校的资金余缺。

二、账务处理

高等学校应设置“上级补助收入”科目核算学校从主管部门和上级单位取得的非财政补助收入，并应当按照发放补助单位、补助项目等进行明细核算。期末结转后，该科目应无余额。

“上级补助收入”的主要账务处理如下（见表6–4）：

（1）确认上级补助收入时，按照应收或实际收到的金额，借记“其他应收款”“银行存款”等科目，贷记本科目。

实际收到应收的上级补助款时，按照实际收到的金额，借记“银行存款”等科目，贷记“其他应收款”科目。

（2）期末，将本科目本期发生额转入本期盈余，借记本科目，贷记“本期盈余”科目。

表6–4　　高等学校上级补助收入主要账务处理

<table>
<tr><th>序号</th><th colspan="2">业务</th><th>财务会计账务处理</th><th>预算会计账务处理</th><th>财务盈余与预算结余差异</th></tr>
<tr><td rowspan="2">1</td><td rowspan="2">日常核算</td><td>确认时，按照应收或实际收到的金额</td><td>借：其他应收款/银行存款等
贷：上级补助收入</td><td rowspan="2">借：资金结存——货币资金［按照实际收到的金额］
贷：上级补助预算收入</td><td>形成应收款时：当期确认为收入但没有确认为预算收入</td></tr>
<tr><td>收到应收的上级补助收入时</td><td>借：银行存款等
贷：其他应收款</td><td>当期确认为预算收入但没有确认为收入</td></tr>
<tr><td rowspan="2">2</td><td rowspan="2">期末/年末结转</td><td>专项资金收入</td><td rowspan="2">借：上级补助收入
贷：本期盈余</td><td>借：上级补助预算收入
贷：非财政拨款结转——本年收支结转</td><td>无</td></tr>
<tr><td>非专项资金收入</td><td>借：上级补助预算收入
贷：其他结余</td><td>无</td></tr>
</table>

三、案例分析

【例6-7】H大学2×19年8月15日收到主管部门拨来的补助款500 000元，款项已经到账。此款项是上级单位用其所集中的款项对附属单位基本支出进行的调剂。

财务会计：

借：银行存款　　500 000

　　贷：上级补助收入　　500 000

预算会计：

借：资金结存——货币资金　　5 000 000

　　贷：上级补助预算收入　　500 000

【例6-8】H大学2×19年年终结转，上级补助收入发生额中专项资金800 000元、非专项资金600 000元。

财务会计：

借：上级补助收入　　1 400 000

　　贷：本期盈余　　1 400 000

预算会计：

借：上级补助预算收入　　1 400 000

　　贷：非财政拨款结转——本年收支结转　　800 000

　　　　其他结余　　600 000

第五节　附属单位上缴收入

一、科目介绍

附属单位上缴收入是指高等学校取得的附属独立核算单位按照有关规定上缴的收入。

二、账务处理

高等学校应设置“附属单位上缴收入”科目核算附属独立核算单位按照规定比例或标准上缴的收入，并应当按照附属单位、缴款项目等进行明细核算。期末结转后，该科目应无余额。

“附属单位上缴收入”的主要账务处理如下（见表6-5）：

（1）确认附属单位上缴收入时，按照应收或收到的金额，借记“其他应收款”“银行存款”等科目，贷记“附属单位上缴收入”科目；实际收到应收附属单位上缴款时，按照实际收到的金额，借记“银行存款”等科目，贷记“其他应收款”科目。

（2）期末，将本科目本期发生额转入本期盈余，借记本科目，贷记“本期盈余”科目。

表6-5　　高等学校附属单位上缴收入主要账务处理

<table>
<tr><th>序号</th><th colspan="2">业务</th><th>财务会计账务处理</th><th>预算会计账务处理</th><th>财务盈余与预算结余差异</th></tr>
<tr><td rowspan="2">1</td><td rowspan="2">日常核算</td><td>确认时，按照应收或实际收到的金额</td><td>借：其他应收款/银行存款等
贷：附属单位上缴收入</td><td rowspan="2">借：资金结存——货币资金［按实际收到的金额］
贷：附属单位上缴预算收入</td><td>形成应收款时：当期确认为收入但没有确认为预算收入</td></tr>
<tr><td>实际收到应收附属单位上缴收入款时</td><td>借：银行存款等
贷：其他应收款</td><td>当期确认为预算收入但没有确认为收入</td></tr>
<tr><td rowspan="2">2</td><td rowspan="2">期末/年末结转</td><td>专项资金收入</td><td rowspan="2">借：附属单位上缴收入
贷：本期盈余</td><td>借：附属单位上缴预算收入
贷：非财政拨款预算结转——本年收支结转</td><td>无</td></tr>
<tr><td>非专项资金收入</td><td>借：附属单位上缴预算收入
贷：其他结余</td><td>无</td></tr>
</table>

三、案例分析

【例6-9】H大学2×19年12月收到校办企业人工环境工程公司上缴的2×19年年度收入100 000元，款项已存入银行。

财务会计：

借：银行存款　　100 000

　　贷：附属单位上缴收入　　100 000

预算会计：

借：资金结存——货币资金　　100 000

　　贷：附属单位上缴预算收入　　100 000

第六节　经营收入

一、科目介绍

经营收入是指高等学校在专业业务活动及其辅助活动之外开展非独立核算经营活动

取得的收入。经营收入是一种有偿收入，以提供各项服务或商品为前提。高校通过经营活动获取一定的收入，以弥补事业经费的不足。

经营收入应当在提供服务或发出存货，同时收讫价款或者取得索取价款的凭据时，按照实际收到或应收的金额予以确认。

二、账务处理

高等学校应设置“经营收入”科目以核算高校经营收入取得情况，并应当按照经营活动类别、项目和收入来源等进行明细核算。期末结转后，该科目应无余额。

“经营收入”的主要账务处理如下（见表6–6）：

（1）实现经营收入时，按照确定的收入金额，借记“银行存款”“应收账款”“应收票据”等科目，贷记本科目。

（2）期末，将本科目本期发生额转入本期盈余，借记本科目，贷记“本期盈余”科目。

表6–6 高等学校经营收入主要账务处理

<table>
<tr><th>序号</th><th>业务</th><th>财务会计账务处理</th><th>预算会计账务处理</th><th>财务盈余与预算结余差异</th></tr>
<tr><td>1</td><td>确认经营收入时</td><td>借：银行存款/应收账款/应收票据等
贷：经营收入</td><td rowspan="2">借：资金结存——货币资金［按照实际收到的金额］
贷：经营预算收入</td><td>形成应收款时：当期确认为收入但没有确认为预算收入</td></tr>
<tr><td>2</td><td>收到应收的款项时</td><td>借：银行存款等
贷：应收账款/应收票据</td><td>当期确认为预算收入但没有确认为收入</td></tr>
<tr><td>3</td><td>期末/年末结转</td><td>借：经营收入
贷：本期盈余</td><td>借：经营预算收入
贷：经营结余</td><td>无</td></tr>
</table>

三、案例分析

【例6–10】2×19年8月31日H大学收到学校学生用品商店（非独立核算）缴纳的经营收入100 000元，款项已经存入银行。

财务会计：

借：银行存款 100 000

　　贷：经营收入 100 000

预算会计：

借：资金结存——货币资金 100 000

　　贷：经营预算收入 100 000

第七节 非同级财政拨款收入

一、科目介绍

非同级财政拨款收入是指高等学校从非同级政府财政部门取得的经费拨款，包括从同级政府其他部门取得的横向转拨财政款、从上级或下级政府财政部门取得的经费拨款等。其中高等学校因开展科研及其辅助活动从非同级政府财政部门取得的经费拨款，应通过“事业收入——非同级财政拨款”科目核算，不通过本科目核算。

二、账务处理

高等学校应设置“非同级财政拨款收入”科目核算学校收到的非同级财政部门经费拨款，并应当按照本级横向转拨财政款和非本级财政拨款进行明细核算，且按照收入来源进行明细核算。期末结转后，该科目无余额。

“非同级财政拨款收入”的主要账务处理如下（见表6–7）：

（1）确认非同级财政拨款收入时，按照应收或实际收到的金额，借记“其他应收款”“银行存款”等科目，贷记本科目。

（2）期末，将本科目本期发生额转入本期盈余，借记本科目，贷记“本期盈余”科目。

表6–7 高等学校非同级财政拨款收入主要账务处理

序号	业务		财务会计账务处理	预算会计账务处理	财务盈余与预算结余差异
1	确认收入时	按照应收或实际收到的金额	借：其他应收款/银行存款等 贷：非同级财政拨款收入	借：资金结存——货币资金［按照实际收到的金额］ 贷：非同级财政拨款预算收入	形成应收款时：当期确认为收入但没有确认为预算收入
2	收到应收的款项时	按照实际收到的金额	借：银行存款 贷：其他应收款	借：资金结存——货币资金［按照实际收到的金额］ 贷：非同级财政拨款预算收入	当期确认为预算收入但没有确认为收入
3	期末/年末结转	专项资金	借：非同级财政拨款收入 贷：本期盈余	借：非同级财政拨款预算收入 贷：非财政拨款结转——本年收支结转	无
		非专项资金		借：非同级财政拨款预算收入 贷：其他结余	无

三、案例分析

【例6-11】H大学收到教育部拨入的非同级财政拨款收入950 000元，款项已存入银行。

财务会计：

借：银行存款　　950 000

　　贷：非同级财政拨款收入　　950 000

预算会计：

借：资金结存——货币资金　　950 000

　　贷：非同级财政拨款预算收入　　950 000

【例6-12】H大学进行年终结账时，"非同级财政拨款收入"科目的贷方余额为150万元，其中专项资金收入为120万元，非专项资金为30万元。

财务会计：

借：非同级财政拨款收入　　1 500 000

　　贷：本期盈余　　1 500 000

预算会计：

借：非同级财政拨款预算收入　　1 500 000

　　贷：非财政拨款结转——本年收支结转　　1 200 000

　　　　其他结余　　300 000

第八节　投资收益

一、科目介绍

投资收益是指高等学校经批准从事股权投资和债券投资所实现的收益或发生的损失。

二、账务处理

高等学校设置"投资收益"科目核算学校投资收益的增减变动及其结存情况，并应当按照投资的种类等进行明细核算。期末结转后，该科目应无余额。

"投资收益"的主要账务处理如下（见表6-8）：

（1）收到短期投资持有期间的利息，按照实际收到的金额，财务会计，借记"银行存款”科目，贷记“投资收益”科目。预算会计，借记“资金结存”科目，贷记“投资预算收益”科目。

（2）出售或到期收回短期债券本息，按照实际收到的金额，借记“银行存款”科目，按照出售或收回短期投资的成本，贷记“短期投资”科目，按照其差额，贷记或借记本科目。

（3）持有的分期付息、一次还本的长期债券投资，按期确认利息收入时，按照计算确定的应收未收利息，借记“应收利息”科目，贷记本科目；持有的到期一次还本付息的债券投资，按期确认利息收入时，按照计算确定的应收未收利息，借记“长期债券投资——应计利息”科目，贷记本科目。

（4）出售长期债券投资或到期收回长期债券投资本息，按照实际收到的金额，借记“银行存款”等科目，按照债券初始投资成本和已计未收利息金额，贷记“长期债券投资——成本”“长期债券投资——应计利息”科目［到期一次还本付息债券］或“长期债券投资”“应收利息”科目［分期付息债券］，按照其差额，贷记或借记本科目。

（5）采用成本法核算的长期股权投资持有期间，被投资单位宣告分派现金股利或利润时，按照宣告分派的现金股利或利润中属于单位应享有的份额，借记“应收股利”科目，贷记本科目。

采用权益法核算的长期股权投资持有期间，按照应享有或应分担的被投资单位实现的净损益的份额，借记或贷记“长期股权投资——损益调整”科目，贷记或借记本科目；被投资单位发生净亏损，但以后年度又实现净利润的，高校在其收益分享额弥补未确认的亏损分担额等后，恢复确认投资收益，借记“长期股权投资——损益调整”科目，贷记本科目。

（6）按照规定处置长期股权投资时有关投资收益的账务处理，参见“长期股权投资”科目。

（7）期末，将本科目本期发生额转入本期盈余，借记或贷记本科目，贷记或借记“本期盈余”科目。

表6-8　　高等学校投资收益主要账务处理

序号	业务	财务会计账务处理	预算会计账务处理	财务盈余与预算结余差异
1	出售或到期收回短期债券本息	借：银行存款 投资收益［借差］ 贷：短期投资［成本］ 投资收益［贷差］	借：资金结存——货币资金［实际收到的款项］ 投资预算收益［借差］ 贷：投资支出/其他结余［投资成本］ 投资预算收益［贷差］	当期确认为预算支出但没有确认为支出

续表

序号	业务		财务会计账务处理	预算会计账务处理	财务盈余与预算结余差异
2	持有的分期付息、一次还本的长期债券投资	确认应收未收利息	借：应收利息 贷：投资收益	—	当期确认为收入但没有确认为预算收入
2	持有的分期付息、一次还本的长期债券投资	实际收到利息时	借：银行存款 贷：应收利息	借：资金结存——货币资金 贷：投资预算收益	当期确认为预算收入但没有确认为收入
3	持有的一次还本付息的长期债券投资	计算确定的应收未收利息，增加长期债券投资的账面余额	借：长期债券投资——应计利息 贷：投资收益	—	当期确认为收入但没有确认为预算收入
4	出售长期债券投资或到期收回长期债券投资本息		借：银行存款 投资收益［借差］ 贷：长期债券投资 应收利息 投资收益［贷差］	借：资金结存——货币资金［实际收到的款项］ 投资预算收益［借差］ 贷：投资支出/其他结余 投资预算收益［贷差］	当期确认为预算支出但没有确认为支出
5	成本法下长期股权投资持有期间，被投资单位宣告分派利润或股利	按照宣告分派的利润或股利中属于单位应享有的份额	借：应收股利 贷：投资收益	—	当期确认为收入但没有确认为预算收入
5	成本法下长期股权投资持有期间，被投资单位宣告分派利润或股利	取得分派的利润或股利，按照实际收到的金额	借：银行存款 贷：应收股利	借：资金结存——货币资金 贷：投资预算收益	当期确认为预算收入但没有确认为收入
6	采用权益法核算的长期股权投资持有期间	按照应享有或应分担的被投资单位实现的净损益的份额	借：长期股权投资——损益调整 贷：投资收益［被投资单位实现净利润］ 借：投资收益［被投资单位发生净亏损］ 贷：长期股权投资——损益调整	—	当期确认为收入但没有确认为预算收入
6	采用权益法核算的长期股权投资持有期间	收到被投资单位发放的现金股利	借：银行存款 贷：应收股利	借：资金结存——货币资金 贷：投资预算收益	当期确认为预算收入但没有确认为收入
6	采用权益法核算的长期股权投资持有期间	被投资单位发生净亏损，但以后年度又实现净利润的，按规定恢复确认投资收益	借：长期股权投资——损益调整 贷：投资收益	—	当期确认为收入但没有确认为预算收入
7	期末/年末结转	投资收益为贷方余额时	借：投资收益 贷：本期盈余	借：投资预算收益 贷：其他结余	无
7	期末/年末结转	投资收益为借方余额时	借：本期盈余 贷：投资收益	借：其他结余 贷：投资预算收益	无

三、案例分析

【例6–13】2×19年9月2日H大学收到到期短期国债本息95万元，该国债为6个月期限，其中成本90万元，投资收益5万元。

财务会计：

借：银行存款	950 000	
贷：短期投资		900 000
投资收益		50 000

预算会计：

借：资金结存——货币资金	950 000	
贷：投资支出		900 000
投资预算收益		50 000

第九节　捐赠收入

一、科目介绍

捐赠收入是指高等学校接受其他单位或者个人捐赠取得的收入。

二、账务处理

高等学校应设置“捐赠收入”科目核算学校捐赠收入的增减变动及其结存情况，并应当按照捐赠资产的用途和捐赠单位等进行明细核算。期末结转后，该科目应无余额。

“捐赠收入”的主要账务处理如下（见表6–9）：

（1）接受捐赠的货币资金，按照实际收到的金额，借记“银行存款”“库存现金”等科目，贷记本科目。

（2）接受捐赠的存货、固定资产等非现金资产，按照确定的成本，借记“库存物品”“固定资产”等科目，按照发生的相关税费、运输费等，贷记“银行存款”等科目，按照其差额，贷记本科目。

（3）接受捐赠的资产按照名义金额入账的，按照名义金额，借记“库存物品”“固定资产”等科目，贷记本科目；同时，按照发生的相关税费、运输费等，借记“其他费用”科目，贷记“银行存款”等科目。

（4）期末，将本科目本期发生额转入本期盈余，借记本科目，贷记“本期盈余”科目。

表6-9　　高等学校捐赠收入主要账务处理

<table>
<tr><th>序号</th><th colspan="2">业务</th><th>财务会计账务处理</th><th>预算会计账务处理</th><th>财务盈余与预算结余差异</th></tr>
<tr><td>1</td><td>接受捐赠的货币资金</td><td>按照实际收到的金额</td><td>借：银行存款/库存现金
贷：捐赠收入</td><td>借：资金结存——货币资金
贷：其他预算收入——捐赠收入</td><td>无</td></tr>
<tr><td rowspan="2">2</td><td rowspan="2">接受捐赠的存货、固定资产等</td><td>按照确定的成本</td><td>借：库存物品/固定资产等
贷：捐赠收入
银行存款［相关税费支出］</td><td>借：其他支出［支付的相关税费等］
贷：资金结存</td><td>当期确认为预算支出但没有确认为费用</td></tr>
<tr><td>按照名义金额入账</td><td>借：库存物品/固定资产等（名义金额）
贷：捐赠收入
借：其他费用
贷：银行存款等</td><td>借：其他支出［支付的相关税费等］
贷：资金结存</td><td>当期确认为收入但没有确认为预算收入</td></tr>
<tr><td rowspan="2">3</td><td rowspan="2">期末/年末结转</td><td>专项资金</td><td rowspan="2">借：捐赠收入
贷：本期盈余</td><td>借：其他预算收入——捐赠收入
贷：非财政拨款结转——本年收支结转</td><td>无</td></tr>
<tr><td>非专项资金</td><td>借：其他预算收入——捐赠收入
贷：其他结余</td><td>无</td></tr>
</table>

三、案例分析

【例6-14】H大学2×19年11月22日接受了某大学捐赠的光刻机一台，成本49 500元，用银行存款支付税费和运费500元。

财务会计：

借：固定资产　　50 000

　　贷：捐赠收入　　49 500

　　　　银行存款　　500

预算会计：

借：其他支出　　500

　　贷：资金结存——货币资金　　500

第十节　利息收入

一、科目介绍

利息收入是指高等学校取得的银行存款利息收入。

二、账务处理

高等学校应设置“利息收入”科目核算学校银行存款利息收入的增减变动及其结存情况，并可以按照不同开户银行设置明细科目。期末结余后，该科目应无余额。

“利息收入”的主要账务处理如下（见表6–10）：

（1）取得银行存款利息时，按照实际收到的金额，借记“银行存款”科目，贷记本科目。

（2）期末，将本科目本期发生额转入本期盈余，借记本科目，贷记“本期盈余”科目。

表6–10　　高等学校利息收入主要账务处理

序号	业务		财务会计账务处理	预算会计账务处理	财务盈余与预算结余差异
1	确认银行存款利息收入	实际收到利息时	借：银行贷款 贷：利息收入	借：资金结存——货币资金 贷：其他预算收入——利息收入	无
2	期末/年末结转		借：利息收入 贷：本期盈余	借：其他预算收入——利息收入 贷：其他结余	无

三、案例分析

【例6–15】H大学2×19年12月23日收到开户银行转来的第四季度银行存款利息600 000元。

财务会计：

借：银行存款　　600 000

　　贷：利息收入　　600 000

预算会计：

借：资金结存——货币资金　　600 000

　　贷：其他预算收入　　600 000

第十一节　租金收入

一、科目介绍

租金收入是指高等学校经批准利用国有资产出租取得并按照规定纳入本单位预算管理的租金收入。

二、账务处理

高等学校应设置“租金收入”科目核算高校发生的出租国有资产取得收入的情况，并应当按照出租国有资产类别和收入来源等进行明细核算。期末结转后，该科目应无余额。

“租金收入”的主要账务处理如下（见表6-11）：

（1）国有资产出租收入，应当在租赁期内各个期间按照直线法予以确认。不同租金收取方式有不同的账务处理。

第一，采用预收租金方式的，预收租金时，按照收到的金额，借记“银行存款”等科目，贷记“预收账款”科目；分期确认租金收入时，按照各期租金金额，借记“预收账款”科目，贷记本科目。

第二，采用后付租金方式的，每期确认租金收入时，按照各期租金金额，借记“应收账款”科目，贷记本科目；收到租金时，按照实际收到的金额，借记“银行存款”等科目，贷记“应收账款”科目。

第三，采用分期收取租金方式的，每期收取租金时，按照租金金额，借记“银行存款”等科目，贷记本科目。

（2）期末，将本科目本期发生额转入本期盈余，借记本科目，贷记“本期盈余”科目。

表6-11　高等学校租金收入主要账务处理

序号	业务		财务会计账务处理	预算会计账务处理	财务盈余与预算结余差异
1	预收租金方式	收到预付的租金时	借：银行存款等 贷：预收账款	借：资金结存——货币资金 贷：其他预算收入——租金收入	涉及预收时：当期确认为预算收入但没有确认为收入
		按照直线法分期确认租金收入时	借：预收账款 贷：租金收入	—	当期确认为收入但没有确认为预算收入
2	后付租金方式	确认租金收入时	借：应收账款 贷：租金收入	—	当期确认为收入但没有确认为预算收入
		收到租金时	借：银行存款等 贷：应收账款	借：资金结存——货币资金 贷：其他预算收入——租金收入	当期确认为预算收入但没有确认为收入

续表

序号	业务		财务会计账务处理	预算会计账务处理	财务盈余与预算结余差异
3	分期收取租金	按期收取租金	借：银行存款等 贷：租金收入	借：资金结存——货币资金 贷：其他预算收入——租金收入	无
4	期末/年末结转		借：租金收入 贷：本期盈余	借：其他预算收入——租金收入 贷：其他结余	无

三、案例分析

【例6-16】H大学2×19年7月1日出租沿街门脸给某商店，合同约定租金支付方式为预收租金方式，当日收到银行存款120 000元，租期为1年。

1.收到对方预付1年的租金时的账务处理如下：

财务会计：

借：银行存款　　120 000

　　贷：预收账款　　120 000

预算会计：

借：资金结存——货币资金　　120 000

　　贷：其他预算收入——租金收入　　120 000

2.按月确认租金收入时的账务处理如下：

财务会计：

借：预收账款　　10 000

　　贷：租金收入　　10 000

预算会计不作账务处理。

第十二节　其他收入

一、科目介绍

其他收入是指高等学校取得的除财政拨款收入、事业收入、上级补助收入、附属单位上缴收入、经营收入、非同级财政拨款收入、投资收益、捐赠收入、利息收入、租金收入以外的各项收入，包括现金盘盈收入、按照规定纳入单位预算管理的科技成果转化收入、收回已核销的其他应收款、无法偿付的应付及预收款项、置换换出资产评估增值等。

二、账务处理

高等学校应设置“其他收入”科目核算学校发生的其他收入业务情况，并应当按照其他收入的类别、来源等进行明细核算。期末结转后，该科目应无余额。

“其他收入”的主要账务处理如下（见表6–12）：

（1）现金盘盈收入。每日现金账款核对中发现的现金溢余，属于无法查明原因的部分，报经批准后，借记“待处理财产损溢”科目，贷记本科目。

（2）科技成果转化收入。高等学校科技成果转化所取得的收入，按照规定留归学校的，按照所取得收入扣除相关费用后的净收益，借记“银行存款”等科目，贷记本科目。

（3）收回已核销的其他应收款。高等学校已核销的其他应收款在以后期间收回的，按照实际收回的金额，借记“银行存款”等科目，贷记本科目。

（4）无法偿付的应付及预收款项。无法偿付或债权人豁免偿还的应付账款、预收账款、其他应付款及长期应付款，借记“应付账款”“预收账款”“其他应付款”“长期应付款”等科目，贷记本科目。

（5）置换换出资产评估增值。资产置换过程中，换出资产评估增值的，按照确定的换入资产的成本，借记“库存物品”“无形资产”“固定资产”等科目，按照收到的补价，借记“银行存款”科目，按照换出资产的账面余额，贷记相关资产科目（换出资产为固定资产、无形资产的，还应当借记“固定资产累计折旧”“无形资产累计摊销”科目），按照置换过程中发生的其他相关支出，贷记“银行存款”等科目，按照补价扣减其他相关支出后的净收入，贷记“应缴财政款”科目，按照借贷方差额，贷记本科目。

以未入账的无形资产取得的长期股权投资，按照评估价值加相关税费作为投资成本，借记“长期股权投资”科目，按照发生的相关税费，贷记“银行存款”“其他应交税费”等科目，按其差额，贷记本科目。

（6）确认（1）到（5）以外的其他收入时，按照应收或实际收到的金额，借记“其他应收款”“银行存款”“库存现金”等科目，贷记本科目。

（7）期末，将本科目本期发生额转入本期盈余，借记本科目，贷记“本期盈余”科目。

表6–12 高等学校其他收入主要账务处理

序号	业务		财务会计账务处理	预算会计账务处理	财务盈余与预算结余差异
1	现金盘盈收入	属于无法查明原因的部分，报经批准后	借：待处理财产损溢 贷：其他收入	—	当期确认为收入但没有确认为预算收入

续表

序号	业务		财务会计账务处理	预算会计账务处理	财务盈余与预算结余差异
2	科技成果转化收入	按照规定留归本单位的	借：银行存款等 贷：其他收入	借：资金结存——货币资金 贷：其他预算收入	无
3	行政单位收回已核销的其他应收款	按照实际收回的金额	借：银行存款等 贷：其他收入	借：资金结存——货币资金 贷：其他预算收入	无
4	无法偿付的应付及预收款项		借：应付账款/预收账款/其他应付款/长期应付款 贷：其他收入	—	当期确认为收入但没有确认为预算收入
5	置换换出资产评估增值	按照换出资产评估价值高于资产账面价值的金额	借：有关科目 贷：其他收入	—	当期确认为收入但没有确认为预算收入
6	其他情况	按照应收或实际收到的金额	借：其他应收款/银行存款/库存现金等 贷：其他收入	借：资金结存——货币资金［按照实际收到的金额］ 贷：其他预算收入	无
7	期末/年末结转	专项资金	借：其他收入 贷：本期盈余	借：其他预算收入 贷：非财政拨款结转——本年收支结转	无
		非专项资金		借：其他预算收入 贷：其他结余	

三、案例分析

【例6-17】H大学2×19年10月2日取得科技成果转化收入50 000元，款项已存入银行。

财务会计：

借：银行存款　　50 000

　　贷：其他收入　　50 000

预算会计：

借：资金结存——货币资金　　50 000

　　贷：其他预算收入　　50 000

【例6-18】2×19年12月1日H大学收回了一笔已核销的其他应收款，金额为5 000元。

财务会计：

借：银行存款　　5 000

　　贷：其他收入　　5 000

预算会计：

借：资金结存——货币资金　　5 000

　　贷：其他预算收入　　5 000

【例6–19】H大学在进行固定资产置换的过程中，换出的固定资产被评估为增值，评估价值高于固定资产账面价值30 000元。

账务会计：

借：固定资产　　30 000

　　贷：其他收入　　30 000

预算会计不作账务处理。

【例6–20】H大学在进行年终结账时，“其他收入”科目的贷方余额为190 000元，其中，专项资金收入为100 000元，非专项资金收入为90 000元。

财务会计：

借：其他收入　　190 000

　　贷：本期盈余　　190 000

预算会计：

借：其他预算收入　　190 000

　　贷：非财政拨款结转——本年收支结转　　100 000

　　　　其他结余　　90 000

第七章　费　用

第一节　费用概述

一、费用概述

费用属于财务会计要素，高等学校的费用是高等学校开展教学、科研及其他活动发生的资金耗费和损失。高等学校在履行职能或开展业务活动过程中，必然会发生各种各样的费用，如支付职工薪酬、库存物品的耗用等，这些费用可能导致高校资产、净资产的减少或者负债增加。

二、费用确认

费用的确认应当同时满足以下条件：

（1）与费用相关的含有服务潜力或者经济利益的经济资源很可能流出高校；

（2）含有服务潜力或者经济利益的经济资源流出会导致高校资产减少或者负债增加；

（3）流出金额能够可靠地计量。

三、费用分类

高等学校费用项目繁多，涉及范围广泛，按照用途可分为业务活动费用、单位管理费用、经营费用、资产处置费用、上缴上级费用、对附属单位补助费用、所得税费用、其他费用等（见表7–1）。

表7–1　　费用类会计科目一览表（高等学校）

序号	科目编号	科目名称
1	5001	业务活动费用
2	5101	单位管理费用

续表

序号	科目编号	科目名称
3	5201	经营费用
4	5301	资产处置费用
5	5401	上缴上级费用
6	5501	对附属单位补助费用
7	5801	所得税费用
8	5901	其他费用

第二节　业务活动费用

一、科目介绍

业务活动费用是指高等学校为实现其职能目标，依法履职或开展专业业务活动及其辅助活动所发生的各项费用。

高等学校的业务活动费用分为教育费用和科研费用，教育费用是指高等学校开展教学及其辅助活动、学生事务等活动所发生的，能够直接计入业务活动或采用一定方法计算后计入业务活动的各项费用；科研费用是指高等学校开展科研及其辅助活动所发生的，能够直接计入业务活动或采用一定方法计算后计入业务活动的各项费用。

二、账务处理

高等学校应设置“业务活动费用”科目核算学校业务活动费用的增减变动及其结存情况，并在该科目下设置“教育费用”“科研费用”等明细科目；同时按照项目、服务或者业务类别、支付对象等进行明细核算。为了满足成本核算需要，该科目下还可按照“工资福利费用”“商品和服务费用”“对个人和家庭的补助费用”“对企业补助费用”“固定资产折旧费”“无形资产摊销费”“计提专用基金”等成本项目设置明细科目，归集能够直接计入业务活动或采用一定方法计算后计入业务活动的费用。期末结转后，该科目应无余额。

为履职或开展业务活动发生的人员费用、物品消耗、计提费用等，按照消耗对象分别进行账务处理（见表7–2）：

（1）人员计提的薪酬，按照计算确定的金额，借记本科目，贷记“应付职工薪酬”科目。

（2）外部人员劳务费，按照计算确定的金额，借记本科目，按照代扣代缴个人所得税的金额，贷记“其他应交税费——应交个人所得税”科目，按照扣税后应付或实际支付的金额，贷记“其他应付款”“财政拨款收入”“零余额账户用款额度”“银行存款”等科目。

（3）内部领用库存物品，按照领用库存物品的账面余额，借记本科目，贷记“库存物品”科目。

（4）按照规定对业务活动中使用的固定资产、无形资产计提的折旧、摊销，按照计提金额，借记本科目，贷记“固定资产累计折旧”“无形资产累计摊销”科目。

（5）发生的城市维护建设税、教育费附加、地方教育费附加、车船税、房产税、城镇土地使用税等，按照计算确定应缴纳的金额，借记本科目，贷记“其他应交税费”等科目。

（6）发生其他各项费用时，按照费用确认金额，借记本科目，贷记“财政拨款收入”“零余额账户用款额度”“银行存款”“应付账款”“其他应付款”“其他应收款”等科目。

（7）按照规定从收入中提取专用基金并计入费用的，一般按照预算会计下基于预算收入计算提取的金额，借记本科目，贷记“专用基金”科目。国家另有规定的，从其规定。

（8）发生当年购货退回等业务，对于已计入本年业务活动费用的，按照收回或应收的金额，借记“财政拨款收入”“零余额账户用款额度”“银行存款”“其他应收款”等科目，贷记本科目。

（9）期末，将本科目本期发生额转入本期盈余，借记“本期盈余”科目，贷记本科目。

表7–2　　　　高等学校业务活动费用主要账务处理

序号	业务	财务会计账务处理	预算会计账务处理	财务盈余与预算结余差异
1	为履职或开展业务活动人员计提薪酬	借：业务活动费用［按照计算的金额］ 贷：应付职工薪酬	—	当期确认为费用但没有确认为预算支出
2	为履职或开展业务活动发生的外部人员劳务费	借：业务活动费用［按照计算的金额］ 贷：其他应交税费——应交个人所得税财政拨款收入/零余额账户用款额度/银行存款/其他应付款等	借：事业支出［按照实际支付给个人部分］ 贷：财政拨款预算收入/资金结存	涉及应付：当期确认为费用但没有确认为预算支出
3	为履职或开展业务活动领用库存物品	借：业务活动费用［按照领用库存物品的成本］ 贷：库存物品	—	当期确认为费用但没有确认为预算支出
4	为履职或开展业务活动所使用的固定资产、无形资产计提的折旧、摊销	借：业务活动费用［按照计提的折旧、摊销额］ 贷：固定资产累计折旧/无形资产累计摊销	—	当期确认为费用但没有确认为预算支出

续表

<table>
<tr><th>序号</th><th colspan="2">业务</th><th>财务会计账务处理</th><th>预算会计账务处理</th><th>财务盈余与预算结余差异</th></tr>
<tr><td>5</td><td colspan="2">为履职或开展业务活动发生应负担的税金及附加时</td><td>借：业务活动费用
　贷：其他应交税费</td><td>—</td><td>当期确认为费用但没有确认为预算支出</td></tr>
<tr><td>6</td><td colspan="2">为履职或开展业务活动发生其他各项费用时</td><td>借：业务活动费用
　贷：财政拨款收入/零余额账户用款额度/银行存款/应付账款/其他应付款等</td><td>借：事业支出［按照实际支付的金额］
　贷：财政拨款预算收入/资金结存</td><td>涉及应付：当期确认为费用但没有确认为预算支出</td></tr>
<tr><td>7</td><td colspan="2">按照规定从收入中提取专用基金并计入费用的</td><td>借：业务活动费用
　贷：专用基金</td><td>—</td><td>当期确认为费用但没有确认为预算支出</td></tr>
<tr><td>8</td><td colspan="2">发生当年购货退回等业务</td><td>借：财政拨款收入/零余额账户用款额度/银行存款/其他应付款等
　贷：业务活动费用</td><td>借：资金结存
　贷：事业支出</td><td>涉及应付：当期确认为费用但没有确认为预算支出</td></tr>
<tr><td rowspan="3">9</td><td rowspan="3">期末/年末结转</td><td>财政拨款支出</td><td rowspan="3">借：本期盈余
　贷：业务活动费用</td><td>借：财政拨款结转——本年收支结转
　贷：事业支出</td><td rowspan="3">无</td></tr>
<tr><td>非财政专项资金支出</td><td>借：非财政拨款结转——本年收支结转
　贷：事业支出</td></tr>
<tr><td>非财政非专项资金支出</td><td>借：其他结余
　贷：事业支出</td></tr>
</table>

三、案例分析

【例7-1】2×19年1月31日，H大学计提本月教师人员工资薪金500万元，其中基本工资350万元，津贴补贴80万元，社会保障缴费20万元，绩效工资50万元。

财务会计：

借：业务活动费用　　5 000 000

　　贷：应付职工薪酬　　5 000 000

预算会计不作账务处理。

【例7-2】2×19年3月5日，H大学某老师报销差旅费5 000元，用零余额账户支付。

财务会计：

借：业务活动费用　　5 000

　　贷：零余额账户用款额度　　5 000

预算会计：

借：事业支出　　5 000

　　贷：资金结存——零余额账户用款额度　　5 000

【例7-3】2×19年4月3日，H大学购置一批专用教学实验设备，价值25万元，设备已验收合格并办理固定资产手续，该设备款由财政直接支付。

财务会计：

借：固定资产　　250 000

　　贷：财政拨款收入　　250 000

预算会计：

借：事业支出　　250 000

　　贷：财政拨款预算收入　　250 000

【例7-4】H大学2×19年12月计提固定资产折旧和无形资产摊销，其中为开展业务活动使用的固定资产计提折旧4 000 000元，无形资产摊销300 000元。

财务会计：

借：业务活动费用　　4 300 000

　　贷：固定资产累计折旧　　4 000 000

　　　　无形资产累计摊销　　300 000

预算会计不作账务处理。

【例7-5】2×19年4月25日，H大学医学院学生做实验，领用库存物品1 000元。

财务会计：

借：业务活动费用　　1 000

　　贷：库存物品　　1 000

预算会计不作账务处理。

【例7-6】H大学12月计提学生资助专用基金5 000 000元。

财务会计：

借：业务活动费用　　5 000 000

　　贷：专用基金　　5 000 000

预算会计不作账务处理。

第三节　单位管理费用

一、科目介绍

单位管理费用是指高校学校行政及后勤管理部门开展管理活动发生的各项费用，包括高校行政及后勤管理部门发生的人员经费、公用经费、资产折旧（摊销）等费用，以及由高校统一负担的离退休人员经费、工会经费、诉讼费、中介费等。

高等学校的单位管理费用包括行政管理费用、后勤保障费用、离退休费用及单位统一负担的其他管理费用。行政管理费用科目核算高等学校行政管理部门开展行政管理活动所发生的各项费用；后勤保障费用核算高等学校为教学、科研、行政管理等活动提供后勤保障发生的各项费用；离退休费用核算高等学校统一负担的离退休人员工资、津贴补贴、活动经费等各项费用；高校统一负担的其他管理费用科目核算由高等学校统一负担的除行政管理费用、后勤保障费用、离退休费用之外的其他各项管理费用，如工会经费、诉讼费、中介费等。

二、账务处理

高等学校应设置“单位管理费用”科目核算学校发生的单位管理费用的增减变动及其结存情况，并应在该科目下设置“行政管理费用”“后勤保障费用”“离退休费用”和“单位统一负担的其他管理费用”等明细科目，同时应当按照项目、费用类别、支付对象等进行明细核算。为了满足成本核算需要，单位管理费用下还可按照“工资福利费用”“商品和服务费用”“对个人和家庭的补助费用”“固定资产折旧费”“无形资产摊销费”等成本项目设置明细科目，归集能够直接计入单位管理活动或采用一定方法计算后计入单位管理活动的费用。期末结转后，该科目应无余额。

为履职或开展管理活动发生的人员费用、物品消耗、计提费用等，按照消耗对象分别进行账务处理（见表7–3）：

（1）计提的人员薪酬，按照计算确定的金额，借记本科目，贷记“应付职工薪酬”科目。

（2）发生的外部人员劳务费，按照计算确定的费用金额，借记本科目，按照代扣代缴个人所得税的金额，贷记“其他应交税费——应交个人所得税”科目，按照扣税后应付或实际支付的金额，贷记“其他应付款”“财政拨款收入”“零余额账户用款额度”“银行存款”等科目。

（3）内部领用库存物品，按照领用物品实际成本，借记本科目，贷记“库存物品”科目。

（4）按照规定对管理活动中使用的固定资产、无形资产计提的折旧、摊销，按照应提折旧、摊销额，借记本科目，贷记“固定资产累计折旧”“无形资产累计摊销”等科目。

（5）发生城市维护建设税、教育费附加、地方教育费附加、车船税、房产税、城镇土地使用税等，按照计算确定应缴纳的金额，借记本科目，贷记“其他应交税费”等科目。

（6）发生的其他各项费用，按照费用确认金额，借记本科目，贷记“财政拨款收入”“零余额账户用款额度”“银行存款”“其他应付款”“其他应收款”等科目。

（7）发生当年购货退回等业务，对于已计入本年单位管理费用的，按照收回或应收的金额，借记“财政拨款收入”“零余额账户用款额度”“银行存款”“其他应收款”等科目，贷记本科目。

（8）期末，将本科目本期发生额转入本期盈余，借记“本期盈余”科目，贷记本科目。

表7–3　　高等学校单位管理费用主要账务处理

<table>
<tr><th>序号</th><th colspan="2">业务</th><th>财务会计账务处理</th><th>预算会计账务处理</th><th>财务盈余与预算结余差异</th></tr>
<tr><td>1</td><td colspan="2">为管理人员计提薪酬</td><td>借：单位管理费用［按照计算的金额］
贷：应付职工薪酬</td><td>—</td><td>当期确认为费用但没有确认为预算支出</td></tr>
<tr><td>2</td><td colspan="2">为开展管理活动发生的外部人员劳务费</td><td>借：单位管理费用［按照计算的金额］
贷：其他应交税费——应交个人所得税财政拨款收入/零余额账户用款额度/银行存款/其他应付款等</td><td>借：事业支出［按照实际支付给个人部分］
贷：财政拨款预算收入/资金结存</td><td>涉及应付：当期确认为费用但没有确认为预算支出</td></tr>
<tr><td>3</td><td colspan="2">为开展管理活动领用库存物品</td><td>借：单位管理费用［按照领用库存物品的成本］
贷：库存物品</td><td>—</td><td>当期确认为费用但没有确认为预算支出</td></tr>
<tr><td>4</td><td colspan="2">为管理活动所使用的固定资产、无形资产计提的折旧、摊销</td><td>借：单位管理费用［按照计提的折旧、摊销额］
贷：固定资产累计折旧/无形资产累计摊销</td><td>—</td><td>当期确认为费用但没有确认为预算支出</td></tr>
<tr><td>5</td><td colspan="2">为开展管理活动发生应负担的税金及附加时</td><td>借：单位管理费用
贷：其他应交税费</td><td>—</td><td>当期确认为费用但没有确认为预算支出</td></tr>
<tr><td>6</td><td colspan="2">为开展管理活动发生其他各项费用时</td><td>借：单位管理费用
贷：财政拨款收入/零余额账户用款额度/银行存款/应付账款/其他应付款等</td><td>借：事业支出［按照实际支付的金额］
贷：财政拨款预算收入/资金结存</td><td>涉及应付：当期确认为费用但没有确认为预算支出</td></tr>
<tr><td>7</td><td colspan="2">发生当年购货退回等业务</td><td>借：财政拨款收入/零余额账户用款额度/银行存款/其他应付款等
贷：单位管理费用</td><td>借：资金结存
贷：事业支出</td><td>涉及应付：当期确认为费用但没有确认为预算支出</td></tr>
<tr><td rowspan="3">8</td><td rowspan="3">期末/年末结转</td><td>财政拨款支出</td><td>借：本期盈余
贷：单位管理费用</td><td>借：财政拨款结转——本年收支结转
贷：事业支出</td><td>无</td></tr>
<tr><td>非财政专项资金支出</td><td rowspan="2">借：本期盈余
贷：单位管理费用</td><td>借：非财政拨款结转——本年收支结转
贷：事业支出</td><td rowspan="2">无</td></tr>
<tr><td>非财政非专项资金支出</td><td>借：其他结余
贷：事业支出</td></tr>
</table>

三、案例分析

【例7–7】2×19年4月30日，H大学计提本月管理人员工资500 000元。

财务会计：

借：单位管理费用　　500 000

　　贷：应付职工薪酬　　500 000

预算会计不作账务处理。

【例7–8】2×19年12月30日，H大学计提固定资产折旧和无形资产摊销，其中管理活动使用固定资产计提折旧200 000元，无形资产摊销100 000元。

财务会计：

借：单位管理费用　　300 000

　　贷：固定资产累计折旧　　200 000

　　　　无形资产累计摊销　　100 000

预算会计不作账务处理。

第四节　经营费用

一、科目介绍

经营费用是指高等学校在专业业务活动及其辅助活动之外开展非独立核算经营活动发生的各项费用。

二、账务处理

高等学校应设置“经营费用”科目核算学校经营费用的增减变动及其结存情况，并应当按照经营活动类别、项目、支付对象等进行明细核算。为了满足成本核算需要，该科目下还可按照“工资福利费用”“商品和服务费用”“对个人和家庭的补助费用”“固定资产折旧费”“无形资产摊销费”等成本项目设置明细科目，归集能够直接计入单位经营活动或采用一定方法计算后计入单位经营活动的费用。期末结转后，该科目应无余额。

在经营活动发生的人员费用、物品消耗等，按照消耗对象分别进行账务处理（见表7–4）：

（1）计提的人员薪酬，按照计算确定的金额，借记本科目，贷记“应付职工薪酬”科目。

（2）领用或发出库存物品，按照物品实际成本，借记本科目，贷记“库存物品”科目。

（3）按规定对经营活动中使用的固定资产、无形资产计提的折旧、摊销，按照应计提折旧、摊销额，借记本科目，贷记“固定资产累计折旧”“无形资产累计摊销”等科目。

（4）发生城市维护建设税、教育费附加、地方教育费附加、车船税、房产税、城镇土地使用税等，按照计算确定应缴纳的金额，借记本科目，贷记“其他应交税费”等科目。

（5）发生与经营活动相关的其他各项费用时，按照费用确认金额，借记本科目，贷记“银行存款”“其他应付款”“其他应收款”等科目。涉及增值税业务的，相关账务处理参见“应交增值税”科目。

（6）发生当年购货退回等业务，对于已计入本年经营费用的，按照收回或应收的金额，借记“银行存款”“其他应收款”等科目，贷记本科目。

（7）期末，将本科目本期发生额转入本期盈余，借记“本期盈余”科目，贷记本科目。

表7–4　高等学校经营费用主要账务处理

序号	业务	财务会计账务处理	预算会计账务处理	财务盈余与预算结余差异
1	为经营活动人员计提薪酬	借：经营费用［按照计算的金额］ 贷：应付职工薪酬	—	当期确认为费用但没有确认为预算支出
2	为开展经营活动领用或发出库存物品	借：经营费用［按照领用库存物品的成本］ 贷：库存物品	—	当期确认为费用但没有确认为预算支出
3	为经营活动所使用的固定资产、无形资产计提的折旧、摊销	借：经营费用［按照计提的折旧、摊销额］ 贷：固定资产累计折旧/无形资产累计摊销	—	当期确认为费用但没有确认为预算支出
4	为开展经营活动发生应负担的税金及附加时	借：经营费用 贷：其他应交税费	—	当期确认为费用但没有确认为预算支出
5	为开展经营活动发生其他各项费用时	借：经营费用 贷：银行存款/应付账款/其他应付款等	借：经营支出［按照实际支付的金额］ 贷：资金结存	涉及应付：当期确认为费用但没有确认为预算支出
6	发生当年购货退回等业务	借：银行存款/其他应付款等 贷：经营费用	借：资金结存 贷：经营支出	涉及应付：当期确认为费用但没有确认为预算支出
7	期末/年末结转	借：本期盈余 贷：经营费用	借：经营结余 贷：经营支出	无

三、案例分析

【例7–9】2×19年6月30日，H大学所属非独立核算经营单位，计提本月经营活动人员工资薪金100 000元，用银行存款支付工资薪金90 000元。

财务会计：

借：经营费用　　100 000

　　贷：应付职工薪酬　　100 000

借：应付职工薪酬　　90 000

　　贷：银行存款　　90 000

预算会计：

借：经营支出　　90 000

　　贷：资金结存——货币资金　　90 000

【例7-10】2×19年3月1日，H大学非独立核算的经营单位购进毛巾200条，金额为2 000元，单位开出转账支票支付。

财务会计：

借：经营费用　　2 000

　　贷：银行存款　　2 000

预算会计：

借：经营支出　　2 000

　　贷：资金结存——货币资金　　2 000

【例7-11】接例7-10。2×19年3月3日，经验收3月1日购进的200条毛巾，其中25条有瑕疵，经与商场协商，同意退货25条，款项250元已收存银行。

财务会计：

借：银行存款　　250

　　贷：经营费用　　250

预算会计：

借：资金结存——货币资金　　250

　　贷：经营支出　　250

第五节　资产处置费用

一、科目介绍

资产处置费用是指高等学校经批准处置资产时发生的费用，包括转销的被处置资产价值以及在处置过程中发生的相关费用或者处置收入小于相关费用形成的净支出。

资产处置的形式按照规定包括无偿调拨、出售、出让、转让、置换、对外捐赠、报废、毁损以及货币性资产损失核销等。

在资产清查中查明的资产盘亏、毁损以及资产报废等，应当先通过“待处理财产损溢”科目进行核算，再将处理资产价值和处理净支出计入本科目。短期投资、长期股权投资、长期债券投资的处置，按照相关资产科目的规定进行账务处理。

二、账务处理

高等学校应设置“资产处置费用”科目核算高等学校资产处置费用的增减变动及其结存情况，并应当按照处置资产的类别、资产处置的形式等进行明细核算。期末结转后，该科目应无余额。

“资产处置费用”的账务处理，按照是否需要通过“待处理财产损溢”科目核算，分别进行如下账务处理（见表7–5）。

（一）不通过“待处理财产损溢”科目核算的资产处置

1.按照规定报经批准处置资产时，按照处置资产的账面价值，借记本科目（处置固定资产、无形资产的，还应借记“固定资产累计折旧”“无形资产累计摊销”等科目），按照处置资产的账面余额，贷记“库存物品”“固定资产”“无形资产”“其他应收款”“在建工程”等科目。

2.处置资产过程中仅发生相关费用的，按照实际发生金额，借记本科目，贷记“银行存款”“库存现金”等科目。

3.处置资产过程中取得收入的，按照取得的价款，借记“库存现金”“银行存款”等科目，按照处置资产过程中发生的相关费用，贷记“银行存款”“库存现金”等科目，按照其差额，借记本科目或贷记“应缴财政款”等科目。

（二）通过“待处理财产损溢”科目核算的资产处置

1.账款核对中发现的现金短缺，属于无法查明原因的，报经批准核销时，借记本科目，贷记“待处理财产损溢”科目。

2.资产清查过程中盘亏或者毁损、报废的存货、固定资产、无形资产等，报经批准处理时，按照处理资产价值，借记本科目，贷记“待处理财产损溢——待处理财产价值”科目。处理收支结清时，处理过程中所取得收入小于所发生相关费用的，按照相关费用减去处理收入后的净支出，借记本科目，贷记“待处理财产损溢——处理净收入”科目。

（三）期末账务处理

期末，将本科目本期发生额转入本期盈余，借记“本期盈余”科目，贷记本科目。

表7–5　　高等学校经营费用主要账务处理

序号	业务			财务会计账务处理	预算会计账务处理	财务盈余与预算结余差异
1	不通过“待处理财产损溢”科目核算的资产处置	按照规定报经批准处置资产时		借：资产处置费用 固定资产累计折旧/无形资产累计摊销 贷：库存物品/固定资产无形资产/在建工程等［账面余额］	—	当期确认为费用但没有确认为预算支出
		处置资产过程中仅发生相关费用的		借：资产处置费用 贷：银行存款/库存现金等	借：其他支出 贷：资金结存	
		处置资产过程中取得收入的		借：库存现金/银行存款等［取得的价款］ 资产处置费用［借差］ 贷：银行存款/库存现金等［发生的相关费用］应缴财政款［贷差］	借：其他支出［借差］ 贷：资金结存	
2	通过“待处理财产损溢”科目核算的资产处置	账款核对中发现的现金短缺，无法查明原因的，报经批准核销时		借：资产处置费用 贷：待处理财产损溢	—	当期确认为费用但没有确认为预算支出
		盘亏、毁损、报废的资产	经批准处理时	借：资产处置费用［处置资产价值］ 贷：待处理财产损溢——待处理财产价值	—	当期确认为费用没有确认为预算支出
			处理过程中所发生的费用大于所取得收入的	借：资产处置费用［净支出］ 贷：待处理财产损溢——处理净收入	借：其他支出［净支出］ 贷：资金结存	无
3	期末/年末结转			借：本期盈余 贷：资产处置费用	借：其他结余 贷：其他支出	无

三、案例分析

【例7–12】2×19年10月10日，H大学盘亏实验用材料4 000元，其中属于责任过失人造成损失的为1 000元，属于非正常损失的为3 000元，报经批准后列支。

1.将盘亏存货转入待处理资产损溢时的账务处理如下：

财务会计：

借：待处理财产损溢——待处理财产价值　　4 000

　　贷：库存物品　　4 000

预算会计不作账务处理。

2.报经批准，处理盘亏资产时的账务处理如下：

财务会计：

借：资产处置费用　　4 000

　　贷：待处理财产损溢——待处理财产价值　　4 000

预算会计不作账务处理。

3.过失人赔偿损失时的账务处理如下：

财务会计：

借：库存现金	1 000	
贷：待处理财产损溢——处理净收入		1 000
借：待处理财产损溢——处理净收入	1 000	
贷：应缴财政款		1 000

预算会计不作账务处理。

【例7–13】2×19年5月15日，经批准H大学拍卖桑塔纳小轿车一辆，该小轿车账面原值17.62万元，已提足折旧，拍卖价款18 200元，发生的评估费1 000元、拍卖费用910元，净收入上缴财政。

1.资产处置时的账务处理如下：

财务会计：

借：银行存款	18 200	
固定资产累计折旧	176 200	
贷：固定资产		176 200
银行存款		1 910
应缴财政款		16 290

预算会计不作账务处理。

2.拍卖净收入上缴财政时的账务处理如下：

借：应缴财政款	16 290	
贷：银行存款		16 290

预算会计不作账务处理。

第六节　上缴上级费用

一、科目介绍

上缴上级费用是指高等学校按照财政部门和主管部门的规定上缴上级单位款项发生的费用。

二、账务处理

高等学校应设置“上缴上级费用”科目核算高等学校上缴上级费用的增减变动及其

结存情况，并应当按照收缴款项单位、缴款项目等进行明细核算。期末结转后，该科目应无余额。

“上缴上级费用”的主要账务处理如下（见表7–6）:

（1）发生上缴上级支出的，按照实际上缴的金额或者按照规定计算出应当上缴上级单位的金额，借记本科目，贷记“银行存款”“其他应付款”等科目。

（2）期末，将本科目本期发生额转入本期盈余，借记“本期盈余”科目，贷记本科目。

表7–6　　高等学校上缴上级费用主要账务处理

序号	业务	财务会计账务处理	预算会计账务处理	财务盈余与预算结余差异
1	发生上缴上级支出的	借：上缴上级费用 　贷：银行存款/其他应付款等［实际上缴的金额或应当上缴的金额］	借：上缴上级支出［实际上缴的金额］ 　贷：资金结存——货币资金等	涉及应付：当期确认为费用但没有确认为预算支出
2	期末/年末结转	借：本期盈余 　贷：上缴上级费用	借：其他结余 　贷：上缴上级支出	无

三、案例分析

【例7–14】2×19年12月，H大学按规定的收入比例向上级单位上缴收入50万元，已用银行存款支付。

财务会计：

借：上缴上级费用　　500 000

　贷：银行存款　　500 000

预算会计：

借：上缴上级支出　　500 000

　贷：资金结存——货币资金　　500 000

【例7–15】H大学年终结账时，“上缴上级费用”科目借方余额500 000元予以结转；“上缴上级支出”科目借方余额500 000元予以结转。

财务会计：

借：本期盈余　　500 000

　贷：上缴上级费用　　500 000

预算会计：

借：其他结余　　500 000

　贷：上缴上级支出　　500 000

第七节　对附属单位补助费用

一、科目介绍

对附属单位补助费用是指高等学校用财政补助收入之外的收入对附属单位补助发生的费用。

二、账务处理

高等学校应设置“对附属单位补助费用”科目核算对附属单位补助费用的增减变动及其结存情况，并应当按照接受补助单位、补助项目等进行明细核算。期末结转后，该科目应无余额。

“对附属单位补助费用”的主要账务处理如下（见表7–7）：

（1）发生对附属单位补助支出的，按照实际补助的金额或者按照规定计算出应当对附属单位补助的金额，借记本科目，贷记“银行存款”“其他应付款”等科目。

（2）期末，将本科目本期发生额转入本期盈余，借记“本期盈余”科目，贷记本科目。

表7–7　　高等学校对附属单位补助费用主要账务处理

序号	业务	财务会计账务处理	预算会计账务处理	财务盈余与预算结余差异
1	发生对附属单位补助支出的	借：对附属单位补助费用 贷：银行存款/其他应付款等［实际补助的金额或应当补助的金额］	借：对附属单位补助支出［实际补助的金额］ 贷：资金结存——货币资金等	涉及应付：当期确认为费用但没有确认为预算支出
2	期末/年末结转	借：本期盈余 贷：对附属单位补助费用	借：其他结余 贷：对附属单位补助支出	无

三、案例分析

【例7–16】2×19年3月20日，H大学对附属医院甲单位拨款200 000元，已通过银行存款支付。

财务会计：

借：对附属单位补助费用　　200 000

　　贷：银行存款　　200 000

预算会计：

借：对附属单位补助支出　　　　200 000
　　贷：资金结存——货币资金　　　　200 000

第八节 所得税费用

一、科目介绍

所得税费用是指有企业所得税纳税义务的高等学校按规定缴纳企业所得税所形成的费用。

二、账务处理

高等学校应设置“所得税费用”核算高等学校所得税费用的增减变动及其结存情况。年末结转后，该科目应无余额。

“所得税费用”的主要账务处理如下（见表7–8）：

（1）发生企业所得税纳税义务的，按照税法规定计算的应交税金数额，借记本科目，贷记“其他应交税费——单位应交所得税”科目。

实际缴纳时，按照缴纳金额，借记“其他应交税费——单位应交所得税”科目，贷记“银行存款”科目。

（2）年末，将本科目本年发生额转入本期盈余，借记“本期盈余”科目，贷记本科目。

表7–8　　高等学校所得税费用主要账务处理

序号	业务		财务会计账务处理	预算会计账务处理	财务盈余与预算结余差异
1	发生企业所得税纳税义务	按照税法规定计算应交税金数额	借：所得税费用 贷：其他应交税费——单位应交所得税	—	涉及应付：当期确认为费用但没有确认为预算支出
		实际缴纳时	借：其他应交税费——单位应交所得税 贷：银行存款等	借：非财政拨款结余——累计结余 贷：资金结存——货币资金等	当期确认为费用但没有确认为预算支出
2	期末/年末结转		借：本期盈余 贷：所得税费用	—	无

三、案例分析

【例7–17】2×19年11月5日，H高校申报缴纳了10月企业所得税11 500元。

财务会计：

借：其他应交税费——单位应交所得税　　11 500

　　贷：银行存款　　11 500

预算会计：

借：非财政拨款结余　　11 500

　　贷：资金结存——货币资金　　11 500

第九节　其他费用

一、科目介绍

其他费用是指高等学校发生的除业务活动费用、单位管理费用、经营费用、资产处置费用、上缴上级费用、附属单位补助费用、所得税费用以外的各项费用，包括利息费用、坏账损失、罚没支出、现金资产捐赠支出以及相关税费、运输费等。

二、账务处理

高等学校应设置“其他费用”科目核算高等学校其他费用增减变动及其结存情况，并应当按照其他费用的类别等进行明细核算，发生利息费用较多的高校，可以单独设置“利息费用”科目。年末结转后，该科目应无余额。

“其他费用”的主要账务处理如下（见表7–9）：

（1）利息费用。按期计算确认借款利息费用时，按照计算确定的金额，借记“在建工程”科目或本科目，贷记“应付利息”“长期借款——应计利息”等科目。

（2）坏账损失。年末，高等学校按照规定对收回后不须上缴财政的应收账款和其他应收款计提坏账准备时，按照计提金额，借记本科目，贷记“坏账准备”科目；冲减多计提的坏账准备时，按照冲减金额，借记“坏账准备”科目，贷记本科目。

（3）罚没支出。高等学校发生罚没支出的，按照实际缴纳或应当缴纳的金额，借记本科目，贷记“银行存款”“库存现金”“其他应付款”等科目。

（4）现金资产捐赠。高等学校对外捐赠现金资产的，按照实际捐赠的金额，借记本科目，贷记“银行存款”“库存现金”等科目。

（5）其他相关费用。高等学校接受捐赠（或无偿调入）以名义金额计量的存货、固定资产、无形资产等发生的相关税费、运输费等，按照实际支付的金额，借记本科目，贷记“财政拨款收入”“零余额账户用款额度”“银行存款”“库存现金”等科目。

发生的由高等学校承担的与受托代理资产相关的税费、运输费、保管费等，按照实际支付或应付的金额，借记本科目，贷记“零余额账户用款额度”“银行存款”“库存现金”“其他应付款”等科目。

（6）出资成立非企业法人单位。高等学校经批准出资成立非企业法人单位，如教育基金会、研究院等，应当借记“其他费用”科目，贷记“银行存款”科目。

（7）期末，将本科目本期发生额转入本期盈余，借记“本期盈余”科目，贷记本科目。

表7–9　　　　高等学校其他费用主要账务处理

<table>
<tr><th>序号</th><th colspan="2">业务</th><th>财务会计账务处理</th><th>预算会计账务处理</th><th>财务盈余与预算结余差异</th></tr>
<tr><td rowspan="2">1</td><td rowspan="2">利息费用</td><td>按期计算确定借款利息费用时</td><td>借：其他费用/在建工程
贷：应付利息/长期借款——应计利息</td><td>—</td><td>当期确认为费用但没有确认为预算支出</td></tr>
<tr><td>实际支付利息时</td><td>借：应付利息/长期借款——应计利息
贷：银行存款等</td><td>借：其他支出
贷：资金结存——货币资金</td><td>当期确认为预算支出但没有确认为费用</td></tr>
<tr><td rowspan="2">2</td><td rowspan="2">坏账损失</td><td>按照规定对应收账款和其他应收款计提坏账准备</td><td>借：其他费用
贷：坏账准备</td><td>—</td><td>当期确认为费用但没有确认为预算支出</td></tr>
<tr><td>冲减多提的坏账准备时</td><td>借：坏账准备
贷：其他费用</td><td>—</td><td>当期确认为费用但没有确认为预算支出</td></tr>
<tr><td>3</td><td>罚没支出</td><td>按照实际发生金额</td><td>借：其他费用
贷：银行存款/库存现金/其他应付款</td><td>借：其他支出
贷：资金结存——货币资金/库存现金</td><td>无</td></tr>
<tr><td>4</td><td>对外捐赠现金资产</td><td>按照实际捐赠金额</td><td>借：其他费用
贷：银行存款/库存现金等</td><td>借：其他支出
贷：资金结存——货币资金</td><td>无</td></tr>
<tr><td>5</td><td colspan="2">其他相关税费、运输费</td><td>借：其他费用
贷：零余额账户用款额度/银行存款等</td><td>借：其他支出
贷：资金结存——货币资金［实际实付金额］</td><td>无</td></tr>
<tr><td>6</td><td colspan="2">出资成立非企业法人单位</td><td>借：其他费用
贷：银行存款</td><td>借：其他支出
贷：资金结存——货币资金</td><td>无</td></tr>
<tr><td rowspan="3">7</td><td rowspan="3">期末/年末结转</td><td>财政拨款支出</td><td rowspan="3">借：本期盈余
贷：其他费用</td><td>借：财政拨款结转——本年收支结转
贷：其他支出</td><td rowspan="3">无</td></tr>
<tr><td>非财政专项资金支出</td><td>借：非财政拨款结转——本年收支结转
贷：其他支出</td></tr>
<tr><td>非财政非专项资金支出</td><td>借：其他结余
贷：其他支出</td></tr>
</table>

三、案例分析

【例7-18】2×19年7月1日，H大学经批准取得周转借款30万元，年利率为6%，期限为1年，按季度付息。

1. 7月1日取得借款时的账务处理如下：

财务会计：

借：银行存款　　300 000

　　贷：短期借款　　300 000

预算会计：

借：资金结存——货币资金　　300 000

　　贷：债务预算收入　　300 000

2. 每月计提利息时的账务处理如下：

月利息＝300 000×6%÷12＝1 500（元）

财务会计：

借：其他费用　　1 500

　　贷：应付利息　　1 500

预算会计不作账务处理。

3. 按季度支付利息时的账务处理如下：

财务会计：

借：应付利息　　4 500

　　贷：银行存款　　4 500

预算会计：

借：其他支出　　4 500

　　贷：资金结存——货币资金　　4 500

第八章　预算收入

第一节　预算收入概述

一、预算收入概述

预算收入属于预算会计要素。高等学校的预算收入是指在预算年度内开展教学、科研及其他活动中依法取得的纳入预算管理的现金流入。

二、预算收入确认

预算会计确认是以收付实现制为基础，预算收入一般在实际收到时予以确认，以实际收到的金额计量。

三、预算收入分类

高等学校的预算收入按照来源渠道、资金性质的不同，包括财政拨款预算收入、事业预算收入、上级补助预算收入、附属单位上缴预算收入、经营预算收入、债务预算收入、非同级财政拨款预算收入、投资预算收益、其他预算收入等（见表8–1）。

表8–1　　预算收入类会计科目一览表（高等学校）

序号	科目编号	科目名称
1	6001	财政拨款预算收入
2	6101	事业预算收入
3	6201	上级补助预算收入
4	6301	附属单位上缴预算收入
5	6401	经营预算收入
6	6501	债务预算收入
7	6601	非同级财政拨款预算收入
8	6602	投资预算收益
9	6609	其他预算收入

第二节　财政拨款预算收入

一、科目介绍

财政拨款预算收入是指高等学校从同级政府财政部门取得的各类财政拨款。从同级财政部门取得是指直接或者按照部门预算隶属关系从同一级次财政部门取得的财政拨款。

财政资金预算分为基本支出预算和项目支出预算，基本支出预算是高等学校为保障学校的正常运转、完成日常工作任务而编制的年度基本支出计划，按其性质分为人员经费和日常公用经费；项目支出预算是指在基本支出之外高等学校为完成特定任务和高等学校事业发展目标所发生的支出。

财政拨款预算收入和支出应按照具体项目进行明细核算，在每一个具体项目上做到收支对应，在会计核算上体现“专款专用“原则，财政拨款预算收入的核算明细如图8–1所示。

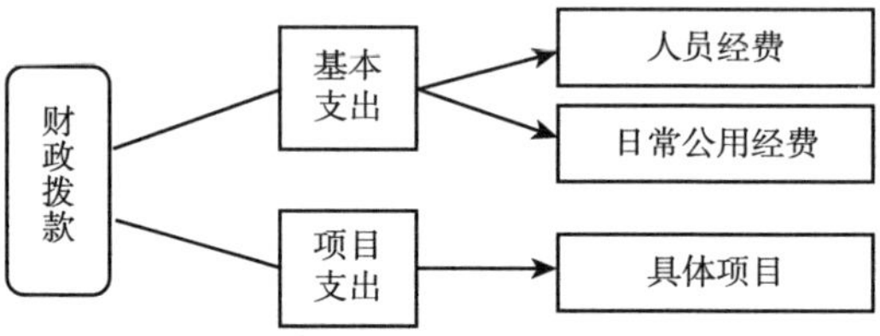

图8–1　财政拨款预算收入的核算明细

二、账务处理

高等学校应设置“财政拨款预算收入”科目核算高等学校从同级政府财政部门取得的各类财政拨款，并应当设置“基本支出”和“项目支出”两个明细科目，按照《政府收支分类科目》中“支出功能分类科目”的项级科目进行明细核算；同时，在“基本支出”明细科目下按照“人员经费”和“日常公用经费”进行明细核算，在“项目支出”明细科目下按照具体项目进行明细核算。有一般公共预算财政拨款、政府性基金预算财政拨款等两种或两种以上财政拨款的高校，还应当按照财政拨款的种类进行明细核算。年末结转后，该科目应无余额。

“财政拨款预算收入”的主要账务处理有如下四种情况（见表8–2）。

（一）财政直接支付方式

高等学校根据收到的《财政直接支付入账通知书》及相关原始凭证，按照通知书中的直接支付金额，借记“事业支出”等科目，贷记本科目。

年末，根据本年度财政直接支付预算指标数与当年财政直接支付实际支出数的差额，借记“资金结存——财政应返还额度”科目，贷记本科目。

因差错更正、购货退回等发生国库直接支付款项退回的，若属于本年度支付的款项，则按照退回金额，借记本科目，贷记“事业支出”等科目。

（二）财政授权支付方式

高等学校根据收到的《财政授权支付额度到账通知书》，按照通知书中的授权支付额度，借记“资金结存——零余额账户用款额度”科目，贷记本科目。

年末，本年度财政授权支付预算指标数大于零余额账户用款额度下达数的，按照两者差额，借记“资金结存——财政应返还额度”科目，贷记本科目。

（三）其他支付方式

其他方式下，按照本期预算收到财政拨款预算收入时，按照实际收到的金额，借记“资金结存——货币资金”科目，贷记本科目。

收到财政预拨下期预算款，应当在下个预算期，按照预收的金额，借记“资金结存——货币资金”科目，贷记本科目。本期收到预拨款时，预算会计不作账务处理，财务会计，借记“银行存款”科目，贷记“其他应付款”科目。

（四）年末结转的账务处理

年末，将本科目本年发生额转入财政拨款结转，借记本科目，贷记“财政拨款结转——本年收支结转”科目。

表8-2　　　　高等学校财政拨款预算收入主要账务处理

序号	业务		预算会计账务处理
1	收到财政拨款时	财政直接支付	借：事业支出等 　贷：财政拨款预算收入
		财政授权支付	借：资金结存——零余额账户用款额度 　贷：财政拨款预算收入
		其他支付方式	借：资金结存——货币资金 　贷：财政拨款预算收入

续表

序号	业务		预算会计账务处理
2	年末确认拨款差额时	存在财政直接支付差额时	借：资金结存——财政应返还额度 　　贷：财政拨款预算收入
		存在财政授权支付差额时	借：资金结存——财政应返还额度 　　贷：财政拨款预算收入
3	因差错更正或购货退回等发生的国库直接支付款项退回的	属于本年度支付的款项	借：财政拨款预算收入 　　贷：事业支出等
4	年末结转		借：财政拨款预算收入 　　贷：财政拨款结转——本年收支结转

三、案例分析

【例8-1】H大学收到财政部门委托其代理银行转来的《财政直接支付入账通知书》，其中包含财政部门为H大学支付的100 000元的日常业务活动经费，150 000元的在职人员工资，80 000元的为开展某项专业业务活动所发生的费用。H大学的账务处理如下：

预算会计：

借：事业支出　　330 000

　　贷：财政拨款预算收入　　330 000

财务会计：

借：业务活动费　　180 000

　　应付职工薪酬　　150 000

　　贷：财政拨款收入　　330 000

第三节　事业预算收入

一、科目介绍

事业预算收入是指高等学校开展教学科研活动及其辅助活动取得的现金流入。事业预算收入的确认以收付实现制为基础，在收到款项时确认为收入。

高等学校事业预算收入按照内容不同可以分为教育事业预算收入和科研事业预算收入。教育事业预算收入核算高等学校开展教学活动及其辅助活动取得的现金流入，应根据高等学校学历和非学历教育学费、住宿费、委托培养费、考试考务费、培训费等不同业务分类确认，纳入财政专户管理的，在国库核拨资金时再确认为教育事业预算收入；科研事业预算收入核算高等学校开展科研活动及其辅助活动取得的现金流入，不包括高等学校从同级财政部门取得的财政拨款，但包括从非同级财政部门取得的科研拨款和企事业单位取得的科研经费。

二、账务处理

高等学校应设置“事业预算收入”科目核算学校事业预算收入的增减变动及其结存情况，下设“教育事业预算收入”和“科研事业预算收入”两个明细科目，并应当按照事业预算收入类别、项目、来源、《政府收支分类科目》中“支出功能分类科目”项级科目等进行明细核算。对于因开展科研及其辅助活动从非同级政府财政部门取得的经费拨款，应当在本科目下单设“非同级财政拨款”明细科目进行明细核算；事业预算收入中如有专项资金收入，还应按照具体项目进行明细核算。年末结转后，该科目应无余额。

“事业预算收入”的主要账务处理如下（见表8-3）：

（1）采用财政专户返还方式管理的事业预算收入，收到从财政专户返还的事业预算收入时，按照实际收到的返还金额，借记“资金结存”科目，贷记本科目。

（2）收到其他事业预算收入时，按照实际收到的款项金额，借记“资金结存”科目，贷记本科目。

（3）年末，将本科目本年发生额中的专项资金收入转入非财政拨款结转，借记本科目下各专项资金收入明细科目，贷记“非财政拨款结转——本年收支结转”科目；将本科目本年发生额中的非专项资金收入转入其他结余，借记本科目下各非专项资金收入明细科目，贷记“其他结余”科目。

表8-3　　　　　　　　高等学校事业预算收入主要账务处理

序号	业务		预算会计账务处理
1	收到财政专户返还的款项时		借：资金结存 　贷：事业预算收入
2	收到其他事业预算收入时		借：资金结存 　贷：事业预算收入
3	年末结转	属于专项资金收入	借：事业预算收入 　贷：非财政拨款结转——本年收支结转
		属于非专项资金收入	借：事业预算收入 　贷：其他结余

三、案例分析

【例8-2】2×19年H大学开展科技咨询服务，3月签订合同，11月完成服务并收到技术咨询服务费6 000元。

1.签订咨询服务合同时的账务处理如下：

预算会计不作账务处理。

财务会计：

借：其他应收款 6 000

  贷：事业收入 6 000

2.完成咨询服务，收到服务费6 000元的账务处理如下：

预算会计：

借：资金结存——货币资金 6 000

  贷：事业预算收入 6 000

财务会计：

借：银行存款 6 000

  贷：其他应收款 6 000

第四节 上级补助预算收入

一、科目介绍

上级补助预算收入是指高等学校从主管部门和上级单位取得的非财政补助现金流入。

二、账务处理

高等学校应设置“上级补助预算收入”科目核算上级补助预算收入业务，并应当按照发放补助单位、补助项目、《政府收支分类科目》中“支出功能分类科目”的项级科目等进行明细核算。上级补助预算收入中如有专项资金收入，还应按照具体项目进行明细核算。年末结转后，该科目应无余额。

“上级补助预算收入”的主要账务处理如下（见表8–4）：

（1）收到上级补助预算收入时，按照实际收到的金额，借记“资金结存——货币资金”科目，贷记本科目。

（2）年末，将本科目本年发生额中的专项资金收入转入非财政拨款结转，借记本科目下各专项资金收入明细科目，贷记“非财政拨款结转——本年收支结转”科目；将本科目本年发生额中的非专项资金收入转入其他结余，借记本科目下各非专项资金收入明细科目，贷记“其他结余”科目。

表8-4 高等学校上级补助预算收入主要账务处理

序号	业务		预算会计账务处理
1	收到上级补助预算收入时		借：资金结存——货币资金 贷：上级补助预算收入
2	年末结转	属于专项资金收入	借：上级补助预算收入 贷：非财政拨款结转——本年收支结转
		属于非专项资金收入	借：上级补助预算收入 贷：其他结余

三、案例分析

【例8-3】 H大学2×19年2月25日从主管部门收到非财政补助经费500 000元，其中专项资金400 000元，非专项资金100 000元。

1.收到资金时的账务处理如下：

预算会计：

借：资金结存——货币资金 500 000

贷：上级补助预算收入 500 000

财务会计：

借：银行存款 500 000

贷：上级补助收入 500 000

2.年末结转时的账务处理如下：

预算会计：

借：上级补助预算收入 500 000

贷：非财政拨款结转——本年收支结转 400 000

其他结余 100 000

财务会计：

借：上级补助收入 500 000

贷：本期盈余 500 000

第五节 附属单位上缴预算收入

一、科目介绍

附属单位上缴预算收入是指高等学校取得的附属独立核算单位根据有关规定上缴的现

金流入，包括附属单位按照规定标准或比例上缴利润、资产占用费等。

二、账务处理

高等学校应设置“附属单位上缴预算收入”科目核算高校附属单位上缴预算收入业务，并应当按照附属单位、缴款项目、《政府收支分类科目》中“支出功能分类科目”的项级科目等进行明细核算。附属单位上缴预算收入中如有专项资金收入，还应按照具体项目进行明细核算。年末结转后，该科目应无余额。

“附属单位上缴预算收入”的主要账务处理如下（见表8–5）：

（1）收到附属单位缴来款项时，按照实际收到的金额，借记“资金结存——货币资金”科目，贷记本科目。

（2）年末，将本科目本年发生额中的专项资金收入转入非财政拨款结转，借记本科目下各专项资金收入明细科目，贷记“非财政拨款结转——本年收支结转”科目；将本科目本年发生额中的非专项资金收入转入其他结余，借记本科目下各非专项资金收入明细科目，贷记“其他结余”科目。

表8–5　　高等学校附属单位上缴预算收入主要账务处理

序号	业务		预算会计账务处理
1	收到附属单位缴来款项时		借：资金结存——货币资金 　　贷：附属单位上缴预算收入
2	年末结转	属于专项资金收入	借：附属单位上缴预算收入 　　贷：非财政拨款结转——本年收支结转
		属于非专项资金收入	借：附属单位上缴预算收入 　　贷：其他结余

三、案例分析

【例8–4】H大学2×19年12月收到附属独立核算的出版社按高校核定的比例上缴的税后利润150万元。

预算会计：

借：资金结存——货币资金　　1 500 000

　　贷：附属单位上缴预算收入　　1 500 000

财务会计：

借：银行存款　　1 500 000

　　贷：附属单位上缴收入　　1 500 000

第六节　经营预算收入

一、科目介绍

经营预算收入是指高等学校在专业业务活动及其辅助活动之外开展非独立核算经营活动而取得的现金流入。经营预算收入是一种有偿收入，以提供各项服务或商品为前提，是高校在经营活动中通过收费等方式取得的收入，是对经营成本的一种补偿，是对事业经费的弥补。

二、账务处理

高等学校应设置“经营预算收入”科目核算学校经营预算收入业务，并且应当按照经营活动类别、项目、《政府收支分类科目》中“支出功能分类科目”的项级科目等进行明细核算。年末结转后，该科目应无余额。

“经营预算收入”的主要账务处理如下（见表8-6）：

（1）收到经营预算收入时，按照实际收到的金额，借记“资金结存——货币资金”科目，贷记本科目。

（2）年末，将本科目本年发生额转入经营结余，借记本科目，贷记“经营结余”科目。

表8-6　　高等学校经营预算收入主要账务处理

序号	业务	预算会计账务处理
1	收到经营预算收入时	借：资金结存——货币资金 　贷：经营预算收入
2	年末结转	借：经营预算收入 　贷：经营结余

三、案例分析

【例8-5】 H大学下设有非独立核算的服务部，2×19年12月服务部提供打印服务，收取打印费50 000元，款项已经存入银行。

预算会计：

借：资金结存——货币资金　　50 000

　贷：经营预算收入　　50 000

财务会计：

借：银行存款　　50 000

　　贷：经营收入　　50 000

第七节　债务预算收入

一、科目介绍

债务预算收入是指高等学校经批准从银行和其他金融机构等借入的、纳入部门预算管理的、不以财政资金作为偿还来源的债务本金。高等学校应规范和加强借入款项的管理，建立健全财务风险防控机制，严格借款审批程序，不得违反规定举借债务和提供担保。

二、账务处理

高等学校应设置“债务预算收入”科目核算高等学校借入债务情况，并应当按照贷款单位、贷款种类、《政府收支分类科目》中“支出功能分类科目”的项级科目等进行明细核算。债务预算收入中如有专项资金收入，还应按照具体项目进行明细核算。年末结转后，该科目应无余额。

“债务预算收入”的主要账务处理如下（见表8–7）：

（1）借入各项短期或长期借款时，按照实际借入的金额，借记“资金结存——货币资金”科目，贷记本科目。

（2）年末，将本科目本年发生额中的专项资金收入转入非财政拨款结转，借记本科目下各专项资金收入明细科目，贷记“非财政拨款结转——本年收支结转”科目；将本科目本年发生额中的非专项资金收入转入其他结余，借记本科目下各非专项资金收入明细科目，贷记“其他结余”科目。

表8–7　高等学校债务预算收入主要账务处理

序号	业务		预算会计账务处理
1	借入各项短期或长期借款时		借：资金结存——货币资金 贷：债务预算收入
2	年末结转	属于专项资金收入	借：债务预算收入 贷：非财政拨款结转——本年收支结转
		属于非专项资金收入	借：债务预算收入 贷：其他结余

三、案例分析

【例8-6】 H大学经审批后，2×19年11月1日向银行贷款20万元，贷款期限6个月，年利率8%，到期一次还本付息，款项已存入银行。

预算会计：

借：资金结存——货币资金　　200 000

　　贷：债务预算收入　　200 000

财务会计：

借：银行存款　　200 000

　　贷：短期借款　　200 000

第八节　非同级财政拨款预算收入

一、科目介绍

非同级财政拨款预算收入是指高等学校从非同级政府财政部门取得的财政拨款，包括本级横向转拨财政款和非本级财政拨款。对于因开展科研及其辅助活动从非同级财政部门取得的科研经费拨款，应当通过"事业预算收入——非同级财政拨款"科目核算，不通过该科目核算。

二、账务处理

高等学校应设置"非同级财政拨款预算收入"科目核算学校非同级财政拨款增减变动及其结存情况，并应当按照非同级财政拨款预算收入的类别、来源、《政府收支分类科目》中"支出功能分类科目"的项级科目等进行明细核算。非同级财政拨款预算收入中如有专项资金收入，还应按照具体项目进行明细核算。年末结转后，该科目应无余额。

"非同级财政拨款预算收入"的主要账务处理如下（见表8-8）：

（1）取得非同级财政拨款预算收入时，按照实际收到的金额，借记"资金结存——货币资金"科目，贷记本科目。

（2）年末，将本科目本年发生额中的专项资金收入转入非财政拨款结转，借记本科目下各专项资金收入明细科目，贷记"非财政拨款结转——本年收支结转"科目；将本科目本年发生额中的非专项资金收入转入其他结余，借记本科目下各非专项资金收入明细科目，贷记“其他结余”科目。

表8-8　　高等学校非同级财政拨款预算收入主要账务处理

序号	业务		预算会计账务处理
1	取得非同级财政拨款预算收入时		借：资金结存——货币资金 贷：非同级财政拨款预算收入
2	年末结转	属于专项资金收入	借：非同级财政拨款预算收入 贷：非财政拨款结转——本年收支结转
		属于非专项资金收入	借：非同级财政拨款预算收入 贷：其他结余

三、案例分析

【例8-7】H大学2×19年10月25日收到了教育部拨入的政府留学生奖学金950 000元。

预算会计：

借：资金结存——货币资金　　950 000

　　贷：非同级财政拨款预算收入　　950 000

财务会计：

借：银行存款　　950 000

　　贷：非同级财政拨款收入　　950 000

第九节　投资预算收益

一、科目介绍

投资预算收益是指高等学校取得的按照规定纳入部门预算管理的属于投资收益性质的现金流入，包括股权投资收益、出售或收回债券投资所取得的收益和债券投资利息收入。

二、账务处理

高等学校应设置“投资预算收益”科目核算学校投资预算收益增减变动及其结存情况，并应当按照《政府收支分类科目》中“支出功能分类科目”的项级科目等进行明细核算。年末结转后，该科目应无余额。

“投资预算收益”的主要账务处理如下（见表8-9）：

（1）出售或到期收回本年度取得的短期、长期债券，按照实际取得的价款或实际收到的本息金额，借记“资金结存——货币资金”科目，按照取得债券时“投资支出”科目的发生额，贷记“投资支出”科目，按照其差额，贷记或借记本科目。

出售或到期收回以前年度取得的短期、长期债券，按照实际取得的价款或实际收到的本息金额，借记“资金结存——货币资金”科目，按照取得债券时“投资支出”科目的发生额，贷记“其他结余”科目，按照其差额，贷记或借记本科目。

出售、转让以货币资金取得的长期股权投资的，其账务处理参照出售或到期收回债券投资。

（2）持有的短期投资以及分期付息、一次还本的长期债券投资收到利息时，按照实际收到的金额，借记“资金结存——货币资金”科目，贷记本科目。

（3）持有长期股权投资取得被投资单位分派的现金股利或利润时，按照实际收到的金额，借记“资金结存——货币资金”科目，贷记本科目。

（4）出售、转让以非货币性资产取得的长期股权投资时，按照实际取得的价款扣减支付的相关费用和应缴财政款后的余额（按照规定纳入单位预算管理的），借记“资金结存——货币资金”科目，贷记本科目。

（5）年末，将本科目本年发生额转入其他结余，借记或贷记本科目，贷记或借记“其他结余”科目。

表8–9　　高等学校投资预算收益主要账务处理

<table>
<tr><th>序号</th><th colspan="2">业务</th><th>预算会计账务处理</th></tr>
<tr><td rowspan="2">1</td><td rowspan="2">出售或到期收回短、长期债券</td><td>本年度取得的</td><td>借：资金结存——货币资金［实际收到的价款］
投资收益［借差］
贷：投资支出［取得债券时的成本］
投资收益［贷差］</td></tr>
<tr><td>以前年度取得的</td><td>借：资金结存——货币资金［实际收到的价款］
投资收益［借差］
贷：其他结余［取得债券时的成本］
投资收益［贷差］</td></tr>
<tr><td>2</td><td colspan="2">出售、转让以货币资金取得的长期股权投资的</td><td>账务处理参照出售或到期收回债券投资</td></tr>
<tr><td rowspan="2">3</td><td colspan="2">持有的短期投资以及分期付息、一次还本的长期债券投资收到利息时</td><td rowspan="2">借：资金结存——货币资金［实际收到的金额］
贷：投资收益</td></tr>
<tr><td colspan="2">持有长期股权投资取得被投资单位分派的现金股利或利润时</td></tr>
<tr><td>4</td><td colspan="2">出售、转让以非货币性资产取得的长期股权投资时</td><td>借：资金结存——货币资金［实际取得的价款扣减支付的相关费用和应缴财政款后的余额（按照规定纳入单位预算管理的）］
贷：投资收益</td></tr>
<tr><td>5</td><td colspan="2">年末结转</td><td>借：投资收益［年末贷方余额］
贷：其他结余
或借：其他结余
贷：投资收益［年末借方余额］</td></tr>
</table>

三、案例分析

【例8-8】H大学2×19年9月30日收到短期债券投资利息30 000元，款项存入银行。

预算会计：

借：资金结存——货币资金　　30 000

　　贷：投资预算收益　　30 000

财务会计：

借：银行存款　　30 000

　　贷：投资收益　　30 000

第十节　其他预算收入

一、科目介绍

其他预算收入是指高等学校除财政拨款预算收入、事业预算收入、上级补助预算收入、附属单位上缴预算收入、经营预算收入、债务预算收入、非同级财政拨款预算收入、投资预算收益之外的纳入部门预算管理的现金流入，包括捐赠预算收入、利息预算收入、租金预算收入、现金盘盈收入等。

二、账务处理

高等学校应设置“其他预算收入”核算学校其他预算收入的增减变动及其结存情况，并应当按照其他收入类别、《政府收支分类科目》中“支出功能分类科目”的项级科目等进行明细核算。其他预算收入中如有专项资金收入，还应按照具体项目进行明细核算。年末结转后，该科目应无余额。

高等学校可在该科目下，结合业务需要设置二级明细科目。如果发生的捐赠预算收入、利息预算收入、租金预算收入金额较大或业务较多的，可单独设置“捐赠预算收入”“利息预算收入”“租金预算收入”等科目。

“其他预算收入”的主要账务处理如下（见表8-10）：

（1）接受捐赠现金资产、收到银行存款利息、收到资产承租人支付的租金时，按照实际收到的金额，借记“资金结存——货币资金”科目，贷记本科目。

（2）现金盘盈收入。每日现金账款核对中如发现现金溢余，按照溢余的现金金额，借记“资金结存——货币资金”科目，贷记本科目。经核实，属于应支付给有关个人和单位的部分，按照实际支付的金额，借记本科目，贷记“资金结存——货币资金”科目。

（3）收到其他预算收入时，按照收到的金额，借记“资金结存——货币资金”科目，贷记本科目。

（4）年末，将本科目本年发生额中的专项资金收入转入非财政拨款结转，借记本科目下各专项资金收入明细科目，贷记“非财政拨款结转——本年收支结转”科目；将本科目本年发生额中的非专项资金收入转入其他结余，借记本科目下各非专项资金收入明细科目，贷记“其他结余”科目。

表8-10　　高等学校其他预算收入主要账务处理

<table>
<tr><th>序号</th><th colspan="2">业务</th><th>预算会计账务处理</th></tr>
<tr><td>1</td><td colspan="2">接受捐赠现金资产、收到银行存款利息、收到资产承租人支付的租金时</td><td>借：资金结存——货币资金
　　贷：其他预算收入</td></tr>
<tr><td rowspan="2">2</td><td rowspan="2">现金溢余</td><td>发现现金溢余</td><td>借：资金结存——货币资金
　　贷：其他预算收入</td></tr>
<tr><td>支付属于个人或单位的现金溢余</td><td>借：其他预算收入
　　贷：资金结存——货币资金</td></tr>
<tr><td>3</td><td colspan="2">收到其他预算收入时</td><td>借：资金结存——货币资金
　　贷：其他预算收入</td></tr>
<tr><td rowspan="2">4</td><td rowspan="2">年末结转</td><td>属于专项资金收入</td><td>借：其他预算收入
　　贷：非财政拨款结转——本年收支结转</td></tr>
<tr><td>属于非专项资金收入</td><td>借：其他预算收入
　　贷：其他结余</td></tr>
</table>

三、案例分析

【例8-9】 H大学2×19年9月21日收到开户银行转入的第三季度银行存款利息108万元。

预算会计：

借：资金结存——货币资金　　1 080 000

　　贷：其他预算收入　　1 080 000

财务会计：

借：银行存款　　1 080 000

　　贷：利息收入　　1 080 000

第九章　预算支出

第一节　预算支出概述

一、预算支出概述

预算支出属于预算会计要素。高等学校的预算支出是指在预算年度内开展教学、科研及其他活动依法发生并纳入预算管理的现金流出。

二、预算支出确认

预算支出的确认以收付实现制为基础，预算支出一般在实际支付时予以确认，以实际支付的金额计量。

三、预算支出分类（见表9-1）

预算支出根据支出内容不同，可以分为事业支出、经营支出、上缴上级支出、对附属单位补助支出、投资支出、债务还本支出和其他支出。

表9-1　　预算支出类会计科目一览表（高等学校）

序号	科目编号	科目名称
1	7201	事业支出
2	7301	经营支出
3	7401	上缴上级支出
4	7501	对附属单位补助支出
5	7601	投资支出
6	7701	债务还本支出
7	7901	其他支出

第二节　事业支出

一、科目介绍

事业支出是指高等学校因开展各项专业业务活动及其辅助活动而发生的各项现金流出。

高等学校是提供以教育为主的社会公益性组织，其在提供专业服务和辅助服务活动时，必然会发生一定的耗费。事业支出与事业预算收入相对应，是高等学校预算支出的核心内容。

二、账务处理

高等学校应当设置“事业支出”科目核算高校开展专业业务活动及其辅助活动实际发生的各项现金流出。年末结转后，该科目应无余额。

（一）明细科目设置

事业支出应当按照资金来源渠道分别设置“财政拨款支出”“非财政专项资金支出”和“其他资金支出”等科目，同时在资金来源渠道的基础上按用途和使用方向设置“基本支出”和“项目支出”等科目进行明细核算，并按照《政府收支分类科目》中“支出功能分类科目”的项级科目进行明细核算。“基本支出”和“项目支出”明细科目下应当按照《政府收支分类科目》中“部门预算支出经济分类科目”的款级科目进行明细核算，同时在“项目支出”明细科目下按照具体项目进行明细核算。有一般公共预算财政拨款、政府性基金预算财政拨款等两种或两种以上财政拨款的高校，还应当在“财政拨款支出”明细科目下按照财政拨款的种类进行明细核算。

根据财政部《关于印发高等学校执行〈政府会计制度——行政事业单位会计科目和报表〉的补充规定和衔接规定的通知》，高等学校应当在新制度规定的“事业支出”科目下设置“教育支出”“科研支出”“行政管理支出”“后勤保障支出”“离退休支出”“其他事业支出”等明细科目（见表9–2）。

表9–2　“事业支出”科目下设的明细科目表

序号	明细科目编号	明细科目名称	核算内容
1	720101	教育支出	核算高等学校开展教学及其辅助活动、学生事务等活动实际发生的各项现金流出
2	720102	科研支出	核算高等学校开展科研及其辅助活动实际发生的各项现金流出
3	720103	行政管理支出	核算高等学校开展单位的行政管理活动实际发生的各项现金流出

续表

序号	明细科目编号	明细科目名称	核算内容
4	720104	后勤保障支出	核算高等学校开展后勤保障活动实际发生的各项现金流出
5	720105	离退休支出	核算高等学校实际发生的用于离退休人员的各项现金流出
6	720109	其他事业支出	核算高等学校发生的除教学、科研、后勤保障、行政管理、离退休支出之外的其他各项事业支出

（二）“事业支出”的主要账务处理（见表9-3）

1.向高等学校职工个人支付薪酬时，按照实际支付的数额，借记本科目，贷记“财政拨款预算收入”“资金结存”科目。按照规定代扣代缴个人所得税以及代扣代缴或为职工缴纳职工社会保险费、住房公积金等时，按照实际缴纳的金额，借记本科目，贷记“财政拨款预算收入”“资金结存”科目。

2.为专业业务活动及其辅助活动支付外部人员劳务费时，按照实际支付给外部人员个人的金额，借记本科目，贷记“财政拨款预算收入”“资金结存”科目。按照规定代扣代缴个人所得税时，按照实际缴纳的金额，借记本科目，贷记“财政拨款预算收入”“资金结存”科目。

3.开展专业业务活动及其辅助活动过程中为购买存货、固定资产、无形资产以及在建工程等支付相关款项时，按照实际支付的金额，借记本科目，贷记“财政拨款预算收入”“资金结存”科目。

4.开展专业业务活动及其辅助活动过程中发生预付账款时，按照实际支付的金额，借记本科目，贷记“财政拨款预算收入”“资金结存”科目。对于暂付款项，应区分借款性质，属于支出性借款，在办理款项支付时，借记本科目，贷记“财政拨款预算收入”“资金结存”等科目，结算报销时，根据实际情况做调整分录；其他性质的暂付款，不须作预算会计处理。

5.开展专业业务活动及其辅助活动过程中缴纳的相关税费以及发生的其他各项支出，按照实际支付的金额，借记本科目，贷记“财政拨款预算收入”“资金结存”科目。

6.开展专业业务活动及其辅助活动过程中因购货退回等发生款项退回，或者发生差错更正的，属于当年支出收回的，按照收回或更正金额，借记“财政拨款预算收入”“资金结存”科目，贷记本科目。属于跨年度支出收回或差错调整，不通过本科目核算。

7.年末，将本科目本年发生额中的财政拨款支出转入财政拨款结转，借记“财政拨款结转——本年收支结转”科目，贷记本科目下各财政拨款支出明细科目；将本科目本年发生额中的非财政专项资金支出转入非财政拨款结转，借记“非财政拨款结转——本年收支结转”科目，贷记本科目下各非财政专项资金支出明细科目；将本科目本年发生额中的其他资金支出（非财政非专项资金支出）转入其他结余，借记“其他结余”科目，贷记本科目下其他资金支出明细科目。

表9-3　　　　　　　　高等学校事业支出主要账务处理

序号	业务		预算会计账务处理
1	支付单位职工（经营部门职工除外）薪酬	支付职工薪酬时	借：事业支出［按照支付给个人部分］ 贷：财政拨款预算收入/资金结存
		缴纳职工社会保险费、住房公积金、个人所得税等时	借：事业支出［按照实际缴纳金额］ 贷：财政拨款预算收入/资金结存
2	为专业业务活动及其辅助活动支付外部人员劳务费	按照实际支付给外部人员的金额	借：事业支出［按照支付给个人部分］ 贷：财政拨款预算收入/资金结存
		实际缴纳税款时	借：事业支出［按照实际缴纳金额］ 贷：财政拨款预算收入/资金结存
3	开展业务活动购买资产或支付在建工程款等	按照实际支付的价款	借：事业支出 贷：财政拨款预算收入/资金结存
4	开展业务活动发生的预付款项	按照实际预付的价款	借：事业支出 贷：财政拨款预算收入/资金结存
5	开展业务活动缴纳的相关税费以及发生的其他各项支出	按照实际支付的金额	借：事业支出 贷：财政拨款预算收入/资金结存
6	属于当年支出的购货退回或差错更正	按照收回或更正金额	借：财政拨款预算收入/资金结存 贷：事业支出
7	年末结转	财政拨款支出	借：财政拨款结转——本年收支结转 贷：事业支出
		非财政专项资金支出	借：非财政拨款结转——本年收支结转 贷：事业支出
		非财政非专项资金支出	借：其他结余 贷：事业支出

三、案例分析

【例9-1】2×19年8月7日，H大学缴纳社会保险费600 000元，以财政直接支付方式支付。

预算会计：

借：事业支出　　　　600 000

　　贷：财政拨款预算收入　　　　600 000

财务会计：

借：应付职工薪酬　　　　600 000

　　贷：财政拨款收入　　　　600 000

【例9-2】2×19年6月5日，H大学购进实验耗材11 300元，材料已经验收入库，款项通过零余额账户支付。

预算会计：

借：事业支出　　11 300

　　贷：资金结存——零余额账户用款额度　　11 300

财务会计：

借：库存物品　　11 300

　　贷：零余额账户用款额度　　11 300

【例9-3】接例9-2。2×19年7月8日，H大学发现6月5日购进的实验耗材存在严重质量问题，经双方协商，同意退货退款，货款已经两清，原发票已经认证抵扣，销货方开具了红字发票。

预算会计：

借：资金结存——零余额账户用款额度　　11 300

　　贷：事业支出　　11 300

财务会计：

借：零余额账户用款额度　　11 300

　　贷：库存物品　　11 300

第三节　经营支出

一、科目介绍

经营支出是指高等学校在专业业务活动及其辅助活动之外开展非独立核算经营活动实际发生的各项现金流出。

二、账务处理

高等学校应设置“经营支出”科目核算高校经营支出的增减变动及其结存情况，并应当按照经营活动类别、项目和《政府收支分类科目》中“支出功能分类科目”的项级科目和“部门预算支出经济分类科目”的款级科目等进行明细核算。年末结转，该科目应无余额。

“经营支出”的主要账务处理如下（见表9-4）：

（1）向经营部门职工个人支付薪酬时，按照实际的金额，借记本科目，贷记“资金结存”科目。按照规定代扣代缴个人所得税以及代扣代缴或为职工缴纳职工社会保险费、住房公积金时，按照实际缴纳的金额，借记本科目，贷记“资金结存”科目。

（2）为经营活动支付外部人员劳务费时，按照实际支付给外部人员个人的金额，借记本科目，贷记“资金结存”科目。按照规定代扣代缴个人所得税时，按照实际缴纳的金额，借记本科目，贷记“资金结存”科目。

（3）开展经营活动过程中为购买存货、固定资产、无形资产以及在建工程等支付相关款项时，按照实际支付的金额，借记本科目，贷记“资金结存”科目。

（4）开展经营活动过程中发生预付账款时，按照实际支付的金额，借记本科目，贷记“资金结存”科目。对于暂付款项，应区分借款性质，属于支出性借款，在办理款项支付时，借记本科目，贷记“财政拨款预算收入”“资金结存”等科目，结算报销时，根据实际情况编写调整分录；其他性质的暂付款，不须作预算会计处理。

（5）因开展经营活动缴纳的相关税费以及发生的其他各项支出，按照实际支付的金额，借记本科目，贷记“资金结存”科目。

（6）开展经营活动中因购货退回等发生款项退回，或者发生差错更正的，属于当年支出收回的，按照收回或更正金额，借记“资金结存”科目，贷记本科目。属于跨年度支出收回或差错调整，不通过本科目核算。

（7）年末，将本科目本年发生额转入经营结余，借记“经营结余”科目，贷记本科目。

表9-4　　　　高等学校事业支出主要账务处理

序号	业务		预算会计账务处理
1	支付经营部门职工薪酬	支付职工薪酬时	借：经营支出［按照支付给个人部分］ 　贷：资金结存
		缴纳职工社会保险费、住房公积金、个人所得税等时	借：经营支出［按照实际缴纳金额］ 　贷：资金结存
2	为经营活动支付外部人员劳务费	按照实际支付给外部人员的金额	借：经营支出［按照支付给个人部分］ 　贷：资金结存
		实际缴纳税款时	借：经营支出［按照实际缴纳金额］ 　贷：资金结存
3	开展经营活动购买资产或支付在建工程款等	按照实际支付的价款	借：经营支出 　贷：资金结存
4	开展经营活动发生的预付款项	按照实际预付的价款	借：经营支出 　贷：资金结存
5	开展经营活动缴纳的相关税费以及发生的其他各项支出	按照实际支付的金额	借：经营支出 　贷：资金结存
6	属于当年支出的购货退回或差错更正	按照收回或更正金额	借：资金结存 　贷：经营支出
7	年末结转		借：经营结余 　贷：经营支出

三、案例分析

【例9-4】2×19年7月1日，H大学用银行存款支付对外营业的非独立核算职工食堂职工工资300 000元。

预算会计：

借：经营支出　　300 000

　　贷：资金结存——货币资金　　300 000

财务会计：

借：应付职工薪酬　　300 000

　　贷：银行存款　　300 000

【例9-5】2×19年7月8日，H大学对外营业的非独立核算的职工食堂购进一台抽油烟机，价款为8 000元，开出转账支票支付，并办理固定资产入账手续。

预算会计：

借：经营支出　　8 000

　　贷：资金结存——货币资金　　8 000

财务会计：

借：固定资产　　8 000

　　贷：银行存款　　8 000

第四节　上缴上级支出

一、科目介绍

上缴上级支出是指高等学校按照财政部门和主管部门的规定上缴上级单位款项发生的现金流出。

实行收入上缴办法是高等学校使用财政拨款收入以外的收入（主要源于事业收入和经营收入），按规定的定额或者收入的比例上缴上级单位，因此收入上缴主要包括定额上缴和按比例上缴两种方式。定额上缴是指核定预算时，确定一个上缴的绝对数额上缴上级单位；按比例上缴是指根据收支情况，确定按收入的一定比例上缴上级单位。

二、账务处理

高等学校应设置“上缴上级支出”科目核算上缴上级单位款项的情况，并应当按照收缴款项单位、缴款项目、《政府收支分类科目》中“支出功能分类科目”的项级科目和“部门预算支出经济分类科目”的款级科目等进行明细核算。年末结转后，该科目应无余额。

“上缴上级支出”的主要账务处理如下（见表9–5）：

（1）按照规定将款项上缴上级单位的，按照实际上缴的金额，借记本科目，贷记“资金结存——货币资金”科目。

（2）年末，将本科目本年发生额转入其他结余，借记“其他结余”科目，贷记本科目。

表9–5　　高等学校上缴上级支出主要账务处理

序号	业务		预算会计账务处理
1	发生上缴上级支出的	按照实际上缴的金额	借：上缴上级支出 　贷：资金结存——货币资金
2	年末结转		借：其他结余 　贷：上缴上级支出

三、案例分析

【例9–6】2×19年5月13日，H大学按规定上缴上级管理费10 000元。

预算会计：

借：上缴上级支出　　10 000

　　贷：资金结存——货币资金　　10 000

财务会计：

借：上缴上级费用　　10 000

　　贷：银行存款　　10 000

第五节　对附属单位补助支出

一、科目介绍

对附属单位补助支出是指高等学校用财政拨款预算收入之外的收入对附属单位补助发生的现金流出。

附属单位是指实行独立核算的下级单位。对附属单位的补助支出资金来源为非财政拨款收入，主要来源为事业收入、经营收入、其他收入等非财政性资金。

二、账务处理

高等学校应设置“对附属单位补助支出”核算高校对附属单位补助情况，并应当按照接受补助单位、补助项目、《政府收支分类科目》中“支出功能分类科目”的项级科目和“部门预算支出经济分类科目”的款级科目等进行明细核算。年末结转后，该科目应无余额。

“对附属单位补助支出”的主要账务处理如下（见表9–6）：

（1）发生对附属单位补助支出的，按照实际补助的金额，借记本科目，贷记“资金结存——货币资金”科目。

（2）年末，将本科目本年发生额转入其他结余，借记“其他结余”科目，贷记本科目。

表9–6　　高等学校对附属单位补助支出主要账务处理

序号	业务		预算会计账务处理
1	发生对附属单位补助支出的	按照实际上缴的金额	借：对附属单位补助支出 　贷：资金结存——货币资金
2	年末结转		借：其他结余 　贷：对附属单位补助支出

三、案例分析

【例9–7】 H大学2×19年12月11日拨付给下属单位补助款300 000元。

预算会计：

借：对附属单位补助支出　　300 000

　贷：资金结存——货币资金　　300 000

财务会计：

借：对附属单位补助费用　　300 000

　贷：银行存款　　300 000

第六节　投资支出

一、科目介绍

投资支出是指高等学校以货币资金对外投资发生的现金流出。

高等学校应当严格控制对外投资。在保证高校正常运转和事业发展的前提下，按照国家有关规定可以对外投资的，应当按规定程序履行报批手续，未按规定履行报批手续的，不得对外投资。高等学校不得使用财政拨款及其结转结余进行对外投资，不得从事股票、期货、基金、企业债券等投资，国家另有规定的除外。

二、账务处理

高等学校应设置“投资支出”科目核算高等学校对外投资情况，并应当按照投资类型、投资对象、《政府收支分类科目》中“支出功能分类科目”的项级科目和“部门预算支出经济分类科目”的款级科目等进行明细核算。年末结转后，该科目应无余额。

“投资支出”的主要做账务处理如下（见表9–7）：

（1）以货币资金对外投资时，按照投资金额和所支付的相关税费金额的合计数，借记本科目，贷记“资金结存——货币资金”科目。

（2）出售、对外转让或到期收回本年度以货币资金取得的对外投资的，如果按规定将投资收益纳入单位预算，按照实际收到的金额，借记“资金结存——货币资金”科目，按照取得投资时“投资支出”科目的发生额，贷记本科目，按照其差额，贷记或借记“投资预算收益”科目；如果按规定将投资收益上缴财政的，按照取得投资时“投资支出”科目的发生额，借记“资金结存——货币资金”科目，贷记本科目。

出售、对外转让或到期收回以前年度以货币资金取得的对外投资的，如果按规定将投资收益纳入单位预算，按照实际收到的金额，借记“资金结存”科目，按照取得投资时“投资支出”科目的发生额，贷记“其他结余”科目，按照其差额，贷记或借记“投资预算收益”科目；如果按规定将投资收益上缴财政的，按照取得投资时“投资支出”科目的发生额，借记“资金结存”科目，贷记“其他结余”科目。

（3）年末，将本科目本年发生额转入其他结余，借记“其他结余”科目，贷记本科目。

表9–7　　高等学校投资支出主要账务处理

序号	业务		预算会计账务处理
1	以货币资金对外投资时	按照投资金额和所支付的相关税费金额的合计数	借：投资支出 　贷：资金结存——货币资金
2	出售、对外转让或到期收回本年度以货币资金取得的对外投资	按规定投资收益纳入单位预算的	借：资金结存——货币资金 　投资预算收益［借差］ 　贷：投资支出［投资成本］ 　　投资预算收益［贷差］
		按规定将投资收益上缴财政的	借：资金结存——货币资金［实际收到的投资成本部分］ 　贷：投资支出［投资成本］

续表

<table>
<tr><th>序号</th><th colspan="2">业务</th><th>预算会计账务处理</th></tr>
<tr><td rowspan="2">3</td><td rowspan="2">出售、对外转让或到期收回以前年度以货币资金取得的对外投资</td><td>按规定投资收益纳入单位预算的</td><td>借：资金结存——货币资金
投资预算收益［借差］
贷：其他结余［以前年度投资成本］
投资预算收益［贷差］</td></tr>
<tr><td>按规定将投资收益上缴财政的</td><td>借：资金结存——货币资金［实际收到的投资成本部分］
贷：其他结余［以前年度投资成本］</td></tr>
<tr><td>4</td><td>年末结转</td><td></td><td>借：其他结余
贷：投资支出</td></tr>
</table>

三、案例分析

【例9–8】H大学经批准，于2×19年5月3日以银行存款80 000元购进一年期国库券。

预算会计：

借：投资支出　　80 000

　　贷：银行存款　　80 000

财务会计：

借：短期投资　　80 000

　　贷：银行存款　　80 000

【例9–9】接例9–8。2×19年11月3日，H大学出售5月3日购买的80 000元国库券，取得价款88 000元，其中持有期间的利息2 000元。

预算会计：

借：资金结存——货币资金　　88 000

　　贷：投资支出　　80 000

　　　　投资预算收益　　8 000

财务会计：

借：银行存款　　88 000

　　贷：短期投资　　80 000

　　　　投资收益　　8 000

第七节　债务还本支出

一、科目介绍

债务还本支出是指高等学校偿还自身承担的纳入预算管理的从金融机构举借的债务

本金的现金流出。

二、账务处理

高等学校应设置“债务还本支出”科目核算学校偿还自身承担的纳入预算管理的从金融机构举借的债务本金情况，并应当按照贷款单位、贷款种类、《政府收支分类科目》中“支出功能分类科目”的项级科目和“部门预算支出经济分类科目”的款级科目等进行明细核算。年末结转后，该科目应无余额。

“债务还本支出”的主要账务处理如下（见表9–8）：

（1）偿还各项短期或长期借款时，按照偿还的借款本金，借记“债务还本支出”科目，贷记“资金结存”科目。

（2）年末，将本科目本年发生额转入其他结余，借记“其他结余”科目，贷记“债务还本支出”科目。

表9–8　　高等学校债务还本支出主要账务处理

序号	业务		预算会计账务处理
1	偿还各项短期或长期借款时	按照偿还的借款本金	借：债务还本支出 　贷：资金结存
2	年末结转		借：其他结余 　贷：债务还本支出

三、案例分析

【例9–10】H大学2×19年12月4日使用零余额账户偿还日元贷款本金150万元，该日元贷款为经批准于2006年借入的购置设备专款。

预算会计：

借：债务还本支出　　1 500 000

　贷：资金结存——零余额账户用款额度　　1 500 000

财务会计：

借：长期借款　　1 500 000

　贷：资金结存——零余额账户用款额度　　1 500 000

第八节　其他支出

一、科目介绍

其他支出是指高等学校除行政支出、事业支出、经营支出、上缴上级支出、对附属单位补助支出、投资支出、债务还本支出以外的各项现金流出，包括利息支出、对外捐赠现金支出、现金盘亏损失、接受捐赠（调入）和对外捐赠（调出）非现金资产发生的税费支出、资产置换过程中发生的相关税费支出、罚没支出等。

二、账务处理

高等学校应设置“其他支出”科目核算其他支出等增减变动及其结存情况。年末结转后，该科目应无余额。

（一）明细科目设置

其他支出科目应当按照其他支出的类别，分别按照“财政拨款支出”“非财政专项资金支出”“其他资金支出”以及《政府收支分类科目》中“支出功能分类科目”的项级科目和“部门预算支出经济分类科目”的款级科目等进行明细核算。其他支出中如有专项资金支出，还应按照具体项目进行明细核算。

有一般公共预算财政拨款、政府性基金预算财政拨款等两种或两种以上财政拨款的高等学校，还应当在“财政拨款支出”明细科目下按照一般公共预算财政拨款、政府性基金预算财政拨款等财政拨款的种类进行明细核算。

高等学校发生利息支出、捐赠支出等其他支出金额较大或业务较多的，可单独设置“利息支出”“捐赠支出”等科目。

（二）其他支出的主要账务处理（见表9-9）

1.利息支出

支付银行借款利息时，按照实际支付金额，借记本科目，贷记“资金结存”科目。

2.对外捐赠现金资产

对外捐赠现金资产时，按照捐赠金额，借记本科目，贷记“资金结存——货币资金”科目。

3.现金盘亏损失

每日现金账款核对中如发现现金短缺，按照短缺的现金金额，借记本科目，贷记“资金结存——货币资金”科目。经核实，属于应当由有关人员赔偿的，按照收到的赔偿金额，借记“资金结存——货币资金”科目，贷记本科目。

4.接受捐赠（无偿调入）和对外捐赠（无偿调出）非现金资产发生的税费支出

接受捐赠（无偿调入）非现金资产发生的归属于捐入方（调入方）的相关税费、运输费等，以及对外捐赠（无偿调出）非现金资产发生的归属于捐出方（调出方）的相关税费、运输费等，按照实际支付金额，借记本科目，贷记“资金结存”科目。

5.资产置换过程中发生的相关税费支出

资产置换过程中发生的相关税费，按照实际支付金额，借记本科目，贷记“资金结存”科目。

6.其他支出

发生罚没等其他支出时，按照实际支出金额，借记本科目，贷记“资金结存”科目。

7.年末结转

年末，将本科目本年发生额中的财政拨款支出转入财政拨款结转，借记“财政拨款结转——本年收支结转”科目，贷记本科目下各财政拨款支出明细科目；将本科目本年发生额中的非财政专项资金支出转入非财政拨款结转，借记“非财政拨款结转——本年收支结转”科目，贷记本科目下各非财政专项资金支出明细科目；将本科目本年发生额中的其他资金支出（非财政非专项资金支出）转入其他结余，借记“其他结余”科目，贷记本科目下各其他资金支出明细科目。

表9–9 高等学校其他支出主要账务处理

序号	业务		预算会计账务处理
1	支付银行借款利息时	按照实际支付金额	借：其他支出 贷：资金结存
2	对外捐赠现金资产时	按照捐赠金额	借：其他支出 贷：资金结存——货币资金
3	发现现金短缺	按照短缺的现金金额	借：其他支出 贷：资金结存——货币资金
		应当由有关人员赔偿的，按照收到的赔偿金额	借：资金结存——货币资金 贷：其他支出
4	接受捐赠（无偿调入）和对外捐赠（无偿调出）非现金资产发生的税费支出	按照实际支付金额	借：其他支出 贷：资金结存
5	资产置换过程中发生的相关税费支出	按照实际支出金额	借：其他支出 贷：资金结存
6	发生罚没等其他支出时	按照实际支出金额	借：其他支出 贷：资金结存
7	年末结转	财政拨款支出	借：财政拨款结转——本年收支结转 贷：其他支出
		非财政专项资金支出	借：非财政拨款结转——本年收支结转 贷：其他支出
		非财政非专项资金支出	借：其他结余 贷：其他支出

三、案例分析

【例9-11】2×19年12月，H大学发生下列业务事项：

（1）支付借款利息950 000元，其中，日常业务短期借款利息50 000元，办公楼在建期间借款利息900 000元；

（2）向灾区捐款100 000元；

（3）接受图书捐赠，发生运输费1 000元。

1.支付借款利息时的账务处理如下：

预算会计：

借：其他支出	950 000	
贷：资金结存——货币资金		950 000

财务会计：

借：应付利息	950 000	
贷：银行存款		950 000

2.向灾区捐款时的账务处理如下：

预算会计：

借：其他支出	100 000	
贷：资金结存——货币资金		100 000

财务会计：

借：其他费用	100 000	
贷：银行存款		100 000

3.接受捐赠，支付运费时的账务处理如下：

预算会计：

借：其他支出	1 000	
贷：资金结存——货币资金		1 000

财务会计：

借：其他费用	1 000	
贷：银行存款		1 000

第十章　预算结余

第一节　预算结余概述

一、预算结余概述

预算结余是指纳入高等学校预算年度内的预算收入扣除预算支出后的资金余额以及历年滚存的资金余额。

预算结余包括结转资金和结余资金。结转资金是指预算安排的项目年终尚未执行完毕或者因故未执行，且下年需要按原用途继续使用的项目资金。结余资金是指年度预算执行终了，预算收入实际完成数扣除预算支出和结转资金后剩余的资金。

二、预算结余的确认

预算结余的确认依赖于预算收入和预算支出的确认。

三、预算结余分类（见表10-1）

预算结余按照结余性质分为资金结存、财政拨款结转、财政拨款结余、非财政拨款结转、非财政拨款结余、专用结余、经营结余、其他结余等。

表10-1　　预算结余类会计科目一览表（高等学校）

序号	科目编号	科目名称
1	8001	资金结存
2	8101	财政拨款结转
3	8102	财政拨款结余
4	8201	非财政拨款结转
5	8202	非财政拨款结余
6	8301	专用结余
7	8401	经营结余
8	8501	其他结余
9	8701	非财政拨款结余分配

第二节　资金结存

一、科目介绍

资金结存是指高等学校纳入部门预算管理的资金流入、流出、调整和滚存等情况。

在预算会计中，资金结存在预算收入、预算支出、预算结余之间起到了使借贷平衡的关键作用。而相对于财务会计，一般情况下财务会计科目如库存现金、银行存款、其他货币资金、零余额账户用款额度、财政应返还额度的相关业务，均属于资金结存的核算范围。因此，兼顾对应财务会计核算需要，资金结存设置的明细科目包括“零余额账户用款额度”“货币资金”“财政应返还额度”。

1.“零余额账户用款额度”：该明细科目核算实行国库集中支付的高等学校，在财政授权支付方式下根据财政部门批复的用款计划收到和支用的零余额账户用款额度。年末结账后，该明细科目无余额。

2.“货币资金”：该明细科目核算高等学校以库存现金、银行存款、其他货币资金形态存在的资金。该明细科目年末借方余额，反映了高等学校尚未使用的货币资金。

3.“财政应返还额度”：该明细科目核算实行国库集中支付的高等学校可以使用的以前年度财政直接支付资金额度和财政应返还的财政授权支付资金额度。该科目下可设置“财政直接支付”和“财政授权支付”两个明细科目进行明细核算。该科目年末借方余额，反映高等学校应收财政返还的资金额度。

二、账务处理

高等学校应设置“资金结存”科目核算学校资金结存的增减变动及其结存情况，并应当设置“零余额账户用款额度”“货币资金”“财政应返还额度”明细科目进行明细核算。本科目年末借方余额，反映高等学校预算资金的累计滚存情况。

“资金结存”的主要账务处理有如下八种情形（见表10–2）。

（一）取得预算收入

1.财政授权支付方式取得预算收入，根据代理银行转来的《财政授权支付额度到账通知书》，按照通知书中的授权支付额度，借记本科目（零余额账户用款额度），贷记“财政拨款预算收入”科目。

2.国库集中支付以外的其他支付方式取得预算收入，按照实际收到的金额，借记本科

目（货币资金），贷记“财政拨款预算收入”“事业预算收入”“经营预算收入”等科目

（二）发生预算支出

1.财政授权支付方式下，发生相关支出时，按照实际支付的金额，借记“事业支出”等科目，贷记本科目（零余额账户用款额度）。

2.从零余额账户提取现金时，借记本科目（货币资金），贷记本科目（零余额账户用款额度）。现金退回国库时，贷记本科目（货币资金），借记本科目（零余额账户用款额度）。

3.使用以前年度财政直接支付额度发生支出时，按照实际支付金额，借记“事业支出”等科目，贷记本科目（财政应返还额度）。

4.国库集中支付以外的其他支付方式下，发生相关支出时，按照实际支付的金额，借记“事业支出”“经营支出”等科目，贷记本科目（货币资金）。

（三）预算结转结余调整

按照规定上缴财政拨款结转结余资金或注销财政拨款结转结余资金额度的，按照实际上缴资金数额或注销的资金额度数额，借记“财政拨款结转——归集上缴”或“财政拨款结余——归集上缴”科目，贷记本科目（财政应返还额度、零余额账户用款额度、货币资金）。

按规定向原资金拨入单位缴回非财政拨款结转资金的，按照实际缴回资金数额，借记“非财政拨款结转——缴回资金”科目，贷记本科目（货币资金）。

收到从其他单位调入的财政拨款结转资金的，按照实际调入资金数额，借记本科目（财政应返还额度、零余额账户用款额度、货币资金），贷记“财政拨款结转——归集调入”科目。

（四）按规定使用提取的专用基金

按照实际支付金额，借记“专用结余”科目［从非财政拨款结余中提取的专用基金］或“事业支出”等科目［从预算收入中计提的专用基金］，贷记本科目（货币资金）。

（五）购货退回或发生差错更正

因购货退回、发生差错更正等退回国库直接支付、授权支付款项，或者收回货币资金的，属于本年度支付的，借记“财政拨款预算收入”科目或本科目（零余额账户用款额度、货币资金），贷记相关支出科目；属于以前年度支付的，借记本科目（财政应返还额度、零余额账户用款额度、货币资金），贷记“财政拨款结转”“财政拨款结余”“非财政拨款结转”“非财政拨款结余”科目。

（六）缴纳企业所得税

有企业所得税缴纳义务的高等学校缴纳所得税时，按照实际缴纳金额，借记“非财

政拨款结余——累计结余”科目，贷记本科目（货币资金）。

（七）确认未下达的财政用款额度

年末，根据本年度财政直接支付预算指标数与当年财政直接支付实际支出数的差额，借记本科目（财政应返还额度），贷记“财政拨款预算收入”科目。

（八）注销额度及恢复

年末，高等学校依据代理银行提供的对账单作注销额度的相关账务处理，借记本科目（财政应返还额度），贷记本科目（零余额账户用款额度）；本年度财政授权支付预算指标数大于零余额账户用款额度下达数的，根据未下达的用款额度，借记本科目（财政应返还额度），贷记“财政拨款预算收入”科目。

下年初，高等学校依据代理银行提供的《额度恢复到账通知书》作恢复额度的相关账务处理，借记本科目（零余额账户用款额度），贷记本科目（财政应返还额度）。高等学校收到财政部门批复的上年末未下达零余额账户用款额度的，借记本科目（零余额账户用款额度），贷记本科目（财政应返还额度）。

表10-2　　高等学校资金结存主要账务处理

序号	业务		预算会计账务处理
1	取得预算收入	财政授权支付方式下	借：资金结存——零余额账户用款额度 贷：财政拨款预算收入
		国库集中支付以外的其他支付方式下	借：资金结存——货币资金 贷：财政拨款预算收入/事业预算收入/经营预算收入等
2	从零余额账户提取现金		借：资金结存——货币资金 贷：资金结存——零余额账户用款额度
3	发生预算支出时	财政授权支付方式下	借：事业支出 贷：资金结存——零余额账户用款额度
		使用以前年度财政直接支付额度	借：事业支出 贷：资金结存——财政应返还额度
		国库集中支付以外的其他方式下	借：事业支出 贷：资金结存——货币资金
4	预算结转结余调整	按规定上缴财政拨款结转结余资金或注销财政拨款结转结余额度的	借：财政拨款结转——归集上缴/财政拨款结余——归集上缴 贷：资金结存——财政应返还额度/零余额户用款额度/货币资金
		按规定缴回非财政拨款结转资金的	借：非财政拨款结转——缴回资金 贷：资金结存——货币资金
		收到调入的财政拨款结转资金的	借：资金结存——财政应返还额度/零余额户用款额度/货币资金 贷：财政拨款结转——归集调入

续表

序号	业务		预算会计账务处理
5	按规定使用提取的专用基金	使用从非财政拨款结余中计提的专用基金	借：专用结余 贷：资金结存——货币资金
		使用从收入中计提并计入费用的专用基金	借：事业支出 贷：资金结存——货币资金
6	因购货退回、发生差错更正等退回国库直接支付、授权支付款项，或收回货币资金的	属于本年度的	借：财政拨款预算收入/资金结存——零余额账户用款额度、货币资金等 贷：事业支出等
		属于以前年度的	借：资金结存——财政应返还额度/零余额账户用款额度/货币资金等 贷：财政拨款结转/财政拨款结余/非财政拨款结转/非财政拨款结余（年初余额调整）
7	有企业所得税纳税义务的高校实际缴纳企业所得税时		借：非财政拨款结余——累计结余 贷：资金结存——货币资金
8	年末确认未下达的财政用款额度		借：资金结存——财政应返还额度 贷：财政拨款预算收入
9	年末注销零余额账户用款额度		借：资金结存——财政应返还额度 贷：资金结存——零余额账户用款额度
	下年初，恢复零余额账户用款额度或收到上年末未下达的零余额账户用款额度的		借：资金结存——零余额账户用款额度 贷：资金结存——财政应返还额度

三、案例分析

【例10–1】 2×19年7月H大学使用专项资金购进用于教学的实验耗材20万元，使用财政授权支付方式支付。

预算会计：

借：事业支出　　200 000

　　贷：资金结存——零余额账户用款额度　　200 000

财务会计：

借：业务活动费　　200 000

　　贷：零余额账户用款额度　　200 000

第三节　财政拨款结转

一、科目介绍

财政拨款结转是指高等学校取得的同级财政拨款结转资金的调整、结转和滚存情况。

财政拨款结转业务主要涉及与会计差错更正及以前年度支出收回相关的业务、与财政拨款调拨相关的业务、与年末财政拨款结转相关的业务，因此，财政拨款结转明细科目包括：

（1）“年初余额调整”。本明细科目核算因发生会计差错更正、以前年度支出收回等原因，需要调整财政拨款结转的金额。年末结账后，本明细科目应无余额。

（2）“归集调入”。本明细科目核算按照规定从其他单位调入财政拨款结转资金时，实际调增的额度数额或调入的资金数额。年末结账后，本明细科目应无余额。

（3）“归集调出”。本明细科目核算按照规定向其他单位调出财政拨款结转资金时，实际调减的额度数额或调出的资金数额。年末结账后，本明细科目应无余额。

（4）“归集上缴”。本明细科目核算按照规定上缴财政拨款结转资金时，实际核销的额度数额或上缴的资金数额。年末结账后，本明细科目应无余额。

（5）“单位内部调剂”。本明细科目核算经财政部门批准对财政拨款结余资金改变用途，调整用于本高校其他未完成项目等的调整金额。年末结账后，本明细科目应无余额。

（6）“本年收支结转”。本明细科目核算高等学校本年度财政拨款收支相抵后的余额。年末结账后，本明细科目应无余额。

（7）“累计结转”。本明细科目核算高等学校滚存的财政拨款结转资金。本明细科目年末贷方余额，反映高等学校财政拨款滚存的结转资金数额。

二、账务处理

高等学校应设置“财政拨款结转”科目核算高校财政拨款结转的增减变动及其结存情况，并应当根据需要设置“年初余额调整”“归集调入”“归集调出”“归集上缴”“单位内部调剂”“本年收支结转”“累计结转”等明细科目进行明细核算。本科目还应当设置“基本支出结转”“项目支出结转”两个明细科目，并在“基本支出结转”明细科目下按照“人员经费”“日常公用经费”进行明细核算，在“项目支出结转”明细科目下按照具体项目进行明细核算；同时，本科目还应按照《政府收支分类科目》中“支出功能分类科目”的相关科目进行明细核算。有一般公共预算财政拨款、政府性基金预算财政拨款等两种或两种以上财政拨款的，还应当在本科目下按照财政拨款的种类进行明细核算。本科目年末贷方余额，反映高等学校滚存的财政拨款结转资金数额。

“财政拨款结转”的主要账务处理有如下三种情形（见表10–3）。

（一）与会计差错更正、以前年度支出收回相关的账务处理

1.因发生会计差错更正退回以前年度国库直接支付、授权支付款项或财政性货币资

金，或者因发生会计差错更正增加以前年度国库直接支付、授权支付支出或财政性货币资金支出，属于以前年度财政拨款结转资金的，借记或贷记“资金结存——财政应返还额度”“资金结存——零余额账户用款额度”“资金结存——货币资金”科目，贷记或借记本科目（年初余额调整）。

2.因购货退回、预付款项收回等发生以前年度支出又收回国库直接支付、授权支付款项或收回财政性货币资金，属于以前年度财政拨款结转资金的，借记“资金结存——财政应返还额度”“资金结存——零余额账户用款额度”“资金结存——货币资金”等科目，贷记本科目（年初余额调整）。

（二）与财政拨款结转结余资金调整业务相关的账务处理

1.按照规定从其他单位调入财政拨款结转资金的，按照实际调增的额度数额或调入的资金数额，借记“资金结存——财政应返还额度”“资金结存——零余额账户用款额度”“资金结存——货币资金”等科目，贷记本科目（归集调入）。

2.按照规定向其他单位调出财政拨款结转资金的，按照实际调减的额度数额或调出的资金数额，借记本科目（归集调出），贷记“资金结存——财政应返还额度”“资金结存——零余额账户用款额度”“资金结存——货币资金”等科目。

3.按照规定上缴财政拨款结转资金或注销财政拨款结转资金额度的，按照实际上缴资金数额或注销的资金额度数额，借记本科目（归集上缴），贷记“资金结存——财政应返还额度”“资金结存——零余额账户用款额度”“资金结存——货币资金”等科目。

4.经财政部门批准对财政拨款结余资金改变用途，调整用于本单位基本支出或其他未完成项目支出的，按照批准调剂的金额，借记“财政拨款结余——单位内部调剂”科目，贷记本科目（单位内部调剂）。

（三）与年末财政拨款结转和结余业务相关的账务处理

1.年末，将财政拨款预算收入本年发生额转入本科目，借记“财政拨款预算收入”科目，贷记本科目（本年收支结转）；将各项支出中财政拨款支出本年发生额转入本科目，借记本科目（本年收支结转），贷记各项支出（财政拨款支出）科目。

2.年末冲销有关明细科目余额。将本科目（本年收支结转、年初余额调整、归集调入、归集调出、归集上缴、单位内部调剂）余额转入本科目（累计结转）。结转后，本科目除“累计结转”明细科目外，其他明细科目应无余额。

3.年末完成上述结转后，应当对财政拨款结转各明细项目执行情况进行分析，按照有关规定将符合财政拨款结余性质的项目余额转入财政拨款结余，借记本科目（累计结转），贷记“财政拨款结余——结转转入”科目。

表10–3　　　　　　　　高等学校财政拨款结转主要账务处理

序号	业务		预算会计账务处理
1	因会计差错更正、购货退回、预付款项收回等发生以前年度调整事项	调整增加相关资产	借：资金结存——零余额账户用款额度/货币资金等 贷：财政拨款结转——年初余额调整
		调整减少相关资产	借：财政拨款结转——年初余额调整 贷：资金结存——零余额账户用款额度/货币资金等
2	从其他单位调入财政拨款结转资金	按照实际调增的额度数额或调入的资金数额	借：资金结存——财政应返还额度/零余额账户用款额度/货币资金 贷：财政拨款结转——归集调入
3	向其他单位调出财政拨款结转资金	按照实际调减的额度数额或调出的资金数额	借：财政拨款结转——归集调出 贷：资金结存——财政应返还额度/零余额账户用款额度/货币资金
4	按照规定上缴财政拨款结转资金或注销财政拨款结转额度	按照实际上缴资金数额或注销的资金额度	借：财政拨款结转——归集上缴 贷：资金结存——财政应返还额度/零余额账户用款额度/货币资金
5	在单位内部调剂财政拨款结余资金	按照调整的金额	借：财政拨款结余——单位内部调剂 贷：财政拨款结转——单位内部调剂
6	年末结转	结转财政拨款预算收入	借：财政拨款预算收入 贷：财政拨款结转——本年收支结转
		结转财政拨款预算支出	借：财政拨款结转——本年收支结转 贷：事业支出等［财政拨款支出部分］
7	年末冲销财政拨款结转明细科目余额		借：财政拨款结转——年初余额调整［该明细科目为贷方余额时］/归集调入/单位内部调剂/本年收支结转［该明细科目为贷方余额时］ 贷：财政拨款结转——累计结转 借：财政拨款结转——累计结转 贷：财政拨款结转——归集上缴/年初余额调整［该明细科目为借方余额时］/归集调出/本年收支结转［该明细科目为借方余额时］
8	转入财政拨款结余	按照有关规定将符合财政拨款结余性质的项目余额转入财政拨款结余	借：财政拨款结转——累计结转 贷：财政拨款结余——结转转入

三、案例分析

【例10–2】2×18年12月H大学购买了一批实验耗材30万元，已用零余额账户支付。到库之后，经检验不合格，与厂家协商后退货。2×19年3月，厂家退回30万元货款。

预算会计：

借：资金结存——零余额账户用款额度　　　　　　300 000

　　贷：财政拨款结转——年初余额调整　　　　　　300 000

财务会计：

借：零余额账户用款额度　　　　300 000

　　贷：累计盈余　　　　300 000

【例10-3】2×19年经财政部门批准，H大学将本年度150万元的财政拨款结余资金的用途由日常公用支出改为未完成项目的支出。

预算会计：

借：财政拨款结余——单位内部调剂　　　　1 500 000

　　贷：财政拨款结转——单位内部调剂　　　　1 500 000

财务会计不作账务处理。

第四节　财政拨款结余

一、科目介绍

财政拨款结余是指高等学校取得的同级财政拨款项目支出结余资金的调整、结转和滚存情况。

财政拨款结余业务主要涉及与会计差错更正及以前年度支出收回相关的业务、与财政拨款结余资金调整相关的业务、与年末财政拨款结余相关的业务，因此，财政拨款结余明细科目包括：

（1）“年初余额调整”。本明细科目核算因发生会计差错更正、以前年度支出收回等原因，需要调整财政拨款结余的金额。年末结账后，本明细科目应无余额。

（2）“归集上缴”。本明细科目核算按照规定上缴财政拨款结余资金时，实际核销的额度数额或上缴的资金数额。年末结账后，本明细科目应无余额。

（3）“学校内部调剂”。本明细科目核算经财政部门批准对财政拨款结余资金改变用途，调整用于其他未完成项目等的调整金额。年末结账后，本明细科目应无余额。

（4）“结转转入”。本明细科目核算高等学校按照规定转入财政拨款结余的财政拨款结转资金。年末结账后，本明细科目应无余额。

（5）“累计结余”。本明细科目核算高等学校滚存的财政拨款结余资金。本明细科目年末贷方余额，反映高等学校财政拨款滚存的结余资金数额。

二、账务处理

高等学校应设置“财政拨款结余”科目核算高校财政拨款结余资金的增减变动及其结存情况，并应当根据需要设置“年初余额调整”“归集上缴”“学校内部调剂”“结转转入”“累计结余”等明细科目进行明细核算。本科目还应当按照具体项目和《政府收支分类科目》中的“支出功能分类科目”的相关科目进行明细核算。有一般公共预算财政拨款、政府性基金预算财政拨款等两种或以上财政拨款的，还应当在本科目下按照财政拨款的种类进行明细核算。本科目货方余额，反映高等学校滚存的财政拨款结余资金数额。

“财政拨款结余”的主要账务处理如下（见表10–4）。

（一）与会计差错更正、以前年度支出收回相关的账务处理

1.因发生会计差错更正退回以前年度国库直接支付、授权支付款项或财政性货币资金，或者因发生会计差错更正增加以前年度国库直接支付、授权支付支出或财政性货币资金支出，属于以前年度财政拨款结余资金的，借记或贷记“资金结存——财政应返还额度”“资金结存——零余额账户用款额度”“资金结存——货币资金”等科目，贷记或借记本科目（年初余额调整）。

2.因购货退回、预付款项收回等发生以前年度支出又收回国库直接支付、授权支付款项或收回财政性货币资金，属于以前年度财政拨款结余资金的，借记“资金结存——财政应返还额度”“资金结存——零余额账户用款额度”“资金结存——货币资金”等科目，贷记本科目（年初余额调整）。

（二）与财政拨款结余资金调整业务相关的账务处理

1.经财政部门批准对财政拨款结余资金改变用途，调整用于本单位基本支出或其他未完成项目支出的，按照批准调剂的金额，借记本科目（单位内部调剂），贷记“财政拨款结转——单位内部调剂”科目。

2.按照规定上缴财政拨款结余资金或注销财政拨款结余资金额度的，按照实际上缴资金数额或注销的资金额度数额，借记本科目（归集上缴），贷记“资金结存——财政应返还额度”“资金结存——零余额账户用款额度”“资金结存——货币资金”等科目。

（三）与年末财政拨款结转和结余业务相关的账务处理

1.年末，对财政拨款结转各明细项目执行情况进行分析，按照有关规定将符合财政拨款结余性质的项目余额转入财政拨款结余，借记“财政拨款结转——累计结转”科目，贷记本科目（结转转入）。

2.年末冲销有关明细科目余额。将本科目（年初余额调整、归集上缴、单位内部调剂、结转转入）余额转入本科目（累计结余）。结转后，本科目除“累计结余”明细科目外，其他明细科目应无余额。

表10–4　　高等学校财政拨款结余主要账务处理

序号	业务		预算会计账务处理
1	因购货退回、会计差错更正等发生以前年度调整事项	调整增加相关资产	借：资金结存——零余额账户用款额度/货币资金等 贷：财政拨款结余——年初余额调整
		因会计差错更正调整减少相关资产	借：财政拨款结余——年初余额调整 贷：资金结存——零余额账户用款额度/货币资金等
2	按照规定上缴财政拨款结余资金或注销财政拨款结余额度	按照实际上缴资金数额或注销的资金额度	借：财政拨款结余——归集上缴 贷：资金结存——财政应返还额度/零余额账户用款额度/货币资金
3	在单位内部调剂财政拨款结余资金	按照调整的金额	借：财政拨款结余——单位内部调剂 贷：财政拨款结转——单位内部调剂
4	年末，转入财政拨款结余	按照有关规定将符合财政拨款结余性质的项目余额转入财政拨款结余	借：财政拨款结转——累计结转 贷：财政拨款结余——结转转入
5	年末冲销本科目有关明细科目余额		借：财政拨款结余——年初余额调整［该明细科目为贷方余额时］ 贷：财政拨款结余——累计结余 借：财政拨款结余——累计结余 贷：财政拨款结余——年初余额调整［该明细科目为借方余额时］/归集上缴/单位内部调剂 借：财政拨款结余——结转转入 贷：财政拨款结余——累计结余

三、案例分析

【例10–4】2×19年12月31日，H大学财政专项拨款校园消防工程项目余额40万元，该项目2×18年10月启动，实施周期1年，实施周期已结束，尚未列支的项目支出预算资金，按照政策规定转入结余资金，并上缴财政。

1.转入结余资金时的账务处理如下：

预算会计：

借：财政拨款结转——累计结转　　400 000

　　贷：财政拨款结余——结转转入　　400 000

财务会计不作账务处理。

2.上缴结余资金时的账务处理如下：

预算会计：

借：财政拨款结余——归集上缴　　400 000

　　贷：资金结存——零余额账户用款额度　　400 000

财务会计：

借：累计盈余　　400 000

　　贷：零余额账户用款额度　　400 000

第五节　非财政拨款结转

一、科目介绍

非财政拨款结转是指高等学校除财政拨款收支、经营收支以外各非同级财政拨款专项资金的调整、结转和滚存情况。

非财政拨款结转应设置的明细科目包括：

（1）“年初余额调整”。本明细科目核算因发生会计差错更正、以前年度支出收回等原因，需要调整非财政拨款结转的资金。年末结账后，本明细科目应无余额。

（2）“缴回资金”。本明细科目核算按照规定缴回非财政拨款结转资金时，实际缴回的资金数额。年末结账后，本明细科目应无余额。

（3）“项目间接费用或管理费”。本明细科目核算高等学校取得的科研项目预算收入中，按照规定计提项目间接费用或管理费的数额。年末结账后，本明细科目应无余额。

（4）“本年收支结转”。本明细科目核算高等学校本年度非同级财政拨款专项收支相抵后的余额。年末结账后，本明细科目应无余额。

（5）“累计结转”。本明细科目核算高等学校滚存的非同级财政拨款专项结转资金。本明细科目年末贷方余额，反映高等学校非同级财政拨款滚存的专项结转资金数额。

二、账务处理

高等学校映应设置“非财政拨款结转”科目核算学校非同级财政拨款专项资金的增减变动及其结存情况，并应当根据需要设置“年初余额调整”“缴回资金”“项目间接费用或管理费”“本年收支结转”“累计结转”等明细科目进行明细核算，还应当按照具体项目、《政府收支分类科目》中“支出功能分类科目”的相关科目等进行明细核算。本科目的年末贷方余额，反映了高等学校滚存的非同级财政拨款专项结转资金数额。

“非财政拨款结转”的主要账务处理有如下四种情形（见表10–5）。

（一）按照规定提取项目间接费用或管理费

按照规定从科研项目预算收入中提取项目间接费用或管理费时，按照提取金额，借记本科目（项目间接费用或管理费），贷记“非财政拨款结余——项目间接费用或管理费”科目。

（二）因购货退回、会计差错更正涉及调整事项

因会计差错更正收到或支出非同级财政拨款货币资金，属于非财政拨款结转资金的，按照收到或支出的金额，借记或贷记“资金结存——货币资金”科目，贷记或借记本科目（年初余额调整）。

因收回以前年度支出等收到非同级财政拨款货币资金，属于非财政拨款结转资金的，按照收到的金额，借记“资金结存——货币资金”科目，贷记本科目（年初余额调整）。

（三）按照规定缴回非财政拨款结转资金

按照实际缴回资金数额，借记本科目（缴回资金），贷记“资金结存——货币资金”科目。

（四）年末结账

1.将事业预算收入、上级补助预算收入、附属单位上缴预算收入、非同级财政拨款预算收入、债务预算收入、其他预算收入本年发生额中的专项资金收入转入本科目，借记“事业预算收入”“上级补助预算收入”“附属单位上缴预算收入”“非同级财政拨款预算收入”“债务预算收入”“其他预算收入”科目下各专项资金收入明细科目，贷记本科目（本年收支结转）；将事业支出、其他支出本年发生额中的非财政拨款专项资金支出转入本科目，借记本科目（本年收支结转），贷记“事业支出”“其他支出”科目下各非财政拨款专项资金支出明细科目。

2.年末冲销有关明细科目余额。将本科目（年初余额调整、项目间接费用或管理费、缴回资金、本年收支结转）余额转入本科目（累计结转）。结转后，本科目除“累计结转”明细科目外，其他明细科目应无余额。

3.年末完成上述结转后，应当对非财政拨款专项结转资金各项目情况进行分析，将留归本单位使用的非财政拨款专项（项目已完成）剩余资金转入非财政拨款结余，借记本科目（累计结转），贷记“非财政拨款结余——结转转入”科目。

表10-5　　高等学校非财政拨款结转主要账务处理

<table>
<tr><th>序号</th><th colspan="2">业务</th><th>预算会计账务处理</th></tr>
<tr><td>1</td><td colspan="2">按照规定从科研项目预算收入中提取项目间接费用和管理费</td><td>借：非财政拨款结转——项目间接费用或管理费
　　贷：非财政拨款结余——项目间接费用或管理费</td></tr>
<tr><td rowspan="2">2</td><td rowspan="2">因购货退回、会计差错更正等发生以前年度调整事项</td><td>调整增加相关资产</td><td>借：资金结存——货币资金
　　贷：非财政拨款结转——年初余额调整</td></tr>
<tr><td>调整减少相关资产</td><td>借：非财政拨款结转——年初余额调整
　　贷：资金结存——货币资金</td></tr>
<tr><td>3</td><td>按照规定缴回非财政拨款结转资金</td><td>按照实际缴回资金</td><td>借：非财政拨款结转——缴回资金
　　贷：资金结存——货币资金</td></tr>
</table>

续表

序号	业务		预算会计账务处理
4	年末结转	结转非财政拨款专项收入	借：事业预算收入/上级补助预算收入/附属单位上缴预算收入/非同级财政拨款预算收入/债务预算收入/其他预算收入 贷：非财政拨款结转——本年收支结转
		结转非财政拨款专项支出	借：非财政拨款结转——本年收支结转 贷：事业支出/其他支出
5	年末冲销非财政拨款结转明细科目余额		借：非财政拨款结转 ——年初余额调整［该明细科目为贷方余额时］ ——本年收支结转［该明细科目为贷方余额时］ 贷：非财政拨款结转——累计结转 借：非财政拨款结转——累计结转 贷：非财政拨款结转 ——年初余额调整［该明细科目为借方余额时］ ——缴回资金 ——项目间接费用或管理费 ——本年收支结转［该明细科目为借方余额时］
6	将留归本单位使用的非财政拨款专项剩余资金转入非财政拨款结余		借：非财政拨款结转——累计结转 贷：非财政拨款结余——结转转入

三、案例分析

【例10-5】2×19年12月31日，H大学承担的省统计局科研项目因故终止，结转资金200 000元按规定返还给省统计局，用银行存款支付。结转资金按照权责发生制尚未确认收入。

预算会计：

借：非财政拨款结转——缴回资金　　200 000

　　贷：资金结存——货币资金　　200 000

财务会计：

借：预收账款　　200 000

　　贷：银行存款　　200 000

第六节　非财政拨款结余

一、科目介绍

非财政拨款结余是指高等学校历年滚存的非限定用途的非同级财政拨款结余资金，主要是非财政拨款结余扣除结余分配后滚存的金额。

非财政拨款结余应设置的明细科目包括：

（1）“年初余额调整”。本明细科目核算因发生会计差错更正、以前年度支出收回等原因，需要调整非财政拨款结余的资金。年末结账后，本明细科目应无余额。

（2）“项目间接费用或管理费”。本明细科目核算高等学校取得的科研项目预算收入中，按照规定计提的项目间接费用或管理费数额。年末结账后，本明细科目应无余额。

（3）“结转转入”。本明细科目核算按照规定留归高校使用，由高校统筹调配，纳入高校非财政拨款结余的非同级财政拨款专项剩余资金。年末结账后，本明细科目应无余额。

（4）“累计结余”。本明细科目核算高等学校历年滚存的非同级财政拨款、非专项结余资金。本明细科目年末贷方余额，反映高等学校非同级财政拨款滚存的非专项结余资金数额。

二、账务处理

高等学校应设置“非财政拨款结余”科目核算学校历年滚存的非限定用途的非同级财政拨款结余资金的增减变动及其结存情况，并应当根据需要设置“年初余额调整”“项目间接费用或管理费”“结转转入”“累计结余”等明细科目进行明细核算，还应当按照《政府收支分类科目》中“支出功能分类科目”的相关科目进行明细核算。该科目年末贷方余额，反映高等学校非同级财政拨款结余资金的累计滚存数额。

“非财政拨款结余”的主要账务处理有如下四种情形（见表10–6）。

（一）按照规定从科研项目预算收入提取项目间接费用或管理费

按照规定从科研项目预算收入中提取项目间接费用或管理费时，借记“非财政拨款结转——项目间接费用或管理费”科目，贷记本科目（项目间接费用或管理费）。

（二）缴纳企业所得税

有企业所得税缴纳义务的高等学校实际缴纳企业所得税时，按照缴纳金额，借记本科目（累计结余），贷记“资金结存——货币资金”科目。

（三）会计差错更正、购货退回

因会计差错更正收到或支出非同级财政拨款货币资金，属于非财政拨款结余资金的，按照收到或支出的金额，借记或贷记“资金结存——货币资金”科目，贷记或借记本科目（年初余额调整）。

因收回以前年度支出等收到非同级财政拨款货币资金，属于非财政拨款结余资金的，按照收到的金额，借记“资金结存——货币资金”科目，贷记本科目（年初余额调整）。

（四）年末结账

1.年末，将留归本高校使用的非财政拨款专项（项目已完成）剩余资金转入本科目，借记“非财政拨款结转——累计结转”科目，贷记本科目（结转转入）。

2.年末，冲销有关明细科目余额。将本科目（年初余额调整、项目间接费用或管理费、结转转入）余额结转入本科目（累计结余）。结转后，本科目除“累计结余”明细科目外，其他明细科目应无余额。

3.年末，将“非财政拨款结余分配”科目余额转入非财政拨款结余。“非财政拨款结余分配”科目为借方余额的，借记本科目（累计结余），贷记“非财政拨款结余分配”科目；“非财政拨款结余分配”科目为贷方余额的，借记“非财政拨款结余分配”科目，贷记本科目（累计结余）。

表10-6　　高等学校非财政拨款结余主要账务处理

<table>
<tr><th>序号</th><th colspan="2">业务</th><th>预算会计账务处理</th></tr>
<tr><td>1</td><td colspan="2">按照规定从科研项目预算收入中提取项目间接费用或管理费</td><td>借：非财政拨款结转——项目间接费用或管理费
贷：非财政拨款结余——项目间接费用或管理费</td></tr>
<tr><td>2</td><td colspan="2">实际缴纳企业所得税</td><td>借：非财政拨款结余——累计结余
贷：资金结存——货币资金</td></tr>
<tr><td rowspan="2">3</td><td rowspan="2">因购货退回、会计差错更正等发生以前年度调整事项</td><td>调整增加相关资产</td><td>借：资金结存——货币资金
贷：非财政拨款结余——年初余额调整</td></tr>
<tr><td>调整减少相关资产</td><td>借：非财政拨款结余——年初余额调整
贷：资金结存——货币资金</td></tr>
<tr><td>4</td><td colspan="2">将留归本单位使用的非财政拨款专项剩余资金转入非财政拨款结余</td><td>借：非财政拨款结转——累计结转
贷：非财政拨款结余——结转转入</td></tr>
<tr><td>5</td><td colspan="2">年末冲销非财政拨款结余明细科目余额</td><td>借：非财政拨款结余——年初余额调整［该明细科目为贷方余额时］
——项目间接费用或管理费
——结转转入
贷：非财政拨款结余——累计结转
借：非财政拨款结余——累计结转
贷：非财政拨款结余——年初余额调整［该明细科目为借方余额时］
——缴回资金</td></tr>
<tr><td rowspan="2">6</td><td rowspan="2">年末结转</td><td>非财政拨款结余分配为贷方余额</td><td>借：非财政拨款结余分配
贷：非财政拨款结余——累计结余</td></tr>
<tr><td>非财政拨款结余分配为借方余额</td><td>借：非财政拨款结余——累计结余
贷：非财政拨款结余分配</td></tr>
</table>

三、案例分析

【例10-6】2×19年4月17日，H大学按规定从国家自然科学基金间接经费拨款中提取项目管理费23万元。

预算会计：

借：非财政拨款结转——项目间接费用或管理费　　230 000

　　贷：非财政拨款结余——项目间接费用或管理费　　230 000

财务会计：

借：业务活动费　　230 000

　　贷：预提费用　　230 000

第七节　专用结余

一、科目介绍

专用结余是指高等学校按照规定从非财政拨款结余中提取的具有专门用途的资金的变动和滚存情况。

二、账务处理

高等学校应设置“专用结余”科目核算学校专用结余的增减变动及其结存情况，并应当按照专用结余的类别进行明细核算。该科目年末贷方余额，反映高等学校从非同级财政拨款结余中提取的专用基金的累计滚存数额。

“专用结余”的主要账务处理如下（见表10-7）：

（1）根据有关规定从本年度非财政拨款结余或经营结余中提取基金的，按照提取金额，借记“非财政拨款结余分配”科目，贷记本科目。

（2）根据规定使用从非财政拨款结余或经营结余中提取的专用基金时，按照使用金额，借记本科目，贷记“资金结存——货币资金”科目。

表10-7　　高等学校专用结余主要账务处理

序号	业务	预算会计账务处理
1	根据有关规定从本年度非财政拨款结余或经营结余中提取基金	借：非财政拨款结余分配 　　贷：专用结余
2	据规定使用从非财政拨款结余或经营结余中提取的专用基金时	借：专用结余 　　贷：资金结存——货币资金

三、案例分析

【例10-7】2×19年年末，H大学“非财政拨款结余分配”科目贷方余额8万元，高校按规定按40%从中计提职工福利基金3.2万元。

预算会计：

借：非财政拨款结余分配　　32 000

　　贷：专用结余　　32 000

【例10-8】2×19年9月，H大学用职工福利基金（从非财政结余中提取）购买了一批运动器材用于职工福利，价款5万元，已验收合格并办理固定资产手续，款项以银行存款支付。

预算会计：

借：专用结余　　50 000

　　贷：资金结存——货币资金　　50 000

财务会计：

借：固定资产　　50 000

　　贷：银行存款　　50 000

借：专用基金　　50 000

　　贷：累计盈余　　50 000

第八节　经营结余

一、科目介绍

经营结余是指高等学校本年度经营活动收支相抵后余额弥补以前年度经营亏损后的余额。

高等学校在专业业务活动及其辅助活动之外开展非独立核算经营活动取得现金流入即经营收入，与经营收入相配比的经营活动的现金流出即经营支出。经营收入与经营支出根据它们的内在关系进行配比后，计算出各个会计期间的经营结余。经营结余反映了高等学校开展经营活动的结果。

二、账务处理

高等学校应设置"经营结余"科日核算学校经营结余的增减变动及其结存情况，并可以按照经营活动类别进行明细核算。年末结账后，该科目一般无余额；如为借方余额，反映高等学校累计发生的经营亏损。

"经营结余"的主要账务处理如下（见表10-8）：

（1）年末，将经营预算收入本年发生额转入本科目，借记"经营预算收入"科目，贷记本科目；将经营支出本年发生额转入本科目，借记本科目，贷记“经营支出”科目。

（2）年末，完成上述（1）结转后，如本科目为贷方余额，将本科目贷方余额转入“非财政拨款结余分配”科目，借记本科目，贷记“非财政拨款结余分配”科目；如本科目为借方余额，为经营亏损，不予结转。

表10–8　　高等学校经营结余主要账务处理

序号	业务	预算会计账务处理
1	年末经营收支结转	借：经营预算收入 　　贷：经营结余 借：经营结余 　　贷：经营支出
2	年末转入结余分配	借：经营结余 　　贷：非财政拨款结余分配 年末结余在借方，则不予结转

三、案例分析

【例10–9】2×19年年末，H大学对经营收支进行结转，“经营预算收入”科目贷方余额60万元，“经营支出”科目借方余额43万元。

预算会计：

借：经营预算收入	600 000	
贷：经营结余		600 000
借：经营结余	430 000	
贷：经营支出		430 000
借：经营结余	170 000	
贷：非财政拨款结余分配		170 000

财务会计：按照权责发生制原则确定的收入和费用金额进行结转。

第九节　其他结余

一、科目介绍

其他结余是指高等学校本年度除财政拨款收支、非同级财政专项资金收支和经营收支以外的各项收支相抵后的余额。

二、账务处理

高等学校应设置“其他结余”科目核算高校其他结余的增减变动及其结存情况。年末结账后，该科目应无余额。

“其他结余”的主要账务处理如下（见表10-9）：

（1）年末，将事业预算收入、上级补助预算收入、附属单位上缴预算收入、非同级财政拨款预算收入、债务预算收入、其他预算收入本年发生额中的非专项资金收入以及投资预算收益本年发生额转入本科目，借记“事业预算收入”“上级补助预算收入”“附属单位上缴预算收入”“非同级财政拨款预算收入”“债务预算收入”“其他预算收入”科目下各非专项资金收入明细科目和“投资预算收益”科目，贷记本科目（“投资预算收益”科目本年发生额为借方净额时，借记本科目，贷记“投资预算收益”科目）；将事业支出、其他支出本年发生额中的非同级财政、非专项资金支出，上缴上级支出、对附属单位补助支出、投资支出、债务还本支出本年发生额转入本科目，借记本科目，贷记“事业支出”“其他支出”科目下各非同级财政、非专项资金支出明细科目和“上缴上级支出”“对附属单位补助支出”“投资支出”“债务还本支出”等科目。

（2）年末，完成上述（1）结转后，将本科目余额转入“非财政拨款结余分配”科目。当本科目为贷方余额时，借记本科目，贷记“非财政拨款结余分配”科目；当本科目为借方余额时，借记“非财政拨款结余分配”科目，贷记本科目。

表10-9 高等学校其他结余主要账务处理

序号	业务		预算会计账务处理
1	年末	结转预算收入（除财政拨款收入、非同级财政专项收入、经营收入以外）	借：事业预算收入/上级补助预算收入/附属单位上缴预算收入/非同级财政拨款预算收入/债务预算收入/其他预算收入［非专项资金收入部分］ 投资预算收益［为贷方余额时］ 贷：其他结余 借：其他结余 贷：投资预算收益［为借方余额时］
		结转预算支出（除同级财政拨款支出、非同级财政专项支出、经营支出以外）	借：其他结余 贷：事业支出/其他支出［非财政、非专项资金支出部分］ 上缴上级支出/对附属单位补助支出/投资支出/债务还本支出
2	年末转入结余分配	其他结余为贷方余额	借：其他结余 贷：非财政拨款结余分配
		其他结余为借方余额	借：非财政拨款结余分配 贷：其他结余

三、案例分析

【例10-10】2×19年年末，H大学进行预算收支结转，其中其他预算收入贷方余额70万元（其中，捐赠收入10万元、利息收入8万元、租金收入50万元、其他收入2万元）、投资预算收益贷方余额30万元、其他支出借方余额85万元。

预算会计：

借：其他预算收入——捐赠收入	100 000	
——利息收入	80 000	
——租金收入	500 000	
——其他收入	20 000	
投资预算收益	300 000	
贷：其他结余		1 000 000
借：其他结余	850 000	
贷：其他支出		850 000
借：其他结余	150 000	
贷：非财政拨款结余分配		150 000

财务会计：按照权责发生制原则确定的收入和费用金额进行结转。

第十节 非财政拨款结余分配

一、科目介绍

非财政拨款结余分配是指高等学校本年度非财政拨款结余分配的情况和结果。

二、账务处理

高等学校应设置“非财政拨款结余分配”科目核算高校非财政拨款结余分配的增减变动及其结存情况。年末结账后，该科目应无余额。

“非财政拨款结余分配”的主要账务处理如下（见表10-10）：

（1）年末，将“其他结余”科目余额转入本科目，当“其他结余”科目为贷方余额时，借记“其他结余”科目，贷记本科目；当“其他结余”科目为借方余额时，借记本科目，贷记“其他结余”科目。年末，将“经营结余”科目贷方余额转入本科目，借记“经营结余”科目，贷记本科目。

（2）根据有关规定提取专用基金的，按照提取的金额，借记本科目，贷记“专用结余”科目。

（3）年末，按照规定完成上述（1）至（2）处理后，将本科目余额转入非财政拨款结余。当本科目为借方余额时，借记“非财政拨款结余——累计结余”科目，贷记本科目；当本科目为贷方余额时，借记本科目，贷记“非财政拨款结余——累计结余”科目。

表10–10　　高等学校非财政拨款结余分配主要账务处理

序号	业务		预算会计账务处理
1	年末结余转入	其他结余为借方余额时	借：非财政拨款结余分配 　　贷：其他结余
		其他结余为贷方余额时	借：其他结余 　　贷：非财政拨款结余分配
		经营结余为贷方余额时	借：经营结余 　　贷：非财政拨款结余分配
2	从非财政拨款结余中提取		借：非财政拨款结余分配 　　贷：专用结余
3	转入非财政拨款结余	非财政拨款结余分配为贷方余额	借：非财政拨款结余分配 　　贷：非财政拨款结余——累计结余
		非财政拨款结余分配为借方余额	借：非财政拨款结余——累计结余 　　贷：非财政拨款结余分配

第十一章　高等学校会计报告

第一节　会计报告概述

高等学校会计报告是反映高校预算执行情况、财务状况、运行情况和现金流量的信息文件，按照高校实行“预算会计和财务会计适度分离并相互衔接”的会计核算模式，高等学校会计报告包括决算报告和财务报告，通过决算报告和财务报告的相互补充，全面、清晰地反映高校的预算执行信息和财务状况，为高校加强财务管理、完善绩效监督考核、防范财务风险、科学决策等提供支持，进一步优化高校资源配置、提升财务管理水平，更好地促进高校可持续发展。

一、高等学校决算报告

（一）决算报告的含义

高等学校决算报告是综合反映高校年度预算收支执行结果的文件，是依据预算会计核算数据编制而成，是特定日期的预算执行结果的总结性书面文件。包括预算会计报表和其他应当在决算报告中反映的相关信息资料。

（二）决算报告的内容

1.预算会计报表是反映高等学校年度预算执行情况的报表，以收付实现制为基础，以高校预算会计核算生成的数据为依据编制而成，一般包括预算收入支出表、预算结转结余变动表、财政拨款预算收入支出表等。

2.决算报告的其他相关资料是按照主管部门要求，在预算会计报表之外反映高等学校预算执行情况、绩效情况、履职情况等其他信息资料。一般包括单位情况、收入支出预算执行情况分析、资产负债情况分析、年度部门决算等财务工作开展情况等。

（三）决算报告的作用

高等学校决算报告综合反映了高等学校年度预算收支执行结果，是高等学校预算执行结果的书面分析与总结。高等学校预算执行情况的有关信息对财政部门、主管部门、校内管理者、社会公众等决算报告使用者的主要作用有：

（1）有助于加强主管部门对高校进行监督和管理。高校决算报告，可以使财政部门、主管部门了解高校年度预算资金执行情况，掌握高校资金筹集情况和结转结余情况，有利于进一步加强财政资金统筹，将存量资金使用与年度预算安排统筹考虑，优化资源配置，提高资金使用效益。也可以发现高校在财务管理和预算管理过程中存在的问题，进一步严肃各项财经纪律，督促高校进一步树立规范意识，强化内控建设和内部财务管理，从整体上提升管理水平。

（2）有助于加强高校内部财务管理。高校决算报告，可以使高校管理者了解高校的财务状况，通过对决算报告内容和数据分析，发现高校在财务管理和预算管理过程中存在的问题，找出产生问题的原因，进而结合具体的实际情况找到解决问题的对策，以此来提升高校的财务管理水平。

（3）有助于提高高校预算编制质量和水平。高校决算报告的内容和数据，可以将决算数据的分析利用与预算编制审核相结合，促进高校预算编制更加科学合理，进一步加强预算编制的精细化管理，为编制后续年度预算提供参考和依据；还可以将决算数据的分析利用与预算执行管理相结合，可以发现高校管理的薄弱环节和预算执行中的“风险点”，提升日常监管的针对性，为主管部门、校内管理者进行科学决策提供服务。

（4）有助于社会公众了解监督高校受托责任的履职情况。根据政府信息公开的有关要求，高校决算报告是向社会公开的主要财务信息，社会公众可以通过高校公开的财务信息，了解高校年度收支情况、受托履职情况等，便于高校接受社会监督。

二、高等学校财务报告

（一）财务报告的含义

高等学校财务报告是反映高校某一特定日期的财务状况和某一会计期间的运行情况和现金流量等信息的文件。包括财务报表和其他应当在财务报告中披露的相关信息和资料。

（二）财务报告的内容

1.财务报表是反映高等学校某一特定日期的财务状况和某一会计期间的运行情况和现金流量等信息的报表。高校财务报表是以权责发生制为基础，以高校财务会计核算生成的数据为依据编制而成，包括会计报表和附注。

会计报表一般包括资产负债表、收入费用表、净资产变动表、现金流量表等。

附注包括：①高校的基本情况；②会计报表编制基础；③遵循政府会计准则、制度，如《政府财务报告编制办法（试行）》、《政府部门财务报告编制操作指南（试行）等相关规定的声明》；④报告期内采用的重要会计政策和会计估计，包括会计期间，记账本位币、外汇折算汇率，坏账准备的计提方法，存货类别、发出存货的计价方法、存活盘存制度、低值易耗品和包装物的摊销方法，长期股权投资的核算方法，固定资产、无形资产、公共基础设施、政府储备物资、保障性住房的分类、折旧（摊销）方法、折旧（摊销）年限，重要会计政策和会计估计的变更情况等；⑤会计报表重要项目说明，如货币资金、应收应付款项、存货、长期投资、固定资产、在建工程、无形资产、公共基础设施、政府储备物资、受托代理资产、长期借款、收入、费用等重要项目的明细信息及说明；⑥本年盈余与预算结余的差异情况说明；⑦其他重要事项说明，如以名义金额计量的资产名称、数量等情况，以名义金额计量理由的说明，高等学校内部独立核算单位的会计信息纳入高校财务报表情况的说明等。

2.相关信息资料是按照主管部门要求，在财务报表之外反映高等学校履职情况等其他信息资料。一般包括高校工作目标完成情况，重要资产项目和重点债务项目财务状况分析，收入、费用运行情况分析，财务管理情况等。

（三）财务报告的作用

高等学校财务报告反映了高校的财务状况、运行情况和现金流量等有关的信息，是高校财务活动及结果的书面分析与总结。向财务报告使用者提供与高校的财务状况、运行情况和现金流量等有关的信息，主要作用有：

（1）有助于加强财政部门、主管部门对高等学校的监督和管理。通过高校财务报告内容和数据，可以使财政部门、主管部门了解高校年度资产负债状况和某一特定会计期间的资金运行情况和现金流量情况，从而对高校的财务状况作出明确的判断，便于财政部门和主管部门，通过财务指标分析不断优化政府部门会计信息质量，提高资源配置效率和管理能力。

（2）有助于加强高等学校内部财务管理。高校管理者可以通过财务报告内容和数据，了解高校财务状况和运行情况，对高校的发展规划做出更加科学有效的决策。通过对财务报告数据的分析，可以发现财务管理中存在的问题，针对存在的问题，提出切实可行的改进措施，以此来提升财务管理水平。

（3）有助于提高高等学校资源配置能力和风险管理能力。通过财务报告内容和数据，分析高校债务规模和债务结构等数据，可以有效控制高校财务风险；分析投资效益数据，可以及时调整投资政策加强国有资产保值增值管理；分析收入结构分布和增长率，可以了解高校对财政拨款依存度、创收潜力及高校持续发展能力；分析费用支出结构分布和增长率，可以判断费用主要用途是否合理，是否需要加强控制和优化分配，提高资源分配的科学性和合理性等。

三、会计报告的编制要求

1.会计报告应当根据登记完整、核对无误的账簿记录和其他有关资料编制，做到数字真实、计算准确、内容完整、编报及时。

2.高等学校应当根据《政府会计制度》规定，编制真实、完整的财务报表和预算会计报表，不得违反制度规定随意改变财务报表和预算会计报表的编制基础、编制依据、编制原则和方法，不得随意改变制度规定的财务报表和预算会计报表有关数据的会计口径。

3.会计报表的编报周期。高等学校应当至少按照年度编制财务报表和预算会计报表。其中资产负债表、收入费用表分为月度报表和年度报表，净资产变动表、现金流量表、报表附注、预算收入支出表、预算结转结余变动表、财政拨款预算收入支出表为年度报表。

4.会计报表的严肃性、严谨性。财务报表和预算会计报表应当由高校负责人和主管会计工作的负责人、会计机构负责人（会计主管人员）签名并盖章。

四、报表格式（见表11–1、表11–2）

表11–1 财务报表

编号	报表名称	编制期
会政财01表	资产负债表	月度、年度
会政财02表	收入费用表	月度、年度
会政财03表	净资产变动表	年度
会政财04表	现金流量表	年度
	附注	年度

表11–2 预算会计报表

编号	报表名称	编制期
会政预01表	预算收入支出表	年度
会政预02表	预算结转结余变动表	年度
会政预03表	财政拨款预算收入支出表	年度

第二节　资产负债表

资产负债表是反映高等学校在某一特定日期的财务状况的报表，包括高等学校全部资产、负债和净资产在特定日期的现状，是时点报表，包括月报和年报。资产负债表是财务会计报表的主要组成部分，通过资产负债表可以反映高校在某一特定日期占有和使用的资源、承担的债务及拥有的权益等会计信息，也可以反映高等学校在某一特定日期的资源分布、负债构成及净资产情况。资产负债表列有两期数据，通过前后期资产负债数据对比分析，可以反映高等学校财务变动状况、财务发展趋势、财务风险及偿债能力等。

一、资产负债表格式（见表11-3）

表11-3　　资产负债表　　会政财01表

编制单位：　　年　月　日　　单位：元

资产	期末余额	年初余额	负债和净资产	期末余额	年初余额
流动资产			流动负债		
货币资金			短期借款		
短期投资			应交增值税		
财政应返还额度			其他应交税费		
应收票据			应缴财政款		
应收账款净额			应付职工薪酬		
预付账款			应付票据		
应收股利			应付账款		
应收利息			应付政府补贴款		
其他应收款净额			应付利息		
存货			预收账款		
待摊费用			其他应付款		
一年内到期的非流动资产			预提费用		
其他流动资产			一年内到期的非流动负债		
流动资产合计			其他流动负债		
非流动资产			流动负债合计		
长期股权投资			非流动负债		
长期债券投资			长期借款		
固定资产原值			长期应付款		
减：固定资产累计折旧			预计负债		
固定资产净值			其他非流动负债		
工程物资			非流动负债合计		
在建工程			受托代理负债		
无形资产原值			负债合计		
减：无形资产累计摊销					
无形资产净值					
研发支出					

续表

资 产	期末余额	年初余额	负债和净资产	期末余额	年初余额
公共基础设施原值					
减：公共基础设施累计折旧（摊销）					
公共基础设施净值					
政府储备物资					
文物文化资产					
保障性住房原值					
减：保障性住房累计折旧			净资产		
保障性住房净值			累计盈余		
长期待摊费用			专用基金		
待处理财产损溢			权益法调整		
其他非流动资产			无偿调拨净资产*		——
非流动资产合计			本期盈余*		——
受托代理资产			净资产合计		
资产总计			负债和净资产总计		

注：“*”标识项目为月报项目，年报中不须列示。

资产负债表的结构是“资产”“负债”和“净资产”。分左右两边填报列示，左边是资产类项目，按照资产流动性大小排序，分为流动资产和非流动资产。右边是负债类项目和净资产类项目，其中负债类项目，按照负债的流动性及责任主体排序，包括流动负债、非流动性负债、受托代理负债。

二、资产负债表编制的理论依据和方法

（一）资产负债表编制的理论依据

资产负债表是反映高等学校在某一特定日期财务状况的报表。资产负债表的会计要素由资产、负债和净资产组合而成。资产、负债、净资产的内在依存关系是：资产=负债+净资产，表明高等学校拥有的资产由负债和净资产构成，高等学校拥有的所有资产，无论其处于何种形态都必须有相应的资金来源，或者是负债，或者是净资产。资产与负债和净资产的依存关系，决定了在数量上资产总额和负债与净资产总额必定相等，是编制资产负债表的理论依据。

（二）资产负债表编制的方法

1. 资产负债表“年初余额”栏的编制方法

资产负债表“年初余额”栏内的各项数据，应当根据高等学校上年年末资产负债

表“期末余额”栏内数字填列，如果本年度资产负债表规定的各个项目名称与上年度资产负债表规定的项目名称不一致，应按照本年度的规定对上年度资产负债表项目名称和数字进行调整，将调整后的数字填入本年度资产负债表“年初余额”栏内。如果本年度高等学校发生了因前期差错更正、会计政策变更等调整以前年度盈余的事项，还应当对“年初余额”栏中的有关项目金额进行相应调整。

2.资产负债表“期末余额”栏的编制方法

资产负债表“期末余额”栏内的各项数据，应当根据高校总账科目余额和明细账科目余额分析编制，如表11-4所示。

表11-4　　资产负债表期末余额编制方法一览表

资 产	期末余额编制方法	负债和净资产	期末余额编制方法
流动资产		流动负债	
货币资金	根据总账科目及明细科目余额分析计算编制	短期借款	根据总账科目余额直接编制
短期投资	根据总账科目余额直接编制	应交增值税	根据总账科目余额直接编制
财政应返还额度	根据总账科目余额直接编制	其他应交税费	根据总账科目余额直接编制
应收票据	根据总账科目余额直接编制	应缴财政款	根据总账科目余额直接编制
应收账款净额	根据总账科目余额减去备抵项目后编制	应付职工薪酬	根据总账科目余额直接编制
预付账款	根据总账科目余额直接编制	应付票据	根据总账科目余额直接编制
应收股利	根据总账科目余额直接编制	应付账款	根据总账科目余额直接编制
应收利息	根据总账科目余额直接编制	应付政府补贴款	根据总账科目余额直接编制
其他应收款净额	根据总账科目余额减去备抵项目后编制	应付利息	根据总账科目余额直接编制
存货	根据总账科目余额计算编制	预收账款	根据总账科目余额直接编制
待摊费用	根据总账科目余额直接编制	其他应付款	根据总账科目余额直接编制
一年内到期的非流动资产	根据“长期债券”等项目中将于1年内（含1年）到期的长期债券投资金额等汇总编制	预提费用	根据总账科目余额直接编制
其他流动资产	根据上述各项目之外的其他流动资产总账科目余额汇总后编制	一年内到期的非流动负债	根据“长期借款”“长期应付款”等项目中将于1年内（含1年）到期的金额汇总编制
流动资产合计	根据上述项目金额合计数编制	其他流动负债	根据上述各项目之外的其他流动负债总账科目余额汇总后编制
非流动资产		流动负债合计	根据上述项目金额合计数编制
长期股权投资	根据总账科目余额直接编制	非流动负债	
长期债券投资	根据总账科目余额分析编制，其中对将于1年内（含1年）到期的长期债券投资金额，编制到“一年内到期的非流动资产”项目栏内	长期借款	根据总账科目及明细科目余额分析计算编制，其中对将于1年内（含1年）到期的长期借款金额，编制到“一年内到期的非流动负债”项目栏内

续表

资 产	期末余额编制方法	负债和净资产	期末余额编制方法
固定资产原值	根据总账科目余额直接编制	长期应付款	根据总账科目及明细科目余额分析计算编制，其中对将于1年内（含1年）到期的长期应付款金额，编制到“一年内到期的非流动负债”项目栏内
减：固定资产累计折旧	根据总账科目余额直接编制	预计负债	根据总账科目余额直接编制
固定资产净值	根据总账科目余额计算编制	其他非流动负债	根据上述各项目之外的其他非流动负债总账科目余额汇总后编制
工程物资	根据总账科目余额直接编制	非流动负债合计	根据上述项目金额合计数编制
在建工程	根据总账科目余额直接编制	受托代理负债	根据总账科目余额直接编制
无形资产原值	根据总账科目余额直接编制	负债合计	根据本表“流动负债合计”“非流动负债合计”“受托代理负债”项目金额合计数编制
减：无形资产累计摊销	根据总账科目余额直接编制		
无形资产净值	根据总账科目余额计算编制		
研发支出	根据总账科目余额直接编制		
公共基础设施原值	根据总账科目余额直接编制（高校一般不涉及此类业务）		
减：公共基础设施累计折旧（摊销）	根据总账科目余额直接编制（高校一般不涉及此类业务）		
公共基础设施净值	根据总账科目余额计算编制（高校一般不涉及此类业务）		
政府储备物资	根据总账科目余额直接编制（高校一般不涉及此类业务）		
文物文化资产	根据总账科目余额直接编制（高校一般不涉及此类业务）		
保障性住房原值	根据总账科目余额直接编制（高校一般不涉及此类业务）		
减：保障性住房累计折旧	根据总账科目余额直接编制（高校一般不涉及此类业务）	净资产	
保障性住房净值	根据总账科目余额计算编制（高校一般不涉及此类业务）	累计盈余	根据总账科目余额直接编制
长期待摊费用	根据总账科目余额直接编制	专用基金	根据总账科目余额直接编制
待处理财产损溢	根据总账科目余额直接编制	权益法调整	根据总账科目余额直接编制
其他非流动资产	根据上述各项目之外的其他非流动资产总账科目余额汇总后编制	无偿调拨净资产*	根据总账科目余额直接编制
非流动资产合计	根据上述项目金额合计数编制	本期盈余*	根据总账科目余额直接编制
受托代理资产	根据总账科目及明细科目余额分析计算编制	净资产合计	根据上述项目金额合计数编制
资产总计	根据本表“流动资产合计”“非流动资产合计”“受托代理资产”项目金额合计数编制	负债和净资产总计	根据本表“负债合计”“净资产合计”项目金额合计数编制

高等学校资产负债表“期末余额”栏内的数字，一般根据高校总账科目余额直接编制，个别项目类内的数据须结合资产类、负债类项目明细科目期末余额、发生额分析计算后编制。

（1）“货币资金”项目。资产负债表“货币资金”栏数据，应根据“库存现金”“银行存款”“零余额账户用款额度”“其他货币资金”总账科目期末余额，剔除“库存现金”“银行存款”科目下“受托代理资产”明细科目的期末余额后编制。

（2）“存货”项目。资产负债表“存货”栏数据，应根据“在途物品”“库存物品”“加工物品”总账科目期末余额汇总后编制。

（3）非流动资产类项目净值项目。资产负债表“固定资产”“无形资产”等非流动资产类项目净值栏内数据，应当按照资产负债表“固定资产”“无形资产”项目栏内原值，分别减去固定资产累计折旧、无形资产累计摊销项目栏内数据后编制。

（4）流动资产类项目净值项目。资产负债表“应收账款净值”“其他应收账款净值”栏内数据，应当按照“应收账款”“其他应收账款”总账科目期末余额，减去按规定计提的坏账准备期末余额后的数据编制。

（5）一年内到期的非流动资产和非流动负债项目。资产负债表中的“一年内到期的非流动资产”“一年内到期的非流动负债”栏内的数据，反映高校期末非流动资产和非流动负债项目中将在1年内（含1年）到期的金额。

高校应当对“长期债券投资”等“非流动资产”科目、“长期应付款”“长期借款”等“非流动负债”科目的明细账的期末余额构成进行分析，按照其中将于1年内（含1年）到期的金额进行编制。

（6）“受托代理资产”项目。资产负债表中的“受托代理资产”项目栏内数据，应当根据“受托代理资产”科目期末余额和“库存现金”“银行存款”科目下“受托代理资产”明细科目的期末余额汇总后编制。

第三节　收入费用表

收入费用表是反映高等学校在一定会计期间运行情况的报表，包括高等学校全部收入、费用及当期盈余情况，是时期报表，包括月报和年报。收入费用表是财务会计报表的主要组成部分，可以反映高等学校一定时期的收入总额及构成、费用总额及构成以及当期的盈余情况等财务信息。通过收入费用表“本月数”和“本年累计数”对比分析，可以反映高等学校当月收入、费用及盈余的占比情况。根据收入、支出完成情况结合高等学校资金阶段性运行规律和资金需求，可以加强收支管理、结转结余资金管理，有效调剂资金，稳妥处理收支矛盾，确保高校顺畅运转。通过收入费用表中一定时期内的收入、费用、盈余总额及构成的会计信息，可以分析判断高校的业务活动成果，评价高校的工作业绩。

一、收入费用表的格式（见表11-5）

收入费用表的结构由“本期收入”“本期费用”和“本期盈余”三部分构成，通过“收入”“费用”的构成和结转结余情况分类、分项、分层次列示。

表11-5　　收入费用表　　会政财02表

编制单位：　　年　月　日　　单位：元

项　目	本月数	本年累计数
一、本期收入		
（一）财政拨款收入		
其中：政府性基金收入		
（二）事业收入		
（三）上级补助收入		
（四）附属单位上缴收入		
（五）经营收入		
（六）非同级财政拨款收入		
（七）投资收益		
（八）捐赠收入		
（九）利息收入		
（十）租金收入		
（十一）其他收入		
二、本期费用		
（一）业务活动费用		
（二）单位管理费用		
（三）经营费用		
（四）资产处置费用		
（五）上缴上级费用		
（六）对附属单位补助费用		
（七）所得税费用		
（八）其他费用		
三、本期盈余		

二、收入费用表编制的理论依据和方法

（一）收入费用表编制理论依据

收入费用表反映高校在报告期内发生的收入、费用及盈余情况的报表。收入费用表由会计要素“收入”和“费用”组合而成。动态会计等式“收入－费用=本期盈余”，反映高等学校履职过程中，依法开展经济业务活动实现的收入和发生的支出，收入和支出的差额为盈余，是编制收入费用表的理论依据。

（二）收入费用表编制的方法

收入费用表按照编报期间可分为月报和年报，其中，编制年度收入费用表时，须将“本月数”栏改为“本年数”，“本年累计数”改为“上年数”。

如果本年度高校发生了因前期差错更正、会计政策变更等调整以前年度盈余的事项，还应当对年度收入费用表中“上年数”栏中的有关项目金额进行相应调整。

1.收入费用表“本月数”栏目的编制方法

收入费用表“本月数”栏反映本表各项目的本月实际发生数，其中“收入类”项目栏，按照财务会计“收入类”科目本月贷借差额编制；“费用类”栏，按照财务会计“费用类”科目本月借贷差额编制。

2.收入费用表“本年累计数”栏目的编制方法

本表“本年累计数”栏反映本表各项目年初至报告期期末的实际累计发生数，其中“收入类”项目栏，按照财务会计“收入类”科目年初至报告期期末累计贷借差额编制；“费用类”栏，按照财务会计“费用类”科目年初至报告期期末累计借贷差额编制。

3.年度收入费用表“本年数”栏目的编制方法

年度收入费用表“本年数”栏目反映本表各项目本年度实际发生的累计数，其中“收入类”项目栏，按照财务会计“收入类”科目年度内累计贷借差额编制；“费用类”栏，按照财务会计“费用类”科目年度累计借贷差额编制。

4.年度收入费用表“上年数”栏目的编制方法

本表“上年数”栏目，应当根据上年年度收入费用表“本年累计数”编制，如果上年年度收入费用表项目名称和内容与本年年度收入费用表项目名称和内容不一致，应当按本年度规定对上年年度收入费用表项目名称和内容进行调整，将调整后上年年度收入费用表的金额填入本年年度收入费用表的“上年数”栏目。

5. 收入费用表中的“本期收入”“本期费用”“本年盈余”项目编制方法（见表11-6）

表11-6　收入费用表项目编制方法一览表

项　目	反映内容	本年金额编制方法
一、本期收入	反映高等学校本期收入总额	本项目应当根据收入费用表中“财政拨款收入”“事业收入”“上级补助收入”“附属单位上缴收入”“经营收入”“非同级财政拨款收”“投资收益”“捐赠收入”“利息收入”“租金收入”“其他收入”项目金额的合计数编制
（一）财政拨款收入	反映高等学校本期从同级政府财政部门取得的各类财政拨款	本项目应当根据高校“财政拨款收入”科目的本期发生额编制
其中：政府性基金收入	反映高等学校本期取得的财政拨款收入中属于政府性基金预算拨款的金额	本项目应当根据高校“财政拨款收入”相关明细科目的本期发生额编制
（二）事业收入	反映高等学校本期开展专业业务活动及其辅助活动实现的收入	本项目应当根据高校“事业收入”科目的本期发生额编制
（三）上级补助收入	反映高等学校本期从主管部门和上级单位收到或应收的非财政拨款收入	本项目应当根据高校“上级补助收入”科目的本期发生额编制
（四）附属单位上缴收入	反映高等学校本期收到或应收的独立核算的附属单位按照有关规定上缴的收入	本项目应当根据高校“附属单位上缴收入”科目的本期发生额编制
（五）经营收入	反映高等学校本期在专业业务活动及其辅助活动之外开展非独立核算经营活动实现的收入	本项目应当根据高校“经营收入”科目的本期发生额编制
（六）非同级财政拨款收入	反映高等学校本期从非同级政府财政部门取得的财政拨款，不包括事业单位因开展科研及其辅助活动从非同级财政部门取得的经费拨款	本项目应当根据“非同级财政拨款收入”科目的本期发生额编制
（七）投资收益	反映高等学校本期股权投资和债券投资所实现的收益或发生的损失	本项目应当根据高校“投资收益”科目的本期发生额编制；如为投资净损失，以“-”编制
（八）捐赠收入	反映高等学校本期接受捐赠取得的收入	本项目应当根据高校“捐赠收入”科目的本期发生额编制
（九）利息收入	反映高等学校本期取得的银行存款利息收入	本项目应当根据高校“利息收入”科目的本期发生额编制
（十）租金收入	反映高等学校本期经批准利用国有资产出租取得并按规定纳入本单位预算管理的租金收入	本项目应当根据高校“租金收入”科目的本期发生额编制
（十一）其他收入	反映高等学校本期取得的除以上收入项目外的其他收入的总额	本项目应当根据高校“其他收入”科目的本期发生额编制
二、本期费用	反映高等学校本期费用总额	本项目应当根据收入费用表中“业务活动费用”“单位管理费用”“经营费用”“资产处置费用”“上缴上级费用”“对附属单位补助费用”“所得税费用”和“其他费用”项目金额的合计数编制

续表

项 目	反映内容	本年金额编制方法
（一）业务活动费用	反映高等学校本期为实现其职能目标，依法履职或开展专业业务活动及其辅助活动所发生的各项费用	本项目应当根据高校“业务活动费用”科目本期发生额编制
（二）单位管理费用	反映高等学校本期本级行政及后勤管理部门开展管理活动发生的各项费用，以及由单位统一负担的离退休人员经费、工会经费、诉讼费、中介费等	本项目应当根据高校“单位管理费用”科目的本期发生额编制
（三）经营费用	反映高等学校本期在专业业务活动及其辅助活动之外开展非独立核算经营活动发生的各项费用	本项目应当根据高校“经营费用”科目的本期发生额编制
（四）资产处置费用	反映高等学校本期经批准处置资产时转销的资产价值以及在处置过程中发生的相关费用或者处置收入小于处置费用形成的净支出	本项目应当根据高校“资产处置费用”科目的本期发生额编制
（五）上缴上级费用	反映高等学校按照规定上缴上级单位款项发生的费用	本项目应当根据高校“上缴上级费用”科目的本期发生额编制
（六）对附属单位补助费用	反映高等学校用财政拨款收入之外的收入对附属单位补助发生的费用	本项目应当根据高校“对附属单位补助费用”科目的本期发生额编制
（七）所得税费用	反映有企业所得税缴纳义务的高等学校本期计算应缴纳的企业所得税	本项目应当根据高校“所得税费用”科目的本期发生额编制
（八）其他费用	反映高等学校本期发生的除以上费用项目外的其他费用的总额	本项目应当根据高校“其他费用”科目的本期发生额编制
三、本期盈余	反映单位本期收入扣除本期费用后的净额	本项目应当根据收入费用表中“本期收入”项目金额减去“本期费用”项目金额后的金额编制；如为负数，以“-”填列

第四节 净资产变动表

净资产变动表是反映高等学校在某一会计年度内净资产项目变动情况的报表，是时期报表，按年度编报。通过净资产变动表可以反映高等学校在一定会计期间的资产结存状况和净资产各个组成项目增减变化情况，包括以前年度盈余事项调整对高校净资产的影响和本年度收入、费用，非现金资产无偿调拨，结转结余的调入、调出、上缴以及专用基金计提、设置和使用等事项对高校净资产的影响。

一、净资产变动表的格式

净资产变动表结构由“上年年末余额”“以前年度盈余调整”“本年年初余额”“本

年变动余额”“本年年末余额”五部分构成，通过“累计盈余”“专用基金”“权益法调整”分项目归集、分类列示，反映高校年度净资产变动情况（见表11–7）。

表11–7　　净资产变动表　　会政财03表

编制单位：　　年　　单位：元

项　目	本年数				上年数			
	累计盈余	专用基金	权益法调整	净资产合计	累计盈余	专用基金	权益法调整	净资产合计
一、上年年末余额								
二、以前年度盈余调整（减少以“–”填列）		—	—			—	—	
三、本年年初余额								
四、本年变动金额（减少以“–”填列）								
（一）本年盈余		—	—			—	—	
（二）无偿调拨净资产		—	—			—	—	
（三）归集调整预算结转结余		—	—			—	—	
（四）提取或设置专用基金			—				—	
其中：从预算收入中提取	—		—		—		—	
从预算结余中提取			—				—	
设置的专用基金	—		—		—		—	
（五）使用专用基金			—				—	
（六）权益法调整	—	—			—	—		
五、本年年末余额								

注：“—”标识单元格不须填列

二、净资产变动表的编制理论依据和方法

（一）净资产变动表的编制理论依据

净资产变动表是反映高等学校在某一会计年度内净资产项目变动情况的报表。净资产变动表由净资产类会计要素，如“累计盈余”“专用基金”“权益法调整”“无偿调拨净资产”“以前年度盈余调整”等项目组合而成。净资产变动表栏目的数据，根据净资产项目报告期内变动情况，按照数学平衡等式进行编制，计算公式如下：

上年年末余额+以前年度盈余调整=本年年初余额

本年年初余额+本年变动金额=本年年末余额

（二）净资产变动表的编制方法

净资产变动表是年度报表，按照会计年度编制。

1.净资产变动表“本年数”栏目各项目的编制方法

本表“本年数”栏内数字，反映高等学校本年度各项目的实际变动数。

（1）净资产变动表“上年年末余额”行的编制方法。本表“上年年末余额”行内数字，反映高校净资产各项目上年年末的余额。本行各项目应当根据高校“累计盈余”“专用基金”“权益法调整”科目上年年末余额填列。

（2）净资产变动表“以前年度盈余调整”行的编制方法。本表“以前年度盈余调整”行内数字，反映高校本年度调整以前年度盈余的事项对累计盈余进行调整的金额。本行“累计盈余”项目应当根据高校本年度“以前年度盈余调整”科目转入“累计盈余”科目的金额填列；如调整减少累计盈余，以“–”列示。

（3）净资产变动表“本年年初余额”行的编制方法。本表“本年年初余额”行内数字，反映“上年年末余额”经过以前年度盈余调整后，高校净资产各项目的本年年初余额。本行“累计盈余”“专用基金”“权益法调整”项目应当根据其各自在“上年年末余额”和“以前年度盈余调整”行对应项目金额的合计数编制。

（4）净资产变动表“本年变动金额”行的编制方法。本表“本年变动金额”行内数字，反映高校净资产各项目本年变动总金额。本行“累计盈余”“专用基金”“权益法调整”项目应当根据其各自在“本年盈余”“无偿调拨净资产”“归集调整预算结转结余”“提取或设置专用基金”“使用专用基金”“权益法调整”行对应项目金额的合计数编制。

①“本年盈余”行的编制方法。本表“本年盈余”行，反映高校本年发生的收入、费用对净资产的影响。本行“累计盈余”项目应当根据学校年末由“本期盈余”科目转入“本年盈余分配”科目的金额编制；如转入时借记“本年盈余分配”科目，则以“–”列示。

②“无偿调拨净资产”行的编制方法。本表“无偿调拨净资产”行，反映高校本年无偿调入、调出非现金资产事项对净资产的影响。本行“累计盈余”项目应当根据学校年末由“无偿调拨净资产”科目转入“累计盈余”科目的金额编制；如转入时借记“累计盈余”科目，则以“–”列示。

③“归集调整预算结转结余”行的编制方法。本表“归集调整预算结转结余”行，反映高校本年财政拨款结转结余资金归集调入、归集上缴或调出以及非财政拨款结转资金缴回对净资产的影响。本行“累计盈余”项目应当根据学校“累计盈余”科目明细账记录分析编制列示；如归集调整减少预算结转结余，则以“–”列示。

④“提取或设置专用基金”行的编制方法。

本表“提取或设置专用基金”，反映高校本年提取或设置专用基金对净资产的影响。本行“累计盈余”项目应当根据高校“从预算结余中提取”行“累计盈余”项目的金额编制。本行“专用基金”项目应当根据“从预算收入中提取”“从预算结余中提取”“设置的专用基金”行“专用基金”项目金额的合计数编制。

“从预算收入中提取”行，反映高校本年从预算收入中提取专用基金对净资产的影响。本行“专用基金”项目应当通过对“专用基金”科目明细账记录的分析，根据本年按有关规定从预算收入中提取基金的金额编制。

“从预算结余中提取”行，反映高校本年根据有关规定从本年度非财政拨款结余或经营结余中提取专用基金对净资产的影响。本行“累计盈余”“专用基金”项目应当通过对“专用基金”科目明细账记录的分析，根据本年按有关规定从本年度非财政拨款结余或经营结余中提取专用基金的金额编制；本行“累计盈余”项目以“-”列示。

“设置的专用基金”行，反映高校本年根据有关规定设置的其他专用基金对净资产的影响。本行“专用基金”项目应当通过对“专用基金”科目明细账记录的分析，根据本年按有关规定设置的其他专用基金的金额编制。

⑤“使用专用基金”行的编制方法。本表“使用专用基金”行，反映高校本年按规定使用专用基金对净资产的影响。本行“累计盈余”“专用基金”项目应当通过对“专用基金”科目明细账记录的分析，根据本年按规定使用专用基金的金额编制；本行“专用基金”项目以“-”列示。

⑥“权益法调整”行的编制方法。本表“权益法调整”行，反映高校本年按照被投资单位除净损益和利润分配以外的所有者权益变动份额而调整长期股权投资账面余额对净资产的影响。本行“权益法调整”项目应当根据“权益法调整”科目本年发生额编制；若本年净发生额为借方时，以“-”列示。

（5）净资产变动表“本年年末余额”行的编制方法。本表“本年年末余额”行内数字，反映高校本年各净资产项目的年末余额。本行“累计盈余”“专用基金”“权益法调整”项目应当根据其各自在“本年年初余额”“本年变动金额”行对应项目金额的合计数编制。

（6）净资产变动表“净资产合计”栏目的编制方法。本表“净资产合计”栏内数字，应当按照所在行“累计盈余”“专用基金”“权益法调整”项目金额的合计数编制。

2. 净资产变动表“上年数”栏目各项目的编制方法

本表“上年数”栏反映高校上年度各项目的实际变动数，学校应当根据上年度净资产变动表中“本年数”栏内所列数字填列。如果上年度净资产变动表规定的项目的名称和内容与本年度不一致，应按照本年度的规定对上年度净资产变动表项目的名称和数字进行调整，将调整后金额填入本年度净资产变动表“上年数”栏内。

第五节　现金流量表

现金流量表是反映高等学校在某一会计年度内现金流入和现金流出情况的报表。本表所指的现金，是指高等学校的库存现金以及其他可以随时用于支付的款项，包括库存现金、可以随时用于支付的银行存款、其他货币资金、零余额账户用款额度、财政应返还额度，以及通过财政直接支付方式支付的款项。通过现金流量表，可以反映高校一定时期现金流入和流出的动态财务信息，表明高校在报告期内日常活动、投资活动和筹资活动获得了多少现金，获得的这些现金是如何运用的，能够说明资产、负债、净资产变动的原因，对资产负债表和收入费用表起到补充说明的作用。

一、现金流量表的格式

现金流量表由高校日常活动、投资活动、筹资活动产生的现金流量构成，按照日常活动、投资活动、筹资活动的现金流量分别列示，并且按照产生日常活动、投资活动、筹资活动现金流量的项目分层次编制，反映高等学校在某一个会计年度内开展活动产生的现金流入和现金流出的会计信息。高等学校可以根据需要自行编制现金流量表（见表11–8）。

表11–8　　现金流量表　　会政财04表

编制单位：　　年　　单位：元

项　目	本年金额	上年金额
一、日常活动产生的现金流量		
财政基本支出拨款收到的现金		
财政非资本性项目拨款收到的现金		
事业活动收到的除财政拨款以外的现金		
收到的其他与日常活动有关的现金		
日常活动的现金流入小计		
购买商品、接受劳务支付的现金		
支付给职工以及为职工支付的现金		
支付的各项税费		
支付的其他与日常活动有关的现金		
日常活动的现金流出小计		
日常活动产生的现金流量净额		
二、投资活动产生的现金流量		
收回投资收到的现金		
取得投资收益收到的现金		
处置固定资产、无形资产、公共基础设施等收回的现金净额		
收到的其他与投资活动有关的现金		
投资活动的现金流入小计		
购建固定资产、无形资产、公共基础设施等支付的现金		

续表

项　目	本年金额	上年金额
对外投资支付的现金		
上缴处置固定资产、无形资产、公共基础设施等净收入支付的现金		
支付的其他与投资活动有关的现金		
投资活动的现金流出小计		
投资活动产生的现金流量净额		
三、筹资活动产生的现金流量		
财政资本性项目拨款收到的现金		
取得借款收到的现金		
收到的其他与筹资活动有关的现金		
筹资活动的现金流入小计		
偿还借款支付的现金		
偿还利息支付的现金		
支付的其他与筹资活动有关的现金		
筹资活动的现金流出小计		
筹资活动产生的现金流量净额		
四、汇率变动对现金的影响额		
五、现金净增加额		

二、现金流量表的编制理论依据和方法

（一）现金流量表的编制理论依据

现金流量表，反映高校在某一会计年度内现金流入和现金流出情况及相关会计信息的报表。高等学校应当采用直接法编制现金流量表，对高校因开展活动引起的现金流入、现金流出按照日常活动、投资活动、筹资活动及各活动产生的项目分层次、分项目进行归集、列示。

（二）现金流量表的编制方法（见表11–9）

1. 现金流量表“本年金额”栏反映各项目的本年实际发生数。

2. 现金流量表“上年金额”栏反映各项目的上年实际发生数，应当根据上年现金流量表“本年金额”栏内所列数字编制。

3. 现金流量表各行各项目数字，按照与项目相关的会计科目及其所属明细科目记录分析后编制。

表11-9　　现金流量表项目“本年金额”编制一览表

项　目	反映内容	本年金额编制方法
一、日常活动产生的现金流量		
财政基本支出拨款收到的现金	反映高等学校本年接受财政基本支出拨款取得的现金	本项目应当根据高校“零余额账户用款额度”“财政拨款收入”“银行存款”等科目及其所属明细科目的记录分析编制
财政非资本性项目拨款收到的现金	反映高等学校本年接受除用于购建固定资产、无形资产等资本性项目以外的财政项目拨款取得的现金	本项目应当根据高校“零余额账户用款额度”“财政拨款收入”“银行存款”等科目及其所属明细科目的记录分析编制
事业活动收到的除财政拨款以外的现金	反映高等学校本年开展专业业务活动及其辅助活动取得的除财政拨款以外的现金	本项目应当根据高校“库存现金”“银行存款”“其他货币资金”“应收账款”“应收票据”“预收账款”“事业收入”等科目及其所属明细科目的记录分析编制
收到的其他与日常活动有关的现金	反映高等学校本年收到的除以上项目之外的与日常活动有关的现金	本项目应当根据高校“库存现金”“银行存款”“其他货币资金”“上级补助收入”“附属单位上缴收入”“经营收入”“非同级财政拨款收入”“捐赠收入”“利息收入”“租金收入”“其他收入”等科目及其所属明细科目的记录分析编制
日常活动的现金流入小计	反映高等学校本年日常活动产生的现金流入的合计数	根据上述项目金额合计数编制
购买商品、接受劳务支付的现金	反映高等学校本年在日常活动中用于购买商品、接受劳务支付的现金	本项目应当根据高校“库存现金”“银行存款”“财政拨款收入”“零余额账户用款额度”“预付账款”“在途物品”“库存物品”“应付账款”“应付票据”“业务活动费用”“单位管理费用”“经营费用”等科目及其所属明细科目的记录分析编制
支付给职工以及为职工支付的现金	反映高等学校本年支付给职工以及为职工支付的现金	本项目应当根据高校“库存现金”“银行存款”“零余额账户用款额度”“财政拨款收入”“应付职工薪酬”“业务活动费用”“单位管理费用”“经营费用”等科目及其所属明细科目的记录分析编制
支付的各项税费	反映高等学校本年用于缴纳日常活动相关税费而支付的现金	本项目应当根据高校“库存现金”“银行存款”“零余额账户用款额度”“应交增值税”“其他应交税费”“业务活动费用”“单位管理费用”“经营费用”“所得税费用”等科目及其所属明细科目的记录分析编制
支付的其他与日常活动有关的现金	反映高等学校本年支付的除上述项目之外与日常活动有关的现金。对于金额较大的现金流出，应当单列项目反映	本项目应当根据高校“库存现金”“银行存款”“零余额账户用款额度”“财政拨款收入”“其他应付款”“业务活动费用”“单位管理费用”“经营费用”“其他费用”等科目及其所属明细科目的记录分析编制
日常活动的现金流出小计	反映高等学校本年日常活动产生的现金流出的合计数	根据上述项目金额合计数编制
日常活动产生的现金流量净额	反应高等学校本年日常活动产生的现金流量净额	应当按照本表中“日常活动的现金流入小计”项目金额减去“日常活动的现金流出小计”项目金额后的金额编制；如为负数，以“–”列示

续表

项　目	反映内容	本年金额编制方法
二、投资活动产生的现金流量		
收回投资收到的现金	反映高等学校本年出售、转让或者收回投资收到的现金	本项目应该根据高校"库存现金""银行存款""短期投资""长期股权投资""长期债券投资"等科目的记录分析编制
取得投资收益收到的现金	反映高等学校本年因对外投资而收到被投资单位分配的股利或利润，以及收到投资利息而取得的现金	本项目应当根据高校"库存现金""银行存款""应收股利""应收利息""投资收益"等科目的记录分析编制
处置固定资产、无形资产、公共基础设施等收回的现金净额	反映高等学校本年处置固定资产、无形资产等非流动资产所取得的现金，减去为处置这些资产而支付的有关费用之后的净额。由于自然灾害所造成的固定资产等长期资产损失而收到的保险赔款收入，也在本项目反映	本项目应当根据高校"库存现金""银行存款""待处理财产损溢"等科目的记录分析编制
收到的其他与投资活动有关的现金	反映高等学校本年收到的除上述项目之外与投资活动有关的现金。对于金额较大的现金流入，应当单列项目反映	本项目应当根据"库存现金""银行存款"等有关科目的记录分析编制
投资活动的现金流入小计	反映高等学校本年投资活动产生的现金流入的合计数	根据上述项目金额合计数编制
购建固定资产、无形资产、公共基础设施等支付的现金	反映高等学校本年购买和建造固定资产、无形资产等非流动资产所支付的现金	本项目应当根据高校"库存现金""银行存款""固定资产""工程物资""在建工程""无形资产""研发支出"等科目的记录分析编制
对外投资支付的现金	反映高等学校本年为取得短期投资、长期股权投资、长期债券投资而支付的现金	本项目应当根据高校"库存现金""银行存款""短期投资""长期股权投资""长期债券投资"等科目的记录分析编制
上缴处置固定资产、无形资产、公共基础设施等净收入支付的现金	反映本年高等学校将处置固定资产、无形资产等非流动资产所收回的现金净额予以上缴财政所支付的现金	本项目应当根据高校"库存现金""银行存款""应缴财政款"等科目的记录分析编制
支付的其他与投资活动有关的现金	反映高等学校本年支付的除上述项目之外与投资活动有关的现金。对于金额较大的现金流出，应当单列项目反映	本项目应当根据高校"库存现金""银行存款"等有关科目的记录分析编制
投资活动的现金流出小计	反映高等学校本年投资活动产生的现金流出的合计数	根据上述项目金额合计数编制
投资活动产生的现金流量净额	反映高等学校本年投资活动产生的现金流量净额	应当按照本表中"投资活动的现金流入小计"项目金额减去"投资活动的现金流出小计"项目金额后的金额编制；如为负数，以"-"列示
三、筹资活动产生的现金流量		

续表

项　目	反映内容	本年金额编制方法
财政资本性项目拨款收到的现金	反映高等学校本年接受用于购建固定资产、无形资产等资本性项目的财政项目拨款取得的现金	本项目应当根据高校“银行存款”“零余额账户用款额度”“财政拨款收入”等科目及其所属明细科目的记录分析编制
取得借款收到的现金	反映高等学校本年举借短期、长期借款所收到的现金	本项目应当根据高校“库存现金”“银行存款”“短期借款”“长期借款”等科目记录分析编制
收到的其他与筹资活动有关的现金	反映高等学校本年收到的除上述项目之外与筹资活动有关的现金。对于金额较大的现金流入，应当单列项目反映	本项目应当根据高校“库存现金”“银行存款”等有关科目的记录分析编制
筹资活动的现金流入小计	反映高等学校本年筹资活动产生的现金流入的合计数	根据上述项目金额合计数编制
偿还借款支付的现金	反映高等学校本年偿还借款本金所支付的现金	本项目应当根据高校“库存现金”“银行存款”“短期借款”“长期借款”等科目的记录分析编制
偿还利息支付的现金	反映高等学校本年支付的借款利息等	本项目应当根据“库存现金”“银行存款”“应付利息”“长期借款”等科目的记录分析编制
支付的其他与筹资活动有关的现金	反映高等学校本年支付的除上述项目之外与筹资活动有关的现金，融资租入固定资产支付的租赁费在本项目反映	本项目应当根据高校“库存现金”“银行存款”“长期应付款”等科目的记录分析编制
筹资活动的现金流出小计	反映高等学校本年筹资活动产生的现金流出的合计数	根据上述项目金额合计数编制
筹资活动产生的现金流量净额	反映高等学校本年筹资活动产生的现金流量净额	应当按照本表中“筹资活动的现金流入小计”项目金额减去“筹资活动的现金流出小计”金额后的金额编制；如为负数，以“-”列示
四、汇率变动对现金的影响额	反映高等学校本年外币现金流量折算为人民币时，所采用的现金流量发生日的汇率折算的人民币金额与外币现金流量净额按期末汇率折算的人民币金额之间的差额	本项目应当根据高校“库存现金”“银行存款”“业务活动费用”“单位管理费用”“应收账款”“应付账款”等科目的记录分析编制
五、现金净增加额	反映高等学校本年现金变动的净额	本项目应当根据本表中“日常活动产生的现金流量净额”“投资活动产生的现金流量净额”“筹资活动产生的现金流量净额”和“汇率变动对现金的影响额”项目金额的合计数编制；如为负数，以“-”列示

第六节　财务报表附注

财务报表附注是对在会计报表中列示的项目所作的进一步说明，以及对未能在会计报表中列示项目的说明。附注是财务报表的重要组成部分。凡对报表使用者的决策有重要影响的会计信息，不论政府会计制度是否有明确规定，除涉密项目外，高等学校均应当充分披露。财务报表附注主要包括下列七项内容。

一、单位的基本情况

高等学校应当简要披露其基本情况，包括学校主要职能、主要业务活动、所在地、预算管理关系等。

二、会计报表编制基础

三、遵循政府会计准则、制度的声明

四、重要会计政策和会计估计

高等学校应当采用与其业务特点相适应的具体会计政策，并充分披露报告期内采用的重要会计政策和会计估计。主要包括以下内容：

（1）会计期间。

（2）记账本位币，外币折算汇率。

（3）会计报表中重要资产、负债、收入和费用项目的含义、确认原则、计量方法等会计政策，坏账准备的计提方法以及具体会计方法的解释和说明。

（4）存货类别、发出存货的计价方法、存货的盘存制度以及低值易耗品和包装物的摊销方法。

（5）长期股权投资的核算方法。

（6）固定资产分类、折旧方法、折旧年限和年折旧率；融资租入固定资产的计价和折旧方法。

（7）无形资产的计价方法；使用寿命有限的无形资产，其使用寿命估计情况；使用寿命不确定的无形资产，其使用寿命不确定的判断依据；高校内部研究开发项目划分研究阶段和开发阶段的具体标准。

（8）其他重要的会计政策和会计估计。

（9）本期发生重要会计政策和会计估计变更的，变更的内容和原因、受其重要影响的报表项目名称和金额、相关审批程序以及会计估计变更开始适用的时点。

五、会计报表重要项目说明

高等学校应当按照资产负债表和收入费用表项目列示顺序，采用文字和数据描述相结合的方式披露重要项目的明细信息。报表重要项目的明细金额合计，应当与报表项目金额相衔接。报表重要项目说明应包括但不限于下列七项内容。

（一）货币资金披露格式（见表11-10）

表11-10　　货币资金　　单位：元

项目	期末余额	年初余额
库存现金		
银行存款		
其他货币资金		
合计		

（二）债权、债务、收入、费用披露格式

按照《政府会计准则制度解释第1号》（财会〔2019〕13号）规定："单位在按照债务人（债权人）对应收款项（应付款项）进行明细核算的基础上，应当在财务报表附注中按照债务人（债权人）分类对应收款项（应付款项）进行披露。债务人（债权人）类别主要分为本部门内部单位（指纳入单位所属部门财务报告合并范围的单位，下同）、本部门以外同级政府单位、本部门以外非同级政府单位和其他单位。单位在按照收入来源（支付对象）对有关收入科目（费用科目）进行明细核算的基础上，应当在财务报表附注中按照收入来源（支付对象）分类对有关收入（费用）进行披露。收入来源（支付对象）主要分为本部门内部单位、本部门以外同级政府单位、本部门以外非同级政府单位和其他单位。"按照规定债权、债务、收入、费用披露格式及信息如下。

1.债权债务往来款披露格式

（1）应收账款披露格式（见表11-11）。

表11-11　　应收账款明细表　　单位：元

债务人类别	期末余额	年初余额
应收本部门内部单位*		
单位1		
单位2		
……		
应收本部门以外的同级政府单位		
单位1		
单位2		
……		
应收本部门以外非同级政府单位		

续表

债务人类别	期末余额	年初余额
单位1		
单位2		
……		
应收其他单位		
合计		

注：编制部门财务报表时，标“*”行原则上应抵销完毕，金额为零。

（2）预付账款披露格式（见表11-12）。

表11-12　　预付账款明细表　　单位：元

债务人类别	期末余额	年初余额
预付本部门内部单位*		
单位1		
单位2		
……		
预付本部门以外的同级政府单位		
单位1		
单位2		
……		
预付本部门以外非同级政府单位		
单位1		
单位2		
……		
预付其他单位		
合计		

注：编制部门财务报表时，标“*”行原则上应抵销完毕，金额为零。

（3）其他应收款披露格式（见表11-13）。

表11-13　　其他应收账款明细表　　单位：元

债务人类别	期末余额	年初余额
应收本部门内部单位*		
单位1		
单位2		
……		

续表

债务人类别	期末余额	年初余额
应收本部门以外的同级政府单位		
单位1		
单位2		
……		
应收本部门以外非同级政府单位		
单位1		
单位2		
……		
应收同级财政		
应收其他单位		
合计		

注：1.编制部门财务报表时，标“*”行原则上应抵销完毕，金额为零。

2.“应收同级财政”主要包括高校通过“其他应收款”核算的由财政代管的高校的资金。

（4）应付账款披露格式（见表11-14）。

表11-14　　应付账款明细表　　单位：元

债权人类别	期末余额	年初余额
应付本部门内部单位*		
单位1		
单位2		
……		
应付本部门以外的同级政府单位		
单位1		
单位2		
……		
应付本部门以外非同级政府单位		
单位1		
单位2		
……		
应付其他单位		
合计		

注：编制部门财务报表时，标“*”行原则上应抵销完毕，金额为零。

（5）预收账款披露格式（见表11–15）。

表11–15　　预收账款明细表　　单位：元

债权人类别	期末余额	年初余额
预收本部门内部单位*		
单位1		
单位2		
……		
预收本部门以外的同级政府单位		
单位1		
单位2		
……		
预收本部门以外非同级政府单位		
单位1		
单位2		
……		
预收其他单位		
合计		

注：编制部门财务报表时，标“*”行原则上应抵销完毕，金额为零。

（6）其他应付款披露格式（见表11–16）。

表11–16　　其他付账款明细表　　单位：元

债权人类别	期末余额	年初余额
应付本部门内部单位*		
单位1		
单位2		
……		
应付本部门以外的同级政府单位		
单位1		
单位2		
……		
应付本部门以外非同级政府单位		
单位1		
单位2		
……		
应付同级财政		
应付其他单位		
合计		

注：1.编制部门财务报表时，标“*”行原则上应抵销完毕，金额为零。

2.“应付同级财政”主要包括预拨经费、向同级财政部门借入的款项。

（7）长期应付款披露格式（见表11-17）。

表11-17　　长期应付账款明细表　　单位：元

债权人类别	期末余额	年初余额
应付本部门内部单位		
单位1		
单位2		
……		
应付本部门以外的同级政府单位		
单位1		
单位2		
……		
应付本部门以外非同级政府单位		
单位1		
单位2		
……		
应付其他单位		
合计		

注：编制部门财务报表时，标“*”行原则上应抵销完毕，金额为零。

2.收入披露格式及信息

（1）事业收入披露格式（见表11-18）。

表11-18　　事业收入明细表　　单位：元

收入来源	本期发生额	上期发生额
来自财政专户管理资金		
来自本部门内部单位*		
单位1		
单位2		
……		
来自本部门以外的同级政府单位		
单位1		
单位2		
……		

续表

收入来源	本期发生额	上期发生额
来自本部门以外的非同级政府单位		
单位1		
单位2		
……		
来自其他单位		
合计		

注：编制部门财务报表时，标“*”行原则上应抵销完毕，金额为零。

（2）经营收入披露格式（见表11-19）。

表11-19　　经营收入明细表　　单位：元

收入来源	本期发生额	上期发生额
来自本部门内部单位*		
单位1		
单位2		
……		
来自本部门以外的同级政府单位		
单位1		
单位2		
……		
来自本部门以外的非同级政府单位		
单位1		
单位2		
……		
来自其他单位		
合计		

注：编制部门财务报表时，标“*”行原则上应抵销完毕，金额为零。

（3）非同级财政拨款收入披露格式（见表11-20）。

表11-20　　非同级财政拨款收入明细表　　单位：元

收入来源	本期发生额	上期发生额
来自本部门以外的同级政府单位		
单位1		
单位2		

续表

收入来源	本期发生额	上期发生额
……		
来自本部门以外的非同级政府单位		
单位1		
单位2		
……		
合计		

（4）其他收入披露格式（见表11-21）。

表11-21　其他收入明细表　单位：元

收入来源	本期发生额	上期发生额
来自本部门内部单位*		
单位1		
单位2		
……		
来自本部门以外的同级政府单位		
单位1		
单位2		
……		
来自本部门以外的非同级政府单位		
单位1		
单位2		
……		
来自其他单位		
合计		

注：编制部门财务报表时，标“*”行原则上应抵销完毕，金额为零。

3. 费用按支付对象披露格式（见表11-22）

表11-22　商品和服务费用明细表　单位：元

项目	本年数			
	合计	业务活动费用	单位管理费用	经营费用
支付给本部门内部单位				
单位1				
单位2				
……				

续表

项目	本年数			
	合计	业务活动费用	单位管理费用	经营费用
支付给本部门以外的同级政府单位				
单位1				
单位2				
……				
支付给本部门以外的非同级政府单位				
单位1				
单位2				
……				
支付给其他单位				
合计				

注：编制部门财务报表时，标“*”行原则上应抵销完毕，金额为零。

4. 费用按经济分类披露格式

（1）业务活动费用披露格式（见表11-23）。

表11-23 业务活动费用明细表 单位：元

项目	本期发生额	上期发生额
工资和福利费用		
商品和服务费用		
对个人和家庭的补助费用		
对企业补助费用		
固定资产折旧费用		
无形资产摊销费用		
公共基础设施折旧（摊销）费用		
保障性住房折旧费用		
计提专用基金		
其他业务活动费用		
合计		

（2）单位管理费用披露格式（见表11-24）。

表11-24 单位管理费用明细表 单位：元

项目	本期发生额	上期发生额
工资和福利费用		
商品和服务费用		

续表

项目	本期发生额	上期发生额
对个人和家庭的补助费用		
固定资产折旧费用		
无形资产摊销费用		
其他单位管理费用		
合计		

（3）经营费用披露格式（见表11-25）。

表11-25　　经营费用明细表　　单位：元

项目	本期发生额	上期发生额
工资和福利费用		
商品和服务费用		
对个人和家庭的补助费用		
固定资产折旧费用		
无形资产摊销费用		
其他经营费用		
合计		

（三）长期投资及投资收益披露格式（见表11-26）

表11-26　　长期投资及投资收益明细表　　单位：元

被投资单位	长期投资				投资收益	
	年初余额	本期增加额	本期减少额	期末余额	本年数	上年数
股权投资						
对企业股权投资						
企业1						
企业2						
……						
对投资基金股权投资						
企业1						
企业2						
……						
债券投资						
债券1						
债券2						
……						

注：本表中每类投资下分别按照长期投资年末数从大到小排列。

（四）固定资产披露格式（见表11–27）

表11–27　　固定资产明细表　　单位：元

项目	年初余额	本期增加额	本期减少额	期末余额
一、原值合计				
其中：房屋及构筑物				
通用设备				
专用设备				
文物和陈列品				
图书、档案				
家具、用具、装具及动植物				
二、累计折旧合计				
其中：房屋及构筑物				
通用设备				
专用设备				
家具、用具、装具及动植物				
三、净值合计				
其中：房屋及构筑物				
通用设备				
专用设备				
文物和陈列品				
图书、档案				
家具、用具、装具及动植物				

注：1.已提足折旧的固定资产名称、数量等情况；

2.出租、出借固定资产以及固定资产对外投资等情况，须单独列示反映。

（五）在建工程披露格式（见表11–28）

表11–28　　在建工程明细表　　单位：元

项目	年初余额	本期增加额	本期减少额	期末余额
项目1				
项目2				
……				
合计				

（六）无形资产披露格式（见表11-29）

表11-29　　无形资产明细表　　单位：元

项目	年初余额	本期增加额	本期减少额	期末余额
1.原值合计				
其中：专利权				
非专利技术				
著作权				
资源资质				
商标权				
信息数据				
其他				
2.累计摊销合计				
其中：专利权				
非专利技术				
著作权				
资源资质				
商标权				
信息数据				
其他				
3.账面价值合计				
其中：专利权				
非专利技术				
著作权				
资源资质				
商标权				
信息数据				
其他				

注：1.计入当期损益的研发支出金额、确认为无形资产的研发支出金额；
2.无形资产出售、对外投资等处置情况，须单独列示反映。

（七）长期借款披露格式

1.长期借款按债权人披露（见表11-30）

表11-30　　长期借款明细表　　单位：元

债权人	期末余额	年初余额
机构1		
机构2		
……		
合计		

注：本表按照债权人列示明细，并按长期借款年末数从大到小排列。

2. 长期借款按到期期限披露（见表11-31）

表11-31 长期借款明细表 单位：元

长期借款到期期限	期末余额	年初余额
1—3年到期（不含1年）		
3—5年到期（不含3年）		
5年以上到期（不含5年）		
合计		

注：本表按照长期借款余额到期期限列示明细。

六、本年盈余与预算结余的差异情况说明

高等学校执行政府会计制度，须对履职过程中产生的经济业务进行财务会计、预算会计双体系核算。因财务会计、预算会计核算基础和核算范围不同，本年盈余数与本年预算结余数会存在一定差异。为了反映财务会计和预算会计因核算基础和核算范围不同所产生的本年盈余数与本年预算结余数之间的差异，高校应当按照重要性原则，对本年度发生的各类影响收入（预算收入）和费用（预算支出）的业务进行适度归并和分析，披露将年度预算收入支出表中“本年预算收支差额”调节为年度收入费用表中“本期盈余”的信息。有关披露格式如表11-32所示。

表11-32 本年盈余与预算结余差异变动表

编制单位： 报表期间： 单位：元

项 目	金额
一、本年预算结余（本年预算收支差额）	
二、差异调节	
（一）重要事项差异	
加：1. 当期确认为收入但没有确认为预算收入	
（1）应收款项、预收账款确认的收入	
（2）接受非货币性资产捐赠确认的收入	
2. 当前确认为预算支出但没有确认为费用	
（1）支付应付款项、预付账款的支出	
（2）为取得存货、政府储备物资等计入物资成本的支出	
（3）为构建固定资产等的资本性支出	
（4）偿还借款本息支出	
减：1. 当前确认为预算收入但没有确认为收入	
（1）收到应收款项、预收账款确认的预算收入	

续表

项　目	金额
（2）取得借款确认的预算收入	
2.当期确认为费用但没有确认为预算支出	
（1）发出存货、政府储备物资等确认的费用	
（2）计提的折旧费用和摊销费用	
（3）确认的资产处置费用（处置资产价值）	
（4）应付款项、预付账款确认的费用	
（二）其他事项差异	
调增	
（1）当期确认为收入但没有确认为预算收入	
（2）当期确认为预算支出但没有确认为费用	
调减	
（1）当期确认为预算收入但没有确认为收入	
（2）当期确认为费用但没有确认为预算支出	
三、本年盈余（本年收入与费用的差额）	

七、其他重要事项说明

1.资产负债表日存在的重要或有事项说明。没有重要或有事项的，也应说明。

2.以名义金额计量的资产名称、数量等情况，以及以名义金额计量理由的说明。

3.通过债务资金形成的固定资产、公共基础设施、保障性住房等资产的账面价值、使用情况、收益情况及与此相关的债务偿还情况等的说明。

4.重要资产置换、无偿调入（出）、捐入（出）、报废、重大毁损等情况的说明。

5.高等学校将高校内部独立核算单位的会计信息纳入本单位财务报表情况的说明。

6.政府会计具体准则中要求附注披露的其他内容。

7.有助于理解和分析单位财务报表，需要说明的其他事项。

第七节　预算收入支出表

预算收入支出表是反映高等学校在某一会计年度内各项预算收入、预算支出和预算收支差额情况的报表，是时期报表、动态报表。通过预算收入支出表可以反映高等学校报告期内预算收入总额及构成情况、预算支出总额及构成情况和预算收支差额情况的会计信息。

一、预算收入支出表的格式（见表11-33）

表11-33　　预算收入支出表　　会政预01表

编制单位：　　年　　单位：元

项　目	本年数	上年数
一、本年预算收入		
（一）财政拨款预算收入		
其中：政府性基金收入		
（二）事业预算收入		
（三）上级补助预算收入		
（四）附属单位上缴预算收入		
（五）经营预算收入		
（六）债务预算收入		
（七）非同级财政拨款预算收入		
（八）投资预算收益		
（九）其他预算收入		
其中：利息预算收入		
捐赠预算收入		
租金预算收入		
二、本年预算支出		
（一）行政支出		
（二）事业支出		
（三）经营支出		
（四）上缴上级支出		
（五）对附属单位补助支出		
（六）投资支出		
（七）债务还本支出		
（八）其他支出		
其中：利息支出		
捐赠支出		
三、本年预算收支差额		

预算收入支出表的结构由“本年预算收入”“本年预算支出”和“本年预算收支差额”三部分构成，通过“预算收入”“预算支出”的构成和结转结余情况分类、分项、分层次列示。

二、预算收入支出表的编制理论依据和方法

（一）预算收入支出表的编制理论依据

预算收入支出表反映高等学校在某一会计年度内预算收支执行情况。预算收入支出表由会计要素“预算收入”和“预算支出”组合而成。动态会计等式是“预算收入－预算支出＝预算结余”，反映高等学校在报告期内为实现其职能开展经济业务活动依法取得的纳入本期预算的现金流入和现金流出以及本期预算结余情况，是编制预算收入支出表的理论依据。

（二）预算收入支出表的编制方法

1.预算收入支出表“本年数”栏反映各项目的本年实际发生数。

2.预算收入支出表“上年数”栏反映各项目上年度的实际发生数，应当根据上年度预算收入支出表中“本年数”栏内所列数字填列。如果本年度预算收入支出表规定的项目的名称和内容同上年度不一致，应当按照本年度的规定对上年度预算收入支出表项目的名称和数字进行调整，将调整后金额填入本年度预算收入支出表的“上年数”栏。

3.预算收入支出表“本年数”栏各项目的内容和编制方法如表11–34所示。

表11–34　　　　预算收入支出表“本年数”项目编制一览表

项　目	反映内容	本年金额编制方法
一、本年预算收入	反映高等学校本年预算收入总额	本项目应当根据预算收入支出表中“财政拨款预算收入”“事业预算收入”“上级补助预算收入”“附属单位上缴预算收入”“经营预算收入”“债务预算收入”“非同级财政拨款预算收入”“投资预算收益”“其他预算收入”项目金额的合计数编制
（一）财政拨款预算收入	反映高等学校本年从同级政府财政部门取得的各类财政拨款	本项目应当根据高校“财政拨款预算收入”科目的本年发生额编制
其中：政府性基金收入	反映高等学校本年取得的财政拨款收入中属于政府性基金预算拨款的金额	本项目应当根据高校“财政拨款预算收入”相关明细科目的本年发生额编制
（二）事业预算收入	反映高等学校本年开展专业业务活动及其辅助活动取得的预算收入	本项目应当根据高校“事业预算收入”科目的本年发生额编制
（三）上级补助预算收入	反映高等学校本年从主管部门和上级单位取得的非财政补助预算收入	本项目应当根据高校“上级补助预算收入”科目的本年发生额编制
（四）附属单位上缴预算收入	反映高等学校本年收到的独立核算的附属单位按照有关规定上缴的预算收入	本项目应当根据高校“附属单位上缴预算收入”科目的本年发生额编制

续表

项　目	反映内容	本年金额编制方法
（五）经营预算收入	反映高等学校本年在专业业务活动及其辅助活动之外开展非独立核算经营活动取得的预算收入	本项目应当根据高校“经营预算收入”科目的本年发生额编制
（六）债务预算收入	反映高等学校本年按照规定从金融机构等借入的、纳入部门预算管理的债务预算收入	本项目应当根据高校“债务预算收入”的本年发生额编制
（七）非同级财政拨款预算收入	反映高等学校本年从非同级政府财政部门取得的财政拨款	本项目应当根据高校“非同级财政拨款预算收入”科目的本年发生额编制
（八）投资预算收益	反映高等学校本年取得的按规定纳入单位预算管理的投资收益	本项目应当根据高校“投资预算收益”科目的本年发生额编制
（九）其他预算收入	反映高等学校本年取得的除上述收入以外的纳入单位预算管理的各项预算收入。	本项目应当根据高校“其他预算收入”科目的本年发生额编制
其中：利息预算收入	反映高等学校本年取得的利息预算收入	本项目应当根据高校“其他预算收入”科目的明细记录分析编制
捐赠预算收入	反映高等学校本年取得的捐赠预算收入	本项目应当根据高校“其他预算收入”科目的明细记录分析编制
租金预算收入	反映高等学校本年取得的租金预算收入	本项目应当根据高校“其他预算收入”科目的明细记录分析编制
二、本年预算支出	反映高等学校本年预算支出总额	本项目应当根据预算收入支出表中“行政支出”“事业支出”“经营支出”“上缴上级支出”“对附属单位补助支出”“投资支出”“债务还本支出”和“其他支出”项目金额的合计数编制
（一）行政支出	高等学校不使用此项目	高等学校不使用此项目
（二）事业支出	反映高等学校本年开展专业业务活动及其辅助活动发生的支出	本项目应当根据高校“事业支出”科目的本年发生额编制
（三）经营支出	反映高等学校本年在专业业务活动及其辅助活动之外开展非独立核算经营活动发生的支出	本项目应当根据高校“经营支出”科目的本年发生额编制
（四）上缴上级支出	反映高等学校本年按照财政部门和主管部门的规定上缴上级单位的支出	本项目应当根据高校“上缴上级支出”科目的本年发生额编制
（五）对附属单位补助支出	反映高等学校本年用财政拨款收入之外的收入对附属单位补助发生的支出	本项目应当根据高校“对附属单位补助支出”科目的本年发生额编制
（六）投资支出	反映高等学校本年以货币资金对外投资发生的支出	本项目应当根据高校“投资支出”科目的本年发生额编制
（七）债务还本支出	反映高等学校本年偿还自身承担的纳入预算管理的从金融机构举借的债务本金的支出	本项目应当根据高校“债务还本支出”科目的本年发生额填列

续表

项　目	反映内容	本年金额编制方法
（八）其他支出	反映高等学校本年除以上支出以外的各项支出	本项目应当根据高校“其他支出”科目的本年发生额编制
其中：利息支出	反映高等学校本年发生的利息支出	本项目应当根据高校“其他支出”科目明细账记录分析编制
捐赠支出	反映高等学校本年发生的捐赠支出	本项目应当根据高校“其他支出”科目明细账记录分析编制
三、本年预算收支差额	反映高等学校本年各项预算收支相抵后的差额	本项目应当根据预算收入支出表中“本期预算收入”项目金额减去“本期预算支出”项目金额后的金额填列；如相减后金额为负数，以“-”列示

第八节　预算结转结余变动表

预算结转结余变动表是反映高等学校在某一会计年度内预算结转结余变动情况的报表，是年度报表。通过预算结转结余变动表可以反映高等学校会计年度内预算结转结余各个组成项目金额的变动情况。

一、预算结转结余变动表的格式（见表11-35）

表11-35　　**预算结转结余变动表**　　会政预02表

编制单位：　　年　　单位：元

项　目	本年数	上年数
一、年初预算结转结余		
（一）财政拨款结转结余		
（二）其他资金结转结余		
二、年初余额调整（减少以“-”填列）		
（一）财政拨款结转结余		
（二）其他资金结转结余		
三、本年变动金额（减少以“-”填列）		
（一）财政拨款结转结余		
1.本年收支差额		
2.归集调入		
3.归集上缴或调出		
（二）其他资金结转结余		

续表

项　目	本年数	上年数
1.本年收支差额		
2.缴回资金		
3.使用专用结余		
4.支付所得税		
四、年末预算结转结余		
（一）财政拨款结转结余		
1.财政拨款结转		
2.财政拨款结余		
（二）其他资金结转结余		
1.非财政拨款结转		
2.非财政拨款结余		
3.专用结余		
4.经营结余（如有余额，以“-”填列）		

预算结转结余变动表按照“本年数”“上年数”分栏列示，同时按照“年初预算结转结余”“年初余额调整”“本年变动金额”“年末预算结转结余”等项目分类、分项、分层次列示。

二、预算结转结余变动表的编制理论依据和方法

（一）预算结转结余变动表的编制理论依据

预算结转结余变动表反映高等学校在某一会计年度内预算结转结余的变动情况，通过数学平衡公式“年初预算结转结余+年初余额调整+本年变动金额=年末预算结转结余”，反映高等学校在一定会计期间的预算结转结余状况。

（二）预算结转结余变动表的编制方法

1.预算结转结余变动表“本年数”栏反映各项目的本年实际发生数。按照各项目本年实际发生数编制。

2.预算结转结余变动表“上年数”栏反映各项目的上年实际发生数，应当根据上年度预算结转结余变动表中“本年数”栏内所列数字填列。如果本年度预算结转结余变动表规定的项目的名称和内容同上年度不一致，应当按照本年度的规定对上年度预算结转结余变动表项目的名称和数字进行调整，将调整后金额填入本年度预算结转结余变动表的“上年数”栏。

3.预算结转结余变动表各项目编制方法（见表11–36）

表11–36　　预算结转结余变动表“本年数”项目编制一览表

项　目	反映内容	本年金额编制方法
一、年初预算结转结余	反映高等学校本年预算结转结余的年初余额	本项目应当根据本项目下“财政拨款结转结余”“其他资金结转结余”项目金额的合计数编制
（一）财政拨款结转结余	反映高等学校本年财政拨款结转结余资金的年初余额	本项目应当根据高校“财政拨款结转”“财政拨款结余”科目本年年初余额合计数编制
（二）其他资金结转结余	反映高等学校本年其他资金结转结余的年初余额	本项目应当根据高校“非财政拨款结转”“非财政拨款结余”“专用结余”“经营结余”科目本年年初余额的合计数编制
二、年初余额调整（减少以“–”填列）	反映高等学校本年预算结转结余年初余额调整的金额	本项目应当根据本项目下“财政拨款结转结余”“其他资金结转结余”项目金额的合计数编制
（一）财政拨款结转结余	反映高等学校本年财政拨款结转结余资金的年初余额调整金额	本项目应当根据高校“财政拨款结转”“财政拨款结余”科目下“年初余额调整”明细科目的本年发生额的合计数编制；如调整减少年初财政拨款结转结余，以“–”列示
（二）其他资金结转结余	反映高等学校本年其他资金结转结余的年初余额调整金额	本项目应当根据高校“非财政拨款结转”“非财政拨款结余”科目下“年初余额调整”明细科目的本年发生额的合计数编制；如调整减少年初其他资金结转结余，以“–”列示
三、本年变动金额（减少以“–”填列）	反映高等学校本年预算结转结余变动的金额	本项目应当根据本项目下“财政拨款结转结余”“其他资金结转结余”项目金额的合计数编制
（一）财政拨款结转结余	反映高等学校本年财政拨款结转结余资金的变动	本项目应当根据本项目下“本年收支差额”“归集调入”“归集上缴或调出”项目金额的合计数编制
1.本年收支差额	反映高等学校本年财政拨款资金收支相抵后的差额	本项目应当根据高校“财政拨款结转”科目下“本年收支结转”明细科目本年转入的预算收入与预算支出的差额编制；差额为负数的，以“–”列示
2.归集调入	反映高等学校本年按照规定从其他单位归集调入的财政拨款结转资金	本项目应当根据高校“财政拨款结转”科目下“归集调入”明细科目的本年发生额编制
3.归集上缴或调出	反映高等学校本年按照规定上缴的财政拨款结转结余资金及按照规定向其他单位调出的财政拨款结转资金	本项目应当根据高校“财政拨款结转”“财政拨款结余”科目下“归集上缴”明细科目，以及“财政拨款结转”科目下“归集调出”明细科目本年发生额的合计数，以“–”列示
（二）其他资金结转结余	反映高等学校本年其他资金结转结余的变动	本项目应当根据本项目下“本年收支差额”“缴回资金”“使用专用结余”“支付所得税”项目金额的合计数编制
1.本年收支差额	反映高等学校本年除财政拨款外的其他资金收支相抵后的差额	本项目应当根据“非财政拨款结转”科目下“本年收支结转”“其他结余”“经营结余”等明细科目本年转入的预算收入与预算支出的差额的合计数编制；如为负数，以“–”列示

续表

项　目	反映内容	本年金额编制方法
2.缴回资金	反映高等学校本年按照规定缴回的非财政拨款结转资金	本项目应当根据高校“非财政拨款结转”科目下“缴回资金”明细科目本年发生额的合计数，以“–”列示
3.使用专用结余	反映高等学校本年根据规定使用从非财政拨款结余或经营结余中提取的专用基金的金额	本项目应当根据高校“专用结余”科目明细账中本年使用专用结余业务的发生额，以“–”列示
4.支付所得税	反映有企业所得税缴纳义务的高等学校本年实际缴纳的企业所得税金额	本项目应当根据高校“非财政拨款结余”明细账中本年实际缴纳企业所得税业务的发生额，以“–”列示
四、年末预算结转结余	反映高等学校本年预算结转结余的年末余额	本项目应当根据本项目下“财政拨款结转结余”“其他资金结转结余”项目金额的合计数编制
（一）财政拨款结转结余	反映高等学校本年财政拨款结转结余的年末余额	本项目应当根据本项目下“财政拨款结转”“财政拨款结余”项目金额的合计数编制
1.财政拨款结转	反映高等学校本年财政拨款结转的年末余额	本项目应当根据高校“财政拨款结转”科目的本年年末余额编制
2.财政拨款结余	反映高等学校本年财政拨款结余的年末余额	本项目应当根据高校“财政拨款结余”科目的本年年末余额编制
（二）其他资金结转结余	反映高等学校本年其他资金结转结余的年末余额	本项目应当根据本项目下“非财政拨款结转”“非财政拨款结余”“专用结余”“经营结余”项目金额的合计数编制
1.非财政拨款结转	反映高等学校本年非财政拨款结转的年末余额	本项目应当根据高校“非财政拨款结转”科目的本年年末余额编制
2.非财政拨款结余	反映高等学校本年非财政拨款结余的年末余额	本项目应当根据高校“非财政拨款结余”科目的本年年末余额编制
3.专用结余	反映高等学校本年专用结余的年末余额	本项目应当根据高校“专用结余”科目的本年年末余额编制
4.经营结余（如有余额，以“–”填列）	反映高等学校本年经营结余的年末余额	本项目应当根据高校“经营结余”科目的本年年末余额，以“–”列示

第九节　财政拨款预算收入支出表

财政拨款预算收入支出表是反映高等学校本年财政拨款预算资金收入、支出及相关变动的具体情况的报表，是年度报表。通过财政拨款预算收入支出表，可以反映高等学校财政拨款收入、支出、调整、调入、归集上缴、调出以及结转结余的总体变化情况。

一、财政拨款预算收入支出表的格式（见表11–37）

表11–37　　　　财政拨款预算收入支出表　　　　会政预03表

编制单位：　　　　年　　　　单位：元

项　目	年初财政拨款结转结余		调整年初财政拨款结转结余	本年归集调入	本年归集上缴或调出	单位内部调剂		本年财政拨款收入	本年财政拨款支出	年末财政拨款结转结余	
	结转	结余				结转	结余			结转	结余
一、一般公共预算财政拨款											
（一）基本支出											
1.人员经费											
2.日常公用经费											
（二）项目支出											
1.项目1											
2.项目2											
……											
二、政府性基金预算财政拨款											
（一）基本支出											
1.人员经费											
2.日常公用经费											
（二）项目支出											
1.项目1											
2.项目2											
……											
总　计											

财政拨款预算收入支出表的结构较为复杂，其中报表“行”按照财政拨款种类分项设置，包括“一般公共预算财政拨款”和“政府性基金预算财政拨款”，同时在“一般公共预算财政拨款”和“政府性基金预算财政拨款”项目下结合资金的具体用途分为基本支出和项目支出，并且对基本支出按照支出内容，进一步细分为“人员经费”和“日常公用经费”，对项目支出按照具体项目分层次编制。报表“列”按照“年初财政拨款结转结余”“调整年初财政拨款结转结余”“本年归集调入”“本年归集上缴或调出”“单位内部调剂”“本年财政拨款收入”“本年财政拨款支出”“年末财政拨款结转结余”八栏组成，反映财政拨款年初结转结余、本年对年初财政结转结余调整、年度内的收入支出以及年末结转结余变化情况。

二、财政拨款预算收入支出表的编制理论依据和方法

（一）财政拨款预算收入支出表的编制理论依据

财政拨款预算收入支出表，以财政拨款收入来源为主线，通过财政拨款年初结转结余、本年对年初财政结转结余调整、年度内的收入支出、以及年末结转结余等项目的增减变化，全面反映高等学校在某一个会计年度内财政拨款预算收入、支出、调整、上缴、调入、调出、结转结余的总体变化情况。财政拨款预算收入支出表的平衡公式是编制财政拨款预算收入支出表的理论依据，计算公式如下：

“年初财政拨款结转结余”+（-）“调整年初财政拨款结转结余”+“本年归集收入”-“本年归集上缴或调出”+“本年财政拨款收入”-“本年财政拨款支出”=“年末财政拨款结转结余”

（二）财政拨款预算收入支出表的编制方法

1.财政拨款预算收入支出表“年初财政拨款结转结余”栏内各项目的编制方法

本表“年初财政拨款结转结余”栏中各项目，反映高等学校年初各项财政拨款结转结余的金额。各项目应当根据学校“财政拨款结转”“财政拨款结余”及其明细科目的年初余额编制。本栏中各项目的数额应当与上年度财政拨款预算收入支出表中“年末财政拨款结转结余”栏中各项目的数额相等。

2.财政拨款预算收入支出表“调整年初财政拨款结转结余”栏内各项目的编制方法

本表“调整年初财政拨款结转结余”栏中各项目，反映高等学校对年初财政拨款结转结余的调整金额。各项目应当根据“财政拨款结转”“财政拨款结余”科目下“年初余额调整”明细科目及其所属明细科目的本年发生额编制；如调整减少年初财政拨款结转结余，以“-”列示。

3.财政拨款预算收入支出表“本年归集调入”栏内各项目的编制方法

本表“本年归集调入”栏中各项目，反映高等学校本年按规定从其他单位调入的财政拨款结转资金金额。各项目应当根据“财政拨款结转”科目下“归集调入”明细科目及其所属明细科目的本年发生额编制。

4.财政拨款预算收入支出表“本年归集上缴或调出”栏内各项目的编制方法

本表“本年归集上缴或调出”栏中各项目，反映高等学校本年按规定实际上缴的财政拨款结转结余资金，以及按照规定向其他单位调出的财政拨款结转资金金额。各项目

应当根据“财政拨款结转”“财政拨款结余”科目下“归集上缴”科目和“财政拨款结转”科目下“归集调出”明细科目，及其所属明细科目的本年发生额，以“-”列示。

5.财政拨款预算收入支出表“单位内部调剂”栏内各项目的编制方法

本表“单位内部调剂”栏中各项目，反映高等学校本年财政拨款结转结余资金在高等学校内部不同项目等之间的调剂金额。各项目应当根据“财政拨款结转”和“财政拨款结余”科目下的“单位内部调剂”明细科目及其所属明细科目的本年发生额编制；对单位内部调剂减少的财政拨款结余金额，以“-”列示。

6.财政拨款预算收入支出表“本年财政拨款收入”栏内各项目的编制方法

本表“本年财政拨款收入”栏中各项目，反映高等学校本年从同级财政部门取得的各类财政预算拨款金额。各项目应当根据“财政拨款预算收入”科目及其所属明细科目的本年发生额编制。

7.财政拨款预算收入支出表“本年财政拨款支出”栏内各项目的编制方法

本表“本年财政拨款支出”栏中各项目，反映高等学校本年发生的财政拨款支出金额。各项目应当根据“事业支出”等科目及其所属明细科目本年发生额中的财政拨款支出数的合计数编制。

8.财政拨款预算收入支出表“年末财政拨款结转结余”栏内各项目的编制方法

本表“年末财政拨款结转结余”栏中各项目，反映高等学校年末财政拨款结转结余的金额。各项目应当根据“财政拨款结转”“财政拨款结余”科目及其所属明细科目的年末余额编制。

第十二章　高校重点业务财务管理与会计核算实务

第一节　公务接待

公务接待是指高等学校按规定开支的各类公务接待，包括国内公务接待和外宾接待。公务接待费用应当全部纳入预算管理，单独列示，公务接待相关法规如表12-1所示。

表12-1　国家颁布的公务接待相关法规

序号	文件名	文件号
1	《党政机关厉行节约反对浪费条例》	中发〔2013〕13号
2	《党政机关国内公务接待管理规定》	中办发〔2013〕22号
3	《中央和国家机关外宾接待经费管理办法》	财行〔2013〕533号
4	《关于规范差旅伙食费和市内交通费收交管理有关事项的通知》	财办行〔2019〕104号

一、国内公务接待相关规定

国内公务是指出席会议、考察调研、执行任务、学习交流、检查指导、请示汇报工作等公务活动。公务外出确须接待的，派出单位应当向接待单位发出公函，告知内容、行程和人员，严格控制国内公务接待范围，不得用公款报销或者支付应由个人负担的费用。

（一）接待原则

国内公务接待应当坚持有利公务、务实节俭、严格标准、简化礼仪、高效透明、尊重少数民族风俗习惯的原则。

（二）事前审批

各单位应当加强公务外出计划管理，科学安排和严格控制外出的时间、内容、路线、频率、人员数量。接待单位应当根据规定的接待范围，严格接待审批控制，对能够合并的公务接待统筹安排。无公函的公务活动和来访人员一律不予接待。

（三）事中规范

1.迎送。国内公务接待不得在机场、车站、码头和辖区边界组织迎送活动，不得跨地区迎送，不得张贴悬挂标语横幅，不得安排群众迎送，不得铺设迎宾地毯，地区、部门主要负责人不得参加迎送。严格控制陪同人数，不得层层多人陪同。

2.住宿。接待住宿应当严格执行差旅、会议管理的有关规定，在定点饭店或者机关内部接待场所安排，执行协议价格。出差人员住宿费应当回本单位凭据报销，与会人员住宿费应按会议费管理有关规定执行。住宿用房以标准间为主，接待省部级干部可以安排普通套间。

3.餐饮。接待对象应当按照规定标准自行用餐。确因工作需要，接待单位可以安排工作餐一次，并严格控制陪餐人数。接待对象在10人以内的，陪餐人数不得超过3人；超过10人的，不得超过接待对象人数的1/3。

工作餐应当供应家常菜，不得提供鱼翅、燕窝等高档菜肴和用野生保护动物制作的菜肴，不得提供香烟和高档酒水，不得使用私人会所、高消费餐饮场所。

工作餐的的标准应当根据当地经济发展水平、市场价格等实际情况，按照当地会议用餐标准制定本级国内公务接待工作餐开支标准。

4.出行。国内公务接待的出行活动应当安排集中乘车，合理使用车型，严格控制随行车辆。

接待单位应当严格按照有关规定使用警车，不得违反规定实行交通管控。确因安全需要安排警卫的，应当按照规定的警卫界限、警卫规格执行，合理安排警力，尽可能缩小警戒范围，不得清场闭馆。

5.来访人员费用缴纳规定。单位出差人员出差期间按规定领取伙食补助费。除确因工作需要由接待单位按规定安排的一次工作餐外，用餐费用自行解决。出差人员需要接待单位协助安排用餐的，应当提前告知控制标准，并向伙食提供方缴纳伙食费。

在单位内部食堂用餐，有对外收费标准的，出差人员按标准缴纳；没有对外收费标准的，早餐按照日伙食补助费标准的20%缴纳，午餐、晚餐按照日伙食补助费标准的40%缴纳。在宾馆、饭店等餐饮服务单位用餐的，按照餐饮服务单位收费标准缴纳相关费用。

接待单位应当按规定收取出差人员相关费用的，须及时出具行政事业单位资金往来结算票据或税务发票；确实无法出具上述凭证的，可出具其他收款凭证。加强收取费用的管理，做好业务台账登记，纳入统一核算，所收费用可作为代收款项用于相关支出或作收入处理。

（四）事后报销

公务活动结束后，接待单位应当如实填写接待清单，并由相关负责人审签，作为财务报销的凭证之一。接待清单包括接待对象的单位、姓名、职务和公务活动项目、时间、场所、费用等内容。

（五）国内公务接待禁止性事项

1.禁止异地部门间没有特别需要的一般性学习交流、考察调研，禁止重复性考察，禁止以各种名义和方式变相旅游，禁止违反规定到风景名胜区举办会议和活动。

2.禁止在接待费中列支应当由接待对象承担的差旅、会议、培训等费用，禁止以举办会议、培训为名列支、转移、隐匿接待费开支，禁止向下级单位及其他单位、企业、个人转嫁接待费用，禁止在非税收入中坐支接待费用，禁止借公务接待名义列支其他支出。

3.不得超标准安排接待住房，不得额外配发洗漱用品。不得超标准接待，不得组织旅游和与公务活动无关的参观，不得组织到营业性娱乐、健身场所活动，不得安排专场文艺演出，不得以任何名义赠送礼金、有价证券、纪念品和土特产品等。

二、外宾接待相关规定

（一）接待原则

外宾接待工作应当坚持服务外交、友好对等、务实节俭的原则。

（二）事前审批

各单位邀请外宾来访应当按照属地有关外事管理规定，严格执行计划审批规定。未经批准或授权，不得对外发出正式邀请或作出承诺。接待计划应当明确外宾团组中由我方招待的人数、天数，费用开支范围以及资金来源、列支渠道、预算等。计划编制必须严格控制在年度外宾接待费预算范围内，不得起标。

（三）事中规范

对应邀来华的外宾，各单位应当根据互惠对等原则或外事交流协议等，区分为全部招待、部分招待和外宾自理。无互惠对等原则及外事交流协议的，招待天数不得超过5天（含抵、离境当天），招待人数可由单位按内部规定执行，超出规定天数和人数的，一律由外宾自理。

1.住宿。外宾住宿应当注重安全舒适，不追求奢华。副部长级及以上人员率领的外宾代表团，可安排在五星级、四星级宾馆；司局级及以下人员率领的代表团以及其他一般外宾代表团，安排的宾馆最高不超过四星级。副部长级及以上人员可安排套间，其他人员安排标准间。

2.餐饮。外宾日常伙食招待应当注意节俭，严格根据伙食费标准选择菜品，提倡采用自助餐等形式。外宾在华期间，宴请不得超过2次，包括赴地方访问时，由地方单位或有关单位联合安排的1次宴请。

3.出行。外宾用车应当根据实际情况安排，除少数重要外宾乘坐小轿车外，其他外宾可视人数多少安排小轿车、中巴士或大巴士。在符合礼宾要求的前提下，外宾出行应当集中乘车，减少随行车辆。

4.赠礼。对方赠礼应当节约从简，实物礼品应当尽量选择具有中国特色的纪念品、传统手工艺品和实物物品，朴素大方，不求奢华。赠礼对象仅限于外方团长夫妇，必要时可包括主要陪同人员，原则上由接待单位赠礼一次，其他单位不得重复赠礼。如外方赠礼，可按对等原则回礼。对外赠礼以赠礼方或受礼方级别较高一方的级别确定赠礼标准。赠礼方或受礼方为正、副部长级人员的，每人次礼品不得超过400元；赠礼方或受礼方为司局级及以下人员的，每人次礼品不得超过200元；其他人员，可以视情况赠送小纪念品。对访问我国的著名友好人士、社会名流、专家学者，确有必要赠礼的，按照正、副部长级人员标准执行。

5.其他事项。外宾在华期间的医药、邮电通信、洗衣、理发等费用，除国家元首、政府首脑外，均由外宾自理。

（四）事后报销

外宾接待原则上由邀请单位负担费用，即“谁邀请，谁负担经费”。中央单位邀请的外宾团组经费支出由中央单位负担；地方单位邀请的外宾团组经费支出由地方负担。由中央单位邀请的外宾团组，确须到地方访问的，接待单位应当事先在接待方案中明确划分中央与地方分别承担的接待费用。

（五）外宾接待禁止事项

宴请外宾严禁讲排场，原则上安排在宴请举办单位内部的宾馆和招待所，不上高档菜肴和酒水，杜绝奢侈浪费。

三、公务接待财务管理知识点

（一）预算

接待单位应当加强公务接待经费的预算管理，合理限定接待费预算总额，控制预算规模。公务接待费用全部纳入预算，在核定的年度公务接待费预算内安排接待活动，不得超预算或无预算安排公务接待。公务接待实行“双控制度”，即公务接待费支出总额控制和接待标准控制。

（二）开支范围

1.国内公务接待

国内公务接待费用一般主要是餐费，须凭派出单位公函和票据予以报销。来访人员差旅和住宿费应当回本单位凭据报销，与会人员的住宿费按会议费管理有关规定执行。

2.外宾接待费用

外宾接待费用开支范围主要包括住宿费、日常伙食费、宴请费、交通费、赠礼等。

（三）接待（宴请）次数

1.国内公务接待

接待对象应当按照规定标准自行用餐。确因工作需要，接待单位可以安排工作餐一次，并严格控制陪餐人数。

2.外宾接待

外宾在华期间，宴请不得超过2次，包含赴地方访问时，由地方接待单位或有关单位联合安排的1次宴请。

（四）陪餐人数要求

1.国内公务接待

接待对象在10人以内的，陪餐人数不得超过3人；超过10人的，不得超过接待对象人数的1/3。

2.外宾接待

接待国家元首、政府首脑级外宾的重大外交外事活动外，我方参加宴请人数应当根据礼宾要求安排。其他宴请，外宾5人（含5人）以内的，中外人数原则上在1 ∶ 1以内安排；外宾超过5人的，超过部分中外人数原则上在1 ∶ 2以内安排。

（五）接待标准

1.国内公务接待

按照当地会议用餐标准制定本级国内公务接待工作餐开支标准，并定期进行调整。

2.外宾接待

外宾日常伙食费（含酒水、饮料）标准：国家元首、政府首脑级每人每天600元；副总统、副总理和正、副议长级每人每天550元；正、副部长级每人每天500元；其他人员每人每天300元。

外宾宴请费（含酒水、饮料）标准：正、副部长级人员出面举办的宴会，每人每次400元；司局级及以下人员出面举办的宴会，每人每次300元。冷餐、酒会、茶会分别为每人每次150元、100元、60元。

四、主要财务案例分析

【例12-1】H大学接待××大学一行6人，调研学校人才队伍建设等经验，发生餐费890元。财务依据接待公函、费用清单、发票报销。

财务会计：

借：单位管理费——行政管理费用——商品服务支出

——公务接待费　　890

贷：零余额账户用款额度　　890

预算会计：

借：事业支出——教育支出——非财政拨款——基本支出　　890

贷：资金结存——零余额账户用款额度　　890

第二节　公务用车

公务用车是指党政机关按规定配备用于定向保障公务活动的机动车辆，包括机要通信用车、应急保障用车、执法执勤用车、特种专业技术用车以及其他按照规定配备的公务用，公车改革相关法规如表12-2所示。

为贯彻落实党的十八大和十八届三中全会精神及《党政机关厉行节约反对浪费条例》，改革公务用车制度，规范公务用车运行管理，有效降低行政成本，中共中央办公厅、国务院于2014年7月印发《关于全面推进公务用车制度改革的指导意见》，自2014年起，全国范围内全面有序推进公务用车制度改革。通过改革，切实实现公务出行便捷合理、交通费用节约可控、车辆管理规范透明、监管问责科学有效，基本形成符合国情的新型公务用车制度。事业单位行业类别众多，单位类型复杂，经费来源多样，人员身份不一，车辆规模庞大，必须充分认识事业单位公务用车制度改革复杂性，切实增强责任感、使命感和紧迫感，坚定信心，扎实工作，确保改革工作有序推进。

表12-2　　国家颁布的公车改革相关法规

序号	文件名	文件号
1	《关于全面推进公务用车制度改革的指导意见》	中办发〔2014〕40号
2	《党政机关公务用车管理办法》	中办发〔2017〕71号
3	《关于进一步完善公车改革财政配套制度的通知》	财办行〔2018〕128号
4	《中央国家机关公务用车编制和配备标准的规定》	国管财〔2004〕120号
5	《中央和国家机关公务用车制度改革方案》	中办发〔2014〕41号
6	《中央事业单位公务用车制度改革实施意见》	2015年12月25日发布
7	《事业单位国有资产管理暂行办法》	中华人民共和国财政部第36号令

一、事业单位公车改革政策

中共中央办公厅、国务院于2014年7月印发《关于全面推进公务用车制度改革的指导意见》，中央公务用车制度改革领导小组于2015年12月印发《中央事业单位公务用车制度改革实施意见》，涉及事业单位公车改革的主要内容有以下五点。

（一）公车参改人员范围

事业单位参与公车改革的人员范围为所有原符合公务用车配备条件的岗位和人员，目前按照报销公务交通费用保障公务出行的岗位和人员原则上维持现有方式。

（二）改革公务交通保障方式

各部门所属事业单位，取消一般公务用车，保留必要的特种专业技术用车和必要的业务用车等车辆，在确保本单位节约开支的前提下，对参改人员采取报销公务交通费用、发放公务交通补贴或其他符合规定的社会化方式等保障其公务活动出行。

（三）合理确定公务交通补贴或费用报销的范围、标准或额度

各部门所属事业单位，对参改人员实行以按规定报销公务交通费用为主的办法，个别特定岗位确须发放公务交通补贴的应从严从紧核定，并报本单位所属的主管部门批准。公务交通费用报销额度及公务交通补贴标准，由主管部门根据取消车辆数量、运行成本和改革前交通费支出情况，在节约开支的前提下，按照不高于同地区、同级别机关相应层级公务员交通补贴标准的原则从严确定。不得既发放公务交通补贴又报销公务交通费用。严格按规定控制报销或发放人员范围，避免普遍发放交通补贴或允许限额报销的福利化改革倾向。建立公务交通费用报销总额度和公务交通补贴总数与所在单位规模增长相匹配的动态调整机制。党中央、国务院直属事业单位机关本级，公务交通补贴的标准、发放范围和方式及管理使用，按照中办发〔2014〕41号文件《中央和国家机关公

务用车制度改革方案》中的有关规定执行。

《关于全面推进公务用车制度改革的指导意见》（中办发〔2014〕40号）规定："各级党政机关要从实际出发，综合考虑公务出行成本、经济发展水平、社会承受能力、辖区面积、自然地理环境、公务出行次数和距离、行政级别和实际承担的工作职责等因素，按照节约成本、保证公务、便于操作、简化档次的要求，确定本地区公务交通补贴标准。根据交通成本等相关因素变化情况，公务交通补贴标准可适时适度进行调整。允许参改单位根据实际情况，从公务交通补贴中划出一定比例作为单位统筹部分，集中用于解决不同岗位之间公务出行不均衡等问题，统筹资金使用须公开透明，具体管理办法由各单位制定。对特别重大抢险救灾、事故处理、突发事件处置等不可预测的特殊事项，各地可从实际出发在应急预案中另行制定特殊情况下公务用车保障办法。地方公务交通补贴标准不得高于中央和国家机关补贴标准的130%，边疆民族地区和其他边远地区标准不得高于中央和国家机关补贴标准的150%。各省（自治区、直辖市）之间补贴标准差距不宜过大，同一省（自治区、直辖市）内不同地区补贴标准差距不得超过20%，同一市（地、州、盟）实行统一的补贴标准。"

《中央和国家机关公务用车制度改革方案》（中办发〔2014〕41号）通知规定，"中央和国家机关车改公务交通每月补贴标准：司局级1 300元、处级800元、科级及以下500元"。

截至目前，部分省市公务交通每人每月车补标准上限如下：

1.河北省：厅局级1 690元、处级1 040元、科级650元、科员及以下500元。

2.重庆市：厅局级1 690元、处级1 040元、科级及以下650元。

3.陕西省：正厅局级1 690元、副厅局级1 500元、正处级1 040元、副处级950元、正科级650元、副科级600元、科级以下550元。

4.广东省：正厅级1 690元、副厅级1 500元、正处级1 000元、副处级800元、正科级600元、副科级450元、科员300元、科员以下250元。

5.湖北省：厅局级1 690元、县处级1 040元、乡科级650元、科员及以下450元。

6.安徽省：正厅级1 690元、副厅级1 600元、正处级1 000元、副处级900元、科级及以下550元。

7.山东省：厅局级正职1 690元、厅局级副职1 560元，县处级正职1 040元、县处级副职960元，乡科级正职650元、乡科级副职600元，科员办事员和机关工勤编制人员500元。

8.广西壮族自治区：厅级1 950元，处级1 200元，科级750元，科员及以下650元。

9.贵州省：厅级1 950元，处级1 200元，科级750元，科员及以下500元。

10.四川省：厅局级1 690元，县团级1 040元，科级650元，科员500元，公勤人员300元

11.内蒙古自治区：正厅级1 950元，副厅级1 800元，正处级1 200元，副处级1 050元，正科级750元，副科级600元，科员及以下450元。

12.云南省：厅局级1 950元，处级1 200元，科级及以下750元，机关工勤人员650元。

13.湖南省：省级党政机关厅级1 690元，处级1 040元，科级650元，科员及以下550元。

14.江西省：厅局级1 690元，处级1 040元，科级650元，科员及以下500元。

（四）公开规范处置公务用车

各部门所属事业单位取消的车辆，由主管部门统一规范处置，严格履行资产处置审批手续。《事业单位国有资产管理暂行办法》（中华人民共和国财政部第36号令）第二十六条规定，“事业单位占有、使用的房屋建筑物、土地和车辆的处置，货币性资产损失的核销，以及单位价值或者批量价值在规定限额以上的资产的处置，经主管部门审核后报同级财政部门审批”。对取消的一般公务用车，要制定处置办法，公开招标、评估、拍卖，通过公开拍卖等方式公开处置。处置收入按事业单位有关财务管理制度进行管理和核算。

（五）完善财务管理

公务交通补贴属于改革性补贴，统一纳入财政预算，在“商品服务支出——其他交通费用”科目中列支、按月发放，用于保障公务人员普通公务出行。各单位要加强财务管理，按照核定的特定在编在岗人数和职级核定补贴数额，严格公务交通补贴发放，不得擅自扩大补贴范围、提高补贴标准。对参改人员实行以按规定报销公务交通费用保障其公务活动出行的，单位应核定每人每月报销额度，额度内据实报销，不得形成固定数额，不得既发放公务交通补贴又报销公务交通费用。严格按规定控制报销或发放人员范围，避免普遍发放交通补贴或允许限额报销的福利化改革倾向。《河北省事业单位公务用车制度政策解答》，“对参改人员实行以按规定报销公务交通费用保障其公务活动出行的，单位公务交通年度报销总额不得突破改革前本单位公务交同费用年度总额，个人报销总额不得高于同地区同级别机关相应层级公务员交通补贴标准。报销公务交通费时要严格执行据实原则，报销的费用应是正式的公务出行的正常开支，严禁实行每月或其他定期固定数额报销”。

二、公务用车财务管理知识点

单位购置公务用车要按规定严格履行审批手续。在公务用车主管部门核定的单位公务用车编制数量内，车辆采购价格和排气量均在规定的标准以内，严格执行“先审批、后采购”制度，不得超编制、超标准配备公务用车。任何单位不得以任何理由在办理审批手续之前购置车辆。公务用车主管部门按照政府采购法律法规和国家有关政策规定，统一组织实施公务用车集中采购。

（一）公务用车购置费用

公务用车购置费用是指公务用车车辆购置支出，包括公务用车购置价款、车辆购置税和其他相关支出。

1.公务用车编制管理

党政机关公务用车实行编制管理。车辆编制根据机构设置、人员编制和工作需要等因素确定。机要通信用车、应急保障用车和其他按照规定配备的公务用车编制由公务用车主管部门会同有关部门确定。执法执勤用车、特种专业技术用车编制由财政部门会同有关部门确定，并送公务用车主管部门备案。各省市车辆编制按照中央有关规定，根据机构设置、人员编制和工作需要等因素确定。

2.公务用车配备标准

各单位应当严格执行中央有关公务用车配备标准，确因工作需要超出规定标准配备公务用车的，必须报省级公务用车主管部门批准。配备标准应当根据公务保障需要、汽车行业技术发展、市场价格变化等因素适时调整。公务用车配备标准如下：

（1）机要通信用车配备价格12万元以内、排气量1.6升（含）以下的轿车或者其他小型客车。

（2）应急保障用车和其他按照规定配备的公务用车配备价格18万元以内、排气量1.8升（含）以下的轿车或者其他小型客车。确因情况特殊，可以适当配备价格25万元以内、排气量3.0升（含）以下的其他小型客车、中型客车或者价格45万元以内的大型客车。

（3）执法执勤用车配备价格12万元以内、排气量1.6升（含）以下的轿车或者其他小型客车，因工作需要可以配备价格18万元以内、排气量1.8升（含）以下的轿车或者其他小型客车。确因情况特殊，可以适当配备价格25万元以内、排气量3.0升（含）以下的其他小型客车、中型客车或者价格45万元以内的大型客车。

（4）特种专业技术用车配备标准由有关部门会同财政部门按照保障工作需要、厉行节约的原则确定。

公务用车配备新能源轿车的，价格不得超过18万元。

（二）公务用车运行维护费

公务用车运行维护费是指单位按规定保留的公务用车燃料费、维修费、过路过桥费、保险费、停车费、安全奖励费等支出。每年由财政部门会同公务用车主管部门核定公务用车运行费用定额标准，列入年度预算，所需要的费用支出在“商品服务支出——公务用车运行维护费费”科目列支。以河北省高校为例，一般公务用车费用标准定额9万元/年·车。

三、主要财务案例分析

【例12-2】H高校依据主管部门批复的公车改革方案、处置机构处置确认书等材料，处置公务用车9辆，车辆原值1 809 460元，其中一辆已到报废年限，残值报废收入300元，其余8辆（已到更新年限尚能继续使用）评估价款286 000元，通过公开拍卖取得价款407 500元，支付评估费9 000元、拍卖费20 375元，车辆处置收入扣除评估费、拍卖费后净值为378 425元，其中300元按规定上交国库。

财务会计：

1.按照规定报经批准处置的账务处理如下：

借：固定资产累计折旧　　1 809 460

　　贷：固定资产　　1 809 460

2.支付评估费、拍卖费的账务处理如下：

借：资产处置费用　　29 375

　　贷：银行存款　　29 375

3.取得的处置收入的账务处理如下：

借：银行存款　　407 800

　　贷：资产处置费用　　407 800

4.归集应上交国库款的账务处理如下：

事业单位国有资产处置收入属于国家所有，应当按照政府非税收入管理的规定，实行“收支两条线”管理。

借：资产处置费用　　378 425

　　贷：应交财政款——应交国库款——国有资产处置收入　　378 425

5.处置净收入上交国库的账务处理如下：

《河北省省级事业单位国有资产处置实施办法》（冀财资〔2019〕110号）第三十一条规定“省级事业单位应上缴的国有资产处置收入，应在取得收入的10个工作日内，全额上缴省级国库”。

借：应交财政款——应交国库款——国有资产处置收入　　378 425

　　贷：银行存款　　378 425

预算会计不作账务处理。

【例12-3】财政按照预算安排和高校实际上缴的处置收入划拨经费，金额520万元，专项用于高校校舍维修。

财务会计：

借：零余额账户用款额度　　5 200 000

　贷：财政拨款收入——教育拨款收入——教育经费项目拨款　　5 200 000

预算会计：

借：资金结存——零余额账户用款额度　　5 200 000

　贷：财政拨款预算收入——教育补助收入——教育经费项目拨款　　5 200 000

【例12-4】6月报销司机安全奖200元，通过代发工资平台支付。

财务会计：

借：单位管理费——行政管理费——公务用车运行维护费用　　200

　贷：零余额账户用款额度　　200

预算会计：

借：事业支出——基本支出——公务用车运行维护费　　200

　贷：资金结存——零余额账户用款额度　　200

【例12-5】因公乘坐公车异地出差，产生公车过桥过路费1 301.50元。

财务会计：

借：单位管理费——行政管理费——公务用车运行维护费　　1 301.5

　贷：零余额账户用款额度　　1 301.5

预算会计：

借：事业支出——基本支出——公务用车运行维护费　　1 301.5

　贷：资金结存——零余额账户用款额度　　1 301.5

第三节　因公出国（境）

因公出国（境）费用是指高校人员，以执行公务为目的，经批准出国（境）在其国（境）外发生的非个人支出的费用，包括因公临时出国（境）费用、因公短期出国（境）培训费用和因公中长期出国（境）培训。根据出访人员执行工作任务可分为教学科研人员出访和一般公务出访，因公出国（境）费用相关政策如表12-3所示。

教学科研人员是指高等学院直接从事教学和科研任务的人员，以及在高等学校担任领导职务的专家学者。教学科研人员出国（境）开展学术交流不计入单位与个人因公临时出国（境）批次限量管理范围，团组人数、在外停留天数根据实际需要安排。出国（境）开展学术交流主要包括开展教育教学活动、科学研究、学术访问、出席重要国际学术会议、执行国际学术组织履职任务等。

其他出访指高等学校执行学术交流合作任务以外的因公临时出国（境），主要指学校与境外高校、科研院所及其他相关学术机构间的工作交流，其在出访时间、出访国家、出访路线、出访次数等均有严格规定，须严格执行因公临时出国（境）管理政策。

表12-3　国家颁布的因公出国（境）费用相关政策

序号	文件	文件号
1	《因公临时出国经费管理办法》	财行〔2013〕516号
2	《因公短期出国培训费用管理办法》	财行〔2014〕4号
3	《关于加强和改进教学科研人员因公临时出国管理工作的指导意见》	厅字〔2016〕17号
4	国家外国专家局、财政部《关于调整中长期出国（境）培训人员费用开支标准的通知》	外专发〔2002〕96号
5	《关于调整临时出国住宿费标准等有关事项的通知》	财行〔2017〕434号
6	《关于非贸易非经营性用汇管理问题的通知》	财预〔2012〕410号

一、因公出国（境）费用财务管理知识点

（一）计划审批

高等学校因公组派出国（境）团组应当坚持强化预算约束、优化经费结构、厉行勤俭节约、讲求务实高效的原则。严格控制因公临时出国（境）规模，规范因公出国（境）经费管理。

因公出国（境）经费要全部纳入高校预算管理，执行出国（境）计划与财务管理的内部控制制度。因公出国（境）人员应按要求科学制订因公出国（境）计划和经费预算。在申报因公出国（境）计划的同时，须相应落实因公出国（境）经费预算，不允许超预算或无预算安排出访团组，加强预算硬约束。

（二）出国任务审批

高校持经批复列入预算的出国经费审核证明、国外邀请函等其他材料向省外办报送因公出访请示。省外办按规定审核审批程序，审批同意后，出具“出国、赴港澳任务批件”“出国、赴港澳任务通知书”。高校出访人员凭“任务批件”或“任务通知书”办理护照申领、签证及换汇等相关手续。

（三）因公出国（境）费用

1.因公临时出国（境）费用

因公临时出国（境）费用是指因公临时出国（境）的国际旅费、国外城市间交通费、住宿费、伙食费、公杂费和其他费用等支出。

国际旅费是指出境口岸至入境口岸乘坐火车、轮船、飞机等交通工具所发生的旅费。出国（境）人员应当优先选择由我国航空公司运营的国际航线，由于航班衔接等原因确须选择外国航空公司航线的，应当事先报外事部门和财务部门审批同意，出国（境）人员不得以任何理由绕道旅行，或以过境名义变相增加出访国家和时间。出国（境）购买机票，应根据经济适用性原则，通过政府采购等方式，选择优惠票价，并尽可能购买往返机票；购票人在公务机票销售渠道以外的其他机构购票，应当提供同一购票时点在航空公司官网或政府采购机票管理网站截取的同时刻航班舱位的价格截图等材料，以证明其低于政府采购优惠票价，并作为报销凭证的附件；出国（境）人员购买机票原则上应通过公务卡或银行转账方式支付，不得以现金支付，因故无法使用公务卡支付票款的，须保留非现金结算凭据。出国（境）人员应当按照规定标准乘坐交通工具，凭票据实报销国际旅费，交通工具舱位等级划分与规定不一致的，可乘坐同等水平的舱位；所乘交通工具未设置规定本级别人员可乘坐舱位等级的，应乘坐低一等级舱位；超过标准乘坐交通工具的，按标准舱位报销，其余部分由个人承担。

国外城市间交通费是指为完成工作任务所必须发生的，在出访国家的城市与城市之间的交通费用。出国（境）人员根据出访任务需要在一个国家城市间往来（不含国际旅费飞机航班中转地），应当事先在出国（境）经费计划预算中列明，未列入出国（境）计划的国外城市间往来发生的费用不予报销；出国（境）人员在境外往返机场的交通费，可参照城市间交通费有关规定执行。

住宿费是指出国（境）人员在国（境）外发生的住宿费用。出国（境）人员应当严格按照规定安排住宿，省部级人员可安排普通套房，住宿费及按固定比例收取的服务费据实报销；服务费无固定比例的，按不超过住宿费的5%报销。其余级别的人员安排标准间，住宿费在规定的标准之内据实报销。

伙食费、公杂费。伙食费是指出国（境）人员在国外期间的日常伙食费用。公杂费是指出国（境）人员在国外期间的市内交通、邮电、办公用品、必要的小费等费用。出国（境）人员伙食费、公杂费按规定的标准发给个人包干使用。根据工作需要和特点，不宜个人包干的出访团组，其伙食费和公杂费由出访团组统一掌握、包干使用。原则上按照不超过批件出访天数的实际因公出访天数计发。包干天数按离、抵我国国境之日计算。境外单位以现金或实物形式提供伙食费和公杂费接待我出访团组的，出国（境）人员不再领取伙食费和公杂费。出国（境）人员乘坐国际列车，国内段按高校差旅费有关规定执行；国外段超过6小时以上的按自然（日历）天数计算，每人每天补助12美元。出国（境）团组对外原则上不搞宴请。确须宴请的，应当和出国（境）计划一并报批。宴请标准原则上按照出国（境）人员在抵达国一人一天的伙食费标准掌握。出国（境）团组与我国驻外使领馆等外交机构和其他中资机构、企业之间一律不得用公款相互宴请。

其他费用主要是指出国（境）签证费用，防疫费用，国际会议注册费用，会议费，会务费，培训费和因人才招聘、大型推介活动等情况发生的展位费等，上述费用凭有效原始票据据实报销。根据到访国、地区要求，出国（境）人员必须购买保险的，凭有效证明及原始票据据实报销。

2.因公短期出国（境）培训

因公短期出国（境）培训是指高等学校选派各类专业技术人员和管理人员到国外进行90天以内（不含90天）的业务培训。因公出国（境）短期培训费用开支范围包括培训费、国际旅费、国外城市间交通费、住宿费、伙食费、公杂费和其他费用。

培训费是指出国（境）培训团组用于授课、翻译、场租、资料、课程设计、对口业务考察或业务实践活动等在国外培训所必须发生的费用。

国际旅费、国外城市间交通费、住宿费、伙食费、公杂费和其他费用的管理要求和开支标准参照《因公临时出国经费管理办法》（财行〔2013〕516号）执行。

高等学校和培训项目境外承办机构双方应当签订培训协议，明确培训费用的明细支出项目。出国（境）培训团组须在国外参与培训所发生的费用，参照国内培训费相关规定执行。

3.因公中长期出国（境）培训

因公中长期出国（境）培训是指高等学校选派各类专业技术人员和管理人员到国外进行90天以上（含90天）的出国（境）培训。中长期出国（境）培训人员费用包括伙食费、住宿费、交通费、通信费、书籍资料费、医疗保险费和零用费等。中长期出国（境）培训人员费用开支标准分为“高级职称”人员开支标准和“普通职称”人员开支标准两类，其中“高级职称”指高级工程师（或相当高级工程师的其他职称）及以上职称、正县（处）级及以上行政职务。中长期出国（境）培训人员费用开支标准按出访国别核定。

（四）其他因公出国（境）规定

1.出国（境）换汇及报销

高等学校根据出国（境）经费预算，结合实际购汇需求，核定学校购汇数额，通过财政部门批准的人民币资金账户，向外汇指定银行购买外汇，并按要求提供相关资料。出国（境）人员应在回国后15日内，按规定办理外汇核销手续，有外汇结余的，应及时到出国（境）用汇指定银行办理退汇。凡未办理外汇核销手续的，财务部门一律不予报销出国（境）费用。

（1）换汇。出国前换汇材料包括非贸易非经营性用汇申请书、学校因公出国（境）团组用汇申请表、政府审批的因公出国（境）批件或通知书原件及复印件、学校组织机构代码证副本等。

（2）退汇。回国后退汇材料包括学校因公出国（境）出国团组用汇核销表、非贸易非经营性退汇申请书、政府审批的因公出国（境）批件或通知书原件及复印件、学校因公出国（境）团组用汇申请表复印件等。

2. 出国公示

出国人员出国公示包括出访前公示和回国后公示。组团单位和派出单位在向外事部门报送出访请示前，要通过内部局域网、公开栏等便于本单位或本系统人员知晓的方式如实公示有关团组和人员信息，未按规定公示公开的，外事部门不予审核审批；出访回来后，应在1个月内在单位内部公示行前公示内容的实际执行情况和出访报告，未按规定公示公开的，财务部门不予报销出国（境）费用。

3. 因公出国（境）天数的规定

因公出国（境）批准在外停留天数包含离、抵我国国境当日。行程安排第一天须是离开我国过境当日，而不是抵达境外当日；最后一天须是抵达我国国境当日，而不是离开出访国当日。因凌晨航班须提前出关，护照出入记录为前一天日期；因飞机故障、航班取消或天气原因等不可抗力造成的出访超时，要及时向审批部门报告，回国后提供情况说明和有关证明。

（五）因公出国（境）经费管理风险点

1. 未经批准擅自增加出访国家、改变出访行程路线。
2. 未按规定进行出国行前公示和回国后公示。
3. 未经批准擅自延长在外停留时间。
4. 无预算、超预算、超标准、超范围列支出国经费。
5. 出国用汇不规范，未按规定购汇、退汇及核销。
6. 出国经费报销凭据不规范。境外有效票据未用中文注明开支内容、地点、日期、数量、金额等，或中文注明的报销材料没有经办人签字。

二、出国（境）业务账务处理（见表12-4）

表12-4　　　　出国（境）业务账务处理一览表

业务	财务会计	预算会计
出国（境）人员借款购汇	借：其他应收款——支出类（暂付款） 贷：银行存款/零余额账户用款额度——转账	借：事业支出 贷：资金结存
购汇余款退回业务	借：银行存款/零余额账户用款额度——转账 贷：其他应收款——支出类（暂付款）	借：资金结存 贷：事业支出
回国退汇业务	借：银行存款/零余额账户用款额度——转账 贷：其他应收款——支出类（暂付款）	借：资金结存 贷：事业支出
报销业务	借：业务活动费用 贷：其他应收款——支出类（暂付款） 银行存款/零余额账户用款额度——转账	借：事业支出（补差） 贷：资金结存

三、因公出国（境）业务案例分析

【例12-6】H大学××学院刘老师预计8月赴美国参加学术会议，出国计划已列入年度财政专项资金预算，出国经费预算20 000元。

1.出国前借款20 000元。出国人员获出国（境）任务批件后，持因公出国（境）批件正本、会议通知、邀请函、“因公临时出国（境）团组经费申请表”、护照首页复印件、签证页复印件、出国行前公示，至财务处填写《非贸易非经营用汇申请书》和购汇借款手续，到指定银行办理购汇。

财务会计：

借：其他应收款——支出类　　20 000

　贷：零余额账户用款额度　　20 000

预算会计：

借：事业支出——教育支出——财政拨款——项目支出

　　　——商品服务支出——出国（境）费　　20 000

　贷：资金结存——零余额账户用款额度　　20 000

2.刘老师持相关材料前往中国银行办理购汇手续，购汇完毕后，退回购汇差额555元。

财务会计：

借：零余额账户用款额度　　555

　贷：其他应收款——支出类　　555

预算会计：

借：资金结存——零余额账户用款额度　　555

　　贷：事业支出——教育支出——财政拨款——项目支出

　　　　——商品服务支出——出国（境）费　　555

3.刘老师归国后，部分外币未使用，根据相关规定，持《非贸易非经营性退汇通知书》办理退汇手续，参考当天汇率，退回金额445元。

财务会计：

借：零余额账户用款额度　　445

　　贷：其他应收款——支出类　　445

预算会计：

借：资金结存——零余额账户用款额度　　445

　　贷：事业支出——教育支出——财政拨款——项目支出

　　　　——商品服务支出——出国（境）费　　445

4.刘老师持机票、住宿费发票等境外原始票据办理报销手续，经核算实际报销金额19 800元。

预算会计：

借：业务活动费——教育事业支出——商品服务支出

　　——出国（境）费　　19 800

　　贷：其他应收款——支出类（暂付款）　　19 000

　　　　零余额账户用款额度　　800

预算会计：

借：事业支出——教育支出——财政拨款——项目支出

　　——商品服务支出——出国（境）费　　800

　　贷：资金结存——零余额账户用款额度　　800

第四节　会议费

各单位召开会议应当坚持厉行节约、反对浪费、规范简朴、务实高效的原则，严格控制会议数量和规模，规范会议费管理。各单位应当严格会议费预算管理，控制会议费预算规模。会议费预算应当细化到具体会议项目，执行中不得起标。会议费应当纳入部门预算，并单独列示，会议费相关法规如表12-5所示。

表12-5　　国家颁布的会议费相关法规

序号	文件名	文件号
1	《中央和国家机关会议费管理办法》	财行〔2016〕214号
2	《关于停止执行会议年度计划执行情况报告制度的通知》	财行〔2019〕16号
3	《党政机关会议定点管理办法》	财行〔2015〕1号
4	《关于严禁党政机关到风景名胜区开会的通知》	厅字〔2014〕50号
5	《关于进一步完善中央财政科研项目资金管理等政策的若干意见》	中办发〔2016〕50号
6	《河北省省级机关会议费管理办法》	冀财行〔2016〕55号
7	《关于完善和落实省级财政科研项目资金管理等政策的实施意见》	冀办发〔2016〕49号

2016年《中央和国家机关会议费管理办法》出台以来，各地相继出台了会议费管理办法。本书会议费财务管理知识点，是按照《河北省省级机关会议费管理办法》的要求，以《河北省省级机关会议费管理办法》讲解为主，如存在差异，请执行当地的管理办法。根据《河北省省级机关会议费管理办法》规定的“会议分类”，省属高校会议费综合定额一般参照“四类会议”综合定额执行。

一、会议费财务管理知识点

1. 会议费预算

应当严格会议费预算管理，控制会议费预算规模。会议费应当纳入部门预算，并细化到具体会议项目，严格控制会议费预算规模，执行中不得超标。

2. 会议费及开支范围

会议费指召开会议所发生的合理费用。会议费开支范围包括会议住宿费、伙食费、会议室租金、交通费、文件印刷费、医药费以及电视电话会议的会议室租金、电路使用费等。交通费是指用于会议代表接送站，以及会议统一组织的代表考察、调研等发生的交通支出。

3. 会议地点

各高校举办的会议，除采用电视电话、网络视频方式以及在本单位或本系统内部会议室、礼堂、宾馆、招待所、培训（会议）中心等举办的外，应当在会议定点场所召开。不得到党中央、国务院及省委省政府明令禁止的风景名胜区召开会议。

4. 会议次数、天数等规定

省属高校因教学、科研需要举办的业务性会议（如学术会议、研讨会、评审会、座谈会、答辩会等），会议次数、天数、人数以及会议费开支范围、标准等，由省属高校按照实事求是、精简高效、厉行节约的原则确定。因工作需要举办的业务性会议以外的会议，视内容而定，参会人数和天数从严控制，开支标准综合定额不得超过450元/人·天。

5. 综合定额

会议费开支实行综合定额，综合定额标准是会议费开支的上限，住宿费、伙食费等各项费用在开支的前提下，标准可以调剂使用，在综合定额标准以内据实结算。不安排住宿费会议，综合定额按照扣除住宿费后的定额标准执行，住宿费不能调剂使用；不安排就餐的会议，综合定额按照扣除伙食费后的定额标准执行，伙食费不能调剂使用；不安排住宿和就餐的会议，综合定额按照扣除住宿费和伙食费后的定额标准执行，住宿费和伙食费不能调剂使用。

以《河北省省级机关会议费管理办法》规定的会议费综合定额为例（见表12–6至表12–9）。

表12–6　　河北省省级机关会议费综合定额　　单位：元/人·天

会议类别	住宿费	伙食费	其他费用	合计
一类会议	350	150	100	600
二类会议	310	150	90	550
三类会议	300	130	70	500
四类会议	260	130	60	450

表12–7　　无住宿费的会议费综合定额　　单位：元/人·天

会议类别	住宿费	伙食费	其他费用	合计
一类会议		150	100	250
二类会议		150	90	240
三类会议		130	70	200
四类会议		130	60	190

表12–8　　无伙食费的会议费综合定额　　单位：元/人·天

会议类别	住宿费	伙食费	其他费用	合计
一类会议	350		100	450
二类会议	310		90	400
三类会议	300		70	370
四类会议	260		60	320

表12-9　无住宿费、伙食费的会议费综合定额　单位：元/人·天

会议类别	住宿费	伙食费	其他费用	合计
一类会议			100	100
二类会议			90	90
三类会议			70	70
四类会议			60	60

6. 会议代表费用

会议代表参加会议所发生的城市间交通费，按差旅费管理办法由所在单位报销。因工作需要，邀请国内外专家、学者和有关人员参加会议，对确须负担的城市间交通费、国际旅费，可由主办高校参照差旅费标准予以报销，不计入综合定额，在会议费等费用中报销。

举办会议高校根据需要，向邀请参会专家发放的咨询费、临时聘用会务工作人员劳务费等，按有关规定执行，不计入综合定额，不得在会议费中列支。

7. 会议收费

对于全部使用财政拨款举办的会议，不得再向参会人员收取费用，严禁转嫁摊派会议费；对于使用多种资金渠道举办的会议，按照成本补偿的原则，高校可以适当向参会人员收取会议费，收取的标准不得超过综合定额。

8. 会议费支付

高校应当严格按照国库集中支付制度和公务卡管理制度的有关规定执行，以银行转账或公务卡方式结算，禁止以现金方式结算。具备条件的，会议费由财务部门直接结算。

9. 会议费报销

会议结束后举办单位应当及时办理报销手续。会议报销时应当提供会议审批文件、会议通知、会议议程；参会人员签到名单；会议服务单位提供的费用原始票据、清单；会议期间用车、会议室租赁协议；接受委托或者委托其他单位办会的，报销时还应提供相关合同、协议或委托函；举办国际会议还需要提供上级部门批准举办国际会议的批件。

10. 会议费禁止事项

严禁借会议名义组织会餐或安排宴请；严禁套取会议费设立“小金库”；严禁在会议费中列支公务接待费。

严格执行会议用房标准；会议用餐严格控制菜品种类、数量和分量，安排自助餐，

严禁提供高档菜肴，不安排宴请，不上烟酒；会议会场一律不摆花草，不制作背景板，不提供水果。

不得使用会议费购置电脑、复印机、打印机、传真机等固定资产以及开支与本次会议无关的其他费用；不得组织会议代表旅游和与会议无关的参观；严禁组织高消费娱乐、健身活动；严禁以任何名义发放纪念品；不得额外配发洗漱用品。

二、财务案例分析

1. 承办会议

【例12–7】H大学2019年10月举办教育论坛学术研讨会，会期3天，规模300人，经批准已列入2019年预算，预算150 000元，其中学科经费安排90 000元，专户核拨资金安排20 000元，不足部分根据成本补偿原则由收取的会议费弥补，收取会议费21 362元。会议结束，费用共计开支131 362元，通过财政国库额度授权支付90 000元，财政国库额度直接支付20 000元，银行存款支付21 362元。

（1）收取会议费的账务处理如下：

财务会计：

借：银行存款	21 362	
贷：其他应付款		21 362

预算会计不作账务处理。

（2）会议费报销的账务处理如下：

财务会计：

借：其他应付款	21 362	
业务活动费——教育事业支出——商品服务支出（会议费）	110 000	
贷：银行存款		21 362
零余额账户用款额度		90 000
事业收入——教育事业收入——专户核拨预算外资金		20 000

预算会计：

借：事业支出——教育支出——财政拨款——项目支出——商品服务支出（会议费）	90 000	
——非财政拨款——基本支出——商品服务支出（会议费）	20 000	
贷：资金结存——零余额账户用款额度		90 000

事业预算收入——教育事业预算收入——专户核拨预算

外资金——基本教育事业预算外收入　　20 000

2.联合办会

【例12-8】 H大学根据签订的联合办会协议，于9月1日预付联合办会会议费50 000元，用于支付与会人员住宿费，已按规定列入学校预算；9月20日会议结束，实际支付与会人员住宿费48 000元，余款于21日转回学校。

（1）预付联合办会会议费的账务处理如下：

财务会计：

借：其他应收款——支出类　　50 000

　　贷：零余额账户用款额度　　50 000

预算会计：

借：事业支出——教育支出——财政拨款——项目支出

　　　　——商品服务支出（会议费）　　50 000

　　贷：资金结存——零余额账户用款额度　　50 000

（2）会议结束，余款2 000元退回学校的账务处理如下：

财务会计：

借：业务活动费——教育事业支出——商品服务支出

　　　　——会议费　　48 000

　　零余额账户用款额度　　2 000

　　贷：其他应收款——支出类　　50 000

预算会计：

借：资金结存——零余额账户用款额度　　2 000

　　贷：事业支出——教育支出——财政拨款——项目支出

　　　　——商品服务支出（会议费）　　2 000

第五节　培训费

高等学校按照组织管理权限，负责组织实施本单位人员的教育培训工作，包括新录（聘）用的初任培训、在职期间的岗位培训、从事专项工作的专门业务培训以及根据规定和要求组织的其他培训。各单位举办培训应当坚持厉行节约、反对浪费的原则，实行单位内部统一管理，增强培训计划的针对性和实效性，保证培训质量，节约培训资源，提高培训经费使用效益，会议费相关法规如表12-10所示。

表12-10　　国家颁布的会议费相关法规

序号	文件	文件号
1	《中央和国家机关培训费管理办法》	财行〔2016〕540号
2	《关于停止执行培训年度计划备案及执行情况报告规定的通知》	财行〔2019〕231号
3	《河北省省级机关培训费管理办法》	冀财规〔2018〕5号

2016年《中央和国家机关培训费管理办法》出台以来，各地相继出台了培训费管理办法。本书培训费财务管理知识点，是按照《河北省省级机关培训费管理办法》的要求，以《河北省省级机关培训费管理办法》为主，如存在差异，请执行当地的管理办法。

一、培训费财务管理知识点

1. 培训费预算管理

培训费要全部纳入财政预算管理。各单位要按照严格控制、公开透明、科学合理的原则，单独编制培训费预算，明确开支数额和资金列支渠道，强化培训费预算约束。各单位要严格执行经人大批准的培训费预算，不得突破年初预算确定的经费数额，如确有重大特殊情况须追加调整的，要严格按照预算管理有关规定按程序报批。省财政厅对各单位培训费实行上限比例控制。各单位培训费占本单位公用经费的比例最高不得超过5%（不含部门承办的非本单位、本系统人员参加的培训费用），特殊情况报省政府批准。

2. 培训费开支范围

培训费是指各单位开展培训直接发生的各项费用支出，包括师资费、住宿费、伙食费、培训场地费、培训资料费、交通费以及其他费用。

（1）师资费是指聘请师资授课发生的费用，包括授课老师的讲课费、住宿费、伙食费、城市间交通费等。

（2）住宿费是指参训人员及工作人员培训期间发生的租住房间的费用。

（3）伙食费是指参训人员及工作人员培训期间发生的用餐费用。

（4）培训场地费是指用于培训的会议室或教室租金。

（5）培训资料费是指培训期间必要的资料费及办公用品费。

（6）交通费是指用于培训人员接送以及统一组织的与培训有关的考察、调研等发生的交通支出。

（7）其他费用是指现场教学费、设备租赁费、文体活动费、医药费等与培训有关的其他支出。

参训人员参加培训往返及异地教学发生的城市间交通费，按照省级机关差旅费有关规定回单位报销。

3. **培训费开支标准**

除师资费外，培训费实行综合定额标准，分项核定、总额控制见表12-11。

表12-11　河北省省级机关培训费综合定额标准一链表　单位：元/人·天

培训类别	住宿费	伙食费	场地、资料、交通费	其他费用	合计
一类培训	350	150	100	50	650
二类培训	310	140	70	30	550
三类培训	250	110	60	30	450

（1）参训人员分类。一类培训是指参训人员主要为厅局级及相应人员的培训项目；二类培训是指参训人员主要为县处级及相应人员的培训项目；三类培训是指参训人员主要为科级及以下人员的培训项目；以其他人员为主的培训项目参照上述标准分类执行。

（2）综合定额。综合定额标准是培训费开支的上限，各项费用之间可以调剂使用。各单位应在综合定额标准以内结算报销，如果有定额而没有发生费用，核定综合定额时，应按标准扣减，在核减后的综合标准内结算报销。由不同层级干部参加的培训项目也可按参训人员类别分别结算培训费用，各类培训费综合定额标准如表12-12、表12-13、表12-14所示。

表12-12　无住宿费的培训费综合定额标准　单位：元/人·天

培训类别	住宿费	伙食费	场地、资料、交通费	其他费用	合计
一类培训		150	100	50	300
二类培训		140	70	30	240
三类培训		110	60	30	200

表12-13　无伙食费的培训费综合定额标准　单位：元/人·天

培训类别	住宿费	伙食费	场地、资料、交通费	其他费用	合计
一类培训	350		100	50	500
二类培训	310		70	30	410
三类培训	250		60	30	340

表12-14　无住宿费、伙食费的培训费综合定额标准　单位：元/人·天

培训类别	住宿费	伙食费	场地、资料、交通费	其他费用	合计
一类培训			100	50	150
二类培训			70	30	100
三类培训			60	30	90

（3）30天以内的培训按照综合定额标准控制；超过30天的培训，超过天数按照综合定额标准的70%控制。上述天数含报到撤离时间，报到和撤离时间分别不得超过1天。

（4）单位内部具备培训条件的，应当充分利用内部培训场所举办培训。

4. 师资费

师资费在综合定额标准外单独核算。

（1）讲课费（税后）执行以下标准：院士、全国知名专家每学时一般不超过1 500元；正高级技术职称专业人员每学时最高不超过1 000元；副高级技术职称及以下专业人员每学时最高不超过500元。

讲课费按实际发生的学时计算，每半天最多按4学时计算。其他人员讲课参照上述标准执行。

同时为多班次一并授课的，不重复计算讲课费。

（2）授课老师的城市间交通费按照省级机关差旅费管理办法有关规定和标准执行，住宿费、伙食费按照本办法标准执行，原则上由培训举办单位承担。

（3）培训工作确有需要从异地（含境外）邀请授课老师，路途时间较长的，经单位主要负责同志书面批准，讲课费可以适当增加。

5. 培训组织

各单位开展培训应当在开支范围和标准内，择优选择党校、行政学院、干部学院、高校培训基地以及组织人事部门认可的其他培训机构承办。组织培训的工作人员控制在参训人员数量的10%以内，最多不超过10人。各单位组织培训应注重教学设计和质量评估，通过需求调研、课程设计和开发、专家论证、评估反馈等环节，推进培训工作科学化、精准化。注重利用大数据、“互联网+”等现代信息技术等手段，鼓励开展网络培训，降低培训成本，提高培训效率，所需费用纳入部门预算予以保障。

6. 培训费禁止事项

严禁借培训名义安排公款旅游；严禁借培训名义组织会餐或安排宴请；严禁组织高消费娱乐、健身活动；严禁使用培训费购置电脑、复印机、打印机、传真机等固定资产以及开支与培训无关的其他费用；严禁在培训费中列支公务接待费、会议费；严禁套取培训费设立“小金库”。

培训住宿不得安排高档套房，不得额外配发洗漱用品；培训用餐不得上高档菜肴，不得提供烟酒；除必要的现场教学外，7日以内的培训原则上不得组织调研、考察、参观。

二、财务案例分析

【例12-9】根据学校安排，某高校统战部2019年10月组织党外人士赴异地某培训基地进行理想信念教育培训，培训时间3天，往返差旅费用14 677元，发生住宿费、伙食费、场地费、资料费等培训费54 432元，共计69 109元。按规定参训人员参加培训往返异地发生的城市间交通费14 677元，按照省级机关差旅费有关规定回单位报销。

财务会计：

借：单位管理费——行政管理费费用——商品服务支出

（差旅费） 14 677

——商品服务支出（培训费）

54 432

贷：零余额账户用款额度 69 109

预算会计：

借：事业支出——行政管理支出——非财政拨款——基本支出

——商品服务支出（差旅费） 14 677

——财政拨款——基本支出（培训费） 54 432

贷：资金结存——零余额账户用款额度 69 109

【例12-10】2019年7月，财务处选派4名财务人员，参加省会计学会组织的财务人员业务提升培训，培训时间3天。往返差旅费3 172元，按规定异地参加培训路途伙食补助费和交通费按往返各1天计算，当天往返按1天计算，计算核发路途补助1 440元，共计4 612元，通过国库账户办理支付。

财务会计：

借：单位管理费——行政管理费费用——商品服务支出

（差旅费） 4 612

贷：零余额账户用款额度 4 612

预算会计：

借：事业支出——行政管理支出——财政拨款——基本支出

——商品服务支出（差旅费） 4 612

贷：资金结存——零余额账户用款额度 4 612

第六节　基本建设经费

高等学校基本建设是指高校根据教学科研事业发展需要，经政府有关部门批准进行的新建、续建、改建、扩建等基建工程及相关工作。资金来源渠道包括财政资金、自筹资金、基建借款、其他资金等（见表12–15）。

表12–15　　国家颁布的基本建设相关法规

序号	文件名	文件号
1	《基本建设财务规则》	中华人民共和国财政部令第81号
2	《行政事业国有资产管理条例》	中华人民共和国财政部令第738号
3	《基本建设项目竣工财务决算管理暂行办法》	财建〔2016〕503号
4	财政部关于印发《基本建设项目建设成本管理规定》	财建〔2016〕504号
5	《建设工程价款结算暂行办法》	财建〔2004〕369号
6	《河北省省级政府投资项目概算管理办法》	冀政办字〔2018〕187号
7	《河北省政府投资管理办法》	冀政办字〔2019〕82号
8	《河北省省级基本建设项目竣工财务决算管理办法》	冀财规〔2019〕7号
9	《河北省省级基本建设投资项目预算管理办法》	冀财规〔2018〕26号
10	《河北省省级重大项目前期工作经费管理办法》	冀财规〔2019〕2号
11	《关于省级基本建设投资项目和信息化建设项目实行归口审批管理的通知》	冀财建〔2019〕2号
12	《建筑工程安全防护、文明施工措施费用及使用管理规定》	冀建质〔2005〕455号
13	《河北省房屋建筑和市政基础设施工程建设领域农民工工资预储金管理办法》	冀建市〔2014〕19号
14	《关于降低我省防空地下室异地建设费收费标准的通知》	冀价行费〔2017〕203号

高校要按照国家相关制度规定，制定内部基建财务管理办法，实施基本建设财务管理，按照《政府会计制度》规定统一进行会计核算，不再单独建账，应当按项目单独核算，并保证项目资料完整。

一、基建财务管理知识点

（一）建设项目投资概算

建设项目投资概算，是根据建设项目初步设计的内容和概算定额或概算指标、取费标准及费用指标等资料编制的建设费用估算，须经政府部门核定或批准。经核定或批准的建设项目投资概算，应当严格执行，任何单位和个人不得擅自增加建设内容、扩大建设规模、提高建设标准、改变设计或概算方案。因国家政策调整、材料上涨、自然灾害、地质条件等不可抗力确须增加投资概算的，在实施前向原审批部门报批，其中申请概算调增幅度超过原核定概算10%及以上的须报本级政府同意后调整。

（二）建设项目成本

建设成本是指按照批准的建设内容由项目建设资金安排的各项支出，包括建筑安装工程投资支出、设备投资支出、待摊投资支出和其他投资支出。

1.建筑安装工程投资支出

建筑安装工程投资支出是指高校按照批准的建设内容发生的建筑工程和安装工程的实际成本。其中不包括被安装设备本身的价值，以及按照合同规定支付给施工单位的预付备料款和预付工程款。

2.设备投资支出

设备投资支出是指高校按照批准的建设内容发生的各种设备的实际成本，包括需要安装设备、不需要安装设备和为生产准备的不够固定资产标准的工具、器具的实际成本。需要安装设备是指必须将其整体或几个部位装配起来，安装在基础上或建筑物支架上才能使用的设备；不需要安装设备是指不必固定在一定位置或支架上就可以使用的设备。其中安装费用由建筑安装工程投资支出核算。

3.待摊投资支出

待摊投资支出是指高校按照批准的建设内容发生的，应当分摊计入相关资产价值的各项费用和税金支出。主要包括：

（1）勘察费、设计费、研究试验费、可行性研究费及项目其他前期费用。

（2）土地征用及迁移补偿费、土地复垦及补偿费、森林植被恢复费及其他为取得或租用土地使用权而发生的费用。

（3）土地使用税、耕地占用税、契税、车船税、印花税及按规定缴纳的其他税费。

（4）项目建设管理费，是指高校从基建项目筹建之日起至办理竣工财务决算之日止发生的管理性质的支出，包括不在原单位发放工资的工作人员工资及相关费用、办公费、办公场地租用费、差旅交通费、劳动保护费、工具用具使用费、固定资产使用费、招募生产工人费、技术图书资料费（含软件）、业务招待费、施工现场津贴、竣工验收费和其他管理性质的开支。

高校应当严格执行《党政机关厉行节约反对浪费条例》，严格控制项目建设管理费。项目建设管理费实行总额控制，分年度据实列支。

施工现场管理人员津贴标准比照当地财政部门制定的差旅费标准执行。

一般不得发生业务招待费，确须列支的，项目业务招待费支出应当严格按照国家有关规定执行，并不得超过项目建设管理费的5%。

（5）代建管理费、临时设施费、监理费、招投标费、社会中介机构审查费及其他管理性质的费用。

（6）项目建设期间发生的各类借款利息、债券利息、贷款评估费、国外借款手续费及承诺费、汇兑损益、债券发行费用及其他债务利息支出或融资费用。

（7）工程检测费、设备检验费、负荷联合试车费及其他检验检测类费用。

（8）固定资产损失、器材处理亏损、设备盘亏及毁损、报废工程净损失及其他损失。

（9）系统集成等信息工程的费用支出。

（10）其他待摊投资性质支出。基建项目在建设期间的建设资金存款利息收入冲减债务利息支出，利息收入超过利息支出的部分，冲减待摊投资总支出。

4.其他投资支出

其他投资支出是高校按照批准的建设内容发生的房屋购置支出，基本畜禽、林木等的购置、饲养、培育支出，办公生活用家具、器具购置支出，软件研发和不能计入设备投资的软件购置等支出。

5.建设项目前期启动经费

建设项目前期启动费用，是指项目开工前所进行的一系列工作的工作经费，包括项目规划、立项申请、可行性研究、初步设计等，在项目批准建设后，列入项目建设成本。项目未获得批准或因故终止，归集的费用转入当期费用。

（三）建设项目其他支出

建设项目其他支出是指列入投资概算，但是不构成高校建设项目成本的费用，包括待核销基建支出和基建转出投资。

1.待核销基建支出是指建设项目发生的江河清障、航道清淤、飞播造林、补助群众造林、水土保持、城市绿化、取消项目的可行性研究费以及项目整体报废等不能形成资产部分的基建投资支出。

2.基建转出投资是指为建设项目配套而建成的、产权不归属本单位的专用设施的实际成本。

（四）建设成本支出负面清单

高校应当严格控制建设成本的支出范围、支出标准，明确支出责任，以下支出不得列入项目建设成本：

（1）超过批准建设内容发生的支出；

（2）不符合合同协议的支出；

（3）非法收费和摊派；

（4）无发票或者发票项目不全、无审批手续、无责任人员签字的支出；

（5）因设计单位、施工单位、供货单位等原因造成的工程报废等损失，以及未按照规定报经批准的损失；

（6）项目符合规定的验收条件之日起3个月后发生的支出；

（7）其他不属于本项目应当负担的支出。

（五）资金结算

资金结算是指高校在基建项目建设过程中，按照国家法律法规和合同约定等支付的各类款项。

1.农民工工资预储金

预储金是指房屋建筑工程项目开工前，高校或施工总承包企业在银行开设预储金账户，由高校在该账户缴存，专项用于施工总承包企业支付农民工工资的资金。预储金，按合同价的20%缴存。工程造价在1 000万元以下（含1 000万元）的，预储金一次性缴存；工程造价在1 000万元以上的，可一次性缴存，也可分段分批缴存。分段分批缴存的，在办理施工许可证前首次缴存金额应不少于合同价的6%，在基础完工前再缴存不少于合同价的8%，主体工程竣工前再缴存剩余部分。

2.安全文明施工费

高校与施工单位应当在施工合同中明确安全防护、文明施工措施项目总费用，以及费用预付计划、支付计划、使用要求、调整方式等条款。施工合同中对安全防护、文明施工措施费用预付、支付计划未作约定或约定不明的，合同工期在一年以内的，高校预付安全防护、文明施工费用不得低于该费用总额的50%；合同工期在一年以上的（含一年），预付安全防护、文明施工费用不得低于该费用总额的30%，其余费用应当按照施工进度支付。

3.工程预付款

包工包料工程的预付款按合同约定拨付，原则上预付比例不低于合同金额的10%，不高于合同金额的30%，对重大工程项目，按年度工程计划逐年预付；凡是没有签订合同或不具备施工条件的工程，高校不得预付工程款，不得以预付款为名转移资金；预付的工程款必须在合同中约定抵扣方式，并在工程进度款中进行抵扣。

4.工程进度款

（1）工程进度款结算方式。按月结算与支付即实行按月支付进度款，竣工后清算的办法。合同工期在两个年度以上的工程，在年终进行工程盘点，办理年度结算。

分段结算与支付即当年开工、当年不能竣工的工程按照工程形象进度，划分不同阶段支付工程进度款。具体划分应在合同中明确。

（2）工程进度款结算。根据完成并经确认的工程量统计结果，施工单位向学校提出支付工程进度款申请，14天内，学校应按不低于工程量的60%，不高于工程量的90%向施工单位支付工程进度款。按合同约定应扣回的预付款，与工程进度款同期结算抵扣。

5. 工程竣工价款结算

高校收到施工单位递交的竣工结算报告及完整的结算资料后，应在规定的期限内进行核实，给予确认或者提出调整意见。高校根据确认的竣工结算报告向施工单位支付工程竣工结算价款，保留5%左右的质量保证（保修）金，待工程交付使用一年质保期到期后清算（合同另有约定的，从其约定），质保期内如有返修，发生费用应在质量保证（保修）金内扣除。

（六）基建财务竣工决算

基建财务竣工决算是指基建项目竣工后，按规定编制的竣工财务决算，包括竣工财务决算报表、竣工财务决算说明书以及相关材料。

1. 基本建设项目竣工财务决算

基本建设项目竣工财务决算是核定项目资产价值、反映竣工项目建设成果的文件，是办理资产移交和产权登记的依据。

项目完工可投入使用或者试运行合格后，高校应当在3个月内编报项目竣工决算，特殊情况确须延长的，中小型项目不得超过2个月，大型项目不得超过6个月。按照2021年2月1日发布的《行政事业性国有资产管理条例》第三十一条规定："各部门及其所属单位采用建设方式配置资产的，应当在建设项目竣工验收合格后及时办理资产交付手续，并在规定期限内办理竣工财务决算，期限最长不得超过1年。"

编制项目决算前，高校财务部门、建设部门、资产部门等应当完成各项账务处理及财产物资的盘点核实，做到账账、账证、账实、账表相符；应当逐项盘点核实、填列各种材料、设备、工具、器具等清单并妥善保管，应变价处理的库存设备、材料以及应处理的自用固定资产要公开变价处理，不得侵占、挪用。

项目决算的内容主要包括项目决算报表、项目决算说明书、项目决算审核情况及相关资料。

（1）基本建设项目竣工财务决算报表。基本建设项目竣工财务决算报表封面信息包括项目单位、主管部门、建设项目名称、建设性质、项目单位负责人、项目单位财务负责人、项目单位联系人及电话、编报日期、决算基准日。基本建设项目竣工财务决算报表包括八张具体报表，分别为项目概况表（1–1），项目竣工财务决算表（1–2）、资金情况明细表（1–3）、交付使用资产总表（1–4）、交付使用资产明细表（1–5）、待摊投资明细表（1–6）、待核销基建支出明细表（1–7）、转出投资明细表（1–8），各表基本格式和内容如下所示（见表12-16至表12-23）。

表12-16　　　　项目概况表（1-1）

<table>
<tr><td>建设项目（单项工程）名称</td><td colspan="2"></td><td>建设地址</td><td colspan="2"></td><td rowspan="9">基建支出</td><td>项目</td><td>概算批准金额</td><td>实际完成金额</td><td>备注</td></tr>
<tr><td>主要设计单位</td><td colspan="2"></td><td>主要施工企业</td><td colspan="2"></td><td>建筑安装工程</td><td></td><td></td><td rowspan="8"></td></tr>
<tr><td rowspan="2">占地面积（平方米）</td><td>设计</td><td>实际</td><td rowspan="2">总投资（万元）</td><td>设计</td><td>实际</td><td>设备、工具、器具</td><td></td><td></td></tr>
<tr><td></td><td></td><td></td><td></td><td>待摊投资</td><td></td><td></td></tr>
<tr><td rowspan="2">新增生产能力</td><td colspan="3">能力（效益）名称</td><td>设计</td><td>实际</td><td>其中：项目建设管理费</td><td></td><td></td></tr>
<tr><td colspan="3"></td><td></td><td></td><td>其他投资</td><td></td><td></td></tr>
<tr><td rowspan="2">建设起止时间</td><td>设计</td><td colspan="4">年　月　日至　年　月　日</td><td>待核销基建支出</td><td></td><td></td></tr>
<tr><td>实际</td><td colspan="4">年　月　日至　年　月　日</td><td>转出投资</td><td></td><td></td></tr>
<tr><td>概算批准部门及文号</td><td colspan="5"></td><td>合计</td><td></td><td></td></tr>
</table>

<table>
<tr><td rowspan="4">完成主要工程量</td><td colspan="2">建设规模</td><td colspan="3">设备（台、套、吨）</td></tr>
<tr><td>设计</td><td>实际</td><td colspan="2">设计</td><td>实际</td></tr>
<tr><td></td><td></td><td colspan="2"></td><td></td></tr>
<tr><td></td><td></td><td colspan="2"></td><td></td></tr>
<tr><td rowspan="4">尾工工程</td><td>单项工程项目、内容</td><td>批准概算</td><td>预计未完部分投资额</td><td>已完成投资额</td><td>预计完成时间</td></tr>
<tr><td></td><td></td><td></td><td></td><td></td></tr>
<tr><td></td><td></td><td></td><td></td><td></td></tr>
<tr><td>小计</td><td></td><td></td><td></td><td></td></tr>
</table>

表12-17　　　　项目竣工财务决算表（1-2）

项目名称：　　　　　　　　　　　　　　　　　　　　　　　　　　单位：

资金来源	金额	资金占用	金额
一、基建拨款		一、基本建设支出	
1.中央财政资金		（一）交付使用资产	
其中：一般公共预算资金		1.固定资产	
中央基建投资		2.流动资产	
财政专项资金		3.无形资产	
政府性基金		（二）在建工程	
国有资本经营预算安排的基建项目资金		1.建筑安装工程投资	
2.地方财政资金		2.设备投资	
其中：一般公共预算资金		3.待摊投资	
地方基建投资		4.其他投资	

续表

资金来源	金额	资金占用	金额
财政专项资金		（三）待核销基建支出	
政府性基金		（四）转出投资	
国有资本经营预算安排的基建项目资金		二、货币资金合计	
二、部门自筹资金（非负债性资金）		其中：银行存款	
三、项目资本		财政应返还额度	
1.国家资本		其中：直接支付	
2.法人资本		授权支付	
3.个人资本		现金	
4.外商资本		有价证券	
四、项目资本公积		三、预付及应收款合计	
五、基建借款		1.预付备料款	
其中：企业债券资金		2.预付工程款	
六、待冲基建支出		3.预付设备款	
七、应付款合计		4.应收票据	
1.应付工程款		5.其他应收款	
2.应付设备款		四、固定资产合计	
3.应付票据		固定资产原价	
4.应付工资及福利费		减：累计折旧	
5.其他应付款		固定资产净值	
八、未交款合计		固定资产清理	
1.未交税金		待处理固定资产损失	
2.未交结余财政资金			
3.未交基建收入			
4.其他未交款			
合　计		合　计	

补充资料：

基建借款期末余额：　　　　　　　　　　基建结余资金：

备注：资金来源合计扣除财政资金拨款与国家资本、资本公积重叠部分。

表12–18　　　　资金情况明细表（1–3）

项目名称：　　　　　　　　　　　　　　　　　　单位：

资金来源类别	合 计		备注
	预算下达或概算批准金额	实际到位金额	须备注预算下达文号
一、财政资金拨款			
1.中央财政资金			
其中：一般公共预算资金			
中央基建投资			
财政专项资金			
政府性基金			

续表

资金来源类别	合计		备注
	预算下达或概算批准金额	实际到位金额	须备注预算下达文号
国有资本经营预算安排的基建项目资金			
政府统借统还非负债性资金			
2.地方财政资金			
其中：一般公共预算资金			
地方基建投资			
财政专项资金			
政府性基金			
国有资本经营预算安排的基建项目资金			
行政事业性收费			
政府统借统还非负债性资金			
二、项目资本金			
其中：国家资本			
三、银行贷款			
四、企业债券资金			
五、自筹资金			
六、其他资金			
合　计			

补充资料：
项目缺口资金：
缺口资金落实情况：

表12-19　　　　交付使用资产总表（1-4）

项目名称：　　　　　　　　　　　　单位：

序号	单项工程名称	总计	固定资产				流动资产	无形资产
			合计	建筑物及构筑物	设备	其他		

交付单位：　　负责人：　　接收单位：　　负责人：

盖章：　　年　月　日　　盖章：　　年　月　日

表12-20　　　　交付使用资产明细表（1-5）

项目名称：　　　　　　　　　　　　　　　　　　　　　　　　　　单位：

序号	单项工程名称	固定资产										流动资产		无形资产	
		建筑工程				设备　工具　器具　家具									
		结构	面积	金额	其中：分摊待摊投资	名称	规格型号	数量	金额	其中：设备安装费	其中：分摊待摊投资	名称	金额	名称	金额

交付单位：　　　　负责人：　　　　接收单位：　　　　负责人：

盖章：　　　　年　月　日　　　　盖章：　　　　年　月　日

表12-21　　　　待摊投资明细表（1-6）

项目名称：　　　　　　　　　　　　　　　　　　　　　　　　　　单位：

项　目	金额	项　目	金额
1.勘察费		21.工程保险费	
2.设计费		22.招投标费	
3.研究试验费		23.合同公证费	
4.环境影响评价费		24.可行性研究费	
5.监理费		25.社会中介机构审计（查）费	
6.土地征用及迁移补偿费		26.工程检测费	
7.土地复垦及补偿费		27.设备检验费	
8.土地使用税		28.负荷联合试车费	
9.耕地占用税		29.固定资产损失	
10.车船税		30.器材处理亏损	
11.印花税		31.设备盘亏及毁损	
12.临时设施费		32.报废工程损失	
13.文物保护费		33.（贷款）项目评估费	
14.森林植被恢复费		34.国外借款手续费及承诺费	
15.安全生产费		35.汇兑损益	
16.安全鉴定费		36.坏账损失	
17.网络租赁费		37.借款利息	
18.系统运行维护监理费		38.减：存款利息收入	
19.项目建设管理费		39.减：财政贴息资金	
20.代建管理费		40.企业债券发行费用	

续表

项　目	金额	项　目	金额
41.经济合同仲裁费		45.航标设施费	
42.诉讼费		46.航测费	
43.律师代理费		47.其他待摊投资性质支出	
44.航道维护费		合 计	

表12-22　　待核销基建支出明细表（1-7）

项目名称：　　　　　　　　　　　　　　　　　　　　　　单位：

不能形成资产部分的财政投资支出				用于家庭或个人的财政补助支出			
支出类别	单位	数量	金额	支出类别	单位	数量	金额
1.江河清障				1.补助群众造林			
2.航道清淤				2.户用沼气工程			
3.飞播造林				3.户用饮水工程			
4.退耕还林（草）				4.农村危房改造工程			
5.封山（沙）育林（草）				5.垦区及林区棚户区改造			
6.水土保持				……			
7.城市绿化							
8.毁损道路修复							
9.护坡及清理							
10.取消项目可行性研究费							
11.项目报废							
……				合 计			

表12-23　　转出投资明细表（1-8）

项目名称：　　　　　　　　　　　　　　　　　　　　　　单位：

序号	单项工程名称	固定资产										流动资产		无形资产	
		建筑工程				设备 工具 器具 家具									
		结构	面积	金额	其中：分摊待摊投资	名称	规格型号	数量	金额	其中：设备安装费	其中：分摊待摊投资	名称	金额	名称	金额
	合计														

交付单位：　　　　负责人：　　　　接收单位：　　　　负责人：

盖章：　　　　　年　月　日　　　　盖章：　　　　　年　月　日

（2）决算说明书主要包括：①项目概况；②会计账务处理、财产物资清理及债权债务的清偿情况；③项目建设资金计划及到位情况，财政资金支出预算、投资计划及到位情况，项目建设资金使用、项目结余资金分配情况；④项目概（预）算执行情况及分析，竣工实际完成投资与概算差异及原因分析，尾工工程情况，预备费动用情况；⑤历次审计、检查、审核、稽查意见及整改落实情况；⑥主要技术经济指标的分析、计算情况；⑦项目管理经验、主要问题和建议；⑧项目建设管理制度执行情况、政府采购情况、合同履行情况；⑨须说明的其他事项。

（3）项目决算审核情况及相关资料。项目竣工财务决算实行先审核、后批复的办法。项目决算已经有关部门或单位审核的，须附完整的审核报告及其表格，审核报告内容应当详实、具体、完整，主要包括审核说明、审核依据、审核结果、审核意见建议等。相关资料主要包括：①项目立项、可行性研究报告、初步设计报告及概算、概算调整批复文件的复印件；②项目历年投资计划及财政资金预算下达文件的复印件；③项目建设过程中历次审计、检查意见或文件的复印件；④其他与项目决算相关资料。

基建项目竣工财务决算审核表封面包括评审机构名称、评审项目名称、评审小组负责人及联系电话、委托评审单位及委托文号、委托评审时间及时限、实际评审起止时间、评审报告报送时间等项目。基本建设项目竣工财务决算审核表包括项目竣工财务决算审核汇总表（2–1）、资金情况审核明细表（2–2）、待摊投资审核明细表（2–3）、交付使用资产审核明细表（2–4）、转出投资审核明细表（2–5）、待核销基建支出审核明细表（2–6）等六张具体表格，各表结构与内容如表12–24至表12–29所示。

表12–24　　　　项目竣工财务决算审核汇总表（2–1）

项目名称：　　　　　　　　　　　　　　　　　　　　单位：

序号	工程项目及费用名称	批准概算		送审投资		审定投资		审定投资较概算增减额	备注
		数量	金额	数量	金额	数量	金额		
	按批准概算明细口径或单位工程、分部工程填列（以下为示例）								
	总　计								
一	建筑安装工程投资								
	……								
二	设备、工器具								
	……								
三	工程建设其他费用								
	……								
……	……								

项目单位：　　　　负责人签字：　　　　评审机构：　　　　评审负责人签字：
（盖单位公章）　　年　月　日　　　　（盖单位公章）　　年　月　日

表12-25　　资金情况审核明细表（2-2）

项目名称：　　　　单位：

资金来源类别	合计		备注
	预算下达或概算批准金额	实际到位金额	须备注预算下达文号
一、财政资金拨款			
1.中央财政资金			
其中：一般公共预算资金			
中央基建投资			
财政专项资金			
政府性基金			
国有资本经营预算安排的基建项目资金			
政府统借统还非负债性资金			
2.地方财政资金			
其中：一般公共预算资金			
地方基建投资			
财政专项资金			
政府性基金			
国有资本经营预算安排的基建项目资金			
行政事业性收费			
政府统借统还非负债性资金			
二、项目资本金			
其中：国家资本			
三、银行贷款			
四、企业债券资金			
五、自筹资金			
六、其他资金			
合　计			

项目单位：（盖单位公章）　　负责人签字：年　月　日　　评审机构：（盖单位公章）　　评审负责人签字：年　月　日

表12-26　　待摊投资审核明细表（2-3）

项目名称：　　　　单位：

项目	金额	项目	金额
1.勘察费		8.土地使用税	
2.设计费		9.耕地占用税	
3.研究试验费		10.车船税	
4.环境影响评价费		11.印花税	
5.监理费		12.临时设施费	
6.土地征用及迁移补偿费		13.文物保护费	
7.土地复垦及补偿费		14.森林植被恢复费	

续表

项目	金额	项目	金额
15.安全生产费		32.报废工程损失	
16.安全鉴定费		33.（贷款）项目评估费	
17.网络租赁费		34.国外借款手续费及承诺费	
18.系统运行维护监理费		35.汇兑损益	
19.项目建设管理费		36.坏账损失	
20.代建管理费		37.借款利息	
21.工程保险费		38.减：存款利息收入	
22.招投标费		39.减：财政贴息资金	
23.合同公证费		40.企业债券发行费用	
24.可行性研究费		41.经济合同仲裁费	
25.社会中介机构审计（查）费		42.诉讼费	
26.工程检测费		43.律师代理费	
27.设备检验费		44.航道维护费	
28.负荷联合试车费		45.航标设施费	
29.固定资产损失		46.航测费	
30.器材处理亏损		47.其他待摊投资性质支出	
31.设备盘亏及毁损		合 计	

项目单位：　　　　负责人签字：　　　　评审机构：　　　　评审负责人签字：
（盖单位公章）　　　年　月　日　　　　（盖单位公章）　　　年　月　日

表12–27　　　　交付使用资产审核明细表（2–4）

项目名称：　　　　　　　　　　　　　　　　　　　　　　　单位：

序号	单项工程名称	固定资产													流动资产		无形资产	
		建筑物及构筑物					设备工具器具家具											
		结构	面积	未分摊前金额	分摊待摊投资	金额合计	名称	规格型号	单位	数量	未分摊前金额	设备安装费	分摊待摊投资	金额合计	名称	金额	名称	金额

项目单位：　　　　负责人签字：　　　　评审机构：　　　　评审负责人签字：
　　　　　　　　　年　月　日　　　　　　　　　　　　　　年　月　日

表12-28　　转出投资审核明细表（2-5）

项目名称：　　单位：

序号	单项工程名称	固定资产										流动资产		无形资产	
		建筑物及构筑物					设备								
		结构	面积	未分摊前金额	分摊待摊投资	金额合计	名称	规格型号	单位	数量	金额合计	名称	金额	名称	金额

项目单位：　负责人签字：　评审机构：　评审负责人签字：
年　月　日　　年　月　日

表12-29　　待核销基建支出审核明细表（2-6）

项目名称：　　单位：

不能形成资产部分的财政投资支出				用于家庭或个人的财政补助支出			
支出类别	单位	数量	金额	支出类别	单位	数量	金额
1.江河清障				1.补助群众造林			
2.航道清淤				2.户用沼气工程			
3.飞播造林				3.户用饮水工程			
4.退耕还林（草）				4.农村危房改造工程			
5.封山（沙）育林（草）				5.垦区及林区棚户区改造			
6.水土保持				……			
7.城市绿化							
8.毁损道路修复							
9.护坡及清理							
10.取消项目可行性研究费							
11.项目报废							
……				合　计			

项目单位：　负责人签字：　评审机构：　评审负责人签字：
年　月　日　　年　月　日

2.基本建设项目竣工财务决算的批复

项目竣工决算按照投资额度分别由省财政厅或主管部门批复，主管部门的批复结果应报省财政厅备案。以河北省为例，省财政厅批复范围是投资额在3 000万元（含3 000万元，按完成投资口径）以上的项目竣工决算。主管部门批复范围是投资额在3 000万元以下的项目竣工决算。保密类项目、特殊行业项目、使用外国政府及国际金融组织贷款项目等，国家和省另有规定的，从其规定。

项目决算审核前一般先进行决算评审。项目决算评审由负责决算批复的部门委托有资质的第三方专业评审机构负责，评审结论作为财务决算批复的主要依据。评审所需要的经费由财政预算或项目结余资金统筹安排。

项目决算审核主要是对项目建设单位提供的财务决算资料和评审机构提供的评审报告等进行分析、判断。

审核的依据是以下四类文件和资料：

（1）项目建设和管理的相关法律、法规、文件规定。

（2）国家、地方以及行业工程造价管理的有关规定。

（3）财政部门颁布的基本建设财务管理及会计核算制度。

（4）本项目相关资料：①项目初步设计及概算批复和调整批复文件、历年财政资金预算下达文件。②项目决算报表及说明书。③历年监督检查、审计意见及整改报告。

必要时，可审核项目施工和采购合同、招投标文件、工程结算资料，以及影响财务决算结果的其他相关资料。

项目决算审核事项主要包括：

（1）政策性审核。重点审核项目履行基本建设程序情况、资金来源、到位及使用管理情况、概算执行情况、招标履行及合同管理情况、待核销基建支出和转出投资的合规性、尾工工程及预留费用的比例和合理性等。

（2）技术性审核。重点审核决算报表数据和表间勾稽关系、待摊投资支出情况、建筑安装工程和设备投资支出情况、待摊投资支出分摊计入交付使用资产情况以及项目造价控制情况等。

（3）评审结论审核。重点审核评审结论中投资审减（增）金额和理由。

（4）意见分歧审核及处理。对于评审机构与项目建设单位就评审结论存在意见分歧的，应以有关规定及批准的项目概算为依据进行核定，其中：

评审审减投资属于工程价款结算违反承发包双方合同约定及多计工程量、高估冒算等情况的，一律按评审机构评审结论予以核定批复。

评审审减投资属于超批准项目概算但项目运行使用确实需要的，原则上应先经项目概算审批部门调整概算后，再按调整后的概算确认和批复。若自评审机构出具评审结论之日起3个月内未取得原项目概算审批部门的调整概算批复，仍按评审结论予以批复。

项目决算审核内容主要包括：

（1）工程价款结算是否准确，是否按照合同约定和有关规定进行，有无多算和重复计算工程量、高估冒算建筑材料价格现象。

（2）待摊费用支出及其分摊是否合理、正确。

（3）项目是否按照批准的概算（预）算内容实施，有无超标准、超规模、超概（预）算建设问题。

（4）项目资金是否全部到位，核算是否规范，资金使用是否合理，有无挤占、挪用现象。

（5）项目形成资产是否全面反映，计价是否准确，资产接受单位是否落实。

（6）项目在建设过程中历次检查和审计所提的重大问题是否已经整改落实。

（7）待核销基建支出和转出投资有无依据，是否合理。

（8）竣工财务决算报表所填列的数据是否完整，表间勾稽关系是否清晰、正确。

（9）尾工工程及预留费用是否控制在概算确定的范围内，预留的金额和比例是否合理。

（10）项目建设是否履行基本建设程序，是否符合国家有关建设管理制度要求等。

（11）决算的内容和格式是否符合国家有关规定。

（12）决算资料报送是否完整、决算数据间是否存在错误。

（13）相关主管部门或者第三方专业评审机构是否出具审核意见。

不得作出财务决算批复的情形：

（1）评审报告内容简单、附件不完整、事实反映不清晰且未达到财务决算批复相关要求。

（2）项目决算报表填列的数据不完整，存在较多错误，表间勾稽关系不清晰、不正确，以及报告和报表数据不一致。

（3）项目存在严重超标准、超规模、超概算，挤占、挪用项目建设资金，待核销基建支出和转出投资无依据、不合理等问题。

（4）评审报告或有关部门历次核查、稽查和审计所提问题未整改完毕，存在重大问题未整改或整改落实不到位的现象。

（5）建设单位未能提供相关审计报告。

（6）影响财务决算的其他重要事项。

对存在的问题，属于评审报告的，退回评审机构补充完善；属于项目本身的，提请项目建设单位（或报送单位）限期整改或补充完善。

项目决算审核，未发现较大问题，项目建设程序合法、合规，报表数据正确无误，评审报告内容完整翔实、事实清晰，以及有关问题已整改到位的，应按时作出项目决算批复。决算批复内容包括：

（1）批复确认财务决算完成投资、形成的交付使用资产、资金来源及到位构成，核销基建支出和转出投资等。

（2）批复确认项目交付使用资产总表、交付使用资产明细表等。

（3）批复确认项目结余资金、决算评审审减资金，并明确处理意见。

结余资金的交回时限，按照财政部门基本建设制度规定，应在项目竣工后3个月内缴回国库。财务决算批复时，应确认是否已按规定交回，未交回的，应要求其限时缴回。

评审审减的投资额，按投资来源比例归还投资方，其中审减的财政资金须缴回国库。

（4）批复确认资产移交和产权登记数额。

（5）批复确认项目建设过程中存在的主要问题，并提出整改要求。

项目建设单位应当依据项目决算批复意见，及时办理资产清算和资产交付手续，开展产权登记、资产入账、调账等工作。

（七）基建项目资产价值确认

基建项目竣工验收合格并投入使用后应当及时办理资产交付使用手续和资产价值确认。资产价值的确认，原则上依据主管部门批复的基建竣工财务决算。受基建竣工财务决算编制时间因素的影响，为完整反映高校资产使用状况，在基建项目竣工验收合格并投入使用后，高校可暂按财务账面记录办理固定资产估值入账并按规定计提折旧，准确反映高校运行成本。待基建竣工财务决算批复后，依据批复意见调整资产账面价值。

二、基建项目账务处理

在高等学校会计实务中，按照《政府会计制度》规定，“在建工程”科目用于核算高校在建的建设项目工程的实际成本。包括高校已经发生必要支出，但尚未完工交付使用的各种建筑（包括新建、改建、扩建、修缮等）和设备安装工程的实际成本。高校在建的信息系统项目工程的实际成本，也通过本科目核算。

高校应当在本科目下设置“建筑安装工程投资”“设备投资”“待摊投资”“其他投资”“待核销基建支出”“基建转出投资”等明细科目，并按照具体基建项目进行明细核算，具体账务处理如表12–30所示。

（一）建筑安装工程投资

1.高等学校将固定资产等资产转入改建、扩建等时，财务会计按照固定资产等资产的账面价值，借记本科目（建筑安装工程投资），按照已计提的折旧或摊销，借记“固定资产累计折旧”等科目，按照固定资产等资产的原值，贷记“固定资产”等科目。固定资产等资产改建、扩建过程中涉及替换（或拆除）原资产的某些组成部分的，按照被替换（或拆除）部分的账面价值，借记“待处理财产损溢”科目，贷记本科目（建筑安装工程投资）。预算会计不作账务处理。

2.高等学校对于新建基建项目建筑安装工程部分，按照合同约定和基建项目施工进度办理工程款项拨付。

预付工程款时高校与施工单位签订基建项目施工合同后，按照合同约定，须支付一定比例的工程款，预付工程款比例一般不超过30%并约定后期抵扣比例。财务会计，按照预付工程款金额，借记“预付账款——预付工程款”科目，贷记“财政拨款收入”“零余额账户用款额度”“银行存款”“应付账款”等科目。预算会计，借记“事业支出”科目，贷记“财政拨款预算收入”科目或者“资金结存”科目。

工程进度款时，财务会计，按照进度结算工程款以完成的工程量统计报表为依据，借记本科目（建筑安装工程投资），按照合同约定的预付工程款抵扣比例计算的抵扣金额，贷记“预付账款”科目，按照应支付的工程款，贷记“财政拨款收入”（财政直接支付）科目，“零余额账户用款额度”（财政授权支付）科目，“银行存款”科目，按照借贷差额，贷记“应付账款”等科目；预算会计，按照付款金额，借记“事业支出”科目，贷记“财政拨款预算收入”（财政直接支付）科目或者“资金结存”等科目。

3.高等学校自行施工的小型建筑安装工程，按照发生的各项支出金额，财务会计，借记本科目（建筑安装工程投资），贷记“工程物资”“零余额账户用款额度”“银行存款”“应付职工薪酬”等科目。预算会计，借记“事业支出”科目，贷记“财政拨款预算收入”科目或者“资金结存”科目。

4.工程竣工验收合格，办理交付使用时，按照建筑安装工程投资账面价值（含应分摊的待摊投资），借记“固定资产”等科目，贷记本科目（建筑安装工程投资）。预算会计不作账务处理。

（二）设备投资

1.不需要安装的设备

购入设备时，财务会计按照设备购入成本，借记本科目（设备投资），贷记“财政拨款收入”“零余额账户用款额度”“银行存款”等科目；采用预付款方式购入设备的，有关预付款的账务处理参照本科目有关“建筑安装工程投资”明细科目的规定。预算会计，借记“事业支出”科目，贷记“财政拨款预算收入”科目或者“资金结存”科目。

2.需要安装的设备

属于设备投资的情形：购入设备时，财务会计，按照设备购入成本，借记本科目（设备投资），贷记“财政拨款收入”“零余额账户用款额度”“银行存款”等科目。预算会计，借记“事业支出”科目，贷记“财政拨款预算收入”科目或者“资金结存”科目。

属于设备安装的情形：设备安装工程投资在“建筑安装工程投资”科目核算，高校依据设备安装实际支出，财务会计，借记“建筑安装工程投资”科目，贷记“财政拨款收入”“零余额账户用款额度”“银行存款”等科目。预算会计，借记“事业支出”科目，贷记“财政拨款预算收入”科目或者“资金结存”科目。

3. 办理竣工验收

基建项目竣工验收合格，办理交付使用时，财务会计，按照设备投资成本（含设备安装工程成本和分摊的待摊投资），借记“固定资产”等科目，贷记本科目（设备投资、建筑安装工程投资——安装工程）。预算会计不作账务处理。

4. 未达标准的固定资产

对于学校在建设过程中购置的达不到固定资产标准的工具、器具交付使用时，按照相关设备、工具、器具的实际成本，借记“库存物品”科目，贷记本科目（设备投资）。预算会计不作账务处理。

（三）待摊投资

高等学校建设工程发生的构成建设项目实际支出的、按照规定应当分摊计入有关工程成本和设备成本的各项间接费用和税费支出，先在本明细科目中归集，建设工程竣工验收合格交付使用时，按照合理的分配方法，摊入相关工程成本、在安装设备成本等。

1. 高等学校发生的构成待摊投资的各类费用，财务会计，按照实际发生金额，借记本科目（待摊投资），贷记“财政拨款收入”“零余额账户用款额度”“银行存款”“应付利息”“长期借款”“其他应交税费”等科目。预算会计，按照实际支付的款项，借记“事业支出”科目，贷记“财政拨款预算收入”科目或者“资金结存”科目。

2. 对于建设过程中试生产、设备调试等产生的收入，财务会计，按照取得的收入金额，借记“银行存款”等科目，依据有关规定应当冲减建设工程成本的部分，贷记本科目（待摊投资），按照其差额贷记“应缴财政款”或“其他收入”科目。预算会计，借记“资金结存”科目，贷记“其他预算收入”科目。

3. 由于自然灾害、管理不善等原因造成的单项工程或单位工程报废或毁损，扣除残料价值和过失人或保险公司等赔款后的净损失，报经批准后计入继续施工的工程成本的，财务会计，按照工程成本扣除残料价值和过失人或保险公司等赔款后的净损失，借记本科目（待摊投资），按照残料变价收入、过失人或保险公司赔款等，借记“银行存款”“其他应收款”等科目，按照报废或毁损的工程成本，贷记建筑安装工程投资。预算会计不作账务处理。

4. 基建工程验收合格交付使用时，财务会计按照合理的分配方法分配待摊投资，借记“建筑安装工程投资”“设备投资”等科目，贷记本科目（待摊投资）。预算会计不作账务处理。

待摊投资的分配方法，可按照资产成本合计数与分配率的乘积计算。

（1）分配率。按照实际分配率分配。适用于建设工期较短、整个项目的所有单项工程一次竣工的建设项目，实际分配率的计算公式是：

实际分配率＝待摊投资明细科目余额÷（建筑工程明细科目余额＋安装工程明细科目余额＋设备投资明细科目余额）×100%

按照概算分配率分配。适用于建设工期长、单项工程分期分批建成投入使用的建设项目概算分配率的计算公式是：

概算分配率＝（概算中各待摊投资项目的合计数－其中可直接分配部分）÷（概算中建筑工程、安装工程和设备投资合计）×100%

（2）某项固定资产应分配的待摊投资＝该项固定资产的建筑工程成本或该项固定资产（设备）的采购成本和安装成本合计×分配率。

（四）其他投资

1.高校为建设工程发生房屋购置支出，基本畜禽、林木等的购置、饲养、培育支出，办公生活用家具、器具购置支出，软件研发和不能计入设备投资的软件购置等支出时，财务会计，按照实际发生金额，借记本科目（其他投资），贷记“财政拨款收入”“零余额账户用款额度”“银行存款”等科目。预算会计，按照实际支付的款项，借记“事业支出”等科目，贷记“财政拨款预算收入”“资金结存”等科目。

2.工程完成将形成的房屋、基本畜禽、林木等各种财产以及无形资产交付使用时，按照其实际成本，借记“固定资产”“无形资产”等科目，贷记本科目（其他投资）。

（五）待核销基建支出

1.建设项目发生的室外绿化等不能形成资产的各类待核销基建支出，财务会计，按照实际发生金额，借记本科目（待核销基建支出），贷记“财政拨款收入”“零余额账户用款额度”“银行存款”等科目。在预算会计，按照实际支付的款项，借记“事业支出”等科目，贷记“财政拨款预算收入”“资金结存”等科目。

2.取消的建设项目发生的可行性研究费，财务会计，按照实际发生金额，借记本科目（待核销基建支出），贷记“待摊投资”科目。预算会计不作账务处理。

3.由于自然灾害等原因发生的建设项目整体报废所形成的净损失，报经批准后转入待核销基建支出，财务会计，按照项目整体报废所形成的净损失，借记本科目（待核销基建支出），按照报废工程回收的残料变价收入、保险公司赔款等，借记“银行存款”“其他应收款”等科目，按照报废的工程成本，贷记“建筑安装工程投资”科目等。预算会计不作账务处理。

4.建设项目竣工验收交付使用时，对发生的待核销基建支出进行冲销，借记“资产处置费用”科目，贷记本科目（待核销基建支出）。预算会计不作账务处理。

（六）基建转出投资

为建设项目配套而建成的、产权不归属本单位的专用设施，在项目竣工验收交付使用时，财务会计，按照转出的专用设施的成本，借记本科目（基建转出投资），贷记“建筑安装工程投资”科目；同时，借记“无偿调拨净资产”科目，贷记本科目（基建转出投资）。预算会计不作账务处理。

上述基建项目竣工验收合格投入使用时，高校已按基建项目建设成本办理固定资产入账手续的，对于其中基建项目竣工决算须按规定报送财政部门批复的，待竣工决算批复后，高校须按照批复结果调整已入账固定资产价值。

表12-30　高校基本建设项目账务处理一览表

序号	业务		财务会计账务处理	预算会计账务处理	财务盈余与预算结余差异
（1）	建筑安装工程投资	将固定资产等转入改建、扩建时	借：在建工程——建筑安装工程投资固定资产累计折旧等 贷：固定资产等	—	
		发包工程预付工程款时	借：预付账款——预付工程款 贷：财政拨款收入/零余额用款额度/银行存款等	借：事业支出等 贷：财政拨款预算收入/资金结存	当期确认为预算支出但没有确认为费用
		按照进度结算工程款时	借：在建工程——建筑安装工程投资 贷：预付账款——预付工程款/财政拨款收入/零余额用款额度/银行存款/应付账款等	借：事业支出等 贷：财政拨款预算收入/资金结存	当期确认为预算支出但没有确认为费用
		自行施工小型建筑安装工程发生支出时	借：在建工程——建筑安装工程投资 贷：工程物资/零余额账户用款额度/银行存款/应付职工薪酬等	借：事业支出等 贷：资金结存	当期确认为预算支出但没有确认为费用
		改扩建过程中替换（折除）原资产装些组成部分的	借：待处理财产损溢 贷：在建工程——建筑安装工程投资	—	
		工程竣工验收交付使用时	借：固定资产 贷：在建工程——建筑安装工程投资	—	
（2）	设备投资	购入设备时	借：在建工程——设备投资 贷：财政拨款收入/零余额用款额度/应付账款/银行存款等	借：事业支出等 贷：财政拨款预算收入/资金结存	当期确认为预算支出但没有确认为费用
		安装完华，交付使用时	借：固定资产等 贷：在建工程——设备投资建筑安装工程投资——安装工程	—	

续表

序号	业务		财务会计账务处理	预算会计账务处理	财务盈余与预算结余差异
（2）	设备投资	将不需要安装设备和达不到固定产标准的工具器具交付使用时	借：固定资产/库存物资 贷：在建工程——设备投资	—	
（3）	待摊投资	发生构成待摊投资的各类费用时	借：在建工程——待摊投资 贷：财政拨款收入/零余额用款额度/银行存款/应付利息/长期借款/其他应交税费等	借：事业支出等 贷：财政拨款预算收入/资金结存	当期确认为预算收入但没有确认为收入
		对于建设过程中试生产、设备调试等产生的收入	借：银行存款等 贷：在建工程——待摊投资（按规定冲减工程成本的部分）应缴财政款/其他收入［差额］	借：资金结存 贷：其他预算收入	当期确认为预算收入但没有确认为收入
		经批准将单项工程成单位工程报废净损失计入继续施工的工程成本的	借：在建工程——待摊投资 银行存款/其他应收款等［残料变价收入、赔款等］ 贷：在建工程——建筑安装工程投资［毁损报废工程成本］	—	
（4）	其他投资	工程交付使用时，按照一定的分配方法进行待摊投资分配	借：在建工程——建筑安装工程投资 设备投资 贷：在建工程——待摊投资	—	
		发生其他投资支出时	借：在建工程——其他投资 贷：财政拨款收入/零余额账户用款额度/银行存款等	借：事业支出等［实际支付的款项］ 贷：财政拨款预算收入/资金结存	当期确认为预算支出但没有确认为费用
		资产交付使用时	借：固定资产/无形资产等 贷：在建工程——其他投资	—	
（5）	基建转出投资	建造的产权不归属本单位的专用设施转出时	借：在建工程——基建转出投资 贷：在建工程——建筑安装工程投资	—	
		冲销转出的在建工程时	借：无偿调拨净资产 贷：在建工程——基建转出投资	—	
（6）	待核销基建支出	发生各类待核销基建支出时	借：在建工程——待核销基建支出 贷：财政拨款收入/零余额账户用款额度/银行存款等	借：事业支出［实际支付的款项］ 贷：财政拨款预算收入/资金结存	当期确认为预算支出但没有确认为费用
		取消的项目发生的可行性研究费	借：在建工程——待核销基建支出 贷：在建工程——待摊投资	—	
		由于自然灾害等原因发生的项目整体报废所形成的净损失	借：在建工程——待核销基建支出 贷：在建工程——建筑安装工程投资等		
		经批准冲销待核销基建支出时	借：资产处置费用 贷：在建工程——待核销基建支出	—	

三、基本建设财务案例

下例中高校采用财政授权支付方式。

【例12-11】H大学计划建造一栋综合实验楼，发生前期启动经费20万元，项目2019年获得批准建设。根据项目概算，该项目资金来源分两部分，省预算内资金1 500万元，高校自筹资金300万元。当年获得政府财政补助收入1 500万元。

1.收到省预算内拨款1 500万元。使用零余额账户支付前期启动经费20万元。

（1）收到省预算拨款时的账务处理如下：

财务会计：

借：零余额账户用款额度	15 000 000	
贷：财政拨款收入		15 000 000

预算会计：

借：资金结存——零余额账户用款额度	15 000 000	
贷：财政拨款预算收入		15 000 000

（2）支付前期启动费时的账务处理如下：

财务会计：

借：在建工程——待摊投资——其他	200 000	
贷：零余额账户用款额度		200 000

预算会计：

借：事业支出——教育支出	200 000	
贷：资金结存——零余额账户用款额度		200 000

2.综合实验楼项目建设前期，支付政策性缴费10万元、监理费15万元、可行性研究费10万元，勘察设计费及咨询费25万元，上述资金使用零余额账户支付并开具发票，纳入部门决算。

财务会计：

借：在建工程——待摊投资——政府缴费	100 000	
——工程质量与监测费	150 000	
——可行性研究费	100 000	
——勘察设计费等	250 000	
贷：零余额账户用款额度		600 000

预算会计：

借：事业支出——教育支出	600 000	
贷：资金结存——零余额账户用款额度		600 000

3.后期签订主体施工合同，合同价款1 300万元，根据合同约定，合同签订7日内预付工程款为合同价款的10%，开具发票130万元。缴纳农民工工资保证金25万元。办理施工许可证后开始施工建设，2019年3月经审核后的工程报量300万元，根据合同约定，扣除预付款30万元。上述资金使用国库额度支付，纳入部门决算。

（1）支付预付工程款时的账务处理如下：

财务会计：

借：预付工程款　　1 300 000

　　贷：零余额账户用款额度　　1 300 000

预算会计：

借：事业支出——教育支出　　1 300 000

　　贷：资金结存——零余额账户用款额度　　1 300 000

（2）支付农民工工资预储金时的账务处理如下：

财务会计：

借：预付工程款　　250 000

　　贷：零余额账户用款额度　　250 000

预算会计：

借：事业支出——教育支出　　250 000

　　贷：资金结存——零余额账户用款额度　　250 000

（3）支付进度款时的账务处理如下：

财务会计：

借：在建工程——建筑安装工程投资——建筑工程投资　　3 000 000

　　贷：预付工程款　　300 000

　　　　零余额账户用款额度　　2 700 000

预算会计：

借：事业支出——教育支出　　2 700 000

　　贷：资金结存——零余额账户用款额度　　2 700 000

4.综合实验楼购进电梯一部，价格30万元，安装费10万元，使用零余额账户支付。

财务会计：

借：在建工程——设备投资　　300 000

　　　　　　——建筑安装工程投资——安装工程投资　　100 000

　　贷：零余额账户用款额度　　400 000

预算会计：

借：事业支出——教育支出　　400 000

　　贷：资金结存——零余额账户用款额度　　400 000

5.根据工程进度，综合实验楼项目主体、消防、电梯、室外工程、强电等项目陆续开展。2020年年底，综合教学楼项目审计已结束，根据审计结果，进行账面调整。账面支出及审计结果见表12-31。

表12-31　　综合实验楼项目截至2020年年底工程支出明细　　单位：元

序号	工程项目名称	基建支出类别	合同	基建工程账面投资支出	审计结果
1	主体	建筑工程投资	13 000 000.00	14 000 000.00	13 200 000.00
2	消防	建筑工程投资	400 000.00	420 000.00	400 000.00
3	电梯安装	安装工程投资	100 000.00	100 000.00	100 000.00
4	室外工程	建筑工程投资	1 000 000.00	1 000 000.00	980 000.00
5	室外强电	建筑工程投资	800 000.00	850 000.00	850 000.00
		合计	15 300 000.00	16 370 000.00	15 530 000.00
6	电梯	设备投资	300 000.00	300 000.00	300 000.00
		合计	300 000.00	300 000.00	300 000.00
7	设计合同	待摊投资	250 000.00	250 000.00	250 000.00
8	监理	待摊投资	150 000.00	150 000.00	150 000.00
9	其他待摊	待摊投资	2 000 000.00	2 000 000.00	2 000 000.00
			2 400 000.00	2 400 000.00	2 400 000.00
		合计	18 000 000.00	19 070 000.00	18 230 000.00

（1）考虑综合实验楼工程建设周期较长，2020年10月项目已竣工交付，因后续审计工作仍需时间，为准确反映学校资产现状，按暂估值入账。

①学校综合实验楼按实际分配率方法分配待摊投资。

实际分配率=待摊投资明细科目余额 ÷（建筑工程明细科目余额+安装工程明细科目余额+设备投资明细科目余额）× 100%

某项固定资产应分配的待摊投资=该项固定资产的建筑工程成本或该项固定资产（设备）的采购成本和安装成本合计 × 分配率。

待摊投资分配率

2 400 000 ÷（16 370 000+300 000）× 100%=14.397 1%

建筑安装工程投资应分配的待摊投资是

16 370 000 × 14.397 1%=2 356 808.63（元）

设备投资应分配的待摊投资是

300 000 × 14.397 1%=43 191.37（元）

②财务会计分录。

借：在建工程——建筑安装工程投资　　　　2 356 808.63

　　　　　　——设备投资　　　　43 191.37

贷：在建工程——待摊投资 2 400 000

借：固定资产 19 070 000

贷：在建工程——建筑安装工程投资 18 726 808.63

——设备投资 343 191.37

预算会计不作账务处理。

（2）收到综合实验楼项目审计结果，依据审计结果调整账面价值。

财务会计：

借：累计盈余——以前年度调整 840 000

贷：固定资产 840 000

预算会计不作账务处理。

（3）高校在编制竣工财务决算前首先完成各项账务处理及财产物资的盘点核实，做到账账、账证、账实、账表相符。

盘点核实、填列各种材料、设备、工具、器具等清单并妥善保管，应变价处理的库存设备、材料以及应处理的自用固定资产要公开变价处理，不得侵占、挪用。

（4）综合实验楼基建项目办理竣工财务决算，竣工财务决算报表详见表12-32及表12-34至表12-40。其中，待摊投资的分配详见表12-33。

表12-32

项目单位：H高校　　　　建设项目名称：综合教学楼

主管部门：×××省教育厅　　　　建设性质：新建

基本建设项目竣工财务决算报表

项目单位负责人：×××　　　　项目单位财务负责人：×××

项目单位联系人及电话：××× 13062000000

编报日期：2020-12-31　　　　决算基准日：2020-12-31

表12–33　　H大学综合实验楼待摊投资分配表　　单位：元

序号	工程项目名称	基建支出类别	审计结果	分配待摊投资	分摊后金额
1	主体	建筑工程投资	13 200 000.00	2 001 263.42	15 201 263.42
2	消防	建筑工程投资	400 000.00	60 644.35	460 644.35
3	电梯安装	安装工程投资	100 000.00	15 161.09	115 161.09
4	室外强电	建筑工程投资	850 000.00	128 869.24	978 869.24
合 计			15 530 000.00	2 354 516.74	17 884 516.74
5	电梯	设备投资	300 000.00	45 483.26	345 483.26
合 计			300 000.00	45 483.26	345 483.26
6	设计合同	待摊投资	250 000.00		
7	监理	待摊投资	150 000.00		
8	其他待摊	待摊投资	2 000 000.00		
合 计			2 400 000.00		
总 计			18 230 000.00	2 400 000.00	18 230 000.00

注：待摊投资按实际分配率分配2 400 000/（15 530 000+300 000）。

表12–34　　项目概况表（1–1）　　单位：万元

<table>
<tr><td>建设项目（单项工程）名称</td><td colspan="2">综合教学楼</td><td>建设地址</td><td colspan="2">H省×市H高校</td><td rowspan="9">基建支出</td><td>项目</td><td>概算批准金额</td><td>实际完成金额</td><td>备注</td></tr>
<tr><td>主要设计单位</td><td colspan="2">河北省建筑设计院</td><td>主要施工企业</td><td colspan="2">河北建设集团</td><td>建筑安装工程</td><td></td><td>1 553</td><td></td></tr>
<tr><td rowspan="2">占地面积（平方米）</td><td>设计</td><td>实际</td><td rowspan="2">总投资（万元）</td><td>设计</td><td>实际</td><td>设备、工具、器具</td><td></td><td>30</td><td></td></tr>
<tr><td>2 000</td><td>2 000</td><td>2 100</td><td>1 823</td><td>待摊投资</td><td></td><td>240</td><td></td></tr>
<tr><td rowspan="2">新增生产能力</td><td colspan="3">能力（效益）名称</td><td>设计</td><td>实际</td><td>其中：项目建设管理费</td><td></td><td>5.48</td><td></td></tr>
<tr><td colspan="3"></td><td></td><td></td><td>其他投资</td><td></td><td></td><td></td></tr>
<tr><td rowspan="2">建设起止时间</td><td colspan="2">设计</td><td colspan="3">2020年1月10日至2020年12月31日</td><td>待核销基建支出</td><td></td><td></td><td></td></tr>
<tr><td colspan="2">实际</td><td colspan="3">2020年1月10日至2020年12月31日</td><td>转出投资</td><td></td><td></td><td></td></tr>
<tr><td>概算批准部门及文号</td><td colspan="5">×××</td><td>合计</td><td></td><td>1 823</td><td></td></tr>
<tr><td rowspan="4">完成主要工程量</td><td colspan="5">建设规模</td><td colspan="5">设备（台、套、吨）</td></tr>
<tr><td colspan="3">设　计</td><td colspan="2">实　际</td><td colspan="3">设　计</td><td colspan="2">实　际</td></tr>
<tr><td colspan="3"></td><td colspan="2"></td><td colspan="3"></td><td colspan="2"></td></tr>
<tr><td colspan="3"></td><td colspan="2"></td><td colspan="3"></td><td colspan="2"></td></tr>
<tr><td rowspan="4">尾工工程</td><td colspan="3">单项工程项目、内容</td><td colspan="2">批准概算</td><td colspan="2">预计未完部分投资额</td><td>已完成投资额</td><td colspan="2">预计完成时间</td></tr>
<tr><td colspan="3"></td><td colspan="2"></td><td colspan="2"></td><td></td><td colspan="2"></td></tr>
<tr><td colspan="3"></td><td colspan="2"></td><td colspan="2"></td><td></td><td colspan="2"></td></tr>
<tr><td colspan="3">小 计</td><td colspan="2"></td><td colspan="2"></td><td></td><td colspan="2"></td></tr>
</table>

表12-35　　项目竣工财务决算表（1-2）

项目名称：综合教学楼　　单位：万元

资金来源	金额	资金占用	金额
一、基建拨款		一、基本建设支出	1 823.00
1.中央财政资金		（一）交付使用资产	
其中：一般公共预算资金		1.固定资产	
中央基建投资		2.流动资产	
财政专项资金		3.无形资产	
政府性基金		（二）在建工程	
国有资本经营预算安排的基建项目资金		1.建筑安装工程投资	1 553.00
2.地方财政资金		2.设备投资	30.00
其中：一般公共预算资金	1 000.00	3.待摊投资	240.00
地方基建投资		4.其他投资	
财政专项资金		（三）待核销基建支出	
政府性基金		（四）转出投资	
国有资本经营预算安排的基建项目资金		二、货币资金合计	
二、部门自筹资金（非负债性资金）	823.00	其中：银行存款	
三、项目资本		财政应返还额度	
1.国家资本		其中：直接支付	
2.法人资本		授权支付	
3.个人资本		现金	
4.外商资本		有价证券	
四、项目资本公积		三、预付及应收款合计	
五、基建借款		1.预付备料款	
其中：企业债券资金		2.预付工程款	
六、待冲基建支出		3.预付设备款	
七、应付款合计		4.应收票据	
1.应付工程款		5.其他应收款	
2.应付设备款		四、固定资产合计	
3.应付票据		固定资产原价	
4.应付工资及福利费		减：累计折旧	
5.其他应付款		固定资产净值	
八、未交款合计		固定资产清理	
1.未交税金		待处理固定资产损失	
2.未交结余财政资金			
3.未交基建收入			
4.其他未交款			
合　计	1 823	合　计	1 823

补充资料：

基建借款期末余额：

基建结余资金：

备注：资金来源合计扣除财政资金拨款与国家资本、资本公积重叠部分。

表12-36　　资金情况明细表（1-3）

项目名称：综合实验楼　　　　单位：万元

资金来源类别	合计		备注
	预算下达或概算批准金额	实际到位金额	须备注预算下达文号
一、财政资金拨款			
1. 中央财政资金			
其中：一般公共预算资金			
中央基建投资			
财政专项资金			
政府性基金			
国有资本经营预算安排的基建项目资金			
政府统借统还非负债性资金			
2. 地方财政资金			
其中：一般公共预算资金	1 000	1 000	××
地方基建投资			
财政专项资金			
政府性基金			
国有资本经营预算安排的基建项目资金			
行政事业性收费			
政府统借统还非负债性资金			
二、项目资本金			
其中：国家资本			
三、银行贷款			
四、企业债券资金			
五、自筹资金	823	823	
六、其他资金			
合　计	1 823	1 823	

补充资料：
项目缺口资金：
缺口资金落实情况：

表12-37 **交付使用资产总表（1-4）**

项目名称：综合教学楼　　　　单位：元

序号	单项工程名称	总计	固定资产				流动资产	无形资产
			合计	建筑物及构筑物	设备	其他		
1	主体	15 201 263.42	15 201 263.42	15 201 263.42				
2	消防	460 644.35	460 644.35	460 644.35				
3	室外工程	1 128 578.65	1 128 578.65	1 128 578.65				
4	室外强电	978 869.24	978 869.24	978 869.24				
5	电梯	460 644.35	460 644.35		345 483.26	115 161.09		

交付单位：　　负责人：　　接收单位：　　负责人：

盖章：　　年　月　日　　盖章：　　年　月　日

表12-38 **交付使用资产明细表（1-5）**

项目名称：综合教学楼　　　　单位：元

序号	单项工程名称	固定资产										流动资产		无形资产	
		建筑工程				设备 工具 器具 家具									
		结构	面积	金额	其中：分摊待摊投资	名称	规格型号	数量	金额	其中：设备安装费	其中：分摊待摊投资	名称	金额	名称	金额
1	主体			15 201 263.42	2 001 263.42										
2	消防			460 644.35	60 644.35										
3	室外工程			1 128 578.65	148 578.65										
4	室外强电			978 869.24	128 869.24										
5	电梯					东芝	L1-2	2	460 644.35	115 161.09	60 644.35				
	合计			17 769 355.65	2 339 355.65				460 644.35	115 161.09	60 644.35				

交付单位：　　负责人：　　接收单位：　　负责人：

盖章：　　年　月　日　　盖章：　　年　月　日

表12-39 **待摊投资明细表（1-6）**

项目名称：综合实验楼　　　　单位：元

项　目	金额	项　目	金额
1.勘察费	70 000.00	6.土地征用及迁移补偿费	
2.设计费	350 000.00	7.土地复垦及补偿费	
3.研究试验费		8.土地使用税	50 000.00
4.环境影响评价费	50 000.00	9.耕地占用税	
5.监理费	320 000.00	10.车船税	

续表

项　　目	金额	项　　目	金额
11.印花税	3 600.00	30.器材处理亏损	
12.临时设施费	150 000.00	31.设备盘亏及毁损	
13.文物保护费		32.报废工程损失	
14.森林植被恢复费		33.（贷款）项目评估费	
15.安全生产费	120 000.00	34.国外借款手续费及承诺费	
16.安全鉴定费		35.汇兑损益	
17.网络租赁费		36.坏账损失	
18.系统运行维护监理费		37.借款利息	
19.项目建设管理费	300 000.00	38.减：存款利息收入	
20.代建管理费		39.减：财政贴息资金	
21.工程保险费	20 000.00	40.企业债券发行费用	
22.招投标费	10 000.00	41.经济合同仲裁费	
23.合同公证费	20 000.00	42.诉讼费	
24.可行性研究费	150 000.00	43.律师代理费	
25.社会中介机构审计（查）费		44.航道维护费	
26.工程检测费	36 300.00	45.航标设施费	
27.设备检验费		46.航测费	
28.负荷联合试车费		47.其他待摊投资性质支出	750 100.00
29.固定资产损失		合　计	2 400 000.00

其中待摊投资按审核后的金额分配详见表12-40。

表12-40　　H大学综合教学楼待摊投资分配表　　单位：元

序号	工程项目名称	基建支出类别	审核后金额	分配待摊投资	分摊后金额
1	主体	建筑工程投资	13 200 000.00	1 959 570.44	15 159 570.44
2	消防	建筑工程投资	400 000.00	59 380.92	459 380.92
3	电梯安装	安装工程投资	100 000.00	14 845.23	114 845.23
4	室外工程	建筑工程投资	980 000.00	145 483.26	1 125 483.26
5	室外强电	建筑工程投资	850 000.00	126 184.46	976 184.46
合 计			15 530 000.00	2 305 464.31	17 835 464.31
6	电梯	设备投资	300 000.00	44 535.69	344 535.69
合 计			300 000.00	44 535.69	344 535.69
7	设计合同	待摊投资	250 000.00		
8	监理	待摊投资	150 000.00		
9	其他待摊	待摊投资	1 950 000.00		
合 计			2 350 000.00		
总 计			18 180 000.00	2 400 000.00	18 180 000.00

注：待摊投资按实际分配率分配2 350 000 ÷（15 530 000+300 000）。

（5）综合实验楼项目进行竣工财务决算审核。按照《河北省省级基本建设项目竣工财务决算管理办法》（冀财规〔2019〕7号）第十三条规定："项目决算原则上实行先审核、后批复的办法。"；第十二条规定："项目决算按照投资额度分别由省财政厅或主管部门批复，主管部门的批复结果应报省财政厅备案。省财政厅批复范围是投资额在3 000万元（含3 000万元，按完成投资口径）以上的项目决算。主管部门批复范围是投资额在3 000万元以下的项目决算。"

H大学综合实验楼投资额度1 818万元，按照规定竣工财务决算直接报省教育厅审核、批复即可。主管部门接到H大学综合实验楼竣工决算材料后，按规定对相关竣工决算材料进行评审并批复。

竣工财务决算审核表如表12-41至表12-45所示。

表12-41

评审机构名称：× ×　　　　评审项目名称：综合实验楼

评审小组负责人及联系电话：× ×

基本建设项目竣工财务决算审核表

委托评审单位及委托文号：× ×　　　　委托评审时间及时限：2021.1

实际评审起止时间：× ×　　　　评审报告报送时间：2021.1

表12-42　　　　**项目竣工财务决算审核汇总表（2-1）**

项目名称：综合实验楼　　　　单位：元

序号	工程项目及费用名称	批准概算		送审投资		审定投资		审定投资较概算增减额	备注
		数量	金额	数量	金额	数量	金额		
	按批准概算明细口径或单位工程、分部工程填列（以下为示例）								
	总　计								
一	建筑安装工程投资		15 300 000		15 530 000		15 530 000	230 000	
	……								
二	设备、工器具		300 000		300 000		300 000	0	
	……								
三	工程建设其他费用		2 400 000		2 400 000		2 350 000	-50 000	

续表

序号	工程项目及费用名称	批准概算		送审投资		审定投资		审定投资较概算增减额	备注
		数量	金额	数量	金额	数量	金额		
	……								
……	……								

项目单位：　　　　负责人签字：　　　　评审机构：　　　　评审负责人签字：

（盖单位公章）　　　　　　　　（盖单位公章）

年　月　日　　　　　　　　年　月　日

表12-43　　　　资金情况审核明细表（2-2）

项目名称：综合实验楼　　　　单位：万元

资金来源类别	合 计		备注
	预算下达或概算批准金额	实际到位金额	须备注预算下达文号
一、财政资金拨款			
1.中央财政资金			
其中：一般公共预算资金			
中央基建投资			
财政专项资金			
政府性基金			
国有资本经营预算安排的基建项目资金			
政府统借统还非负债性资金			
2.地方财政资金			
其中：一般公共预算资金	1 000	1 000	
地方基建投资			
财政专项资金			
政府性基金			
国有资本经营预算安排的基建项目资金			
行政事业性收费			
政府统借统还非负债性资金			
二、项目资本金			
其中：国家资本			
三、银行贷款			
四、企业债券资金			
五、自筹资金	823	823	
六、其他资金			
合 计			

项目单位：　　　　评审机构：

负责人签字：　　　　评审负责人签字：

年　月　日　　　　年　月　日

表12-44　　待摊投资审核明细表（2-3）

项目名称：综合实验楼　　单位：元

项　目	金额	项　目	金额
1.勘察费	70 000.00	25.社会中介机构审计（查）费	
2.设计费	350 000.00	26.工程检测费	36 300.00
3.研究试验费		27.设备检验费	
4.环境影响评价费	50 000.00	28.负荷联合试车费	
5.监理费	320 000.00	29.固定资产损失	
6.土地征用及迁移补偿费		30.器材处理亏损	
7.土地复垦及补偿费		31.设备盘亏及毁损	
8.土地使用税	50 000.00	32.报废工程损失	
9.耕地占用税		33.（贷款）项目评估费	
10.车船税		34.国外借款手续费及承诺费	
11.印花税	3 600.00	35.汇兑损益	
12.临时设施费	150 000.00	36.坏账损失	
13.文物保护费		37.借款利息	
14.森林植被恢复费		38.减：存款利息收入	
15.安全生产费	120 000.00	39.减：财政贴息资金	
16.安全鉴定费		40.企业债券发行费用	
17.网络租赁费		41.经济合同仲裁费	
18.系统运行维护监理费		42.诉讼费	
19.项目建设管理费	250 000.00	43.律师代理费	
20.代建管理费		44.航道维护费	
21.工程保险费	20 000.00	45.航标设施费	
22.招投标费	10 000.00	46.航测费	
23.合同公证费	20 000.00	47.其他待摊投资性质支出	750 100.00
24.可行性研究费	150 000	合　计	2 350 000.00

项目单位：　　评审机构：

负责人签字：　　评审负责人签字：

年　月　日　　年　月　日

表12-45

交付使用资产审核明细表（2-4）

项目名称：综合实验楼　　　　单位：元

序号	单项工程名称	固定资产													流动资产		无形资产	
		建筑物及构筑物					设备 工具 器具 家具											
		结构	面积	未分摊前金额	分摊待摊投资	金额合计	名称	规格型号	单位	数量	未分摊前金额	设备安装费	分摊待摊投资	金额合计	名称	金额	名称	金额
1	主体			13 200 000.00	1 959 570.44	15 159 570.44												
2	消防			400 000.00	59 380.92	459 380.92												
3	室外工程			980 000.00	145 483.26	1 125 483.26												
4	室外强电			850 000.00	126 184.46	976 184.46												
5	电梯						电梯	东芝L1-2	台	2.00	300 000.00	100 000.00	59 380.92	459 380.92				
6	合计			15 430 000.00	2 290 619.08	17 720 619.08	0.00	0.00	0.00	2.00	300 000.00	100 000.00	59 380.92	459 380.92				

项目单位：　　　　评审机构：

负责人签字：　　　　评审负责人签字：

年　月　日　　　　年　月　日

H大学根据批复后的竣工财务决算及时办理资产清算和资产交付手续，进行产权登记，同时对已估值入账资产进行调账。

（6）根据审核后的竣工财务决算调整账面价值。

财务会计：

借：累计盈余　　50 000

　　贷：固定资产　　50 000

预算会计不作账务处理。

（7）根据综合实验楼待摊投资审核前后分配数据变化情况调整资产系统已入账资产明细金额。

【例12-12】H大学新建一栋教学楼，已投资35万元，现由于自然灾害导致项目整体报废。报经批准后，该学校冲销该基建支出。

1.报废时的账务处理如下：

借：在建工程——待核销基建支出　　350 000

　　贷：在建工程——建筑安装工程投资　　350 000

2.经批准冲销时的账务处理如下：

借：资产处置费用　　350 000

　　贷：在建工程——待核销基建支出　　350 000

【例12-13】H大学改建的一教学楼原值8 000 000元，已计提折旧5 000 000元。改建过程中，拆除的建筑的账面价值为500 000元，并获得残值收入200 000元。改建过程发生改建支出3 000 000元，用零余额账户用款额度支付。改建完工后，验收合格，投入使用。

1.办公楼转入改建工程时的账务处理如下：

借：在建工程——建筑安装工程投资　　3 000 000

　　固定资产累计折旧　　5 000 000

　　贷：固定资产　　8 000 000

2.拆除部分建筑时的账务处理如下：

借：待处理财产损溢　　500 000

　　贷：在建工程——建筑安装工程投资　　500 000

3.获得残值收入时的账务处理如下：

借：银行存款　　200 000

　　贷：应缴财政款　　200 000

4.发生改建支出时的账务处理如下：

财务会计：

借：在建工程——建筑安装工程投资　　3 000 000

贷：零余额账户用款额度　　3 000 000

预算会计：

借：事业支出——教育支出　　300 000

贷：资金结存——零余额账户用歉额度　　300 000

5.完工验收时的账务处理如下：

借：固定资产　　5 500 000

贷：在建工程——建筑安装工程投资　　5 500 000

该教学楼因改建延长其使用年限的，应当按照重新确定的固定资产的成本以及重新确定的折旧年限计算折旧额。

第七节　科研经费

科研经费是指高校开展科研业务活动，用于发展科学技术事业产生的费用。按照科研经费资金来源和经费属性，高校科研经费包括纵向科研经费和横向科研经费。纵向科研经费是指科技三项费、科学基金项目、国家攻关项目、“863”“973”攀登计划项目以及中央各部委、省市科委等政府部门直接拨付和以上部门通过其他企事业单位转拨的科研经费；横向科研经费是指接受企事业单位或个人委托的科研项目经费以及境外合作研究项目，包括科技成果转让、专利技术转让收入、专利技术推广及技术入股收益等，国家相关科研经费管理政策如表12-46所示。

表12-46　　国家相关科研经费管理政策

序号	文件名	文件号
1	《中共中央办公厅 国务院办公厅印发〈关于进一步完善中央财政科研项目资金管理等政策的若干意见〉》	中办法〔2016〕50号
2	《关于印发〈国家社科基金项目资金管理办法〉的通知》	财教〔2016〕304号
3	《关于印发〈国家自然科学基金资助项目资金管理办法〉的通知》	财教〔2015〕15号
4	《财政部 国家自然科学基金委员关于国家自然科学基金项目资金管理有关问题的补充规定》	财教〔2016〕19号
5	《国家自然科学基金委员会关于国家自然科学基金项目资金管理的补充通知》	国科金发财〔2018〕88号
6	《国家自然科学基金委员 财政部关于进一步完善科学基金项目和资金管理的通知》	国科金发财〔2019〕31号
7	《财政部关于印发〈中央财政科研项目专家咨询费管理办法〉的通知》	财科教〔2017〕128号

续表

序号	文件名	文件号
8	《财政部 科技部关于印发〈国家重点研发计划资金管理办法〉的通知》	财科教〔2016〕113号
9	《关于进一步优化国家重点研发计划项目和资金管理的通知》	国科发资〔2019〕45号

一、科研经费财务管理知识点

（一）科研经费管理政策

1.预算编制尊重科学研究规律，实事求是编制科研项目预算，简化预算编制科目。

分类管理是指除以定额补助方式资助的科研项目外，应当依据科研任务需要和财力可能核定项目预算，据实编制预算。

劳务费预算不设比例限制，应当结合当地实际以及相关人员参与项目的全时工作时间等因素合理确定。调整劳务费开支范围，参与项目研究的研究生、博士后、访问学者以及项目聘用的研究人员、科研辅助人员等，均可开支劳务费，项目临时聘用人员的社会保险补助可纳入劳务费科目核算。

会议费、差旅费、国际合作与交流费科目统筹，项目实施工程中发生的三项支出之间，可以在三项费用总额内调剂使用，其中不超过直接费用10%的，不需要提供预算测算数据。

2.下放预算调整审批权限。在项目经费预算总额不变的情况下，将直接费用中的材料费，测试化验加工费，燃料动力费，出版、文献、信息传播、知识产权事务费，其他费用预算调剂权，下放给项目承担单位，由项目承担单位审批，预算调整情况视科研经费来源在年度报告、结题报告、财务检查或验收中予以说明。

3.改变科研经费拨款方式。实行部门预算批复前项目资金预拨制度，对于有明确目标的重大项目，按照关键节点任务完成情况分批分次拨款。

4.结项结余资金与绩效考核的结合。改进项目结转资金管理办法。项目完成任务通过验收，且承担单位信用评价好的，结余资金可以按规定留归单位统筹用以科研活动，并将使用情况报主管部门备案。

5.自主规范管理横向科研经费。横向科研经费实行合同管理的，由项目承担单位按照委托方要求或合同约定管理使用。

6.建立科研诚信、规范科研项目资金使用行为。依法依规使用科研资金，不得擅自调整外拨经费，不得利用虚假票据套取资金，不得通过编造虚假合同、虚构人员名单虚报冒领劳务费和专家咨询费，不得通过虚构测试化验内容、提高支出标准违规开支测试化验加工费，不得随意调账变动支出、随意修改记账凭证、以表代账应付财务审计和检查。

7.改进间接费用使用管理。间接费用用于项目承担单位，为项目实施所发生的间接成本和绩效支出，由项目主管部门直接拨付到项目承担单位。有助于提高间接费用比重和加大对科研人员的激励力度，取消绩效支出比例限制。科研绩效支出纳入单位工资总额，不纳入单位绩效总量。

8.实行科技成果转化个人所得税优惠政策。根据《关于科技人员取得职务科技成果转化现金奖励有关个人所得税政策的通知》（财税〔2018〕58号）的规定："依法批准设立的非营利性研究开发机构和高等学校根据《中华人民共和国促进科技成果转化法》规定，从职务科技成果转化收入中给予科技人员的现金奖励，可减按50%计入科技人员当月'工资、薪金所得'，依法缴纳个人所得税。"现金奖励是指非营利性科研机构和高校在取得科技成果转化收入三年（36个月）内奖励个科技人员的现金。

（二）科研预算

1.科研预算编制原则

（1）目标相关原则：科研经费支出应以项目任务目标为依据，各项费用支出总量、结构应符合项目任务的规律和特点。

（2）政策相符原则：科研经费支出和预算执行应符合国家财务政策和经费归口部门的要求，以及预算承诺书的有关事项约定。

（3）经济合理原则：科研经费支出要勤俭节约，须严格按照经费开支的范围和标准执行。

2.直接费用和间接费用

科研经费支出是指在项目组织实施过程中与研究活动相关的、由项目资金支付的各项费用支出。项目资金分为直接费用和间接费用。

（1）直接费用是指在项目研究过程中发生的与之直接相关的费用。具体包括设备费、材料费、测试化验加工费、燃料动力费、差旅费、会议费、国际合作交流费、出版/文献/信息传播/知识产权事务费、劳务费、专家咨询费、其他支出。

（2）间接费用是指项目承担单位在项目实施过程中发生的无法在直接费用中列支的相关费用。间接费用主要包括承担单位为项目研究提供的现有仪器设备，房屋、水、电、暖消耗，以及有关管理性质的开支和依托单位用于科研人员激励的绩效支出等。间接费用由项目承担单位统筹管理使用。

间接费用使用分段超额累退比例法计算，并实行总额控制。一般按照不超过项目直接费用扣除设备购置费后的一定比例核定。

间接费用以项目为单位进行核定，如果该项目有合作单位的，项目承担单位和合作单位在核定的间接费用总额基础上，根据各自承担的研究任务和经费额度进行分解，协商提出解决方案，并在预算书中明确列示，由单位财务统一管理，统筹使用。

间接费用可以采取提取、列支或提取列支并用的方式，但不得超过核定的金额。不得在直接费用中列支间接费用支付范围的费用。

3.编制预算时易混淆的科研经费支出概念

（1）人员费用。科研项目列支的人员经费依据身份可分为项目实施过程中聘用的无工资性收入的人员、咨询专家以及编制内有工资性收入的人员三类。对三类人员的人员费用开支分别采取不同的规定。其中：

劳务费是指在项目组织实施过程中发生的、支付给项目组成员中没有工资性收入的相关人员和临时聘用的研究人员和科研辅助人员的费用，在“劳务费”科目列支项目承担单位根据相关人员在研究过程中实际投入的工作量，据实编制预算，从制度上取消了劳务费比例限制。

咨询费是指在项目组织实施过程中发生的咨询专家费用，在“咨询费”科目中列支。咨询费不得支付给参与相关科研项目、项目管理相关工作的人员；不得支付给咨询公司；本单位专家确实为项目提供相关咨询，可以领取咨询费；咨询费发放须注明咨询内容、咨询时间、职称、身份证号等信息。

对于项目组成员中有工资性收入的科研人员，根据科研经费来源列支，目前纵向科研经费可以在间接经费绩效中列支；横向科研经费按照合同约定执行。

（2）协作费和合作费

协作费是指外单位协作承担项目部分研究试验工作的费用。协作费的支出列入科研项目预算，使用时由项目承担单位依据协作合同和批复的预算拨付。经费拨付时须协作单位提供发票、营业执照、协作合同等。

合作费是指由两个或两个以上单位合作，共同承担项目研究工作的费用。合作单位是指共同申请科研项目的单位，已在预算申请书中明确列示，且分别加盖各自单位公章，并获得科研项目资助单位的批准。

（三）科研经费使用过程中的风险点

科研经费使用的风险点包括科研经费开支范围是否符合相关经费管理要求；项目实施过程中超预算支出事项，是否按规定履行了预算调整审批手续；经费开支的时间是否合规，有没有项目执行期以前的费用列入经费支出；经费报销票据是否有效、真实，支出内容是否与项目研究相关等。

1. 设备费

设备费是指项目在研究过程中购置或试制的专用仪器设备、对现有仪器设备进行升级改造及租赁外单位仪器设备而发生的费用。一般可分为设备购置费，设备试制、改造费和租赁使用费。设备费预算严格控制设备购置，鼓励共享、试制、租赁以及对现有设备进行升级。为鼓励资源共享，在科研经费实际使用过程中，设备购置费用预算不能调增，但是设备购置费结余按规定履行预算调整审批手续后，可以调整到试制、改造费或设备租赁费，用于试制改造或设备租赁支出。

（1）设备购置风险点。设备购置是否按任务书的清单购置，是否纳入了项目承担单位固定资产管理范畴；符合政府采购条件的，是否按规定履行了相关手续等。设备费调减、设备费内部预算项目调整、拟购置设备明细发生变化的，是否履行预算调整审批手续。

（2）设备试制、改造费风险点。对于符合固定资产标准的设备试制、改造费支出，是否办理了相关固定资产入账手续，是否列入项目承担单位固定资产管理范畴。

（3）租赁设备风险点。租赁合同的签订及租赁方式是否合规、租赁费用是否合理。

2. 材料费

材料费是指在科研项目实施过程中消耗的各种原材料、辅助材料、低值易耗品等而发生的采购、运输、装卸和整理等费用。

风险点包括：材料费的支出与项目研究是否相关，是否列支了与项目研究无关的材料支出；材料入库、保管、出库记录是否完善；发票是否有效、合规，购货清单是否齐全。

3. 燃料动力费

燃料动力费是指在科研项目实施过程中相关大型仪器设备、专用科学装置等运行发生的可以单独计量的水、电、气、燃料消耗等费用。

风险点是发生的燃料动力费是否能单独计量。

4. 差旅费

差旅费是指在科研项目实施过程中开展科学试验（实验）、科学考察、业务调研、学术交流等所发生的国内差旅费和市内交通费等。

风险点包括：出差人员是否是项目组成员；出差事项是否与项目研发相关；差旅费开支标准是否按照国家规定及项目经费来源归口主管部门的要求执行。

5. 会议费

会议费是指在项目研发过程中承办、组织开展学术研讨、咨询以及协调项目、结题鉴定、验收等活动所发生的国内会议费用，会议费按照批复的预算或合同列支。

风险点包括：会议费是否列入科研项目预算；根据科研项目进展，是否列入单位年度会议费总预算。

6. 国际合作交流

国际合作交流是指在项目研究过程中项目研究人员赴国外或港澳台地区调研及外国专家来华工作的交通费、食宿费及其他费用。

风险点包括：出国人员是否是项目组成员；出国费用是否列入科研项目预算；根据科研项目进展，是否列入单位年度教学科研人员出国经费总预算；出国任务是否和项目研究内容相关；是否按规定履行出国任务审批手续；是否按规定进行行前和回国后公示；是否按要求到指定银行换汇等。

7. 出版/文献/信息传播/知识产权事物

出版/文献/信息传播/知识产权事物是指在项目研究过程中，需要支付的出版费（版面费）、研究成果的印刷费、书籍资料费、文献检索费、专用软件购买、专利申请及其他知识产权事物等费用。

风险点包括：费用支出是否与科研项目相关；购置的软件是否属于专用软件、不允许列支通用性操作及办公软件；出版费及版面费是否是项目研究成果以及经费主管部门是否允许列支出版费、版面费。

8. 劳务费

劳务费是指在项目研发过程中支付给项目组成员中没有工资性收入的相关研发人员和项目组临时聘用人员的劳务性费用，劳务费支出比例应结合经费来源部门的具体要求以及项目研发的实际需要编制预算。

风险点包括：劳务费领取人员是否在《项目预算书》中列示；劳务费的发放是否通过银行转账方式结算。

9. 专家咨询费

专家咨询费是指在项目研发过程中支付给临时聘请的咨询专家的费用。专家咨询费不得支付给参与项目研究和项目管理相关的工作人员，咨询费开支标准见表12–47。

风险点包括：专家咨询费是否支付给参与相关科研项目、项目管理相关工作的人员或支付给咨询公司；专家咨询费的发放是否通过银行转账方式结算；咨询费的发放是否在规定的发放标准之内。

表12–47　　财政科研项目专家咨询费开支标准（税后）

专家职称	会议咨询、现场访谈或者勘察			通信咨询
	半天（元/人·半天）	1—2天（元/人·天）	超过2天第3天及以后（元/人·天）	按次计算（元/次）
院士、全国知名专家（不超过）	2 160	3 600	1 800	1 800
高级专业技术职称	1 440	2 400	1 200	1 200
其他专业人员	900	1 500	750	750

注：参照《财政部关于印发〈中央财政科研项目专家咨询费管理办法〉的通知》（教材司便函〔2017〕303号）测算专家咨询费开支标准上限。

（四）科研经费支出的其他规定

1.对于野外考察、数据采集等科研活动中无法取得发票或财政性票据的支出，在确保真实性的前提下，高校可按实际发生额予以报销。

2.有外拨经费的项目，外拨经费决算经协作研究单位财务、审计部门审核并签署意见后，由项目负责人汇总编制项目资金决算。

3.科研项目实施期间，年度剩余资金可以结转下一年度继续使用。项目完成任务目标并通过验收后，结余资金按规定留归高校使用，2年内由高校统筹用于科学活动的直接支出，如果项目负责人在项目结题验收后须继续使用结余资金，可以提出申请经批准后使用。若2年后结余资金仍有剩余的，应当按存量资金管理规定执行。

4.高校不得在核定的间接费用以外再以任何名义在项目资金中重复提取、列支相关费用。

（五）科研经费支出禁止事项

项目负责人应当依法依规使用项目资金；不得擅自调整外拨资金；不得利用虚假票据套取资金；不得通过编造虚假劳务合同、虚构人员名单等方式虚报冒领劳务费和专家咨询费；不得使用项目资金支付各种罚款、捐款、赞助、投资等；项目研究完成后，项目负责人应当会同科研、财务、审计、资产等管理部门及时清理账目与资产，不得随意调整变动支出、随意修改记账凭证。

二、科研经费账务处理

本书科研经费财务处理案例涉及的财政科研经费拨款是以财政授权支付为例。

（一）收到经科研部门或项目负责人确认为科研来款的业务（见表12-48）

表12-48 科研经费业务处理一览表

业务	财务会计	预算会计	备注	财务会计与预算会计差异
1.确认后的科研来款，按照资金来源方式不同，分为实有资金到账、财政拨款到账（零余额账户用款额度）	实有资金到账： 借：银行存款 贷：预收账款——科研经费	实有资金到账： 借：资金结存——货币资金 贷：事业预算收入——科研事业预算收入	1.考虑科研经费财务会计采用权责发生制核算的特殊性，预收账款按归集部门、项目进行辅助核算 2.预算会计采用收付实现制，预算部门据此进行科研立项（按编码规则设置项目编号、并拨入项目经费）。其中开具税票的，拨入金额为扣除增值税后的金额	当期确认为预算收入但没有确认为收入
	财政拨款到账： 借：零余额账户用款额度 贷：财政拨款收入——科研拨款收入	财政拨款到账： 借：资金结存——零余额账户用款额度 贷：财政拨款预算收入——科研补助收入	财政拨款科研收入财务会计、预算会计均采用收付实现制 预算部门据此设置项目编号、并拨入项目经费	
2.缴纳税费	扣缴税费： 借：预收账款——科研经费（增值税） 业务活动费用——科研费用（附加税） 贷：应交增值税 其他应交税费——附加税	扣缴税费： 借：事业支出——科研支出（增值税） ——科研支出（附加税） 贷：事业支出——税费归集	1.财政拨款科研经费不需要开具增值税发票及缴纳相关税费 2.增值税由设置的预收账款科研归集部门、项目辅助核算；其他附加税费由科研项目列支 3.本月发生的税费下月实际交税务部门，考虑科研项目执行情况及预算会计特点，采用归集部门、项目对税费进行归集，下月实际缴纳时，由归集部门、项目列支	当期确认为预算支出但没有确认为费用
	实际向税务局缴纳税费： 借：应交增值税 其他应交税费——附加税 贷：银行存款	实际向税务局缴纳税费： 借：事业支出——税费归集 贷：资金结存——货币资金		
3.按照项目预算或制度规定计提项目管理费	实有资金： 借：单位管理费用——行政管理费用 贷：预提费用——项目间接费用或管理费	实有资金： 借：非财政拨款结转——项目间接费用或管理费 贷：非财政拨款结余——项目间接费用或管理费	1.计提管理费应从预算部门设置的项目中列支，形成项目支出 2.开具税票的科研项目，计提的管理费应按照扣减增值税及附加税的金额计算 3.从财政拨款科研项目中计提管理费，并没有实际减少额度，因此还应将计提的项目管理费从零余额账户划转到实有资金账户	当期确认为费用但没有确认为预算支出

续表

业务	财务会计	预算会计	备注	财务会计与预算会计差异
3.按照项目预算或制度规定计提项目管理费	财政拨款： 借：单位管理费用——行政管理费用 贷：预提费用——项目间接费用或管理费 划转项目管理费到实有资金账户： 借：银行存款 贷：零余额账户用款额度	财政拨款： 借：财政拨款结转——项目间接费用或管理费 贷：财政拨款结余——项目间接费用或管理费 划转项目管理费到实有资金账户： 借：资金结存——货币资金 贷：资金结存——零余额账户用款额度		

（二）预借发票业务（见表12-49）

表12-49　**预借发票业务处理一览表**

业务	财务会计	预算会计	备注	财务与预算差异
1.按照合同确认债权并进行科研立项	借：其他应收款——科研经费 贷：预收账款——科研经费	—	按照签订合同确认经费来源，形成预收款；按照编码规则设置项目编号；限定科研经费到账时间，如若在规定时间内资金不到位，交回预借发票，已缴纳税款由个人承担	
2.预借发票时由科研人员垫付税金	借：银行存款 贷：其他应付款——增值税 业务活动费用——科研费用（附加税费）	借：资金结存——货币资金 贷：事业支出——科研支出（附加税）	预算会计只作附加税费分录，增值税不构成项目支出不作账务处理	
3.扣缴税费	借：预收账款——科研经费（增值税） 业务活动费用——科研费用（附加税） 贷：应交增值税 其他应交税费——附加税	借：事业支出——科研支出（增值税） ——科研支出（附加税） 贷：事业支出——税费归集	1.增值税由设置的预收账款科研归集部门、项目辅助核算 2.附加税费由立项的科研项目列支	当期确认为预算支出但没有确认为费用

续表

业务	财务会计	预算会计	备注	财务与预算差异
4.实际缴纳税费	借：应交增值税 其他应交税费——附加税 贷：银行存款	借：事业支出——税费归集 贷：资金结存——货币资金		当期确认为预算支出但没有确认费用
5.预借发票资金到位	借：银行来款 贷：其他应收款——科研经费	借：资金结存——货币资金 贷：事业预算收入——科研事业预算收入		当期确认为预算收入但没有确认为收入
6.退还科研人员垫付税金	借：其他应付款——增值税 业务活动费用——科研费用（附加税） 贷：银行存款	借：事业支出——科研支出（附加税） 贷：资金结存——货币资金	预算会计只作附加税费分录，增值税不构成项目支出不作账务处理	

（三）科研经费报销（见表12-50）

表12-50　　科研经费报销业务处理一览表

经济事项	财务会计	预算会计	备注	财务与预算差异
购买商品或服务	借：业务活动费用——科研费用 贷：银行存款/零余额账户用款额度	借：事业支出——科研支出 贷：资金结存——货币资金/零余额账户用款额度	按照项目预算内容支出	
购买固定资产、无形资产	借：固定资产或无形资产 贷：银行存款/零余额账户用款额度	借：事业支出——科研支出 贷：资金结存——货币资金/零余额账户用款额度	按照项目预算内容支出	当期确认为预算支出但没有确认为费用

（四）会计期末，财务会计确认科研事业收入（见表12-51）

确认原则是，高等学校以合同完成进度确认事业收入时，应当根据业务实质，选择累计实际发生的合同成本占合同预计总成本的比例、已经完成的合同工作量占合同预计总工作量的比例、已经完成的时间占合同期限的比例、实际测定的完工进度等方法，合理确定合同完成进度。

表12-51　　科研事业收入业务处理一览表

业务	财务会计	预算会计	备注	财务与预算差异
按确认的方法，每个会计期末确认科研事业收入	借：预收账款——科研经费 贷：事业收入——科研事业收入		1.每月通过科研项目设置核对收支 2.财务会计借款在核对确认收入时不考虑 3.项目研发期内按照合同完成进度确认科研事业收入，项目结题后，剩余部分全部确认收入。如果项目按照研发进度分年度拨款，可在拨款时一次性确认收入	当期确认为收入但没有确认为预算收入

（五）使用计提的项目间接费用或管理费（见表12-52）

表12-52　　科研经费计提间接费用或管理费业务处理一览表

业务	财务会计	预算会计	备注	财务与预算差异
1.购置固定资产、无形资产	借：固定资产或无形资产 贷：银行存款 借：预提费用——项目间接费用或管理费 贷：累计盈余	借：事业支出 贷：资金结存——货币资金	1.财务会计预提费用对应累计盈余； 2.预算会计根据使用方向分别由教育、科研等科目列支	当期确认为预算支出但没有确认为费用
2.购买商品或服务	借：预提费用——项目间接费用或管理费 贷：银行存款	借：事业支出 贷：资金结存——货币资金		当期确认为预算支出但没有确认为费用

三、科研经费财务案例

【例12-14】2019年5月某市H大学科研人员与某企业签订金额为10万元的技术开发合同，预计研究开发周期为一年。该校根据经费来源性质将其作为横向科研项目，按照双方签订的合同内容进行管理。预借发票应缴税费由科研人员先行垫付，项目资金预计次年6月到账。

1.合同签订后，科研人员预借增值税专用发票。

H大学通过向税务部门申请，科研资金实行简易计税方案，税率为3%。同时根据《财政部 国家税务总局关于全面推进营业税改征增值税试点的通知》（财税〔2016〕36号）中规定：纳税人提供技术转让、技术开发和与之相关的技术咨询、技术服务可免征增值税。该项目属于技术开发服务范畴，项目负责人向当地科技局申请免税资格，经审定认定项目90%的项目资金可免征增值税，即其中9万元资金开具免税发票，剩余1万元开具含税发票。（因科研经费尚未到账，考虑财务风险，开具含税发票的税款暂由科研人员垫付，待科研经费到账后予以退回。）

财务会计：

借：其他应收款——科研经费	100 000	
贷：预收账款——科研经费——其他科研事业收入		100 000
借：银行存款	326.22	
贷：其他应付款——增值税		291.26
业务活动费用——科研费用（附加税）		34.96
借：预收账款——科研经费——其他科研预算收入	291.26	
业务活动费用——科研费用	34.96	
贷：应交增值税		291.26
其他应交税费		34.96

预算会计：

借：资金结存——货币资金	34.96	
贷：事业支出——科研支出		34.96
借：事业支出——科研支出（增值税）	291.26	
——科研支出（附加税）	34.96	
贷：事业支出——税费归集（增值税）		291.26
——税费归集（附加税）		34.96

2. 6月初H大学向税务局实际缴纳税费的账务处理如下：

财务会计：

借：应交增值税　　291.26
　　其他应交税费　　34.96
　　贷：银行存款　　326.22

预算会计：

借：事业支出——税费归集（增值税）　　291.26
　　　　　　——税费归集（附加税）　　34.96
　　贷：资金结存——货币资金　　326.22

3. 6月15日资金到账，确认预算收入，退回科研人员垫付税费。

财务会计：

借：银行存款　　100 000
　　贷：其他应收款——科研经费　　100 000

借：其他应付款——增值税　　291.26
　　业务活动费用——科研项目（附加税）　　34.96
　　贷：银行存款　　326.22

预算会计：

借：资金结存——货币资金　　100 000
　　贷：事业预算收入——科研事业预算收入——其他科研预算收入　　100 000

借：业务活动费用——科研费用（附加税）　　34.96
　　贷：资金结存——货币资金　　34.96

4. 根据学校科研部门规定，扣除相关税费后项目资金按照5%计提管理费，即计提4 983.69元的项目管理费。

财务会计：

借：单位管理费用——行政管理费用　　4 983.69
　　贷：预提费用——项目间接费用或管理费　　4 983.69

预算会计：

借：非财政拨款结转——项目间接费用或管理费　　4 983.69
　　贷：非财政拨款结余——项目间接费用或管理费　　4 983.69

5. 6月20日自该项目购买一批试剂，金额是8 000元。

财务会计：

借：业务活动费用——科研费用（专用材料费）　　8 000
　　贷：银行存款　　8 000

预算会计：

借：事业支出——科研支出（专用材料费）　　8 000

贷：资金结存——货币资金　　8 000

6. 6月18日因科研需要，项目组成员前往上海调研交流5天，产生车费及住宿费共计3 000元，按照差旅费管理办法规定发放伙食补助、市内交通补助共计900元。

财务会计：

借：业务活动费用——科研费用（差旅费）　　3 900

贷：银行存款　　3 900

预算会计：

借：事业支出——科研支出（差旅费）　　3 900

贷：资金结存——货币资金　　3 900

7. 6月25日按照项目预算发放学生劳务费50 000元。

财务会计：

借：业务活动费用——科研费用（劳务费）　　50 000

贷：银行存款　　50 000

预算会计：

借：事业支出——科研支出（劳务费）　　50 000

贷：资金结存——货币资金　　50 000

8. 按照合同完成进度确认2019年6月科研事业收入，采用累计实际发生的合同成本占合同预计总成本的比例确认，经核对该项目本月累计实际发生成本66 918.65元，确认科研事业收入66 918.65元。

实际发生成本=34.96+4 983.69+8 000+3 900+50 000=66 918.65（元）

财务会计：

借：预收账款——科研经费——其他科研事业收入　　66 918.65

贷：事业收入——科研事业收入——其他科研事业收入　　66 918.65

预算会计不作账务处理。

9. 2020年3月该项目结项完工，按照规定将剩余经费一次性确认为事业收入，经核实剩余经费为32 790.09元。

财务会计：

借：预收账款——科研经费——其他科研事业收入　　32 790.09

贷：事业收入——科研事业收入——其他科研事业收入　　32 790.09

预算会计不作账务处理。

【例12-15】2019年H大学某课题组申请一项国家自然科学基金，立项申报批准该项目金额为60万元。

1. 4月3日基金委拨付第一批到账资金30万元。

财务会计：

借：银行存款　　300 000

　　贷：预收账款——科研经费——自然科学基金拨款　　300 000

预算会计：

借：资金结存——货币资金　　300 000

　　贷：事业收入——科研事业预算收入——自然科学基金拨款　　300 000

2.科研管理部门办理入账手续后，根据国家自然科学基金项目间接费用管理办法，间接经费预算使用分段超额累退比例法计算并实行总额控制。按照不超过项目经费中直接经费扣除设备购置费后的限定比例核定，其中500万元及以下部分的比例为20%。据此核算该项目间接经费为5万元，按间接经费5%计提项目间接经费管理费2 500元。

财务会计：

借：单位管理费用——行政管理费用　　2 500

　　贷：预提费用——项目间接费用或管理费　　2 500

预算会计：

借：非财政拨款结转——项目间接费用或管理费　　2 500

　　贷：非财政拨款结余——项目间接费用或管理费　　2 500

3. 4月15日购买科研专用仪器设备一台，价值3万元。设备使用年限5年，采用年限平均法计提折旧，无残值，当月计提折旧费用500元。

财务会计：

借：固定资产（专用设备购置）　　30 000

　　贷：银行存款　　30 000

借：业务活动费用——科研费用（折旧）　　500

　　贷：固定资产累计折旧　　500

预算会计：

借：事业支出——科研支出（专用设备购置）　　30 000

　　贷：资金结存——货币资金　　30 000

4.按照项目预算，该项目须向项目协作单位另一高校拨付5万元资金作为协作经费。根据与协作单位签署的协作合同及项目预算，由协作单位提供法人证书复印件和相关收据后，经科研管理部门审批后，财务部门于4月18日向项目协作单位一次性拨付协作费5万元。

财务会计：

借：业务活动费用——科研费用（协作费）　　50 000

　　贷：银行存款　　50 000

预算会计：

借：事业支出——科研支出（协作费）　　50 000

　　贷：资金结存——货币资金　　50 000

5. 4月21日该课题组与某公司签订一项测试服务合同，合同总金额为7万元整。根据合同约定合同签订7日内日向该公司支付100%合同款，该公司已开具了增值税普通发票。

财务会计：

借：业务活动费用——科研费用（委托业务费）　　70 000

　　贷：银行存款　　70 000

预算会计：

借：事业支出——科研支出（委托业务费）　　70 000

　　贷：资金结存——货币资金　　70 000

6. 4月28日购买一批实验耗材，金额是6万元。

财务会计：

借：业务活动费用——科研费用（专用材料费）　　60 000

　　贷：银行存款　　60 000

预算会计：

借：事业支出——科研支出（专用材料费）　　60 000

　　贷：资金结存——货币资金　　60 000

7.按照合同完成进度确认2019年4月科研事业收入，采用累计实际发生的合同成本占合同预计总成本的比例确认，经核对该项目本月累计实际发生成本212 500元，确认科研事业收入212 500元。

实际发生成本=2 500+30 000+50 000+70 000+60 000=212 500（元）

财务会计：

借：预收账款——科研经费——自然科学基金拨款　　212 500

　　贷：事业收入——科研事业收入——自然科学基金拨款　　212 500

8.每月月末，财务会计须将项目收入、费用本期发生额转入“本期盈余”科目，年末该科目余额转入“本年盈余分配”科目。年末，预算会计须将项目收入、支出本期发生额转入“非财政拨款结转——本年收支结转”明细科目，冲销该明细科目余额后，余额转入“非财政拨款结转——累计结转”。

财务会计：

借：本期盈余　　180 500

　　贷：业务活动费用——科研费用　　180 500

借：本期盈余　　2 500

　　贷：单位管理费用——行政管理费用　　2 500

借：科研事业收入——自然科学基金拨款 212 500

贷：本期盈余 212 500

借：本期盈余 29 500

贷：本年盈余分配 29 500

预算会计：

借：非财政拨款结——本年收支结转 210 000

贷：事业支出——科研支出 210 000

借：事业收入——科研事业预算收入——自然科学基金拨款 300 000

贷：非财政拨款结转——本年收支结转 300 000

借：非财政拨款结转——本年收支结转 90 000

贷：非财政拨款结转——累计结转 90 000

借：非财政拨款结转——累计结转 2 500

贷：非财政拨款结转——项目间接费用或管理费 2 500

为构建固定资产发生的资本性支出，当前确认为预算支出但没有确认为费用，财务会计通过计提折旧弥补差异，该差异反映在“本年盈余与预算差异变动表”中；财务会计在“预提费用”科目中计提但没有现金收支却改变了资金性质，通过“非财政拨款结余”和“非财政拨款结转”科目调整，满足项目核算的需要。

9.按照科研政策规定，如因特殊原因未能结项须交回非财政拨款结转资金的。按实际交回金额记账。

财务会计：

借：预收账款——科研经费——自然科学基金拨款 87 500

贷：银行存款 87 500

预算会计：

借：非财政拨款结转——缴回资金 87 500

贷：资金结存——货币资金 87 500

【例12-16】2019年8月，省财政厅以财政授权支付方式向H大学拨入某老师省百名优秀创新人才支持计划项目经费70 000元。

1.收到财政拨款时的账务处理如下：

财务会计：

借：零余额账户用款额度 70 000

贷：财政拨款收入——科研拨款收入 70 000

预算会计：

借：资金结存——零余额账户用款额度 70 000

贷：财政拨款预算收入——科研补助收入 70 000

2. 根据科研经费管理办法，核定该项目间接经费为14 000元，按间接经费的5%计提项目管理费700元。

财务会计：

借：单位管理费用——行政管理费用　　700

　　贷：预提费用——项目间接费用或管理费　　700

预算会计：

借：财政拨款结转——项目间接费用或管理费　　700

　　贷：财政拨款结余——项目间接费用或管理费　　700

从财政拨款科研项目中计提项目管理费，并没有实际减少额度，因此还应将计提的项目管理费，按规定履行程序后从零余额账户划转到实有资金账户。

财务会计：

借：银行存款　　700

　　贷：零余额账户用款额度　　700

预算会计：

借：资金结存——货币资金　　700

　　贷：资金结存——零余额账户用款额度　　700

3. 8月10日，项目组成员因科研任务前往广州调研交流6天，产生交通费及住宿费共计8 000元，按规定发放伙食补助、市内交通补助1 080元。

财务会计：

借：业务活动费用——科研费用（差旅费）　　9 080

　　贷：零余额账户用款额度　　9 080

预算会计：

借：事业支出——科研支出（差旅费）　　9 080

　　贷：资金结存——零余额账户用款额度　　9 080

4. 8月17日，因课题需要向专业学术专家进行业务咨询，产生咨询费2 000元。

财务会计：

借：业务活动费用——科研费用（咨询费）　　2 000

　　贷：零余额账户用款额度　　2 000

预算会计：

借：事业支出——科研支出（咨询费）　　2 000

　　贷：资金结存——零余额账户用款额度　　2 000

5. 8月20日，课题组购买一批实验耗材，金额是38 220元。

财务会计：

借：业务活动费用——科研费用（专用材料费）　　38 220

　　贷：零余额账户用款额度　　38 220

预算会计：

借：事业支出——科研支出（专用材料费）　　38 220

　　贷：资金结存——零余额账户用款额度　　38 220

6.每月月末，财务会计须将项目收入、费用本期发生额转入“本期盈余”科目，年末该科目余额转入“本年盈余分配”科目。年末，预算会计须将项目收入、支出本期发生额转入“财政拨款结转——本年收支结转”明细科目，冲销该明细科目余额后，余额转入“财政拨款结转——累计结转”。

财务会计：

借：本期盈余　　50 000

　　贷：业务活动费用——科研费用　　49 300

　　　　单位管理费用——行政管理费用　　700

借：财政拨款收入——科研拨款收入　　70 000

　　贷：本期盈余　　70 000

借：本期盈余　　20 000

　　贷：本年盈余分配　　20 000

预算会计：

借：财政拨款结——本年收支结转　　49 300

　　贷：事业支出——科研支出　　49 300

借：财政拨款预算收入——科研补助收入　　70 000

　　贷：财政拨款结转——本年收支结转　　70 000

借：财政拨款结转——本年收支结转　　20 700

　　贷：财政拨款结转——累计结转　　20 700

借：财政拨款结转——累计结转　　700

　　贷：财政拨款结转——项目间接费用或管理费　　700

7.根据财政性科研经费管理办法，项目完成任务目标并通过验收后，结余资金按规定留归高校使用2年，若2年后结余资金仍有剩余的，剩余资金需要上缴财政。若该项目结项验收后，剩余资金未使用，按规定上缴财政。

财务会计：

借：累计盈余　　20 000

　　贷：零余额账户用款额度　　20 000

预算会计：

借：财政拨款结转——归集上缴　　20 000

　　贷：资金结存——零余额账户用款额度　　20 000

第十三章　高等学校成本核算

高等学校成本，是指高等学校在履职过程中所耗费的可用货币计量的各种资源的总价值。高等学校教育成本，是指高等学校在履职过程中所耗费的可用货币计量的与教育有关的各种资源的总价值，是高校分担的学生高等教育培养成本的一部分，是国家制定高等教育财政拨款政策和确定学费收费标准的重要依据。学生高等教育培养成本是指在规定的学制期内，培养一名合格的大学生所耗费的与教育有关的费用。我国高等教育不属于义务教育，学生高等教育培养成本分担主体包括高等学校、政府、社会团体、受教育者等。

我国高等学校办学资金来源多为财政性资金，随着高校全面绩效管理工作的开展，资金使用遵循“用钱必问效，无效必问责”的管理理念和资金拨款体制，促使高校在保证社会效益的前提下越来越重视经济效益的提高。教育成本的核定、经济效益指标的计算和资金使用效率对比分析，都离不开成本核算。高校须以成本核算为基础，通过成本数据归集，按照成本核算目的，进行相关数据成本动因分析，从而有效控制成本，在降低成本的基础上提高教学质量、发挥自身竞争优势，实现高效高质量发展。同时成本核算还有助于高校精细化管理，优化教育资源配置、有效利用教育资源，引导高校在履职过程中“自我约束、自我优化、自我完善”，全面提高整体办学效益。因此，对高校教育成本进行核算和控制，是提高高校办学质量和效益、促进高校可持续发展的重要举措。

第一节　高等学校成本概述

一、我国高等学校成本管理发展路径

（一）高等教育人才培养成本的提出

我国最早提出高等学校教育成本的有关规定，是20世纪80年代国家教委、财政部颁发的《高等学校财务管理改革实施方法》（〔86〕教计字162号）（以下简称《实施办

法》)，在《实施办法》第二十七条中规定："改革现行的会计核算制度，研究建立高等学校会计核算体系和投资效益分析指标体系，做到直接费用正确归属，间接费用合理分摊，为核算人才培养成本创造条件，使会计核算适应学校管理的要求。"

（二）人才培养成本是高校筹措经费和制定学费标准的依据

1996年12月16日，国家教育委员会、国家计划委员会、财政部联合颁布《高等学校收费管理暂行办法》（教财〔1996〕101号）第三条规定："高等教育属于非义务教育阶段，学校依据国家有关规定，向学生收取学费。"第四条规定："学费标准根据年生均教育培养成本的一定比例确定。不同地区、不同专业、不同层次学校的学费收费标准可以有所区别。"第五条规定："学费占年生均教育培养成本的比例和标准由国家教委、国家计委、财政部共同作出原则规定。在现阶段，高等学校学费占年生均教育培养成本的比例最高不得超过25%。具体比例必须根据经济发展状况和群众承受能力分布调整到位。"

1999年1月1日实施的《中华人民共和国高等教育法》第六十条规定："高等教育实行以举办者投入为主、受教育者合理分担培养成本、高等学校多种渠道筹措经费的机制。"第六十二条规定："国务院教育行政部门会同国务院其他有关部门根据在校学生年人均教育成本，规定高等学校年经费开支标准和筹措的基本原则；省、自治区、直辖市人民政府教育行政部门会同有关部门制订本行政区域内高等学校年经费开支标准和筹措办法，作为举办者和高等学校筹措办学经费的基本依据。"

1999年6月13日，中共中央、国务院发布关于《深化教育改革，全面推进素质教育的决定》第二十四条规定："在非义务教育阶段，要适当增加学费在培养成本中的比例，逐步建立符合社会主义市场经济体制以及政府公共财政体制的财政教育拨款政策和成本分担机制。"

（三）高等教育成本的构成

高等教育成本是高校在履职过程中产生的与教育相关的各种耗费的货币价值总额。按照1996年12月16日，国家教育委员会、国家计划委员会、财政部联合颁布《高等学校收费管理暂行办法》（教财〔1996〕101号）第四条规定，"教育培养成本包括以下项目：公务费、业务费、设备购置费、修缮费、教职工人员经费等正常办学费用支出。不包括灾害损失、事故、校办产业支出等非正常办学费用支出"。

在2005年国家发展改革委出台的《高等学校教育培养成本监审办法（试行）》第五条中对高校教育培养成本做了明确规定："高校教育培养成本由人员支出、公用支出、对个人和家庭的补助支出和固定资产折旧四部分构成。其中人员支出包括教职工基本工资、津贴、奖金、社会保障缴费、其他人员支出；公用支出包括办公费、印刷费、水电费、取暖费、邮电费、交通费、差旅费、会议费、培训费、福利费、劳务费、招待费、租赁费、物业管理费、维修费、专用材料费、其他公用支出；对个人和家庭的补助支出包括离退休费、抚恤和生活补助、医疗费、助学金、住房补贴和其他支出；固定资产折旧包括房屋建筑物折旧、设备折旧。”第二十八条规定：“设备折旧。设备按分类折旧率（专用设备按8年、一般设备按5年，其他设备均按10年折旧）计提折旧。按设备购置年限已经提取完折旧的设备，不再计提。”第二十九条规定：“房屋建筑物折旧。各年房屋建筑物应提折旧统一按当年房屋建筑物固定资产总值的2%（50年折旧期）计提。其中：已投入使用但未办理竣工结算的房屋建筑物可按估计价值暂估入账，并计提折旧。”第三十条规定：“科研费用。按科研费用的30%计入成本。如能分别计入具体成本项目，则在该项目中直接核减；否则，按科研费用占学校教育总支出比例的70%相应核减教育培养成本各项目支出。”

上述政策明确了高等教育成本构成及办学经费来源：一是高等教育属于非义务教育阶段，高等学校可以按照国家有关规定，向学生收取学费，作为教育资源耗费补偿；二是高等学校教育培养成本是财政拨款和核定学费标准的基础和重要依据；三是在非义务教育阶段，学费标准可以随着经济发展、学生家庭承受能力适当调整，适当增加学费在学生培养成本中的比例。

二、高等学校成本核算在高校财务管理工作中的作用

（一）优化决策，确立目标成本

高校成本核算可以为政府部门、高等学校主管部门、学校管理者等信息需求者提供许多重要成本信息，帮助他们做出较好的决策。成本核算，需要在科学的成本预测基础上收集整理各种成本信息，根据成本核算对象的不同，选取科学的成本计算方法，通过技术手段测算成本数据。只有准确、真实的成本核算数据，才能为政府部门、高校主管部门、高校内部成本管理工作奠定坚实的基础，才能使成本管理有的放矢，例如，对高校教育成本的核定可以作为政府部门制定学费标准的依据，各项财政资金运行成本的测定及绩效考核结果的运用是高校主管部门科学、合理分配财政资金不可或缺的最有效的依据，同时也是高校内部部门经费分配标准、课时津贴标准、设备自制或外购的选择、内部交易定价、项目投资论证及绩效评价等的主要参考依据。

（二）有利于科学编制预算

可靠的成本信息是高等学校高质量预算的保证，是预算精细化编制的基础。按照《财政部预算管理一体化规范（试行）》“改进预算编制，坚持量入为出，有保有压，运用零基预算理念，打破基数概念和支出固化格局”的要求，通过对预算对象预算成本和

实际成本的比较、结构差异分析，能够使编制的预算科学、精准，有利于对预算执行过程的监督，达到过程控制的目的。

（三）有利于加强成本控制，优化资源配置

成本控制是建立在成本核算基础之上的一种干预手段，目的是厉行节约，注重实效。高校通过对特定成本对象成本支出结构分析，结合成本对象产生的社会效益和经济效益，分析判断支出的合理性，区分有利因素与不利因素，在保证社会效益的前提下，高校可以合理有效地控制不利因素，优化资源配置，有效降低高校在经济活动运行过程中的资源浪费，提高资金使用效益。

（四）有利于建立成本责任制度，加强成本责任考核

成本责任制是对高校内部各部门在资金使用过程中，对资金支出方面的职责所作的规定，是提高资金使用效益，降低无效耗费，发挥其主动性、积极性和创造力的有效办法。高校不同于企业可以规定成本降低任务，按照成本降低任务，责任落实到人。高校是非营利单位，要在确保社会效益的基础上，考核资金使用效益。在建立高校成本责任制度时，要把社会效益和资金使用效益统筹考虑，根据高校内部各部门的职责分别建立成本考核体系，如高校后勤保障体系、行政管理体系、教学运行与发展体系等。各责任单位要有“承担降低成本之责，执行成本计划之权，获得奖惩之利”的意识，把完成成本降低任务的责任落实到每个部门，使各部门的责、权、利相结合。实行成本责任制度时，成本会计要以责任者为核算对象，根据成本考核目的，按责任的归属对所发生的可控成本进行记录、汇总、分配整理、计算、传递和报告，比较各责任单位实际成本和目标成本，揭示差异，寻找差距产生的原因，据以发挥进一步降低成本的潜力。

（五）有利于科学评判绩效考核结果

高校成本核算结果是高校资金使用绩效评价体系中的产出指标，是考核项目成本节约程度的指标，用于反映项目的建设成本和完成项目的实际成本节约占计划成本的比率。本书作者，基于实践的视角认为，也可以通过建设成本费用率指标反映项目运行成本占建设成本的比率，该比率作为成本产出的辅助指标，在其他指标考核分数相同的情况下，该指标越小，资金使用效益越高。

成本产出指标根据支出内容可分为三大类别：一是保障性指标。包括水费、电费、办公费、邮电费、差旅等正常公用支出。二是发展性指标。具体可分为项目支出在高校本身预算分配中占比，项目支出内部构造比率，设备购置占比及设备使用率等指标。三是可持续发展指标。具体可分为创收能力增长比率、社会影响力、出版专著、人才培养质量的提高、就业率、学科点的数量及在同行中的排名等各项指标。以上绩效考核指标

中的保障性指标，属高校自身发展必须具备的前提条件，支出占用比例不宜过高。可持续性指标，属阶段性指标，项目完成后可根据项目前后相关质的变化进行对比。发展性指标，应结合高校自身发展，在资金分配中比例应大幅提高。支出结构在项目发展初期，资本性投入应占比较大，发展中期资本性投入应降低，而转化及推广费用等支出应加大，项目结束后结合可持续性指标，分析项目产生的经济效益和社会效益，对项目专项资金通过以上各项指标分类逐项分析，用以考核专项资金的使用效益，考核结果可作为各级主管部门在资金申请、分配时的重要参考依据，使有限的社会资源向发展效益好的高校倾斜，争取资金效益最大化。

三、高校成本管理现状

2012年12月19日，财政部印发的《高等学校财务制度》的通知（财教〔2012〕488号）第五十六条规定："高等学校应当根据事业发展需要，实行内部成本费用管理。"第五十九条规定："成本核算是指按照相关核算对象和核算方法，对高等学校业务活动中发生的各种费用进行归集、分配和计算。"第六十一条规定："高等学校应当正确归集实际发生的各项费用；不能直接归集的，应当按照一定原则和标准合理分摊。"第六十二条规定："高等学校应当根据实际需要，逐步细化成本核算，开展学校、院系和专业的教育总成本和生均成本等核算工作。科研活动成本的核算应当细化到科研项目。高等学校成本核算实施细则由国务院财政部门会同教育主管部门制定。实行内部成本费用管理的高等学校，应当建立成本费用与相关支出的核对机制，以及成本费用分析报告制度。"

成本核算的基础是权责发生制。高等学校在2019年执行政府会计制度以前，对发生的经济业务和事项一般采用收付实现制，仅对部分业务采用权责发生制，同时国家也未出台高等学校成本核算实施细则。高校教育培养成本测算按照《高等学校教育培养成本监审办法（试行）》（发改价格〔2005〕1008号）文件规定，以经过同级财政部门审核批准的高校年度"财务决算报表"和审核无误、手续齐备的原始凭证及账册为基础进行测算。受高校会计核算基础制约和国家未出台高校成本核算细则的客观实际，高校并未开展真正意义上的成本核算。

四、高校会计核算基础发展路径

2019年，高等学校在执行政府会计制度以前，对发生的经济业务和事项一般采用收付实现制，仅对部分业务或事项采用权责发生制。在《高等学校财务管理改革实施方法》（〔86〕教计字162号）提出"人才培养成本"概念以来，高校执行的会计制度核算原则依次包括：

（1）1989年1月1日，国家教委颁布的《高等学校会计制度（试行）》第十七条规定："高等学校在会计核算过程中，对各种费用、支出的归属，应当按照受益原则加以确认。凡能划清归属对象的费用、支出，均应直接计入有关核算对象；凡不能直接划清归属对象的费用支出，则应采用合理的方法进行分摊。"

（2）1998年3月1日，财政部、教育部关于印发《高等学校会计制度（试行）》（财预字〔1998〕105号）第五条规定："高等学校会计核算一般采用收付实现制，但经营性收支业务的核算采用权责发生制。"

（3）2014年1月1日实施的《高等学校会计制度》第四条规定："高等学校会计核算一般采用收付实现制，但部分经济业务或者事项的核算应当按照本制度的规定采用权责发生制。"

在上述高等学校依次执行的会计制度规定的会计记账基础下，高校要进行成本核算，需要把收付实现制下的会计核算支出结果，按照支出受益期转化为权责发生制下的费用，再把费用对象转化为成本。因转化工作需要大量基础数据支撑且要高校内部多部门配合，因而各高校并无法准确计量归属于当期的成本费用，对高校成本只是简单粗略测算，未能反映高校真实的办学成本。同时各高校支出与费用转化均不统一，反映的各高校办学成本也不具有可比性。

2019年1月1日实施的《政府会计制度》第五条规定："单位会计核算应当具备财务会计与预算会计双重功能，实现财务会计与预算会计适度分离并相互衔接，全面、清晰反映单位财务信息和预算执行信息。单位财务会计核算实行权责发生制，单位预算会计核算实行收付实现制，国务院另有规定的，依照其规定。单位对于纳入部门预算管理的现金收支业务，在采用财务会计核算的同时应当进行预算会计核算；对于其他业务，仅须进行财务会计核算。"2019年，新的《政府会计制度》统一了行政事业单位会计制度，重构了"财务会计与预算会计适度分离又相互衔接"的政府会计核算体系。自2019年1月1日起，高等学校执行《政府会计制度》。高校对纳入学校预算管理的现金收支业务，以收付实现制进行预算会计核算，提供决算报告，反映高校预算执行情况的会计信息；以权责发生制进行财务会计核算，提供财务报告，反映高校财务状况、运行情况和现金流量等会计信息。这种"平行记账"的模式使每笔会计业务在处理过程既获取了预算会计的支出信息，又获取了财务会计的费用信息，使得收入与成本配比逐渐清晰，为核算高校教育成本提供了科学、合理、精确的数据，实现了在会计核算过程中落实成本核算的目的。一是采用了跨期摊配费用的记账规则，在会计科目中新增"长期待摊费用"和"预提费用"，合理分摊期间费用；二是对固定资产进行实提折旧，对无形资产进行实计摊销，通过固定资产计提折旧、无形资产计提摊销可以摸清家底，全面客观反映高校资产现状；对应收账款等债权计提坏账准备；根据谨慎原则设置"预计负债"，全面预计高校财务风险；三是对长期股权投资区分成本法和权益法核算，增设

"应收股利""应收利息"维护高校权益；对存货区分在途物品、库存物品和加工物品，有助于提高高校管理水平。对受托代理资产区别对待，体现出不同会计责任主体等。

总之，《政府会计制度》的实施，为高等学校成本核算奠定了坚实的理论基础。

第二节　高等学校成本核算

一、高等学校成本核算原则

高等学校在履职过程中开展教学、科研活动及其辅助活动所耗费的各种资源构成高校的办学成本。高校在履职过程中，首先应按照政府赋予高等学校的职能确保社会效益的实现，其次在保证社会效益的前提下，努力降低学校办学成本，提高资金使用的经济效益。高校实施成本核算可以作为提升单位内部管理水平和运行效率，夯实绩效管理基础的重要手段。高等学校成本核算的原则有：

（1）相关性原则。高校选择成本核算对象、归集分配成本、提供成本信息应当与满足成本信息需求相关，有助于成本信息使用者依据成本信息作出评价或决策。

（2）可靠性原则。高校应当以实际发生的经济业务或事项为依据进行成本核算，保证成本信息真实可靠、内容完整。

（3）适应性原则。高校进行成本核算，应当与高校不以营利为目的的运行特点和以培养合格的专门人才为目标及特定的成本信息需求相适应。

（4）及时性原则。高校应当及时收集、传递、处理、报告成本信息，便于信息使用者及时作出评价或决策。

（5）可比性原则。同一高校在不同期间、不同高校在同一时期，对相同或相似的成本核算对象进行成本核算所采用的方法和依据等应当保持一致，确保成本信息相互可比。

（6）重要性原则。高校在选择成本核算对象、进行成本核算时应当区分重要程度，对高校发展具有重大影响的成本核算对象和成本项目应当力求成本信息的精确，对于非重要的成本核算对象和成本项目可以适当简化核算。

（7）成本效益原则。高校在细化财务系统设置、选择成本计算工具时，应有效采用信息技术、信息手段，成本核定过程不能过于复杂，加大成本计算工作量，要注重操作的可行性和效益性。

二、高等学校成本核算基础

成本核算的基础是权责发生制，会计核算需要以权责发生制为记账基础，实现收支匹配原则。2019年1月1日，实施的《政府会计制度》对高校教育成本的核算与归集提出了缜密的思路和更高的要求，双体系核算也突破了以往《高等学校会计制度》的制约，为高等学校开展成本核算奠定了政策理论基础。高等学校开展成本核算在政策理论基础上，还需要以信息化建设为抓手，重点做好以下基础工作：

一是建立健全成本管理制度体系，理清校内部门职责，强化校内部门分工协作，业财融合，加强成本费用管理的基础工作，有效控制成本费用。

二是建立健全成本相关原始记录，加强和完善成本数据收集、记录、传递、汇总和整理等基础工作，确保成本基础信息记录真实、完整，为成本核算提供必要的基础数据支撑。

三是细化财务系统设置，财务会计有关明细科目设置和辅助核算应当满足成本核算的需要，加强成本核算的力度。首先高校在进行财务系统设置时，考虑核算效率的同时应兼顾细化成本核算的要求，尽可能减少成本核算中的二次数据处理。其次高校应建立在科目核算基础上的与部门、项目核算相配合的多层次会计核算体系，既满足相关准则制度要求下对财务信息的披露，也满足高校特定的内部管理需求。通过部门、项目核算来归集各种不同的业务类型的资源耗费，结合科目核算反映多维度的成本核算信息，提高成本核算的力度和准确度，在会计核算中落实成本核算。最后加强高校信息化建设，规范学校成本管理流程，提高成本管理的效率。高校教育成本核算涉及的数据量极为庞杂，不仅包括财务数据，固定资产计提折旧、无形资产摊销等财务信息，还包括教学课时工作量、教职工人数、学生人数、教学办公楼宇面积、水电等非财务信息，高校须借助计算机信息技术对其教育成本核算工作实施信息化建设，以便科学、合理地确定各项成本。同时应运用大数据技术方法搜集大量的成本数据信息，以有效满足高校对庞大数据信息的需求。

三、高等学校成本核算方法

高等学校成本核算，是指根据需要按照确定的成本核算对象，对高校在履职过程中实际发生的各种耗费，按照设定的成本项目进行归集、分配、计算确定各成本核算对象的总成本和单位成本，并向有关成本信息使用者提供成本信息的活动。

（一）高等学校成本构成

按照《政府会计制度》的要求，高等学校在履职过程中资源耗费的计量可以从两个维度进行分类反映，一是按照经济业务或事项的支出性质分类，二是按照经济业务或事项的支出职能分类。

1.支出性质分类

支出性质分类反映高等学校经济业务或事项的支出内容。按支出性质，高等学校支出可以分为人力资源耗费和物质资源耗费；按照购买的物资资源消耗的时间长短，支出又可以分为资本性支出和收益性支出两大类。

支出性质分类是按照支出内容通过经济分类科目进行的核算反映，包括非资本性支出和资本性支出，其中非资本性支出包括工资福利支出、商品和服务支出、对个人和家庭的补助支出，非资本性支出全部是当期费用，与当期收入相匹配；资本性支出，因受益期超出一年，需要按照收支匹配原则，在受益期内分期确认费用。支出性质分类的目的，一是让关心高等学校的相关部门和人员，了解高等学校在履职过程中的资源耗费支出的构成；二是分析成本项目费用支出结构，科学评判不同发展阶段成本核算对象支出的合理性。

2.支出职能分类

支出职能分类反映高等学校经济活动或事项的支出用途。按照支出用途，高等学校支出可以分为业务活动费用（包括教育费用、科研费用）、单位管理费用（包括行政管理费用、后勤保障费用、离退休费用等）、经营费用、资产处置费用、上缴上级费用、对附属单位补助费用、所得税费用和其他费用。支出职能分类的目的，一是让相关部门和人员了解高等学校资源耗费支出的作用；二是详细分析高校业务活动费用、行政管理费用等运行成本结构及运行成本占比，寻求“降本增效”的有效途径，进一步提升经费使用效益。

通过对高校支出构成的划分，有助于高校在成本核算过程中，根据成本核算对象、考核的目的和管理的需要以及财务信息需求者的要求，确定成本核算对象及构成内容，分析成本核算对象成本的核算结果，做出科学、合理的决策。

（二）高校成本核算对象

高校进行成本核算应当满足高校内部管理和外部管理的特定成本信息需求，根据成本信息需求确定成本核算对象。高校的成本信息需求包括但不限于以下方面：一是公共服务。为满足该需求，高校应当准确核算学校办学成本，通过高校不同时期纵向社会效益和经济效益对比分析，同类高校同一时期横向社会效益和经济效益对比分析，反映高校社会履职能力和社会贡献度；同时为政府财政拨款、有关单位制定收费标准提供依据和参考。二是成本控制。为满足该需求，高校应当完整、准确核算特定成本核算对象的成本，根据核算对象成本发生和形成的过程，科学分析判断影响成本变动的各种因素、条件，对不利因素和条件施加影响或管控，加强支出管理，将实际成本控制在预期目标内。三是绩效评价。为满足该需求，高校应当设置与成本相关的绩效指标并加以准确核算，以便衡量高校整体和校内各部门运行效率、重点业务实施效果、政策和项目资金使用效果。为政府部门动态调整经费拨款和高校科学决策提供依据，有助于高校进行精细化管理，优化教育资源配置、进一步提高资金使用效率。

根据成本需求信息，高校成本核算对象主要包括：一是按层次可以分为高校整体、校内各部门和项目负责人；二是按照维度可以分为教学科研等业务活动类型、专项资金等项目类型；三是公共服务类。高等学校成本核算主要分类见表13-1。

表13-1　　高校成本核算对象主要分类

成本分类	成本核算对象	成本支出方向	成本支出内容
成本责任主体	学校整体	教育费用、科研费用、行政管理费用、后勤保障费用、离退休费用、经营费用、资产处置费用、上缴上级费用、对附属单位补助费用、所得税费用和其他费用	工资福利支出、商品和服务支出、对个人和家庭的补助支出以及折旧、摊销
	校内教学、教辅、行政职能部门、中心等	教育费用、科研费用、行政管理费用、后勤保障费用、离退休费用、经营费用	工资福利支出、商品和服务支出、对个人和家庭的补助支出以及折旧、摊销
	业务团队（项目负责人）	教育费用、科研费用	工资福利支出、商品和服务支出、对个人和家庭的补助支出以及折旧、摊销
教育成本	学校整体	教育费用、科研费用、行政管理费用、后勤保障费用	工资福利支出、商品和服务支出、对个人和家庭的补助支出以及折旧、摊销
	院系、专业	教育费用、科研费用、行政管理费用、后勤保障费用	工资福利支出、商品和服务支出、对个人和家庭的补助支出以及折旧、摊销
拨款政策	双一流建设资金、高等教育发展专款、中央支持地方等	教育费用、科研费用、后勤保障费用	工资福利支出、商品和服务支出、对个人和家庭的补助支出以及折旧、摊销
项目	学科经费、基建专款、学生资助经费、质量工程、国培经费、“双一流”建设资金、研究综合改革、科研平台及人才支持等	教育费用、科研费用、后勤保障费用	工资福利支出、商品和服务支出、对个人和家庭的补助支出以及折旧、摊销
业务类型	教育事业支出	教育费用	工资福利支出、商品和服务支出、对个人和家庭的补助支出以及折旧、摊销
	科研事业支出	科研费用	工资福利支出、商品和服务支出、对个人和家庭的补助支出以及折旧、摊销
	行政管理支出	行政管理费用	工资福利支出、商品和服务支出、对个人和家庭的补助支出以及折旧、摊销
	离退休支出	离退休费用	工资福利支出、商品和服务支出、对个人和家庭的补助支出以及折旧、摊销
	后勤保障支出	后勤保障费用	工资福利支出、商品和服务支出、对个人和家庭的补助支出以及折旧、摊销

（三）成本核算期间

成本核算期间包括成本核算期和成本核算周期。成本核算期，一般按照会计年度确定，即每年1月1日至12月31日为成本核算期。根据会计年度确定成本核算期，主要是考虑采取预决算周期和便于教育成本数据获得和统计，确保高校教育成本的实用性、可比性，反映成本核算对象年度内的各种相关资源耗费。成本核算周期，是成本核算对象的培养周期或建设期间。高校可以根据成本信息需求、成本核算对象等确定成本核算周期，并按照成本核算周期等编制成本报告，全面反映成本核算对象在培养周期或建设期间内各种相关资源耗费情况。例如，学生培养成本可以按照培养周期确定成本核算周期，一般本科生培养周期4—5年、研究生培养周期2—3年；基建项目按照项目自启动之日起至竣工验收交付使用之日止作为建设周期来确定基建项目成本核算周期，建设周期一般3—5年；高校承接的纵向、横向科研项目按照研发周期作为成本核算周期等。

（四）高校成本核算方法

成本核算是成本管理的重要内容，行业不同，成本核算方法不同。成本核算对象不同，使用的成本核算方法也不同，如存货成本、固定资产成本；成本核算对象相同，使用的成本核算方法也有多种选择，如计算发出存货的成本有先进先出法、加权平均法、个别计价法等。参照财政部《关于印发〈事业单位成本核算基本指引〉的通知》（财会〔2019〕25号）第二十条规定："单位应当根据成本信息需求，对具体的成本核算对象分别选择完全成本法或制造成本法进行成本核算。"高校成本核算方法可以按照成本核算对象采取完全成本法和制造成本法，将高校在履职过程中发生的各种耗费按照一定的对象进行归集、汇总、分配，以计算成本核算对象的总成本和单位成本。

1.完全成本法和制造成本法

为更好的执行政府会计制度，落实政府会计制度的规定、要求，高校一般都设置了会计科目、部门、项目等多维度会计核算体系，对其在履职过程中的资源耗费通过部门、项目进行归集、记录、汇总、分配，形成财务会计基础数据，为高校进行成本核算奠定了数据基础。同时，政府会计制度创新的"双基础"会计核算方法，在预算会计反映高校预算执行情况的同时，通过财务会计较为科学合理地反映高校的财务状况和运行情况，为高校成本核算奠定了制度基础。

参照财政部《关于印发〈事业单位成本核算基本指引〉的通知》（财会〔2019〕25号）规定："完全成本法，是指将单位所发生的全部耗费按照成本核算对象进行归集和分配，计算出总成本和单位成本的方法。成本核算对象为单位整体、主要业务活动的，可以采用完全成本法。制造成本法，是指只将与产品制造或业务活动有联系的费用计入成本核算对象，不将单位管理费用等向成本核算对象分配的方法。成本核算对象为公共服务或产品、项目、内部组织部门、业务团队的，可以采用制造成本法。”

高校成本核算按照《事业单位成本核算基本指引》的规定，根据成本核算对象类别可以采用完全成本法和制造成本法。高校发生的费用，按照学校部门、项目设置等计入成本的方式不同，可以分为直接费用和间接费用。

直接费用，是指高校经济活动过程中发生的能直接确定由某一成本核算对象负担的费用，按照所对应的成本项目类别，直接计入成本核算对象。

间接费用，是指高校经济活动过程中发生的不能直接计入成本核算对象，需要选择合理的分配标准或方法分配计入各个成本核算对象的费用。间接费用分配标准或方法一般遵循因果关系和受益原则，将资源耗费根据资源耗费动因分项目追溯或分配至相关的成本核算对象，如根据课时工作量占比、学生人数占比、耗用资源占比、收入占比等。

2. 间接费用分摊办法

《管理会计应用指引第300号——成本管理》第四条规定：“成本管理领域应用的管理会计工具方法，一般包括目标成本法、标准成本法、变动成本法、作业成本法等。”成本计算工具均有不同的适用范围，其中《管理会计应用指引第304号——作业成本法》第三条规定，“作业成本法一般适用于具备以下特征的企业：作业类型较多且作业链较长；同一生产线生产多种产品；企业规模较大且管理层对产品成本准确性要求较高；产品、客户和生产过程多样化程度较高；间接或辅助资源费用所占比重较大等”。

对比分析“目标成本法”“标准成本法”“变动成本法”“作业成本法”等管理会计工具，“作业成本法”的适用范围比较符合高等学校的经济业务类型的特点。高等学校经济业务特点，一是间接费用种类较多、费用较大，例如，科研费用支出、水电暖后勤保障、行政办公支出、教辅支出等公共支出费用较大，需要根据费用特征采取一定的标准在成本对象中进行分摊；二是高校产出具有多元性，既有学生等合格人才的产出也有科研成果的产出，仅就学生培养来讲，学生培养方案有博士生、硕士生、本科生等不同层次的学生培养方案，也有文科、理科、理工科等不同学科不同专业的学生培养方案和同一学生不同年级的培养方案，学生培养方式有全日制和非全日制、在职学习等；三是经济业务类型较多，有教育活动、科研活动、行政管理活动、后勤保障活动等；四是成本核算周期较长，如普通本科培养周期4—5年，研究生2—3年等。高校间接经费种类多、分配动因较为复杂，高校可采取作业成本法的“成本驱动因素”理论，根据资源消耗与作业的关系确定作业的耗费，根据作业的耗费与成本对象的关系来决定成本，从而使间接费用分摊更为合理，成本计算更加准确。

第三节　作业成本法在高校的运用

高等学校在履职过程中耗费的各种资源，按照成本核算对象的类别，在会计科目、部门、项目多维度会计核算体系下，直接或间接地归集计入成本核算对象。对不能直接计入成本核算对象的耗费，高校可以按照作业成本法的原理，对归集的费用，通过一定的分配方法，分配计入成本核算对象。

一、作业成本法原理

作业成本法的原理，是根据“成本驱动因素”理论，以“作业消耗资源、产出消耗作业”为原则，按照资源动因将资源费用追溯或分配至各项作业，计算出作业成本，然后再根据作业动因，将作业成本追溯或分配至各成本核算对象，最终完成成本计算的成本管理方法。

作业成本法，是一种通过对成本核算对象所涉及的所有作业活动进行动态跟踪和反映的方法，依据作业活动耗费资源和成本核算对象之间的关系，以作业活动为桥梁、成本动因为分配标准，寻找消耗资源、作业活动和成本核算对象之间的因果关系，确定作业成本动因，将无法直接归属到成本核算对象的间接耗费资源较为准确地归集、分配，从而准确、客观地计算核算对象成本。作业成本法可以提高成本计算结果，在费用分配过程中，明确间接费用责任划分并进行成本控制。

（一）作业成本法相关概念

1.资源。资源是指高等学校在经济活动过程中被消耗的经济要素。表现形式包括职工薪酬、办公费、差旅费、培训费、材料费、维修费、设备购置等。高校按照资源耗费支出内容和经济分类科目的表现形式可分为“工资福利支出”“商品和服务支出”“对个人和家庭的补助支出”“基本建设支出”“其他资本性支出”，其中“基本建设支出”“其他资本性支出”需要按照收益期，按照收支匹配原则，在受益期内分期确认费用。

2.作业。作业是指高等学校所从事的工作，是以人为主体消耗了一定资源的特定范围内的工作。按照工作范围和对象可以划分为学校层面作业、学院层面作业、项目作业等。

3.成本动因。是成本变化的原因，一般采用作业活动耗费资源的计量标准来计量。包括资源动因和作业动因。

（1）资源动因。资源动因是将作业消耗的资源成本分配给一个特定成本库的成本动因，是将各项资源费用归集到不同作业的依据，是对一项作业所耗费资源数量的计量，据以反映作业与资源之间的关系。

（2）作业动因。作业动因是将不同作业归集的成本分配到成本对象的依据，据以计量某一成本对象耗用了多少作业量。

4.作业中心和成本库。作业中心是指具有同质作业动因的作业集合。成本库是归集了一个作业中心所耗用的全部资源，是由若干个同质作业动因组成一个特定的集合体。成本库所汇集的成本按照作业动因分配到各成本对象之中。

5.成本分配。成本分配是依据作业动因确定成本分配率并分配成本的过程。在归集同质作业成本库后，需要从中选取恰当的作业成本动因，计算成本分配率并分配成本。如教师工作量占比、学生人数占比、人均分摊面积等。

（二）作业成本核算程序

1.归集资源，建立资源库，计算资源成本；

2.依据资源动因分配资源到作业中心，计算作业中成本；

3.依据作业动因分配作业成本到成本核算对象，计算成本核算对象的总成本和单位成本。

作业成本核算流程图如图13-1所示。

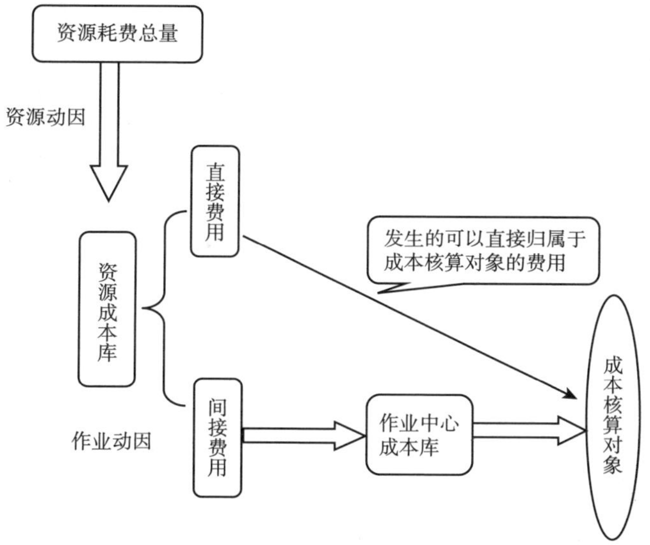

图13-1　作业成本核算流程图

二、作业成本法在高校的运用

作业成本建立在作业消耗资源、成本对象消耗作业的基础上。高校可以根据管理需求和成本信息需求者的要求“按需取数”，计算各成本核算对象的成本。

在高校的会计核算过程中，大部分资源耗费可以通过部门、项目直接归集到成本核算对象，但仍有部分水电费等间接费用需要在成本核算对象中按照一定的原则进行分摊。对于需要分摊的间接费用，高校可以按照作业成本法的原理，依据高校内部组织架构及部门职责设置确定主要作业并划分成本中心，由成本中心按照资源动因归集成本费用，归集的成本费用按照作业动因分配到成本核算对象。下面以高校教育培养成本为例，来说明高校在履职过程中的各种耗费的归集，以及对水电等间接费用按照作业成本法在成本核算对象中进行分摊的流程。

（一）归集资源建立资源项目库

高等学校的资源耗费是指高校在履职过程中，为保证正常工作开展而消耗的全部物资资源和人力资源。按照高校财务会计核算数据，通过经费支出经济分类科目具体划分为工资福利支出、商品服务支出、对个人和家庭的补助支出、其他费用，详见表13-2。

表13-2 高等学校资源耗费一览表

序号	资源项目		序号	资源项目	
1	工资福利支出	基本工资	2	商品服务支出	租赁费
		津贴补贴			会议费
		奖金			培训费
		伙食补助费			公务接待费
		绩效工资			专用材料费
		机关事业单位基本养老保险缴费			劳务费
		职业年金缴费			委托业务费
		职工基本医疗保险缴费			工会经费
		其他社会保障缴费			福利费
		住房公积金			公务用车运行维护费
		医疗费			其他交通费用
		其他工资福利支出			税金及附加费用
2	商品服务支出	办公费			其他商品和服务支出
		印刷费	3	对个人和家庭补助支出	离退休费
		咨询费			抚恤金
		手续费			生活补助
		水费			医疗费补助
		电费			助学金
		邮电费			奖励金
		取暖费			其他对个人和家庭的补助
		物业管理费	4	其他费用支出	债务利息及费用支出
		差旅费			折旧、摊销
		因公出国（境）费用			资产处置费用
		维修（护）费			其他费用

（二）识别作业，划分作业中心

高等学校的作业是指按照教学计划、培养方案、工作职责等完成的工作任务。高校可结合校内机构设置及职责分工，对他们职责活动范围内的作业活动进行分析，按照同质属性划分作业中心。高校作业中心划分建议如表13–3所示。

表13–3　高校作业中心划分建议表

部门分类	部门	作业中心
教学单位	各学院	教学作业中心
教辅部门	教务处、图书馆等	教学辅助作业中心
科研单位	研究中心、科研管理部门等	科研作业中心
学生事务管理部门	团委、学生处、创新创业中心等	学生管理作业中心
行政管理部门	党办、校办、宣传部、财务处、国际合作处等	行政管理作业中心
后勤保障部门	后勤、保卫处等	后勤保障作业中心

（三）依据资源动因，分配资源到作业中心

高等学校以作业中心为对象，依据作业中心的资源耗费分别计入各成本中心，把具有相同作业动因的作业所耗费的资源归集在一起，形成作业中心成本库（见图13–2）。

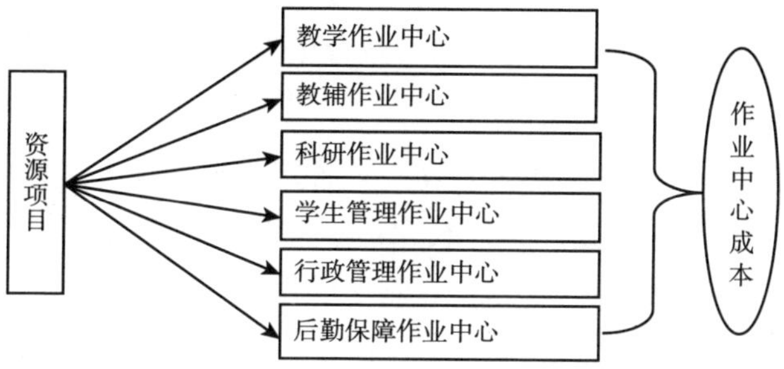

图13–2　作业中心成本分配流程图

（四）选取作业动因，确定作业分配率

按照高等学校会计核算体系，根据不同的成本核算对象，依据部门、项目归集的资源耗费，有些资源耗费可以通过部门、项目直接归属成本核算对象，有些资源耗费需要通过成本分配率计算计入成本核算对象。例如，计算高校某学院学生培养成本，该学院的运行经费可直接归属学院作业中心，但与该学院学生培养相关的教辅作业中心、行政管理中心、学生管理中心、后勤保障中心等的运行经费需要按照学校学生人数、教师数量、教学工作量等分配后计入该学院作业中心。

高等学校一般选取教学工作量、标准学生人数、在校生人数、约当教师人数等作为作业成本动因量，计算作业成本分配率。按照教学工作量、标准学生数、在校学生数等作业动因量，计算作业动因分配率，将耗费资源分配到各个学院，如表13–4所示。

表13–4　　高等学校作业动因划分建议表

作业中心	作业动因
教学作业中心	教学工作量
教学辅助作业中心	教学工作量
科研作业中心	标准学生数
学生管理作业中心	在校学生
行政管理作业中心	在校学生
后勤保障作业中心	在校学生

（五）作业动因量

1.分配高等学校教育总成本所需要的教学工作量、在校学生数可直接通过校内教务部门等获取。

2.标准学生数。根据国家发展改革委印发的《高等学校教育培养成本监审办法（试行）》规定，可以将各类学生按照一定系数折算成年均标准全日制学生数。其中：

（1）各类学生折算系数为：本科、专科、第二学士学位、在职人员攻读博士和硕士学位、高等职业技术教育学生、成人脱产班学生、预科生、进修生为1，博士生为2，硕士生为1.5，来华留学生为3，函授、网络教育生为0.1，夜大等其他学生均为0.3。

（2）标准全日制学生数计算公式为：

标准全日制学生数=∑（“在校学生数”×各培养类型学生折算系数）

（3）年均标准全日制学生数计算公式为：

年均标准全日制学生数=（年初标准全日制学生数×8+年末标准全日制学生数×4）÷12

3.标准教师数量

高校教师职称分为助教、讲师、副教授、教授四个级别。其中，助教的主要任务是协助教学。讲师是能够独立开设一门或一门以上课程的大学教师。副教授原则上不仅要具有开课的能力，对本学科的整体情况有充分的了解，自己主持研究项目，而且能把最新的研究成果以学术研讨会的形式不断开设成新课。教授是大学里的主体，大学里主导性的工作是由教授承担的。高校教师职称不同，承担的教学工作量、科研工作量有明显区别，在计算高校成本以教师数量作为成本分配动因时，也应对不同职称的教师按照标准系数进行折合，折合成标准教师数量，以降低以教师数为分配基础时带来的差异。教师折合系数因各学校教学工作量、课时标准等不同，系数也有所不同。在系数设定时可以学校内部经费分配、不同层次教职工收入等作为系数设定参考依据。本书教师折合系数是：助教0.5、讲师1、副教授1.5、教授2。本书在计算成本时的标准教师数量，均已按此系数折合。

（六）高等学校作业成本法——间接费用分配流程（见图13-3）

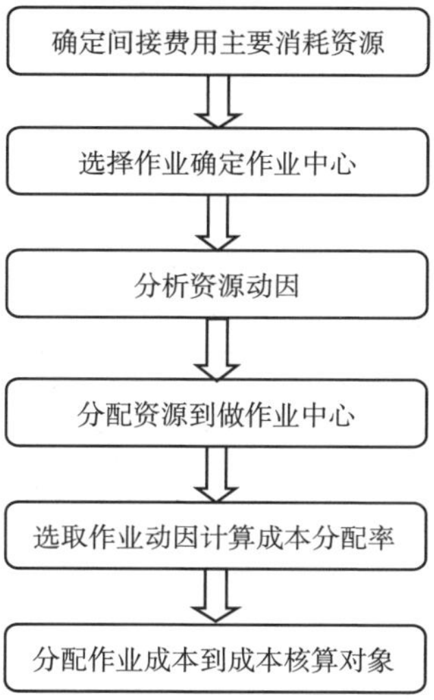

图13-3　间接费用分配流程

（七）成本核算对象成本

根据高等学校会计核算账套设置和成本核算对象的特点，按照以上高等学校间接费用分配流程计算结果和按成本核算对象归集的直接费用确定成本核算对象总成本、单位成本。

第四节　高等学校教育培养成本分析

高等学校在履职过程中的发生的各种资源耗费，按照一定的成本核算对象进行归集、汇总、核算、计算分配，以计算成本核算对象总成本和单位成本，为成本信息需求者提供正确的成本数据，为高校决策提供科学依据，通过成本分析，借以考核预算执行情况，综合反映高校的管理水平。

以下结合H大学财务状况，选取具有代表性的成本核算对象，按照完全成本法和制造成本法两种成本核算方法，分别就教育培养成本和绩效考核等方面进行成本分析，同时结合了《政府会计制度》实施的时间和高校会计核算基础及重要性原则。为了方便大家了解、掌握多种不同核算基础财务数据的成本核算方法，本书以预算会计数据为基数计算高校教育培养总成本和生均教育培养成本，按有关规定调整后，计算核算对象成本；以财务会计数据为基数，计算代表性学院生均培养成本，按有关规定调整后，计算核算对象成本。

以高等学校决算会计数据为基础的高校教育培养成本核算一般流程，如图13–4所示。

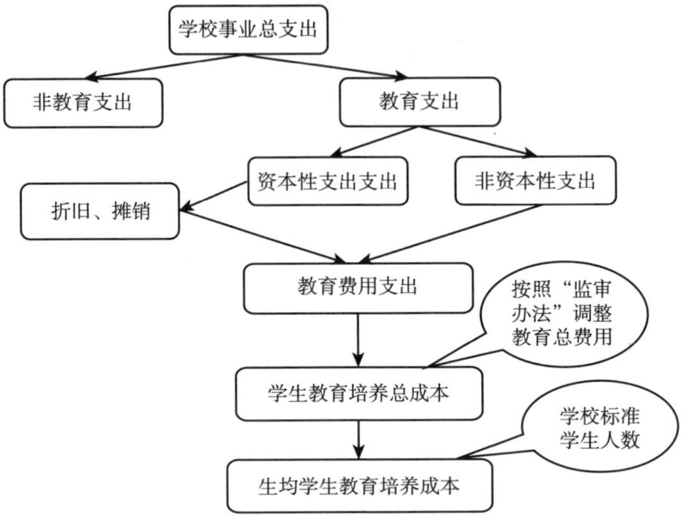

图13–4　以决算会计数据为基础的高校教育培养成本核算一般流程图

以高校财务会计报告数据为基础的高校教育培养成本核算一般流程，如图13–5所示。

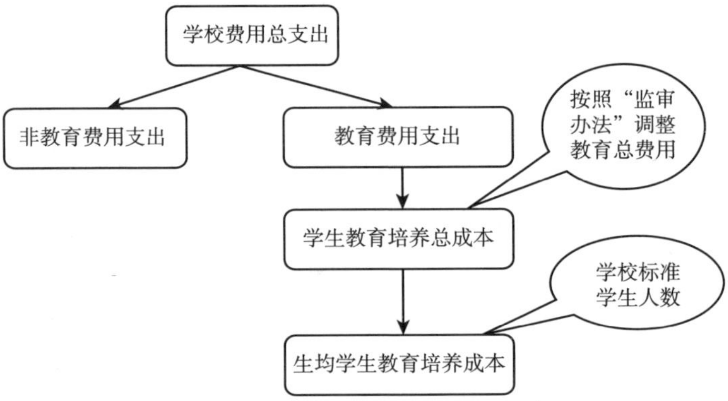

图13–5　以财务报告数据为基础的高校教育培养成本核算流程图

一、H大学学校教育培养成本

按照H大学会计年度的财务数据和以本科学生培养周期4年为成本计算周期，运用

“实证列举法”计算H大学本科生生均培养成本。

（一）资源项目库

根据H大学提供的2016—2019年度财务数据信息，建立资源项目库。其中2016—2019年成本核定数据基础，依据高等学校执行会计制度时间段，分别采用不同的核定方式，一是对2016—2018年的成本核定是在财务决算的基础上进行核定，按照总成本是否可直接计入相关成本核算对象区分直接费用和间接费用，对间接费用按照作业动因分配后计入成本核算对象，计算核算对象成本。二是对2019年的成本核定是以财务报告数据为基础进行核定，具体数据详见表13-5至表13-7。

表13-5　H大学2016—2019年度收入情况表　单位：万元

序号	资金来源	2016年	2017年	2018年	2019年
一	财政拨款收入	74 280.70	87 052.16	99 337.48	118 385.51
二	事业收入	40 448.76	40 440.16	45 605.30	49 117.23
三	附属单位缴款收入	681.45	135.38	1 885.60	286.96
四	其他收入	12 731.69	5 554.72	2 037.87	2 321.97
	合计	128 142.58	133 182.43	148 866.24	170 111.68

表13-6　H大学2016—2019年度事业总支出（决算数据）　单位：万元

序号	科目名称	事业总支出			
		2016年	2017年	2018年	2019年
一	工资福利支出	44 791.50	47 296.56	67 086.67	72 680.38
二	商品和服务支出	25 409.44	27 153.69	29 320.07	35 385.13
三	对个人和家庭的补助	28 952.21	30 605.72	17 525.93	20 840.54
四	基本建设支出	4 146.19	1 373.22	7 404.65	8 653.98
五	其他资本性支出	25 980.51	21 915.23	24 267.14	29 545.14
六	对企事业单位的补贴	3 989.39	5 083.23	2 068.00	4 400.00
七	债务利息支出	53.40	31.68	39.80	41.45
合　计		133 322.63	133 459.33	147 712.26	171 546.61

表13-7　2019年费用总支出（财务报告数据）　单位：万元

序号	科目名称	费用总支出
一	工资福利支出	72 947.27
二	商品和服务支出	34 443.94
三	对个人和家庭的补助	20 104.58
四	债务利息支出	41.45
五	费用补贴	4 400
六	折旧费用	19 744.46
七	资产处置费用	137.61
合　计		151 819.31

（二）数据分析

在财务数据计算、分析基础上，通过校内相关部门走访、调研，确定作业中心，并分析判断与学生教育成本相关的资源，确定资源动因。依据资源动因剔除非教育资源耗费，分析结果如下。

1. H大学经费总支出中，由“对企事业单位补贴”科目支付的费用是拨付H大学独立学院的运行经费，不属于H大学的教育成本，须剔除。

2. 鉴于本案例是对H大学的教育培养成本的核算，因此剩余“工资福利支出”“商品服务支出”“对个人和家庭的补助”“基本建设支出”“其他资本性支出”“债务利息支出”等均为直接费用，不再划分作业中心并进行间接费用摊销。

3. 按照资本性支出须划分支出收益期，对H大学2016—2018年财务数据中“基本建设支出”和“其他资本性支出”数据进行调整。调整的依据是按照H大学2016—2018年度固定资产折旧计提数额和无形资产摊销数额进行数据归集、调整（见表13-8）。

表13-8　　H大学2019年资产折旧、摊销统计表　　单位：万元

项目	面积	台（件）数	原值	已计提折旧	2019年计提折旧	已计提完折旧继续使用的设备
土地房屋及构筑物	—	—	210 567.49	66 371.25	6 288.47	—
固定资产（不含土地及房屋构筑物）	—	330 679	135 765.61	83 512.63	13 006.22	52 761.51
其中单台40万元（含）	—	375	41 487.48	30 418.16	3 654.41	21 558.29
无形资产	—	2 456	5 558.10	1 467.25	449.77	17.00
合计			351 891.20	151 351.13	19 744.46	52 778.51

4. 对核定为教育成本的资源耗费，按照国家发展改革委《关于印发〈高等学校教育培养成本监审办法（试行）〉的通知》（发改价格〔2005〕1008号）（以下简称《监审办法》）的有关规定进行下列调整：

（1）其他公用支出。《监审办法》第二十五条规定：“其他公用支出。其他公用支出总额不能超过当年公用支出总额（扣除招待费和维修费）的15%。未超过15%的，按实际发生额核填；超过15%的，应按实际情况将有关费用分别计入相应的成本项目，不能明确计入相应成本项目的，作为不合理费用予以剔除。”

据H大学2016—2019年度财务报表显示，2016—2019年度其他商品服务支出均超过商品服务支出总额的15%。鉴于高校会计核算是按部门、项目设置，高校在履职过程中的各项支出均能够单独计入相应的成本项目且与学生培养相关，同时本案例是在对高校整体教育培养成本的测算，因此，其他商品服务支出应予以全部确认，不再扣减。

（2）离退休人员费用。《监审办法》第二十六条：“离退休人员费用，只计算由学

校负担的部分，不包括财政补助收入中的离退休人员拨款和离退休人员公费医疗经费拨款，差额为负数的（即拨款额大于支出额的），本项目计为0。”

据H大学2016—2019年度财务决算报表显示，离退休人员费用由财政拨款和学校自筹经费两部分安排，H大学2016年度离退休费用支出10 568.66万元、2018年度离退休费用支出3 151.65万元、2019年度离退休费用支出3 026.15万元，全部由财政资金负担；2017年度离退休费用支出5 246.9万元，其中财政资金负担1 842.55万元，学校负担3 404.35万元；因此，按照《监审办法》规定，2017年离退休费用应计入教育成本3 404.35万元，2019年度，高校资金安排离退休公用经费和其他补贴1 290.45万元也计入教育成本。

（3）科研费用。《监审办法》第三十条规定：“科研费用。按科研费用的30%计入成本。如能分别计入具体成本项目，则在该项目中直接核减；否则，按科研费用占学校教育总支出比例的70%相应核减教育培养成本各项目支出。”

H大学科研经费实行项目管理制，每一个高校的科研课题均单独设置项目编号，能清楚、完整区分每一个科研项目的收入、支出及结余情况，依据《监审办法》规定，按科研费用的30%计入成本来测算H大学整体学生培养成本。因此，为便于计算，本例按H大学2016—2019年度科研经费支出的70%，分别从“工资福利支出”“商品服务支出”“对个人家庭补助支出”“其他资本性支出”等项目予以扣除。H大学2016—2019年度科研经费支出数据如表13-9所示。

表13-9　　H大学2016—2019年度科研经费支出　　单位：万元

序号	科目名称	2016年度	2017年度	2018年度	2019年度
一	工资福利支出	15.00	6.50	201.25	429.32
二	商品服务支出	4 060.57	4 698.63	6 230.94	6 760.88
三	对个人和家庭的补助		0.00	40.10	149.71
四	其他资本性支出	1 340.30	816.32	814.01	1 157.47
合计		5 415.88	5 521.45	7 286.31	8 497.38

5.对学校夜大函授学生人数的调整

通过调研、走访校内学生管理部门，按照成本核算相关性的原则，结合管理实际，分析H大学学生构成，须对H大学夜大函授学生数据进行进一步调整。按照H大学夜大、函授教学模式可分为校内教学和校外合作教学站点办学，校外合作站点办学即函授站，是H大学为便于学生上课，对H大学驻地外的夜大函授学生按照属地管理，在校外成立合作教学点，由学校统一选派师资，学生可就近接受在职教育，以减轻夜大、函授学生的学习成本。据H大学学生数据显示，2016—2019年度夜大函授学生年均36 941人，其中在校外合作教学站点夜大函授学生年均34 812人、校内夜大函授学生年均2 129人。校外教学站点夜大函授学生培养费用，按照学费一定比例拨付函授站，学校仅负责学生学籍管理和教学管理指导。按照成本核算的相关性和重要性原则，校外教学站点夜大函授学生不应再分摊学校水电等其他费用。因此在核定学生人数时因视情况予以扣除，同时在教育成本中剔除校外教学站点费用。

（三）成本计算

按照《监审办法》相关规定和高校办学实际，对H大学2016—2019年度财务数据进行了调整。

1. H大学教育培养总成本，如表13-10、表13-11所示。

表13-10　　H大学2016—2019年度学生教育培养总成本　　单位：万元

序号	科目名称	教育培养总成本			
		2016年度	2017年度	2018年度	2019年度
一	工资福利支出	44 781.00	47 292.01	66 945.80	72 379.86
二	商品和服务支出	22 567.03	23 864.65	24 958.41	30 652.52
三	对个人和家庭的补助	17 808.17	25 232.10	10 689.89	14 826.75
四	基本建设支出	0.00	0.00	0.00	0.00
五	折旧、摊销	9 104.05	8 947.65	16 370.13	19 744.46
六	对企事业单位的补贴	0.00	0.00	0.00	0.00
七	债务利息支出	53.40	31.68	39.80	41.45
合　计		94 313.65	105 368.09	119 004.03	137 645.04

表13-11　　H大学2016—2019年度学生教育培养总成本结构

序号	科目名称	教育培养总成本			
		2016年度	2017年度	2018年度	2019年度
一	工资福利支出	47%	45%	56%	53%
二	商品和服务支出	24%	23%	21%	22%
三	对个人和家庭补助支出	19%	24%	9%	11%
四	基本建设支出				
五	折旧、摊销	10%	8%	14%	14%
六	对企事业单位的补贴				
七	债务利息支出				
合　计		100%	100%	100%	100%

2. H大学学生生均培养成本

（1）H大学标准学生人数。根据H大学相关财务数据和校内部门数据测算，H大学学生人数及层次结构如表13-12所示。

表13–12　　H大学学生人数统计　　单位：人

学生类别	折合系数	2015年年末		2016年年末		2017年年末		2018年年末		2019年年末	
		学生数	标准学生数	学生数	标准学生数	学生数	标准学生数	学生数	标准学生数	学生数	标准学生数
博士生	2	311	622	357	714	391	782	424	848	484	968
硕士生（全日制）	1.5	5 311	7 967	5 382	8 073	6 047	9 071	6 142	9 213	6 190	9 285
硕士生（非全日制）	1					251	251	572	572	957	957
本专科生	1	21 752	21 752	23 288	23 288	25 420	25 420	26 905	26 905	27 927	27 927
来华留学生	3	205	615	158	474	48	144	311	933	272	816
夜大生	0.3	1 306	392	1 332	400	1 029	309	823	247	628	188
函授生	0.1	1 027	103	847	85	1 292	129	1 263	126	1 302	130
合计		29 912	31 451	31 364	33 033	34 478	36 105	36 440	38 844	37 760	40 272

H大学2016—2019年度标准学生人数分别是：

①2016年度标准学生人数=（31 451×8+33 033×4）÷12=31 978（人）

②2017年度标准学生人数=（33 033×8+36 105×4）÷12=34 057（人）

③2018年度标准学生人数=（36 105×8+38 844×4）÷12=37 018（人）

④2019年度标准学生人数=（38 844×8+40 272×4）÷12=39 320（人）

（2）H大学学生培养总成本和各类学生单位成本（见表13–13）。

表13–13　　H大学各层次学生生均培养成本统计

项目	单位	折合系数	2016年度	2017年度	2018年度	2019年度
教育培养总成本	万元		94 313	105 368	119 004	137 645
标准学生人数	个		31 978	34 057	37 018	39 320
学生培养成本	元/生		29 493	30 939	32 148	35 006
本科生培养成本	元/生	1	29 493	30 939	32 148	35 006
硕士生培养成本	元/生	1.5	44 240	46 408	48 221	52 510
博士生培养成本	元/生	2	58 986	61 877	64 295	70 013
留学生培养成本	元/生	3	88 479	92 816	96 443	105 019
夜大	元/生	0.3	8 848	9 282	9 644	10 502
函授	元/生	0.1	2 949	3 094	3 215	3 500

（四）成本分析

通过对上述H大学2016—2019年度收入情况、学生培养总成本、生均学生培养成本等数据的分析，H大学财务状况的主要表现有：

（1）H大学年生均培养成本逐年递增，由2016年的29 493万元增加到2019年的35 006万元，增长18.69%。增长的主要原因一是财政教育经费投入逐年递增，高校加大了对学生培养投资的力度，高校财政拨款收入由2016年7.43亿元增加到2019年11.84亿元，增长59.35%。二是物价指数上涨、消费水平提高、工资政策调整以及引进高端人才等，带来的物资资源费用的增加和人力资源成本的大幅提高。高校事业总支出由2016年13.33亿元增加到2019年17.15亿元，增长28.66%。三是加大选派青年骨干教师、优秀学生出国培训和开展科学合作研究等，2016—2019年年均安排出国费用资金近600万元，用于教师和学生出国培训等，全面提升教师、学生的综合素质、拓宽国际视野。四是加大教学实验楼、教学科研实验平台、学生实训基地的投入，进一步全方位提升学生综合实力，据H大学2016—2019年度数据显示，近年资本性投入年均2.5亿元，教学环境、科研实验平台等硬件设施得到极大改善等。

（2）H大学学生教育培养支出构成比例变动，表明资源耗费趋于改善教学环境和提高人员待遇，其中人员经费支出占比在64%—69%之间，但是2018年“工资福利支出”和“对个人和家庭补助”增减幅度较2017年均超过10%，经分析，造成变动主要原因是财政部制定的“年度政府收支分类科目”规定的会计核算口径发生了变化。例如，在职人员取暖补贴由2017年“对个人和家庭的补助——采暖补贴”，调整到2018年“工资福利支出——津贴补贴”中核算。折旧、摊销由2016年10%上升到14%，表明“H”大学近几年设备等资本性投入较大，提高了高校教学条件水平，极大改善了办学环境。

综上，H大学费用支出结构较为合理，在确保运行的基础上，加大了对教学、科研实验平台等资本性投入，为学生培养提供了较好的硬件环境。

然而，H大学财务数据也显示高校在发展动力和管理等方面存在以下问题：

一是据H大学收入来源数据显示，H大学经费来源单一，对财政拨款依存度较高，财政拨款占比近70%，内生发展动力不足；受学费标准限定和办学规模的影响，高校学费等政策性收入来源净增长空间有限且收入占比由2016年28%降到2019年21%，持续平稳下降；科研经费近几年持续增长，服务社会效益凸显，是学校新的收入增长点。但是，高校对科研人员的经费支持政策有待于进一步完善。目前H大学受资金总量影响，仅引进人才按规格配备一定数量的科研启动费，对于科研人员，只有到达一定级别，高校才安排一定的配套经费，缺乏对科研培育的支出；社会捐赠较少，每年仅百万元捐款，社会资源有待于进一步挖掘。

二是2019年国有资产折旧摊销统计数据显示，H大学在用设备等固定资产中包括已按固定资产足额提取折旧仍在用的设备达到39%，其中单台40万元的设备占比达到52%。表明H大学设备陈旧老化较为严重，一定程度影响教学科研质量，且后续设备维修、维护、更新改造等经费需求压力较大。

三是H大学在资源利用方面存在使用效率不高、教育资源浪费等现象。据调研，H

大学在加大资本性投入的同时，对现有资源并没有充分有效利用，资产使用效率不高。高校校内资源共享机制尚处于尝试阶段，自2018年起，仅有单台40万元以上的10余台设备纳入高校资源共享平台，占现有单台40万元以上设备的4%。各学院在采购教学科研仪器设备时，各自为政，存在重复购置现象。

因此，针对上述问题，提出以下改进措施。

一是高校应采取得当措施，加快建立资源募集机制，通过挖掘社会资源、扩大办学力量、拓展资金渠道等手段增加学校内生发展动力，拓宽办学资源途径；高校应建立有效的科研激励引导培育机制，促进产、学、研深度融合，助力科研上台阶、保持科研经费收入增长态势。同时，加快推进人才培养模式改革，推进科、教协同育人，提升学生创新能力，进一步完善高水平科研支撑拔尖创新人才培养机制。

二是尽快建立资源共享机制，搭建共享平台，制定相关规章制度，配备必要的技术人员，根据学校现有条件，建立高校实体公共服务平台集中集约管理和通过信息化手段建立分散配置但统一管理的虚拟公共平台相结合的管理模式，在满足学校教学科研的前提下，对现有不饱和工作量的设备，统筹纳入高校共享平台，对校内各部门开放共享，实现高校资源共享，提高资源使用效率。按照国务院《关于国家重大科研基础设施和大型科研仪器向社会开放的意见》（国发〔2014〕70号）、科技部办公厅《关于印发重大科研基础设施与大型科研仪器向社会开放相关规范的通知》（国科办基〔2015〕63号）、教育部办公厅《关于加强高等学校科研基础设施和科研仪器开放共享的指导意见》（教技厅〔2015〕4号）和河北省人民政府《关于推动科技创新平台和大型仪器设备面向社会开放服务的实施意见》（冀政发〔2015〕16号）等文件要求，将符合条件的贵重仪器设备纳入区域共享平台，对校外其他高校、科研院所、企业、社会研发组织等社会用户开放共享，实现区域共享、学校共享，引导资源最优配置，实现资源利用达到最佳状态，充分发挥贵重仪器设备在高校教学科研中的作用和满足区域经济发展的需要，提高设备使用效率和效益，释放服务潜能，更好地服务高校和区域经济建设。

三是随着国家财税体制改革、高校学生类型变化等，学生培养成本分担机制须随着国家财税体制改革进一步调整完善，学费标准核定办法须进一步调整。学校应多方呼吁，争取政策支持，按照平稳有序、逐步推进原则，合理调增高校学费标准，进一步健全成本分担机制。

二、代表性院系生均培养成本

高等学校学科专业分类有12大类，不同学科专业及同一学科专业不同院系有不同的知识结构、不同的培养内容，经费支出结构也均不相同。例如，理工科、医学类院系实验耗材、教学实验基础平台、设备等支出占比较大。本书从H大学选取理、文、合作办学三个具有代表性的院系，以2019年财务报告数据为基础，对其进行成本测算、分析，选取的理、文、中外合作办学等三个学院分别以“A学院”“B学院”“C学院”为代表。

三个代表学院成本核算流程图如图13-6所示。

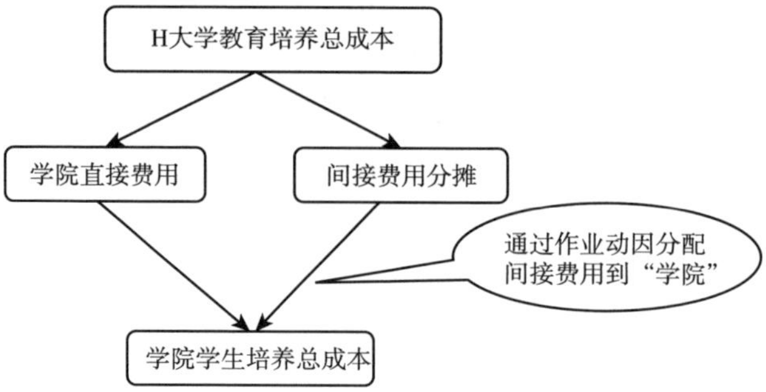

图13-6　学院成本核算流程图

（一）成本中心数据归集

本书选取H大学2019年财务数据和非财务数据，以会计年度为成本核算期，计算“A学院”“B学院”“C学院”学生培养成本。

1. 财务数据

（1）2019年度财务数据归集（见表13-14）。

表13-14　H大学2019年度事业支出费用表　单位：万元

会计科目 经济分类	工资福利支出	商品和服务支出	对个人和家庭的补助	债务利息支出	费用补贴	折旧费用	资产处置费用	合计
教育费用	64 644.71	18 378.47	13 660.04		4 400.00	14 614.31		115 697.53
科研费用	1 131.74	6 973.86	149.71			1 378.48		9 633.80
行政管理费用	4 545.61	2 060.63	0.80			403.59		7 010.63
后勤保障费用	2 358.32	7 602.68	0.00			3 348.07		13 309.07
离退休费用	0.00	169.46	5 619.73					5 789.19
资产处置费用	0.00	0.00	0.00			0.00	137.61	137.61
其他费用	0.00	200.02	0.00	41.45		0.00		241.47
合计	72 680.38	35 385.13	19 430.28	41.45	4 400.00	19 744.46	137.61	151 819.31

（2）财务数据分析。按照H大学2019年度费用支出与学生培养的关系，首先剔除与学生教育培养无关的费用支出，包括资产处置费用137.61万元、费用补贴4 400万元；根据《监审办法》规定，须调整科研经费支出以及离退休费用支出，经过调整后的教育事业费用如表13-15所示。

表13-15　　H大学2019年度教育事业支出费用表　　单位：万元

会计科目 经济分类	工资福利支出	商品和服务支出	对个人和家庭的补助	债务利息支出	费用补贴	折旧费用	资产处置费用	合计
教育费用	64 644.71	18 378.47	13 660.04			14 614.31		111 297.53
科研费用	831.22	2 241.26	44.92			1 378.48		4 495.88
行政管理费用	4 545.61	2 060.63	0.80			403.59		7 010.63
后勤保障费用	2 358.32	7 602.68	0.00			3 348.07		13 309.07
离退休费用	0.00	169.46	1 120.99					1 290.45
资产处置费用	0.00	0.00	0.00			0.00		0.00
其他费用	0.00	200.02	0.00	41.45		0.00		241.47
合计	72 379.86	30 652.53	14 826.75	41.45		19 744.46		137 645.04

2. 非财务数据

（1）教学工作量归集（见表13-16）。

表13-16　　教学工作量统计表　　单位：课时

项目	总课时	理科学院课时	文科学院课时	中外合作学院课时
2019年度教学工作量	586 255	22 710	36 083	10 283

（2）样本学院学生人数归集（见表13-17）。

表13-17　　2019年度学生情况统计表　　单位：人

项目	年度	博士生	硕士生（全日制）	硕士生（非全日制）	本专科生	来华留学生	夜大生	函授生	合计
折合系数		2	1.5	1	1	3	0.3	0.1	
一、学校									
学生数	2019年年初	424	6 142	572	26 905	311	823	1 263	36 440
标准学生数		848	9 213	572	26 905	933	247	126	38 844
学生数	2019年年末	484	6 190	957	27 927	272	628	1 302	37 760
标准学生数		968	9 285	957	27 927	816	188	130	40 272
二、A学院									
学生数	2019年年初	25	241		1 255				1 521
标准学生数		50	362		1 255				1 667
学生数	2019年年末	23	282		1 346				1 651
标准学生数		46	423		1 346				1 815
三、B学院									
学生数	2019年年初	15	501	379	2 777				3 672
标准学生数		30	752	379	2 777				3 938

续表

项目	年度	博士生	硕士生（全日制）	硕士生（非全日制）	本专科生	来华留学生	夜大生	函授生	合计
学生数	2019年年末	19	520	622	2 816				3 977
标准学生数		38	780	622	2 816				4 256
四、C学院									
学生数	2019年年初				759				759
标准学生数					759				759
学生数	2019年年末				776				776
标准学生数					776				776

①H大学2019年度学校及样本学院标准学生人数分别是：

2019年度标准学生人数=（38 844×8+40 272×4）÷12=39 320（人）

2017年度A学院标准学生人数=（1 667×8+1 815×4）÷12=1 716（人）

2018年度B学院标准学生人数=（3 938×8+4 256×4）÷12=4 044（人）

2019年度C学院标准学生人数=（759×8+776×4）÷12=765（人）

②H大学2019年度学校及样本学院学生人数分别是：

2019年度学生人数=（36 440×8+37 760×4）×12=36 880（人）

2017年度A学院学生人数=（1 521×8+1 651×4）÷12=1 564（人）

2018年度B学院学生人数=（3 672×8+3 977×4）÷12=3 774（人）

2019年度C学院学生人数=（759×8+776×4）÷12=765（人）

（3）折旧摊销归集（见表13-18）。

表13-18　　样本学院2019年度折旧摊销　　单位：万元

项目	台（件）数	原值	累计折旧	2019年计提	净值	已提折旧继续使用
固定资产	330 679	124 145.17	83 512.63	13 006.22	40 632.54	52 761.51
学校各学院	94 279	83 811.5	55 664.32	8 255.2	28 147.18	34 483.97
A学院	8 871	19 682.41	12 848.01	2 075.46	6 834.4	8 404.49
B学院	1 293	566.24	325.24	50.94	241	198.27
C学院	2 580	598.2	382.52	106.54	215.68	72.95
无形资产	2 456	5 558.1	1 467.25	449.77	4 090.85	
学校各学院	1 794	2 997.24	649.18	229.63	2 348.06	
A学院	42	127.82	40.25	11.04	87.57	
B学院	49	153.5	37.99	13.95	115.51	
C学院	6	3.78	1.02	0.38	2.76	

3.成本作业中心

根据H大学学校内部组织架构设置、部门分布及职责分工，2019年度教育费用支出按照教学中心等作业中心进行分配，分配数据结果如表13–19所示。

表13–19　　2019年教育费用支出资源分配表　　单位：万元

序号	科目名称	资源	作业中心	金额
一	工资福利支出	72 379.86	教学作业中心	83 663.77
二	商品和服务支出	30 652.52	教学辅助作业中心	15 783.47
三	对个人和家庭补助支出	14 826.75	科研作业中心	2 269.62
四	基本建设支出	0.00	学生管理作业中心	11 328.66
五	折旧、摊销	19 744.46	行政管理作业中心	8 385.59
六	对企事业单位的补贴	0.00	后勤保障作业中心	16 213.93
七	债务利息支出	41.45		
合计		137 645.04	合计	137 645.04

（二）样本院系学生培养成本计算

1.数据归集

按照H大学会计核算框架，通过“部门+项目”对H大学财务数据按照选取的三个院系进行归集，一是按照一定标准划拨的由院系自主使用的日常运转经费和由专项经费安排的各院系专项建设经费。此类由样本学院按照教学方案和专项建设计划发生的差旅费、办公、实验耗材等各项费用支出的数据，按照成本核算期归集后内直接计入学院当期成本；二是样本学院在成本核算期内发生的设备购置等资本性支出，以及以前年度购置的设备等资本性支出按照规定通过计提折旧计入学院当期成本；三是对于样本学院有独立办公楼宇且水电后勤服务费用能够分割进教学楼的费用，如按面积收取的取暖费、按水表、电表收取的水电费等数据的统计归集；四是样本学院学生享受发放的各类奖助学金等学生资助经费等。上述费用可直接计入学院成本，不再分摊。

图书馆、运动场、公共教学楼、行政办公等公共资源，先进行成本核算期内财务数据归集，然后把归集的数据以学生人数为分配动因分摊计入各院系；学校教学、教辅人员工资及学校负担的养老保险等发生的费用，以教学工作量为分配动因，分配计入各学院。

学生事务支出包括学生奖助学金、社会实践、学生实习等支出，其中学生奖助学金可以按发放学生所在院系进行汇总后直接计入各院系。高校统一组织的学生活动发生的费用，按照学生人数进行分配计入各院系。

行政管理部门支出是高等学校的财务、资产等管理部门在学校运行过程中为学校教学、科研提供服务发生的管理性的支出，是培养学生必要的支出。其在成本核算期发生的费用作为间接费用，按照一定的标准分摊至各学院，计算学院学生培养成本。本书选取学生人数作为分配因素进行分配。

后勤保障支出是指为保障学校正常运转发生的水电暖、维修维护等后勤保障服务支出，受水表、电表等计量设施以及学校公共教学楼的安排实际的影响，对于不能直接计入各学院的水电等费用支出，需要按一定标准进行分摊。如果学院有单独的教学楼，且水电后勤服务费用能够分割进教学楼，比如按面积收取的取暖费，此类费用可直接计入学院成本。

折旧摊销包括公共使用的固定资产和可以直接归属学院的折旧摊销。其中对公共使用的固定资产折旧摊销按照一定标准分摊至成本核算对象。本书按学生人数进行分摊。教育费用作业分配表如表13–20所示。

表13–20 2019年教育费用作业分配表

项目	金额（万元）	学院等直接费用（万元）	间接费用（万元）	作业动因	作业动因数量（课时/人）
教学作业中心	83 663.77	75 204.09	8 459.68	教学工作量	586 255
教学辅助作业中心	15 783.47		15 783.47	教学工作量	586 255
科研作业中心	2 269.62		2 269.62	标准学生数	39 320
学生管理作业中心	11 328.66		11 328.66	在校学生	36 880
行政管理作业中心	8 385.59		8 385.59	在校学生	36 880
后勤保障作业中心	16 213.93		16 213.93	在校学生	36 880
合计	137 645.04	75 204.09	62 440.95		

2. 样本院系生均成本

通过对以上财务数据分析、梳理，对归集的数据能明确确定样本学院的费用，直接计入各样本学院；不能区分计入各样本学院的须按照一定标准进行分摊后计入各样本学院，直接计入样本学院的费用和按照一定标准分摊计入样本学院的费用构成样本学院学生教育培养总成本。

综上，样本学院作业动因分配率、分配表及学生教育培养成本表如表13–21至表13–23所示。

表13–21 样本学院作业动因分配率

项目	教学工作量	学生人数	标准学生人数
作业动因数量	586 255	36 880	39 320
A学院	22 710	1 564	1 716
A学院作业动因分配率	3.87%	4.24%	4.36%
B学院	36 083	3 774	4 044
B学院作业动因分配率	6.15%	10.23%	10.28%
C学院	10 288	765	765
C学院作业动因分配率	1.75%	2.07%	1.95%

表13-22　　样本学院教育培养间接费用分配表　　单位：万元

项目	间接费用	A学院		B学院		C学院	
		作业动因分配率	间接费用分配	作业动因分配率	间接费用分配	作业动因分配率	间接费用分配
教学作业中心	8 459.68	3.87%	327.39	6.15%	520.27	1.75%	148.04
教学辅助作业中心	15 783.47	3.87%	610.82	6.15%	970.68	1.75%	276.21
科研作业中心	2 269.62	4.36%	98.96	10.28%	233.32	1.95%	44.26
学生管理作业中心	11 328.66	4.24%	480.34	10.23%	1 158.92	2.07%	234.50
行政管理作业中心	8 385.59	4.24%	355.55	10.23%	857.85	2.07%	173.58
后勤保障作业中心	16 213.93	4.24%	687.47	10.23%	1 658.68	2.07%	335.63
合计	62 440.95		2 560.52		5 399.72		1 212.23

表13-23　　样本学院学生教育培养成本表

项目	直接费用（万元）	间接费用（万元）	合计（万元）	标准学生人数（人）	生均培养成本（元）
学校	137 645.04		137 645.04	39 320	35 006
A学院	7 439.49	2 560.52	10 000.01	1 716	58 275
B学院	4 587.19	5 399.72	9 986.91	4 044	24 696
C学院	2 679.12	1 212.23	3 891.35	765	50 867

（三）样本学院成本分析

H大学样本学院成本数据显示，A学院和C学院学生生均培养成本均高于学校生均培养成本，是学校生均培养成本的1.5—1.6倍；B学院学生生均培养成本低于学校生均培养成本，是学校生均培养成本的0.7倍。

1. A学院成本分析

（1）基本情况：A学院现有教职工114人，其中正高职称36人，副高职称38人，具有博士学位的教师49人，博士生导师14人。

（2）成本原因分析。上述成本数据显示，A学院学生培养成本远高于H大学生均培养成本，是H大学生均培养成本的1.7倍。通过对A学院数据追踪和现场走访发现，A学院学生培养成本高的主要原因有三点：一是为提高学院整体教学科研水平，柔性引进高层次人员，按照学校激励政策，发放高水平教学科研人员年薪支出占直接费用的13%；二是学院为提升教学、实验基础条件，对教学、实验基础平台建设投入较大，固定资产、无形资产折旧摊销占学院直接费用的28%；三是教学、科研实验平台运行维护、实验耗材等费用较高，占直接费用的8%；四是2019年安排学院骨干教师和优秀学生出国培训、合作研究等出国留学费用支出占学院直接费用的1%，占学校骨干教师和优秀学生出国培训、合作研究等留学费用的8.01%；五是A学院科研力量雄厚，2019年A学院科研经费总支出（含资本性支出）占学校科研经费总支出（含资本性支出）的15%，占学院学生教育培养成本直接费用的12%（剔除资本性支出部分）。

综上，通过对A学院教育培养成本多角度分析，A学院学生培养成本支出结构合理，支出内容符合学生培养教学规律。

（3）存在的问题。该学院教学、实验基础平台建设投入较大，其中在用固定资产、无形资产原值占学校的15%、占高校各学院的23%；已提足折旧继续使用的资产占在用资产42.7%；单台40万元以上的设备90台，占高校的24%、占高校各学院的32%。经走访、调研，学院仅有10余台40万元以上的设备，作为高校试点自2018年起纳入高校资源共享平台，通过高校共享平台供校内其他部门、校外其他单位有偿使用。其他设备用于学院教学、科研，资产使用效率不高，存在资源闲置浪费现象。同时，已提足折旧继续使用的资产后续维修、维护、更新改造仍需要大量资金投入，受高校资金匮乏的影响，必将制约学院进一步高质量发展。

（4）改进措施。A学院应认真梳理本院已有科研设施与仪器的整体使用情况，与高校协同做好科研设施与仪器开放共享工作，在满足学院自身教学、科研等工作任务的同时，将存有不饱和工作量的设备，纳入学校共享平台，对外开放，充分发挥贵重仪器设备在教学科研中的作用，从而在保证教学质量的基础上，尽量降低学院运行成本，提升资金使用效益、资源利用效率，更好地服务学校教学科研和地方经济建设。

2. B学院成本分析

（1）基本情况。B学院现有师生4 000余人，是H大学最大的二级学院。学院现有教职工110人，其中专任教师100人，教授41人，副教授46人，博士生导师13人，硕士生导师68人。

（2）成本原因分析。上述成本数据显示，B学院学生培养成本与A学院学生培养成本总量持平，因B学院标准学生人数是A学院的2.4倍，B学院生均学生培养成本低于A学院和H大学生均培养成本，是H大学生均培养成本的0.7倍。主要原因是：

一是B学院是文科学院，专业兼顾文科和理科。对设备等大额资本性投入需求较低。

二是任课教师中非专任教师60人，占学院任课教师人数的37.5%。学院仅根据非专任教师工作量支付课时酬金，节约了大量的人员费用。

三是与校外企业合作建有校外实训基地，无偿供学院学生实习、实践，节约了大量的实习费用。

B学院在充分有效利用各种资源，高质量完成教学任务的同时，还加大对教学人员的科研支持力度，调剂学院资金，建立科研培育基金，鼓励学院教师科技创新，助力教学质量提升。选派青年骨干和优秀学生出国交流进修学习，拓宽视野，2019年学校安排资金78万元用于B学院部分师生出国培训，占学校2019年师生出国培训费的7.67%。

（3）存在的问题。一是B学院2019年末非全日制研究生622名，占H大学非全日制研究生的65%，占学院学生人数的16%，目前授课仍采取集中面授的方式，加大了学生负担，挤占高校有限资源，B学院应根据授课内容和学生类型对授课形式进行调整。二是师生没有达到国家规定的比例，仅为1：40，师资力量较为缺乏。依靠聘任校内其他学院和外聘教师来满足教学需要，没有稳定的师资队伍。三是对外聘教师后续管理和教学质量水平评估，没有制定有效的考核机制，难以保证教学质量。

（4）改进措施。一是结合B学院非全日制学生特点，充分利用网络信息化优化教学方式，根据授课内容，开展网上集中授课，节约高校公共资源消耗和减轻学生负担。二是引育结合，通过引进高端人才和培养本校教师，解决学院师资匮乏问题，稳定师资队伍。三是制定翔实有效的外聘教师考核方案，建立外聘教师教学评估机制，定期或不定期采取课堂教学评估、学生评价等措施，优胜劣汰，保证教学质量。

3. C学院成本分析

（1）基本情况。C学院是本科层次中外合作办学学院，2013年经教育部批准成立，2014年开始招生。学院现有学生规模765人，教职工20人，其中专任教师11人，教授1人，副教授3人，硕士生导师1人。

学院采用“4+0”人才培养模式，开设6个本科专业。学院以培养创新型人才为使命，为学生提供具有中英语言学习环境、中外文化融合以及校企紧密合作三大特色的人才培养平台，培养具有国际视野、坚实理论基础和卓越实践能力的传媒与创意领域国际化人才。

（2）成本原因分析。上述成本数据显示，C学院学生培养成本远高于H大学生均培养成本，是H大学生均培养成本的1.43倍。通过C学院教育培养成本数据追踪和现场走访，C学院学生培养成本高的主要原因如下：一是引进了国外优质的教育资源，在办学模式、教学内容、课程设置等方面全部借鉴国外，很多专业课程也由外方教师直接讲授，因此在办学投入方面成本较其他学院高；二是收取学费的35.71%需要划拨合作方，用于支付外方在学生培养过程中的选派的外籍教师课时费等费用开支；三是学院提供外方教师住宿费用占直接费用2%；四是合作办学独立教学楼、设备等硬件投入占直接费用的36%。

（3）存在的问题。C学院学生培养成本高于学费标准。目前H大学C学院学费标准2.8万元/年·生，生均培养成本5.01万元，生均培养成本是学费的1.79倍，学费标准有待于调整。此外，H大学为该学院新建教学楼即将投入使用，后续会陆续投入教学硬件设施，用于满足教学需求，据统计已有近600万元设备已经学校论证，待教学楼竣工后即可进入招投标环节，生均培养成本会继续提高。

（4）改进措施。2019年1月10日，河北省人民政府办公厅印发了《河北省关于完善促进消费体制机制实施方案（2019—2020年）》，其中在教育培训领域提出“中外合作办学和来华留学收费标准由学校按市场机制自行制定”。H大学应依据国家政策规定和价格分担机制及生均培养成本实际，合理确定新的学费标准，争取政策支持，对C学院学费标准进行调整报批、备案。

第十四章　财政预算管理一体化业务

第一节　财政预算管理一体化概述

预算管理一体化是将制度规范与信息系统建设紧密结合，用系统化思维全流程整合预算管理各环节业务规范，将规则嵌入系统，强化制度执行力，为完善标准科学、规范透明、约束有力的预算制度提供基础保障。

一、推进财政预算管理一体化的背景及意义

（一）推进财政预算管理一体化的背景

党的十八大以来，按照国家电子政务要求和建立现代财政体系需要，要求尽快建立财政预算横向业务的一体化、纵向数据的集中化的体制机制。党的十九大从全局和战略的高度强调加快建立现代财政制度，明确提出要建立规范透明、标准科学、约束有力的预算制度，全面实施绩效管理，对预算制度建设提出了新的更高要求。党的十九届四中全会重要决定再次强调了要完善标准科学、规范透明、约束有力的预算制度。党的十九届五中全会通过的《建议》中提出要“深化预算管理制度改革，强化对预算编制的宏观指导。推进财政支出标准化，强化预算约束和绩效管理”。

推进预算管理一体化，是加快建立完善现代预算制度，推动国家治理体系和治理能力现代化的必然要求；是落实政府过紧日子要求，积极应对今后一段时期复杂经济社会形势的重要保障；也是深化预算制度改革的基础支撑，是完善财政基础工作，做好基础管理的必然选择。为提升财政预算管理现代化水平，财政部于2019年出台了《财政核心业务一体化系统实施方案》（以下简称《方案》），《方案》作出了积极推进预算管理一体化建设，运用信息化手段全面深化预算制度改革的决策部署。旨在按系统化思维，全流程整合预算管理制度，构建现代信息技术条件下“制度+技术”的管理机制。根据实施方案，财政部后续制定并出台了《预算管理一体化规范（试行）》（以下简称《规范》），《规范》由基础信息管理、项目库管理、预算编制、预算批复、预算调整和调剂、预算执行、会计核算、决算和报告等八个部分以及附录组成，涵盖了预算管理的主要环

节；将预算编制、预算执行、决算和财务报告、资产管理、债务管理等业务环节按一个整体进行整合规范集中管理，贯通中央、省、市、县各级财政预算管理，保证财政一体化系统中基础信息来源的一致性；将预算项目作为预算管理的基本单位，全部预算支出都以预算项目形式纳入项目库，实现项目全生命周期管理；进一步完善了国库集中支付运行机制，加强了单位资金预算执行管理。各省级财政部门统一按照《预算管理一体化规范》和系统技术标准结合本地区实际开展一体化系统建设，通过嵌入系统的控制规则规范预算管理和硬化预算约束，为深化预算制度改革提供基础保障。

（二）推进财政预算管理一体化的重要意义

1. 推进财政预算管理一体化是全面深化预算制度改革的现实需要。推进预算管理一体化，有利于提高预算编制水平，清理虚报虚高的预算支出项目，杜绝虚增财政收入和支出等行为；有利于硬化支出预算执行约束，严控预算追加事项，防止违反预算规定乱开口子；有利于提升财政资金配置效率，以绩效为导向优化支出结构，保障好支撑经济社会发展和关系民生福祉的重点项目，提高财政资金的使用效益。

2. 推进财政预算管理一体化是全面深化预算制度改革的核心内容。全面深化预算制度改革，必须坚持问题导向，加强顶层设计，通过制订统一的预算管理规则，明确具体的改革路径，增强改革的系统性、整体性、协同性。

3. 推进财政预算管理一体化是全面深化预算制度改革的有效途径。预算管理一体化是以统一预算管理规则为核心，以预算管理一体化系统为主要载体，将统一的管理规则嵌入信息系统，提高项目储备、预算编审、预算调整和调剂、资金支付、会计核算、决算和报告等工作的标准化、自动化水平，实现对预算管理全流程的动态反映和有效控制，保证各级预算管理规范高效。预算管理一体化抓住了预算管理的薄弱环节和症结所在，是全面深化预算制度改革的重要突破口，一体化系统建设将对财政预算工作产生重要而深远的影响。

二、财政预算管理一体化的主要内容与主要规范

（一）财政预算管理一体化的主要内容

财政预算管理一体化主要业务内容包括基础信息管理、项目库管理、预算编制、预算批复、预算调整和调剂、预算执行、会计核算、决算和报告等，基本涵盖预算管理的主要环节。各部分主要内容如下：

（1）基础信息管理。主要包括单位信息、人员信息、资产信息、地方政府债务信息、支出标准、绩效指标、政府收支分类科目、会计科目、政府非税收入项目信息、政府采购基础信息、账户信息、财政区划等基础信息。将预算管理各环节使用的基础信息

集中管理，保证一体化系统中基础信息来源的一致性，便于统一控制要素和开展联动分析。

（2）项目库管理。预算项目作为预算管理的基本单元，全部预算支出都以预算项目的形式纳入项目库，实施项目全生命周期管理。项目库常态化开展项目储备工作，预算编制时从预算储备项目中选取项目按顺序安排，项目实施过程中要动态记录和反映项目预算下达、预算调整调剂、预算执行等情况。将预算项目按照支出性质和用途分为人员类项目、运转类项目、特定目标类项目三类。人员类项目支出、运转类项目中的公用经费项目支出对应部门预算中的基本支出；特定目标类项目支出、运转类项目中的其他运转类项目支出对应部门预算中的项目支出。人员类项目、运转类项目中的公用经费项目根据部门和单位有关基础信息测算，直接纳入项目库作为预算储备项目；特定目标类项目、运转类项目中的其他运转类项目由部门和单位提前研究谋划，经财政部门审核通过后作为预算储备项目。

（3）预算编制。部门预算由本部门及其所属各单位预算组成。各部门和各单位应当按规定将所有收入及其安排的支出编入预算，包括财政拨款收入、财政专户管理资金收入以及事业收入、事业单位经营收入等各项单位资金收入，保证部门和单位预算完整性。

（4）预算批复。主要包括部门预算批复和部门预算公开。部门、单位预算批复后在系统中生成各单位财政拨款预算指标、财政专户管理资金预算指标和单位资金预算指标，用于控制资金支付。除涉及国家秘密外，单位预算应当公开到具体项目，提高预算公开的规范性和透明度。

（5）预算调整和调剂。包括预算执行中预算调整和调剂。

（6）预算执行。主要包括部门和单位的收支预算执行。财政预算管理一体化完善了国库集中支付运行机制，严格预算指标对资金支付的控制，同时简化整合资金支付流程，构建高效的资金支付机制。单位在系统中向财政部门申请支付，财政部门按照项目预算指标控制支付，对预算指标控制要素及支付涉及的政府采购合同（协议）等相关信息自动校验通过后，将支付凭证发送代理银行直接办理支付。加强了单位资金预算执行管理。

（7）会计核算。行政和事业单位对其发生的经济业务或事项进行会计核算。

（8）决算和报告。主要包括部门决算、部门财务报告、行政事业单位国有资产报告等。

（二）财政预算管理一体化实施主要规范

财政预算管理一体化是将现行的预算管理相关制度和预算业务内置于统一的系统，是业财融合以及预算信息化建设的表现形式。财政预算管理一体化建设涉及的主要规范如表14–1所示。

表14–1　　财政预算管理一体化相关法规

序号	制度名称	文号
1	《财政部关于印发〈预算管理一体化规范（试行）〉的通知》	财办〔2020〕13号
2	《中华人民共和国预算法》	主席令第22号
3	《中华人民共和国预算法实施条例》	国务院令第729号
4	《关于中央预算单位预算执行管理有关事宜的通知》	财库〔2020〕5号
5	《国务院关于进一步深化预算管理制度改革的意见》	国发〔2021〕5号
6	《中央预算单位公务卡管理暂行办法》	财库〔2007〕63号
7	《关于实施中央预算单位公务卡强制结算目录的通知》	财库〔2011〕160号
8	《单位公务卡管理办法（试行）》	财库〔2016〕8号
9	《财政国库管理制度改革试点方案》	财库〔2001〕24号
10	《中央单位财政国库管理制度改革试点资金支付管理办法》	财库〔2002〕028号
11	《关于进一步推进地方国库集中收付制度改革的通知》	财库〔2011〕167号
12	《事业单位国有资产管理暂行办法》	财政部令第100号
13	《行政事业性国有资产管理条例》	国务院令第738号
14	《中华人民共和国招标投标法》	主席令第86号
15	《中华人民共和国招标投标法实施条例》	国务院令第709号

三、财政预算管理一体化基础信息

（一）单位信息

单位信息是指纳入预算管理的各类单位的基本信息，具体包括部门标识代码、单位代码、单位名称、统一社会信用代码、单位行政级别、单位类型、单位经费保障方式、单位所在地、国民经济行业分类、单位负责人、邮政编码、单位地址、人员编制数等。

（二）人员信息

人员信息是单位在职、离休、退休等各类人员的具体信息，包括姓名、身份证号、性别、民族、学历、人员状态、在职人员来源、参加工作时间、人员身份、工龄、职务、职级、是否在编、人员经费保障方式、工资卡卡号、公务卡卡号等。填报要求如下：

（1）单位填报的实有人员信息，原则上应与组织、编制、人社等部门掌握的信息保持一致。

（2）单位应当根据实有人数情况，如实填报人员信息，根据人员变化动态更新。财政预算一体化系统会逐步与组织、编制、人社等部门相关系统衔接，自动获取相关人员的有关信息。

（3）对于单位编制外长期聘用人员等其他人员（不含劳务派遣人员），也应填报具体人员信息，如实反映单位人员状况。

（4）单位应当按照基本工资、绩效工资等工资福利项填报在职职工、离退休人员的工资信息。

（三）资产信息

资产信息是指单位资产存量情况以及反映资产形成过程、资产特性、资产管理情况等的资产卡片信息，是开展资产配置、使用、处置以及编报部门决算、财务报告等的数据基础。

1.财政部统一制定固定资产、无形资产、公共基础设施、政府储备物资、文物文化资产、保障性住房等各项资产的分类和代码。同时建立资产分类和代码与政府采购品目的关联关系，逐步将资产分类与政府采购品目统一成一套代码。

2.财政部根据资产特性逐步建立固定资产、无形资产、公共基础设施、政府储备物资、文物文化资产和保障性住房等资产卡片标准化管理体系。资产卡片信息包括基本信息、财务信息及使用信息。基本信息主要包括卡片编号、资产分类、资产名称、项目代码、权属证号、政府采购合同号等信息；财务信息根据会计核算信息自动生成或由会计人员等补充确认；使用信息由资产管理部门根据资产管理的实际情况进行登记。资产卡片信息随着资产全生命周期管理动态更新，全面反映资产配置、使用、变动等情况。

3.各单位在确保资产存量卡片与会计账务核对一致的基础上，逐步将资产存量卡片导入一体化系统中，并根据系统预设资产卡片内容完善相关信息。通过开展资产清查核实等工作，逐步实现所有存量资产的完整反映。

（四）地方政府债务信息

地方政府债务信息包括债务限额、债务余额、债券代码、债券名称、债券简称、债券类型、实际发行额、转贷金额、发行日期、债券期限、票面利率、还本方式等。债券类型按一般债券、专项债券分别区分新增债券、置换债券、再融资债券；还本方式包括到期一次还本、分期还本、含发行人提前赎回选择权等。

（五）支出标准

预算支出标准是指对预算事项合理分类并分别规定的支出预算编制标准。支出标准主要包括：

（1）法定标准。法定标准是指法律法规、财政部门文件、有关部门会同财政部门印发的文件中明确规定的、针对具体项目或经济事项的支出标准。如国家规定的基本工资标准、国家规定的津贴补贴标准、已出台专门办法规定的会议费、差旅费、因公临时出国经费标准等。

（2）固定标准。固定标准是指法律法规、财政部门文件、有关部门会同财政部门印发的文件中尚未明确规定的、由财政部门审核测算时掌握的、针对具体项目或经济事项的支出标准。该类标准用于核定项目整体或某项支出内容预算。如财政部门审核测算运转类项目时按照分类分档方法所采用的定员定额类支出标准、实物定额类支出标准等。

（3）暂定标准。根据法定标准和固定标准暂时难以测算某个项目主要支出内容的，各部门根据工作需要和市场价格等因素申报预算，提出项目预算暂定标准。主要是针对现有条件下难以统一确定支出标准的项目，如房屋建筑物购建、大型修缮、文物和陈列品购置等。

（六）绩效指标

绩效指标是实施预算绩效管理的基础，在结构上一般分为三级，其中一、二级均为统一设置的指标分类，一级指标分为产出指标、效益指标和满意度指标三大类。二级指标是一级指标的细化，其中产出指标分为数量指标、质量指标、时效性指标和成本指标等；效益指标分为社会效益指标、经济效益指标、生态效益指标、可持续发展指标等。三级指标是二级指标的细化，由财政部门和主管部门根据绩效管理需要设置。

（七）政府收支分类科目

政府收支分类科目，是编制预算、组织预算执行以及进行明细核算的重要工具，是按照一定原则、方法对政府收入和支出项目进行类别和层次划分，以便客观、全面、准确地反映政府活动，包括收入科目、支出科目。收入科目，主要反映收入的性质和来源；支出科目包括支出功能分类科目、支出经济分类科目（政府预算支出经济分类科目和部门预算支出经济分类科目）。支出功能分类科目，反映政府各项职能活动；支出经济分类科目，主要反映政府各项支出的经济性质和具体用途。

政府收支分类科目由财政部统一制定，财政部每年建立新旧政府收支分类科目的关联关系，连同《政府收支分类科目》一并通过系统下发至地方财政部门。年度执行中，财政部门会及时维护一体化系统中的政府收支分类科目。

（八）会计科目

会计科目是对会计要素的具体内容进行分类核算的类目，单位会计科目根据政府会计准则制度的规定及政府部门财务报告编制有关需要进行设置。

1.各级财政部门应当按照政府会计准则制度统一规定的会计科目编号、会计科目名称，在系统中维护单位会计账簿使用的会计科目，设置明细会计科目还应当满足政府部门财务报告编制的需要。

2.使用自有会计核算软件进行会计核算的单位，应当按照政府会计准则制度统一规定的会计科目编号、会计科目名称，在自有系统中维护单位会计账簿使用的会计科目，设置明细会计科目还应当满足政府部门财务报告编制的需要。

（九）政府非税收入项目信息

政府非税收入项目是用于管理各执收单位征收非税收入相关收缴行为的基础要素。非税收入项目信息主要包括执收单位、非税收入项目名称、非税收入项目代码、非税收入项目识别码、行政区划、分成比例、收缴标准、非税收入收入分类科目、批准文号等。

（十）政府采购基础信息

政府采购基础信息包括政府采购品目信息、政府集中采购目录信息、政府采购限额标准和公开招标数额标准等信息。

政府采购品目是政府采购工作的基础分类标准，分为货物、工程、服务三个一级品目。政府采购活动涉及新增资产配置的，相关品目应与资产分类及代码保持衔接。

政府集中采购目录是编制政府采购预算与申报政府采购支付申请的基础和依据。政府集中采购目录包括集中采购机构采购目录和部门集中采购目录。

政府采购限额标准是指国家机关、事业单位和团体组织必须执行政府采购法定程序的采购金额标准。

公开招标数额标准是指应当采取公开招标方式的采购金额标准。

（十一）账户信息

1.国库单一账户。国库单一账户是指财政部门在国库（含代理国库）开设的，用于记录、核算和反映预算收入和支出等预算资金活动，以及与零余额账户进行清算的存款账户。国库单一账户基础信息包括开户银行全称、账户名称、账号等。

2.零余额账户。零余额账户是指财政部门和单位在国库集中支付代理银行开设的银行结算账户，用于办理财政资金支付业务并与国库单一账户清算。零余额账户基础信息包括开户银行全称、账户名称、账号等。

单位在国库集中支付代理银行范围内选择开户银行，按规定程序报经财政部门批准后，开立单位零余额账户，并按时将账户相关信息维护进系统，提交财政部门备案。每个单位原则上只能申请开立一个零余额账户。单位零余额账户可办理转账、汇兑、委托收款和提取现金等支付结算业务。

单位变更、撤销零余额账户，应当按规定程序报经财政部门批准后办理变更、撤销手续，并按时在系统中更新账户相关信息。

3.财政专户。财政专户是指财政部门为履行财政管理职能，根据法律规定或者经国务院批准，在银行业金融机构开设的用于管理核算特定专用资金的银行结算账户。各级财政部门应当按照财政部制定的财政专户管理办法，统一规范财政专户管理。财政专户基础信息包括开户银行全称、账户名称、账号、账户类别、核算内容等。

4.单位实有资金账户。单位实有资金账户是指单位按照财政部门规定，在银行业金融机构开设的除零余额账户以外用于办理支付结算和资金存放业务的各类银行账户。单位实有资金账户基础信息包括开户银行全称、账户名称、账号、账户类别等。

单位应当按照财政部门关于资金存放管理的有关规定，采取竞争性方式或集体决策方式选择实有资金账户开户银行。

单位开立审批类账户，应当经财政部门审批同意后，按规定程序选择开户银行办理开户手续。单位开立备案类账户，按规定程序选择开户银行办理开户手续。单位开立账户后，应当按时将账户相关信息维护进系统，提交财政部门备案。

单位变更审批类账户开户银行，应当经财政部门审批同意后，按规定程序选择新开户银行，办理新账户开立和原账户撤销手续。单位变更备案类账户开户银行，按规定程序选择新开户银行，办理新账户开立和原账户撤销手续。除变更开户银行以外的涉及变更银行账户信息以及撤销银行账户的，单位应按规定办理变更、撤销事项。账户变更、撤销后，单位按时将账户相关信息维护进系统，提交财政部门备案。

财政部会逐步推进从人民银行账户管理系统获取全国各级的单位银行账户信息，分别提供各地一体化系统。地方财政部门通过系统动态监督本级单位银行账户开立、变更、撤销等情况。

各级财政部门会根据加强单位资金管理工作推进情况，通过财政预算管理一体化系统与单位实有资金账户开户银行联网，及时掌握单位实有资金账户收入、支出、余额等信息。

第二节　预算编报业务

预算编报业务包括项目库管理、单位预算编制、预算批复、预算公开以及预算调整和调剂等内容。

一、项目库管理

项目库管理是预算管理的基础，预算项目是预算管理的基本单元，全部预算支出以预算项目的形式纳入项目库，实行全生命周期管理，主要分为前期谋划、项目储备、预算编制、项目实施、项目终止等阶段，全流程动态记录和反映项目信息变化情况。各部门、单位要树立“先谋事后排钱”理念，坚持“先有项目再安排预算”原则，提前研究谋划、常态化储备预算项目，单位申请预算必须从项目库中挑选预算项目。

（一）项目库管理基本内容

1.项目库分为中央、省、市、县四级项目库，下级将上级转移支付项目的细化安排情况，在下级项目库反映。

2.原则上项目储备从部门和单位发起，部门和单位应完成评审论证和内部审批程序后，才能将预算项目报送财政部门。财政部门审核通过的项目，作为预算储备项目，供预算编制时选取；退回修改的项目，部门和单位按照财政部门意见修改，并经财政部门审核通过后作为预算储备项目；审核不通过的项目，不作为预算储备项目。

3.绩效目标是项目入库的前置条件，原则上，未按要求设定绩效目标或审核未通过的项目不得纳入项目库。对于新出台重大政策对应的项目需要开展事前绩效评估，评估结果作为申请入库的必要条件。

4.预算项目逐年滚动管理，经常性项目、延续性项目及当年未安排的预算储备项目，自动滚入下一年度储备。入库项目要规范、准确、完整填报相关信息，实行动态调整和定期清理。

（二）项目库类别

预算项目按照预算支出性质和用途，分为人员类项目、运转类项目和特定目标类项目三类。人员类项目支出和运转类项目中的公用经费项目支出对应部门预算中的基本支出；其他运转类项目支出和特定目标类项目支出对应部门预算中的项目支出。

1.人员类项目

人员类项目是指部门和单位有关人员的工资福利支出、对个人和家庭的补助支出项目。

（1）前期谋划和项目储备。部门、单位维护本部门本单位的单位信息、人员信息等基础信息，财政部门维护人员类项目支出标准，系统自动测算各部门、各单位人员类项目支出，各部门、各单位确认后纳入项目库作为预算储备项目。项目要素主要包括项目名称、项目代码、财政内部机构、项目类别、项目总额、绩效目标等。

（2）预算编制。各部门、单位选取人员类项目，按预算编制要求报送财政部门审核。有充分依据确须对人员类项目进行调整的，一并报财政部门审核。财政部门审核确认后，将各部门、各单位人员类项目按预算编制程序列入预算。新增的项目要素包括预算年度、预算数、资金性质、支出功能分类科目、部门预算支出经济分类科目等。

（3）项目实施。动态记录和反映项目预算下达、预算调整和调剂、预算执行等情况。

2.运转类项目

运转类项目包括各部门、各单位为保障其机构自身正常运转、完成日常工作任务所发生的公用经费项目和专项用于大型公用设施、大型专用设备、专业信息系统运行维护等的其他运转类项目。公用经费项目按照定员定额方式管理，以人员编制、实有人员、通用资产等为计算对象，保障单位日常运转和基本履职的需要。其他运转类项目主要以各类大型专用资产等为计算对象，保障单位管理的大型公用设施、大型专用设备、专业信息系统运行维护等方面的需要。

（1）前期谋划。各部门、各单位结合本部门、本单位的职责和事业发展规划，提前研究谋划本部门、本单位下一年度运转类项目支出需求。

各部门、各单位按照中期财政规划管理要求，参照以前年度预算安排、预算执行、绩效考核等情况，组织申报其他运转类项目，开展其他运转类项目评审论证，根据评审报告和相关支出标准测算其他运转类项目支出。

（2）项目储备。一是公用经费项目。各部门、各单位维护本部门、本单位的单位信息、人员信息等基础信息，财政部门维护公用经费项目的支出标准，系统自动测算各部门、各单位公用经费项目支出，各部门、各单位确认后纳入项目库作为预算储备项目。储备项目需要配置资产的，各部门、各单位应当填报资产配置信息。有配置标准的，应当按照标准填报；没有配置标准的，应当结合本单位保障运转工作需要、资产存量以及同类资产共享共用等情况合理预计填报，通过资产共享共用能够满足需要的不得申请新增配置资产。二是其他运转类项目。各部门、各单位根据项目申报、评审论证、支出测算以及大型专用资产使用管理等情况，在项目库中规范、完整、准确填报项目要素，按规定报送财政部门审核。财政部门审核通过的项目，作为预算储备项目。项目要素主要包括项目名称、项目代码、项目概述、项目类别、项目期限、项目总额、资产配置信息、大型专用资产对应的资产卡片编号、绩效目标、评审报告等。

（3）预算编制。各部门、各单位结合项目绩效目标和总投入，根据成本效益原则，从储备项目中选取预算项目，对项目进行排序，按预算编制程序列入预算。新增的项目要素包括预算年度、预算数、资金性质、支出功能分类科目、部门预算支出经济分类科目等。

（4）项目实施。动态记录和反映项目预算下达、预算调整和调剂、预算执行、绩效管理等情况。

3.特定目标类项目

特定目标类项目是指部门和单位为完成其特定的工作任务和事业发展目标所发生的支出项目。除人员类项目和运转类项目外，其他预算项目作为特定目标类项目管理。

（1）前期谋划。各部门、各单位结合本部门、本单位的职责和事业发展规划，提前研究谋划本部门、本单位的特定目标类支出需求。各部门、各单位按照中期财政规划管理要求，参照以前年度预算安排、预算执行、绩效考核等情况，组织项目申报，开展项目评审论证，根据评审报告和相关支出标准测算项目支出。

（2）项目储备。各部门、各单位将本部门、本单位特定目标类项目录入项目库，规范、完整、准确填报项目要素。涉及资产修缮、维修维护的特定目标类项目，部门、单位应将涉及资产作为项目立项依据，按规定报送财政部门审核，财政部门审核通过的项目，作为预算储备项目。其中，对于地方政府债务还本付息项目，系统根据债务本金、利率、期限等政府债务信息，自动测算债务还本项目和债务付息项目支出需求，财政部门确认后纳入项目库作为预算储备项目。储备项目需要配置资产的，各部门、各单位应当填报资产配置信息。有配置标准的，应当按照标准填报；没有配置标准的，应当结合本单位履职需要、事业发展需求、资产存量以及同类资产共享共用等情况合理预计填报，通过资产共享共用能够满足需要的不得申请新增配置资产。特定目标类项目要素主要包括项目名称、项目代码、项目概述、项目类别、项目期限、项目总额、资产配置信息、绩效目标、评审报告等。

（3）预算编制。各部门、各单位结合项目绩效目标和总投入，根据成本效益原则，从储备项目中挑选预算项目，对项目进行排序，按预算编制程序编制预算。新增的项目要素包括预算年度、预算数、资金性质、支出功能分类科目、部门预算支出经济分类科目等。财政部门对各部门、各单位选取的预算项目进行审核。部门、单位根据财政部门的审核意见修改完善预算项目。财政待分配项目由财政部门负责编制。

（4）项目实施。动态记录和反映项目预算下达、预算调整和调剂、预算执行等情况。

二、单位预算编制

（一）单位预算编制主要内容

单位预算是部门预算的组成部分。单位在预算编制阶段，负责编制本单位收入和支出预算建议和预算草案，按规定报送主管部门。单位预算主要内容如下：

（1）单位预算反映安排给本单位的一般公共预算、政府性基金预算、国有资本经营预算、财政专户管理资金和单位资金。

（2）单位预算收入包括财政拨款收入、财政专户管理资金收入和单位资金收入。其中：财政拨款收入包括一般公共预算拨款、政府性基金预算拨款、国有资本经营预算拨款。财政专户管理资金收入是指缴入财政专户、实行专项管理的教育收费收入；单位资金收入是指除财政拨款收入和财政专户管理资金以外的收入，包括事业收入（不含教育收费）、上级补助收入、附属单位上缴收入、事业单位经营收入及其他收入（包含利息收入、债务收入、投资收益等）。

（3）单位预算支出包括人员类项目支出、运转类项目支出和特定目标类项目支出。其中：人员类项目支出和运转类项目中的公用经费项目支出对应单位预算中的基本支出；运转类项目中的其他运转类项目支出和特定目标类项目支出对应单位预算中的项目支出。

（二）单位预算申报步骤

1.单位申报预算（“一上”）。单位按照年度部门预算编制要求，编制本单位的年度预算建议，按规定报送主管部门。

第一，申报收入预算。

（1）单位应当按照规定将所有收入编入预算，包括财政拨款收入、财政专户管理资金收入、单位资金收入。

（2）财政拨款收入是指单位从同级财政部门取得的各类财政拨款，包括一般公共预算拨款、政府性基金预算拨款、国有资本经营预算拨款。单位根据以前年度预算安排、年度项目建设需求等情况合理预计。

（3）财政专户管理资金是指缴入财政专户、实行专项管理的学费、住宿费、高校委托培养费、函大、电大、夜大及短训班培训费等教育收费。单位根据教育收费标准、学生人数等合理预计。

（4）单位资金包括事业收入（不含教育收费）、上级补助收入、附属单位上缴收入、事业单位经营收入以及债务收入、投资收益等其他收入。

①事业收入是指事业单位开展专业业务活动及其辅助活动取得的收入，不包括教育收费。单位根据本年度事业单位开展专业业务活动及其辅助活动计划，结合上年度收入等情况进行预计。

②上级补助收入是指从主管部门或上级单位取得的财政拨款以外的其他补助收入。单位结合上年度上级补助收入等情况进行预计。

③附属单位上缴收入是指本单位所属下级单位上缴给本单位的全部收入（包括下级事业单位上缴的事业收入、其他收入和下级企业单位上缴的利润等）。单位结合上年度附属单位上缴收入等情况进行预计。

上级补助收入、附属单位上缴收入应分别明确来源单位，属于同一部门所属预算单位的，汇总时应作冲抵处理，避免各单位收入加总虚增部门总收入。

④事业单位经营收入是指事业单位在专业业务活动及其辅助活动之外开展非独立核算经营活动取得的收入。单位应当根据本年度事业单位经营活动计划，结合上年度事业单位经营收入规模、经营状况和市场行情等因素进行预计。

⑤其他收入。对于利息收入、债务收入（不含政府债券、政府向外国政府贷款和国际组织贷款）、投资收益等收入，单位应根据情况合理预计，全部编入预算。

（5）上年结转结余资金，包括财政拨款结转、财政拨款结余、财政专户管理资金结转结余和单位资金结转结余。财政拨款结转是指项目实施周期内，年度预算执行结束时，预算未全部执行或因故未执行，下年需要按照原用途继续使用的财政拨款资金。财政专户管理资金结转结余、单位资金结转结余是指年度预算执行结束时，当年实际剩余的财政专户资金、单位资金。

① 财政拨款结转资金，应当充分合理预计，作为收入编入单位下一年度预算，继续按照原用途安排使用。待年度结束后，按财政部门审核批准的财政拨款结转资金预算执行，不得按照财政拨款结转资金预计数执行。

②连续两年未用完的财政拨款结转资金，应当作为结余资金管理。符合条件的科研项目财政拨款结余资金，经财政部门确认，可在一定期限内由单位统筹安排用于科研活动的直接支出；其他项目财政拨款结余资金应当交回财政，不得作为收入编入单位下一年度预算。

③财政专户管理资金结转结余、单位资金结转结余应当充分合理预计，全部编入单位下一年度收入预算。

（6）单位收入预算控制支出预算，支出预算不得超过收入预算。

第二，申报人员类项目预算。

（1）单位从项目库中选取人员类项目申请预算，合理确定人员类项目预算资金性质，细化编制支出功能分类、部门预算支出经济分类。

（2）单位的人员类项目有特殊经费需求的，向主管部门单独反映，并提供相关依据。

（3）单位汇总形成人员类项目预算需求，相应提出本单位人员类项目预算建议。

第三，申报运转类项目预算。

（1）单位根据单位职责及年度工作安排，从项目库中选取运转类项目申请预算，其中公用经费项目预算由系统自动测算。对于申报预算的项目，在项目库中明确资金性质，细化编制支出功能分类、部门预算支出经济分类等信息，部门预算支出经济分类涉及“三公”经费的，要结合“三公”经费管理要求合理确定。

（2）部门预算支出经济分类科目为“资本性支出（基本建设）”“资本性支出”并形成资产的，应依据项目库资产配置信息编报资产配置预算。

（3）运转类项目涉及政府采购的，应当编制政府采购预算。

（4）单位应当按照要求填报政府购买服务项目预算，项目内容应当严格限制在属于政府职责范围、适合采取市场化方式提供、社会力量能够承担的服务事项中。各级党的机关、行政机关、纳入行政编制管理且经费由财政负担的群团组织和具有行政管理职能的事业单位可以编制政府购买服务项目预算；公益二类事业单位和承担义务教育、基础性科研、公共文化、公共卫生及基层的基本医疗服务等基本公益服务的公益一类事业单位不能编制政府购买服务项目预算。

（5）单位按照主管部门要求和轻重缓急原则，提出运转类项目预算建议。

第四，申报特定目标类项目预算。

（1）单位根据单位职责及年度工作安排，从项目库中选取特定目标类项目申请预算。对于申报预算的项目，在项目库中细化填报项目分年支出计划、资金性质、支出功能分类、部门预算支出经济分类、绩效目标等信息。上缴上级支出项目、对附属单位补助支出项目应分别明确去向单位，属于同一部门所属预算单位的，汇总时应作冲抵处理，避免各单位支出加总虚增部门总支出。

（2）单位应当按照设定的项目周期分别确定各年度的支出计划，各年度支出计划合计数应当与项目资金总额一致。

（3）部门预算支出经济分类科目为“资本性支出（基本建设）”“资本性支出”等并形成资产的，应依据项目库资产配置信息编报资产配置预算。

（4）特定目标类项目涉及政府采购的，应当编制政府采购预算。

（5）单位应当按照要求填报政府购买服务项目预算，项目内容应当严格限制在属于政府职责范围、适合采取市场化方式提供、社会力量能够承担的服务事项中。各级党的机关、行政机关、纳入行政编制管理且经费由财政负担的群团组织和具有行政管理职能的事业单位可以编制政府购买服务项目预算；公益二类事业单位和承担义务教育、基础性科研、公共文化、公共卫生及基层的基本医疗服务等基本公益服务的公益一类事业单位不能编制政府购买服务项目预算。

（6）部门预算支出经济分类涉及“三公”经费的，要结合“三公”经费管理要求合理确定。

（7）单位按照主管部门要求和轻重缓急原则，提出特定目标类项目预算建议。

第五，项目安排顺序。

2.单位编制预算草案（“二上”）。单位根据主管部门分解下达的预算控制数，细化编制本单位的预算草案，按程序报送主管部门。

第一，编制收入预算。

（1）单位按照主管部门分解下达的财政拨款预算控制数，相应编制财政拨款收入预算。

（2）单位根据事业发展计划、经营状况等变化情况，调整完善单位资金收入预算和财政专户管理资金收入预算。

（3）单位应当根据当前预算执行情况，对预计的结转结余收入预算进行调整。

（4）待年度结束后，单位按照实际情况编制结转结余收入预算。具备条件的，可以通过系统直接将实际结转结余收入列入年初预算。

第二，编制支出预算。

（1）单位根据主管部门分解下达的财政拨款预算控制数，调整编制财政拨款支出预算，确保所有项目支出中安排的财政拨款支出预算与下达的控制数一致。

（2）单位按照单位资金收入预算（含当年收入和预计结转结余收入）调整编制单位资金支出预算，确保所有项目支出中安排的单位资金的支出预算不超过收入预算规模。

（3）单位按照单位财政专户管理资金收入预算（含当年收入和预计结转结余收入）调整编制财政专户管理资金支出预算，确保所有项目支出中安排的财政专户管理资金的支出预算不超过收入预算规模。

（4）单位根据本单位预算规模和预算编制有关要求，对人员类项目、运转类项目和特定目标类项目的相关信息进行调整完善。

（5）部门预算支出经济分类涉及“三公”经费支出的，应当严格按照“三公”经费管理要求进行编制。

三、预算批复

预算批复按照批复主体分为政府预算批准、转移支付预算下达和部门预算批复三个方面。各级政府在本级人大举行会议时，向大会作关于总预算草案的报告，各级人大审查并批准预算草案。转移支付预算下达是指本级政府预算经同级人大批准后，财政部门在法定时限内按程序下达给下级政府。部门预算批复是指本级政府预算经本级人大批准后，在法定时限内，财政部门向本级各部门批复预算，各部门向所属各单位批复预算。部门预算批复要求以及内容如下：

（1）财政部门应当在本级政府预算经本级人大批准后20日内向各部门批复预算。各部门应当在接到财政部门批复的本部门预算后15日内向所属各单位批复预算。

（2）预算年度开始后，本级预算草案在本级人大批准前，在财政部门审核确认的各部门“二上”预算指标内，部门可以安排下列支出：上年度结转的支出，参照上一年同期的预算支出数额安排必须支付的本年度人员类项目支出、运转类项目支出和特定目标类项目支出，法律规定必须履行支付义务的支出，以及用于自然灾害等突发事件处理的支出。

（3）财政部门批复部门预算之后，在系统中生成各单位财政拨款预算指标、财政专户管理资金和单位资金预算指标。

（4）生成政府采购预算、资产配置预算、政府购买服务预算，分别作为政府采购、配置资产、购买服务等活动的控制依据。

四、预算公开

各级预算在批准后须向社会公开。经地方人大或其常务委员会批准的政府预算、预算调整的报告及报表应当在规定时间内向社会公开。经财政部门批复的部门预算及报表，以及各部门所属单位的预算及报表，各部门、各单位应当在规定时间内向社会公开。各部门和单位是预算公开的主要主体，应当按以下要求组织预算公开工作：

（1）财政部门负责对各部门公开部门预算进行业务指导，协调和督促各部门做好预算公开工作。各部门、各单位负责向社会公开本部门、本单位的预算。

（2）各部门应当按照规定格式和有关要求，在财政部门批复部门预算后20日内向社会公开。除涉及国家秘密外，部门预算按其支出功能分类应当公开到项；按其支出经济分类，人员类项目预算和运转类项目预算中公用经费项目预算应当公开到款。

（3）各部门所属单位应当按照规定格式和有关要求，在部门批复单位预算后20日内向社会公开。除涉及国家秘密外，单位预算按其支出功能分类应当公开到项；按其支出经济分类，人员类项目预算和运转类项目中公用经费项目预算应当公开到款。

（4）部门和单位应当严格按照国家保密法律法规管理涉密事项，定密应当坚持最小化、精准化原则，合理确定涉密预算信息范围和内容，保证依法依规全面公开预算信息。

五、预算调整和调剂

预算调整和调剂包括政府预算调整、转移支付预算调剂、部门预算调剂等内容。按照预算法规定，经地方各级人大批准的地方各级政府预算，在执行中出现以下四种情形的，应当进行预算调整，具体包括需要增加或者减少预算总支出的、需要动用预算稳定调节基金的、需要调减预算安排的重点支出数额的、需要增加举借债务数额的。转移支付预算调剂是指预算执行中转移支付支出预算在不同预算科目、预算级次或者项目间的变动。部门预算批复后，应当强化预算约束，原则上不做调剂，但确须调剂的，按相关程序办理。部门预算调剂是指预算执行中对单位支出预算在不同预算科目、预算级次或者项目之间的变动。预算执行的主体是各部门单位，下面将介绍部门预算调剂的情形、权限以及办理要求等。

1.预算调剂的情形。

（1）人员编制数变动。根据编制部门印发的编制文件，对单位编制数进行调整而引起的预算增减。

（2）实有人数变动。根据组织部门和人社部门批准的人员变动文件，对单位实有人员进行调整而引起的预算增减。

（3）机构职能调整。根据编制等部门印发的职能调整文件，对单位职能进行调整，与职能相对应的财政拨款项目预算需要在单位之间划转的。

（4）政府出台增（减）支政策。年度执行中，上级政府、同级政府或上级部门新出台的涉及工资增资、运转类项目标准调整、增加工作任务等增支政策以及政府新出台压减“三公”经费等减支政策。

（5）发生自然灾害等突发事件，需要紧急进行处理的。

（6）上级政府、同级政府、财政部门规定的其他情形。

2.在部门预算限额以内，涉及政府预算支出经济分类同一类级科目下不同款级科目调剂的，由部门（单位）按照财政部门规定办理。

3.单位在预算限额以内，涉及支出功能分类的类、款、项级科目和政府预算支出经济分类类级科目情况变化的，由单位提出调剂申请，同时在系统中调整相关项目信息，部门审核后报财政部门审核办理。

4.预算执行中，因人员变化、工作任务调整等情况，在部门预算限额以内，确须在人员类项目间、运转类项目间、特定目标类项目间调剂的，由单位提出调剂申请，同时在系统中调整相关项目信息，部门审核后报财政部门审批。

5.部门在预算限额以内，确须在所属的不同单位间调剂的，由部门提出调剂申请，同时在系统中调整相关项目信息，报财政部门审批。

6.预算执行中，因机构职能调整等原因，当年财政拨款预算需要在部门之间调剂的，由拟划入预算的部门新设相关项目或调增现有项目支出需求，由拟划出预算的部门取消相关项目或调减现有项目支出需求，并由划入部门会同划出部门提出预算调剂申请，报财政部门审核办理。

7.预算执行中，不得改变上年财政拨款结转资金的用途，不须按原用途继续使用的，应当及时缴回财政。除科研项目财政拨款结余资金外，其他财政拨款结余资金应当及时缴回财政。

8.预算执行中，原列单位支出的预算需要转列对下级转移支付预算的，由财政部门先收回单位支出预算，再由相关部门向财政部门提出申请，财政部门审核后办理。

9.预算执行中，年初未落实到部门的预算需要再细化的，由相关部门向财政部门申请，由财政部门审核办理；需要报请政府批准的，由财政部门或者由财政部门会同相关部门报请政府批准后办理。

10.对于政府新出台增（减）支政策，确须增（减）部门支出预算的，由部门向财政部门提出申请，财政部门根据增支（减支）等有关规定审核办理，并追加（追减）部门支出预算。

11.收回结转结余资金。

（1）预算执行中，因项目任务完成、项目提前终止、项目计划变更等原因，当年或以后年度不需要继续支出的项目财政结转结余资金，由部门向财政部门提出申请交回，财政部门审核办理，并核减相应项目预算。

（2）预算执行中，按规定收回的财政结转结余资金，可以安排用于相关部门或者下级财政部门提出的增支。用于政策既定的项目、政策范围内应急救灾支出的，由相关部门提出申请报财政部门审核办理；用于其他方面支出的，由财政部门或者财政部门会同相关部门报请政府批准后办理。

12.需要调整专项债券资金用途的，报本级政府同意后，逐级汇总上报上级财政部门，最终由省级财政部门报省级政府同意后，向社会予以公告。

13.由财政部门审核办理和报请政府批准后办理的预算调剂事项，相关部门应当按照财政部门规定的时限提出预算调剂申请，说明预算调剂的事项、理由、预算科目、预算数、测算依据和绩效目标变动情况等，按程序审核办理后执行。

14.财政部门办理预算调剂文件，必须同步在系统中登记预算指标。预算文件签发后，系统指标也相应完成调剂。

15.预算执行中，对于因年初预算编制不准确、项目管理不规范等情形，对财政已批复预算进行调剂且调剂金额达到年初预算一定比例以上的部门，应核减部门下一年度预算，具体办法由财政部门确定。

第三节　预算执行（国库集中支付）

一、收入预算执行

单位收入预算按照来源和资金性质分为财政拨款预算收入、非税预算收入和单位资金预算收入。财政拨款收入由财政部门下达，事业收入中的学费、住宿费等非税收入需要高校按照“收支两条线”管理规定，上缴财政专户按预算使用。高校以银行存款方式取得的科研经费、经营收入、附属单位上缴收入以及其他收入等，一般称为单位资金，统一纳入预算管理。

（一）财政拨款预算收入

财政拨款预算收入包括一般公共预算财政拨款收入、政府性基金预算财政拨款收入、国有资本经营预算财政拨款收入、上级补助收入等。财政拨款收入由财政部门按照年度预算和用款申请，由财政部门通过国库支付方式向部门单位下达用款额度。

（二）非税收入预算执行

高校非税收入主要包括学费、住宿费、考试费等。非税收入应全部纳入财政预算管理，实行国库集中收缴制度，按资金性质分别纳入一般公共预算、政府性基金预算和国有资本经营预算管理。教育收费等应纳入财政专户管理，收缴参照非税收入收缴管理制度执行。

非税收入资金应直接缴入国库，暂未实现非税收入直接缴入国库的，应在规定时限内缴入国库。

1.非税收入资金收缴全流程实行电子化管理，依据电子凭证进行业务处理。

2.财政部门依托电子“非税收入一般缴款书”收缴非税收入。

3.财政部门根据各执收单位实际收缴管理工作需要确定其收缴方式，缴款人或执收单位按照规定的收缴方式及时足额缴纳非税收入。

4.执收单位按照财政部门在系统中设置好的非税收入项目信息，开具电子“非税收入一般缴款书”（缴款通知），确认缴款人缴款后，向缴款人提供电子“非税收入一般缴款书”（收据）。

5.集中汇缴方式下，执收单位按照财政部门规定的时限要求，在系统中汇总填制电子“非税收入一般缴款书”（缴款通知），将应缴款项及时足额上缴财政。

6.缴入财政专户的非税收入，代理银行按日向财政部门提供其代收非税收入资金的财政专户库存表等原始凭证。

7.财政部门对代理银行原始凭证进行审核，经审核无误后，分资金性质、收入分类科目、非税收入项目和单位将非税收入记入财政专户会计账。

8.缴入财政专户的非税收入，由代理银行在规定时限内根据财政部门指令或财政部门委托，分科目将非税收入资金及时足额准确地缴入国库，并将缴库凭证回单反馈财政部门。

9.财政部门按日接收同级人民银行电子“国家金库收入日报表”后，分资金性质和收入分类科目，将非税收入记入财政总预算会计账。

10.通过集中缴库或就地缴库方式收缴的非税收入，财政部门应积极创造条件，按照统一的数据规范从同级人民银行国库获取缴款人、缴款金额、非税收入项目、收入分类科目等信息。

11.税务部门征收的非税收入，财政、税务部门应明确划转项目的征缴业务流程、管理规范以及系统互联互通的技术规范、数据标准等，税务部门应及时将非税收入计征、缴库、减免、退付等明细信息反馈财政部门。

12.单位开展资产出租出借、对外投资、处置等管理活动时，产生的收入作为非税收入管理的，单位依据资产管理模块传递的应缴信息开具电子“非税收入一般缴款书”，将应缴款项及时足额上缴财政。

13. 专项债券对应项目专项收入，反映地方政府专项债券对应项目形成、可用于偿付专项债券本息的经营收入。

（1）财政部门根据新增专项债券应还本金利息金额，在债券兑付日前一定时期内向项目实施单位及其主管部门下发上缴专项收入通知。主管部门据此向新增专项债券对应项目建设单位开具电子“非税收入一般缴款书”，由项目实施单位将应上缴项目收益按时足额上缴财政，用于新增专项债券还本付息。

（2）财政部门确认专项债券对应项目专项收入后，应登记相应项目的“待还地方政府债券本金支出”和“待还地方政府债券利息支出”。财政部门偿还项目还本付息资金后，应冲减相应项目的应付政府债券和应付利息。

（3）项目主管部门和单位未按既定方案落实专项债券还本付息资金的，财政部门可以采取扣减相关预算资金等措施，确保债券按时足额还本付息。

（三）单位资金收入预算执行

单位资金收入是指单位取得的财政拨款以外的各类收入，包括银行存款利息、经营收入、附属单位上缴收入、非同级财政补助等内容。单位应将单位资金收入全部编入单位预算。

执行中，单位资金实际收入超过收入预算的，原则上不新增安排当年支出。确须新增当年支出的，单位要编制收入预算和支出预算调剂方案，并报财政部门审批。

1.系统根据财政部门批复的单位资金收入预算，生成单位资金收入预算指标，系统相应登记预算指标账。

2.财政部门根据需要确定，单位资金存放在单位实有资金账户进行分散管理，或者存放在财政代管资金财政专户中进行集中管理。

3.单位资金在单位实有资金账户分散管理的，单位、财政部门、开户银行要签订三方协议，开户银行应按照财政部门有关要求定期将单位实有资金账户收入、支出、余额信息发送至财政部门，系统进行自动记录。

4.单位资金在财政代管资金财政专户集中管理的，开户银行要对专户中资金按单位进行分账核算，开户银行应按照财政部门有关要求定期将财政代管资金财政专户中分单位的收入、支出、余额信息发送至财政部门，系统进行自动记录。

5.系统通过单位会计账动态反映单位资金实际收入情况。单位资金收入要素信息包括单位信息、资金性质、会计科目等。

6.系统自动对单位资金实际收入与收入预算进行比对，反映两者差异。

7.单位资金收入信息通过系统对单位主管部门开放，主管部门利用相关信息对下属单位的单位资金收入监督管理。

二、部门支出预算执行

一体化平台支出预算执行中，财政资金以及纳入专户管理的非税收入资金执行国库集中支付制度，单位资金通过银行结算。同时财政为高校增加了公务卡结算方式，公务卡可以用于财政资金、专户管理资金以及单位资金。

（一）国库集中支付

1.国库集中支付办理基本流程

国家实行国库集中支付制度，对政府全部支出实行国库集中支付管理。国库集中支付以国库单一账户体系为基础，以健全的财政支付信息系统和银行间实时清算系统为依托，支付款项时，由单位提出申请，经校验审核后，将资金通过单一账户体系支付给收款人。一般公共预算资金、政府性基金预算资金、国有资本经营预算资金应当纳入国库单一账户体系，按照国库集中支付制度办理资金支付。财政专户管理资金应当参照国库集中支付流程办理资金支付。根据全口径预算的理念及国家规定，纳入预算的单位资金，也将逐步纳入财政预算一体化国库集中支付范围。

各部门、各单位是本部门、本单位的预算执行主体，负责本部门、本单位的预算执行，并对执行结果负责。各部门、各单位的支出必须按照预算执行，不得虚假列支。各部门、各单位应当加强对预算支出的管理，不得擅自改变预算支出的用途。

财政部门根据年度支出预算，合理调度、拨付预算资金，监督各部门、各单位预算资金使用管理情况。财政部门有权对本级各部门及其所属各单位的预算管理情况进行监督，对各部门的预算执行情况和绩效目标进行监控、评价、考核。

（1）预算指标下达后，单位应根据预算指标和实际资金使用方案对资金支付做出合理预计。财政部门可结合本地区实际，自主选择是否保留用款计划。保留用款计划时的要求如下：

①单位依据预算指标、项目实施进度以及月度用款需求等编报分月用款计划，分月用款计划基本口径为“单位+金额”。

②财政部门根据预算指标及库款情况等批复分月用款计划，同时不再向代理银行下达用款额度。

③单位当年累计支付金额不得超过当年累计已下达的用款计划。

（2）国库集中支付全流程实行电子化管理，依据电子凭证进行业务处理。

（3）单位应在政府采购活动开始时，通过政府采购模块向财政一体化系统发送公开招标、资格预审公告、邀请招标、竞争性谈判、询价、竞争性磋商等公告信息以及单一来源采购公示信息和对应的预算项目，系统同时认定该项目政府采购活动开始。

（4）单位应在政府采购合同（协议）签订后，通过政府采购模块向财政一体化系统发送政府采购合同（协议）的要素信息和对应的预算项目，系统同时认定该项目政府采购活动结束。政府采购合同（协议）要素信息应包括合同号、政府采购品目、供应商统一社会信用代码、供应商名称、供应商账号、供应商开户银行、合同金额、付款时点等。

单位依法需要终止采购活动的，应通过政府采购模块向财政一体化系统发送终止公告信息和对应的预算项目，系统同时认定该项目政府采购活动终止。

（5）单位在系统中填报支付申请报送财政部门，在系统中预生成“国库集中支付凭证”，批量业务同时预生成“国库集中支付明细表”。单位对支付申请的真实性、合法性、合规性、完整性负责。

财政资金支付包括单位信息、指标类型、资金性质、支出功能分类科目、政府预算支出经济分类科目、部门预算支出经济分类科目、项目、结算方式、支付方式、用途、申请金额、支付金额、付款人全称、付款人账号、付款人开户银行、收款人全称、收款人代码、收款人账号、收款人开户银行、政府采购合同号等要素信息。

（6）单位根据人员信息在系统中填报工资支付申请后报送本级财政部门，或财政部门根据组织、人社等部门审核确认的工资数据在系统中生成工资支付申请。工资支付申请应包含人员姓名、身份证号、工资卡卡号、发放金额等要素信息。由预算单位自行发放的，提交支付申请，通过银行代发的形式发放。

（7）财政部门通过系统严格按照预算指标账控制支付申请，基本控制口径为“单位+指标类型+资金性质+支出功能分类项级科目+政府预算支出经济分类款级科目+预算项目”。政府性基金预算、国有资本经营预算、财政专户管理资金除严格按照预算指标账控制资金支付外，还要进行“以收定支”控制，即实际支付数不得超过实际收入数。

（8）财政部门在系统中预设校验规则，支付申请在系统中进行事中校验。

①涉及政府采购预算的支付申请，单位应在支付申请中填报政府采购相关内容，系统同时校验政府采购信息。

②涉及工资支付的支付申请，系统同时校验人员信息、收款账户等。

③财政部门结合本地区实际自行设置具体校验规则。在此基础上，主管部门根据管理需要可向财政部门申请增加部门适用的个性化校验规则。

（9）除本级财政部门另有规定外，单位不得通过零余额账户向本单位或本部门其他单位实有资金账户划转资金。

（10）系统校验不通过的支付申请自动退回单位，并告知退回原因，单位可根据实际情况将支付申请撤销、退回、修改或补充资料后再次报送财政部门。财政部门也可根据预先设置审核校验规则，将支付申请直接退回单位。

（11）再次报送的支付申请发送至财政部门后，系统自动进行校验。系统校验仍不通过的，由财政部门人工审核，根据实际情况将支付申请挂起、退回或通过。

（12）支付申请校验通过后，系统相应登记预算指标账，同时将“国库集中支付凭证”（批量业务同时附“国库集中支付明细表”）发送代理银行。开设零余额账户的单位，原则上通过单位零余额账户支付资金；未开设零余额账户的单位（如企业等），通过财政零余额账户支付资金。

（13）代理银行根据凭证支付资金后，通过系统将国库集中支付凭证回单发送财政部门和单位，作为财政总预算会计和单位会计核算的依据。

（14）涉及政府采购的资金支付完成后，系统将有关信息发送至政府采购模块。

2.国库支付业务更正

支付更正是指资金已经支付，但因技术性差错等合理原因误用预算指标或支出经济分类，在不改变资金流向的前提下，对支付凭证中相关信息进行更正。

（1）未办理支付更正时，不得对原支付凭证中的收付款账户信息以及金额进行更正。

（2）单位在系统中选择须进行更正的支付申请，在其基础上填写更正信息，生成支付更正申请书，报送财政部门。可以更正的信息包括指标类型、资金性质、支出功能分类科目、政府预算支出经济分类科目、部门预算支出经济分类科目、项目等。

（3）系统根据财政部门预设的校验规则对更正申请进行校验，校验机制参照资金支付。

（4）涉及政府预算支出经济分类款级科目及相应部门预算支出经济分类科目调整的，系统自动校验通过后更正申请生效。

（5）涉及指标类型、资金性质、支出功能分类科目、政府预算支出经济分类类级科目、预算项目调整的，须由财政部门进行人工审核。

（6）单位会计和财政总预算会计根据支付更正信息相应进行会计核算。系统同时登记预算指标账，恢复原支付预算指标额度、扣减更正后的预算指标额度。

3.国库支付资金退回

资金退回是指代理银行支付后，由于原支付凭证收款人账户信息有误，资金被收款行退回，或预算单位、收款人主动将资金退回的情况。资金退回时必须按原渠道退回，通过零余额账户支付的国库集中支付资金不得退回至单位实有资金账户。

（1）因收款人账户名称或账号填写错误等原因发生资金退回的，代理银行匹配原支付凭证信息，在系统中生成《国库集中支付资金退回通知书》发送财政部门和单位，并将资金退至国库或财政专户，财政部门和单位根据退回通知书进行会计核算，并恢复单位预算指标额度。

（2）支付完成后收款人主动退回资金的，代理银行应向财政部门发送《零余额账户到账通知书》，并在收到退回款项当日通知单位核实原支付信息。

①单位确认属于当年资金退回的，单位通过系统向代理银行发送《国库集中支付资金退回通知书》，代理银行依据退回通知书将资金退回国库或财政专户。财政部门和单位分别依据退回通知书回单进行会计核算，并恢复单位预算指标额度。单位可按规定程序重新向财政申请支付资金。

②单位确认属于跨年度资金退回的，单位直接将资金退回国库或财政专户，财政部门和单位分别依据退回通知书回单进行会计核算。对于项目未结束的跨年资金退回，可允许单位继续按原用途使用，财政部门追加相应可执行指标；对于项目已经结束或收回财政存量资金的跨年度资金退回，作为结余资金管理，按照结余资金管理有关规定办理。

4. 国库支付资金清算

资金清算是指在国库集中支付完成后，财政零余额账户或单位零余额账户与国库单一账户之间进行资金清算的过程。

（1）财政部门根据国库集中支付凭证回单生成“财政支付汇总清算额度通知单”，通过系统发送清算银行。

（2）财政部门应在“财政支付汇总清算额度通知单”生成后，将当日“财政支付汇总清算额度通知单”对应的国库集中支付凭证号发送代理银行。

（3）代理银行根据财政部门确定清算的国库集中支付凭证汇总生成划款清算申请，发送至清算银行。

（4）保留用款计划的地区，财政部门可根据批复的用款计划生成“财政支付汇总清算额度通知单”，通过系统发送至清算银行。代理银行根据当日已支付的国库集中支付凭证汇总生成划款清算申请，发送至清算银行。

（5）代理银行在财政部门规定时点之前受理的国库集中支付业务，原则上应于当日办理资金清算。当日未完成清算的资金，可采取当日垫付、下一营业日清算的方式处理。

（6）清算银行完成资金清算，通过人民银行系统将资金支付代理银行，并将财政支付汇总清算额度通知单回单和划款清算凭证回单发送至财政部门，将划款清算凭证回单发送至代理银行。

（二）单位资金支付

单位资金支出是指单位资金收入安排的，存放于单位实有账户或财政代管专户中的单位实有资金的支出（不含教育收费专项支出）。单位资金纳入财政预算一体化系统管理后，单位资金支付采取单位填写支付申请，系统生成支付凭证，开户银行根据支付指令将资金支付到收款人或收款单位账户的支付模式。

1. 系统根据财政部门批复的单位资金支出预算，生成单位资金支出预算指标，系统相应登记预算指标账。

2. 单位在系统中填报单位资金支付申请，在系统中预生成“单位资金支付凭证”，批量业务同时预生成“单位资金支付明细表”。单位对支付申请的真实性、合法性、合规性、完整性负责。

单位资金支付申请包括单位信息、指标类型、资金性质、支出功能分类科目、政府预算支出经济分类科目、部门预算支出经济分类科目、项目、结算方式、支付方式、用途、申请金额、支付金额、付款人全称、付款人账号、付款人开户银行、收款人全称、收款人账号、收款人开户银行、政府采购合同号等要素信息。

3.系统按照预算指标账校验单位资金支付申请，基本控制口径为“单位+指标类型+资金性质+支出功能分类项级科目+政府预算支出经济分类款级科目+预算项目”。

4.校验不通过的支付申请在系统中挂起，单位可根据实际情况将支付申请撤销或修改后再次报送。

5.单位资金支付申请校验通过后，系统相应登记预算指标账，同时自动将支付凭证发送至开户银行。开户银行根据财政系统发送的单位资金支付凭证办理资金支付，不得接收财政系统以外的单位资金支付指令。

6.支付资金后，开户银行向单位和财政部门发送支付凭证回单，系统相应登记预算指标账，单位相应进行单位会计核算。

7.单位办理提现业务或支票业务，应在系统中填报支付申请，支付申请中结算方式中选择“现金支票”或“转账支票”。支付申请经校验通过后，系统将支付凭证发送至银行。单位在银行办理相关业务后，银行将具体支付金额和明细信息发送至财政部门和单位。财政部门应在相关制度中严格限定单位取现业务和支票业务的使用范围。

8.使用单位资金支付的公务支出，凡属于公务卡强制结算目录规定范围的，也应按规定使用公务卡结算，原则上不得使用现金结算。

（1）持卡人按照公务卡强制结算目录规定的范围，在公务卡信用额度内使用公务卡结算公务性支出，取得财务报销凭证，并在规定时限内向单位财务部门发起报销申请。

（2）单位收到持卡人提供的报销凭证后进行报销审核，与从银行获取的刷卡消费信息（与国库集中支付资金共用公务卡刷卡消费信息）核对后办理公务卡报销还款手续。

9.开户银行根据财政支付业务发生情况生成“单位资金收支日报表”和“单位资金收支月报表”发送至财政部门。

10.单位资金支付更正及资金退回业务，可参照财政资金相关业务办理。

（三）公务卡业务

公务卡是指单位工作人员持有的，主要用于日常公务支出和财务报销业务的信用卡。公务卡主要用于公务支出的支付结算。公务支出发生后，由持卡人及时向所在单位财务部门申请办理报销手续。

1.单位在财政部门确定的代理银行范围内选择公务卡发卡银行，与发卡银行签订委托代理协议，并报财政部门备案。单位统一组织本单位符合办卡条件的人员向银行申请办理公务卡。财政部门通过与代理银行、银联等金融机构联网获取公务卡刷卡消费记录。

2.单位将新开公务卡信息维护在系统中。公务卡更换或者注销的，单位可在系统中相应修改或注销公务卡信息。一人须在多个单位报销时，可使用同一张公务卡刷卡、报销，即多个单位可以同时维护同一张公务卡信息。

3.财政部门制定公务卡强制结算目录。凡公务卡强制结算目录规定的公务支出项目，应按规定使用公务卡结算，原则上不得使用现金结算。

4.持卡人按照公务卡强制结算目录规定的范围，在公务卡信用额度内使用公务卡结算公务性支出，取得财务报销凭证，并在规定时限内向单位财务部门发起报销申请。

5.单位在收到持卡人提供的报销凭证后进行报销审核，与从发卡行获取的刷卡消费信息进行比对。

6.单位在系统中选择公务卡消费记录，在消费记录上填写报销金额以及相关信息，生成国库集中支付申请，支付申请中支付业务类型选择“公务卡业务”。

7.财政部门通过系统严格按照预算指标账控制单位支付申请，基本控制口径为“单位+指标类型+资金性质+支出功能分类项级科目+政府预算支出经济分类款级科目+预算项目”。

8.单位内部审核财政资金公务卡还款支付申请，审核通过后，系统生成“国库集中支付凭证”和“国库集中支付明细表”发送至银行。

9.银行依据凭证将资金支付到公务卡，通过系统将支付凭证回单发送至财政部门和单位，作为财政总预算会计和单位会计核算的依据。

10.公务卡消费及还款信息通过系统对单位主管部门开放，主管部门负责对下属单位公务卡业务进行监督管理。

三、预算执行动态监控

（一）预算执行动态监控内容及要求

预算执行动态监控是预算执行管理的重要内容，是指根据财政预算和国库管理制度及相关财政财务管理规定，依托信息系统，对部门预算资金、转移支付资金等进行动态监控和分析，发现问题及时予以纠正和反映，以加强预算执行监管的活动。

1.财政部门根据本地区实际，研究确定动态监控的范围、内容、职责分工和操作流程，建立监控工作常态化机制，充分体现各部门、各单位的预算执行主体地位，推动主管部门加强对所属单位预算执行情况的动态监控，形成监管合力。

2.财政部门在系统中设置监控预警规则，对国库集中支付资金、单位资金及转移支付资金的预算管理和执行情况进行实时监控，对于触发预警规则的疑点信息，采取电话核实、调阅材料、约谈走访等方式进行核实。确属违规的，在职责范围内依法依规进行纠正，并制作监控处理单，完整、准确记录核实情况并处理结果。

3.所有资金支付信息通过系统对主管部门开放。主管部门利用相关信息对下属单位预算执行情况进行实时监控。

4.财政部门应加强动态监控结果运用，将动态监控结果作为编制或调剂预算、制定完善相关管理制度和开展绩效评价等工作的参考。预算单位、主管部门应充分运用动态监控结果，不断改进和加强预算和财务管理工作。

（二）预算执行报表

预算执行报表包括预算执行月报表、预算执行旬报表、库款月报表和月度预算执行分析报告等内容。地方各级财政部门应当按上一级政府财政部门规定的格式和时间等要求，报送本行政区域预算执行情况。财政部门可根据管理需要增加预算执行报表。预算执行报表对真实反映地方财政运行情况，加强地方预算执行管理具有重要意义。

1.预算年度开始前，财政部发文明确旬报、月报的格式和报送时间等要求。在此基础上，各级财政部门可结合本地区实际增加旬报、月报内容和要求。

2.按财政部门预设的报表样式和时间，系统定期根据财政总预算会计账务自动生成“预算执行旬报表”“预算执行月报表”“库款月报表”等报表。

3.下级财政部门对系统生成的旬报、月报报表进行核对确认。如须修改报表中数据，必须从源头通过业务调整后相应生成新的会计分录，然后再重新取数，并相应说明理由。

4.下级财政部门对旬报、月报报表确认无误后，通过系统报送给上级财政部门。上级财政部门可在系统中对下级财政报送的旬报、月报报表与财政总预算会计账务进行比对审核，发现问题责令下级财政部门及时纠正。

5.月度预算执行分析报告由下级财政部门按上级财政部门要求编制，通过系统报送上级财政部门。

6.财政部将省级财政报送的旬报、月报报表进行汇总，编制全国预算执行报表。

四、结转结余管理

（一）财政资金结转结余

预算年度结束后，各部门、各单位对财政资金结转结余资金进行清理，对形成结转和结余的原因进行分析说明，并上报财政部门。财政部门对财政资金结转结余进行确认。

1.预算年度结束后，系统按项目自动计算财政资金结转结余，生成财政资金结转结余核批表。

2.一般公共预算结转结余计算口径为“当年预算指标数–当年实际支出数”，由系统自动生成，有关信息要素与预算指标保持一致。

政府性基金预算、国有资本经营预算实际收入大于或等于支出预算的，结转结余计算口径为“当年预算指标数–当年实际支出数”，由系统自动生成，有关信息要素与预算指标保持一致。实际收入小于支出预算的，根据实际收入和支出情况核定结转结余。

3.单位在系统中对财政资金结转结余核批表进行核对，按照财政部发布的新旧科目转换表进行新年度科目调整。

4.单位确认无误后将核批表报主管部门审核，主管部门审核后，汇总报送至财政部门。

5.财政部门审核主管部门报送的财政资金结转结余核批表。

6.系统按照财政部门审核通过后的财政资金结转结余核批表，生成财政资金结转指标和财政资金结余指标，并登记预算指标账。

7.财政部门发文对财政资金结余指标进行收回，系统根据发文注销财政资金结余指标，并登记预算指标账。

8.科研项目财政资金结余资金中符合相关条件的，报财政部门确认后，可在一定期限内由项目单位统筹安排用于科研活动的直接支出。

9.专项债券支持的项目结余资金，由财政收回用于偿还相应项目的债务本金和利息。

（二）单位资金结转结余

在预算年度结束后，各部门、各单位应对未用完的单位资金情况进行清理，并报财政部门。财政部门对单位资金的结转结余进行确认。

1.预算年度结束后，系统根据单位实有资金余额生成单位资金结转结余核批表。单位资金结转结余核批表包括单位信息、指标类型、资金性质等要素信息。

2.单位在系统中对核批表进行核对确认，确认后报财政部门。需要主管部门审核的，由主管部门审核后，汇总报送财政部门。

3.财政部门对单位资金结转结余核批表进行审核确认。

4.单位应将单位资金结转结余列入下一年度预算编报。

第四节　单位会计核算

单位会计核算是指各级各类行政和事业单位按照相关法律、制度规定对其发生的经济业务或事项进行会计核算的工作。单位是会计核算的主体，单位负责人对本单位的会计工作和会计资料的真实性、完整性负责。单位不得以虚假的经济业务事项或者资料进行会计核算。

根据政府会计准则、制度，单位会计核算由预算会计和财务会计核算两部分组成，目标是向会计信息使用者提供行政事业单位预算执行情况、财务状况等会计信息，反映会计主体公共受托责任履行情况。单位会计核算结果为编制部门决算报告和政府部门财务报告提供依据。

一、建立账簿

1. 各单位应当依据《会计法》《预算法》《政府会计准则制度》等相关规定建立会计账簿，并保证其真实、完整。

2. 单位应当按照财政部门有关规定及时将会计核算信息传送同级财政部门。财政部门积极创造条件，通过与预算单位联网对接，逐步实现同级预算单位会计核算信息的动态反映和集中存放。

3. 单位会计账簿要能够全面记录和反映单位所有资金的流动情况，包括财政资金与单位资金。

4. 单位预算会计账簿的设置应满足项目全周期管理要求，账簿中要设立预算项目明细账，反映预算项目的资金变动情况。

二、审核与登记凭证

1. 经济业务或事项发生时，应按照《会计法》《政府会计准则制度》有关要求将原始凭证及时传递单位会计办理核算。单位会计必须依据岗位责任制和内部控制要求复核原始凭证的真实性、合法性、完整性，并及时办理核算。

2. 经济业务或事项发生时，单位会计按照《政府会计准则制度》要求，采取平行记账的方式分别以收付实现制和权责发生制生成预算会计与财务会计记账凭证。

3. 单位对财政资金的核算结果应与财政总预算会计核算结果保持衔接，相关记账凭证所载辅助信息原则上应从财政部门预算指标管理、资金支付管理、政府非税收入征收管理等环节自动获取。记账凭证所载的预算项目信息要完整全面，并与财政部门项目库信息保持一致。

4. 单位会计依据经审核的原始凭证进行会计核算，经系统自动化核算的结果不得人为修改，自动核算确实有误或因会计政策、会计估计变更涉及调整会计核算结果的，应以会计调整的方式进行修正。涉及财政资金收支核算结果调整的，应按照财政部门支付更正规定报财政审核通过后调整，调整后的会计核算结果要与财政总预算会计核算结果保持一致。

5. 预计形成固定资产的建设工程项目，在资产未完工交付使用时，应严格按照“在建工程”科目反映，不得将资金费用化处理；以代建方式进行的在建工程，应定期进行工程进度确认，按进度及时在“在建工程”科目反映。

6.购买资产时，根据协议或合同预付资金。

7.确认收到固定资产、无形资产时，单位资产管理人员按项目办理验收入库，根据采购合同、发票等建立资产卡片并登记实物资产信息，确保一物一卡并形成唯一资产编号；单位会计根据原始凭证按项目进行资产会计核算，系统自动更新项目关联的资产卡片财务信息，同时对财务信息（使用年限、折旧方法等）进行补充完善，确保项目对应资产卡片价值总额与会计账簿记录的资产价值保持一致。未完成财务信息确认的资产原则上不能投入使用。

8.资产计提折旧或摊销时，系统根据资产使用年限、折旧方法等生成折旧或摊销信息，单位会计审核确认后进行会计核算，并自动更新资产卡片财务信息。

9.涉及资产价值变动与处置的，单位资产管理人员履行相关审批程序后，将相关业务单据、内部决策文件、批复或备案文件等传递至单位会计进行会计核算。资产出租出借收入、对外投资收入、处置收入等作为非税收入管理的，相关信息应传递至非税收入管理模块，作为非税收入的征收依据。系统根据单位会计资产会计核算信息自动更新对应资产卡片的财务信息。

10.单位应定期进行账务核对，年末资产相关会计核算结果要与资产管理模块记录的资产存量情况保持一致。单位应定期进行资产盘点，每年至少盘点一次，涉及盘盈、盘亏资产，履行相关资产管理程序后，按确认收到资产、处置资产相关规定执行。

11.单位应对资金往来对象进行辅助核算，记录与本部门内部单位（指纳入单位所属部门财务报告合并范围的单位）、本部门以外同级政府单位、本部门以外非同级政府单位和其他单位间的交易事项，便于编制合并财务报告时自动进行抵销处理。

三、结账

1.单位会计应当按照会计基础工作规范、政府会计准则制度划分会计期间，按照会计期间进行结账。

2.会计账簿中记录的有关数字要定期与往来单位、部门进行会计对账。

3.单位预算会计要按照财政部门要求定期与财政部门进行账务核对，做到数字正确、经济分类与功能分类科目一致、会计科目运用准确、项目信息反映完整。

四、编制会计报表

单位会计报表包括资产负债表、收入费用表、净资产变动表、现金流量表、预算收入支出表、预算结转结余变动表、财政拨款预算收入支出表等。会计报表应当依据会计核算结果编制，除单位有自己单独的会计核算软件等特殊事项外，会计报表数据应自动从单位会计核算结果中获取。

第五节　决算和财务报告

一、部门决算

部门决算是由政府各部门依据国家有关法律法规及其履行职能情况编制，反映部门所有收入和支出情况等的综合性年度报告，是对部门预算执行进行监督管理以及编制后续年度部门预算的参考和依据。部门决算包括决算报表和其他应当在决算报告中反映的相关信息和资料。

（一）年终清理结算

各部门在决算编报前应组织部门本级及所属单位清理核对往来款项，清查各类资产、应缴财政款，核对年度预算收支和年初年末结转结余，并完成年终结账。

（二）生成报表数据

1. 地方各级财政部门应按照财政部以及上级财政部门发布的通知要求组织本地区部门决算的有关编报事项。各部门应按照同级财政部门的要求，在规定的时间内开展部门决算编报工作。

2. 部门决算的编制必须符合《预算法》《会计法》《政府会计准则制度》等法律法规制度的规定。

3. 系统根据单位预算会计账自动生成部门决算报表。报表数据不得估列、代编，切实做到账表相符，数据准确可靠。以人工方式填报的数据应在附注中加以说明。

4. 部门决算中有关资产、人员等信息，从基础信息管理模块资产信息、人员信息中提取。

（三）审核批复与公开

1. 部门决算报表之间、上下年度之间同口径数据应保持一致。部门决算报表数据应与财政、其他往来部门数据相衔接、相对应。

2. 各部门应在规定时间内将部门本级及所属单位的部门决算报表提交同级财政部门审核。

3.地方财政部门按照财政部的统一要求，自下而上逐级审核、汇总、上报部门决算。

4.各级决算经同级人大常委会批准后，财政部门应当在20日内向本级各部门批复年度部门决算，各部门应当在接到本级财政部门批复的本部门决算后15日内向所属单位批复决算。

5.各部门应当依据同级财政部门的决算批复文件调整相关业务事项，调整事项涉及会计处理的，应该遵循《政府会计准则制度》规定对本年度的期初数进行调整。

6.经财政部门批复的部门决算，应当在批复后20日内由各部门向社会公开，公开的报表应当至少包括“收支总表”“‘三公’经费支出表”和“项目支出表”等报表。

二、政府部门财务报告

政府部门财务报告以权责发生制为基础，由政府部门编制，主要反映本部门资产负债、收入费用等财务状况、运行情况和政府会计主体公共受托责任履行情况。政府部门财务报告包括财务报表和财务分析等。

（一）生成报表数据

1.政府部门财务报告应按照《预算法》《会计法》《政府财务报告编制办法》《政府部门财务报告编制操作指南》等要求编制。

2.政府部门财务报告的内容应当符合《政府会计准则制度》相关规定，客观、准确、全面反映本部门的资产负债、收入费用等财务信息。

3.部门应按照《政府部门财务报告编制操作指南》和本级财政部门要求，做好部门内部单位之间、本部门与其他部门间的债权债务、收入费用等业务或事项的确认与核对。

4.单位依据核对无误的财务会计核算结果自动生成本单位的资产负债表、收入费用表及反映报表项目明细信息的各种附表等相关基础会计报表；报表有关资产明细信息，从基础信息管理模块资产信息中提取；除规定事项外，其他以人工方式填报的数据应在附注中加以说明。

5.上级单位除编制本单位财务报表外，还应当对本单位及所属单位财务报表进行合并，对本单位、所属单位之间发生的债权债务、收入费用等业务或事项，经过确认后抵销。主管部门编制的合并财务报表，即部门财务报表。

（二）报告上报与审核

1.单位依据审核无误的财务报表编制本单位财务报告，并对特殊事项进行补充说明，编制财务分析，确保报告的真实性、完整性、准确性、规范性。自行审核后将本单位财务报告上报本部门上级单位审核。

2.上级单位除编制本单位财务报告外，还应当按照相关规定对所属单位财务报告进行合并，撰写财务分析，形成合并财务报告。

3.各主管部门按照相关规定对本部门及所属单位财务报告进行审核，将审核无误的部门财务报告上报本级政府财政部门。

4.各部门、各单位要认真做好财务报告审核工作，审核内容主要包括：

（1）真实性审核。财务报告的报表数据与会计账簿数据是否相符，是否存在漏报、虚报和瞒报等现象。

（2）完整性审核。财务报告涵盖主体是否完整。如不完整，须在财务报告中说明未包含的单位及原因。报告文本是否完整，是否包括财务报表（含会计报表和报表附注）、财务分析两大部分内容，各部分内容要素是否齐全。

（3）准确性审核。财务报表表内、表间勾稽关系是否衔接。部门内部抵销事项是否经确认后抵销。如部门内部有无法抵销的事项，须就未抵销原因进行说明。财务报表中资产相关信息是否与系统中资产管理和会计核算的资产信息一致。

（4）规范性审核。部门财务报告文字分析是否内容完整、详细、深入；指标分析是否客观真实；文字排版是否统一规范。

三、行政事业单位国有资产月报

行政事业单位国有资产月报是行政事业单位月度终了，根据管理工作需要，编制报送的反映行政事业单位月末资产、负债情况的文件，主要包括行政事业单位资产负债表以及相关实物资产报表。

（一）生成报表数据

1.地方各级财政部门应按照财政部以及上级财政部门发布的通知要求组织本地区行政事业单位国有资产月报有关编报事项。各部门应按照同级财政部门的要求，在规定时间内开展行政事业单位国有资产月报编报工作。

2.单位依据核对无误的财务会计核算结果自动生成本单位的国有资产月报资产负债表；待存量资产数据全部导入一体化系统后，单位依托资产卡片信息自动生成相关实物资产月报报表。

3.行政事业单位国有资产月报应当与单位财务会计账簿、资产卡片每月月末数据保持一致，数据应当真实、准确、完整。

4.行政事业单位国有资产月报中的人员信息，从基础信息管理模块人员信息中提取。

（二）报告上报与审核

1.单位完成行政事业单位国有资产月报编制后，须按要求在规定时间内报送本部门上级单位审核。

2.地方财政部门按照财政部的统一要求，自下而上逐级审核、汇总、上报行政事业单位国有资产月报。

3.各级财政部门、主管部门应当认真做好行政事业单位国有资产月报审核工作。发现报表编制不符合规定，存在漏报、重报、虚报、瞒报、错报以及相关数据不衔接等错误和问题，应当要求有关单位立即纠正，并责令重报或在下期月报中予以说明。

四、行政事业单位国有资产年度报告

行政事业单位国有资产年度报告是行政事业单位年度终了，根据资产管理、预算管理等工作需要，在日常管理基础上编制报送的反映行政事业单位年度资产占有、使用、变动等情况的文件，包括行政事业单位资产报表、填报说明和分析报告。行政事业单位国有资产年度报告是贯彻落实国务院向全国人大常委会报告国有资产管理情况制度要求、编报行政事业性国有资产报告的数据基础。

（一）生成报表数据

1.地方各级财政部门应按照财政部以及上级财政部门发布的通知要求，组织本地区行政事业单位国有资产年度报告有关编报事项。各部门应按照同级财政部门的要求，在规定时间内开展报告编报工作。

2.待存量资产数据全部导入一体化系统后，单位依据核对无误的资产卡片信息、财务会计核算信息自动生成行政事业单位国有资产年度报告相关报表。除规定事项外，其他以人工方式填报的数据应在附注中加以说明。

3.行政事业单位国有资产年度报告应当与单位财务会计账簿、资产卡片年末数据保持一致，数据应当真实、准确、完整。

4.行政事业单位国有资产年度报告中有关人员等信息，从基础信息管理模块人员信息中提取。

（二）报告上报与审核

1.单位完成行政事业单位国有资产年度报告编制后，须按要求在规定时间内报送本部门上级单位审核。

2.地方财政部门按照财政部的统一要求，自下而上逐级审核、汇总、上报行政事业单位国有资产年度报告。

3.各级财政部门、主管部门应当认真做好行政事业单位国有资产年度报告审核工作。审核编制范围是否全面完整，是否存在漏报和重复编报现象；审核编制方法是否符合国家财务、会计制度和资产管理制度规定，是否符合报告编制要求；审核报告数据是否与部门决算、政府部门财务报告数据相衔接、相对应等。

第六节　国库集中支付业务会计核算处理

实行财政预算管理一体化后，取消了财政直接支付和财政授权支付方式，统一改为国库集中支付。根据以上变化，结合高校业务内容，将常用国库类电子支付业务相应账务处理总结如下。

一、国库对公支付业务

自财政预算管理一体化改革后，对于国库支付业务，根据国库集中支付相关政策规定，银行不再提供《财政直接支付入账通知书》及《财政授权支付额度到账通知书》，预算单位也不用增加零余额账户用款额度，预算单位根据财政批复的当年预算和指标额度用款计划办理国库集中支付业务。在会计核算过程中，经济业务发生后，财务会计借记费用科目或资产等科目，贷记财政拨款收入或事业收入；预算会计借记支出类科目，贷记财政拨款预算收入或事业预算收入科目。

【例14-1】2×20年6月1日，H大学生态环境学院与北京环境检测有限公司签订了一份测试化验加工合同，合同约定金额20万元，并约定对方提供测试报告后一周内支付全款。6月15日，测试已完成，对方公司已提供测试报告及发票等，该支出由一般预算拨款“双一流建设经费”项目安排，款项已通过财政预算一体化平台电子支付模块支付给对方公司。账务处理如下：

财务会计：

借：业务活动费用——教育费用　　200 000

　　贷：财政拨款收入——教育拨款收入——项目拨款　　200 000

预算会计：

借：事业支出——教育支出　　200 000

　　贷：财政拨款预算收入——教育补助收入——项目拨款收入　　200 000

二、委托科研资金划转

根据国家和各省财政财务管理有关规定和“放管服”精神，为优化业务流程，提高支付效率，对于下拨的委托科研经费，在编制项目预算时标记为“科研项目资金”，且已经通过财政批准的，可将委托科研经费拨款转入高校实有资金账户。待科研项目需要支出时，再从高校实有资金账户办理支出。在资金未支付前，形成预算单位银行账户财政存量资金。

【例14-2】2×20年3月1日，某省财政厅通过财政预算管理一体化系统批复某高校某个委托科研项目资金50万元。因该项目在编制项目预算时，已标记为“科研项目资金”，且已经省财政批复预算，该高校在收到批复的项目指标额度用款计划时，将该资金全部转入高校实有资金账户，后续该项目发生支出时，直接从高校实有资金银行账户付款。2×21年5月10日，科研项目发生印刷费2万元。

（1）划转委托科研经费时的账务处理如下：

财务会计：

借：银行存款　　500 000

　　贷：财政拨款收入——科研拨款收入——项目类拨款　　500 000

预算会计：

借：资金结存——货币资金　　500 000

　　贷：财政拨款预算收入——科研补助收入——项目拨款　　500 000

（2）发生实际支出时的账务处理如下：

财务会计：

借：业务活动费用——科研费用　　20 000

　　贷：银行存款　　20 000

预算会计：

借：事业支出——科研支出　　20 000

　　贷：资金结存——货币资金　　20 000

三、划转“代扣代缴个人所得税，缴纳住房公积金、养老保险、医疗保险、职业年金等”人员经费

根据国库业务相关规定和实际情况，各单位缴纳住房公积金或通过税务系统先行缴纳个人所得税、社保缴费等，用单位实有资金先行垫付相关费用，缴纳完毕后，再将垫付的相关资金由国库转回实有资金账户。如单位实有资金账户余额不足，也可先将国库人员经费指标转到单位实有资金账户，再通过税务系统缴纳税费、公积金、社保等。

【例14-3】H大学2×21年3月代扣职工个人所得税1 321 100元、个人负担的养老保险3 603 600元、个人负担医疗保险696 700元，个人负担公积金3 185 100元。

1.代扣个人所得税负担、个人负担的养老保险、医疗保险、住房公积金等时的账务

处理如下：

财务会计：

借：业务活动费用等　　8 806 500

　　贷：应付职工薪酬　　8 806 500

借：应付职工薪酬　　8 806 500

　　贷：其他应交税费——应交个人所得税　　1 321 100

　　　　应付职工薪酬——医疗保险个人　　696 700

　　　　　　　　　　——养老保险个人　　3 603 600

　　　　　　　　　　——公积金个人　　3 185 100

预算会计不作账务处理。

2. 2×21年4月初实际缴纳个人所得税1 321 100元，公积金7 007 200元，养老保险10 810 800元，医疗保险4 667 800元，工伤保险180 000元。

（1）缴纳个人所得税时的账务处理如下：

财务会计：

借：其他应交税费——应交个人所得税　　1 321 100

　　贷：银行存款　　1 321 100

预算会计：

借：事业支出　　1 321 100

　　贷：资金结存——货币资金　　1 321 100

（2）缴纳公积金时的账务处理如下：

财务会计：

借：业务活动费等（公积金单位）　　3 822 100

　　应付职工薪酬（公积金个人）　　3 185 100

　　贷：银行存款　　7 007 200

预算会计：

借：事业支出　　7 007 200

　　贷：资金结存——货币资金　　7 007 200

（3）缴纳社保费时的账务处理如下：

财务会计：

借：业务活动费用等（社保费单位）　　11 358 300

　　应付职工薪酬——医疗保险个人　　696 700

　　　　　　　　——养老保险个人　　3 603 600

　　贷：银行存款　　15 658 600

预算会计：

借：事业支出　　15 658 600

　　贷：资金结存——货币资金　　15 658 600

（4）划转缴纳的公积金、社保缴费等时的账务处理如下：

财务会计：

借：银行存款　　23 986 900

　　贷：财政拨款收入——教育拨款收入——基本支出拨款　　23 986 900

预算会计：

借：资金结存——货币资金　　23 986 900

　　贷：财政拨款预算收入——教育补助收入——基本支出拨款　　23 986 900

四、公务卡业务

根据公务卡管理规定和财政预算管理一体化相关规定，持卡人按照公务卡强制结算目录规定的范围，在公务卡信用额度内使用公务卡结算公务性支出，取得财务报销凭证，并在规定时限内向单位财务部门发起报销申请。单位在收到持卡人提供的报销凭证后进行报销审核，与从发卡行获取的刷卡消费信息进行比对。单位在系统中选择公务卡消费记录，在消费记录上填写报销金额以及相关信息，生成国库集中支付申请，支付申请中支付业务类型选择“公务卡业务”。国库代理银行依据国库支付凭证将资金支付到公务卡，通过系统将支付凭证回单发送预算单位，作为单位会计核算的依据。

在实际执行过程中，根据“放管服”精神，对公务卡业务，有的省份对高校在报销或还款过程中，对消费记录可不做要求，不通过公务卡业务模块还款。报销后，集中通过银行代发的形式还款，即集中将一段时间报销的需要支付给个人刷卡的费用，定期汇总，通过国库集中支付将款项转到预算单位在银行开立的“代发工资专户”，再通过银行代发的形式将报销款转到报销人公务卡。

【例14-4】2×20年6月20日，H大学某位教师报销一笔办公用品费500元，该教师用公务卡支付上述费用，于6月25日前往财务处报销，该款项自财政专项经费列支，财务处于当日将款项转到该教师公务卡。

账务处理如下：

财务会计：

借：业务活动费用等　　500

　　贷：财政拨款收入——教育拨款收入等　　500

预算会计：

借：事业支出——教育支出　　500

贷：财政拨款预算收入——教育补助收入——项目拨款收入　　500

五、退库业务

根据财政国库集中支付管理支付有关规定，预算单位办理国库集中支付业务时，因收款账户等要素信息有误导致代理银行办理资金支付业务失败或退回的，应办理已清算资金退库业务，财政部门及时恢复预算单位可用指标额度，预算单位根据恢复的指标额度重新办理资金支付。年度结束后，鉴于人行国库信息处理系统关闭、跨年度部门预算平衡和财政支付系统数据库切换等因素，支付业务受理截止（一般为12月30日中午12时）后发生的已清算资金退回，财政部门和代理银行均不再做退库处理。涉及国库资金退回，需要进行相应的账务处理。

（一）跨年退回业务

年度结束后，因收款单位账户等要素信息有误等原因导致资金退回的，应在财政规定的日期前办理已清算退回资金重拨，如在规定日期前不能办理资金重拨，则须根据开户行要求提供资金缴库说明等资料，并将退回资金汇总并缴至人行国库或财政专户开户行，财政部门根据缴库说明和资金退回情况，平衡财政总预算，预算单位做冲减当年支出和财政拨款预算收入处理。

1.资金重拨

【例14-5】H大学于2×20年12月30日支付某公司科研耗材8 000元，2×21年1月3日因对方公司提供账号错误导致资金被退回，此项费用由一般预算拨款双一流建设经费列支。财政于年底发布通知，要求对退回资金，要在1月7日前办理资金重拨。高校核实信息后，于1月4日重新办理资金支付，并与当日支付成功。

账务处理如下：

财务会计：

借：财政拨款收入——教育拨款收入——项目拨款　　8 000

　　贷：财政拨款收入——教育拨款收入——项目拨款　　8 000

预算会计不作账务处理。

2.资金缴库

【例14-6】H大学于2×20年12月30日支付某公司科研耗材8 000元，2×21年1月3日因对方提供的货品纯度不够，产生退货，对方将8 000元退回学校零余额账户，此项费用由一般预算拨款双一流建设经费列支。根据财政于年底发布的通知要求，该资金不能办理资金重拨，而只能办理缴库，由财政平衡预算，账务处理如下：

财务会计：

借：业务活动费用——教育费用　　　　　　　　　　　　–8 000

　　贷：财政拨款收入——教育拨款收入——项目拨款　　　　–8 000

预算会计：

借：事业支出——教育支出　　　　　　　　　　　　　–8 000

　　贷：财政拨款预算收入——教育补助收入——项目拨款收入　　–8 000

（二）当年业务

在当年内，如因收款单位账号错误等原因导致资金退回，须在财政预算一体化平台做资金支付退回，退回所用项目指标，再补充更正收款单位信息后，重新做资金申请与支付。因涉及资金指标增减变动，也需要作相应的账务处理。

【例14–7】2×21年5月3日，H大学从财政专项经费支付某公司测试费200 000元，因公司账号输入有误，该款项退回到项目指标。更正账号信息后，学校再次申请资金支付，款项支付成功，账务处理如下：

财务会计：

借：财政拨款收入——教育拨款收入——项目拨款　　　　　200 000

　　贷：财政拨款收入——教育拨款收入——项目拨款目　　　　200 000

预算会计：

借：财政拨款预算收入——教育补助收入——项目拨款收入　200 000

　　贷：财政拨款预算收入——教育补助收入——项目拨款收入

200 000